中国石油辽河油田公司

年 鉴

2023

辽河油田公司史志编纂委员会 编

石油工业出版社

图书在版编目（CIP）数据

中国石油辽河油田公司年鉴 . 2023 / 辽河油田公司史志编纂委员会编 . -- 北京：石油工业出版社，2024.12. -- ISBN 978-7-5183-6968-3

Ⅰ . F426.22-54

中国国家版本馆 CIP 数据核字第 2024ZS1985 号

中国石油辽河油田公司年鉴 2023
ZHONGGUO SHIYOU LIAOHE YOUTIAN GONGSI NIANJIAN 2023
辽河油田公司史志编纂委员会　编

出版发行：石油工业出版社
　　　　　（北京安定门外安华里2区1号　100011）
　　　　网　　　址：www.petropub.com
　　　　图书营销中心：（010）64523731
　　　　编 辑 部：（010）64250213
经　　销：全国新华书店
印　　刷：北京晨旭印刷厂

2024 年 12 月第 1 版　2024 年 12 月第 1 次印刷
889×1194 毫米　开本：1/16　印张：31.25　插页：16
字数：750 千字

定　价：242.00 元
（如出现印装质量问题，我社图书营销中心负责调换）
版权所有，侵权必究

辽河油田公司史志编纂委员会

主　　任：李忠兴　任文军
副 主 任：胡英杰
委　　员：毛宏伟　李忠诚　潘良革　袁广平　王宝峰　滕立勇
　　　　　卢昶昊　丛淑飞　冉　杰　郭俊鹏　周洪义　卢　敏
　　　　　赵明波　周大胜　马洪涛　邹　君　李海彬　陈永和
　　　　　张　斌　赵志彬　张国军　宋福军　宋天辉　甄占彪
　　　　　刘长江

辽河油田公司史志编纂委员会办公室

主　　任：刘长江
副 主 任：沈明军

《中国石油辽河油田公司年鉴》编辑部

主　　编：石　坚
副 主 编：刘凤英
编　　辑：丁　薇　杨　佳　金　林
彩图提供：陈允长　孙洪洲　赵　伟　杨晓华　季玉琪

撰稿人名单

（按照姓氏笔画顺序排列）

丁　薇	丁宜宁	于　兵	马子菁	王　卉	王　东
王　冬	王　宇	王　丽	王　野	王丽萍	王建伟
王勃皓	王禹心	王美娜	卞家忠	文莉娜	石　坚
史凤立	付　尧	付崇清	白宪丽	冯少华	冯　煜
冯　旗	边少之	吕　静	吕世文	朱　容	朱跃红
乔　琦	刘　畅	刘　莹	刘　健	刘　涛	刘　敏
刘立鑫	刘培炎	齐思慧	齐晗彤	孙　鹏	孙金昌
牟韬锋	李　莉	李　晶	李建飞	李晓晨	李逢春
杨明艳	杨蕙宇	时冀徽	邱　晨	狄　强	张　弛
张　浩	张升峰	张春艳	张荣平	张洪波	张铁川
陈　英	范　莹	金文华	周　丹	周　扬	周约如
周彦鹏	周　超	郑　东	赵　源	郝强生	胡龙飞
修颖辉	姜　山	顾洺赫	徐　鑫	徐秀英	徐晓楼
殷　茵	高　英	高　瞻	郭宏伟	郭桂林	唐雪枭
陶文玲	董　宇	蒋学峰	韩忠新	程　辉	雷霄雨
訾绍凯	廖其彬	翟洪江	潘　锦	魏　冉	魏　慰

编 辑 说 明

一、《中国石油辽河油田公司年鉴》(简称《年鉴》)是由中国石油天然气股份有限公司辽河油田分公司主办，辽河油田公司档案馆史志办公室实施编纂的综合性企业年鉴。1989年创刊，此后每两年编纂一卷；2001年分设为《辽河油田公司年鉴》和《中国石油辽河石油勘探局年鉴》，每年分别编纂一卷；2009年合并编纂《辽河油田年鉴》；2012年更名为《中国石油辽河油田公司年鉴》。《年鉴》是广大读者系统了解辽河油田公司的重要工具书，旨在为辽河油田公司各级领导制定生产经营方针和政策提供依据，也为编史修志积累资料。

二、本卷《年鉴》编纂工作坚持以马克思列宁主义、毛泽东思想、邓小平理论、"三个代表"重要思想、科学发展观、习近平新时代中国特色社会主义思想为指导，以"存史、资政、育人、宣传"为目的，全面、系统、翔实地记述辽河油田公司2022年主要工作和成果，收录资料上限起自2022年1月1日，下限至2022年12月31日。

三、本卷《年鉴》采用分类编辑和条目式记述方法，主体内容分类目、分目、条目三个层次，以文字记述为主，辅以照片、图表。具体设置总述，大事记，油气勘探，油气开发，科技与信息，生产运营，安全环保与质量节能，企业管理，党群工作，单位概览，机构、人物与荣誉，统计数据，附录12个类目。其中，单位概览采用"板块式"结构，按类目、板块、分目、条目四个层次进行记述。为便于读者查阅和检索，文前有目录，文后附有索引。

四、本卷《年鉴》资料由辽河油田公司机关各部室、直属部门及所属各二级单位提供，各部门、各单位主管领导对所提供资料审核把关，史志办公室依据编写大纲与撰稿要求，经筛选、删减、补充、整理、核实后刊用，力求做到资料翔实，叙述简洁，数据准确。

五、本卷《年鉴》所刊载的各单位名称均按辽河油田公司内部称谓，直书其名。其中，"中国石油天然气集团有限公司"简称"集团公司"，"中国石油天然气股份有限公司"简称"股份公司"，两者统称"中国石油"；"中国石油天然气股份有限公司辽河油田分公司"简称"辽河油田公司"。

领导视察与慰问

2022年2月22日，辽宁省委副书记、省长李乐成（前排右二）一行到辽河油田调研，详细了解油田生产经营、天然气调峰保供和重大项目推进情况，盘锦市委副书记、市长邢鹏（二排右一）陪同调研。辽河油田公司执行董事、党委书记李忠兴（前排左一）作工作汇报（陈允长 摄）

2022年1月27日，辽宁省委常委、秘书长，盘锦市委书记张成中（前排右二）代表省委省政府到辽河油田公司兴隆台采油厂兴二联合站走访慰问。辽河油田公司执行董事、党委书记李忠兴（前排右一），盘锦市委有关领导陪同慰问（陈允长 摄）

2022年6月16日，辽宁省委常委、宣传部部长刘慧晏（二排中间）一行到辽河储气库群调研党史学习教育常态化长效化开展、重大项目建设等工作。盘锦市委书记王炳森（二排右一），辽河油田公司执行董事、党委书记李忠兴（前排右一）陪同调研（陈允长 摄）

2022年7月5日，辽宁省副省长姜有为（前排右三）一行到辽河油田检查防汛工作并开展辽河巡河，辽河油田公司总经理任文军（前排左三）陪同（季玉琪 摄）

2022年10月11日，辽宁省副省长王明玉（前排右三）一行到辽河储气库群生产现场，调研油田冬季天然气保供、安全生产、灾后复产等情况。盘锦市市长邢鹏（前排右一），辽河油田公司总经理任文军（前排右二）陪同调研（孙洪洲 摄）

2022年8月23日，集团公司总经理、党组副书记侯启军（前排中间）到辽河油田公司慰问调研，了解企业抗洪防汛和生产经营情况，代表集团公司党组看望慰问抗洪防汛一线干部员工。辽河油田公司总经理任文军（前排左一）陪同（陈允长 摄）

2022年7月7日,集团公司党组成员、副总经理焦方正(前排中间)到辽河油田公司调研指导工作,代表集团公司党组看望慰问一线干部员工(陈允长 摄)

2022年5月7日,盘锦市委书记王炳森(左二)一行到辽河油田公司走访调研,就油地融合发展等工作进行座谈交流。辽河油田公司执行董事、党委书记李忠兴(前排右二)陪同(赵伟 摄)

会议部署与工作安排

2022年1月10日，辽河油田公司第四届职工代表大会第三次会议暨2022年工作会议召开。辽河油田公司执行董事、党委书记李忠兴作主题报告，总经理孟卫作工作生产经营报告（陈允长 摄）

2022年4月25日，辽河油田公司以视频会形式召开天然气保供工作会议，贯彻落实集团公司天然气保供工作会议精神，总结表彰去冬今春天然气保供工作，安排部署新一轮保供重点任务。辽河油田公司执行董事、党委书记、天然气保供领导小组组长李忠兴出席会议并讲话（季玉琪 摄）

2022年7月15日，辽河油田公司以视频会形式召开半年工作会议，传达学习贯彻集团公司党组领导工作指示和要求，总结上半年工作，部署下步重点任务。辽河油田公司执行董事、党委书记李忠兴，总经理任文军出席会议（杨晓华 摄）

2022年1月17—18日，辽河油田公司以视频会形式召开2022年开发工作会议。辽河油田公司执行董事、党委书记李忠兴作《致密油气（页岩油）效益开发的思考》专题报告，总经理孟卫工作总结讲话（孙洪洲 摄）

2022年2月24日,辽河油田公司2022年基本建设工作会议召开,贯彻落实四届三次职代会暨2022年工作会议精神,全面推进基本建设工作(陈允长 摄)

2022年3月9日,辽河油田公司以视频会形式召开2022年采油工程及集输系统工作会议(杨晓华 摄)

2022年12月27日,辽河油田公司以视频会形式召开质量健康安全环保工作会议。辽河油田公司总经理任文军出席会议并讲话(陈允长 摄)

勘探开发与辅助生产

2022年1月5日,辽河油田公司石油化工技术服务分公司承揽的大庆油田公司重庆分公司合深5井试气脱硫净化工程试生产成功(石油化工技术服务公司 提供)

2022年5月19日,国产首套电驱高压离心式储气库压缩机组在辽河油田双台子储气库正式运行,辽河储气库群日注气能力从1400万立方米提升到3000万立方米,日注气能力位居国内前列(陈允长 摄)

2022年6月1日，辽河油田公司重点项目——雷72大平台工厂化拉链式压裂工程完成单日压裂6层的施工任务，创造辽河油区单日直井多层体积压裂最多层数纪录（陈允长 摄）

2022年10—11月，辽河油田渤海湾盆地辽河滩海葵花岛构造带风险探井——葵探1井获高产工业气流，初步落实百亿立方米规模天然气增储区带，获集团公司勘探重大发现一等奖（陈允长 摄）

2022年6—8月,辽河油田公司主力生产区域连续遭受三轮洪水冲击,造成勘探开发建设以来较为严重的自然灾害损失,数千口油井被迫关停。图为曙光采油厂、特种油开发公司被淹现场(陈允长 摄)

2022年8月,辽河油田公司组织灾后复产上产工作,第一时间启动上产劳动竞赛,历时4个月,恢复原油千万吨生产能力。图为特种油开发公司组织开展排涝复产工作,并选派党员24小时不间断在排涝点值守(陈允长 摄)

2022年7月,特种油开发公司首个光伏发电项目正式启动。图为特一联合站太阳能光伏板全景图(特种油开发公司 提供)

2022年12月14日,金海采油厂洼一联污水外排系统投产运行一年以来,日处理污水能力8000吨,各段水质化验参数均达标,有效缓解小洼油田和马19储气库的污水处理压力,实现绿色清洁生产。图为金海采油厂集输大队洼一联员工巡检二沉池(金海采油厂 提供)

企业管理与科技创新

2022年4月8日,辽河油田公司召开依法合规治企工作会议暨强化合规提升管理专项行动部署会(赵伟 摄)

2022年5月12日,辽河油田公司以视频会议形式召开全面推行岗位管理工作启动会(孙洪洲 摄)

2022年6月16日,辽河油田公司联合盘锦市在辽河石油广场举行"安全宣传咨询日"活动(杨晓华 摄)

2022年8月5日,辽河油田公司派出3个团队9名选手参加第四届全国石油石化专业职业技能竞赛暨集团公司首届技术技能大赛油藏动态分析竞赛。最终取得个人赛1金、2银、3铜,团队赛1金、1银和团体二等奖,总成绩第二名的优异成绩(辽河油田公司党群工作部 提供)

2022年12月9日,辽河油田公司以视频会形式举行第38届青年油水井分析大赛闭幕式(赵伟 摄)

2022年1月,由勘探开发研究院负责的"稠油油藏高温相对渗透率的测定方法"国际标准培育项目通过集团公司勘探与生产分公司年度审查,成为辽河油田唯一的国际标准培育项目(勘探开发研究院 提供)

2022年10月5—6日，沈阳采油厂、锦州采油厂启动新能源项目光伏建设（陈允长 摄）

2022年11月20日，辽河油田勘探开发研究院科研人员进行馆陶组油藏SAGD边水侵入对蒸汽腔伤害评价室内实验研究（陈允长 摄）

战略合作与共赢发展

2022年1月24日,辽河油田公司执行董事、党委书记李忠兴,总经理孟卫工与来访的长城钻探工程公司总经理周丰一行座谈,双方就加强合作,推进高质量发展进行深入交流(杨晓华 摄)

2022年2月21日,辽河油田公司执行董事、党委书记李忠兴与到辽河调研的辽宁省发改委副主任、能源局局长房勇一行座谈,双方就辽河储气库群建设运营、辽宁省储气能力建设、新能源业务发展等进行深入交流探讨(季玉琪 摄)

2022年4月26日,中国石油驻辽西地区企业协调组组长、辽河油田公司执行董事、党委书记李忠兴,与到访的渤海石油装备制造有限公司总经理赵红超一行座谈。双方就进一步加强战略合作进行深入探讨,并交换意见(陈允长 摄)

2022年5月13日,辽河油田公司总经理任文军与到访的中国石油集团测井有限公司总经理胡启月一行座谈,双方就测井技术应用、联合科研攻关等工作进行深入沟通交流(赵伟 摄)

2022年6月14日,国家税务总局辽宁省税务局党委书记、局长杨勇一行到辽河油田公司调研企业发展和税务服务情况。辽河油田公司执行董事、党委书记李忠兴,总经理任文军陪同调研并出席座谈会(孙洪洲 摄)

2022年7月14日,辽河油田公司总经理任文军与来访的长江大学党委书记王建平一行座谈,双方围绕深化校企合作、推动校企共建进行深入交流(赵伟 摄)

2022年8月22日,辽河油田公司与国家电网辽宁电力有限公司签订务实合作协议。辽河油田公司执行董事、党委书记李忠兴,总经理任文军,国家电网辽宁电力公司董事长、党委书记董天仁出席签约仪式(孙洪洲 摄)

2022年12月11日,油地项目对接会议召开。油地双方领导就各自需要帮助协调解决的问题进行深入交流。辽河油田公司总经理任文军主持会议,盘锦市市长邢鹏出席会议(赵伟 摄)

企业党建与群团工作

2022年2月14日,辽河油田公司以视频会形式召开2022年党风廉政建设和反腐败工作会议。辽河油田公司党委书记、执行董事李忠兴出席会议并就做好下步工作提出要求(陈允长 摄)

2022年7月1日,辽河油田公司党委以视频会形式举办庆祝建党101周年专题党课暨基层党建成果交流会。辽河油田公司党委书记、执行董事李忠兴讲授《汲取思想伟力,矢志加油增气,以优异成绩迎接党的二十大胜利召开》专题党课(陈允长 摄)

2022年9月19—20日，中国共产党辽河油田公司第三次党员代表大会召开（陈允长 摄）

2022年10月28日，辽河油田公司以视频会形式召开传达学习党的二十大精神大会。党的二十大代表，辽河油田公司党委书记、执行董事李忠兴作主题宣讲（陈允长 摄）

2022年初，辽河油田公司高升采油厂等4家单位与长城钻探工程有限公司钻井三公司等5家单位结成党建联盟，助力辽河油田公司重点项目雷72块大平台建设提质提速提产提效（陈允长 摄）

2022年1月19日，辽河油田公司召开共青团一届三次全委（扩大）会议暨党建带团建工作推进会（赵伟 摄）

2022年5月12日,辽河油田公司以视频会形式召开学习贯彻"庆祝中国共产主义青年团成立100周年大会"精神暨第九届"双十杰"表彰会议(陈允长 摄)

2022年11月5日,辽河油田公司以视频会形式召开抗洪复产表彰大会,全面总结抗洪复产工作,开展典型经验交流,表彰抗洪复产先进集体和先进个人(陈允长 摄)

和谐矿区与民生工程

2022年1月13日,辽河油田公司工会携手中国书法家协会、中国石油书法(美术)家协会,岳守华、张显东、张衍伟、董修善等20余名书画家到兴隆台采油厂开展新春走基层"送万福 进万家"活动,向广大兴油职工及家属送来祝福(兴隆台采油厂 提供)

2022年1月18日,辽河油田燃气集团公司职工关长军家庭获"全国最美家庭"殊荣(赵伟 摄)

2022年5月21日,金海采油厂以建设书香企业为目标,推动全员阅读活动常态化、长效化,让书香融入生产、生活,让全厂员工做到知识、常识、学识、见识、胆识"五识"共进。图为金海采油厂"金海之阅"读书会特邀第26届中国青年五四奖章获得者——辽河油田建设有限公司电焊工张亮分享成长历程(金海采油厂 提供)

2022年5月24日,辽河油田曙光采油厂开展为期2天的无偿献血活动,330余名干部员工参与,献血总量达13万毫升(曙光采油厂 提供)

2022年6月26日是第35个国际禁毒日,辽河油田公司禁毒办组织开展一系列禁毒宣传活动。通过摆放禁毒展板、悬挂禁毒横幅、设立禁毒咨询点、发放禁毒宣传资料等方式,向广大干部员工宣讲禁绝毒品的重大意义,普及禁毒法律法规和方针政策,教育大家认识毒品危害(维稳信访工作办公室 提供)

2022年8月20日,茨榆坨采油厂本着为职工做实事、解难事工作原则,瞄准职工暑期"看护孩子难"问题,茨榆坨采油厂工会深入推进"把关心、关爱送到职工心坎"主题活动,联合社区开办为期1个月的"五彩假日"快乐暑期班,切实为职工解决"后顾之忧"(茨榆坨采油厂 提供)

2022年10月26日,辽河油田建设公司管道工程第四项目部组织西气东输三线中段六标段全体员工开展"送温暖 献爱心"捐款活动,为富平县农民魏江卫送去关怀(辽河油田建设有限公司 提供)

2022年11月25日,辽河油田油气集输公司松山输油分公司在"我为员工办实事"活动中,搭建运动健身平台,让员工"动"起来(油气集输公司 提供)

要 目

- 总述 1
- 大事记 35
- 油气勘探 57
- 油气开发 71
- 科技与信息 103
- 生产运营、安全环保与质量节能 121
- 企业管理 135
- 党群工作 167
- 单位概览 179
- 机构、人物与荣誉 319
- 统计数据 385
- 附录 391

目 录

总 述

综述

辽河油田公司基本情况 ……………………………… 2
辽河油田公司2022年生产经营工作情况 …………… 5

特载

矢志加油增气　勇毅改革创新
　为谱写高质量发展新篇章团结奋斗 ………………… 8
　　——李忠兴在油田公司四届四次职代会暨2023年
　　　工作会议上的主题报告（摘要）
坚持高效运营全面提质增效　高质量完成生产经营
　各项目标任务 ………………………………………… 19
　　——任文军在油田公司四届四次职代会暨2023年
　　　工作会议上的生产经营报告（摘要）
在学习贯彻党的二十大精神暨纪念辽河油田开发
　建设53周年座谈会上的讲话 ………………………… 27

专文

辽河储气库群周期采气量破20亿立方米
　居全国首位 …………………………………………… 31
辽河油田双229块洼128井区纳入中国石油
　首批CCUS示范区 …………………………………… 32
心怀国之大者打造国之重气 …………………………… 32
　　——记全国五一劳动奖状获奖单位辽河油田（盘
　　　锦）储气库有限公司

国产注气系统试运投产成功　辽河储气库群注气
　能力全国第一 ………………………………………… 33
突破开发禁区10万厘泊超稠油成功转驱
　辽河油田超稠油蒸汽驱技术填补国际空白 ………… 33
辽河油田深化科技体制机制改革23条举措着力
　高水平科技自立自强 ………………………………… 34
国内首创井下蒸汽流量控制技术成功实施 …………… 34

大 事 记

辽河油田公司2022年大事记

1月 ……………………………………………………… 36
2月 ……………………………………………………… 38
3月 ……………………………………………………… 40
4月 ……………………………………………………… 41
5月 ……………………………………………………… 43
6月 ……………………………………………………… 45
7月 ……………………………………………………… 47
8月 ……………………………………………………… 49
9月 ……………………………………………………… 50
10月 …………………………………………………… 52
11月 …………………………………………………… 53
12月 …………………………………………………… 54

油气勘探

综述

概述 ································ 58
勘探工作量完成情况 ················ 58
勘探投资 ···························· 59
矿权管理 ···························· 59
年检督察、重要变更及矿权信息公示 ···· 62

油气储量

概述 ································ 62
探明储量 ···························· 63
控制储量 ···························· 63
预测储量 ···························· 63
东部凹陷勘探成果和认识 ············ 63
东部凸起勘探成果和认识 ············ 64
西部凹陷勘探成果和认识 ············ 64
大民屯凹陷勘探成果和认识 ·········· 65
中央凸起勘探成果和认识 ············ 66
辽河滩海勘探成果和认识 ············ 66
辽河外围勘探成果和认识 ············ 68
鄂尔多斯矿权区勘探成果和认识 ······ 69

油气开发

综述

概述 ································ 72
开发历程 ···························· 72
开发工作 ···························· 73
开发成果 ···························· 73

石油开发

概述 ································ 73
目标任务 ···························· 74
油藏评价 ···························· 74
产能建设 ···························· 74
老区治理 ···························· 75
外围上产 ···························· 75
气库建设 ···························· 75

天然气开发

概述 ································ 75
天然气产能建设 ······················ 76
天然气资源潜力 ······················ 76
天然气开发 ·························· 76
储气库生产运行 ······················ 77

油藏评价

概述 ································ 78
奈13区块特低渗透砂岩油藏评价 ······ 78
乐83块超低渗透砂岩油藏评价 ········ 79
富油区带有利目标评价 ················ 79
提质增效管理 ························ 80

钻井工程

概述 ································ 81
钻井工程指标纪录 ···················· 81
制度及信息化建设 ···················· 81
方案设计管理 ························ 81
井筒质量管理 ························ 81
储气库建设 ·························· 82
推广平台钻井 ························ 82
钻井市场化 ·························· 82
台长制管理模式推广 ·················· 82
工艺技术研究应用 ···················· 82
工程监督管理 ························ 82

产能建设

概述 ································ 83
原油产能建设 ························ 83
产能方案 ···························· 83
油藏研究与井位部署 ·················· 84
地质设计审查 ························ 84
新井产能优化部署 ···················· 84
欢2-46-041块精细研究 ·············· 84

雷 72 块一体化攻关 ·············· 85
庆阳建产力度 ·············· 85
杜 84 块馆陶产能建设 ·············· 85
雷 72 块产能建设 ·············· 85
沈 84- 安 12 块产能建设 ·············· 86
包 1 块产能建设 ·············· 86
龙 11 块产能建设 ·············· 86
杜 124 块产能建设 ·············· 86
双 229 块产能建设 ·············· 86
杜 229 块产能建设 ·············· 86
后备资源建设 ·············· 87

采油工程

概述 ·············· 87
制度规范体系管理 ·············· 87
方案设计审查 ·············· 88
注采工艺技术梳理 ·············· 88
重点示范项目实施 ·············· 88
对标管理 ·············· 88

开发动态监测

概述 ·············· 89
动态监测制度管理 ·············· 89
动态监测质量管理 ·············· 89
动态监测应用管理 ·············· 90
动态监测培训管理 ·············· 91
动态监测施工管理 ·············· 91
动态监测资料录取影响因素 ·············· 91

注水工程

概述 ·············· 92
注水井对标管理 ·············· 92
注水工艺技术应用 ·············· 92
储气库注采井管理 ·············· 92
注氮气工艺措施管理 ·············· 92

热注工程

概述 ·············· 93
提效工程 ·············· 93

注汽工艺技术 ·············· 93
风险隐患排查 ·············· 93

集输工程

概述 ·············· 94
方案设计与基础管理 ·············· 94
工艺优简工程 ·············· 94
"绿色低碳 613" 工程 ·············· 94
工艺技术创新 ·············· 95
风险防控 ·············· 95

地面工程

概述 ·············· 95
施工图设计及标准化管理 ·············· 95
工程监督 ·············· 96
市场监管 ·············· 96
"六化" 建设 ·············· 96
储气库工程建设 ·············· 97
欢四联污水深度处理站改造 ·············· 97
安全环保技术监督中心实验室改造 ·············· 97
二氧化碳捕集驱油减排试点地面工程 ·············· 97
产能新井光伏配套工程 ·············· 97
业务协调 ·············· 97

作业工程

概述 ·············· 98
基础管理 ·············· 98
不压井作业规模推广 ·············· 98
作业效益联包 ·············· 98
套损井治理 ·············· 98
修井能力提升 ·············· 98
作业监督管理 ·············· 99
作业过程管控 ·············· 99
管材管理 ·············· 99

压裂工程

概述 ·············· 99
基础管理 ·············· 100
车组运行 ·············· 100

雷72大平台工厂化压裂 ………………… 100
河21大平台工厂化压裂 ………………… 100
沈273大平台工厂化压裂 ………………… 100
沈224页岩油水平井压裂 ………………… 100
重点勘探井压裂 ………………………… 101
重点开发井压裂 ………………………… 101
压裂液体系优化及返排利用工艺 ……… 101
工具改进与研发应用 …………………… 101

井控管理

概述 ……………………………………… 101
井控规范化管理 ………………………… 102
风险管理 ………………………………… 102
井控培训管理 …………………………… 102

科技与信息

科技管理

概述 ……………………………………… 104
科技项目计划 …………………………… 104
科技改革 ………………………………… 104
体系创新 ………………………………… 104
项目管理 ………………………………… 104
科技攻关 ………………………………… 105
科技奖励管理 …………………………… 105
知识产权管理 …………………………… 105
标准化管理 ……………………………… 106
成果转化 ………………………………… 106
科协工作 ………………………………… 106
博士后科研工作站 ……………………… 106
人才培养 ………………………………… 106
科技宣传 ………………………………… 106

科技成果

创新方法大赛奖 ………………………… 107
科技进步奖 ……………………………… 107
技术发明奖 ……………………………… 111

基础研究奖 ……………………………… 111
突出贡献奖 ……………………………… 111
青年科技奖 ……………………………… 111
技能人才奖 ……………………………… 111
省部级科技成果简介 …………………… 113

信息化工作

概述 ……………………………………… 118
信息化顶层设计 ………………………… 118
信息化项目建设 ………………………… 118
信息系统管理 …………………………… 118
网络与信息安全 ………………………… 119
数据管理 ………………………………… 119
信息化标准建设 ………………………… 119
信息化技术培训 ………………………… 120

生产运营、安全环保与质量节能

油气生产组织

概述 ……………………………………… 122
上产督导 ………………………………… 122
新井实施 ………………………………… 122
天然气保供 ……………………………… 122
窗口期施工 ……………………………… 122
疫情期保产及油地关系协调 …………… 122

生产保障

概述 ……………………………………… 123
水电管理 ………………………………… 123
交通运输 ………………………………… 123
油气监察 ………………………………… 123

防洪防汛

概述 ……………………………………… 123
防汛前期工作准备 ……………………… 124
抗洪抢险救灾工作 ……………………… 124

  排涝复产 ·· 125
  灾后上产 ·· 125

油气营销

  概述 ·· 125
  合规管理 ·· 125
  统筹产销 ·· 125
  营销创效 ·· 125

应急管理

  概述 ·· 126
  基础管理 ·· 126
  应急保障能力建设 ······························ 126
  专项检查 ·· 126
  应急培训演练 ···································· 126

新冠肺炎疫情防控

  概述 ·· 126
  机制运行 ·· 127
  精准常控 ·· 127
  科学预控 ·· 127
  有效速控 ·· 127
  多维联控 ·· 127

安全生产

  概述 ·· 127
  风险分级管控 ···································· 127
  隐患排查整治 ···································· 128
  承包商安全监管 ································ 128
  安全管理模式创新 ····························· 128
  "安眼工程"建设 ································ 128
  消防安全 ·· 128
  海洋安全监管 ···································· 129

环境保护

  概况 ·· 129
  清洁生产 ·· 129
  环保监管 ·· 129
  绿色低碳转型发展 ····························· 129

QHSE 体系管理

  概述 ·· 130
  QHSE 体系建设 ································· 130
  QHSE 体系审核 ································· 130
  QHSE 标准化建设 ····························· 130
  QHSE 巡察 ······································· 130
  QHSE 宣传培训 ································· 130

节能节水与计量管理

  概况 ·· 131
  能效对标管理 ···································· 131
  节能计量三同时 ································ 131
  计量管理 ·· 131

职业健康

  概述 ·· 132
  健康辽河行动 ···································· 132
  健康企业创建 ···································· 132
  员工健康干预 ···································· 132
  职业健康防护 ···································· 132

质量管理与监督

  概述 ·· 132
  质量"三个一批" ································ 133
  井筒质量管理 ···································· 133
  工程质量监督 ···································· 133
  产品质量监督 ···································· 133

新能源业务

  概述 ·· 133
  铀矿勘探 ·· 134
  风光发电工程 ···································· 134
  地热技术开发 ···································· 134
  科技攻关 ·· 134

企业管理

企管法规与内控

概述	136
深化改革	136
治理体系建设	136
法治建设	136
合规管理	136
合同管理	137
纠纷案件管理	137
制度建设	137
"管理提升年"行动	137
对标管理	138
管理创新课题	138
外部市场管理	138
内控与风险管理	138
内部市场与承包商管理	138
法制宣传教育	139

规划计划

概述	139
中长期发展规划	139
投资管理	140
项目管理	140
产能建设管理	140
油气营销管理	140
新能源业务管理	141
后评价管理	141
油地协调工作	141
抗洪复产保障工作	142
规划计划基础业务管理提升	142

财务工作

概述	142
预算管理	142
提质增效专项行动	142
资金运营	143
"两金"压控	143
会计核算	143
税收政策	144
资产管理	144
稽查监督	144
抗洪复产支持	145

概预算管理

概述	145
计价依据制定	145
市场价格管理	145

审计工作

概述	145
工程建设审计	146
审计质量控制	146
专项审计	146
事前审计	146
审计信息化建设	146
审计队伍建设	146

人力资源

概述	147
员工管理	147
薪酬管理与业绩考核	147
组织机构管理	147
提质增效	148
技术人才管理	148
劳动保障	148
人力资源信息化共享	149
员工培训管理	149
人事档案管理	149

股份管理

概述	149
股权管理	149
股权投资	150
董监事管理	150

设备管理

概述	150
设备基础管理	151
设备安全管理	151
设备合规管理	151
设备提质增效	151
自动化设备管理	151
抗洪复产保障	151
炼化业务管理	151
设备业务培训	152

物资采购管理

概述	152
重点项目保障	152
物资计划管理	152
制度体系建设	152
物资招标管理	152
产品质量管控	153
集中采购管理	153
进口采购管理	153
提质增效	153
供应商管理	153
"共享商城"建设	154

经济评价

概述	154
勘探经济评价	154
开发经济评价	154
采油经济评价	154
地面工程经济评价	154
新能源项目经济评价	155

经济政策研究

概述	155
企业政策研究	155
新能源研究	155
软科学管理	155

招标工作

概述	156
招标指标完成情况	156
抗洪复产项目招标	156
外部市场开发	156
招标监管机制	156

土地和公路管理

概述	157
征地工作	157
土地管理	157
土地利用	157
土地保护	157
公路管理	158
专业市场管理	158
油地协调	158

对外合作

概述	158
对外合作	158
国际业务社会安全管理	159
外事与出国	159
海外业务	160
海外疫情防控	160

档案史志

概述	160
档案基础管理	160
档案收集归档	161
档案服务利用	161
档案数字化工作	161
地质资料汇交	161
档案安全管理	162
史志编纂	162

综合事务管理

概述	162
综合信息材料编报	162

调研督办	162
综合工作	162
公文管理	163
保密工作	163

技能人才评价

概述	163
地区认定中心	163
技能等级认定	163
考务管理	164
题库管理	164
人才队伍建设	164
职业技能竞赛	164
技能专家工作室	164
"百优"示范站队（班组）	164

维稳信访与综治保卫

概述	165
信访稳定	165
综治管理	165
邪教防范	165
企业内保	165
民兵武装	166
政法协调	166

党群工作

党建工作

概述	168
党组织及党员队伍	168
领导班子与干部队伍建设	168
党员素质教育	169
党员发展	169

宣传工作

概述	169
政治理论学习	169
党的二十大精神宣贯	170
意识形态工作	170
形势任务教育	170
新闻宣传	170
企业文化建设	170

机关党委工作

概述	171
机关理论武装	171
机关党建与业务深度融合	171
机关党务工作	171
机关党风廉政建设和反腐败工作	171
机关群团工作	172

党风廉政建设和反腐败工作

概述	172
政治监督	172
巡察监督	173
党风监督	173
执纪监督	173
合规监督	174
队伍建设	174

工会工作

概述	174
企业民主管理	174
群众性经济技术创新	175
保障帮扶	175
女工、EAP工作	175
工会自身建设	175
宣教文体	176
民生改善工程	176

共青团工作

概述	176
青年教育强基工程	176
青年创新创效工程	177
青年成长成才工程	177

共青团自身建设 …… 177
辽河共青团品牌打造 …… 177

单位概览

上市业务单位

兴隆台采油厂 …… 180
曙光采油厂 …… 182
欢喜岭采油厂 …… 187
高升采油厂 …… 190
茨榆坨采油厂 …… 194
沈阳采油厂 …… 198
锦州采油厂 …… 202
金海采油厂 …… 207
特种油开发公司 …… 211
冷家油田开发公司 …… 214
辽兴油气开发公司（通辽铀业分公司、
　中国石油天然气股份有限公司辽河油田
　阿鲁科尔沁旗分公司） …… 218
油气集输公司（油气工程技术处） …… 220
勘探事业部（勘探部） …… 223
开发事业部（开发部） …… 226
勘探开发研究院 …… 229
钻采工艺研究院 …… 233
经济技术研究院 …… 238
辽河油田消防支队（中国石油消防应急救援
　辽河油田支队） …… 243
燃气集团公司 …… 245
外部市场项目管理部（塔里木项目管理部） …… 247
销售公司 …… 248
安全环保技术监督中心 …… 251
荣兴油气开发公司 …… 253
车辆服务中心 …… 256
审计中心 …… 259
庆阳勘探开发分公司（宜庆勘探开发指挥部） …… 261
东北原油销售中心 …… 263

未上市业务单位

辽河工程技术分公司 …… 265
辽河油田建设有限公司（筑路工程分公司） …… 269
中油辽河工程有限公司（辽河油田设计院） …… 271
物资分公司（物资管理部） …… 274
供水分公司（辽河油田环境工程公司） …… 277
电力分公司 …… 279
信息工程分公司 …… 284
石油化工技术服务分公司（石油技术服务
　分公司） …… 287
石油化工分公司 …… 289
新能源事业部 …… 292
能源管理分公司 …… 294
辽河油田（盘锦）储气库有限公司 …… 296
辽河油田培训中心（辽河油田党校） …… 299
辽河油田招标中心 …… 301
国际事业部 …… 303
辽宁恒鑫源工程项目管理有限公司 …… 305
资本运营事业部 …… 306
辽河油田公共事务管理部 …… 309
振兴服务分公司 …… 311
辽河油田新闻中心 …… 313
辽河油田人力资源调剂中心 …… 315

机构、人物与荣誉

辽河油田公司组织机构

2022年辽河油田公司组织机构名录 …… 320
2022年辽河油田公司组织机构图 …… 323

辽河油田公司领导干部

辽河油田公司领导成员 …… 324
辽河油田公司中层领导干部 …… 324
2022年辽河油田公司中层以上干部退休名单 …… 328

议事协调机构

2022 年辽河油田公司非常设机构 328
2022 年辽河油田公司党的非常设机构 340

专家队伍

享受国务院政府特殊津贴人员 343
企业首席专家 343
企业高级专家 343
2022 年度辽河油田公司晋升高级专业技术
职称人员 344

先进集体

国家级先进集体 345
省部级先进集体 346
集团公司级先进集体 348
2022 年度获地市级政府表彰或行业荣誉的
先进集体 351
2022 年度辽河油田公司级先进集体和技术、
管理创新成果 351

先进个人

国家级先进个人 361
省部级先进个人 362
集团公司级先进个人 367
2022 年度获地市级政府表彰或行业荣誉的
先进个人 373
2022 年度辽河油田公司级先进个人和技术、
技能人才 373

QC 小组活动成果

辽宁省 QC 小组活动成果 380
集团公司 QC 小组活动成果 382
辽河油田公司 QC 小组活动 382

统计数据

表 1　2018—2022 年辽河油田公司原油
生产完成情况表 386
表 2　2018—2022 年辽河油田公司原油
收拨情况表 386
表 3　2018—2022 年辽河油田公司原油
销售量情况表 387
表 4　2018—2022 年辽河油田公司天然气
产销情况表 387
表 5　2018—2022 年辽河油田公司注水量
情况表（不含污水回注） 388
表 6　2018—2022 年辽河油田公司注汽量
情况表 388
表 7　2018—2022 年辽河油田公司油、水、
气井井口数情况表 389
表 8　2022 年辽河油田公司稠油吞吐热采
情况表 390

附　录

2022 年辽河油田公司政策制度选录

辽河油田公司"三重一大"决策制度实施细则
（2022 年修订） 393
辽河油田公司执行董事授权管理办法（试行） 396
辽河油田公司高技能人才管理办法 398
辽河油田公司博士后科研工作站管理办法 403
辽河油田公司职称评审实施办法 407
辽河油田公司突发事件应急管理办法 413
辽河油田公司风险管理办法 424
辽河油田公司钻井工程管理办法 429
辽河油田公司承包（服务）商管理办法
（试行） 434
辽河油田公司工程及服务内部市场管理办法
（试行） 440
辽河油田公司档案工作管理办法 450

辽河油田公司资产库管理实施细则……………459
辽河油田公司职业技能等级认定管理办法…………461

2022年报道辽河油田公司报刊网络文章选录

体积小、成本低、效率高　水力钻塞破解钻井
　　栓塞难题……………………………………467
辽河油田CCUS业务发展驶入快车道成功纳入
　　中石油示范区建设…………………………468
中国石油辽河油田大连石油交易所首次实现
　　化工产品线上竞价交易……………………468

辽河油田加快布局新能源推动绿色低碳转型………469
辽河油田智慧开采增油降水…………………………469
中国石油辽河油田分公司电焊工张亮——焊枪
　　书写闪光青春………………………………470
中国石油辽河油田储气库群首口大尺寸井正式
　　注气投产成功………………………………471
国内首创井下蒸汽流量控制技术在中国石油
　　辽河油田成功实施…………………………471

索引………………………………………………472
编后记……………………………………………488

总 述

综　述

辽河油田公司基本情况

中国石油天然气股份有限公司辽河油田分公司（辽河石油勘探局有限公司）简称辽河油田公司，是全国大型稠油、高凝油生产基地，前身为1967年3月成立的大庆六七三厂。1970年4月，组建辽河石油勘探指挥部；同年9月，更名为三二二油田；1973年5月，更名为辽河石油勘探局。经过1999年重组改制、分开分立和2008年上市业务和未上市业务重组整合，至2022年底，逐步形成油气主营业务突出，未上市辅助生产业务和多元经济协调发展的格局。业务范围涵盖油气开采、储气库业务、工程技术、工程建设、燃气利用等领域。总部设在辽宁省盘锦市兴隆台区。

辽河油田公司是在1955年开展前期地质普查的基础上，于1970年投入大规模勘探开发建设，1980年原油产量跨越500万吨，1986年突破1000万吨，1995年达1552万吨历史最高峰，到2022年底连续37年保持千万吨规模稳产。辽河油田公司矿权区包括辽宁省、内蒙古自治区、陕西省、甘肃省、山西省等地区，勘探开发领域包括辽河坳陷探区、辽河外围开鲁探区、辽河外围宜庆探区，总探矿权面积2.82万平方千米，有油气田41个。其中辽河坳陷探区是勘探开发主战场，勘探开发建设50多年以来，先后发现兴隆台、曙光、欢喜岭等油气田41个，投入开发38个，年产量占总产量的90%以上，形成9种主要开发方式及配套技术，涵盖陆上石油的全部开发方式，全面建成国家能源稠（重）油开采研发中心，蒸汽驱、SAGD、火驱等特色技术保持行业领先水平。截至2022年底，设机关职能部门15个、直属机构5个、附属机构2个，所属二级单位49个。在册员工6.27万人。资产总额614.16亿元，净资产198.77亿元。累计探明石油地质储量25.7亿吨，天然气地质储量1140亿立方米。累计生产原油5.05亿吨、天然气903.89亿立方米。有东北地区最大的储气中心——辽河储气库群，被纳入国家"十四五"发展规划工程，担负中俄、秦沈、大沈3条国家级天然气管线调峰任务，具有国家战略储备、季节调峰、应急调峰三大功能，调峰保供区域为东北及京津冀地区。辽河油田公司渤海湾盆地辽河滩海葵花岛构造带葵探1井油气勘探获中国石油天然气集团有限公司（简称集团公司）勘探重大发现一等奖。

一、历史沿革

辽河油田公司的开发建设，是新中国石油工业发展的一个生动缩影。在1955年开展前期地质普查的基础上，1967年3月，经国家经济计划委员会批准，石油工业部军事管制委员会决定，从大庆石油会战指挥部抽调3个钻井队、2个试油队、1个特种车队及部分地质、测井、射孔、机修及生活服务等人员组建大庆六七三厂（图1），接替地质部在下辽河盆地开展石油勘探开发工作。1970年3月，国务院批准石油工业部《关于加速下辽河盆地石油勘探的报告》。4月，石油工业部军事管制委员会与沈阳军区、辽宁省革命委员会研究决定，在大庆六七三厂基础上组建辽河石油勘探指挥部，全面勘探下辽河坳陷的油气资源，正式开启辽河油田公司开发建设的征程。9月，中共辽宁省委将辽河石油勘探指挥部更名为三二二油田。三二二油田受辽宁省和燃料化学工业部双重领导，以辽宁省领导为主。1973年5月，中共辽宁省委将三二二油田更名为辽河石油勘探局，先后隶属燃料化学工业部、石油化学工

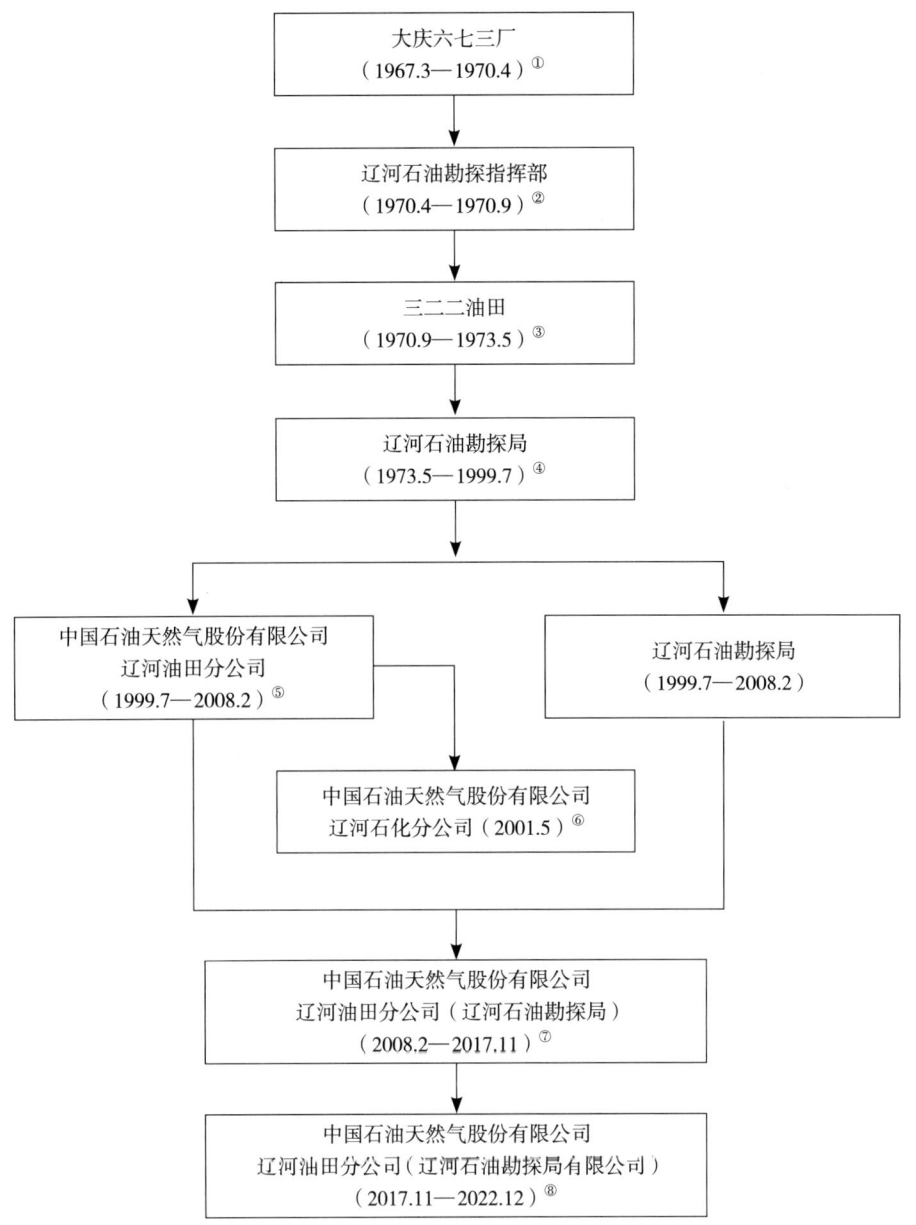

图 1　辽河油田公司历史沿革图

注：① 1967 年 3 月，石油工业部批准大庆石油会战指挥部成立大庆六七三厂，接替地质部在下辽河坳陷进行石油勘探。
② 1970 年 4 月，经国务院批准，石油工业部在大庆六七三厂基础上组建成立辽河石油勘探指挥部。
③ 1970 年 9 月，辽河石油勘探指挥部更名为三二二油田。
④ 1973 年 5 月，中共辽宁省委将三二二油田更名为辽河石油勘探局。1990 年 1 月，国务院批复同意，辽河石油勘探局由辽宁省划归中国石油天然气总公司管理。
⑤ 1999 年 7 月，中国石油天然气集团公司对辽河石油勘探局进行重组改制，将其勘探开发、炼油、油气集输等核心业务为基础，组建中国石油天然气股份有限公司辽河油田分公司。
⑥ 2001 年 5 月，辽河油田公司石油化工总厂上划股份公司管理，更名为中国石油天然气股份有限公司辽河石化分公司。
⑦ 2008 年 2 月，中国石油天然气集团公司对辽河油田公司和辽河石油勘探局进行重组整合，授权辽河油田公司对辽河石油勘探局（不含划入长城钻探工程有限公司部分）的业务、资产和人员实施全面委托管理，实行一个领导班子的管理体制。重组整合后，统一使用辽河油田公司名称，保留辽河石油勘探局独立法人、工商及税务登记资格。
⑧ 2017 年 11 月，中国石油天然气集团公司批准辽河石油勘探局进行公司制改制，改制为一人有限责任公司，机构名称为辽河石油勘探局有限公司，中国石油天然气集团公司持股 100%。改制后，辽河石油勘探局有限公司仍由辽河油田公司全面委托管理。

业部、石油工业部、中国石油天然气总公司和辽宁省双重领导，仍以辽宁省领导为主。1990年1月，国务院批复同意辽河石油勘探局划归中国石油天然气总公司管理。1998年7月中国石油天然气集团公司成立后，辽河石油勘探局改由中国石油天然气集团公司管理。1999年7月，辽河石油勘探局核心业务与非核心业务重组分立为中国石油天然气股份有限公司辽河油田分公司和辽河石油勘探局。2008年2月，中国石油天然气集团公司委托中国石油天然气股份有限公司（简称股份公司）授权辽河油田公司对辽河石油勘探局（不含划入长城钻探工程有限公司部分）的业务、资产和人员实施全面委托管理，并保留辽河石油勘探局企业名称及其独立法人、工商及税务登记资格，仍列中国石油天然气集团公司机构序列。2017年11月，辽河石油勘探局改制更名为辽河石油勘探局有限公司，作为中国石油天然气集团公司出资的一人有限责任公司，注册资本32.61亿元，继续由辽河油田公司全面委托管理。2018年9月，中国石油天然气集团公司明确辽河油田公司为一级一类企业。2020年1月，辽河油田公司停止使用"局级、处级、科级"等机构规格和领导人员级别管理方式，全面推行机构和领导人员岗位层级类别管理。辽河油田公司党组织关系隶属于中共辽宁省委。2021年，辽河油田公司仍全面托管辽河石油勘探局有限公司，实行一个领导班子、一套职能部门、一体化运作、分账核算的管理体制。截至2022年，辽河油田公司持续深化企业改革，推进治理体系和治理能力现代化，国企改革三年行动圆满收官。

二、发展现状

辽河油田公司是中国石油的地区分公司，是以石油、天然气勘探开发为主、油气深加工等多元开发为辅的大型联合企业。其中辽河坳陷探区是勘探开发主战场，年产量占全油田90%以上，油田油藏类型多样、油品性质各异，形成9种主要开发方式及配套技术，涵盖陆上石油的全部开发方式，蒸汽驱、SAGD（蒸汽辅助重力泄油技术）、火驱等特色技术保持行业领先水平，全面建成"国家能源稠（重）油开采研发中心"。拥有东北地区大型的储气中心——辽河储气库群，具有国家战略储备、季节调峰、应急调峰三大功能，被纳入国家"十四五"发展纲要和石油天然气基础设施重点工程。油田开发建设50多年来，累计生产原油5亿多吨、天然气910多亿立方米，贡献财税近3000亿元。2022年，辽河油田公司年产原油933.2万吨，年产天然气8.41亿立方米，全年生产油气当量1000.18万吨。

油气勘探取得新突破。2022年，本部与外围、常规与非常规、滩海与陆上勘探全面取得积极进展，56口探评井获工业油气流，发现正宁长7页岩油1个亿吨级，大民屯西部陡坡带等7个千万吨级石油增储区带，形成滩海东部构造带、宜庆古生界等2个百亿方级天然气增储区带。新增石油探明储量、控制储量、预测储量分别完成年度目标的108%、109%、102%；风险探井葵探1在滩海东部首次发现中生界小东沟组、沙河街组高产气流，时隔六年再获集团勘探重大发现一等奖殊荣。

油田开发创出新水平。2022年，原油产量上半年连上7个百吨台阶，灾后复产实现万吨跨越，全年保持逆势上扬态势。通过统筹新井高效建产、老井持续稳产、长停井治理提产、稀油高凝油上产，开发生产指标整体改善，新区产能同比提升16.5万吨、创近10年新高，百万吨产能投资控制在46亿元以内；治理套损井437口、恢复产能24.8万吨。剔除洪灾影响，注水油田自然递减率同比降低0.3个百分点，稠油吞吐油汽比稳定在0.3，方式转换效果不断向好，油水井开井率同比分别提升2.2%、1.2%，15项钻采工程重点指标持续向好。

调峰能力实现新提升。2022年，储气库国产首套电驱高压离心式压缩机组成功投产，大尺寸钻完井技术取得突破。库群日注气能力从1400万立方米提升至3000万立方米，日采气能力达到3530万立方米。第九轮注气32亿立方米、同比提高12.3亿立方米，注气量占中石油储气库五分之一，刷新库存气量历史最高、高强度注气天数最多、注气量全国最大等4项纪录，天然气调峰保供作用更加凸显。

提质增效全面推进，经营质量与经济效益同步提升。坚持"四精"要求、低成本战略，全面推进控投、降本、提效、治亏等措施，经营业绩创近8年最好水平。项目化、分级次实施49项工程，挖潜增效23.34亿元、优化投资7.63亿元。将成本压降作为着力方向，将专项治理作为攻坚重点，一企一策精准治亏，纳入集团公司治理范围33户全级次子企业有31户实现盈利，同比减亏1.01亿元；"两金"压降综合完成率112.5%。出台管理办法，激励4500多名员工走出辽河，整合力量开拓高效市场，实现收入60亿元，利润3.1亿元、同比增利3000万元，经济效益与品牌形象获得"双丰收"。

深化创新驱动，增强企业活力与支撑动力。落实集团公司强化管理要求，统筹开展管理提升三年行动。全面推进岗位管理，实现身份管理向岗位管理的历史性转变。调整外围区业务及机构设置，优化公司机关职能配置，差异化核定二级单位机构编制，完善工效挂钩办法，规范专项奖励管理，推进全员绩效考核，充分调动员工工作主动性。深化科技体制改革，强化创新驱动引领，全力攻关破解各类瓶颈矛盾，科技创新实现积极进展。完成5家单位物联网建设，井、站数字化覆盖率提升至53%、57%。勘探开发协同研究平台实现矿场应用，生产指挥、智慧安眼等8个数字化平台加快建设，数字化转型迈入新阶段。

聚力新能源发展与节能减排，加快绿色转型发展步伐。2022年，辽河油田公司聚焦"双碳"目标，牵头中国石油驻辽企业制定碳达峰行动方案，持续优化完善"绿色低碳613工程"，加强重点项目建设及运行管理，专班推进光伏、风电、地热等工程。坚持把节能作为第一能源，开展举升能耗对标管理，降耗减碳成果显著。CCUS工程纳入集团公司"四大六小"示范区创建，股份公司CCUS示范工程双229块先导试验第一批14口井顺利完钻，发挥碳源优势，与驻辽炼化企业研究建立上下游协同全产业链模式。

2022年，辽河油田公司将迎接党的二十大、学习宣传贯彻党的二十大精神贯穿全年，有效应对新冠肺炎疫情等诸多现实挑战，成功战胜史所罕见的洪涝灾害，胜利召开第三次党员代表大会，圆满完成年度各项业绩指标，连续37年保持油气千万吨规模稳产。储气库群日注气能力提升至3000万立方米，跃居全国前列。上市和未上市业务保持"双盈利"局面，再次进入集团公司"先进集体"行列。

辽河油田公司2022年生产经营工作情况

2022年，辽河油田公司深入贯彻集团公司党组部署，按照公司党委确定的工作目标思路，突出高质量发展主题，聚焦做好"三篇文章"，团结奋进、逆势而上，全面防范化解重大风险，着力提升发展质量效益，圆满完成生产经营任务。辽河油田新增探明石油储量2702万吨、控制储量3257万吨、预测储量4074万吨，分别完成年度任务的108%、109%、102%；SEC新增证实储量682万吨，完成年度目标的102.2%；新增探明天然气储量20.44亿立方米，SEC新增证实储量6.33亿立方米、完成年度目标的126.6%，勘探综合发现成本6.73美元/桶。生产油气产量当量1000.18万吨，原油商品量921.42万吨、天然气商品量1.94亿立方米。整体实现收入549.51亿元，考核利润54.77亿元（还原消化历史潜亏、补提弃置费用等事项影响），对比集团公司总部考核指标超交3.27亿元，上市业务和未上市业务继续保持"双盈利"，创近8年最好水平，经营业绩在集团公司16家油气田企业中稳居第六位。实现税费100.22亿元，同比增加53.55亿元，位居全省纳税企业前列。经济增加值（EVA）30.76亿元，同比增加21.09亿元，全员劳动生产率44.52万元/人，同比提高13.16万元/人，"两利四率"均超额完成集团公司下达指标。储气库群日注气能力提升至3000万立方米，跃居全国第一，采气能力再创新高，调峰能力近两年翻一番。

辽河油田公司主要生产经营指标

指　标	2022 年	2021 年
原油产量（万吨）	933.2	1008.01
天然气产量（亿立方米）	8.41	7.9
新增探明石油地质储量（万吨）	2702	4131
新增探明天然气地质储量（亿立方米）❶	20.44	—
二维地震（千米）	—	500
三维地震（平方千米）	270	470
探评井（口）	83	72
油气开发井（口）	836	691
钻井进尺（万米）	186.3	135.67
勘探投资（亿元）❷	14.51	13.49
开发投资（亿元）	65.28	45.61
资产总额（亿元）❸	614.16	544.36
收入（亿元）	549.51	441.56
净利润（亿元）	33.37	10.08
税费（亿元）	100.22	46.67

加强运行协调衔接，生产组织全面提速提效。两次组织劳动竞赛，成立专班开展"督导＋技术服务"，有力推动产量任务顺利完成。超前组织冬防保温、防洪防汛、电网检修等工作，强化物资采购、工程技术、工程建设、车辆等服务支持，形成上产整体合力，重点工作运行到位率、符合率分别提高到100%、94%。成立疫情应对专班，最大限度保证生产平稳。抓好应急处置，合力抗击13级强风袭击，36小时连续奋战完成451口油井复产、13条线路抢修。面对历史罕见洪水，辽河油田公司先后组织上万人进行12次关键抢险，紧急加高加固堤坝60余千米。第一时间组织排涝复产，高效恢复"一站三线"核心工程，累计排水1.28亿立方米，抢修水毁道路105千米，15天完成所有变电站修护、19天恢复5座联合站主体功能、11天完成跨坝管线改造，提前5天完成158座采油站、3461口油井复产。

同步组织全员上产大会战，最短时间实现日产油万吨大跨越，最大限度降低产量、经济损失，取得抗洪复产全面胜利。

效益勘探高效推进，资源基础得到持续巩固。以发现经济可采储量为目标，实施各类探评井83口，获工业油气流56口，进尺22.78万米，探评井成功率72%，超额完成三级储量任务。围绕深层潜山、深层天然气等领域实施风险探井2口，葵探1井在东三段、沙河街组及中生界试气分别获9.8万立方米、15.45万立方米、19.94万立方米高产工业气流，获集团公司油气勘探重大发现一等奖。强化大民屯潜山内幕及陡坡带平面扩边、纵向拓深，部署探评井8口、获工业油流4口，其中沈288-2CH中途测试日产油193吨、沈281-H101导试油3层均获工业油流；西部凹陷曙110区新增预测储量2229万吨。宜庆地区中生界长2、长6、长7等4口评价井均获10吨以上高产，宜庆11、宜庆13等7口井获工业油气流，新增探明石油储量1793万吨、探明天然气储量13.97亿立方米；开鲁地区8口井获工业油气流，陆东凹陷新增控制石油储量3257万吨，奈曼凹陷新增预测石油储量1775万吨、探明储量585万吨。在乐83、杜124等6个区块新增探明石油储量2702万吨，全部为稀油、高凝油等优质储量。

实施效益开发，油气产量保持规模硬稳。推行产建一体化承包，以台长制组织雷72、河21等8个大平台建设，实施新井809口，年产油45.7万吨，产能贡献率38.2%。深挖天然气上产潜力，宜庆地区日产气能力突破30万立方米；辽河油田公司整体年产气8.8亿立方米。老井稳产更加巩固。优化实施方式转换，新转井组35个，总体规模达到679个，年产油207.6万吨。强化精细多元调控，完成注水工作量4236井次，注水3092万立方米，注水油田年产油连续6年稳定增加，自然递减率降至12.1%；实施"压舱石"工程，静安堡、海外河油田被集团公司评为高效开发油田。推进"多介质、多井型、

---

❶ 2021年，股份公司未下达探明天然气任务指标。
❷ 本卷《年鉴》勘探投资额包括申报三级储量的预探和评价投资总和。上卷《年鉴》2021年勘探投资额专指石油预探投资。
❸ 本卷《年鉴》2022年"资产总额""收入"两项指标采用国际财务报告准则披露；2021年该两项指标按照中国企业会计准则披露。

多方式"复合吞吐，年增油23.5万吨，油气比保持0.3。通过风险合作、费用包干等方式，专项治理套损井437口，年增油11.5万吨、增气283.6万立方米；优选两批492口低效井复产，增加日产油368吨，开井率提高2.2%。推进采油作业效益联包，整体维护性作业工作量同比下降5.6%。

深化提质增效，经营业绩实现大幅增长。坚持"四精"要求，全面推进10个方面49项提质增效工程，持续控投降本、提效治亏，管理挖潜30.97亿元。修订投资管理办法，实施"六大提升工程"，严格项目效益评价和排队优选，优化压缩投资7.63亿元，勘探开发、新能源、储气库等主营业务投资占比稳定在95%以上；百万吨产能投资控制在46亿元以内，当年投资完成率达到95%以上。项目化管理抓投资管控，成立5个公司级、6个厂处级项目组，年度评选5个重点项目进行专项奖励，持续提升投资管理效能。落实成本"六个控降"措施，优化调整投资成本支持抗洪复产；电费、燃料费、运输费等主要成本指标分别下降7.18%、4.83%、7.46%。剔除洪灾影响，桶油基本运行费18.22美元、操作成本30.37美元、完全成本55.71美元，均控制在总部指标范围内。落实市场营销"24字"方针，深化原油分质分销、市场化销售，增效9029万元。突出天然气提产扩销，回收零散气0.58亿立方米，创效2418万元。实施资产轻量化、设备再制造、税收筹划优化，挖潜2.54亿元。建立"三专"机制压降"两金"规模，综合完成率112.5%。扎实开展亏损企业治理，持续深化"四维"帮扶体系，同比减亏1.01亿元。加速推进市场化进程，市场机制更加公平有序。利用人才、技术、品牌优势开拓外部市场，闯市场人员超4500人，新中标西气东输四线、长庆气井增产服务等项目833个，新签合同额110.9亿元，实现利润3.1亿元、同比增利3000万元。城市燃气市场不断拓展，输销天然气23.05亿立方米、创效0.74亿元。深化"合规管理强化年""六个专项治理"，全面开展法治建设示范企业创建工作，新发案件数量同比下降25%，避免和挽回经济损失4080万元。

聚力新兴业务，加快绿色转型发展步伐。聚焦"双碳"目标，持续优化完善"绿色低碳613工程"，加快推进绿色低碳示范基地建设，形成新能源新业务协同发展新格局。新建库双51、双31顺利投产，首套国产离心式压缩机组成功投运，双6-H2316等3口大尺寸井相继投产，日注采能力均突破3000万立方米，周期注气32.06亿立方米、同比增加12.3亿立方米，最高日调峰能力达到3530万立方米。马19储气库先导试验工程5月份开工建设，龙气5储气库地质与气藏工程可研方案通过审查。开启第七轮采气，阶段采气超11亿立方米，有效彰显在东北及京津冀地区调峰保供作用。新能源业务加快落地。高升采油厂、金海采油厂等4家单位21兆瓦光伏发电工程投产，建成5.19兆瓦新井产能光伏和沈茨锦18.19兆瓦光伏发电项目，推进盘锦、沈阳、锦州地区76.8兆瓦光伏发电工程建设，自发绿电3200万度；加强与省市政府沟通对接，辽阳20万千瓦、凌海35万千瓦风电项目完成开发合作协议签订及备案；欢三联地热利用示范项目运行平稳，130万平方米地热供暖项目开发加快实施。BSK1战略资源工程有序开展，天然碱勘探取得新突破。降耗减碳成果显著。把节能作为第一能源，开展举升能耗对标管理，实施热注锅炉提效、密闭集油改造、油气冷输等6方面20个项目，节降天然气2221万立方米、节电3259万度；油田能耗总量同比下降29.14万吨标煤、降幅11.6%；碳排放总量568万吨、同比减少31万吨，碳排放强度0.57。CCUS示范工程双229块先导试验第一批14口井顺利完钻，在齐131、杜古潜山等11个油藏26个井组开展二氧化碳注入试验，注碳5.6万吨，增油2万吨。

特 载

矢志加油增气　勇毅改革创新　为谱写高质量发展新篇章团结奋斗
——李忠兴在油田公司四届四次职代会暨 2023 年工作会议上的主题报告（摘要）

2023 年 1 月 6 日

这次会议的主要任务是，以习近平新时代中国特色社会主义思想为指导，深入学习贯彻党的二十大精神、中央经济工作会议精神，全面落实集团公司、辽宁省工作部署，总结 2022 年工作成果，分析面临形势，部署 2023 年重点任务，动员广大干部员工，矢志加油增气，勇毅改革创新，为谱写高质量发展新篇章团结奋斗。

一、工作成果彰显发展新成效

2022 年，是党的二十大召开的政治大年，也是油田公司落实"十四五"规划、攻坚克难推进高质量发展的关键一年。油田公司认真学习贯彻习近平总书记重要讲话和重要指示批示精神，将迎接党的二十大、学习宣传贯彻二十大精神贯穿全年。着力破解油田发展的"六大矛盾"，成功战胜史所罕见的洪涝灾害，积极应对新冠肺炎疫情等诸多现实挑战。聚焦高质量发展，集中精力做好"三篇文章"、实施"六项战略工程"，大力推动管理提升，全面推进改革发展稳定各项事业，油田公司再次进入集团"先进集体"行列，在不平凡的年份交出了一份厚重提气、可圈可点的答卷。

一是在厚植发展优势上取得新成效。油田公司党委锚定一流抓发展，突出融合促提升，传承精神聚合力，"把方向、管大局、保落实"作用有力发挥；胜利召开油田公司第三次党员代表大会，持续优化发展顶层设计，"加油增气"规划、"三篇文章"布局、"两个阶段三步走"路径更为清晰完善，激励全员以更加奋发昂扬的精神面貌推进高质量发展。

二是在筑牢发展根基上取得新成效。新增石油三级储量 1 亿吨以上、探明天然气储量 20.44 亿立方米，葵探 1 井油气勘探获集团重大发现一等奖。生产油气产量当量 1000.18 万吨，连续第 37 年保持原油千万吨能力稳产。储气库日注气能力跃居全国第一、采气能力再创新高，调峰能力近两年翻一番。

三是在提升发展质量上取得新成效。剔除消化历史潜亏等因素影响，保持上市未上市"双盈利"，实现考核利润 54.77 亿元，对比总部指标超交 3.27 亿元，经营业绩在集团 16 家油气田企业中稳居第六位。实现税费 100.22 亿元，同比增加 53.55 亿元，位居全省纳税企业前列。

四是在增强发展动能上取得新成效。十大创新领域攻关全面提速，集团千万吨稳产重大专项高质量通过验收，获省部级以上科技成果 8 项。国企改革三年行动 82 项任务全面完成，年度 17 项改革措施全面落实，"管理提升年" 17 项举措全面见效，公司治理体系和治理能力建设水平不断提高。

五是在推进发展转型上取得新成效。新能源发展走上快车道，光伏、地热、CCUS 等重点项目落地见效，降耗、减排、治污等措施统筹落实，油田综合能耗同比下降 29.14 万吨标煤、降幅 11.6%，氮氧化物等主要污染物排放量同比下降 5%，油田公司被集团评为"绿色企业"。

六是在防范发展风险上取得新成效。精准防控安全、环保、合规、稳定、疫情等领域重大风险，运营稳定、安全稳定、队伍稳定态势持续巩固。获评集团QHSE先进企业；重点时段维稳信访安保防恐工作受到集团通令嘉奖；最大程度保护了员工生命安全和身体健康。

七是在优化发展环境上取得新成效。广大员工积极践行石油精神，在勘探开发主战场、抗洪抢险第一线、科研攻关最前沿展现担当作为。企业发展与员工成长和谐共进，民生改善工程持续落地，员工群众获得感幸福感安全感更加充实。油田大团结、油区大协作、油地大融合全面呈现新风采。

面对油田改革发展重任，发挥政治优势，党的建设与企业发展融合共进。坚持全面从严治党，着力发挥党委作用，提升融合质量，为高质量发展提供坚强保证。突出政治建设"强根铸魂"。出台喜迎党的二十大25项措施，油田公司领导带头宣讲党的二十大精神，聚焦"九个着力"深化落实党的二十大精神，组建宣讲团分片宣讲80余场次，形成学习宣传贯彻的有效抓手和浓厚氛围。开展主题活动、组织专题培训、建立落实机制，全面推进习近平总书记重要指示批示精神再学习再落实再提升。严格执行"第一议题"制度，公司党委学习研讨36次，悟思想、找方法、解难题、促发展取得明显成效。圆满完成公司"两委"换届，修订落实主体责任、"三重一大"决策、请示报告等制度，党委发挥领导作用的体制机制日益完善。突出思想教育"凝心聚力"。扎实推进党史学习教育常态化长效化，组织开展"转观念、勇担当、强管理、创一流"主题教育活动，克难奋进的发展合力有效凝聚。大抓文化引领工作，开展石油精神和大庆精神铁人精神再学习再教育再实践再传播，凝练形成新时期辽河精神。多维展示新时代十年油田发展成果，积极宣传天然气保供、抗洪复产等工作，油田影响力和美誉度持续提升。全面压实国家安全人民防线建设、意识形态领域管理、统战工作责任，有力提升发展正能量。突出深度融合"固本夯基"。以"党建联盟""党建+"等载体为牵动，构建形成具有辽河特色的"五个融合"新机制，基层党建"三基本"建设与"三基"工作有机融合展现新成效。广泛开展"喜迎二十大、奋进新征程"岗位实践活动，实施共产党员工程

1600余项，解决问题2800余个。深化"党建带群建"，党员先锋队、创新工作室、青年突击队成为抗洪抢险、岗位创效等工作的重要力量。突出队伍建设"提素赋能"。大力推进人才强企工程，推行任期制和契约化管理，优化调整部分二级单位领导体制，开展总会计师岗位公开竞聘，注重在急难险重任务中考察识别干部，提拔、交流中层领导人员194人，40岁以下干部比例提升1.4%。扩大"双序列"改革，实施创新团队建设、双向挂职锻炼等举措，选聘企业首席技术专家6人、企业技术专家11人、一级工程师11人；出台高技能人才管理等办法，选聘技师以上高技能人才315人，获省部级以上技能大赛团体奖项7个、个人奖牌24枚。突出从严监管"正风肃纪"。强化对"一把手"和领导班子监督，以清单化管理规范"关键少数"履职行权；"纪审联动"加强重大工程合规监督，深化提质增效、天然气保供等工作跟踪监督，大监督格局持续完善。高质量完成第二次巡察全覆盖任务，同步开展整改提升专项巡察，揭示整改突出问题783个。保持高压态势一体推进"三不腐"，受理信访举报95件，纪律处分115人。修订贯彻落实中央八项规定精神实施细则，坚决纠"四风"、转作风、树新风，两级机关服务基层效能明显提升。

面对能源保供政治责任，坚定加油增气，资源勘探与开发生产逆势而上。面对洪灾、疫情、寒潮等超预期因素冲击，坚持按奋斗目标抓生产运营，深化项目化、一体化管理，创建大平台施工、工厂化压裂、市场化运作新模式，全面采取"四提"措施，高质量完成各项生产任务。油气勘探取得新突破。本部与外围、常规与非常规、滩海与陆上勘探全面取得积极进展，56口探评井获工业油气流，发现正宁长7页岩油1个亿吨级，大民屯西部陡坡带等7个千万吨级石油增储区带，形成滩海东部构造带、宜庆古生界等2个百亿方级天然气增储区带。新增石油探明储量、控制储量、预测储量分别完成年度目标的108%、109%、102%；风险探井葵探1在滩海东部首次发现中生界小东沟组、沙河街组高产气流，时隔六年再获集团勘探重大发现一等奖殊

荣。油田开发创出新水平。原油产量上半年连上 7 个百吨台阶，灾后复产实现万吨跨越，全年保持逆势上扬态势。通过统筹新井高效建产、老井持续稳产、长停井治理提产、稀油高凝油上产，开发生产指标整体改善，新区产能同比提升 16.5 万吨、创近 10 年新高，百万吨产能投资控制在 46 亿元以内；治理套损井 437 口、恢复产能 24.8 万吨。剔除洪灾影响，注水油田自然递减率同比降低 0.3 个百分点，稠油吞吐油汽比稳定在 0.3，方式转换效果不断向好，油水井开井率同比分别提升 2.2%、1.2%，15 项钻采工程重点指标持续向好。调峰能力实现新提升。储气库国产首套电驱高压离心式压缩机组成功投产，大尺寸钻完井技术取得突破。库群日注气能力从 1400 万立方米提升至 3000 万立方米，日采气能力达到 3530 万立方米。第九轮注气 32 亿立方米、同比提高 12.3 亿立方米，注气量占中石油储气库五分之一，刷新库存气量历史最高、高强度注气天数最多、注气量全国最大等四项纪录，天然气调峰保供作用更加凸显。

面对全面盈利刚性目标，狠抓提质增效，经营质量与经济效益同步提升。坚持"四精"要求、低成本战略，全面推进控投、降本、提效、治亏等措施，经营业绩创近 8 年最好水平。将提质增效作为战略举措，项目化、分级次实施 49 项工程，细化落实机制，固化形成投资优化管理、油气营销创效、设备调剂挖潜等一批有效措施，挖潜增效 23.34 亿元、优化投资 7.63 亿元。将成本压降作为着力方向，坚持过"紧日子"思想，强化预算刚性执行和成本倒逼机制，桶油基本运行费、操作成本、完全成本同汇率对比总部指标分别下降 0.02 美元、0.6 美元、1.25 美元。将专项治理作为攻坚重点，开展依法纳税、债务风险、虚假贸易等专项治理，提升重大风险管控能力；一企一策精准治亏，纳入总部治理范围 33 户全级次子企业有 31 户实现盈利，同比减亏 1.01 亿元；"两金"压降综合完成率 112.5%；注销法人 5 家。将市场开发作为重要补充，出台管理办法，激励 4500 多名员工走出辽河、创造价值；整合力量开拓高效市场，中标西气东输四线天然气管道等重大工程，实现收入 60 亿元，利润 3.1 亿元、同比增利 3000 万元，经济效益与品牌形象获得"双丰收"。

面对改革发展瓶颈难题，深化创新驱动，企业活力与支撑动力显著增强。坚持强化管理、科技创新双轮驱动，针对管理短板、技术瓶颈持续用力，催生了发展新动能新优势。管理提升见到扎实成效。落实集团强化管理要求，统筹开展管理提升三年行动，围绕"管理提升年"实施盘活人力资源等 17 项措施，生产管理、经营管理等 4 大类量化指标全面改善，全员劳动生产率同比提升 13.2 万元/人，投资资本回报率、市场化率等关键指标同比分别提升 0.9%、23%。深化改革取得实质成果。全面推进岗位管理，实现身份管理向岗位管理的历史性转变。整合大连分公司与销售公司，设立荣兴油气开发公司，优化安全环保巡查管理体制，调整外围区业务及机构设置，系统推进石油化工等 6 项业务专业化重组。优化公司机关职能配置，差异化核定二级单位机构编制，完成 3 个新型采油气管理区、43 个新型采油气作业区组织架构搭建，压减二级机构 2 个、三级机构 111 个、基层领导人员职数 534 人。完善工效挂钩办法，规范专项奖励管理，推进全员绩效考核，充分调动员工工作主动性。科技创新实现积极进展。出台《着力高水平科技自立自强实施意见》及 4 项配套制度，支撑全面创新的基础制度更加完善。13 个重大专项、8 个"揭榜挂帅"项目取得有效进展，形成深层天然气成藏、平台井体积压裂等 10 项标志性成果，科技创新实力日益增强。数字油田建设快速发展。完成欢采、金海等 5 家单位物联网建设，井、站数字化覆盖率提升至 53%、57%，勘探开发协同研究平台实现了矿场应用，生产指挥、智慧安眼等 8 个数字化平台加快建设，数字化转型迈入新阶段。

面对绿色转型重大机遇，聚焦降耗降碳，新能源发展与节能减排同向发力。认真贯彻集团"三步走"总体部署，全面实施"绿色低碳 613 工程"，绿色低碳发展初见成效。突出规划牵动。完善绿色低碳与新能源业务发展领导小组，持续优化整体规划和重点项目安排。组建省、市两级指标获取工作专班，备案和签订风光并网指标开发协议65.6万千瓦。牵头中石油驻辽企业制定碳达峰实施方案、新增用电负荷清洁替代规划，助力全省绿色发展。突出项目推动。专班推进光伏、风电、地热等工程，产能建设配套光伏、欢三联光伏等项目投产运行，开工建设100兆瓦光伏项目，生产绿电3200万度。实施管理提升节耗、工艺优化降耗等23项工程，节能4.1万吨标煤。突出示范带动。CCUS工程纳入集团"四大六小"示范区创建，开展欢采、特油两座捕集站建设，大力推进双229块先导试验，探索稠油二氧化碳辅助SAGD技术，年注碳5.6万吨。发挥碳源优势，与驻辽炼化企业研究建立碳捕集、利用、埋存全产业链新模式。

面对稳健发展更高要求，全面防患除险，高质量发展与高水平安全更好统筹。突出日常严格管理与敏感时段升级监管相结合，全面防范化解重大风险，营造良好发展环境。安全生产管理持续强化。制定落实"十五条硬性措施"，细化"五个用心抓"举措，优化QHSE体系建设，开展安全生产大检查，组织"四大"活动，全员安全责任进一步压实。实行重大项目公司领导包保，投入3.51亿元治理安全环保隐患，突出"低老坏"、重复性问题、违章作业整治，一般C级事故下降75%，未发生环境污染事件。抗洪复产建立点对点、区域化、清单制、网格化升级监管措施，取得"五个一"成效。建立疫情防控与安全生产"双升级"制度，因时因势优化防控措施，保障员工身体健康和生产经营秩序平稳。合规经营管理持续优化。坚持决策依法、管理用法、维权靠法、队伍普法，落实中央企业"合规管理强化年"部署，全面开展法治示范企业创建，组织强化合规、提升管理专项行动，建立授权管理体系，配套制度加强市场、招标、合同、承包商"四位一体"管理，公司法律风险防控体系不断完善，依法合规治企水平不断提升，在集团领导干部会议交流法治建设经验；内控管理在集团层面年度排名位列第一。维稳信访管理持续深化。大力宣贯《信访工作条例》，建立信访联席会议机制，完成"万件化访"积案清零攻坚，信访总量同比下降33%、创近10年最低。升级管控重点时段稳定工作，圆满完成党的二十大等系列安保维稳任务，获评集团"平安企业"。开展打击盗窃天然气、清理非法占压等专项行动，依托普法教育预防违法犯罪，员工犯罪率同比下降25%，油区生产办公秩序稳定向好。

面对员工美好生活需求，坚持惠民履责，企业发展与员工成长相得益彰。认真践行以人民为中心的发展思想，倾力保障员工利益，积极履行社会责任，维护和谐稳定局面。促进发展成果共享。打造"四心"民生工程升级版，将企业发展作为最大民生，通过全面完成业绩指标，员工人均收入同步增长。深化实践"我为员工群众办实事"，推动职工代表提案落实，推进职工食堂、文体场馆等资源共享，提升员工群众生活品质。构建立体式精准帮扶格局，针对抗洪复产、外闯市场等群体出台系列服务保障举措，投入4000余万元解决员工急难愁盼问题。促进健康企业共建。坚持把健康作为幸福生活重要指标，强化健康环境管控，挂牌治理职业病危害因素超标场所，员工职业健康权益得到保障。加强全员健康意识培育和知识普及，强化健康干预，完善风险人群分级管理机制，员工健康素养持续提升，中高风险人群比例、非生产亡人数量同比分别下降25.6%、11.9%。促进和谐环境共创。组织石油开放日活动，举办石油石化企业座谈会，深化同中石油驻辽企业、战略合作单位沟通协作。加强与地方党委政府高水平合作，与盘锦市合力创建全国油地"和谐典范"，企业发展外部环境持续向好。大力支持18名驻村干部工作，投入720余万元助力乡村振兴，展现了负责任的国企担当。

去年6月下旬，一场历史罕见的洪涝灾害突袭而至。油田主力生产区域遭受三轮洪峰冲击，绕阳河发生1951年以来最大洪水，数千井站设备被迫停运，上万吨原油产量受到影响，部分矿区员工家属生命财产安全面临威胁。洪灾牵动着党中央的心，习近平总书记考察辽宁时高度关注全省及辽河油田受灾情况，作出重要指示要求。时任辽宁省委书记张国清、省长李乐成等多名领导连夜赶赴现场，指挥油地联合抗洪；集团党组书记戴厚良第一时间作出批示，总经理侯启军、副总经理焦方正代表党组亲赴一线查看水情灾情。油田公司党委第一时间启动应急响应，建立前线指挥部，把员工生命安全摆在第一位，明确保证"三个安全"、确保"四个到位"、坚守"四道防线"、防范"六大风险"总要求；第一时间组建专班和支撑小组进驻现场，班子成员带头"两河作战"，调动上万人次紧急处置管涌100余处，抢修堤坝60余千米，全面构筑防线；第一时间组织排涝复产，高效恢复"一站三线"核心工程，提前5天完成全部受灾井站复产，同时组织开展"凝心聚力再奋战、安全日增一万吨"劳动竞赛，经过百余天持续战斗，全面打赢抗洪抢险保卫战、复产上产攻坚战，最大限度降低灾害损失。

二、把握形势明确任务增强战略主动

党的二十大擘画了全面建设社会主义现代化国家、以中国式现代化全面推进中华民族伟大复兴的宏伟蓝图。置身党和国家事业发展大局，我们必须顺应发展大势，准确研判形势，明确目标任务，增强发展信心，牢牢掌握高质量发展主动权。

（一）重大机遇和有利条件前所未有，要强化使命意识，奋发有为开创发展新局。综合研判，当前正处在大有可为的战略机遇期，油田公司党委对油田发展充满信心。党的十八大以来，习近平总书记对中国石油和中国石油相关工作作出一系列重要指示批示；在党的二十大报告中，有12处明确提及能源资源安全和能源行业发展，特别强调要"深入推进能源革命""加大油气资源勘探开发和增储上产力度""加强能源产供储销体系建设，确保能源安全"，既赋予了能源行业、石油企业更大责任，又确立了未来发展的行动指南。习近平总书记对东北全面振兴寄予厚望，去年8月在辽宁考察时，强调辽宁要"在新时代东北振兴上展现更大担当和作为"；党的二十大部署区域协调发展将"推动东北全面振兴取得新突破"摆在重要位置。辽宁省启动实施全面振兴新突破三年行动，在石油石化产业发展、数字赋能增效、绿色低碳发展等方面作出安排部署；去年11月，集团公司与辽宁省签署合作协议，致力加强区域统筹规划，围绕做强能源经济、新能源发展等开展深度合作，为驻辽企业发展带来新机遇，也为油田发展明确新目标、提供新战场。集团公司在向"油气热电氢"综合性能源公司转型进程中，将油气与新能源列为四大业务板块之首，通过实施"压舱石"工程夯实老油田效益稳产基础、出台意见指导页岩油气规模效益开发、组织示范区建设加快CCUS技术规模应用，采取一系列举措推动上游业务高质量发展。党组多名领导对辽河油田发展给予悉心指导，突出强调要坚持常规与非常规并重、油气与新能源并重，为我们向油、气、新能源"三路进军"指明清晰方向。近年来，通过加大工作力度，油田发展规划、目标路径持续完善，本部稳产、外围上产呈现良好态势，运营水平、创效能力实现持续提升，体制机制障碍、关键瓶颈难题得到有效破解，领导班子凝聚力、党员干部执行力、员工队伍战斗力、企业发展成长力不断增强，各方面都呈现新进步新气象，预示油田发展必将迎来更加光明的前景。

（二）风险考验和短板问题交织叠加，要增强斗争精神，攻坚克难打造发展优势。油田发展依然面临许多无法回避的风险考验。面临提升保供质量、当好保供主力的考验。现阶段，油气保供责任比以往任何时候都更加紧迫和重大。油田公司"十四五"规划明确的加油增气目标，就是置身能源强国建设、彰显责任担当的战略安排。随着勘探开发程度不断加深，主力油藏已进入高速递减阶段，外围增储建产尚未形成规模，稳产难度逐年上升，特别是产量要上、投资要控、成本要降、能耗要减，十分考验责任担当能力、效益开发能力、运营组织能力，必须闯出一条逆势上产、高效开发之路。面临提升运营质量、破解矛盾问题的考验。近年来，持续用力解决发展"六大矛盾"，但尚未实现从量变到质变的根本改观。现阶段，对照一流企业标准，在科技创新力、现代企业治理能力、企业竞争力、影响力等方面依然存在差距。主要表现在，高成本是突出症结，上市基本运行费呈V型反弹趋势，今年资金缺口达7.5亿元，特别是桶油完全成本与"十四五"末48.9美元管控目标还有较大差距；未上市受电力收费制度改革、储气库合资合作等因素影响，减利超过4亿元，持续盈利难度明显增大；工程建设、工程技术等业务亏损治理任务十分艰巨。油田员工队伍老龄化、一线单位整体冗员与结构性缺员并存等矛盾问题越来越凸显。技术进步与发展需求不匹配，解决储采不平衡、开发高成本等难题的技术支撑还不强。新能源业务尚处起步阶段，高能耗依然是高质量发展的突出制约。数字化、市场化程度仍低于集团先进水平。同时，安全环保、合规经营、综治维稳、廉政建设等工作还有薄弱环节。我们面临提升党建质量、锤炼严实队伍的考验。部分单位党委领导作用发挥不充分，"一岗双责"落实不到位，"两张皮"现象依然存在；个别基层党组织软弱涣散。少数领导干部遇到困难绕道走，缺少改革创新意识、破解矛盾本领和担当进取精神；从巡察、审计、案件查处等情况看，有章不循、有规不依现象屡禁不止，个别党员干部纪律规矩意识淡薄，有的无视政治纪律政治规矩，有的顶风违反中央八项规定精神，有的瞒报家属经商办企业情况，还有的滥用"微权力"、贪图"小利益"，等等问题，充分表明全面从严治党、依法合规治企依然任重道远。我们要勇敢面对各种风险考验，用力解决短板问题，在破解矛盾中寻找发展潜力和空间。

（三）发展目标和工作任务十分艰巨，要激扬奋斗力量，乘势而上提升发展业绩。油田公司第三次党代会突出高质量发展主题，围绕"三篇文章"布局，规划了"两个阶段三步走"发展路径。要锁定目标不动摇，着眼长远抓当前，一步一个脚印，一年一个台阶，让实现既定目标有更加牢固的基础，让增进员工福祉有更加坚实的依靠。

2023年总的工作要求是：深入学习贯彻党的二十大精神，认真落实集团公司、辽宁省工作部署，完整、准确、全面贯彻新发展理念，遵循"四个坚持"兴企方略和"四化"治企准则，深化落实"五大发展战略"和"四大战略举措"，牢牢把握集团公司全面建成基业长青的世界一流综合性国际能源公司中心任务，聚焦油田高质量发展，锚定创一流目标，坚定做好"三篇文章"，推进"六项战略工程"，突出常规与非常规、油气与新能源"两个并重"，抓实一体化、项目化、法治化、市场化、数智化"五个关键举措"，实现党的建设、油气生产、经营业绩新提升，绿色低碳、新能源业务快发展，科技创新、深化改革、从严治企再突破，安全环保、队伍大局硬稳定，全面展现高质量发展新作为。

主要业绩目标安排是：勘探增储要有新品质，提交探明石油储量3000万吨（经济可采储量330万吨）、控制储量3000万吨（经济可采储量270万吨）、预测储量5000万吨（技术可采储量700万吨），新增探明天然气储量200亿立方米（经济可采储量60亿立方米）。油气生产要有新水平，生产原油1003万吨，生产天然气10亿立方米以上。储气库建设运营要有新规模，库容气量达到125亿立方米，工作气量30亿立方米。经营业绩要有新成效，按油价70美元/桶预算、上市利润53.76亿元，未上市利润0.2亿元，整体盈利53.96亿元。绿色转型要有新进展，实现绿电装机48万千瓦，综合能耗256万吨标煤以下；二氧化碳排放量585万吨以内、排放强度小于0.6。管理提升要有新高度，"一利五率"指标努力实现"一稳一增四提升"；质量健康安全环保管理追求"四零""七杜绝"；保持赴省进京非访为"零"。需要着重强调的是，在全面厘清重点任务和工作短板的基础上，必须抓住影响发展的关键问题，靶向发力、综合施策，提升运营组织管理水平。

关于"两个并重"。能源安全是关系国家经济社会发展的全局性、战略性问题。目前我国能源结构仍然以化石能源为主导，但化石能源清洁化、清洁能源规模化、多种能源综合化已是不可逆转的潮流。我们要完整准确理解"端牢能源饭碗"的深刻内涵，充分认识到"石油天然气是能源、新能源也是能源"，积极打造油气为主、多能互补、融合发展的能源供给体系。要突出常规与非常规并重，优化生产布局，既要推进稀油、高凝油、天然气高效生产，又要实现页岩油、致密气、煤层气等非常规资源有效突破，提升油气稳产上产能力。要突出油气与新能源并重，在做强做优油气主业、有效提升气库储采能力的同时，坚持节能、降碳、减污攻坚与新能源项目建设同步发力，构建绿色产业结构，加快发展方式绿色转型。

关于"五个关键举措"。一是抓实"一体化"统筹。要突出近期工作与长远目标、上市与未上市、内部运营与外部增效相结合，加强"甲乙方"协同、"产运销"联动，提升产业链供应链韧性和安全水平。深化勘探开发、生产经营、投资成本等"五个一体化"，建立综合联动、高效受控工作格局，提高全要素生产率。二是抓实"项目化"管理。要以项目化思维、全周期理念，推动党的建设、生产经营、关键改革、技术攻关等重点工作，坚持公司领导牵头抓、业务部门专班抓、具体项目专人抓，实现责任具体化、任务清单化、考核刚性化，形成上下贯通、协同发力、闭环管理工作机制。三是抓实"法治化"建设。要把依法合规治企和强化管理摆在突出位置，优化公司治理的结构、组织、运行、制度、监督、党建"六大体系"，加快建设治理现代、经营合规、管理规范、诚信守法的法治示范企业。四是抓实"市场化"发展。要遵循市场经济和企业发展规律，激活市场机制，优化油气营销管理，加快完善市场交易规则，构建与市场化相适应的预算、考核等政策体系，推进交易价格市场化、工程技术服务市场化，增强自主经营和创效能力。五是抓实"数智化"升级。要坚持依靠数字化、智能化赋能提效，推动数字化转型、智能化发展，以感知、互联、数据融合为基础，推进生产数据实时分析、生产运维智能调控、经营管理智能优化，加快打造"数智油田"。

这里强调的"两个并重""五个关键举措"，既关系工作方向问题，也涉及工作方法问题，在抓发展过程中要认真加以把握，实现企业发展质的有效提升和量的合理增长。

三、坚决扛起能源保供重大责任

聚焦党的二十大关于"提升战略性资源供应保障能力"等部署要求，加大油气资源勘探开发和增储上产力度，提升油气安全稳定供应能力，勇当保障国家能源安全主力军。

（一）高效勘探推动资源储量提升。把夯实资源基础作为首要工程，坚持"新老并举、常非并重、陆海并进、油气并增"，以提升经济可采储量、改善储采比为重点，大力推进高效勘探，努力寻求大发现大突破。要以盆地为单元，深化区域构造沉积演化、页岩油及深层气成藏机理等基础研究，落实战略性、规模性、效益性风险及预探重点目标。要加强风险勘探，加快滩海太阳岛、麟游—淳化等地区研究部署进度，力争取得新领域新层系的勘探新成果。要围绕大民屯胜西—前进潜山带、清水洼陷中浅层等重点区带优化预探部署，实现常规油气藏规模效益增储。要集中勘探外围非常规领域，深化开鲁低渗透油藏地质工程一体化，推进宜庆地区整体性研究、多层系评价、立体式勘探，加快增储建产节奏。

（二）效益开发推动油气产量提升。坚持"稀油增量提效、稠油优化提质，稳定油区本部、加快外围上产"，确保油气当量本部达到1027万吨、外围区突破50万吨。要突出新井"四提"，深化老区精细开发与方式转换结合建产、低渗透与非常规"勘探评价开发一体化"建产，优化项目化管理、一体化承包、大平台建产、市场化运作等模式，确保产能建设达产达效。要突出"两率"优化，以老油田"压舱石"、曙一区300万吨稳产等工程为重点，持续开展稠油注汽优化、注水综合调控、套损井治理、天然气上产等工作，自然递减率同比下降0.6个百分点。要突出稳产上产结构优化，兼顾效果与效益、当期与长远，持续优化油气结构、油品结构、措施结构、区域结构，不断提升油田开发水平。

（三）扩容增效推动保供能力提升。坚持调峰保供与建设运营同步推进，开展应急保供冲峰能力分析，全面挖掘已建库生产潜力，加快达容达产，高效完成调峰保供、民生保供、生产保供等重点任务。要高质高效建设新库，抓好双台子储气库群、马19储气库先导试验工程建设；持续开展双台子储气库群二期、龙气5及储备库的研究和前期评价，尽快组织进场建设，确保规划目标顺利完成。要强化排液增容与气库建设协同，探索提高油环采收率措施，提升产量贡献；升级智能化管理，降低安全风险，提高自动控制水平和运行效率。

（四）优化运营推动生产效率提升。坚持在优化管理上下功夫，实行关键指标、重点项目"包保责任制"，严格专班制度，建立联管、联责、联动工作机制。要在运营提效上下功夫，充分发挥生产运营系统中枢作用，优化运营模式，强化督办落实，确保油气产运储供销高效运转。要在整体联动上下功夫，加强工程技术、油田建设、土地管理、水电信、物资采购等力量衔接配合，形成上产合力。要在加强统筹上下功夫，突出财务预算、生产经营、投资计划平衡协调，实现增产量与降成本、提质效与控风险、保生产与闯市场整体相兼顾。

四、依法合规提升经营管理水平

聚焦党的二十大关于"推动国有资本和国有企业做强做优做大"等部署要求，深入落实"四精"举措，强化低成本发展理念，坚守合规经营底线，提高盈利能力和价值贡献。

（一）持续深化提质增效。深入落实"四精"要求，锁定"双盈利"目标，加强经营决策、财税政策、挖潜对策的顶层设计，掌控经营大局。要着力打造提质增效"精进版"，深挖油气营销、资金运营、控本降费、资产调剂盘活、房屋土地处置等价值创造潜力，鼓励各单位部门拿出创造性节支增效措施，确保挖潜25亿元以上。要优化投资管控，突出"一本账"管理，强化全过程闭环管理，严格落实立项主体责任、业务把关责任，充分发挥主管部门综合平衡作用；坚持效益导向"集中资金办大事"，保持勘探开发、新能源、储气库等业务投资强度。要坚持"一切成本皆可降"，坚持全员全过程全要素刚性控降成本，构建纵向到底、横向到边的成本管控体系，坚决防止成本支出"上紧下松、一线紧二线松"；强化预算成本倒逼机制，严控低效无效投入，压降非生产性支出，严禁预算外投入；着力提高全员劳动生产率，专项制定材料、燃料、电费、作业、折耗等重点成本压降行动计划，确保桶油完全成本同比下降3美元以上。要统筹落实集团亏损企业治理和法人压减三年攻坚行动，坚持治存量、控增量并重，"一企一策""一业一策"推进亏损企业治理，坚决打赢本质扭亏攻坚战；坚持能压则压、应压尽压，确保完成法人压减工作目标。

（二）持续深化企业改革。深入开展国企改革三年行动补短板强弱项专项行动，对标对表开展"回头看"，做好总结评价、经验推广和巩固提升。要持续优化业务结构，立足主营业务归核化、辅助业务专业化，细化梳理各单位功能定位，推动同质化业务重组。要落实未上市业务中长期发展规划，坚持市场化改革方向，做优储气库、伴生矿业务，做强工程技术、工程建设业务，做精物资供应、电力保障业务，做专特车服务、石油化工业务，退出、萎缩、重组整合低端低效、持续亏损业务；按照"四个一批"思路，深化股权公司改革。要实施组织体系优化提升工程，坚持"大部制、扁平化"方向，深化两级机关改革，加快新型采油气管理区作业区、采油集输一体化建设，分类施策优化三级单位管理，探索科研院所资源整合，试点推进未上市单位两级管理。要持续优化队伍结构，专项研究队伍建设工作，推动用工方式转型，着力解决整体冗员与结构性缺员并存矛盾；强化效益用工理念，依托调剂平台挖掘人力资源潜力，拓展优化配置方式和安置渠道，让"合适的人干适合的事"。要完善激励约束政策，严格落实业绩指标考核、专业管理考核和专项考核，强化工效挂钩、精准激励，推进市场化薪酬机制落地，加大基层一线关键艰苦岗位人员、科研技术和管理骨干人才的激励保障力度，激发各方面工作积极性。

（三）持续深化管理提升。建立管理提升长效机制，深入开展管理提升三年行动，将控成本、降递减作为长期工程，将市场提升、创新驱动作为发力重点，压茬推进针对性措施，久久为功"抓基础、消风险、提水平、创一流"。要坚持依法合规治企，深化法治建设示范企业创建，构建高水平管理机制，健全合法性、合规性审查程序，强化制度刚性执行和流程优化，突出内外部市场、承包商等重点领域合规监督，完善风险防控体系和机制，牢牢守住不发生重大风险的底线。要强化以"三基"工作为重点的基层基础管理，聚焦抓标准、抓执行、抓示范、抓考核，全面加强以党支部建设为核心的基层建设、以岗位责任制为中心的基础工作、以岗位练兵为主要内容的基本功训练，提升"三基"工作的规范化、标准化和精益化水平。

（四）持续深化市场升级。完善价值引领、合作开放的市场架构，明确市场交易操作程序，加快建立市场化价格体系，实现市场交易公开公平公正。要健全市场运作制度，配套监督、考核、激励政策，倒逼专业队伍提升服务效率和质量；股权企业要依托技术、产品、装备硬实力，依法合规参与市场竞争。要严格落实《工程及服务内部市场管理办法》，进一步加强市场、招标、合同、承包商综合管理，增强法律约束力、制度执行力，严禁转包、违规分包、挂靠等行为。要统筹开拓国内国际市场，坚持效益导向，整合资源力量，努力开发油气田、基建、城镇燃气等领域高品质项目；加强外部市场项目和人员管理，通过优质增值服务、诚信合规经营、优良队伍作风打响辽河品牌，不断提升经济效益与社会效益。

五、加快迈出绿色低碳发展坚实步伐

聚焦党的二十大关于"推动绿色发展，促进人与自然和谐共生"等部署要求，认真贯彻集团"三步走"战略，持续推进"绿色低碳613工程"，坚定走好绿色低碳发展道路。

（一）优化绿色转型战略布局。充分发挥绿色低碳与新能源业务发展领导小组作用，锚定"十四五"目标持续优化绿色低碳发展规划，突出降耗、降碳、减污、扩绿、增气等工作协调推进，以高质量规划引领油田生态优化、节约集约、绿色低碳发展。要强化"双碳"目标和新能源项目落实，将能耗总量、能耗强度、碳排放强度、节能节水等关键指标纳入业绩考核，建立考核评价体系，确保规划指标高效落地。要加强与新能源头部企业互利合作，积极争取辽宁省在碳价补贴、产业化合作、技术专项资金等方面的政策支持；抓好600万千瓦并网指标规划落实，2023年新增并网指标100万千瓦。

（二）推进绿色转型重点工程。大力实施非热采原油及天然气上产、节能降耗扩绿提速、风光热储规模发展、绿电储能库建设等六大工程，全面打造业务增长极、效益增长点。要做好油区清洁替代项目建设，以沈采分散式风电项目核准为突破，加快各采油厂风电项目布局，拓展分布式光伏项目，实现绿电生产能力480兆瓦。要抓好对外清洁供能开发，研究驻辽炼化企业升级配套绿电指标获取路径，落实可建风光项目的土地资源；抓好辽阳小北河风电工程，年内实现开工建设。要加快地热业务规模发展，积极争取辽阳弓长岭、沈北大学城等项目，新签订地热供暖面积200万平方米，实现供暖288万平方米。

（三）拓展绿色转型实践路径。加快CCUS工程先导试验取得新进展，一体推进碳捕集、利用、埋存等技术研究，高效建成双229块CCUS-EOR源汇一体化示范区，实施冷西地区上下游一体化项目，按期完成欢采、特油碳捕集站建设，形成年注碳规模10万吨以上。要持续推进节能降耗工程，全面开展生产系统能耗对标，抓好热采注汽优化、集输工艺优简、采油举升提效、绿色作业节能、供电系统优化等重点项目，降低能耗4.3万吨标煤以上。要加快节能降碳先进技术研发和推广应用，集中攻关井下大功率电加热、电热熔盐储热先导试验，同步谋划氢能利用、天然碱开发等项目储备，努力打造整体优势。

六、着力推动高水平科技自立自强

聚焦党的二十大关于"坚持科技是第一生产力、人才是第一资源、创新是第一动力"等部署要求，大力推进创新驱动工程、人才强企工程，不断塑造发展新动能新优势。

（一）完善科技创新体系。深化科技体制机制改革，统筹实施23条重点举措，确保经费投入稳定提升、评估机制持续完善、科研成果加快转化。要加强和规范科技项目管理，深化实施"揭榜挂帅"，探索项目研究攻关新模式，实现管理提升与放权赋能同步推进。要用好科技研发支持、"双序列"管理等政策，促进创新资源要素优化配置。要瞄准世界一流目标，拓展国家能源稠（重）油开采研发中心功能，提升原创技术研发能力、优势技术供给能力、品牌技术输出能力；在关键领域加强创新联合体建设，构建更具活力动力的开放创新平台。

（二）加快科技攻关步伐。瞄准重点领域主攻方向，加快深层气增储建产、非常规油气效益开发、储气库高效保供及水平井、大平台等领域技术攻关，为加油增气提供有力支撑。要聚焦新领域新赛道，积聚力量攻关稠油开发绿色转型、新能源有效发展等创新技术，支撑生产用能清洁替代。要加强节能降耗技术升级，在优化污水处理应用、低成本密闭脱水等方面，加快组织先导性试验、工程化转化和工业化应用，助力提产提效。要优化"十四五"科技发展规划，超前谋划新一轮集团重大项目顶层设计，牵动引领创新攻关取得实质进展和突破。

（三）落实人才强企工程。完善"生聚理用"机制，深入开展"人才强企提升年"活动，深化落实人才强企30项重点举措，持续打造"项目＋人才"培养体系，保障人才规模与质量同步提升。要出台专业技术人才队伍建设三年行动实施方案，加快推进科技领军人才"名将"计划和青年技术人才"菁鹰"计划，打造一批创新示范团队。要加强招才引智和对外合作，统筹做好专家选聘、职称评审、技师考评、毕业生招聘、博士后工作站建设，优化人才队伍专业与年龄结构，全面营造尊重技术、尊重人才的良好氛围。

（四）提速数智油田建设。分类实施数字化、智能化方案，全速推进曙采、兴采等6家单位物联网建设，确保实现井、站数字化全覆盖，推动信息技术与业务深度融合，基本建成数字油田。要推进油藏智能化建设，借助人工智能、大数据等前沿技术，搭建数字化、可视化、智能预警三位一体的联动分析环境，探索地上地下一体化的智能油田建设。要加快推进信息安全网络建设，开展信息系统等级保护，搭建基础云平台和主动安全网络架构，构建动态、纵深、精准防护体系。

七、全员维护安全稳定和谐局面

聚焦党的二十大关于"坚决维护国家安全和社会稳定"等部署要求，全力保障员工生命健康安全，依靠发展促进改善民生，持续巩固安全、稳定、和谐的良好发展环境。

（一）实现更加安全的发展。强化"安全责任重于泰山""防灾胜于救灾"的理念，严格执行"四全""四查""四坚持四提升"及一把手抓安全生产"四件事"等要求，完善"五个用心抓"措施，深化"四大"活动，以审核为抓手推动QHSE管理由治标向治本转变，构建大安全格局。要层层压实安全风险管控责任，大力推行责任清单化管理，组织全员"反违章、守禁令"活动；突出抓好重点领域安全监管，精准管控井控、油气站库、油气管道、危化品和交通、消防、承包商等领域风险，持续整治"低老坏"及重复性问题，提升安全发展水平。要坚决打好污染防治三大保卫战，严控高后果区环境风险，健全完善节能降碳机制，提高清洁发展水平。要突出抓好质量强企建设，深化质量"三个一批"行动，严抓井筒质量、工程质量和产品质量，健全考评追责机制，提升全生命周期质量管理水平。要认真落实国家和属地政府防疫转段要求，最大限度降低新冠病毒感染对员工身体健康和企业生产经营的影响；扎实推进健康辽河2030行动，抓实健康企业建设，加强公共卫生安全管理和职业健康管理，突出强化个人健康责任与改善健康环境、培育健康文化相结合，减少非生产亡人数量，提高全员健康素养水平。

（二）实现更加稳定的发展。学习借鉴新时代"枫桥经验"，加强信访工作制度化、规范化、标准化管理，持续抓好信访积案和突出问题化解，确保油田大局稳定。要做实做好民生工程，持续改善生产生活环境，丰富精神文化需求，提升员工幸福指数。要深化油区治安综合治理，加强全员法治教育，强力打击涉油气犯罪行为，防范涉邪教风险，夯实保卫武装基础，打造更高水平"平安辽河"。要发展壮大群防群治力量，压紧压实舆情管控责任，全面筑牢机要保密防线，深化商业秘密保护，构建"人人有责、人人尽责、人人享有"的油区治理共同体。

（三）实现更加和谐的发展。持续完善薪酬保障体系，优化帮扶关爱举措，研究破解历史遗留难题，多维解决员工群众的急难愁盼问题。要抓住集团公司与辽宁省深化合作重要机遇，加强辽河油区、辽西地区、辽宁企业沟通协作，共同助力辽宁深度开发"原字号"大文章。要坚持"四个一"理念，在储气库共建、新能源发展等领域，深化同驻地党委政府交流合作，推动油地"和谐典范"创建提档升级。要积极履行国企社会责任与担当，深入推进乡村振兴和帮扶兴农惠农等工作，大力支持文明共创、志愿服务等公益性事业，为地方经济社会发展作出全方位新贡献。

八、坚持以高质量党建引领保障高质量发展

聚焦党的二十大关于"坚定不移全面从严治党，深入推进新时代党的建设新的伟大工程"等部署要求，大力实施党建提升工程，切实推动党的政治优势、组织优势和群众工作优势转化为企业的创新优势、发展优势。

（一）加强党的政治建设。把学习宣传贯彻党的二十大精神作为首要政治任务，高质量组织专题化学习研讨、分众化理论宣讲、系统化创新实践、立体化宣传阐释，实现党员干部学习培训全覆盖，推动学习贯彻党的二十大精神走深走实。要刚性落实"第一议题"、中心组学习等制度，推动党史学习教育常态化长效化，深刻领悟"两个确立"的决定性意义，坚决做到"两个维护"。要充分发挥党委领导作用，养成在吃透党中央精神前提下开展工作的习惯，提高政治判断力、政治领悟力、政治执行力，切实将上级部署转化为具体任务，用发展成果检验落实成效。

（二）持续完善制度保障。抓实党章及党委工作规则、全面从严治党主体责任清单等规章制度的学习宣贯，引导党员干部增强党章党规党纪意识。要把坚持党的领导与完善公司治理有机统一，持续完善体制机制，严格执行党委前置研究重大经营管理事项清单，推进党组织发挥作用组织化、制度化、具体化。要全面梳理完善公司党的建设、生产经营等制度流程，着力优化全面从严治党、依法合规治企体系；加大制度执行监督问责力度，推动制度优势更好转化为公司治理效能。

（三）突出宣传思想文化引领。加强意识形态工作管理，严格落实《油田公司党委意识形态工作责任制实施细则》。组织开展"转观念、勇担当、新征程、创一流"主题教育活动，凝聚全员干事创业、砥砺奋进的合力。要推进文化引领专项行动，坚持用石油精神和大庆精神铁人精神铸魂育人，开展辽河精神宣贯，大力培育安全、绿色、合规、健康等专项文化。要立足员工群众做大做强主流思想舆论，培育壮大辽河榜样、先进模范、油田好人等优秀群体。要全面贯彻总体国家安全观，学习贯彻新时代公民道德建设、爱国主义教育两个"实施纲要"，持续提升民兵武装、档案史志等工作水平。

（四）建设高素质专业化干部队伍。突出"讲担当、重实绩、重实干、重基层"的选人用人导向，严格干部考察选用程序，着力培育具有顽强斗争精神、过硬斗争本领的干部；突出年轻干部选育管用，统筹用好各年龄段优秀干部，注重女干部、党外干部培养使用；超前研究骨干人才有效接替工作。要选优配强"一把手"，常态化推进干部交流，将党务岗位作为培养复合型人才的重要平台。要全面落实领导人员任期制和契约化管理，刚性执行末等调整和不胜任退出，实施双向挂职、退职管理等举措，从严加强干部管理与监督。要实施领导人员素质提升计划，完善岗位管理动态运行机制，形成岗能匹配、人岗相宜的良好局面。

（五）增强基层党组织政治功能和组织功能。坚持大抓基层鲜明导向，提升党支部在基层治理中的领导地位，保障更好履行重大事项决策权、生产经营建议权、落实部署监督权、人力资源管理权、评先选优推荐权、服务群众主导权。要坚持"四力"标准优化党建责任制考核，促进各级党组织履责担当；选好配强基层党组织书记，强化党支部标准化规范化建设和达标晋级管理，夯实基层党建基础。要创新拓展"党建联盟""党建+"等方法载体，深化推动基层党建与基层管理"五个融合"工作模式，紧扣基层管理要素，健全完善配套制度。

（六）驰而不息转作风树新风。锲而不舍落实中央八项规定及其实施细则精神，推动纠治"四风"常态化长效化，大兴崇尚实干、狠抓落实之风。要深入践行"转观念提质量、重规范做示范、勇担当有风范、严监管树新风"，坚持高标准、严管理、快节奏、重实效，营造良好干事创业环境。要进一步

改进文风会风，优化检查指导，精简考核项目，切实为基层松绑减负；强化两级机关作风建设，深入推进简政放权，深化落实"三个面向、五到现场""四不两直"等机制做法，大力创建服务型效能型机关。

（七）强化监督执纪问责。全面贯彻落实二十届中央纪委二次全会精神，着力推进政治监督具体化、精准化、常态化，加强对贯彻落实党中央决策、集团党组和辽宁省委部署情况的监督。要压紧压实监督责任，统筹发挥纪检、巡察、审计、内控和法务合规部门作用，促进各类监督贯通融合，增强对"一把手"和领导班子的监督实效。要紧扣"四个落实"高标准启动新一轮五年全覆盖巡察，确保利剑震慑常在。要以全周期管理一体推进"三不腐"，深化"以案促改"扎紧制度笼子，推进新时代廉洁文化建设，教育引导广大党员干部增强拒腐防变能力。

（八）凝聚员工队伍合力。充分发挥群团工作优势，大力弘扬劳动精神、奋斗精神、奉献精神、创造精神、勤俭节约精神，以"青马工程"为载体抓好青年大学习，把党的意志和主张落实到广大员工中去。要突出增储上产、提质增效等重点，丰富"一赛六金""六个100"创建工程等载体，为广大员工、团员青年建功立业、成长成才搭建广阔平台。要抓好统战工作，畅通民主管理渠道，加强"职工之家""青年之家"阵地建设，做优女职工服务。要强化离退休人员关爱，加强关心下一代工作，全面提升队伍爱企归属感、兴企责任感。

坚持高效运营全面提质增效　高质量完成生产经营各项目标任务

——任文军在油田公司四届四次职代会暨2023年工作会议上的生产经营报告（摘要）

2023年1月6日

一、2022年生产经营主要成果

2022年，是油田公司发展极不平凡、极不容易的一年。面对历史罕见洪水侵袭和疫情反复挑战，我们深入贯彻集团党组部署，按照公司党委确定的工作目标思路，突出高质量发展主题，聚焦做好"三篇文章"，团结奋进、逆势而上，全面防范化解重大风险，着力提升发展质量效益，圆满完成生产经营任务。

全年完成油气产量当量1000.18万吨，原油商品量921.42万吨、天然气商品量1.94亿立方米。整体实现收入549.47亿元，考核利润54.77亿元（还原消化历史潜亏、补提弃置费用等事项影响），对比总部考核指标超交3.27亿元，上市未上市继续保持"双盈利"，创近8年最好水平；实现税费100.22亿元。经济增加值（EVA）30.76亿元，同比增加21.09亿元，全员劳动生产率44.52万元/人、同比提高13.16万元/人，"两利四率"均超额完成集团下达指标。新增探明石油储量2702万吨、控制储量3257万吨、预测储量4074万吨，分别完成年度任务的108%、109%、102%，SEC证实储量682万吨、完成年度目标的102.2%；新增探明天然气储量20.44亿立方米，SEC证实储量6.33亿立方米、完成年度目标的126.6%；勘探综合发现成本6.73美元/桶。未发生工业生产安全重伤及以上责任事故和环境污染事件；一般C级事故降幅75%，千人轻伤率0.015、降幅97.8%。

（一）狠抓运营统筹，生产组织全面提速提效。树立系统观念，紧紧围绕全年生产目标，加强运行协调衔接，着力解决制约生产建设的重点问题，形成大运行、大联动格局。加强运行组织。围绕提质提速提产提效"四提"工作，落实勘探开发、生产经营等"五个一体化"，建立"五不等"机制；统筹队伍调派、主辅配合，加强油地协调、钻机等设备协调、外购气协调、炼化单位协调，优化产运储供销平衡，保障生产平稳有序。两次组织劳动竞赛，成立专班开展"督导+技术服务"，有力推动产量任务顺利完成。做实基础保障。超前组织冬防保温、防洪防汛、电网检修等工作，强化物资采购、工程技术、工程建设、车辆等服务支持，形成上产整体合力，重点工作运行到位率、符合率分别提高到100%、94%。成立疫情应对专班，全天候双岗值守、对接协调，解决原油拉运、钻机运行等受阻事件，最大限度保证生产平稳。抓好应急处置，组织沈采与电力公司合力抗击13级强风袭击，用36小时连续奋战完成451口油井复产、13条线路抢修。全力抗洪复产。面对历史罕见洪水，油田上下认真落实保证"三个安全"、确保"四个到位"、坚守"四道防线"、防范"六大风险"总要求，先后组织上万人进行12次关键抢险，紧急加高加固堤坝60余公里；第一时间组织排涝复产，高效恢复"一站三线"核心工程，累计排水1.28亿方，抢修水毁道路105公里，仅用15天完成所有变电站修护、19天恢复五座联合站主体功能、11天完成跨坝管线改造，提前5天完成158座采油站、3461口油井复产；同步组织全员上产大会战，最短时间实现日产油万吨大跨越，最大限度降低产量、经济损失，取得抗洪复产全面胜利。

（二）突出高效勘探，资源基础得到持续巩固。以发现经济可采储量为目标，实施各类探评井83口，获工业油气流56口，进尺22.78万米，探评井成功率72%，超额完成三级储量任务。重点领域风险勘探成果突出。围绕深层潜山、深层天然气等领域实施风险探井2口，葵探1井在东三段、沙河街组及中生界试气分别获9.8万立方米、15.45万立方米、19.94万立方米高产工业气流，获集团油气勘探重大发现一等奖。富油气凹陷精细勘探再获发现。强化大民屯潜山内幕及陡坡带平面扩边、纵向拓深，部署探评井8口、获工业油流4口，其中沈288-2CH中途测试日产油193吨、沈281-H101导试油3层均获工业油流；西部凹陷曙110区新增预测储量2229万吨。外围地区规模勘探取得重大进展。宜庆地区中生界长2、长6、长7等4口评价井均获10吨以上高产，宜庆11、宜庆13等7口井获工业油气流，新增探明石油储量1793万吨、探明天然气储量13.97亿立方米；开鲁地区8口井获工业油气流，陆东凹陷新增控制石油储量3257万吨，奈曼凹陷新增预测石油储量1775万吨、探明储量585万吨。评价勘探取得积极成效。在乐83、杜124等6个区块新增探明石油储量2702万吨，全部为稀油、高凝油等优质储量。

（三）实施效益开发，油气产量保持规模硬稳。锚定加油增气目标，加强"储量池、项目池、井位池"建设，全面优运行、提效率、调结构、稳规模，原油产量超额完成集团调整指标，天然气产量创近14年新高。新井建产更加高效。推行产建一体化承包，以台长制组织雷72、河21等8个大平台建设，实施新井809口，年产油45.7万吨，产能贡献率38.2%。深挖天然气上产潜力，宜庆地区日产气能力突破30万立方米；油田整体年产气8.8亿立方米。老井稳产更加巩固。优化实施方式转换，新转井组35个，总体规模达到679个，年产油207.6万吨。强化精细多元调控，完成注水工作量4236井次，注水3092万立方米，注水油田年产油连续6年稳定增加，自然递减率降至12.1%；实施"压舱石"工程，静安堡、海外河油田被集团评为高效开发油田。推进"多介质、多井型、多方式"复合吞吐，年增油23.5万吨，油气比保持0.3。措施增产更加有力。通过风险合作、费用包干等方式，专项治理套损井437口，年增油11.5万吨、增气283.6万立方米；优选两批492口低效井复产，增加日产油368吨，开井率提高2.2%。推进采油作业效益联包，整体维护性作业工作量同比下降5.6%。

（四）深化提质增效，经营业绩实现大幅增长。坚持"四精"要求，全面推进10个方面49项提质增效工程，持续控投降本、提效治亏，管理挖潜30.97亿元。投资质量持续改善。修订投资管理办法，实施"六大提升工程"，严格项目效益评价和排队优选，优化压缩投资7.63亿元，勘探开发、新能源、储气库等主营业务投资占比稳定在95%以上；百万吨产能投资控制在46亿元以内，当年投资完成率达到95%以上。项目化管理抓投资管控，成立5个公司级、6个厂处级项目组，年度评选5个重点项目进行专项奖励，持续提升投资管理效能。成本管控不断优化。落实成本"六个控降"措施，优化调整投资成本支持抗洪复产；电费、燃料费、运输费等主要成本指标分别下降7.18%、4.83%、7.46%。剔除洪灾影响，桶油基本运行费18.22美元、操作成本30.37美元、完全成本55.71美元，均控制在总部指标范围内。挖潜增效成果显著。落实市场营销"24字"方针，深化原油分质分销、市场化销售，增效9029万元。突出天然气提产扩销，回收零散气0.58亿立方米，创效2418万元。实施资产轻量化、设备再制造、税收筹划优化，挖潜2.54亿元。建立"三专"机制压降"两金"规模，综合完成率112.5%。扎实开展亏损企业治理，持续深化"四维"帮扶体系，同比减亏1.01亿元。市场化进程加速推进。修订工程及服务内部市场管理办法、承包（服务）商管理办法，构建"3+1"内部市场交易平台，市场机制更加公平有序。利用人才、技术、品牌优势开拓外部市场，闯市场人员超4500人，新中标西气东输四线、长庆气井增产服务等项目833个，新签合同额110.9亿元，实现利润3.1亿元、同比增利3000万元。城市燃气市场不断拓展，输销天然气23.05亿立方米、创效0.74亿元。依法合规治企和强化管理不断巩固。深化"合规管理强化年""六个专项治理"，全面开展法治建设示范企业创建工作，新发案件数量同比下降25%，避免和挽回经济损失4080万元。深入实施管理提升年行动，开展对标管理专项工作，分层督导制定细化措施，公司层面17个专项方案68项具体任务全面完成。

（五）聚力新兴业务，绿色转型发展步伐加快。聚焦"双碳"目标，持续优化完善"绿色低碳613工程"，加快推进绿色低碳示范基地建设，形成新能源新业务协同发展新格局。储气库建设运营卓有成效。新建库双51、双31顺利投产，首套国产离心式压缩机组成功投运，双6-H2316等3口大尺寸井相继投产，日注采能力均突破3000万立方米，周期注气32.06亿立方米、同比增加12.3亿立方米，最高日调峰能力达到3530万立方米。马19储气库先导试验工程5月份开工建设，龙气5储气库地质与气藏工程可研方案通过审查。开启第七轮采气，阶段采气超11亿立方米，有效彰显在东北及京津冀地区调峰保供作用。新能源业务加快落地。高采、金海等4家单位21兆瓦光伏发电工程投产，建成5.19兆瓦新井产能光伏和沈茨锦18.19兆瓦光伏发电项目，推进盘锦、沈阳、锦州地区76.8兆瓦光伏发电工程建设，自发绿电3200万度；加强与省市政府沟通对接，辽阳20万千瓦、凌海35万千瓦风电项目完成开发合作协议签订及备案；欢三联地热利用示范项目运行平稳，130万平地热供暖项目开发加快实施。BSK1战略资源工程有序开展，天然碱勘探取得新突破。降耗减碳成果显著。把节能作为第一能源，开展举升能耗对标管理，实施热注锅炉提效、密闭集油改造、油气冷输等6方面20个项目，节降天然气2221万立方米、节电3259万度；油田能耗总量同比下降29.14万吨标煤、降幅11.6%；碳排放总量568万吨、同比减少31万吨，碳排放强度0.57。CCUS示范工程双229块先导试验第一批14口井顺利完钻，在齐131、杜古潜山等11个油藏26个井组开展二氧化碳注入试验，注入5.6万吨，增油2万吨。

（六）强化改革创新，发展动能更加强劲有力。聚焦推进治理体系和治理能力现代化、着力高水平科技自立自强，全力攻关破解各类瓶颈矛盾，公司改革创新发展取得新成效。企业改革全面深化。国企改革三年行动圆满收官，年度17项30条改革任务顺利完成。持续深化归核化发展，系统推进原油外输、技术服务等业务专业化重组，有序退出市话通讯、机械加工等长期亏损业务；加快新型采油气管理区作业区建设，建成辽兴、庆阳、荣兴3个新型采油气管理区，在曙采、兴采等10家单位建成43个新型采油气作业区。分板块、差异化完成二级单位"三定"工作，机构编制、领导人员职数等超额完成集团"四个10%"压减目标。组建人力资源调剂中心，盘活调剂2033人，措施减员370人，新增分流2154人；推行全员岗位管理，优化工效挂钩政策，有力调动队伍岗位创效积极性。科技创新持续强化。出台支持创新攻关、成果转化等一系列制度，研发支出10.53亿元、在油气田企业排名第四，首次实施突出贡献奖、青年科技奖和技能人才奖等评选，全方位激发创新活力。一批重点项目取得积极进展，深层天然气成藏认识拓深辽河坳陷天然气成藏下限至5700米，非常规储层"甜点"刻画及改造技术支撑宜庆地区增储建产；水平井低成本体积压裂技术实现单段费用下降28.3%，簇间距、加砂强度等指标达到集团先进水平；电缆传输快速修井技术现场试验18井次，作业周期平均效率提高40%、单井平均成本下降30%。获省部级以上科技成果8项，授权国家发明专利103件。数字化建设加快推进。完成高采、辽兴、金海、茨采、欢采等单位4639口井、319座站物联网建设，井、站数字化覆盖率提升至53%、57%，同比分别提高18、20个百分点。建成勘探开发一体化协同研究环境（RDMS），部署六大功能模块125个具体功能，在锦16、杜84、宜庆三个示范区落地应用；生产运营指挥中心加快升级，为抗洪复产远程决策提供重要技术支持。

（七）坚守底线思维，安全环保基础全面加强。落实"四全""四查""四坚持四提升"工作要求，推进"五个用心抓"，质量健康安全环保形势趋稳向好。安全管理进一步加强。落实安全生产"十五条硬措施"，推进安全生产大检查，组织"大反思、大讨论、大排查、大整治"活动，整改"低老坏"、重复性问题1万余项；完成安全生产专项整治三年行动收官任务，精准开展井控、储气库、危化品等领域风险防控，治理高风险站场、油气管道等重点隐患29处；QHSE体系运行连续5年保持良好B1级，获评集团QHSE先进企业。环保管理进一步深入。实施绿色发展行动计划，规范固废管理，含油污泥实现源头减量1.26万吨。深化开展挥发性有机污染物治理攻坚三年行动，完成174台注汽锅炉改造和11座油管厂治理，氮氧化物排放量同比下降5%。实施压裂液、泥浆液重复利用，绿色作业、无害化处理等环保技术推广率100%。被集团评为绿色企业。质量管理进一步从严。落实质量管理"三个一批"行动，全力开展油气水井质量、地面建设工程项目质量三年整治，清除承包商13家、供应商27家；井身质量、固井质量合格率分别达到99.4%

和95.1%，工程项目质量三检制执行率100%，查处不合格产品67批次、追责426人次。健康管理进一步精准。深化健康辽河2030行动，投入资金改善一线食堂、用水等生产生活条件；完善员工健康档案、推行"按需"体检，实施中、高风险人群健康干预，2家单位被评为国家级健康企业。落实"两保""四清""四早"要求，与地方政府、油区成员单位联防联控，科学有效应对茨采矿区等周边突发疫情13轮次；组织疫苗接种6.8万余人次，接种率98%，保障了员工身体健康和生产经营秩序平稳。

二、2023年重点工作安排

2023年是全面贯彻党的二十大精神的开局之年，也是实施"十四五"规划承上启下的关键之年。根据油田公司党委的总体部署，生产经营工作总的要求是：深入学习贯彻党的二十大精神、中央经济工作会议精神，认真落实集团公司、油气和新能源分公司工作部署，完整、准确、全面贯彻新发展理念，把握高质量发展主题，聚焦加油增气目标，坚定做好"三篇文章"、大力推进"六项战略工程"，突出常规与非常规、油气与新能源"两个并重"，落实一体化、项目化、法治化、市场化、数智化"五个关键举措"，全力推动生产运营、勘探增储、油气上产、绿色转型、提质增效、改革创新、风险防控取得新突破，坚决完成生产经营任务，全面推进油田公司高质量发展。

主要生产经营指标安排：

——勘探增储：新增探明石油储量3000万吨、经济可采储量330万吨，新增SEC证实储量865万吨，控制储量3000万吨、经济可采储量270万吨，预测储量5000万吨、技术可采储量700万吨；新增探明天然气储量200亿立方米、经济可采储量60亿立方米，新增SEC证实储量20亿立方米。

——油气生产：生产原油1003万吨（辽河本部960.7万吨、外围区42.3万吨），商品量994.2万吨；生产天然气10亿立方米，商品量2.8亿立方米，油气产量当量1082万吨。储气库群库容气量达到125亿立方米，工作气量30亿立方米。

——绿色低碳：生产综合能耗256万吨标煤以

内，二氧化碳排放强度0.6以内；CCUS建成10万吨注入规模；新能源产量当量增量15.28万吨标油，新增绿电并网指标100万千瓦，建成绿电生产能力48万千瓦，自发绿电5亿度；签订地热供暖面积200万平、供暖面积288万平。

——经营业绩：按结算油价70美元/桶预算，实现收入501.29亿元、盈利53.96亿元（上市53.76亿元、未上市0.2亿元），操作成本控制在28.84美元/桶、完全成本52.99美元/桶；经济增加值（EVA）40.35亿元，自由现金流36.03亿元，投资资本回报率15.48%。

——QHSE管理：杜绝生产安全、交通安全一般B级及以上责任事故，杜绝井喷失控事故，杜绝职业病亡人事故，杜绝一般B级及以上环境污染和生态破坏事件，杜绝较大及以上质量事故，保持总体稳定形势。

2023年生产经营重点抓好七个方面工作：

（一）将油气产量作为刚性指标，优化资源配置，兼顾投资成本、效率效益，合理制定生产和冬季保供计划，精准组织协调，确保油气生产安全平稳高效。聚焦"四提"目标，完善统一调度、跟踪督办、应急协调、辅助决策运营机制，坚持产运储供销全链条闭环管理、全环节无缝衔接，抓好钻、压、注、采、输一体化管理，提升产业链和供应链系统运行效率。完善可视化、智能化生产运营指挥中心建设，促进生产经营高效统筹。突出整体联动，全力组织好钻机运行、作业施工、车辆等服务支持工作，细化时间节点、提高运营效率，生产时效提升至93%以上。试点实施带电检修，高效开展冬防保温、物资保障、设备检维修等工作，提高"一站三线"运行可靠性水平。推进地面工程"六化"建设，实施标准化设计、工厂化预制，标准化井口预制率100%、重点工程撬装化率95%。夯实基础工作。抓好辽河、绕阳河防洪防汛工作，推进曙光地区洪涝隐患治理，实施"分、复、防、排、改"五项工程，加快方案设计和现场施工，确保安全平稳度汛，分流河道工程力争2024年全部完工。加强应急能力建设，定期组织应急演练，实施区域应急资源共享。严抓督促办理，完善机制促进生产制度落实、管理措施落实、任务指标落实。强化油气监察管理，持续推进非法占压整治，深化"反内盗"专项行动，维护公司整体利益。加强油区、油地沟通融合，及时协调处置生产建设突出问题，保障油田生产高效畅通。

（二）战略实施新领域新类型风险勘探，围绕太阳岛—荣兴屯构造带、开鲁地区新层系、鄂尔多斯麟游—淳化地区等七大领域，部署风险探井2口。整体甩开低勘探程度区勘探，在葵花岛构造带、荣胜堡洼陷周边及陆东凹陷库伦塔拉扇体等十大重点区带实施预探井16口，完成控制石油储量3000万吨、预测储量2000万吨。规模开展富油气洼陷精细勘探，在大民屯凹陷西斜坡、陆东凹陷交力格、东部凹陷荣南地区等九大重点区带开展进攻性评价，实施评价井30口，完成探明石油储量2000万吨。高效推进流转区块宜川和正宁地区勘探，围绕古生界致密气、煤岩气气藏，加大预探力度，实施探评井22口，完成探明天然气储量200亿立方米；一体化评价宁县、正宁地区中生界油藏，实施各类探评井32口，建设宁51块长7页岩油开发先导试验区，完成探明石油储量1000万吨、预测储量3000万吨；努力提升油气SEC储量接替率。

（三）坚持精益组织、综合施策，把握加油增气主动权。落实油气和新能源分公司四个"持之以恒"要求，聚焦降低递减率和提高采收率两大工程，充盈储量池、项目池、井位池"三个池子"，坚决完成年度产量任务指标。抓好效益建产，以精细油藏描述为基础，全面推行项目化承包制，推进产建一体化、大平台建产，落实"三查"机制、"五不等"要求，实施新井645口，9月底前全部投产，新建产能105万吨，年产油45万吨，产能贡献率提升至42.9%、到位率80%。加快正宁地区页岩油建产步伐，推动宜庆地区原油产量再翻番。突出注水上产，以注水专项治理为抓手，抓好老油田"压舱石"工程，在静安堡、海外河油田实施工作量1060井次，年产油57.6万吨；注水油田年产油349万吨，自然递减率降至11.5%。持续优化注汽，扩大超临界注汽规模，加快热力采油向"热力+"转变，开展吞吐后期降粘引效、降粘化学驱等稠油冷采技术，实施7个转冷采试验区，吞吐年产油340万吨以上，油汽比0.3以上。推进方式转换，落实曙光稠油300万吨稳产方案，抓好已转井组综合调控，加快稀油化学驱扩规模，新转井组127个，年产油242万吨以上。强化措施增产，聚焦低效负效井综合治理，推动质效提升。实施侧钻、大修等治理套损井505口、增油12.6万吨；治理长停井1000口以上，年增油20万吨，提高开井率2%。强化日常生产精细管理，力争检泵周期、注汽燃料单耗、管道失效率等关键指标全面改善。推动天然气快上，辽河本部实施溶解气井324口、措施挖潜0.72亿立方米，年产气8.4亿立方米；宜庆地区实施新井37口，建产能1.2亿立方米，年产气1.6亿立方米；整体突破10亿立方米。

（四）坚持因地制宜、发挥优势，迈出绿色发展新步伐。全面贯彻集团公司"三步走"战略，深化"绿色低碳613工程"，加快储气库、储能库、储碳库"三库"建设，推进新能源与油气业务全面融合发展。加快在建工程建设，7月底前完成马19储气库先导试验主体工程；年底前完成双台子储气库群一期主体建设；加快龙气5、双台子储气库群二期工程方案设计，确保通过集团审查。实施注采能力提升工程，统筹注采运行、维护检修，加强精细调控，库群日调峰能力达到4000万立方米。推进双台子储气库群储采协同、双6储气库扩容上产、雷61储气库达容达产，完成注气31亿立方米，周期采气25.8亿立方米；深化储气库合资合作，优化市场化运行，提升运营效率和创效能力。积极获取并网指标，集中开发驻辽炼化企业新能源项目，新增并网指标100万千瓦。抓实油区清洁替代项目，加快实施盘锦、沈阳、锦州等10个风光发电项目，建成装机规模33万千瓦；新建产能井配套绿电实现全覆盖；加强已投产绿电项目运行管理，确保应发尽发。加大对外清洁供能开发，抓好辽阳20万千瓦和辽阳石化风光电工程，力争年内开工建设。持续开拓辽阳弓长岭、沈北大学城等地热供暖市场，确保签订供暖面积200万平方米。上半年完成电热熔盐储热先导试验，井下大功率电加热装置9月进场试验，加强绿电储能技术研究，加速布局储能库建设，打造区域电力储能调峰中心。强化BSK1、氢能利用等研究攻关，建立辽河特色多元化新能源体系。做好节能降耗顶层设计，优化制定能耗管控三年行动方案。组织专项能源审计，系统抓好集团能耗审计问题整改。大力实施节能降耗工程，推广原油冷输等技术，上半年完成密闭集油改造；突出能耗源头管控，实施热采注汽优化、采油举升提效等5方面35个项目，节降标煤4.3万吨、碳减排8.45万吨。坚持碳埋存与驱油并重，加快CCUS工程先导试验，高效推进双229块CCUS-EOR源汇一体化示范区18口井投产，启动冷西地区—辽河石化上下游一体化项目，9月底前全面完成欢采、特油11.8万吨/年二氧化碳捕集站建设，年注碳10万吨以上。加强研究、靠实潜力，高质量建设储碳库，打造地区碳封存服务基地。

（五）坚持严谨投资、精准投资、效益投资，以项目化思维管控重点领域投资，突出全生命周期管理，细化储量、产量、投资等指标，按照任期制、契约化模式签订承包协议，统一组织验收评估，推进全过程管控。优化投资结构，保障增储建产、绿色低碳等重点项目投入，严控"三不达"项目，全年优化投资4.5亿元以上；抓好新建项目"三同时"建设，数字化、新能源、节能举措同步一次到位，做好单井EUR核算，提高效益投资水平。突出两级预算刚性管控，建立成本计划备案审查机制，严格管业务管预算，深化全面预算、零基预算，杜绝无预算、超预算支出；树立底线思维，按照预算油价倒算最低效益标准，合理安排措施投入、长停井复产等项目，做到"事前算赢"；深化全员全过程全要素降成本，极限压降非生产性支出，深挖降本潜力，在总部预算基础上再压降成本3亿元以上，自觉加压将桶油完全成本控制在52.3美元以内。深化"四维"帮扶体系，实施清单管理、专班推进，一企一策、一业一策抓好亏损企业治理，坚决完成集团下达的10户全级次子企业治亏目标。制定实施目标量化、任务细化、措施优化的专项行动方案，力争管理挖潜 25 亿元以上。推进原油扩销增效,深化实施原油分质分销、市场化销售,积极争取稠油价格提升政策,拓宽销售渠道,建立完善油价预测模型,挖掘产品创效空间;依法合规实施天然气推价提量销售,加快宜庆产运销一体化,油气产品增值创效 5300 万元。持续深化资产轻量化和低效无效资产综合利用,力争创效 2.5 亿元。推进低效井治理工程,控降低油汽比井数,调减低效、无效注汽量 6.9 万吨,节降成本 900 万元以上。加强"两金"压降,力争"两金"总额在 2022 年基础上再压降 2 亿元。深入开展管理提升行动,健全完善重大事项合法合规审查、风险动态预防管控机制,严肃财经纪律,完善法律工作机制,落实合规管理责任,突出防范化解风险,推进公司治理体系和治理能力现代化。落实深化对标管理提升实施方案,成立工作专班,在 13 个业务领域建立三级对标指标体系,实施储量、产量、投资、折旧、效益一体对标分析,全覆盖生产经营各环节;加强对标运行控制,深化数据复核、月度通报、季度分析和改进提升,不断改善经营业绩。制定实施强化"三基"工作实施方案,推动基层组织坚强有力、基础工作持续加强、基本功训练扎实有效。深化股权公司"四个一批"改革,加快市场化进程,培育"专精特新"企业;与改制企业构建亲清"伙伴"关系。稳妥开展新能源等产业合资合作。专题组织"十四五"中期评估和后三年规划滚动优化,夯实发展基础。制定外部市场总体开发计划,重点开拓长庆、塔里木、西南等国内油气田市场,创新生产运维、区块总包、技术服务等开发模式,提升市场规模和项目品质。大力开发燃气终端市场,拓展城市特许经营区域,构建管道沿线客户群,力争输销天然气 24 亿方以上;严格落实"压非保民"等措施,全力保障城市和民生用气需求。深化基建市场,抓好国家管网天津 LNG 外输管线、塔里木油田富源联合站等重点项目,做大做强长输管道和炼化仓储优势业务。加强海外市场开拓,重点做好尼日尔、哈萨克斯坦目标市场,拓展市场份额。强化外部市场管理,构建上下联动、整体协调的市场开发机制。全年实现外部收入 61 亿元以上、创效 3 亿元以上,力争新增闯市场人员 500 人以上。

(六)落实国资委新一轮改革深化提升行动。细化完善改革三年行动补短板强弱项工作,巩固拓展改革成效。深化"油公司"模式改革,推进两级机关改革,大力简政放权,推动"小机关、大服务";加快新型采油气管理区作业区建设及采油集输一体化,加大低端低效业务优化调整力度,完成集团下达的机构压减目标。深化三项制度改革,多措并举控总量优结构,加强全员岗位管理,有效解决结构性缺员矛盾;加大"十二条"分流措施力度,措施减员 150 人以上,新增分流人员 1500 人以上;强化调剂平台作用,加大岗位挖掘力度,清理顶替业务外包劳务用工 300 人以上;完善绩效考核办法,构建与劳动生产率、创新创效和经营业绩更加匹配的分配机制。深化市场化改革,抓好市场化机制宣贯落实,完善内部利润中心建设和市场化价格机制,高质量建设承包商资源库,稳步推进各项业务逐步与市场接轨,在市场化运营中锻炼提升油田队伍专业能力和服务水平。落实未上市业务中长期发展规划,提高修井作业、工程建设等业务竞争能力,构建上市未上市高质量协同发展新模式。突出问题导向、系统观念,坚持"应用一代、研发一代、储备一代",用好"揭榜挂帅""赛马"等创新模式,打赢关键核心技术攻坚战。立足支撑当前,加快实施一批具有战略性全局性的重大科技专项,持续推进辽河坳陷高效勘探、非常规油气效益开发、储气库群建设等创新领域技术升级,推行项目化科技成果转化模式,推动生产应用见到实效。立足引领未来,加强原创性、引领性技术攻关,着力解决第四代精细注水、稠油绿色低碳开采、新能源新技术等领域面临的瓶颈难题,推动涌现更多标志性、颠覆性原始创新成果。立足体系完善,持续推进科技改革 23 条举措落地,开展"人才强企提升年"活动,建立健全有利于人才成长的培养制度、有利于各尽其才的使用制度、有利于各尽其能的激励制度、有利于脱颖而出的竞争制度;推进"双序列"改革,深化"让专业的人干专业的事"。拓展国家稠(重)油开采研发中心功能，加快创新联合体建设，加强技术交流合作，构建更加开放、合作共赢的创新平台。实施曙采、荣兴等6家单位8080口井、473座站数字化改造，年底前油田井、站数字化实现全覆盖；开展数字化作业区、示范站建设，完成锦采、欢采等8家单位154座无人值守站改造，中小型站场无人值守率提升到67%。围绕"智能、共享、协同、高效"目标，搭建基础云平台，构建计算存储"资源池"，推进跨部门、跨业务、跨系统数据共享和集成应用；实施RDMS协同研究平台个性化定制，年底前完成曙采、锦采两家单位推广和应用。搭建油藏数字化智能化可视化分析系统，实现油藏开发主动分析、预测预警和诊断决策。强化网络安全管理，全面排查整改系统漏洞隐患，实施身份认证、网络准入、安全策略统一管控，构建主动安全网络架构。

（七）深入学习贯彻习近平生态文明思想和总书记关于安全生产重要论述，落实"十五条硬措施"，深化"四全""四查""五个用心抓"要求，狠抓责任落实，持续巩固安全生产稳定态势。狠抓全员安全责任制落实，健全覆盖所有岗位的安全生产责任制清单，促进全员履职尽责。常态推进"反违章、守禁令"活动，加快标准化和自主安全管理建设，持续提升QHSE管理水平。抓实重点领域专项整治，聚焦"低老坏"及重复性问题、习惯性违章，加大监督惩治力度，注重从本质上解决问题。固化特殊敏感时段"五定五升级"、特殊风险区域"六个确认"举措，深入开展井控、油气站库、承包商以及高后果区管道等重点领域隐患排查治理，夯实本质安全基础。发挥党委安全环保巡查作用，健全完善安全生产述职、约谈等工作机制，严格落实安全生产记分，压实安全网格化包保责任制，深化"四不两直""三位一体"监督，全面压紧压实岗位安全责任。深化绿色企业创建，实施绿色低碳发展行动计划，推行ABC分级和环境隐患问题黑名单、黄牌警告管理，提升绿色发展水平。突出环境敏感区生产设施、油气长输管道风险评估，加强防溢油管控。全面依法排污、精准治污，持续推进VOCS和氮氧化物治理，打好污染防治三大保卫战，落实排污许可"一证式"管理，健全源头减量、过程严管机制；规模推广带压作业、连续油管作业等清洁技术，动态抓好含油污泥、大气污染物、挥发性有机物等处置，推进压裂液、泥浆液资源化利用，坚决杜绝环境污染事件。坚持"诚实守信、精益求精"的质量方针，全力推进"质量强企"建设，增强质量意识，深化质量提升三个专项行动和质量管理"三个一批"行动，压实"三级"管理、两级监督责任，提升全员抓质量的责任心和主动性。强化套损套变井治理和固井质量管控，固井质量合格率保持在95%以上；推进钻采修整体联动，加大钻修井施工、入井材料和流体检测、监督力度，确保井筒质量全流程可控受控。落实建设工程质量终身负责制，严守"六条红线"要求，加强"三个常态化"管控，全覆盖关键工序、隐蔽工程监督，确保焊口检测一次合格率、工程交工验收一次合格率100%。强化产品质量管控，健全供应商退出机制，持续加大驻厂监造、进场验收、联合抽检、使用性能跟踪、质监结果评价等工作力度，确保产品质量零缺陷。抓实检测计量等质量基础建设，强化精准计量、丰富检测手段，规避效益损失。扎实开展质量专项检查和问题评审，严肃问题曝光和责任追究。加快推进健康辽河2030行动，高标准开展健康企业达标创建，全周期抓好员工健康管理和健康信息化建设，努力构建全方位大健康管理格局。开展全员职业病危害因素辨识，加强员工心理疏导和人文关怀，强化员工健康监护和重点人群健康干预，完善健康档案，控制健康风险，推进员工健康状况与岗位匹配；广泛开展群众性健身活动，加快高风险、高劳动强度岗位自动化数字化信息化步伐。加强公共卫生管理，做实做细新阶段疫情防控工作，因时因势因地优化调整防控措施，突出精准防控、自我防护，各级机关干部要用心用情呵护好员工身心健康，健全完善应急预案，合理储备防护物资，确保疫情防控和生产经营平稳有序。

要充分发挥党委把方向、管大局、保落实的领导作用，为实现生产经营目标提供坚强的政治保证和组织保障。要强化政治引领，深入学习贯彻党的二十大精神，坚定不移将习近平总书记重要指示批示精神和党中央决策部署落实到生产经营各项工作中，以实际行动坚定拥护"两个确立"，坚决做到"两个维护"。要强化党建与生产经营深度融合，围绕公司党委明确的重点任务、重点工程、重大项目，深化运用好"党建联盟""党建+"等载体，着力推进基层党建与基层管理"五个融合"，确保以高质量党建引领保障高质量发展。要强化文化引领，大力弘扬石油精神和大庆精神铁人精神，落实为基层减负各项措施，切实改进领导干部和两极机关作风，凝聚干部员工干事创业的磅礴力量。

在学习贯彻党的二十大精神暨纪念辽河油田开发建设53周年座谈会上的讲话

李忠兴

2023年3月22日

同志们：

3月22日，是值得每一名辽河石油人永远铭记的日子。53年前的今天，"纪念鞍钢宪法诞生十周年暨加速下辽河石油勘探誓师大会"在兴4井井场隆重召开。以此为起点，辽河油田正式吹响了辽宁"南大荒"石油大会战的冲锋号，从此在共和国石油工业史上增添了浓墨重彩的一笔。今天我们组织召开这次座谈会，就是要深入学习贯彻党的二十大精神和全国"两会"精神，追忆峥嵘岁月、感悟初心使命、畅想美好明天，奋力谱写油田高质量发展新篇章。

刚才，来自油田各条战线的代表，结合自身工作，抚今追昔、鉴往知来，从不同角度畅谈了体会和感悟，这既是一次党的二十大精神的学习研讨，也是为辽河油田发展献良策、出实招的务虚交流，相信大家都深受启发、收获颇多。特别是大家发言中提到的一幕幕奋斗场景、一个个鲜活事例，令人心生敬意、深表感佩。在此，我代表公司党委和油田公司，向为油田开发建设作出重要贡献的一代代干部员工，表示衷心的感谢和崇高的敬意！

我作为一名辽河新兵，今天也感到深受教育、深受启迪。从与大家朝夕相处、密切协作的奋斗进程中，我对辽河这片热土从陌生到熟悉、从熟悉到热爱，已将自己的思想和行动深深融入油田改革发展的宏伟事业之中。特别是看到干部员工齐心协力、迎难而上的豪迈热情，看到一线员工为油奋斗、为油奉献的拼搏干劲，看到两级机关转变作风为基层着想、为基层办事的良好状态，看到办公楼里一些同志日夜加班默默付出，令我深受感动。

结合这次座谈主题，简要讲三点意见：

第一，油田开发建设走过的光辉历程要永远记忆、倍加珍惜

辽河油田开发建设是与新中国发展同频共振的。从1955年地质部前期地质普查，到1967年大庆六七三厂实施勘探，从以"誓师"为标志、拉开辽河会战序幕，到油气产量稳定提升、油区事业蓬勃发展，辽河油田的每一步足迹，都是新中国石油工业发展壮大的生动缩影。纵观油田53年开发建设光辉历程，大致可划分为四个阶段：

第一个阶段是1970年到1980年，是"筑基创业"阶段。辽河石油人在"南大荒"上拉开了会战序幕，喝"鸭子汤"、走"搓板路"、住"干打垒"，斗风雪、抗洪灾、战井喷，以"我为祖国献石油"的强烈责任感和使命感，首战黄金带、进军兴隆台、曙光大会战、挥师欢喜岭，战胜各种艰难险阻，辽河油田1980年原油产量跨越500万吨、并宣布建成。会战初期的这十年，来自五湖四海的石油大军，大力传承大庆精神铁人精神，发扬"有条件要上、没有条件创造条件也要上"的艰苦奋斗精神，人拉肩扛、战天斗地，用百吨井、千吨井的惊喜，钻井速度翻番、产量翻番的实绩，从无到有逐步打牢了辽

河发展根基，形成了"敢于胜利、遇险不畏险"的"黄五井"精神，"创业奉献、吃苦不怕苦"的"南大荒"精神。

第二个阶段是1981年到1999年，是"勇攀高峰"阶段。油田油气产量逐年跨越式提升，特别是随着攻克稠油开发难关，勘探开发牛居、青龙台、茨榆坨，原油产量1986年突破1000万吨；三上沈北建成高凝油生产基地，原油产量1995年达到1552万吨历史最高峰；进军滩海、远征科尔沁，油田勘探开发工作四面出击、多点开花、捷报频传，辽河"小而肥"的特点充分彰显，创造了辽河发展史上的辉煌业绩。大干快上的这二十年，技术进步成为油田攻坚克难、不断突破的最有力武器，辽河石油人以"稠油非攻关不可"的勇气和志气，破解了稠油、超稠油和高凝油开采的一系列世界性难题，稠油和高凝油生产基地初步建成，成为全国石油系统当之无愧的"油老三"，"开拓创新、油稠人不愁"的"特种油"精神初步孕育。

第三个阶段是2000年到2020年，是"创新奋进"阶段。经历1999年分开分立、2008年重组整合等历史性变革后，油田逐步由计划经济全面进入市场经济时代，先后成功应对国际金融危机、严重自然灾害、低油价冲击等挑战，特别是党的十八大以来，油田上下克服开发进入中后期的诸多矛盾挑战，坚持"勘探无禁区、开发无极限、创新无止境"，依靠技术进步确保增储稳产，深化改革促进企业稳健发展，连续保持千万吨规模有效稳产，和谐企业建设迈上新台阶，油地融合创造了新典范，较好履行了政治、经济、社会"三大责任"。进入新世纪的这二十年，质量和效益观念深刻影响着企业发展，以科技创新、管理创新、深化改革为主要特点的发展新模式，逐步改变着企业的生存形态，油田迈上高质量发展快车道，形成了"勇于超越、知难不避难"的"古潜山"精神。

第四个阶段是2021年以后，是"转型发展"阶段。近三年是矢志转型的三年，更是全面贯彻新发展理念的三年，油田上下发扬"加油增气、进步不止步"的"创一流"精神，在充满希望和梦想的赛道上跑出了新的加速度。油田胜利召开第三次党代会，着眼长远精心谋划"十四五"乃至更长远发展蓝图，研究确立了"两个阶段三步走"发展路径、"三篇文章"布局、"六项战略工程"体系，特别是围绕深入学习贯彻党的二十大精神，着力推动经济结构转型发展，突出"两个并重"，抓实"五个关键举措"，加快建设"三大储库"，制定实施"绿色低碳613工程"规划，聚焦"常非并重"、天然气常规油"双快增"、三库同步建设、绿色转型降碳降耗、数字化智能化发展、"油公司"运行模式创建等工作持续加大力度，坚定走好加油增气奋进之路，构建油气为主、多能互补、融合发展的能源供给体系，开启了油田二次振兴、争当老油田绿色转型"先行者"的新征程。

审视这四个阶段发展历程，一代代辽河石油人艰苦创业、持续创新、拼搏创优、奋力创效，推动油田从无到有、从小到大、从弱变强，各项事业持续取得新进步，不仅让我们永远引以为豪，也成就了我们今天的重要地位和影响力，更为我们继续阔步前进奠定了坚实基础。

第二，油田开发建设积累的宝贵经验要认真总结、长期坚持

53年来，几代辽河石油人团结拼搏、苦干实干，历届班子接续奋斗、继往开来，创造了一个又一个辉煌，夺取了一个又一个胜利，书写了科学发展、跨越发展的华彩篇章。这些成就与经验，至少体现在六个方面：

一是辽河人艰苦创业、加油增气，书写了一部忠诚担当的产业报国史。累计生产原油5亿多吨、天然气910多亿立方米，实现财税贡献3000多亿元，全面建成我国最大的稠油高凝油生产基地，在"我为祖国献石油"的实践中展现了"辽河价值"。二是辽河人挑战极限、勇攀高峰，书写了一部勘探开发的技术突破史。面对复杂油气藏、多类型油气特点，勘探理论持续创新，开发技术不断突破，稠油开发技术世界领先，在敢于突破、善于攻坚的斗争中展现了"辽河志气"。三是辽河人不畏艰险、敢于胜利，书写了一部感天动地的拼搏奉献史。直面会战初期恶劣的自

然条件和复杂的社会环境,成功应对海城地震、多次特大洪水等灾害,积极迎战国际金融危机、低油价和疫情等冲击,在"越是艰险越向前"的拼搏中凝聚了"辽河力量"。四是辽河人求真务实、筚路蓝缕,书写了一部攻坚克难的接续创新史。在"地质大观园"高效率建成大油田,原油产量实现持续高产稳产,沿着现代企业制度和"油公司"模式的发展方向不断前进,企业治理迈上新台阶,在超越自我、挑战极限的发展中创造了"辽河奇迹"。五是辽河人发扬传统、薪火相传,书写了一部催人奋进的精神凝练史。坚定听党话、跟党走的信念,传承铁人基因,赓续红色血脉,涌现出一大批具有鲜明时代特征的模范人物和先进集体,在石油精神的传承中彰显了"辽河元素"。六是辽河人不忘初心、砥砺奋进,书写了一部践行宗旨的和谐构建史。坚持以人民为中心,将发展成果实现全员共享,有力助推地方经济社会发展,昔日"南大荒"率先奔小康,在追求幸福生活的奋斗中建成了"辽河家园"。

近年来,我们沿着老一辈辽河石油人的奋斗足迹,倾力把辽河油田各项事业不断发展壮大。油田上下持续学习贯彻习近平总书记重要讲话和重要指示批示精神,增资源、提产量、抓经营、创效益、推改革、谋创新、保安全、护稳定,实现了连续37年油气千万吨规模稳产,取得了2008年重组整合以来首次"双盈利",建成了全国注气能力最大的储气库群,完成了国企改革三年行动任务,迈出了绿色转型发展新步伐,战胜了2022年历史罕见洪灾和新冠肺炎疫情等严峻考验,保持了队伍和大局稳定,进入集团"先进集体"行列,呈现稳中向好、进中提质发展态势,创造了无愧于时代、无愧于先辈的业绩。去年九月,在油田党代会上,公司党委通过学党史、悟思想,结合油田发展历程与经验,总结了六条规律性认识,今天与大家重温一下:

一是坚持党的领导、加强党的建设,是国有企业的"根"和"魂"。一定要深刻领悟"两个确立"的决定性意义,充分发挥党委把方向、管大局、保落实作用,融入强国战略,增强"四个意识"、坚定"四个自信"、做到"两个维护"。二是坚持服务生产经营不偏离,是国有企业党组织工作的出发点和落脚点。一定要紧紧把握资源型企业的价值所在,突出勘探开发主营业务,强化效益导向,推动深度融合,提高发展质量,增强竞争实力,实现国有资产保值增值。三是坚持推动改革创新、提高经营管理水平,是国有企业做强做优做大的必由之路。一定要把改革作为关键一招、把创新作为第一动力,坚持依法合规治企,大力推进管理提升,深化公司治理体系和治理能力建设,激发企业动力活力。四是坚持党管干部、党管人才,是发挥国有企业独特优势的重要保证。一定要坚持党组织对选人用人的领导和把关作用不能变,着力培养讲政治的企业家和管企业的政治家,锻造忠诚、干净、担当的高素质专业化干部人才队伍。五是坚持继承弘扬优良传统作风,是石油事业薪火相传的不竭精神动力。一定要弘扬伟大建党精神、赓续红色血脉,在传承石油精神和大庆精神铁人精神中彰显辽河精神,努力为国创业、为油创新、为企创优、为民创效。六是坚持发展为了员工、发展依靠员工、发展成果惠及员工,是贯彻以人民为中心发展思想的有力体现。一定要尊重员工的主人翁地位,情系于民、计问于民、利惠于民,凝聚推动事业发展的强大合力。

第三,油田开发建设形成的精神财富要共同传承、大力弘扬

追忆历史,是为了总结永续发展的经验;着眼现在,是为了传承历久弥新的精神;展望未来,是为了创造更加精彩的明天。刚刚,从机关到基层、本部到外围、生产单位到工程保障单位、专家到劳模,来自油田各行各业的杰出代表都作了很好的发言,今天与会的都是各单位、各部门负责同志和优秀代表,希望你们接下来带好头、打好样、学习好、贯彻好党的二十大精神,传承好、弘扬好油田宝贵经验和精神财富,以"走在前、做示范"的良好业绩,促进全油田各项工作开创新篇章。

一是要提高站位、忠诚担当,书写"石油工人心向党"的新答卷。党的二十大报告强调,"要推进国有企业、金融企业在完善公司治理中加强党的领导";新党章重申"国有企业党委(党组)发挥领

导作用，把方向、管大局、保落实，依照规定讨论和决定企业重大事项"。回首过往，油田每一个历史关头，都是在党的坚强领导下走过来的；每一份成绩，都是在党的创新理论科学指引下取得的。着眼当下和未来，我们必须坚持以习近平新时代中国特色社会主义思想为指导，坚持党的领导、加强党的建设，筑牢企业发展的"根"和"魂"。要永葆对党忠诚的政治品格，持续完善学习贯彻习近平总书记重要指示批示精神机制，严格落实"第一议题"制度，强化理论武装，养成在吃透党中央精神前提下开展工作的习惯，深刻领悟"两个确立"的决定性意义，增强"四个意识"、坚定"四个自信"、做到"两个维护"。要坚决贯彻"两个一以贯之"，把党的领导嵌入公司治理体系，抓实"五个融合"机制，发挥党支部战斗堡垒作用、党员先锋模范作用、群团组织桥梁纽带作用，党群携手、上下同心，确保"总书记有号令、党中央有部署，中国石油见行动、辽河油田见成效"。要大力弘扬石油精神、持续丰富辽河精神内涵，从伟大精神中汲取力量，大兴调查研究之风，开展好主题教育活动，凝心聚力打造"铁人式"队伍，磨砺担当的宽肩膀，锤炼成事的真本领，努力成为时代精神弘扬者、主流价值塑造者、石油事业奉献者。

二是要坚定信心、接续奋斗，奋进"产量再攀新高峰"的新征程。党的二十大报告强调，"加大油气资源勘探开发和增储上产力度"。回首过往，从1986年产量突破1000万吨成为"油老三"，到1995年创下1552万吨历史最高纪录，一代代辽河人书写了不平凡的发展业绩。着眼当下和未来，我们必须提高站位、坚定信心，追梦油气产量重攀高峰的新征程。要确立更高的目标，站在保障国家能源安全、油气安全稳定供应的高度，锚定"加油增气"战略目标，优化"三篇文章"布局，突出"两个并重"思路，到2025年油气当量至少达到1300万吨以上规模，展现中石油和辽宁省骨干企业的价值贡献。要拿出更大的力度，高质量发展油气业务，资源勘探要寻求大发现、大突破，油气开发要转变方式持续提高采收率、降低自然递减率，储气库要坚持调峰保供与建设运营同步推进。高质量抓好科技创新，深化科技体制机制改革，深度实施"揭榜挂帅"，加快深层气增储建产、非常规油气效益开发、新能源有效发展等领域技术攻关，全速推进物联网建设，为加油增气提供有力支撑。要出台更实的举措，注重近期目标与长远战略、上市与未上市、内部运营与外部增效"三个结合"，全面抓实"五个关键举措"；当前的重点是组织好曙光油区、宜庆地区上产增效会战，全面实现今年首季"开门红"，赢得生产经营主动权。

三是要乘势而上、稳中快进，开创"绿色转型勇争先"的新局面。党的二十大报告强调，"站在人与自然和谐共生的高度谋划发展"。回首过往，一代代辽河人对"绿色油田、生态油田"的认识不断深化，统筹污染治理、生态保护，协同推进减污、降碳、扩绿、增长，取得了一系列成效。着眼当下和未来，我们必须处理好发展与减碳、转型与安全的关系，加速从传统油田"一油独大"向油、气、新能源"三路进军"转变。要牢固树立绿色发展理念，坚持牺牲环境的原油一滴也不采、绿色转型的行动一刻也不停、保护生态的投入一分也不省，持续推动生态保护红线内油气资源的合规开发，提升污染防治水平和环境风险的管控能力。要认真研究重点项目政策，紧紧抓住集团公司再造一个"绿色中国石油"、辽宁推进清洁能源强省建设关键机遇期，牢牢把握中石油与辽宁省签署战略合作协议重要窗口期，全力争取上级政策、资金、技术、项目等方面支持。要加快组织重点工作任务，全力推动在辽重点企业转型发展合作框架协议、特别是600万千瓦绿电指标落实落地，深化推进"绿色低碳613工程"，做好减耗提量、清洁替代、战略接替、绿色转型各项工作的融合衔接，走出一条具有辽河特色的绿色转型发展之路。

四是要追求卓越、精益求精，拓展"提质增效再精进"的新空间。党的二十大报告强调，"推动经济实现质的有效提升和量的合理增长"。回首过往，油田发展实践深刻表明，高质量发展必须坚持产量和效益"双轮"驱动。着眼当下和未来，我们必须深刻认识到，形势再复杂、任务再繁重、困难再棘手，也要坚定不移推动效益发展。要着力打造提质增效"精进版"，深入贯彻"四精"理念，统筹推进提质增效十大系统工程、十项重点工程；聚焦"双盈利"目标，大力实施低成本战略，努力改善经营质量，提高盈利创效能力，实现国有资产保值增值，稳定增加财税贡献。要着力打造合规治企"精进版"，抓住新一轮深化改革契机，深入开展管理提升三年行动，健全完善制度体系和工作机制，突出重大风险防范和全过程管理，持续补短板、堵漏洞、强弱项，进一步提升油田整体运行质量和效果。要着力打造亏损治理"精进版"，集团党组已经明确2025年消除亏损企业的工作目标，我们要继续发扬脱贫攻坚精神，"新官理旧账、老官买旧账"，坚决落实亏损企业治理和法人压减三年攻坚行动部署，全面打好亏损治理"三大战役"，以治亏扭亏的实际行动展现担当作为。

五是要勇担使命、兴企惠民，凝聚"共建共享促共赢"的新合力。党的二十大报告强调，"推进国家安全体系和能力现代化，坚决维护国家安全和社会稳定"。回首过往，油田始终坚持以人为本、践行宗旨意识，全员获得感、幸福感、安全感持续增强，油区保持安定和谐、安居乐业。着眼当下和未来，我们必须全面防范化解"六大风险"，更好统筹高质量发展与高水平安全。要强化安全生产管理，坚持严的主基调，强化"三管三必须"，坚持"四全""四查"，深化"五个用心抓"，全面开展全员安全生产教育整治，以更高标准打好蓝天、碧水、净土保卫战，准点组织好防汛工程，深入推进"健康辽河2030"行动，构建大安全格局。要着力防范维稳安保风险，深入贯彻《信访工作条例》，严格落实维稳信访工作责任制，学习借鉴新时代"枫桥经验"，用好"党委信箱"等渠道载体，落实好"三到位一处理"要求，切实把矛盾纠纷化解在基层、解决在萌芽。要巩固企业良好发展环境，坚持"走出去"与"引进来"相结合，统筹开拓好国内国际市场。加强同辽河油区、辽西地区、辽宁企业沟通协作，深化同地方党委政府交流合作，依靠团结奋斗创造新的发展业绩，依靠业绩稳定提升创造更加美好生活。

同志们，回首昨天，我们激情满怀、无比自豪；审视当下，我们肩负重任、矢志奋进；展望未来，我们信心百倍、意气风发。在集团党组和辽宁省委的坚强领导下，我们将团结带领广大干部员工，脚踏实地、接续奋斗，勇于创新、实干担当，再造一个激情燃烧、干事创业的火红年代，用实实在在的业绩，为集团公司建设基业长青的世界一流综合性国际能源公司、辽宁实现全面振兴新突破，作出新的更大贡献！

专　文

辽河储气库群周期采气量破 20 亿立方米居全国首位

2022年2月20日，辽河储气库群本采气周期累计采气量突破20亿立方米大关，创建库以来新高，标志着其在东北及京津冀地区的保供调峰作用更加突出。

辽河储气库群是国家"十四五"规划重点工程，计划建设7座储气库，已建成投运双6、雷61两座储气库。在本采气周期，双6储气库新投产使用一套采气装置，实现单日采气能力翻番。2021年11月6日开始采气以来，日采气量先后突破1500万立方米、2000万立方米等关口。春节及北京冬奥会期间，双6储气库进一步加强与下游管网的协调沟通，密切跟踪地层压力，科学合理分配不同压力区间的采气量；作业区加强巡检,及时发现并处理冻堵,确保设备安全高效运行,做到小故障不过夜、生产不断档。截至2月20日,双6储气库本周期累计采气达19.5亿立方米。

雷61储气库于2021年12月19日加入本周期"保供群"。为保证采气顺利进行,雷61储气库作业区组织员工学习新工艺流程、新设备原理,确保员工熟练掌握操作技能;编制采气系统运行参数节点控制图,以及管线和排污管线冻堵应急预案,确保采气顺利进行。

辽河油田双229块洼128井区纳入中国石油首批CCUS示范区

2022年3月30日,辽河油田公司《双229块洼128井区沙一段深层特低渗透油藏二氧化碳驱油与埋存先导试验方案》通过股份公司专家审查及"三重一大"决议,成功纳入中石油首批CCUS示范区。集团公司首批CCUS示范区包括吉林、长庆、辽河等10家油气田企业。

辽河油田具备CCUS应用潜力区块有292个,石油储量16.2亿吨,天然气储量680亿立方米,碳埋存能力5.37亿吨。辽河油田统筹油藏条件、油田内部碳源碳汇匹配度,优选不同类型油藏和不同应用方向的6个单元,规划为工业试验区,优先开辟双229块储层发育、注采能力落实、连通状况好的洼128井区作为先导试验区。

2021年8月,优选先导试验区内双229-36-62井开展二氧化碳连续试注试验,阶段注汽72天,累注3204吨,纵向动用程度100%,证实了该块可实现二氧化碳超临界稳定注入。方案设计11口注气井和39口采油井,动用储量358.2万吨,预计采收率40%,较原方式提高32.5%,阶段末埋存二氧化碳236万吨。

心怀国之大者打造国之重气

——记全国五一劳动奖状获奖单位辽河油田(盘锦)储气库有限公司

2022年4月28日,辽河油田(盘锦)储气库有限公司荣获2022年度"全国五一劳动奖状",是集团公司、全国储气库中唯一获此殊荣的单位。

辽河油田(盘锦)储气库有限公司(简称辽河储气库公司)心怀"国之大者",聚力打造国之重"气",先后建成雷61储气库、双6储气库扩容上产工程,成为东北及京津冀地区调峰保供主力。总库容全国第三、调峰能力全国第二,在国内储气库建设领域,辽河油田公司起跑虽晚,却跑在前列。此前,辽河油田公司虽已建成双6储气库,但库容不大,且国内多数企业在建库上也持观望态度。2019年年底,辽河油田将储气库建设纳入"十四五"规划,而后又将"百亿方气库建设"作为战略发展"三篇文章"之一。建设雷61储气库时,正是新冠肺炎疫情暴发之初,物资运输、施工组织受到影响。辽河油田公司牵头的建库团队积极争取地方政府开通"容缺办理"绿色通道,为施工手续办理创造条件。在现场施工中,他们秉持"今天再晚也是早,明天再早也是晚"的理念,以项目化方式组织,集中各方力量办大事,跑出了"加速度"。此前,双6储气库单井日最大采气量远低于国内最高水平。对此,建库团队"不服气"。他们深入剖析影响单井产能的核心因素,完善采气能力综合评价技术体系,成功提升单井最大日注采能力,助力双6储气库提高调峰能力。

2021年11月,双6储气库工程一次投产成功,成为当年国内调峰增量最大的储气库。两年多来,建库团队建成目前东北及京津冀地区最大的储气库群——辽河储气库群,成为我国天然气产储供销链上的重要一环。冬供期间,辽河储气库公司分段控制设备运行状态，领导干部"双值班"，基层单位"班班见领导"，实现故障解决不过夜。精益管理参数，确保安全平稳运行。此轮冬供，辽河储气库群采气量超22亿立方米，占中国石油储气库调峰总量的20%。双6储气库外输气质量创历年最佳，成为全国稳定保供的力量之一。

国产注气系统试运投产成功　辽河储气库群注气能力全国第一

2022年5月23日，双台子储气库3号、4号两台国产电驱高压离心式压缩机持续平稳运行，标志着双台子储气库国产注气系统试运投产成功。至此，辽河储气库群整体注气能力从1400万米³/日提升到3000万米³/日，成为全国注气能力最大的储气库群。

同时，双台子储气库的新成员——双51库、双31库已开始首轮注气，双台子储气库达容达产速度加快，为今冬明春天然气保供攒足了"底气"。试运投产成功的国产电驱高压离心式压缩机组，单台日处理气量可达800万立方米，是单台进口往复式压缩机日处理气量的5倍，是目前国内储气库使用的单台处理气量最大、压力等级最高、工况最复杂的国产电驱高压离心式压缩机，在实现国产压缩机核心技术创新的同时，提高了辽河储气库群的国产化率。

为保证投产成功，辽河油田超前部署，组建投产领导小组，成立试运投产组织机构，统一指挥、协调组织试运投产工作。参建单位在双台子储气库项目党建联盟的引领下，在现场连续奋战10余天，参与设备调试启机。辽河油田储气库公司在投产前对投产运行人员开展专业培训，有序进行"三查四定"，对工艺系统、电气系统、消防系统等系统实施多轮检查并整改。

辽河储气库群是辽河油田负责建设的中国石油东北储气中心，是国家"十四五"重点工程，预计建成后可将双台子储气库的整体采气能力提高到5400万米³/日。

突破开发禁区10万厘泊超稠油成功转驱　辽河油田超稠油蒸汽驱技术填补国际空白

2022年5月29日，辽河油田杜80块与杜229块超稠油油藏已有16个井组转蒸汽驱开发。辽河超稠油蒸汽驱已转驱44个井组，日产油627吨，平均单井日产量稳定在3—5吨，采油速度2.5%以上，油汽比0.167。

蒸汽驱只适用于开发原油黏度低于1万厘泊的普通稠油，而辽河油田超稠油黏度普遍大于10万厘泊，成为蒸汽驱开发的"禁区"。面对超稠油蒸汽吞吐后缺少有效大幅提高采收率接替技术的严峻局面，辽河油田科研人员在深入地质研究的基础上，对地下油藏有了重新认识：经过10多轮蒸汽吞吐后，超稠油地下温场已经形成，温度在70摄氏度以上，地下原油黏度大幅降低，符合转蒸汽驱条件。辽河油田经过前期先导试验和后期扩大实施，首次揭示超稠油蒸汽驱开采机理，并证实此种开发方式可行。不同于普通稠油蒸汽驱以驱替为主、泄油为辅的开发机理，这项技术以泄油为主、驱替为辅，虽无明显产油高峰期，但稳产时间长、采油速度和油气比较高，采收率可以达到60%，进一步丰富了蒸汽驱开发理论。

实践证明，充分预热是超稠油成功转驱的前提。辽河油田以"地下温场有效建立"为核心，建立不同渗透条件下的转驱启动温度界限，创新形成以育替腔、扩波及、降流度比、提热效为核心的油藏工程设计方法，形成超稠油蒸汽驱技术，实现10万厘泊超稠油成功转驱，填补互层状超稠油大幅提高采收率的国际技术空白。

超稠油蒸汽驱开发属于世界首创，目前已建成10万吨试验基地，支撑蒸汽驱年80万吨稳产。为扩大"战果"，辽河油田今年将开展黏度20万厘泊以上超稠油先导试验以及单层厚度 2—4 米的超稠油蒸汽驱工业化试验，不断拓宽这项技术的实施界限。到"十四五"末，力争转驱 138 个井组，将支撑辽河油田超稠油稳产 10 年。

辽河油田深化科技体制机制改革 23 条举措着力高水平科技自立自强

2022 年 9 月 14 日，辽河油田 19 名技术专家与 25 名集团公司青年科技人才结为师徒，着力培育高水平创新人才队伍。这是辽河油田深化科技体制机制改革激发创新活力的一个缩影。

作为已开发 52 年的老油田，辽河油田深入贯彻国家、集团公司关于推进高水平科技自立自强的系列部署要求，坚持以高水平科技自立自强为油田高质量发展赋新能，在体制机制上大胆寻求创新突破，新出台 23 条科技改革具体举措，配套制定 4 项相关制度，全面激发创新潜能。

辽河油田激励科研人员打出"组合拳"，力度前所未有。首次建立科技项目基础奖，激励承担重点科研项目攻关、关键核心技术攻关以及前瞻性基础研究项目的主要科研贡献者。同时，建立科技成果转化创效奖励机制，由生产经营单位提出科技成果转化项目需求，在油田公司层面成立成果转化团队，举全油田之力解决生产经营重大难题，创造的直接经济效益达到一定额度给予奖励，不设上限。油田还将人物奖由 1 项增加到 4 项，新增了青年科技奖、技能人才奖和创新团队奖，让更多有贡献的科技人员"名利双收"。

打破制度藩篱，为科研人员松绑减负，辽河油田加大科研管理简政放权力度，将科技项目经费预算除总额、外协经费限制外，其他科目的预算调整权限全部下放给项目承担单位。同时，将科研物资采购程序简化，一定额度内的设备、软件、耗材等科研物资，经审核，项目承担单位可按自行采购程序采购，并简化科技项目外协程序，让科技人才将更多时间精力用于科研活动。在松绑减负的同时，辽河油田赋予领军人才更大的技术路线决定权、经费支配权和资源调度权等自主权。

辽河油田以更大的勇气推动科技管理职能转变，成立科技工作领导小组，下设科学技术委员会，明确发挥技术把关、顶层设计、精准立项、集中力量办大事"四大作用"，进一步强化科技项目战略谋划和系统布局。同时，油田优化科技项目分级分类管理，推进完全项目制，探索实施"揭榜挂帅""赛马制"等项目组织模式，并采取"门禁式管理"，未通过科技工作领导小组审议的项目不予列入公司科技项目计划，未通过开题论证的项目不予下达公司科技项目经费拨款计划。此外，进一步推进研发体系完善，强化科研机构科研属性，加大科技贡献考核，并与辽河油田整体生产经营指标完成情况挂钩。

国内首创井下蒸汽流量控制技术成功实施

10 月 18 日，辽河油田洼 60-56-42 井在实施井下蒸汽流量控制技术 80 天后，阶段累计增油 71.2 吨。目前，该技术共实施 5 井次，施工成功率 100%。这标志着国内首创、辽河油田自主研发的井下蒸汽流量控制技术现场成功实施。

井下流量控制技术是一种可实现目标流体流量人为控制的措施工艺技术，加拿大最先开展相关技术研究，已经规模应用。然而，国外流量控制技术价格昂贵，使用成本较高。

针对这一现状，辽河油田钻采工艺研究院技术人员历经两年攻关，自主研发了临界注汽喷嘴、控汽稳油喷嘴和吞吐双向喷嘴等多种喷嘴结构，掌握了喷嘴设计的核心技术原理，成功研发出流量控制装置、超音速注汽阀、高温水敏封隔器等 7 种核心工具，形成了适用于直井、水平井不同井型，不同套管尺寸的井下流量控制系列技术，目前申报 8 项发明专利，其中有一项正准备申报国际发明专利，整体技术已达到国际先进水平。

大事记

辽河油田公司2022年大事记

1月

9日 辽河油田公司以视频会形式，在勘探开发研究院勘探决策中心，组织召开火成岩地震勘探技术交流会，吸收借鉴兄弟单位工作经验和技术成果，推动2022年火成岩勘探打开新局面。

10—11日 辽河油田公司第四届职工代表大会第三次会议暨2022年工作会议召开。大会以视频会议形式召开，设主会场和16个视频分会场。大会应到参会人员521名，实到438名，符合法定人数。辽河油田公司执行董事、党委书记李忠兴作题为《锚定一流目标，聚力"三篇文章"，为油田高质量发展继续奋斗》的主题报告和辽河油田公司党委2021年度选人用人工作情况报告；总经理孟卫工作题为《聚焦油气主业，深化提质增效，全面完成各项生产经营目标任务》的生产经营报告；总会计师孙义新作《2021年预算执行情况和2022年预算草案的报告》，纪委书记裴勇通报党风廉政建设情况。大会书面报告2022年度风险管理情况、质量健康安全环保工作情况、提案征集办理情况。会议表决通过公司领导作的主题报告、《2021年预算执行情况和2022年预算草案的报告》《2022年度风险管理报告》等6个决议，表彰2021年度辽河油田公司先进单位、先进集体、劳动模范和先进个人，签订2022年度业绩合同和党风廉政建设责任书。

10日 辽河油田公司下发中油辽字〔2022〕4号文件，对辽河油田公司供电价格进行调整，以及电力分公司对各单位供电业务结算和抄表方式的进一步规范。

11日 由辽河油田公司勘探开发研究院稠（重）油研发试验中心负责的"稠油油藏高温相对渗透率的测定方法"国际标准培育项目，通过集团公司勘探与生产分公司年度审查，成为辽河油田公司唯一的国际标准培育项目。该项目中的稠油油藏高温相对渗透率是稠油油藏工程研究及开发方案优化所需的重要参数。辽河油田公司于1999年编制测定方法的行业标准，该标准一直被国内外稠油开发人员广泛使用，标委会专家认定该技术达到国际先进水平。2019年，该标准被推荐培育国际标准。

12日 股份公司在北京召开2022年辽河油田公司油藏评价部署方案视频审查会，股份公司评审组对该油藏评价部署方案编制结构及汇报给予高度评价，认为提交的方案突出经济性、进攻性，层次清晰、论证严密，尤其是评价项目量化排队和SEC扩边新发现储量超前论证工作，为股份公司各油田公司树立典范。

14日 在集团公司2022年工作会议上，辽河油田公司被评为2021年度集团公司先进集体。

16日 辽河油田公司党委召开2021年度领导班子专题民主生活会。集团公司党史学习教育第一指导组组长及有关成员到会指导。辽河油田公司党委书记、执行董事李忠兴主持会议并带头对照检查发言，公司其他班子成员逐一作对照检查发言。

17日 辽河油田公司以视频会形式，在辽河宾馆组织召开集团公司2022年工作会议精神宣讲会。会议强调，油田上下要深入学习贯彻集团公司工作会议精神，完善辽河油田公司工作思路安排，坚持问题导向、目标导向、结果导向，全面推进各项工作落实落地，以优异成绩迎接党的二十大胜利召开。

17—18日 辽河油田公司以视频会形式，在辽河宾馆组织召开2022年开发工作会议。会议听取17家单位工作报告、8个专项报告，总结2021年油田开发、钻采工程工作，安排部署下步工作任务，同时宣读表彰决定。辽河油田公司执行董事、党委书记李忠兴从致密油气基本情况、开发需要关注的问题、项目运行管理模式3个方面作《致密油气（页岩油）效益开发的思考》专题报告。

18日 在集团公司"十四五"地热项目启动会上，辽河油田公司牵头组织的课题"地热资源开发利用关键技术研究"正式启动。课题研究周期2年，预计形成地热储层改造、储热、防腐防垢、地热制冷配套工艺等多项创新成果。

19日 辽河油田公司以视频形式召开QHSE专业例会，进一步贯彻落实国家、集团公司关于质量健康安全环保工作会议精神，深入学习领会辽河油田公司四届三次职代会精神，对全年质量健康安全环保重点工作进行详细解读、部署和安排。

同日 辽河油田公司在辽河宾馆召开共青团一届三次全委（扩大）会议暨党建带团建工作推进会。会议听取共青团辽河油田公司第一届委员会工作报告，表彰2021年度"提质增效·建功辽河"青年突击队创建先进集体和个人，3名获奖代表作典型发言。辽河油田公司团委委员，各单位分管青年和共青团工作的党委领导、团青组织负责人以及青年突击队受表彰人员在主分会场参会。

22日 《辽河油田公司年鉴（2020）》获第八届全国地方志优秀成果（年鉴类）二等奖。全国地方志优秀成果（年鉴类）是全国地方志系统综合年鉴最高荣誉和奖项，由中国地方志指导小组、中国地方志学会组织开展评审，2022年评出特等年鉴78部、一等年鉴119部、二等年鉴136部、三等年鉴113部。

24日 辽河油田公司执行董事、党委书记李忠兴，总经理孟卫工在辽河宾馆与来访的长城钻探工程公司总经理周丰一行座谈，双方就加强合作，推进高质量发展进行深入交流。辽河油田公司作《践行"一体两面"，强化钻井管理》工作情况汇报，介绍基本情况、工作成效、存在问题和下步工作安排；长城钻探工程公司介绍服务保障总体情况、双方合作取得的成效、存在主要问题及下步重点保障措施。

26日 辽宁省工信厅副厅长王丹群到辽河油田公司调研新能源业务发展情况。双方围绕辽河油田公司新能源新业务发展方向、存在问题及解决方案等深入研讨，达成9项工作共识，形成6项合作意向，落实风光电上网指标协调、气象地质资料对接、成立专项工作组等具体工作。辽河油田公司执行董事、党委书记李忠兴，盘锦市副市长米金套参加调研座谈。

27日 辽宁省委常委、秘书长，盘锦市委书记张成中，代表省委省政府到辽河油田公司兴隆台采油厂兴二联合站走访慰问，在新春佳节到来之际，为一线干部员工送去新春的问候。辽河油田公司执行董事、党委书记李忠兴，盘锦市委有关领导陪同慰问。

同日 储气库公司双034-28井采用注采—排液一体化管柱，通过气层、油层分层注采，不动管柱，即可在注采气作业和排液采油作业之间随时切换。该井采用此项技术，累计采气3917.36万立方米，累计采油2843.85吨，平均日产油59.24吨。该技术完成国内首口储气库井气层注采气与油层采油功能转换，填补技术空白。

30日 集团公司2021年度科技成果转化创效奖励核定结果完成公示，辽河油田公司申报的"低成本投球调剖技术""柔性金属防砂泵举升技术"2项科技成果通过集团公司科技成果转化创效奖励审核，奖励金额8万元，是油田公司首次获得该项奖励。

本月 辽河油田消防支队获国家应急管理部救援局先进企事业专职队荣誉称号，是辽宁省企业专职队唯一获此殊荣单位。

本月 集团公司以视频会形式召开"十四五"地热项目启动会，由辽河油田牵头的地热重大科技项目"地热资源开发利用关键技术研究"正式启动。

本月 由勘探开发研究院负责的"稠油油藏高温相对渗透率的测定方法"国际标准培育项目通过集团公司勘探与生产分公司年度审查，成为辽河油田公司唯一的国际标准培育项目。该项目是辽河油田公司首批国际标准培育项目，目的在于推送自主技术转化为国际标准。

2 月

7日　辽河油田公司组织召开春节节后收心会。会议强调要强化政治大年的政治担当和责任履行，以信心百倍、充满活力的状态，推动新一年各项工作早动手、早起步、抓关键、开好局，掌握主动权，确保各项生产经营任务完成，为党的二十大胜利召开献上一份厚礼。辽河油田公司领导班子成员、副总师级领导，以及机关部门和各二级单位负责人参加会议。

同日　辽河油田公司决定在2021年首批5个"卡脖子"技术攻关项目"揭榜挂帅"的基础上再次新增3个项目，并由党委组织部（人事部）与科技部联合下发《关于招募"揭榜挂帅"项目挂帅人的通知》，项目涵盖勘探开发、工程技术和地面工艺3个关键领域，包括陆东凹陷非常规储层开发前期评价、电缆传输快速修井作业技术攻关和曙四联低成本密闭脱水技术攻关。3个项目有5人揭榜。

11日　经过汇报、提问、答辩、投票等环节的初评与终评，中油辽河工程有限公司经理孙雁伯，开发事业部副经理、总地质师孙肖和钻采工艺研究院钻修技术研究所所长张晓文3人胜出，正式成为项目挂帅人。

同日　辽河油田公司承担的集团公司"加强石油企业职工心理健康促进工作研究"课题，获评集团公司2022年度软科学研究优秀课题。

同日　杜84-馆H61井日产稳定保持在百吨以上30天，成为辽河油田公司第18口SAGD百吨产量井。

14日　辽河油田公司以视频会形式召开2022年党风廉政建设和反腐败工作会议，辽河油田公司纪委书记裴勇作题为《坚持系统思维，构建监督体系，推动油田公司全面从严治党向纵深发展》的工作报告。党委书记、执行董事李忠兴出席会议并就做好下步工作提出明确要求。辽河油田公司总经理孟卫工传达国务院国资委、集团公司党风廉政建设和反腐败工作会议精神。

15日　辽河油田公司召开新能源业务发展领导小组第五次会议。会议听取新能源业务2021年工作总结、重点工作推进情况和2022年工作安排，CCUS业务工作进展和重点工作安排，新能源发展环境和政策研究等4项专题汇报，研究讨论下一步重点工作。会议强调要学习习近平总书记重要讲话、指示批示精神，学习贯彻国家部委和集团公司党组关于"双碳"目标的工作要求，切实提高站位统一思想，统筹谋划主动作为，分类做好"清洁替代、战略接替、绿色转型"，坚定不移迎难而上，全面加快已确立项目的实施落地。

16日　辽河油田公司召开一季度党的建设工作领导小组会议暨党群办公会，总结2021年党群工作成效，安排部署下步重点工作。油田公司党委书记、执行董事、党的建设工作领导小组组长李忠兴主持会议并讲话。维稳信访工作办公室作党委办公室、党委宣传部、机关党委、工会、维稳信访工作办公室阶段工作集中汇报；党委组织部、纪委办公室、团委分别作专项汇报；工会、团委进行业务对标分析。

17日　辽河油田公司总经理孟卫工与沈阳鼓风机集团有限公司总经理马诚座谈，双方就储气库建设等方面进一步深化合作进行交流探讨。

19日　辽河油田建设有限公司被国家管网集团有限公司授予中俄东线工程优秀承包商荣誉。辽河油田建设有限公司先后承揽中俄东线南段（安平—泰兴）3个线路工程标段、1个站场工程标段，承建线路总长148.294千米，新建站场3座。

20日　辽河储气库群第六轮采气量突破20亿立方米，达到20.14亿立方米，同比上个周期日均采气量增加710万立方米、阶段超产7.7亿立方米，创建库以来历史新高。

同日　辽河油田公司钻采工艺研究院牵头制定的Q/SY 01743—2019《蒸汽驱分层注汽工艺技术规范》标准获集团公司优秀标准奖三等奖。该标准由辽河油田和新疆油田在总结大量工艺技术和施工经验的基础上，制定和修订有关技术标准，对选井条件、工程设计、管柱结构等作以规范，填补国内相关标准空白。

21日 辽宁省发改委副主任、能源局局长房勇一行到辽河油田公司开展调研。辽河油田公司执行董事、党委书记李忠兴出席座谈会，双方就辽河储气库群建设运营、辽宁省储气能力建设、新能源业务发展等进行深入交流探讨。

同日 辽宁省科学技术奖励大会在沈阳召开。辽河油田公司《中深层超稠油SAGD百万吨示范工程研究与应用》获科技进步奖一等奖，该技术可在新疆、胜利、渤海旅大等油田10亿吨规模储量推广。辽河油田公司《油井机械找堵水技术创新与完善》获科技进步奖三等奖，该项技术授权发明专利一件，实用新型专利8件，发表论文4篇，整体技术水平达到国际先进。

同日 辽河油田公司总经理孟卫工、总会计师孙义新在油田机关办公楼会见来访的盘锦市税务局党委书记、局长施晶智一行。双方就强化沟通交流，助力地方经济社会发展进行座谈。

22—23日 辽宁省委副书记、省长李乐成到盘锦市和营口市就深入贯彻习近平总书记关于东北、辽宁振兴发展的重要讲话和指示精神，落实辽宁省第十三次党代会确定的目标任务，统筹疫情防控和经济社会发展，奋力实现"开门稳""开门红"进行调研。

22日 辽宁省委副书记、省长李乐成一行到辽河油田公司调研，详细了解油田生产经营、天然气调峰保供和重大项目推进情况，盘锦市委副书记、市长邢鹏陪同调研。辽河油田公司执行董事、党委书记李忠兴作工作汇报。

23日 经辽河油田公司研究决定，结合油田公司领导班子分工和机关部门职责调整，对辽河油田新能源业务发展领导小组进行调整，办公室设在规划计划部。

24日 辽河油田公司曙光采油厂获2020—2021年度辽宁省"安康杯"竞赛活动优胜单位，成为辽河油田公司唯一获此殊荣的二级单位。

25日 辽河油田公司与华北油田公司通过视频会议的形式，就华北探区二连盆地和辽河外围探区开鲁盆地的勘探实践进行深度交流。本次交流会由辽河油田公司勘探事业部牵头组织，开发事业部、勘探开发研究院、钻采工艺研究院、辽兴油气开发公司等相关单位技术人员参加会议。会上，双方汇报交流各自探区内的地质研究、钻井压裂工程技术应用和组织实施的经验与做法，与会专家对制约所属区块勘探的关键问题进行研讨并提出建议。

同日 辽河油田公司召开2022年土地公路系统工作会议。会议全面总结土地公路系统2021年工作情况，深入分析面临的形势挑战，部署2022年重点工作任务。同时对10家土地管理、公路管理先进单位进行表彰。

28日 辽河油田公司召开党委会，专题研究党的建设相关工作，审议2022年公司党委工作要点、党的建设工作要点、重点工作任务分解、关于开展"转观念、勇担当、强管理、创一流"主题教育活动的安排意见、民生改善工程方案，听取工会年度工作情况汇报。

同日 辽河油田公司正式下发《辽河油田公司"管理提升年"行动方案》。该方案围绕辽河油田公司"十四五"发展战略规划和"三篇文章"战略布局，以对标一流为切入点，从抓基础管理入手，以解决短板问题为突破口，利用3年时间，推动辽河油田公司管理基础持续夯实，各类风险有效削减，创造一流管理水平，实现高质量发展。方案提出，到2024年底，原油自然递减率降至16%，原油完全成本降至每桶49美元，全员劳动生产率达到勘探板块16家油气田企业平均水平，管理效率达到一流水平，主要业绩指标达到集团公司先进水平。

同日 辽河油田公司化学驱进入快速上产阶段，日产油首次突破600吨，达605.9吨，创历史新高。截至2022年2月，辽河油田化学驱研制出7个主力区块的复合驱配方体系，覆盖地质储量超6000万吨，其中锦16块聚表复合驱工业化试验取得成功，提高采收率达21%以上，且已工业化推广。截至

2021年底，化学驱实施井组达到136个，年产规模达到15.6万吨。

本月　辽河油田公司钻采工艺研究院油化所化学调堵技术研究室研发的"高温高盐油藏调剖调驱关键技术"项目获2021年度集团公司技术发明奖三等奖。该技术是在常规调驱剂基础上，针对目前制约浙江、青海、吐哈、塔里木等外部油气田市场高温、高盐油藏调剖调驱效果的3个关键技术问题，创新性研发出适应该类油藏特点的系列调驱配方体系、参数设计及工艺配套技术。技术成果授权发明专利8件，实用新型专利10件，国家级论文8篇，通过技术查新，达到国内领先水平。

3 月

1日　辽河油田公司总经理孟卫工在辽河宾馆与到访的宝石花物业管理有限公司董事长张小军一行举行座谈，就今后的合作及业务拓展进行深入交流。

同日　中油辽河工程有限公司收到辽宁省科学技术委员会、辽宁省财政局、国家税务总局辽宁省税务局联合颁发的高新技术企业证书，标志该公司正式成为国家高新技术企业。

同日　辽河油田风险探井居探1井通过股份公司审查，成为辽河油田公司2022年首口获批的风险探井。居探1井部署在渤海湾盆地辽河东部凹陷牛居—长滩构造带，是为探索主力洼陷区源内型基岩潜山高成熟天然气藏勘探潜力，推动辽河坳陷深层规模潜山气藏勘探突破。5月22日，该井开钻，设计井深6039.67米，是辽河油田勘探开发有史以来最深的一口井。

3日　辽宁省2022年学雷锋活动启动仪式在抚顺雷锋学院隆重举行。辽河油田公司兴隆台采油厂采油作业五区欧六站获"2021年度辽宁省学雷锋活动示范点"荣誉称号，是全省石油石化行业和盘锦市唯一获得该项荣誉的先进集体。

8日　在三八国际劳动妇女节到来之际，辽河油田公司在辽河宾馆举行"改革发展勇担当、管理创新巾帼行"主题活动，总结回顾油田最近几年女职工工作，安排部署下一步重点工作。

9日　辽河储气库群完成去冬今春采气保供任务，采气保供124天、周期采气22.2亿立方米，参与保供井数首次升至36口井，单日最大调峰能力突破3000万立方米，创造采气起步最早、周期采气量最大、参与采气井最多、日调峰增量最高等多项纪录。

10日　辽河油田公司总经理孟卫工在辽河宾馆会见中国银行辽宁分行党委书记、行长陈志能一行，双方围绕深化合作、互利共赢进行座谈交流。

11日　辽河油田公司召开保密委员会（密码工作领导小组）会议，学习贯彻中央、辽宁省和集团公司关于保密密码工作的新精神新要求新部署，明确油田保密重点工作任务，统一思想，凝聚共识，进一步提升保密（密码）工作管理水平，为辽河油田公司高质量发展营造良好保密环境。

15日　辽河油田公司党委机构编制管理委员会下发油辽编发〔2022〕1号文件，将劳务管理中心更名为人力资源调剂中心，列油田公司二级单位管理。

同日　辽河油田公司党委以视频会形式召开2022年巡察工作动员部署暨第一轮巡察启动会。辽河油田公司党委书记、执行董事、党委巡察工作领导小组组长李忠兴，党委副书记、总经理、党委巡察工作领导小组副组长孟卫工，公司领导张金利、孙义新、卢时林、裴勇、刘建峰出席会议。纪委书记、党委巡察工作领导小组副组长裴勇宣读《辽河油田公司党委2022年第一轮巡察工作方案》。根据方案安排，本轮巡察时间为3月17日—5月20日，油田公司党委派出1个巡察组开展常规巡察，1个巡察组开展巡察"回头看"，1个专项巡察组对油田公司"四新"技术（新工艺、新技术、新设备、新材料）应用管理情况开展专项巡察。

同日　辽河油田公司勘探开发研究院在杜84块馆陶油层部署的杜84-馆h67井和杜84-馆h68井投产，初期日产油均接近30吨，日产液70吨左右，是辽河油田公司在杜84块馆陶油层边部部署的首批开发井。

16日 辽河油田公司以视频会形式召开2022年采油工程及集输系统工作会议，总结2021年采油工程及集输系统工作，安排部署2022年工作，传达股份公司勘探与生产分公司有关会议精神，针对"二氧化碳综合利用技术"等4项重点内容进行专题交流，曙光采油厂、沈阳采油厂、辽兴油气开发公司作典型经验交流。

18日 辽河油田公司以视频会形式召开2022年度生产运营工作会议，总结分析2021年工作成果，部署2022年重点工作任务，公司生产运营部相关负责人作工作报告。会议表彰2021年度先进单位和先进个人，先进单位和个人代表作经验交流发言。

24日 经2022年3月16日集团公司党组研究决定，免去孟卫工辽河油田分公司党委副书记、委员职务。经股份公司决定，免去孟卫工辽河油田分公司总经理职务，调集团公司咨询中心工作。

30日 辽河油田公司与长城钻探工程公司通过视频连线举行战略合作框架协议签约仪式。本次签约是贯彻落实集团公司"一体两面"工作要求，双方将将在境外市场上就油气田工程总承包、油气田开发总承包、油气田增产项目和各自优势技术领域进行全面合作，共同开拓国际市场，实现共同发展。

同日 辽河油田公司近10年来最大整装规模增储区块河21块实施的4口水平评价井产量逐步攀升，其中3口水平井日产油突破10吨，河21-H234、H209、H230井分获日产22.9吨、15.9吨、13.1吨油流，阶段产油累计4661吨，为区块低品位油藏效益上产指明方向。

同日 辽河油田《双229块洼128井区沙一段深层特低渗透油藏二氧化碳驱油与埋存先导试验方案》通过股份公司专家审查及"三重一大"决议，纳入中国石油首批CCUS示范区。

31日 双6-h4331井套管试压合格，标志着辽河储气库第一口大尺寸井完井，该井于2021年12月31日开钻。

本月 辽河油田公司《2022年度鄂尔多斯盆地宜川北三维地震采集部署方案》通过股份公司审批，部署面积248平方千米，该区块矿权于2021年5月由辽河油田公司承接。3月25日，勘探开发一体化三维地震采集项目现场质量控制与技术支持小组在项目前线组织召开测量预案工序验收会，标志2022年辽河油田公司宜川—上畛子区块第一个三维地震采集项目正式拉开序幕。

本月 辽河油田公司辽兴油气开发公司张强采油作业区区长代立可被授予2021年度"辽宁好人"称号。

4 月

1日 辽河油田公司召开季度工作会议暨主题教育宣讲会，会议传达学习习近平总书记关于安全生产和疫情防控重要指示精神，传达学习全国安全生产电视电话会议和中央企业安全生产工作视频会议要求。辽河油田公司相关领导分别作生产建设工作报告、安全环保及疫情防控工作报告、财务预算执行情况报告。执行董事、党委书记李忠兴作总结讲话。

7日 辽河油田公司以视频会形式，组织召开依法合规治企工作会议暨强化合规提升管理专项行动部署会，全面总结2021年主要工作，安排部署强化法治建设顶层设计、发挥法律支持保障作用、推进合规管理能力水平双提升、深化内控与风险管理体系运行、提升信访稳定工作管理效能、推动平安辽河建设上水平6项重点工作；宣读《关于表彰2021年度法律与内控工作先进单位（部门）和先进个人的决定》《关于表彰辽河油田公司2021年维稳综治工作先进单位和先进个人的决定》，以及油田公司安全生产"十五条硬性措施"、财务资产依法合规管理"十条禁则"、员工遵规守法"十不准"。

同日 经2022年3月9日油田公司重点工程建设项目组考核监督领导小组会议研究决定，在延续油田公司级2个项目组的基础上，新组建庆阳产能建设项目组、宜川天然气产能建设项目组以及辽兴产能建设项目组3个。

13日　集团公司以视频会形式，组织对集团公司重大科技专项《辽河油田千万吨稳产关键技术研究与应用》进行验收。验收委员会认为项目完成规定任务，实现研究目标，达到技术经济考核指标要求，同意通过验收，综合评价为优秀。集团公司副总经理焦方正在北京主会场出席并讲话。该科技专项立项于2017年，由辽河油田公司牵头组织，经过各单位通力合作、攻坚克难，历时4年圆满收官，取得系列重大创新成果，辽河坳陷4500米以深获突破，外围开鲁盆地获亿吨级储量发现，聚表复合驱、SAGD精准调控、稠油污水达标外排等关键技术实现工业化应用，强力支撑辽河油田千万吨稳产。

14日　辽河油田公司召开工效挂钩办法宣贯会，出台《辽河油田公司工效挂钩办法》。该办法首次与集团公司政策接轨，强化工效挂钩、工编挂钩、建立健全工资效益联动、效率对标调节和收入水平调控的工资总额决定机制，首次下达工资总额基数、首次提出增量工资概念、首次简化挂钩指标、首次完善精准激励政策、首次严格规范专项奖励。

18日　辽河油田公司首个CCUS先导试验方案通过股份公司正式批复，纳入中国石油首批CCUS示范区建设。

20日　盘锦市市委副书记王惠莲与市妇联有关人员一行到辽河油田公司走访慰问女科技工作者，向她们致以亲切问候，鼓励她们立足岗位、创新奉献，为油地融合发展、高质量发展再立新功、再创佳绩。

同日　辽河油田公司启动2022年"知识产权宣传周"活动。本此活动时间为4月20—26日，重点宣传4项内容：本单位坚决贯彻习近平总书记关于知识产权工作的重要指示论述和知识产权事业发展取得的历史性成就；落实国务院国资委、国家知识产权局《关于推进中央企业知识产权工作高质量发展的指导意见》《集团公司知识产权工作高质量发展实施方案》以及集团公司党组有关知识产权批示要求等进展和成绩；集团公司、股份公司和辽河油田公司知识产权管理规定及相关政策制度要求，2022年知识产权工作目标、任务及要求，各单位知识产权工作经验做法；专利、技术秘密、软件著作权等相关法规制度、基础知识。

21日　辽河油田公司曙光采油厂馆陶SAGD原油日产最高达1520吨，自2021年突破1400吨后，再次创下自转驱开发以来的最高纪录。

同日　辽河油田公司召开勘探开发建设项目组承包协议签署会，套损井综合治理、双台子储气库建设2个油田公司级项目组经理代表现场签署承包协议书。其他3个油田公司级项目组和6个厂处级项目组在会后相继完成签约，标志辽河油田公司2022年11个重点项目组全面实施契约化管理。

同日　辽河油田勘探开发一体化研究环境（RDMS）联合项目组成立，主要参与人员由勘探事业部、开发事业部、钻采工程技术部、信息管理部、勘探开发研究院、钻采工艺研究院及昆仑数智公司组成。

同日　集团公司法律和企改部正式下发《2021年内部控制与风险管理评价结果通报》，辽河油田公司等级为"杰出"，综合得分108.5分，在127家单位中排名第一。

23日　辽河油田公司启动"奋战一百天，上产二万八"劳动竞赛，拉动原油产量持续向上。

25日　辽河油田公司以视频会形式，在辽河宾馆召开天然气保供工作会议，贯彻落实集团公司天然气保供工作会议精神，总结表彰去冬今春天然气保供工作，安排部署新一轮保供重点任务。会上，辽河油田公司天然气保供领导小组办公室通报年度天然气保供情况，储气库公司、燃气集团公司、兴隆台采油厂、庆阳分公司分别作专项汇报。会议同时对天然气保供先进单位和先进个人进行表彰。

26日　中国石油驻辽西地区企业协调组组长、辽河油田公司执行董事、党委书记李忠兴，在辽河宾馆与到访的渤海石油装备制造有限公司总经理赵红超一行座谈。双方就进一步加强战略合作进行深入探讨，并交换意见。

同日　辽河油田公司转发《中国石油天然气股份有限公司重大财务事项报告管理办法》油财务〔2022〕78号文件，要求提高政治站位，全面梳理及时上报重大财务事项，强化责任落实，确保依法依规管理水平不断提升。

27日　辽河储气库群累计注气突破100亿立方米，达到100.45亿立方米，创历史新高。

同日　经过14个线上买家的不断加价，辽河石油勘探局有限公司石油化工分公司生产的120吨煅烧焦以每吨溢价120元的理想价格售出。大连石油交易所首次实现非油产品线上竞价交易，标志着辽河油田公司依托该所打造的东北首个石油石化产品线上交易平台实现重大突破。

同日　经辽河油田公司党委会议研究决定，信息管理部更名为数字和信息化管理部，列公司本部直属机构管理，统筹油田公司数字化、信息化工作。

同日　2022年庆祝"五一"国际劳动节暨全国五一劳动奖和全国工人先锋号表彰大会，在北京以电视电话会议形式召开，辽河油田储气库公司获全国五一劳动奖状，是全国唯一获得该荣誉的储气库，也是中国石油当年唯一荣获该荣誉的企业。

同日　辽河油田公司成功培育第19口SAGD百吨井，杜84-馆平59-1井日产油104.7吨、液337.9吨。

同日　辽河油田公司党委下发中油辽党发〔2022〕23号文件，将特种油开发公司"热"文化展厅等4个企业文化建设示范基地更名为"石油精神教育基地"，原企业文化建设示范基地牌匾予以保留；对展示内容更新及时、教育作用发挥较好的曙光采油厂采油作业六区等10个企业文化建设示范点进行沿用和更名；对因物项变更、资产及管理权变更、已拆除的辽河油田困难职工帮扶中心等16个企业文化建设示范基地和示范点予以撤销。将兴隆台采油厂黄5井等10个场所命名为油田公司首批"功勋井"、欢喜岭采油厂齐5号站等8个场所命名为油田公司首批"石油精神教育基地"、曙光采油厂集输大队曙四联合站等13个场所命名为油田公司第三批"企业文化建设示范点"。

29日　辽宁省副省长姜有为一行到盘锦调研企业安全生产工作，首站来到辽河储气库群生产现场进行调研，在双台子储气库群作业区中控室，听取辽河油田公司工作汇报。

同日　辽河油田公司召开领导干部大会，宣布集团公司党组对辽河油田公司部分领导成员调整的决定。集团公司党组成员、副总经理焦方正以视频形式出席会议。会上，集团公司人力资源部副总经理、党组组织部副部长吴云宣读集团公司党组任免文件。经集团公司党组2022年4月18日研究，并商得中共辽宁省委同意，任文军任辽河油田公司总经理、党委委员、党委副书记；卢时林任辽河油田公司常务副总经理；免去王海生辽河油田分公司党委委员、副总经理职务，调任中石油煤层气有限责任公司总经理、党委委员、党委副书记。

30日　辽河油田公司曙光采油厂杜84-馆平59-1井日产液337吨，日产油达104吨，跃居百吨线以上，成为辽河油田公司第19口百吨井。

5　月

3日　第26届中国青年五四奖章评选揭晓，经团辽宁省委推报，辽河油田建设有限公司电焊工张亮获中国青年五四奖章。这是共青团中央、全国青联授予中国优秀青年的最高荣誉，辽河油田公司历史上首次获得这一殊荣，也是集团公司本届唯一获奖者。

5日　辽河油田东部凹陷桃园—大平房构造带勘探获重大突破，部署的桃28-1井喜获高产工业油流，日产油64.6立方米，创近5年来东部凹陷探井日产油量新高。

6日　盘锦市委书记王炳森一行到辽河油田走访调研，辽河油田公司执行董事、党委书记李忠兴陪同，双方就油地融合发展等工作进行座谈交流。座谈前，王炳森一行首先来到双台子储气库群作业区中控室，观看辽河储气库群专题片，听取储气库有关工作汇报；随后来到装置区，听取各个生产区运行和建设情况介绍。

同日　辽河油田公司正式下发"关于开展'奋战一百天，上产二万八'劳动竞赛的通知"。本次劳动竞赛从4月23日开始至7月31日结束，竞赛主题为"奋战100天，原油日产冲刺28000吨"同时成立由油田公司主要领导任组长的劳动竞赛领导小组，下设开发生产组、技术支持组、竞赛保障组、安全环保组、办公室5个工作机构。6月4日，原油日产成功踏上28000吨，日产较年初起步连上8个百吨台阶。

10日　《辽河油田风光发电工程可行性研究报告》通过集团公司审批，标志着辽河油田绿色低碳工程取得重大进展。该工程项目是辽河油田公司启动的首个风光发电项目，包括3个单项工程，分别为沈阳采油厂风光发电工程、茨榆坨采油厂风光发电工程、锦州采油厂风光发电工程。项目计划总投资约11亿元，投资回收期约10年。

12日　辽河油田公司以视频会形式，组织召开学习贯彻"庆祝中国共产主义青年团成立100周年大会"精神暨第九届"双十杰"表彰会议，深入学习贯彻习近平总书记重要讲话精神，回顾共青团百年发展历程，追忆油田开发建设的青春印记，明确新时代辽河共青团肩负的神圣使命，动员广大团员青年在实现高质量发展的生动实践中贡献青春力量。辽河油田公司党委书记、执行董事、党委青年工作领导小组组长李忠兴出席会议，讲授《深入学习贯彻总书记重要讲话精神，凝聚辽河加油增气青春力量》主题团课；辽河油田公司总经理、党委副书记、党委青年工作领导小组副组长任文军，传达习近平总书记在庆祝中国共产主义青年团成立100周年大会上的重要讲话精神。会议通报辽河油田公司第九届"十大杰出（优秀）青年"和"十大杰出（优秀）青年团队"评选结果。

同日　辽河油田公司以视频会议的形式组织召开全面推行岗位管理工作启动会。会上，党委组织部（人事部）相关负责人宣读《关于成立辽河油田公司推行岗位管理工作领导小组的通知》，解读《辽河油田公司全面推行岗位管理实施办法》，兴隆台采油厂、车辆服务中心、辽河工程技术分公司、辽河油田建设有限公司4家单位党委书记签署《推行岗位管理责任书》。

13日　辽河油田公司总经理任文军在辽河宾馆与到访的中国石油集团测井有限公司总经理胡启月一行座谈，就测井技术应用、联合科研攻关等工作进行深入沟通交流。

同日　集团公司以视频形式召开对辽河油田公司上半年QHSE体系指导审核末次会议，本次审核采取板块指导与企业内审联合方式开展。

同日　经辽河油田公司党委会研究决定，成立辽河油田公司推行岗位管理工作领导小组，办公室设在党委组织部（人事部），承担领导小组日常工作。

16日　辽河油田公司中层领导人员学习贯彻党的十九届六中全会精神培训班在辽河油田培训中心（辽河油田公司党校）正式开班。本次培训是作为"建功新时代，喜迎二十大"习近平总书记重要指示批示精神再学习再落实再提升主题活动的具体举措，培训班共分为4期、每期5天，最后一期于6月10日结束，先后有600余名中层领导人员参加本次培训学习。

17日　经2022年5月9日辽河油田公司党委会研究决定，对辽河油田公司下设的46个非常设机构设置及组成人员进行调整。

同日　经2022年5月9日辽河油田公司党委会研究决定，对辽河油田公司下设的11个党的非常设机构设置及组成人员进行调整。

18日　第三届国际稠（重）油勘探开发技术论坛在辽河宾馆隆重开幕，来自中国石油学会、集团公司科技管理部、国内外石油石化企业、石油院校200多名领导、专家、学者齐聚油城，深入研讨稠油提高采收率、绿色低碳开发、节能降耗等新技术、新方法、新思路。国家能源稠（重）油开采研发中心技术委员会副主任、油田公司执行董事、党委书记李忠兴，国家能源稠（重）油开采研发中心主任、油田公司总经理任文军，以及卢时林、于天忠、杨立龙、胡英杰等领导出席。

19日　辽河油田公司沈224块页岩油先导试验区内，沈224-H301井和沈224-H303井完成压裂施工，这是辽河首对采用前置二氧化碳蓄能拉链式压裂的重点评价水平井，各项压裂指标均达到国内先进水平，标志着先导试验井组3口水平井完成集中压裂。

同日　辽河油田公司科技部组织召开高级别科技奖励培训班，对中国石油与化学工业联合会、集团公司科学技术奖励办法、集团公司科技成果转化创效奖励办法和油气科技成果经济价值评估方法进行集中培训，二级单位管理人员70余人参加培训。

22日　自5月19—22日，投产3天的双台子储气库3号、4号2台国产电驱高压离心式压缩机持续平稳运行，标志着双台子储气库国产注气系统试运投产成功，使辽河储气库群整体注气能力从1400万米^3/日提升到3000万米^3/日，一举成为全国注气能力最大的储气库群，有利于将国内富余俄气尽早注入地下。

23日　辽河油田公司召开QHSE管理委员会工作会议暨安全生产大检查推进、"安全生产月"启动会，深入学习贯彻习近平总书记关于湖南自建房倒塌事故重要指示精神、李克强总理有关批示精神、全国自建房安全专项整治电视电话会议精神，落实集团公司及股份公司勘探与生产分公司相关会议要求，安排部署下一步工作。

26日　辽河油田公司党委机构编制管理委员会下发油辽编发〔2022〕5号文件，按照"一个机构、一个领导班子、两本财务账套、一体化运行"的模式，将辽河石油勘探局有限公司大连分公司与辽河油田分公司销售公司进行整合，成立辽河油田分公司销售公司，列上市业务二级单位管理。同时托管"大连石油交易所有限公司""大连金石高尔夫俱乐部有限公司"。

同日　辽河油田公司党委机构编制管理委员会下发油辽编发〔2022〕4号文件，对中油辽河工程有限公司加挂"辽河油田设计院"牌子。

同日　辽河油田公司工会第二届会员代表大会第三次会议以视频会形式召开。辽河油田公司党委副书记、工会主席张金利在辽河宾馆主会场作《踔厉奋发、笃行不息，为培养造就一支助力高质量发展的产业工人队伍接续奋斗》工作报告。会议表彰了2021年度辽河油田公司"金牌班组""星级职工"、辽河油田公司2020—2021年度模范职工之家等先进集体和2021年度优秀工会工作者等先进个人。

5月30日—6月1日　辽河油田公司执行董事、党委书记李忠兴到宜庆地区调研，期间与长庆油田公司执行董事、党委书记何江川，总经理石道涵；中油测井公司执行董事、党委书记金明权，总经理胡启月交流座谈，看望慰问辽河油田驻宜庆地区科研人员和基层一线干部员工，详细了解外围区油气上产、运行管理、科技创新、安全生产、民生改善等工作。

6 月

1日　辽河油田公司重点项目——雷72大平台工厂化拉链式压裂工程顺利完成单日压裂6层的施工任务，创造油区单日直井多层体积压裂最多层数的新纪录。

9日　辽河油田公司辽兴油气开发公司所辖区块的河21-H209井自2021年8月12日压裂投产后自喷生产303天，累计产油1850余吨。该井位于开鲁盆地陆东凹陷后河断裂背斜构造带，油藏属于碳酸盐细砂岩体，是中孔特低渗储层，是该公司主力上产区块河21块的一口水平井，创造辽河外围特低渗透油藏单井自喷天数最长纪录。

14日　辽河油田公司2022年安全生产大讲堂暨党政主要负责人、安全总监培训班在辽河油田培训中心开班。此次培训的主要目的是深入学习贯彻习近平总书记关于安全生产重要论述，全面贯彻落实集团公司和油田公司QHSE管理要求，增强安全生产工作的政治敏感性和尽职履责的主动性。培训班从6月14日开始，至6月30日结束，分三期对二级单位行政正职、党委书记、安全总监进行培训。

15日 中国石油驻辽西地区石油石化企业工作座谈会在辽河油区召开，深入交流2022年以来工作情况，协调推进新能源、CCUS等相关工作。中国石油驻辽西地区企业协调组组长、辽河油田公司执行董事、党委书记李忠兴主持会议。辽河石化公司执行董事、党委书记相养冬，锦西石化公司执行董事、党委书记王红晨，锦州石化公司总经理、党委副书记袁庆斌，以及长城钻探公司东部生产指挥中心、东方物探公司辽河物探处、中油测井公司辽河分公司等单位领导出席会议。

16日 辽宁省委常委、宣传部部长刘慧晏一行到盘锦调研党史学习教育常态化长效化开展、重大项目建设、全国文明典范城市创建等工作，首站来到辽河储气库群。在双6储气库辽河储气库群展厅，刘慧晏听取库群建设历程介绍，观看专题片，对库群取得的成绩给予肯定。

同日 辽宁省检察院党组书记、检察长李成林一行到辽河油田调研并走访人大代表，就服务企业发展工作征求意见。辽河油田公司执行董事、党委书记、辽宁省人大代表李忠兴出席座谈。

同日 辽河油田公司和盘锦市联合举办的2022年安全生产月系列活动之一，"安全宣传咨询日"活动在辽河石油广场举行。活动现场，LED大屏幕上循环播放电视专题片《生命重于泰山》、安全月主题宣传视频和新安全生产法解读视频。辽河油田公司20家二级单位设立展板参展，每家单位都设立咨询台，工作人员现场发放宣传单、宣传手册和纪念品，向员工、家属普及安全知识，宣传安全理念，开展安全咨询。

18日 渤海装备公司党委副书记、纪委书记、工会主席赵津一行到辽河油田就党建业务进行观摩学习交流，辽河油田公司党委副书记、工会主席张金利出席。

20日 经集团公司党组2022年6月9日研究决定，卢增龙同志任辽河油田分公司党委委员、纪委书记；杨立龙、胡英杰同志任辽河油田分公司党委委员，免去裴勇同志的辽河油田分公司党委委员、纪委书记职务。经股份公司研究决定，于天忠任辽河油田分公司副总经理，免去其辽河油田分公司总地质师职务；杨立龙任辽河油田分公司总工程师、胡英杰任辽河油田分公司总地质师。

21日 中国石油驻辽西地区5家企业以党建联盟为载体，共同举办"喜迎党的二十大，绿色低碳向未来"开放日活动，通过主题论坛和现场参观等形式，展示绿色低碳战略实践，深化融合沟通，为保障国家能源安全，推进中国石油建设基业长青世界一流企业、辽宁全面振兴全方位振兴贡献石油力量，以优异成绩向党的二十大献礼。中国石油驻辽西地区企业协调组组长、辽河油田公司执行董事、党委书记李忠兴，辽河石化公司执行董事、党委书记相养冬，长城钻探工程公司副总经理刘绪全等领导在主分会场出席主题论坛。集团公司党组宣传部部长李懂章，党组宣传部副部长沈中等领导，在北京通过视频连线出席。辽宁省委网信办、盘锦市委等有关领导出席活动。人民日报社、新华社、中央广播电视总台等20余家新闻媒体相关领导和记者，走进辽河油区，进一步感知石油、记录石油，传播石油声音、推介石油故事。

23日 辽河油田公司以视频会形式召开总地质师工作例会，总结半年工作成果，分析面临形势，部署重点任务，确保年度业绩指标顺利实现。

同日 辽河油田公司"党政同责一岗双责"党委书记座谈会在辽河油田培训中心（辽河油田公司党校）召开，辽河油田公司机关有关部室负责人、各二级单位党委书记参加座谈。本次座谈会作为安全大讲堂重要内容之一，与会人员就如何落实"党政同责、一岗双责"、深度推进"党建+安全"等工作进行深入交流。

29日 辽河油田建设有限公司参建的中俄东线天然气管道工程（黑河—长岭）获2020—2021年度

国家优质工程奖。

30日 在辽宁省纪检监察系统表彰大会上，辽河油田公司纪委办公室被授予全省纪检监察系统先进集体称号。

7 月

1日 辽河油田公司党委以视频会形式举办庆祝建党101周年专题党课暨基层党建成果交流会，深入学习贯彻集团公司提升基层党建工作质量推进会精神，对辽河油田公司基层党建工作典型做法和成功经验进行阶段性总结，交流优秀实践成果。辽河油田公司党委书记、执行董事李忠兴讲授《汲取思想伟力，矢志加油增气，以优异成绩迎接党的二十大胜利召开》专题党课。沈阳采油厂党委、高升采油厂党委、钻采工艺研究院党委、特种油开发公司采油作业三区党总支、冷家油田开发公司采油作业二区党总支、物资分公司渤海储运公司器材库党支部作交流发言，石油化工分公司党委、曙光采油厂采油作业二区第一党支部作书面成果交流。

4日 辽河油田公司总经理任文军与到访的辽阳县委书记工蕾行座谈。双方就新能源、储气库等相关工作进行探讨并交换意见。

5日 辽宁省副省长姜有为一行到辽河油田公司检查防汛工作并开展辽河巡河。

同日 辽河油田公司总经理任文军与到访的通用技术宝石花医疗党委筹备工作组组长王旸一行举行座谈。双方就如何提升医疗服务保障水平、推动互利发展进行深入交流。

同日 辽宁省人民政府正式下发关于2021年度辽宁省科学技术奖励的决定，由辽河油田公司曙光采油厂和国家能源稠（重）油开采研发中心主持研发的"稠油吞吐中后期精细注采关键技术研究与应用"项目获辽宁省科技进步二等奖。截至2021年底，该项技术授权国家发明专利6件、实用新型专利9件，整体技术水平达到国内先进。

同日 经辽河油田公司党委决定，成立辽河油田公司信访工作联席会议工作机构，办公室设在维稳信访工作办公室。

6日 辽河油田公司党委机构编制管理委员会下发油辽编发〔2022〕6号文件，成立荣兴油气开发公司。荣兴油气开发公司作为辽河油田公司新型采油气管理区模式试点单位，是在未动用储量开发公司的基础上进行组建，保留曙东区块，划出杜813区块、双北区块及全部零散井，划入荣兴屯、大平房、新开及曙光低潜山区块，构建形成"一个基地+两个区带"的发展格局，即"荣-大基地""曙东区带"和"低潜山区带"。继续执行"两新两高"政策，实行"队伍融合、生产融合""体制创新、模式创新"的新模式探索。

7—8日 集团公司党组成员、副总经理焦方正到辽河调研指导工作，代表集团公司党组看望慰问一线干部员工。股份公司副总裁兼勘探与生产分公司执行董事、党委书记张道伟，中油技术服务有限公司总经理胡欣峰，以及发展计划部副总经理李航、科技管理部副总经理钟太贤、数字和信息化管理部副总经理靖小伟等集团公司部门领导随同调研。

7日 辽河油田公司总经理任文军会见来访的盘锦市委常委、副市长段家喜一行，双方就深化沟通合作，打造油地融合发展典范进行深入交流。

同日 辽河油田公司以视频形式组织召开青年精神素养提升工程部署会暨首期"青马工程"推进会。（青马工程即"青年马克思主义者培养工程"，是青年精神素养提升工程子工程，辽河油田公司于2022年5月在集团公司范围内率先启动）

10日 辽河油田公司总经理任文军会见华为技术有限公司高级顾问吕功训，双方就数字化信息化建设合作进行座谈交流。

同日 辽河油田公司召开防洪抢险工作会议。勘探与生产分公司副总经理闫天禹代表勘探与生产分公司对辽河油田广大干部员工表示慰问，并在会前深入冷家油田开发公司、曙光地区防汛现场调研，查看水情汛情和受灾情况。

11日 经辽河油田公司党委2022年6月24日

研究决定，杨丽立龙兼任新能源事业部经理。

12日　辽河油田公司第十二届女职工技术比赛结束。本届女职工技术比赛于5月启动，分为预赛、复赛和决赛3个阶段，涵盖采油和管理2个工种。

同日　辽河油田公司党委副书记、工会主席张金利为储气库公司授牌全国五一劳动奖状。辽河油田储气库公司主要承担中俄、秦沈、大沈3条国家天然气管线调峰，具有国家战略储备、季节调峰、应急调峰三大功能。在全国总工会表彰的200个获全国五一劳动奖状单位中，该公司是全国储气库行业中唯一获得该荣誉的单位，也是中国石油今年唯一获得该荣誉的企业。

14日　辽河油田公司总经理任文军与来访的长江大学党委书记王建平一行举行座谈，双方围绕深化校企合作、推动校企共建进行深入交流。

15日　辽河油田公司以视频会形式组织召开半年工作会议，传达学习贯彻集团公司党组领导工作指示和要求，总结上半年工作，部署下步重点任务，团结动员广大干部员工，全面推进抗洪复产工作，锁定目标、乘势而上，以一流业绩向党的二十大献礼。

16日　盘锦市委副书记、市长邢鹏一行到辽河油田杜84块绕阳河地区现场调研防汛工作，辽河油田公司总经理任文军陪同。

17日　辽河油田公司下发《安全生产"大反思、大讨论、大排查、大整治"活动实施方案》。

19日　第四届全国石油石化专业职业技能竞赛暨中国石油集团公司首届技术技能大赛采油工竞赛在宁夏银川落下帷幕。本次大赛是集团公司与国务院人力资源社会保障部联合主办的国家级竞赛，被誉为石油石化行业的"奥林匹克"，来自中国石油、中国石化、延长石油集团等23家企业的91名选手参赛，涵盖国内陆上全部油田，是近年来油气开发专业层次最高、规模最大、范围最广的一场技能交流活动。辽河油田公司派出的6名选手荣获1金、1银、2铜及团体第五名、三等奖的优异成绩。辽河油田公司金海采油厂孔祥宇获采油工竞赛金牌和"集团公司技术能手"称号。

21日　辽河油田首口电缆"一趟测"测井——曙古210井测井施工任务完成。

24日　第四届全国石油石化专业职业技能竞赛暨中国石油首届技术技能大赛消防战斗员竞赛落幕。本次大赛有24支代表队120名选手参赛，是近年来集团公司消防战斗员技能比赛中规格最高、队伍最多、项目最全的大型专业类赛事。辽河油田公司荣获2枚个人银牌、2枚个人铜牌、团队项目获铜奖、团体成绩获三等奖并荣获优秀组织奖。

25日　盘锦市委书记、市总河长王炳森到辽河油田公司开展巡河调研并检查防汛工作。在胜利塘大桥，王炳森一行现场了解绕阳河油区洪涝灾害情况，以及油田防汛抗洪复产工作情况。辽河油田公司执行董事、党委书记李忠兴陪同。

同日　辽河石化公司年产3万吨95%高浓度二氧化碳气源在辽河油田公司大洼油田双229块38-34井开始注入，设计日注量40吨，标志着辽河油田—辽河石化CCUS项目上下游联动进入现场试验阶段。

26日　人民日报社辽宁分社社长刘成友一行到辽河储气库群参观调研，先后参观辽河储气库群展厅和双台子储气库群作业区中控室，了解库群建设发展历程、工作原理等情况。辽河油田公司执行董事、党委书记李忠兴陪同调研。

28日　辽河油田公司党委机构编制管理委员会下发油辽编发〔2022〕7号文件，成立辽河油田（盘锦）储气库有限公司，列为未上市业务二级单位管理。同时，撤销辽河油田分公司储气库公司。

同日　辽河油田公司在集团公司2021年度业绩考核中获评A级。

29日　中共辽宁省委决定，任文军任盘锦市委委员、常委；免去孟卫工盘锦市委常委、委员职务。

同日　辽河油田公司执行董事、党委书记李忠兴与到访的抚顺石化公司执行董事、党委书记何晨光一行进行座谈，双方围绕推进新能源、CCUS工程及相关合作进行深入交流。

8 月

1日 受7月27日、28日两轮强降雨影响，绕阳河发生有水文记录以来最大洪水。盘锦市绕阳河段一处堤坝发生溃口。盘锦市防指启动防汛Ⅰ级应急响应。辽宁省委书记、省人大常委会主任张国清，省委副书记、省长李乐成到盘锦市防汛一线，检查防汛救灾工作。

2日 股份公司勘探与生产分公司召开视频会议，专题听取辽河油田近期防汛抗洪工作汇报。

3日 集团公司董事长、党组书记戴厚良代表集团公司党组，对奋战在抗洪一线的辽河油田公司干部员工表示感谢和慰问，对辽河油田公司应对历史罕见洪涝灾害所做的工作给予充分肯定，要求集团公司有关单位部门全力支持辽河油田公司抗洪抢险工作。辽河油田公司要全力以赴配合和协助当地政府做好抗洪抢险工作。当天下午，辽河油田公司组织召开抗洪抢险第九次会议，传达集团公司党组领导对辽河防汛抗洪工作的指示要求和辽宁省委省政府领导到盘锦检查防汛救灾工作时的讲话要求，安排部署下步重点工作。

同日 中国昆仑工程有限公司总经理李利军一行到辽河油田公司走访，并就CCUS等有关技术层面的合作进行交流沟通。

5日 第四届全国石油石化专业职业技能竞赛暨集团公司首届技术技能大赛油藏动态分析竞赛在塔里木油田落幕。辽河油田公司派出3个团队9名选手参加此次比赛，最终摘取个人赛1金、2银、3铜，团队赛1金、1银和团体二等奖，总成绩第二名的优异成绩。本届油藏动态分析竞赛属于集团公司一类竞赛，有14家油田的29个团队87名选手参赛，是近年来中国石油油藏动态分析专业领域层次最高、规模最大、范围最广的一场技术交流活动。

9—10日 集团公司安全副总监、股份公司安全总监兼QHSE部总经理张明禄一行到辽河油田公司调研指导工作，看望慰问奋战在抗洪复产一线的广大干部员工。辽河油田公司执行董事、党委书记李忠兴陪同。

10日 辽宁省总工会副主席初晓光一行深入辽河油田曙光采油厂和特种油开发公司受灾一线，看望慰问抗洪抢险干部员工，并送去慰问品。

同日 辽河油田公司召开2022年保密工作会议，学习贯彻党中央和集团公司党组、辽宁省关于保密工作的总体部署，总结辽河油田公司上半年保密工作，安排部署下半年工作。

11日 通用技术集团徐平等5名外部独立董事、副总经理谢彪一行到辽河油田公司看望慰问抗洪抢险干部员工，辽河油田公司党委副书记、工会主席张金利陪同。

12日 辽河油田公司召开青年科技人才培养暨油藏动态分析竞赛总结交流座谈会，庆祝辽河油田公司代表队在集团公司首届油藏动态分析大赛取得第二名的好成绩，鼓励先进，总结经验，加快推进人才强企工程实施。

同日 辽河油田公司曙光采油厂获2020—2021年度全国"安康杯"竞赛优胜单位。

18日 辽河油田公司组织召开机关"油气上产再立新功"动员会，动员公司各级干部员工上下一心再奋战、锚定目标再攻坚，在复产上产中再立新功。

同日 集团公司生产经营管理部在辽河油田公司组织召开现场专题协调会，商讨辽河油田抗洪复产工作，研究汛情对辽西地区炼化产业链的影响和下步应对措施。会议听取辽河油田公司抗洪复产、产销运行等工作，以及锦州石化、锦西石化、辽河石化原油资源需求情况、应对方案和工作建议等汇报。

19日 辽河油田公司执行董事、党委书记李忠兴会见来访的东北销售公司执行董事、党委书记丛新兴，就加强沟通交流、拓展合作空间进行座谈交流。

22日 辽河油田公司与国家电网辽宁电力有限公司签订务实合作协议。根据务实合作协议，辽河油田公司与国网辽宁电力公司发挥双方优势和特色，加强信息交流和资源集成，在电网运行建设、风光发电业务等方面紧密合作，实现技术资源共享、项目共同开发、共同建设，打造双赢、可持续发展的务实合作伙伴关系。辽河油田公司执行董事、党委书记李忠兴，国网辽宁电力公司董事长、党委书记董天仁出席签约仪式。

同日　双6储气库双034—28井日产连续60余天稳定在20吨以上，标志着辽河油田公司储气库建设创新探索的气驱采油协同扩容建库模式取得成功。

同日　经辽河油田公司专业标准化技术委员会研究，结合油田公司业务和人员变化，对22个专业标准化技术委员会进行调整。

23日　集团公司总经理、党组副书记侯启军到辽河油田公司慰问调研，了解企业抗洪防汛和生产经营情况，代表集团公司党组看望慰问抗洪防汛一线干部员工。侯启军充分肯定辽河油田公司各项工作取得的成绩，高度赞扬在抗洪抢险和复产工作中展现出的"石油精神""辽河担当"，强调要全力以赴做好抗洪和复产工作，稳经营、防风险、增效益，不断提升综合实力、市场竞争力和抗风险能力，攻坚奋进、砥砺前行，为集团公司建设基业长青世界一流企业、辽宁老工业基地振兴和地方经济社会发展作出新的更大贡献。

29日　辽河油田公司在曙光采油厂召开抗洪复产安全环保工作会议。会议传达8月28日辽河油田公司生产经营办公周例会精神，通报《抗洪复产期间安全环保监督工作方案》。

9　月

1日　集团公司2022届新入职员工培训工作全面启动。作为集团公司指定7家主要培训机构之一，辽河油田培训中心迎来辽河油田公司、辽河石化公司、长城钻探公司、锦州石化公司、锦西石化公司、辽宁销售公司、昆仑能源公司和昆仑银行上海结算中心8家企业312名新入职员工，开展为期5天的入厂教育。

2日　集团公司举办2022年新员工集中培训开班式，集团公司董事长、党组书记戴厚良以《以梦为马、不负韶华，在建设能源强国中谱写青春华章》为题讲授第一课。辽河油田公司、辽河石化公司、长城钻探公司、锦州石化公司等8家企业312名新入职员工在辽河油田培训中心通过视频听课。

2—3日　股份公司油气和新能源分公司副总经理郑新权、靳地胜一行到辽河油田公司调研指导储气库环空带压治理、钻井机采提效、修井作业、复产上产等工作，看望慰问奋战在抗洪复产一线的干部员工，辽河油田公司总经理任文军陪同。

5日　辽河油田公司和盘锦市委市政府在曙光采油厂机关办公楼前举行仪式，共同欢送中国安能建设集团盘锦抢险救援队伍。

同日　中核通辽铀业有限责任公司在辽河宾馆召开2022年第一次股东会、第三届董事会第一次会议和第三届监事会第一次会议。辽河油田公司常务副总经理卢时林、中国铀业总工程师苏学斌参加。

6日　召开中国共产党辽河油田公司机关党员代表大会，采取无记名投票方式和差额选举办法，补选党委委员2名，周洪义、郭俊鹏当选。

8日　辽河石化公司执行董事、党委书记相养冬一行到辽河油田公司特种油开发公司集输大队特一联合站抗洪复产现场，看望慰问干部员工，并送去慰问品。相养冬一行实地了解特一联复产工作情况及进展，高度评价辽河油田公司抗洪复产工作，并表示尽全力支持油田复产上产。

11日　辽宁省委副书记、省长李乐成到辽河油田公司调研指导工作，深入曙一联合站生产现场，实地察看油田抗洪救灾、恢复生产情况，辽河油田公司执行董事、党委书记李忠兴陪同。

14日　由辽宁省人民政府主办的"辽宁—京津冀招商引资促进周"活动项目签约仪式在北京市举办。辽河油田公司与辽阳市政府签订200兆瓦风电项目战略合作协议。

同日　股份公司油气和新能源分公司对辽河油田公司2022年下半年QHSE体系指导审核首次会议

召开,并于9月26日召开末次会议。本次审核采取全要素量化审核方式,通过企业内审与指导审核联合开展。8月15日—9月26日,辽河油田公司企业内审组对兴隆台采油厂等8家单位进行现场审核,油气和新能源分公司指导审核组于9月13—26日对辽河内审工作进行指导。

15日 辽河油田公司天然气日产达266万立方米,比低谷时增长70多万立方米,在1个多月时间里,天然气日产曲线呈"V"形反转。受7月以后的汛情影响,辽河油田公司陆续关停大量稠油井,出现天然气供大于求情况,同步陆续关停气井。截至8月4日,累计关停气井82口,影响天然气日产53万立方米。8月中旬,随着稠油井复产,辽河油田公司启动天然气复产工作。9月中旬,辽河油田公司天然气井实现全面复产。

16日 集团公司以视频会形式组织召开党建工作东北协作区启动会。会议研究通过《党建工作东北协作区建设方案》。按照集团公司关于建立党建工作协作区的部署要求,大庆油田有限责任公司、辽河油田公司、吉林石化公司等19家单位联合共建党建工作东北协作区,大庆油田有限责任公司为协作区组长单位,辽河油田公司、吉林石化公司为副组长单位。辽河油田公司负责联络集团公司驻辽宁地区企业。

19—20日 中国共产党辽河油田分公司第三次党员代表大会在兴隆台采油厂文体中心召开。大会嘉宾中共盘锦市委副书记王惠莲,辽河石化公司党委书记、执行董事相养冬,辽河油田老领导宋道堂、王革、孙崇仁在主席台参加开幕会议。开幕会议应到代表300名,实到277名,符合规定人数。李忠兴代表中国共产党辽河油田分公司第二届委员会向大会作题为《贯彻"两个一以贯之",担当争创一流重任,奋力开创油田高质量发展新局面》的报告。大会选举出中国共产党辽河油田分公司第三届委员会委员10人:李忠兴、任文军、张金利、卢时林、孙义新、卢增龙、于天忠、刘建峰、杨立龙、胡英杰;选举出中国共产党辽河油田分公司第三届纪律检查委员会委员9名:卢增龙、李海彬、夏文江、甄占彪、马洪涛、孙红伟、邢哲、赵相文、何军。20日,中国共产党辽河油田分公司第三届委员会举行第一次全体会议,选举李忠兴为辽河油田公司党委书记,任文军、张金利为党委副书记;会议通过第三届纪律检查委员会第一次全体会议选举结果的报告,卢增龙当选辽河油田公司纪委书记。

21日 由辽宁省应急管理厅执法局局长李小明带队的辽宁省安委会检查组到辽河油田公司开展2022年度中央驻辽企业和省属企业安全生产专项联合执法检查,辽河油田公司总经理任文军陪同。

同日 辽河油田公司执行董事、党委书记李忠兴在辽河宾馆会见到访的渤海装备公司执行董事、党委书记周荣学一行,双方就下步有关合作进行座谈。

22日 国务院自然资源部北海局采用视频会形式对辽河油田公司月海油田合作区块,开展2021年度矿权公示信息检查,月海油田合作区块通过自然资源部矿权督查,辽河油田公司总经理任文军出席会议。

同日 辽河油田公司召开集团公司内部控制管理层测试及外部审计测试问题整改推进会,贯彻集团公司领导干部会议精神,落实辽河油田公司"管理提升年"工作安排。辽河油田公司总经理任文军出席并讲话。

同日 辽河油田公司执行董事、党委书记李忠兴在机关大楼会见光明日报社辽宁记者站站长刘勇一行,双方就新闻宣传报道等事宜进行深入交流。

同日 随着河21-H135井第9段压裂完成,辽河油田规模最大的工厂化压裂作业——河21-H234大平台8口井67段工厂化体积压裂成功。本次压裂施工历时12天,采用2套压裂车组与2套桥射联作队伍相配合的双拉链式工厂化压裂作业新模式,2套机组同时运行实现8口水平井同时压裂,创造平台单日压裂段数最多、单日压裂规模最大、单日射孔段数最多、连续压裂段数最多、连续压裂规模最大、连续射孔段数最多、参战人员最多、参战车辆最多 8 项辽河油田压裂施工新纪录。

23 日　辽河油田公司召开集团公司 2022 年领导干部会议对照检查专题会，围绕贯彻落实集团公司党组关于坚持依法合规治企和强化管理部署要求，聚焦集团公司董事长、党组书记戴厚良提出的"五个任重道远"，对照查摆问题表现、剖析问题原因、提出改进措施，推动高质量发展。

27 日　辽河油田公司举办第四届"辽河榜样"颁奖典礼。本次"辽河榜样"评选活动分加油增气、管理增效、道德文明 3 个类别，经过组织资格审查、网络投票、综合评定等多轮次评审，最终授予张亮等 12 人"辽河榜样"荣誉称号，授予陈军等 12 人"辽河榜样"提名奖荣誉称号。

28 日　辽河油田公司执行董事、党委书记李忠兴与到访的盘锦市人大常委会党组书记张淼一行座谈交流，党委副书记、工会主席张金利出席。

29 日　辽河油田公司举办"党建＋财务"主题演讲比赛（决赛）。本次比赛自 5 月启动，来自财务资产系统 6 个片区 47 家单位 77 名选手角逐片区赛。有 28 家单位的 43 名选手入围复赛，18 名选手晋级决赛，最终评出一等奖 3 个、二等奖 5 个、三等奖 10 个，优秀组织奖 6 个。

同日　中央政法委发布第三季度"见义勇为勇士"榜单，辽河油田能源管理公司张建等 5 人救火群体荣登首批见义勇为勇士选树活动"季度榜"。

30 日　辽河油田公司组织召开井控管理领导小组工作会议，传达贯彻集团公司特殊敏感时期井控升级管控要求，明晰工作职责，研究重点事项，夯实工作基础。

10 月

8 日　经辽河油田公司 QHSE 管理委员会研究，根据业务领域风险管控的实际需要，对 QHSE 专业分委会及成员设置进行调整。

同日　经辽河油田公司党委研究，结合油田公司领导班子成员工作分工情况，对党建带团建联系点进行调整。

11 日　辽宁省副省长王明玉，在辽宁省住建厅、生态环境厅有关领导陪同下，到辽河储气库群生产现场，调研油田冬季天然气保供、安全生产、灾后复产等情况。辽河油田公司总经理任文军，盘锦市市长邢鹏陪同调研。

同日　辽河油田公司召开科技与信息化创新大会，辽河油田公司执行董事、党委书记李忠兴传达集团公司科技与信息化创新大会精神并讲话，总经理孟卫工主持会议。

12 日　辽河油田公司召开 2022 年新提任处级干部"六个一"廉洁从业教育会议。

16 日　中国共产党第二十次全国代表大会在北京人民大会堂隆重开幕，习近平代表第十九届中央委员会向大会作报告。辽河油田公司广大党员和干部员工以不同形式收听收看大会直播盛况。党的二十大代表、辽河油田公司党委书记、执行董事李忠兴在北京人民大会堂现场参加大会。在党的二十大召开期间，李忠兴先后接受央视、新华社、中央广播电视总台 CGTN、《经济日报》《光明日报》《工人日报》《中国能源报》《辽宁日报》、辽宁广播电视台等主流媒体采访，谈自身认识和油田落实举措。

18 日　辽河油田注 60-56-42 井在实施井下蒸汽流量控制技术 80 天后，阶段累计增油 71.2 吨。截至当日，该技术共实施 5 井次，施工成功率 100%，标志着国内首创、油田公司自主研发的井下蒸汽流量控制技术现场成功实施。

20 日　质量安全环保部更名为质量健康安全环保部，仍保留"中国石油天然气集团有限公司健康安全环保专业标准化技术委员会油气田及管道分技术委员会秘书处""技术监督部""环境保护部"牌子，海洋石油安全生产监督管理办公室中油分部辽河监督处继续与质量健康安全环保部合署办公。

同日　在辽河油田首个 CCUS 先导试验区——双 229 块洼 128 井区部署的首批井位压裂投产后喜获高产，其中双 229-37-59 井压裂后日产突破 30 吨，创造该井区进入开发阶段以来的历史最佳,其余投产井在历经排液后日产油相继迈进10吨水平的行列,超过方案设计产量30%。该区于2022年初通过辽河油田公司审查。科研人员综合考虑储层发育情况、储量分布状况、油层连通性等因素,集中部署了11口注气井、39口采油井。

24日 辽河储气库群圆满完成第九轮注气任务,累计注气32.06亿立方米,再创历史新高,完成年度计划目标的100.8%,比2021年总注气量超出62%,首次成为中国储气库中注气量最大的储气库,总注气量占中国石油储气库注气量的五分之一,成为保障东北及京津冀地区千家万户温暖过冬的重要"气仓"。

同日 辽河油田公司勘探开发研究院合作勘探开发所申报的"中亚油气项目油藏管理数字化平台建设与应用"成果获中国石油国际勘探开发有限公司2021年度科技进步奖二等奖。该奖项是辽河油田首次以主要完成单位身份获此荣誉。

26日 经辽河油田公司委员会研究决定,成立辽河油田公司内部违规处理工作领导小组,下设办公室在党委组织部(人事部)。

27日 经2022年10月21日辽河油田公司党委研究决定,对辽河油田公司非常设机构设置及组成人员进行调整。

28日 经辽河油田公司党委2022年9月29日研究决定,赵万辉任辽河油田公司副总经济师、王宝峰任辽河油田公司副总工程师、张国龙任辽河油田公司总经理助理。

同日 辽河油田公司以视频会形式组织召开传达学习党的二十大精神大会。党的二十大代表,辽河油田公司党委书记、执行董事李忠兴作主题宣讲。

11 月

1日 辽河油田(盘锦)储气库有限公司地质工艺研究所中心化验室收到国家地质实验测试中心2022年"油气地球化学样品—天然气组成分析"能力验证结果通知单,评价结果均为满意。这标志着该公司中心化验室成为辽河油田公司首家非科研单位获得该资质认证的化验机构,为天然气组分化验数据准确性提供科技保障。

2日 辽河油田曙4-5-004井精准找漏成功补漏恢复生产。这源于钻采工艺研究院和曙光采油厂自主攻关的电动验窜找漏技术,确定该井漏失区间在562.7—565.7米,将漏失范围缩小至3米内,标志着国内首创电动验窜找漏技术成功实施。

5日 辽河油田公司以视频会形式召开抗洪复产表彰大会,全面总结抗洪复产工作,开展典型经验交流,表彰抗洪复产先进集体和先进个人。

8日 由中国石油集团工程技术研究院有限公司、油气钻完井技术国家工程研究中心主办的地热资源高效开发国际学术研讨会在北京召开。本次大会参加人员包括中国国家院士,美国、冰岛等国教授代表,国内相关高校、科研院所以及企业专家等。辽河油田环境工程公司作为中国石油唯一一家地区公司代表进行学术交流,以《油田地热资源开发利用》为题,全面介绍辽河油田开发现状和在辽河坳陷的古近系、下辽河平原等地地热资源开发的历程,分享辽河油田5项重大科研成果、6项行业标准、9项专利技术和"找热、取热、换热、储热、用热"五个方面取得的多项技术成果。

9日 辽河油田公司与西南油气田公司本着互利共赢、共同发展的原则,在成都续签战略合作框架协议。这是双方第二轮合作,第一轮合作开始于2019年7月,为期3年,签订具体项目交易合同61份,均得到高质量履行。本次续签的战略合作协议合作期限3年,从2022年11月至2025年10月,内容基本沿用上一轮协议,同时结合实际对合作主体及合作范围作部分调整。

14日 辽河油田公司党委书记、执行董事李忠兴和盘锦市委市政府主要领导一行到锦州市义县开展对口帮扶活动,并调研相关帮扶项目。锦州市委市政府主要领导参加调研活动。

15日 辽河油田公司首个压驱试验牛74-19-17井在10月7日实施"压驱+压裂"工艺后实现自喷生产，初期日产油8.6吨，最高日产油27吨，取得显著效果。

18日 辽河油田公司召开2022年标准化技术委员会会议。本年辽河油田公司优秀标准奖的评选工作收到各专标委推荐的评奖标准项目31项，于8月31日—9月12日开展初评工作，由首席专家、相关专标委主任、副主任以及申报单位的主管领导共计26人进行网评，依据打分结果共评出终评项目20项，其中一等奖候选项目7项、二等奖建议项目5项、三等奖建议项目8项。

21日 《辽河油田公司科学技术奖励办法》《辽河油田公司科技成果转化创效奖励办法（试行）》《辽河油田公司科技项目基础奖励实施细则（试行）》《辽河油田公司科研诚信管理暂行规定》正式发文。

22日 辽河油田公司组织召开储量管理委员会会议，审查2022年SEC储量年度评估方案。

同日 辽河油田公司重点探井于古1井获高产工业油流，日产油达到30立方米。该井部署在辽河东部凹陷中部的于楼—热河台构造带，于5月19日开钻，7月29日完钻，完钻井深4340米，完钻周期较设计周期提前40天。

29日 辽河油田公司党委机构编制管理委员会下发油辽编发〔2022〕9号文件，成立中国石油天然气股份有限公司辽河油田阿鲁科尔沁分公司，在内蒙古自治区赤峰市阿鲁科尔沁旗办理注册手续，隶属辽兴油气开发公司管理。

同日 辽河油田公司召开2022年科学技术委员会会议，会议听取2022年科学技术奖初评情况汇报。经辽河油田公司科学技术委员会现场提问和投票，最终评选出项目奖52项，人物奖4人，其中一等奖项目7项、二等奖项目19项、三等奖项目26项。

30日 经辽河油田公司QHSE管理委员会（安委会）研究决定，成立防火安全管理专业委员会，下设办公室在质量健康安全环保部。

12 月

4日 辽河油田公司原油日产量从最低17528吨恢复至27503吨，跨越万吨台阶，取得抗洪复产的全面胜利。

5日 新能源事业部的BSK1、内蒙古地区的天然碱业务和资产，以及新能源事业部托管的"辽河石油勘探局有限公司通辽BSK1业分公司"，整体划归辽兴油气开发公司托管，辽兴油气开发公司新增未上市账套，两本账运行。

6日 党中央、全国人大常委会、国务院、全国政协、中央军委在北京人民大会堂隆重举行江泽民同志追悼大会。辽河油田公司组织收听收看，广大干部员工怀着无比沉痛的心情，深切缅怀江泽民同志的丰功伟绩，深刻感悟江泽民同志的优秀品格和崇高风范。

同日 辽河油田公司组织召开"党的二十大精神进基层"宣讲团动员会。辽河油田公司党委组建"党的二十大精神进基层"宣讲报告团，于12月上旬开始，分6个宣讲小组，在辽河油田所属各二级单位进行巡回宣讲。

7日 辽河油田公司以视频会形式召开井筒工程市场化运行启动会。会上，企管法规部传达国家、集团公司及辽河油田公司关于市场化相关要求；钻采工程技术部宣贯辽河油田公司钻井、井下作业、压裂市场化改革方案。

7—8日 辽河油田公司以视频会议的形式召开所属单位党委书记抓基层党建工作述职评议会。会议听取兴隆台采油厂、茨榆坨采油厂、勘探开发研究院等12家二级单位党委书记和辽河油田公司机关党委常务副书记现场述职，辽河油田公司党的建设工作领导小组成员进行提问，并进行现场评议。

9日 辽河油田公司执行董事、党委书记李忠兴，总经理任文军到辽宁省政府，向辽宁省副省长姜有为汇报辽河油田在迎接党的二十大、学习宣传贯彻党的二十大精神，克服罕见洪灾、新冠疫情影响，锚定"加油增气"目标，推动千万吨油田稳产、百亿方气库建设、外围区效益上产等各项工作中所取得的积极进展。姜有为对辽河油田抗洪复产等工作给予充分肯定，要求辽河油田公司要加快新能源业务发展和储气库建设，稳步推进减碳降耗，为地方经济发展作出新的更大的贡献。

同日 辽河油田公司以视频会形式举行第38届青年油水井分析大赛闭幕式。本届大赛由辽河油田公司团委牵头组织实施，坚持"量效并重，以效为先"的工作定位，突出"常规和非常规并重，油气和新能源并重"的攻关导向，聚焦"技术创新和管理升级"两个方向，引领青年立足自身管理负责的油井、区块开展研究攻关。大赛于2月启动，来自21家单位的1500余名青年参与选拔，124人入围油（气）藏分析、采油（气）工艺、效益分析、操作技能4个组别决赛，按照疫情防控要求，大赛全程采取线上发布形式进行，最终评选出一等奖12人、二等奖24人、三等奖64人、优秀奖24人，"优胜单位"6家、"最佳进步单位"2家。12名获一等奖选手被授予辽河油田公司"青年岗位能手"荣誉称号。闭幕式上，4名优秀选手代表作汇报展示，并现场表彰本届大赛优胜单位、最佳进步单位。

10日 辽河油田公司召开科技工作领导小组会议，审议通过辽河油田公司2022年科技创新奖励有关事宜和2022年管理创新奖励有关事宜。

同日 随着最后一个井场——锦136井场光伏电站并网发电，沈茨锦光伏项目一期工程全面投产发电。该工程是辽河油田公司投产的首个利用自有土地、自主投资、自主设计、自主施工、自主运维、通过油田自有电网实现发电自行消纳的光伏项目，设计装机规模为18.19兆瓦，每年可发电2500万千瓦·时，所发"绿电"全部上载至油田内部电网供油气生产使用，每年可减排二氧化碳20000吨。

11日 油地项目对接会议在辽河宾馆召开，为油地联席会议召开做准备。油地双方领导就各自需要帮助协调解决的问题进行深入交流。辽河油田公司总经理任文军主持会议，盘锦市市长邢鹏出席会议。

同日 辽河油田公司CCUS-EOR（二氧化碳捕集埋存与提高采收率技术）项目当年累计注入二氧化碳突破5万吨，提前20天完成集团公司下达的注碳量指标。

12日 辽河油田公司中层领导人员学习贯彻党的二十大精神集中轮训班暨2023年工作务虚会在辽河油田培训中心开班。本次集中轮训分5期，主要培训对象为企业首席技术专家、总经理助理、副总师、二级正、副职领导人员（含调研员），首期时间为12月12—16日。培训班将由中央党校、集团公司、辽宁省委党校、东北电力大学和油田党校组成的优质教师团队授课，围绕推进治理体系和治理能力现代化、加快"双新""双碳"发展布局等新部署新要求，设置7个专题，多角度、全方位解读党的二十大精神。

13日 在集团公司与辽宁省政府签署在辽重点企业转型发展合作框架协议的大背景下，股份公司辽阳石化分公司总工程师一行3人到辽河油田公司对接绿色低碳与新能源业务。

14日 辽河油田公司下发中油辽字〔2022〕284号文件，撤销中国石油天然气股份有限公司辽河油田海南油气勘探分公司，移交南方石油勘探开发有限责任公司。

14—15日 在集团公司2022年度勘探年会上，辽河油田公司渤海湾盆地辽河滩海葵花岛构造带葵探1井油气勘探获得集团公司勘探重大发现一等奖。这是辽河油田公司自"大洼—海外河断裂带精细勘探技术与成效"项目以来，时隔6年再获一等奖。

22—24日 在集团公司2022年度油气田开发年会上，辽河静安堡油田、海外河油田获集团公司高效开发油气田称号。这是集团公司时隔15年再度进行表彰，本次表彰入选38个老油田，占比不到集团公司油田总数的10%。

26日 辽河油田公司以视频会形式组织召开2022年QHSE体系管理评审暨四季度QHSE管理委员会工作会议，总结并安排部署岁末年初安全环保重点工作。

27日　辽河油田公司以视频会形式召开质量健康安全环保工作会议，强调对做好QHSE工作极端重要性的认识，强化底线思维和系统观念，从严从实压紧责任制，以高水平安全服务保障高质量发展。

29日　辽河油田公司召开集体协商会议，企业和职工双方代表围绕《集体合同（草案）》的具体条款修订开展集体协商。辽河油田公司党委副书记、工会主席张金利，常务副总经理卢时林分别作为职工方和企业方首席代表出席会议。

30日　辽河油田公司党委书记、执行董事李忠兴，总经理任文军分别组织召开辽河油田公司领导班子民主生活会征求意见座谈会。座谈会上，来自油田公司机关部门和基层单位40名代表，聚焦民主生活会主题，围绕6个方面对辽河油田公司党委领导班子和班子成员提出意见建议。

31日　经辽河油田公司党委2022年12月19日研究决定，杨立龙兼任新能源事业部执行董事，免去其兼任的新能源事业部经理职务。

油气勘探

综　述

【概述】 辽河油田公司油气勘探工作主要由勘探事业部（勘探部）及勘探开发研究院、钻采工艺研究院、庆阳勘探开发分公司等单位组织实施。辽河地区油气勘探始于20世纪50年代。1955年，地质部开始对下辽河坳陷进行地球物理普查。1970年，在大庆六七三厂基础上组建辽河石油勘探指挥部，全面勘探下辽河坳陷的油气资源，正式开启辽河油田开发建设的征程。辽河油气勘探历经地球物理普查、区域预探、区域评价、重点突破、区域甩开勘探、滚动勘探等重要勘探阶段。截至2022年底，累计探明石油地质储量25.7亿吨，探明天然气（不含溶解气）地质储量1140亿立方米。勘探开发领域包括辽河坳陷探区、辽河外围开鲁探区、辽河外围宜庆探区，总探矿权面积2.82万平方千米。其中辽河坳陷陆上、辽河滩海，探矿权6个，面积7441.94平方千米，石油资源量47.3亿吨，已探明24.19亿吨，常规资源探明率58.8%；天然气资源量9876亿立方米，已探明728.8亿立方米，常规资源探明率17.2%。辽河外围开鲁地区探矿权6个，面积7924.35平方千米（含铀矿勘查项目4个，面积6766.20平方千米），石油资源量10.53亿吨，已探明1.27亿吨，常规资源探明率29.0%。鄂尔多斯宜庆探区探矿权9个，面积12832.48平方千米，石油资源量5.38亿吨，已探明0.25亿吨，常规资源探明率11.6%；天然气资源量5155亿立方米，已探明410.85亿立方米，资源探明率8.0%。2022年，辽河油田公司"渤海湾盆地辽河滩海葵花岛构造带葵探1井油气勘探""开鲁盆地陆家堡凹陷石油勘探成果""辽河西部凹陷东部陡坡带精细勘探成果"分别获集团公司2021年度油气勘探重大发现奖一等奖、二等奖、三等奖。

【勘探工作量完成情况】 2022年，辽河油田公司辽河探区勘探实际完成三维地震采集工作量270平方千米，完成辽河探区三维地震资料处理2170平方千米，其中新资料处理270平方千米（同时完成1380平方千米连片处理），地震老资料挖潜处理1900平方千米（表1）。

井中地震完成4口井（沈372井、葵探1井、于古1井、曙古210井），零偏VSP观测系统4个，非零偏VSP观测系统5个。勘探计划完成探井38口，进尺12.86万米，实际完成探井26口，进尺11.10

表1　2022年辽河油田公司地震资料处理工作量统计表

勘探项目	子项目	项目名称	处理内容	二维地震（km）		三维地震（km²）	
				新资料	老资料	新资料	老资料
辽河坳陷	西部凹陷	辽河坳陷东部凹陷牛居地区深层目标高精度成像处理	叠前深度偏移	—	—	—	400
	东部凹陷	辽河坳陷西部凹陷高北—牛心坨地区目标处理	叠前深度偏移	—	—	—	500
		桃园—大平房叠前深度偏移处理攻关	叠前深度偏移	—	—	—	100
辽河外围	陆东凹陷	开鲁盆地库伦塔拉地震资料高分辨处理	叠前深度偏移	—	—	—	500
		辽河外围陆东凹陷交力格洼陷叠前深度偏移处理	叠前深度偏移	—	—	—	400
鄂尔多斯矿权区	鄂尔多斯盆地	2022年宁县西—镇150井区三维地震资料叠前深度偏移处理	叠前深度偏移	—	—	270	—
合计						270	1900

万米，分别完成年计划的68%、86%。完成风险探井1口，风险探井进尺1.18万米。完成探井解释油气层井25口，下油层套管探井24口。当年新获工业油气流井31口，综合探井成功率57.4%（表3）。

辽河新区勘探完成探井取心25口，取心总进尺801.65米，岩心总长753.76米，平均取心收获率94.03%，含油气显示岩芯总长470.30米（表4）。

完成探井试油40口，试油层数93层；完成探井油层压裂改造36口井45井次，酸压2口井2井次；试油获工业油气流井36口，其中新获工业油气流井31口，往年重复获工业油流井5口（欧28-31-21井、奈30-1井、欧48井、沈308井、宁605井）（表5）。

【勘探投资】 2022年，辽河油田公司新区勘探计划总投资及实际执行总投资92203万元，完成率100%，同比增加3638万元（表2）。在勘探效益分析方面，辽河油区完成各类探井27口，进尺12.29万米。获工业油气流井36口，其中新获工业油气流井31口，当年综合探井成功率57.4%。实际完成预探成本5.58美元/桶，同比增加3.11美元/桶。辽河新区勘探投资同比增加3638万元（造成投资增加，主要以实施成本较高的滩海探井一口）。石油控制技术可采储量342万吨，同比减少400.4万吨，造成预探成本同比增加3.11美元/桶。在成本分析方面，辽河油区油气勘探成本核算大致划分三项工程，即物探工程（二维地震采集、三维地震采集）、探井工程和勘探配套工程。物探工程实际完成投资10086万元。其中三维投资9545万元，非地震物化探投资541万元，比计划投资减少484万元。探井工程实际完成投资75407万元，比计划增加投资484万元。辽河新区勘探配套工程直接投资6710万元，同比减少1864万元。

【矿权管理】 2022年，辽河油田公司拥有油气探矿权区块21个，面积2.82万平方千米。其中含铀矿勘查项目4个，面积6766.20平方千米。完成10个探矿权区块的延续、核减、注销、探转采变更材料准备及申报工作。

矿权地区分布。辽河油田公司所拥有的探矿权区块，主要分布在辽宁省、内蒙古自治区、甘肃省、陕西省和山西省境内。辽宁省有效探矿权6个，登记面积7441.94平方千米；内蒙古自治区有效探矿权5个，登记面积7458.57平方千米；跨辽宁省与内蒙古自治区探矿权项目1个，登记面积465.78平方千

表2 2022年辽河油田公司勘探投资完成情况统计表

勘探项目	计划投资（万元）							实际完成投资（万元）							完成百分率
	物探工程				探井工程	勘探配套工程	小计	物探工程				探井工程	勘探配套工程	小计	
	二维	三维	非地震物化探	合计				二维	三维	非地震物化探	合计				
辽河陆上	—	—	—	—	20585	—	20585	—	—	428	428	25673	—	26101	126%
辽河滩海															
辽河外围	—	—	500	500	8990	—	9490	—	—	67	67	12809	—	12876	135%
辽河探矿权鄂尔多斯盆地	—	9570	500	10070	27155	—	37225	—	9545	46	9591	18732	—	28323	76%
勘探配套工程	—	—	—	—	—	6710	6710	—	—	—	—	—	6710	6710	100%
风险探井	—	—	—	—	18193	—	18193	—	—	—	—	18193	—	18193	100%
合计	—	9570	1000	10570	74923	6710	92203	—	9545	541	10086	75407	6710	92203	100%

表3 2022年辽河油田公司探井工作量和钻探情况统计表

勘探项目	勘探子项目	勘探项目类别	计划进尺(米)	完成进尺(米)	取心进尺(米)	进尺完成率(%)	完成探井进尺预探井(米)	完成探井进尺评价井(米)	完成探井计划井数(口)	完成探井完成井数(口)	完成率(%)	完井作业井数(口)	正钻井数(口)	完成探井分类1 解释油气层井(口)	完成探井分类1 下油层套管井(口)	完成探井分类2 预探井(口)	完成探井分类2 评价井(口)	新获工业油气流井数 合计(口)	新获工业油气流井数 工业油井数	新获工业油气流井数 工业气井数	当年新获工业井数 工业油井数	当年新获工业井数 工业气井数
鄂尔多斯矿权区	鄂尔多斯盆地	预探	69600.00	31965.60	242.81	45.93	11598.60	20367.00	20	6	30	2	4	6	6	1	5	16	—	16	—	4
辽河陆上	大民屯凹陷	预探	7800.00	15684.00	17.24	201.08	15684.00	—	2	5	2500	—	1	5	54	4	1	—	—	—	—	—
辽河陆上	东部凹陷	预探	17000.00	15670.63	35.25	92.18	8269.63	7401.00	5	4	80	—	2	3	3	1	3	5	2	—	2	—
辽河陆上	西部凹陷	预探	14900.00	24988.93	29.00	167.71	21565.93	3423.00	4	2	50	1	3	2	1	2	—	—	—	—	—	—
辽河滩海		预探	—	—	—	—	—	—	—	—	—	—	—	—	—	—	—	—	—	—	—	—
辽河外围		预探	19300.00	22738.65	458.58	117.82	17758.65	4980.00	7	9	128.57	—	—	8	8	7	2	21	7	—	3	4
预探项目合计			128600.00	111047.81	782.88	86.35	74876.81	36171.00	38	26	68.42	3	10	24	23	15	11	—	9	—	5	—
辽河陆上	大民屯凹陷	风险	—	—	—	—	—	—	—	—	—	—	—	—	—	—	—	—	—	—	—	—
辽河陆上	东部凹陷	风险	—	5990.00	4.77	—	5990.00	—	—	—	—	1	—	—	—	—	—	—	—	—	—	—
辽河陆上	西部凹陷	风险	—	—	—	—	—	—	—	—	—	—	—	—	—	—	—	—	—	—	—	—
辽河滩海		风险	—	5835.00	14.00	—	5835.00	—	—	1	—	1	—	1	1	1	—	1	—	1	1	1
风险项目合计			—	11825.00	18.77	—	11825.00	—	—	1	—	1	—	1	1	1	—	1	—	1	1	1
矿保项目合计			—	—	—	—	—	—	—	—	—	—	—	—	—	—	—	—	—	—	—	—
油田预探合计			128600.00	122872.81	801.65	95.55	86701.81	36171.00	38	27	71.05	4	10	25	24	16	11	22	9	—	5	5
油藏评价合计			—	—	—	—	—	—	—	—	—	—	—	—	—	—	—	—	—	—	—	—
勘探总计			128600.00	122872.81	801.65	95.55	86701.81	36171.00	38	27	71.05	4	10	25	24	16	11	22	9	—	5	5

表4 2022年辽河油田公司完成探井取心统计表

勘探项目	凹陷或区带	井数（口）	进尺（米）	岩心长（米）	平均收获率（%）	见显示岩心长度（米）
辽河坳陷陆上	大民屯凹陷	2	17.24	16.56	96.06	7.39
	东部凹陷	4	40.02	38.07	95.13	6.10
	西部凹陷	4	29.00	26.06	89.86	7.66
辽河滩海		1	14.00	13.02	93.00	8.01
辽河外围		7	458.58	436.07	95.09	417.08
鄂尔多斯矿权区		7	242.81	223.78	92.16	24.06
合计		25	801.65	753.76	94.03	470.30

表5 2022年辽河油田公司探井试油完成工作量统计表

勘探项目	勘探子项目	项目类别	完成工作量							新获工业油气井数								酸化压裂工作量				待试油井数		
			合计		当年井		往年井		仅中途测试井		合计		当年井		往年井		仅中途测试井		压裂		酸压		合计	当年井	往年井
			试油口	试油交层	试油口	试油交层	试油口	试油交层	试油交层		工业油气井		工业油井	工业气井	工业油井	工业气井	工业油井	工业气井	口	次	口	次			
鄂尔多斯矿权区	鄂尔多斯盆地	预探	13	30	2	5	11	25	—	16	—	16	—	4	—	12	—	16	22	2	2	2	2	—
辽河陆上	大民屯凹陷	预探	2	5	2	4	—	1	—	—	—	—	—	—	—	—	—	3	4	—	—	2	2	—
辽河陆上	东部凹陷	预探	7	25	3	5	4	20	—	7	2	5	2	—	—	5	—	3	3	—	—	—	—	—
辽河陆上	西部凹陷	预探	2	2	1	1	1	1	—	—	—	—	—	—	—	—	—	1	1	—	—	1	—	1
辽河滩海	辽河滩海	预探																						
辽河外围	辽河外围	预探	12	23	6	12	6	11	—	7	7	—	3	—	4	—	11	13	—	—	2	1	1
预探项目合计			36	85	14	27	22	58	—	30	9	21	5	4	4	17	—	34	43	2	2	7	5	2
辽河陆上	大民屯凹陷	风险	1	2	—	—	1	2	—	—	—	—	—	—	—	—	—	1	1	—	—	—	—	—
辽河滩海	辽河滩海	风险	1	3	1	2	—	1	—	1	—	1	—	—	—	1	—	—	—	—	—	—	—	—
辽河陆上	西部凹陷	风险	2	3	—	—	2	3	—	—	—	—	—	—	—	—	—	1	1	—	—	—	—	—
辽河陆上	东部凹陷	风险	—																						

续表

勘探项目	勘探子项目	勘探项目类别	完成工作量							新获工业油气井数									酸化压裂工作量			待试油井数	
			合计		当年井		往年井		仅中途测试井	合计		当年井		往年井		仅中途测试井		压裂		酸压		合计	当年井	往年井
			试油井	试油层	试油井	试油层	试油井	试油层	试油层	工业油气井	工业油井	工业气井	工业油井	工业气井	工业油井	工业气井	工业油井	工业气井					
			口	层	口	层	口	层	层	口	口	口	口	口	口	口	口	口	口	次	口	次	口	口	口
风险项目合计			4	8	1	2	3	3	5	1	1	—	1	—	—	—	—	1	2	2	—	—	—	—
矿保项目合计			—	—	—	—	—	—	—	—	—	—	—	—	—	—	—	—	—	—	—	—	—	—
油田预探合计			40	93	15	29	25	63	1	31	9	22	5	4	4	17	—	1	36	45	2	2	7	5	2
油藏评价合计			—	—	—	—	—	—	—	—	—	—	—	—	—	—	—	—	—	—	—	—	—	—
勘探总计			40	93	15	29	25	63	1	31	9	22	5	4	4	17	—	1	36	45	2	2	7	5	2

米；甘肃省有效探矿权3个，登记面积4101.40平方千米；陕西省有效探矿权3个，登记面积3216.08平方千米；跨甘肃省与陕西省探矿权项目1个，面积4109.55平方千米；跨陕西省与山西省探矿权项目1个，面积965.73平方千米；山西省探矿权项目1个，面积439.72平方千米。

矿权盆地分布。渤海湾盆地辽河坳陷有效探矿权6个，登记面积7441.94平方千米；内蒙古自治区松辽外围盆地有效探矿权5个，登记面积7458.57平方千米；辽蒙彰武盆地有效探矿权1个，登记面积465.78平方千米；鄂尔多斯盆地有效探矿权9个，登记面积12832.48平方千米。

【年检督察、重要变更及矿权信息公示】 2022年，辽河油田公司有辽河坳陷月东合作区、黄金带油田、大洼油田3个探矿权区块通过国家矿权督查。与中国石油南方石油勘探开发有限责任公司对接，辽河油田整体退出南海探区，主要包括探矿权区块24个、16.9万平方千米，移交纸质、磁带、硬盘、光盘等各类资料7000余份。完成首轮探矿权核减，总计核减探矿权面积5690.52平方千米。利用保护区抵扣和同盆地置换政策，少核减勘探有利区面积6000.85平方千米。落实股份公司大盆地探矿权核减"一盘棋"理念，主动为吉林油田公司提供1479平方千米探矿权进行置换。系统梳理数据21.5万条，落实矿权年检可用资金情况和对应的实物工作量情况，合理劈分至各个矿权内，在自然资源部规定时限内完成向社会公示。

（郝强生　边少之　蒋学峰）

油气储量

【概述】 2022年，辽河油田公司树立"高效勘探、低成本开发"理念，按照"加大新区新领域风险勘探、深化富油气凹陷精细勘探、加快鄂尔多斯矿权区勘探突破"工作思路，年度新增石油探明地质储量2701.99万吨，技术可采储量360.37万吨；新增天然气探明地质储量20.44亿立方米，技术可采储量10.79亿立方米，经济可采储量8.65亿立方米；新增石油控制地质储量3257万吨，技术可采储量342.0万吨；新增石油预测地质储量4074万吨，技术可采储量842.8万吨。

【探明储量】 2022年10月,经股份公司储量审查组批准,辽河油田公司年度完成新增含油面积55.36平方千米,石油探明地质储量2701.99万吨,技术可采储量360.37万吨;溶解气地质储量17.32亿立方米,技术可采储量2.27亿立方米。新增含气面积20.88平方千米,天然气探明地质储量20.44亿立方米,技术可采储量10.79亿立方米,经济可采储量8.65亿立方米。截至2022年12月底,辽河油区探明含油面积1255平方千米,石油探明地质储量25.7亿吨,石油技术可采储量6.59亿吨,溶解气地质储量1473.01亿立方米,溶解气技术可采储量591.62亿立方米;探明含气面积967.47平方千米,天然气探明地质储量1139.65亿立方米,天然气技术可采储量657.38亿立方米。

【控制储量】 2022年10月,经股份公司储量审查组批准,辽河油田公司完成新增控制含油面积38.2平方千米,地质储量3257万吨,技术可采储量342.0万吨,溶解气地质储量8.18亿立方米,技术可采储量0.86亿立方米。截至2022年底,辽河油区累计剩余控制石油地质储量24个区块,控制含油面积263.4平方千米,控制石油地质储量3.24亿吨,可采储量5120.2万吨,溶解气地质储量311.15亿立方米,溶解气可采储量63.05亿立方米。其中剩余稀油控制含油面积231.2平方千米,控制石油地质储量2.83亿吨,可采储量4422.2万吨,溶解气地质储量297.43亿立方米,溶解气可采储量59.60亿立方米;剩余稠油控制含油面积3.7平方千米,控制石油地质储量1752万吨,可采储量262.9万吨;剩余高凝油控制含油面积17.0平方千米,控制石油地质储量2359万吨,可采储量435.1万吨,溶解气地质储量13.72亿立方米,溶解气可采储量3.45亿立方米。累计剩余控制天然气地质储量1个区块,剩余控制含气面积180.1平方千米,天然气控制地质储量104.29亿立方米,技术可采储量52.15亿立方米。

【预测储量】 2022年10月,根据股份公司评审通过,辽河油田公司新增预测含油面积31.9平方千米,地质储量4074万吨,技术可采储量842.8万吨。截至2022年底,辽河油区累计剩余预测石油地质储量24个区块,预测含油面积309平方千米,预测石油地质储量3.58亿吨,可采储量5509.6万吨,溶解气地质储量209.06亿立方米,溶解气可采储量38.29亿立方米。其中剩余稀油预测含油面积222.8平方千米,预测石油地质储量2.14亿吨,可采储量3075.1万吨,溶解气地质储量180.66亿立方米,溶解气可采储量31.97亿立方米;剩余稠油预测含油面积65.6平方千米,预测石油地质储量1.13亿吨,可采储量1749.9万吨,溶解气地质储量7.94亿立方米,溶解气可采储量1.51亿立方米;剩余高凝油预测含油面积20.6平方千米,预测石油地质储量3052万吨,可采储量684.6万吨,溶解气地质储量20.46亿立方米,溶解气可采储量4.81亿立方米。截至2022年底,辽河油区累计剩余预测天然气地质储量2个区块,剩余预测含气面积54.9平方千米,天然气预测地质储量815.83亿立方米,技术可采储量397.55亿立方米;凝析油地质储量855万吨,技术可采储量205.2万吨。

【东部凹陷勘探成果和认识】 东部凹陷是辽河坳陷的次一级负向构造单元,位于坳陷东部,面积3300平方千米。基底由三套构造层组成,太古宇和下元古界变质岩系是凹陷最古老的结晶基底;古生界浅海相碳酸盐岩和海陆过渡相碎屑岩是构成凹陷第二个基底层;中生界火山岩和砂泥岩建造是构成凹陷最新基底层。盖层为新生界是凹陷沉积主体,沉积地层自下而上为古近系房身泡组、沙河街组三段、一二段(可能缺失沙四段)、东营组、新近系馆陶组、明化镇组、第四系平原组,沉积厚度8000—9000米。东部凹陷属地堑式凹陷,东侧为营口—佟二堡断层,西侧为二界沟断层,其内部在东西向上分为东部斜坡带、中央深陷带和西部董家岗大湾超覆带等三个构造不同的区带。凹陷主要生烃层系为沙河街组三段和一段。沙三段烃源岩厚度400—1000米,为浅湖—深湖相沉积;沙一段烃源岩厚度300—600米,为浅湖相沉积。凹陷储集层主要有太古界潜山、古生界灰岩、中生界火山岩和古近系碎屑岩、火山岩储层,其中古近系碎屑岩储层分布广,是凹陷最重要的储集类型,岩性以中粗砂岩为主。储集砂体为泛滥平原河流相砂体、扇三角洲砂体和浊积砂、冲积扇砂体。截至2022年底，发现油气藏有2类9种，即构造油气藏（包括断裂背斜油气藏、披覆背斜油气藏、断块油气藏、断鼻油气藏、火山岩侧向遮挡油气藏）；非构造油气藏（包括地层超覆油气藏、地层不整合油气藏、岩性油气藏、古潜山油气藏）。

2022年，辽河油田公司在东部凹陷完成探井4口（欧26-气1井、桃28-1井、永3-2井、于古1井），完成进尺2.17万米。完成探井试油7口，完成试油层数25层，获工业油流7口（欧26-3-7井、欧29-新24井、欧48-28-20井、欧48-38-24井、桃28-1井、小33-36-28井、于古1井）。完成二维地震测线22179.47千米，三维地震完成6167.80平方千米，实现正向构造带和负向构造带三维地震满覆盖。完钻探井830口，进尺245.85万米，探井密度3.98千米^2/口。累计探明含油面积207.81平方千米，探明石油地质储量2.49亿吨，探明天然气面积62.88平方千米，探明天然气储量238.63亿立方米。

东部凹陷中浅层河道砂获新发现。东部凹陷中南段沙三上段—沙一下亚段处于两期最大湖泛面之间，构成相对独立的地质单元；下伏的沙三中段大套暗色泥岩是主力烃源岩，其自身发育的煤系地层可作为有效烃源岩；广泛发育的泛滥平原相河道砂体可形成有利储层，形成源、储、盖相对完整的勘探单元。基于上述认识，勘探目标由以往的正向构造高部位转向斜坡区富砂带。2022年，部署实施探井2口（桃28-1、于古1井），均获高产工业油流。桃28-1井在沙三上段3349.7—3343.4米，6.3米/1层，地层测试平均液面1862.6米，累计回收油0.872立方米，折压力系数1.20。压后6毫米油嘴放喷，日产油64.6立方米。于古1井在沙一段2983.3—2700.8米，测井解释油层厚度30.4米/8层，测试日产油23.1立方米，投产日产油22.6吨。初步落实沙三上段、沙一段有利砂体面积90平方千米，资源量3000万吨。

【东部凸起勘探成果和认识】 东部凸起位于辽河坳陷东部凹陷东侧，面积约2680平方千米，是辽河坳陷勘探程度最低的地区，为储量空白区。截至2022年底，完成二维地震测线3586.85千米，完钻探井8口，进尺2.29万米。完试井1口（佟古1井），结论为水层。

【西部凹陷勘探成果和认识】 西部凹陷是辽河坳陷三大凹陷之一，位于坳陷西部，面积2560平方千米，是一个中新生代形成的断陷。凹陷基底属华北地台型，组成基底的岩性为太古宇花岗片麻岩、中—上元古界碳酸岩盐和中生界火山岩、火山碎屑岩。凹陷盖层为新生界，自下而上为古近系房身泡组，沙河街组四段、三段、二段——一段、东营组，新近系馆陶组、明化镇组及第四系平原组，沉积厚度8000—9000米。

西部凹陷属典型的箕状凹陷，东西两侧不对称下陷。凹陷东侧以台安—大洼断裂为凹陷边界，西侧以古近系尖灭线为凹陷边界，其内在东西向上分为断阶带、洼陷带和斜坡带3个构造不同的区带。西部凹陷在古近系深陷期发育沙四段、沙三段、沙一段和东营组4套烃源岩，其中沙四段烃源岩厚350—700米；沙三段500—1200米，为半深湖—深湖相沉积；沙一段烃源岩厚250—600米；东营组烃源岩厚400—1000米。西部凹陷发育多种类型油气储集体，按层系有太古宇、元古宇基岩潜山储层，中生界和新生界古近系储层；按岩性分为混合花岗岩、变粒岩、石英岩、变余石英岩、火山岩、碳酸盐岩和碎屑岩储集层。新近系碎屑岩，特别是砂岩储集层是凹陷分布最广、最重要的储集层。储集砂体为冲积扇砂体、浊积砂体、扇三角洲砂体，其中后二者是凹陷最重要的储集体。凹陷已发现的油气藏类型有背斜型、断鼻型和断块型构造油气藏，岩性油气藏、地层油气藏和古潜山油气藏。

2022年，西部凹陷完钻探井2口（双北1井、曙古210井），进尺2.5万米，完成探井试油2口，完成试油层数2层，新增探明含油面积2.09平方千米，新增探明石油地质储量324.11万吨，新增探明含气面积0.61平方千米，新增探明天然气地质储量3.35亿立方米，新增预测含油面积16.7平方千米，新增预测石油地质储量2299万吨。完成二维地震2.14万千米，三维地震6098.39平方千米，实现全凹陷三维满覆盖。完钻探井1578口，探井总进尺403.41万米，探井密度1.62千米²/口。累计探明含油面积632.68平方千米，探明石油地质储量16.83亿吨，探明天然气面积75.07平方千米，探明天然气储量408.24亿立方米。

盘山—清水洼陷源内低潜山甩开勘探初见成效。盘山—清水洼陷源内低潜山勘探面积400平方千米，其东侧为兴隆台潜山，同属源内太古宇变质岩潜山成藏体系，成藏条件相同。以兴西断层为界，其以西洼陷带至斜坡带太古宇潜山仅90年代完钻井3口，曙110井、曙古158井获工业油流，整体勘探程度低，属于新领域。2022年，针对曙光低潜山开展综合研究，认为盘山—清水洼陷周边发育以太古界为主的低潜山群，整体被烃源岩包裹，油源供给充足，受多期构造运动影响，低潜山裂缝发育，具备近源成藏优势，发育风化壳及内幕油气藏。盘山洼陷低潜山落实有利圈闭面积90平方千米，预测资源量1.2亿吨，整体部署曙古210、曙古213、双北1等5口探井。其中，曙古210井完钻井深4816米，太古界解释油层117.05米/9层、差油层52.54米/8层，钻进中多次返出原油，在3899.4—3968米井段试油，日产油1.7吨，结论低产油层。在井控程度高的曙110块新增含油面积16.7平方千米，新增预测地质储量2299万吨。

【大民屯凹陷勘探成果和认识】 大民屯凹陷是辽河坳陷北端的次一级构造单元，凹陷面积800平方千米。凹陷基底属华北地台型，基底岩性以太古宇混合花岗岩和中—上元古界碳酸盐岩为主，局部地区残留有古生界碳酸盐岩、碎屑岩及中生界火山岩、火山碎屑岩。凹陷盖层为新生界，沉积地层自下而上为古近系房身泡组、沙河街组四段、三段、一段、东营组，新近系馆陶组、明化镇组及第四系平原组，沉积最大厚度6000—7000米。

凹陷地质结构属箕状断陷，平面上呈三角形，凹陷东、南两侧为大断层，西侧为斜坡，其内东西向上分为东部陡坡带、中央洼陷带和西部斜坡带，在南北向上分为南、中、北三段，南、北两段为深洼陷带，中段为凹中隆构造带。凹陷主要烃源岩为沙四段和沙三段，为半深湖—深湖相沉积。沙四段烃源岩全区分布，厚度一般400—700米，为凹陷主要烃源岩。沙三段烃源岩分布于凹陷南部，厚度一般400—600米。凹陷主要储集层为古近系碎屑岩储层、中—上元古界碳酸盐岩和石英岩及太古宇变质岩储层。古近系碎屑岩储层是凹陷最重要的储集类型，岩性为砂砾岩、含砾砂岩、砂岩，储集砂体为冲积扇砂体、扇三角洲砂体、三角洲砂体、泛滥平原河流相砂体。中—上元古界碳酸盐岩和石英岩储集空间以裂缝和风化壳为主，岩石类型有石灰岩、白云岩和石英岩。太古宇变质岩储集空间以裂缝为主，岩石类型有变粒岩、浅粒岩、混合花岗岩。凹陷发现的油气藏按圈闭成因和形态特征有两类六种油气藏类型。构造油气藏包括三种亚类，即背斜构造油气藏、断鼻构造油气藏、断块油气藏；非构造油气藏包括三种亚类，即地层油气藏（地层超覆油气藏、泥丘顶部砂岩透镜体油气藏）、岩性油气藏、古潜山油气藏。

大民屯凹陷是辽河坳陷著名的"小而肥"富油气凹陷，是全国最大的"高凝油"生产基地。从1955年开始，国务院地质部开展重力、磁力、电法等地球物理勘探。1966年，地震概查。1970年，石油部开展全面地震勘探工作。1971—1975年，依靠模拟地震技术，大体上落实大民屯凹陷的分布范围，并在凹陷南部展开勘探。1976—1980年，辽河勘探队伍转入西部凹陷西斜坡，大民屯勘探工作就此中断。1981—1990年，重新展开大规模的勘探工作，实施各类探井189口，在中央构造带相继发现东胜堡、静北、边台—曹台等一系列高、中潜山。由于高凝油热采工艺攻关获得成功，使大片高凝油资源得以开发。该阶段在潜山及沙三段探明储量2.13亿吨，建成大民屯、静安堡、边台3个大油田，原油年生产能力301.7万吨，是大民屯储量和产能增长的高峰期。1990年以后，油气比较整装、储量规模比较大的中央背斜构造带、断阶带以及大型的中、高潜山带已基本被钻探发现，勘探目标仅以老区滚动扩边为主。10年间钻各类探井37口，仅探明储量3168万吨，其中包括早期发现的曹台潜山的765万吨，勘探工作始终处于徘徊不前的状态。到"九五"末期，凹陷累计完钻各类探井311口，在潜山和古近系发现5套含油气层系，累计探明石油地质储量2.95亿吨。2009年以后，辽河油田突破"潜山油藏"的概念，提出大民屯凹陷基岩"整体含油，局部富集"的勘探理念，形成大民屯潜山成藏新认识。

2022年，大民屯凹陷完钻探井5口（沈224—H302井、沈372井、沈373井、沈376井、沈378井），进尺1.33万米，完成探井试油2口，完成试油层数5层。完成二维地震测线6887.20千米，完成三维地震测线2361.12平方千米，实现全凹陷满覆盖。完钻探井434口，探井总进尺129.45万米，探井密度1.85千米^2/口，累计探明含油面积209.99平方千米，探明石油地质储量3.63亿吨，探明天然气面积15.71平方千米，探明天然气地质储量33.97亿立方米。

探索大民屯潜山内幕及陡坡带，实现平面扩边、纵向拓深。2022年，重新梳理辽河坳陷区域构造演化，构建大民屯凹陷潜山内幕、西部陡坡带中生界两种成藏模式，分别是基底隐伏断裂活化控储，走向断裂输导供油，形成风化壳及内幕油藏；优势相带控储，逆断层晚期活化输导，形成"新生古储型"油藏。

成效一：大民屯凹陷前进—胜西潜山内幕获高产。前进—胜西潜山带位于大民屯凹陷西侧，主要含油目的层为太古宇。2010年，在该区沈289区块新增控制含油面积9.3平方千米，控制石油地质储量1503万吨。受潜山成藏认识不清、产能不落实的限制，评价升级处于停滞阶段。2022年，以"地质地震统计学裂缝发育段评价"为指导，建立潜山内幕裂缝—地震反射波组特征—产能耦合模式，预测深部裂缝带，部署实施沈288-2CH井、沈288-3CH井2口井，取得较好效果。沈288—2CH井钻遇油气异常显示（全烃60%），在3912.0—3426.7米井段裸眼中途测试，日产油193.49吨，试采日产油20.4吨；沈288-3CH太古宇解释油层71米/8层。初步落实探明石油地质储量500万吨，实现潜山内幕纵向拓深。

成效二：大民屯西部陡坡带中生界首获工业油流。大民屯凹陷西部陡坡带主要增储目的层为沙四段，累计探明石油地质储量2822万吨，立足水平井体积压裂实现有效建产14.2万吨。陡坡带断裂复杂，受"边界断层控洼控储控藏"认识的影响，边界断层以外未有勘探突破。2022年，基于新采集的二维地震资料，开展西边界两盘构造特征研究和成藏条件再认识。系统重建古生物资料，落实沈281区块地层归属，形成"优势相带控储、逆断层晚期活化输导"的新认识，明确中生界优势相带为油气有利聚集区，发育"新生古储型"油藏。按"一井多探"的思路，针对断层上、下盘油层，开展地面地下一体化研究攻关，阶段实施评价井4口。其中沈281-H101导井在中生界试油三层均获工业油流，在1753.3—1682.8米井段压后日产油12.5吨。初步落实探明石油地质储量504万吨，大民屯凹陷西缘实现勘探扩边。

【中央凸起勘探成果和认识】 中央凸起位于辽河坳陷三大凹陷结合部，面积约2750平方千米，是辽河坳陷勘探程度最低的地区之一，三维地震资料尚未覆盖全区。

2022年未发生实物工作量。完成二维地震测线1288.71千米，完成三维地震测线100平方千米。完钻探井11口，探井总进尺3.94万米，探井密度250千米^2/口。

【辽河滩海勘探成果和认识】 辽河滩海西起锦州、东至营口一线以北，水深5米以内，由陆滩、海滩、潮间带和极浅海四部分组成，最大潮差5米。地表条件复杂，包括自然保护区、水产养殖区、红海滩风景区、三道沟码头等。每年11月至次年3月为冰期，无法作业施工。划定自然保护区后，剩余矿权面积1573平方千米，其中探矿权面积1366平方千米；采矿权5个（葵花岛油田、月海油田合作区块、笔架岭油田、月海油田、太葵区块），面积207平方千米，勘探开发范围受限。

辽河滩海属辽河坳陷向海域的自然延伸，构造单元与陆上一一对应，石油地质条件与陆上基本一致。其内分为辽海西部凹陷、辽海东部凹陷和中央低凸起3个次级构造单元。基底是太古宇变质岩、古生界海相碎屑岩、碳酸盐岩和中生界火山岩、火山碎屑岩。盖层为新生界，自下而上发育古近系房身泡组、沙河街组、东营组和新近系馆陶组、明化镇组及第四系，沉积厚度约7000—9000米。辽河滩海地区烃源岩为沙三段、沙二段—沙一段和东营组。其中沙三段烃源岩厚1050—2000米，为深湖—半深湖相沉积，是本区主要烃源岩；沙二段—沙一段烃源岩厚600—840米，为半深湖—浅湖相沉积，是本区第二套烃源岩；东营组烃源岩厚800—1100米，浅湖相沉积，是本区次要烃源岩。辽河滩海地区储集层为古近系碎屑岩储层和前古近系基岩储层。古近系碎屑岩储层是本区最重要的储集类型，岩性以含砾砂岩、砂砾岩、砾质砂岩、细砂岩和粉砂岩为主，储集砂体以扇三角洲和辫状河三角洲前缘砂体及泛滥平原相河道砂体为主。前古近系基岩储层，岩性主要有花岗岩、混合花岗岩、碳酸盐岩和酸性火山岩，储集空间以构造裂缝为主。已发现的油气藏类型有构造油气藏（包括背斜油气藏、断裂断鼻油气藏、断块油气藏）和非构造油气藏（包括岩性油气藏、地层超覆油气藏）。

滩海地区从1959年开始，由地质部进行少量的地球物理普查工作。1987年，辽河石油勘探局开展大规模地质勘探工作。1990年，钻探第一口探井——LH10-1-1井，在东营组三段见良好的油气显示。1991年7月，辽海东部凹陷LH13-1-1井获工业油流，至此揭开滩海地区找油序幕。经过多年勘探，相继找到太阳岛、葵花岛、笔架岭、月海4个油气田，发现古近系沙河街组的沙三段、沙二段、沙一段及东营组的东三段、东二段、东一段和新近系馆陶组等10套含油气层系。2022年，辽河滩海完钻风险探井1口（葵探1），进尺5835米，完成探井试油1口，完成试油层数3层，获工业气流井1口（葵探1）。完成二维地震5118.69千米，三维地震3135.31平方千米，实现正向构造带满覆盖。完钻探井125口，探井总进尺35.32万米，探井密度21.67千米²/口。累计探明含油面积47.3平方千米，探明石油地质储量1.23亿吨；累计探明天然气面积15.08平方千米，天然气储量47.96亿立方米。

风险勘探滩海东部，葵探1井获得重大突破。辽河滩海自1997年月东构造带上部成藏组合（东营—馆陶）发现亿吨级储量后（1.04亿吨），20年来仅在葵东、海月斜坡取得零星发现。对滩海东部展开进一步深化研究，明确滩海下部成藏组合（潜山—沙河街组—东三段）为勘探主攻方向。葵花岛构造带位于滩海东部最大的生烃洼陷—盖州滩洼陷东缘，仅在东营组探明石油地质储量714.99万吨（溶解气6.01亿立方米），探明天然气地质储量29.09亿立方米。东二段、东三中—上段勘探程度相对较高，以岩性构造油藏为主，已动用油储量237.57万吨，天然气未动用，开发动用率低。沙河街组勘探仅在沙一段获低产油流（葵深1井）。通过对深层源岩、构造、储层、成藏等方面研究，认为该区深层具有天然气规模成藏的资源基础，断坳两期断裂系统控制可形成规模气藏，潜山、沙河街组及东三段均发育良好储层，纵向上封闭，侧向封挡，保存条件好。

基于上述认识，构建近源高压充注、逆掩断裂侧向封堵、多层系立体成藏新模式，以潜山为主要目的层，兼探沙河街组和东营组，部署风险探井葵探1。葵探1井于2022年8月19日完钻，完钻井深5835米，层位中生界。自上而下钻遇东三段、沙一段、沙三中—下段、中生界4套含气层系，含气井段跨度近3000米，测井解释气层202.2米/65层，差气层107.3米/33层。其中东三段测井解释气层47.6米/15层，差气层17米/7层；沙河街组最大全烃96.59%，测井解释气层110.3米/35层，差气层52.9米/13层；中生界测井解释气层44.3米/15层，差气层37.4米/13层。该井试油三层，分别为中生界、沙三中—下段、东三下段，均获工业气流。

第一层：中生界小东沟组，5835.0—5658.0米井段，测井解释气层27.9米/9层，差气层5.2米/2层，裸眼测试8毫米油嘴求产，折日产气19.94万立方米，压力系数1.65。第二层：沙三中—下段，4775.6—4540.9米井段，测井解释气层24.2米/12层，差气层25.7米/5层，地层测试7毫米油嘴，折日产气15.45万立方米，压力系数1.2。第三层：东三下段，3767.0—3616.3米井段，测井解释气层42.9米/13层，差气层12.5米/4层，地层测试畅放，折算日产气14.86万立方米，压力系数1.16—1.33（解堵后表皮系数由7.5降至1.52）。

葵探1井钻探成功的意义：①首次在辽河坳陷中生界发现超深层高温高压气藏。中生界气藏为高温高压构造—岩性气藏，含气层系属中生界小东沟组，发育冲积扇沉积，扇体面积200平方千米，储层测井解释孔隙度9.4%，渗透率2.12毫达西，岩性以灰色含砾不等粒岩屑砂岩为主，微裂缝发育，属特低孔—低渗储层。实测井底地层温度191摄氏度，压力系数1.65。该套含气层系的发现使辽河坳陷碎屑岩储层出油气底界深度下移近800米。②首次在滩海东部沙三段发现规模储集体并实现突破。沙三中—下段气藏为构造—岩性气藏，近岸水下扇扇体总面积260平方千米。物源来自东部凸起，平面上自南向北发育葵花岛、荣兴屯和驾东三大扇体，呈裙带状展布，纵向上多期叠置，砂岩厚度40—160米，储层低孔—低渗（孔隙度11.6%，渗透率3.7毫达西）。受多期挤压、剪切断裂活动改造，发育裂缝—孔隙双重介质储层。③在沙一段—东三下段落实整装岩性—构造气藏。沙一段—东三段发育扇三角洲—辫状河三角洲沉积体系，整体为断裂背斜，气藏幅度400米，叠合面积45平方千米，厚度50—100米，储层中低孔—低渗（孔隙度12.5%—16.8%，渗透率1—4毫达西），压力系数1.16—1.33。④首次在辽河坳陷深层发现疑似无机成因气。地化分析表明，中生界天然气甲烷碳同位素-14.8‰——19.8‰，乙烷碳同位素-28.1‰，二氧化碳碳同位素-23.8‰——31.0‰，判断为无机成因气；沙三中—下段天然气甲烷碳同位素-27.3‰——32.7‰，乙烷碳同位素-19.7‰——24.9‰，二氧化碳碳同位素-6.95‰——14.6‰，判断为煤型气；东三下段天然气甲烷碳同位素-34‰——38‰，乙烷碳同位素-27‰——30‰，碳同位素表现较轻正序列，为煤型气为主的有机成因混合气。

通过研究，初步落实中生界、沙三中—下段、沙一段、东三下段有利面积分别为140平方千米、260平方千米、43.6平方千米、37.2平方千米，天然气预测储量规模506亿立方米。

【辽河外围勘探成果和认识】 辽河外围是指除辽河坳陷之外的辽宁省及内蒙古自治区赤峰市、通辽市的部分地区，大地构造上处于华北地台东北部和吉黑地槽褶皱系南部，包括元古宙和中、新生代盆地群，发育7个小凹陷。矿权登记的区块有6个，登记面积7924.35平方千米。

外围盆地勘探始于1981年，在36个凹陷不同程度地开展地震勘探，其中在陆家堡、钱家店等4个凹陷开展部分三维地震勘探，在16个凹陷实施钻探，发现下白垩统义县组、九佛堂组、沙海组和阜新组4套含油气层系，形成科尔沁、科尔康、广发、交力格、前河、龙湾筒和奈曼7个油气田。综合研究成果表明，陆家堡、张强、奈曼、龙湾筒等凹陷，有效烃源岩分布面积大，资源基础好；储层发育，物性条件较好，具备油气成藏的有利条件。2022年，完成探井9口（交51-H207井、交51-H262井、交56井、库6井、庙55井、庙56井、奈33-2井、奈35井、奈38井），进尺2.27万米，完成探井试油12口，完试层23层，获工业油流井7口（交53井、保2井、广13井、交54井、交56井、库6井、交51-H207井）。新增探明含油面积5.69平方千米，探明石油储量584.86万吨，新增控制含油面积38.2平方千米，控制石油储量3257万吨，新增预测含油面积15.2平方千米，预测石油储量1775万吨。完成二维地震44676.49千米，三维地震4301.59平方千米，完钻探井326口，探井总进尺61.65万米，探井密度24千米^2/口。累计探明含油面积93.95平方千米，石油探明储量1.27亿吨。

整体评价陆东凹陷低渗透油藏，发现整装效益储量。陆东凹陷勘探面积1740平方千米，总资源量5.47亿吨。截至2022年底，累计探明石油地质储量5202.79万吨，探明率仅9.5%，是辽河外围开鲁盆地中面积最大、待探资源量最高的凹陷。针对后河、交力格和库伦塔拉三大扇体，分层次开展部署研究工作，取得良好效果。

成效一：甩开预探库伦塔拉扇体，实现勘探领域的拓展。库伦塔拉扇体位于后河扇体东北侧，紧邻三十方地洼陷，九佛堂组发育三角洲沉积体系，成藏条件较好。2022年，在该区完钻探井1口（库6），老井试油2口（广13、保2），均获工业油流。其中，广13井在九上段2249.9—2205.7米井段试油，压后日产油7.5吨。保2井在九上段1803.6—1794.3米井段试油，压后日产油2.24立方米。库6井在沙海组1885.2—1983.6米井段试油，压后日产油1.43立方米。

成效二：整体评价交力格扇体，落实规模效益储量。依托陆东凹陷后河地区交2区块的成功开发和地质新认识，对交力格扇体开展精细分层评价，在构造精细解释基础上，运用三维地震反演、地震多属性分析等技术手段，对扇体内部发育的多层砂体进行预测和刻画。按照"直井控面积，水平井提产"的工作思路，完钻9口井（7直2平），获工业油流6口井（交47井、交51井、交53井、交54井、交56井、交51-H207井）。交53井在九下段2309.7—2122.4米井段投产，初期日产油4.8吨。交51-H207井水平段长1157米，砂岩钻遇长度733米，测井解释油层及差油层622米/30层。对九上段Ⅳ油组2710—1876.30米井段分14段压裂，总液量2.3万立方米，砂量1850立方米。压后机抽排液，最高日产油13.6吨。

成效三：开鲁地区中生代凹陷义县组火山岩广覆式分布，综合评价为优质烃源岩。2021年，实施奈30-1井，在义县组1876.6—1855.8米井段，试油获日产油22.1立方米。经油源对比分析，与奈10井义县组烃源岩具有亲缘关系，证实来源于义县组暗色泥岩，义县组发育自生自储型油藏，拓展勘探空间。2021年，在交力格地区交47区块新增预测石油地质储量7200万吨，2022年，针对九上段Ⅳ油组升级控制石油地质储量3257万吨。

奈曼凹陷勘探实现规模增储。奈曼凹陷面积约800平方千米，有二维地震资料1232.88千米，三维地震资料110.33平方千米，探井21口，其中获工业油流井7口，探井总进尺4.41万米，探井密度38千米^2/口。累计探明含油面积12.58平方千米，石油探明储量2603.18万吨。2006年，发现外围盆地单块探明储量规模最大的奈1块，探明含油面积7.28平方千米，探明石油地质储量2034.3万吨，年产油10万吨，累计产量115万吨，单井产能效果好，油藏埋深浅，油品性质好，勘探程度低（32.8%），勘探潜力大。奈曼凹陷发育两种沉积体系，西部陡坡带发育扇三角洲，砂体厚度大；东部缓坡带发育辫状河三角洲，分布范围广。近两年，奈曼凹陷按照"勘探开发一体化，坚持整体研究，集中勘探、加快探转采"的工作原则，通过构造演化、沉积储层特征、烃源岩评价、油藏特征等研究，以北部三维区为重点，在西部陡坡带刻画渔场扇体和双河扇体，在东部斜坡带刻画桥河扇体。分层次开展部署研究工作。

成效一：甩开预探渔场扇体，发现新的含油区块。部署探井3口（奈33井、奈34井、奈35井），完钻2口（奈33井、奈35井），工业油流1口（奈33井）。奈33井在九下段1933—1878.4米井段试油，压后日产油1.35吨。

成效二：整体评价桥河扇体，落实规模效益储量。部署探评井9口，完钻5口，奈30井、奈30-1井2口井获工业油流。其中东部陡坡带奈30井在九下段1559.1—1505.6米井段获日产油6.4吨的工业油流；奈30-1井，在九下段1553.6—1502.5米井段地层测试获日产油6.2吨，压后投产，初期日产油4.3吨。2022年，在东部斜坡带奈13区块九下段新增探明石油地质储量584.86万吨，预测石油地质储量1775万吨。

成效三：在探索奈曼凹陷九佛堂组及义县组油气藏的同时，北部斜坡带多口探井钻遇厚度不等的天然碱矿。该套碱矿层埋深400—2800米，单层厚度（0.4—16米），天然碱品位78%—96%。初步落实天然碱矿面积40平方千米，估算资源规模超亿吨。2022年部署实施奈33-2井，系统取心心长347.0米，碱层厚度99.28米，盐层厚度51.79米，系统开展成矿机理、资源评价及配套开采工艺研究。

【鄂尔多斯矿权区勘探成果和认识】鄂尔多斯矿权区矿权面积12832平方千米，按照"整体谋划、地震先行、油气并举、增储建产同步"思路，强化整体研究、集中部署、统筹实施，加快推进宜庆新区建设步伐。完成1380平方千米连片攻关处理，辽河油田与东方地球物理公司组建地震勘探联合体，实施采集、处理、解释滚动连片、一体化攻关，优质高效完成1380平方千米地震数据体，为勘探开发部署提供有力支撑。厘定地层结构，细化勘探单元，依据区域标志层、辅助标准层，重建地层格架，细分小层单元，将中生界4个主力层段划分11个油组、30个小层，小层厚度15—30米，各小层间泥岩厚度一般5米以上。梳理断裂体系，深化成藏认识。宁县—正宁地区发育4期断裂，燕山期断裂对古生界天然气及中生界原油成藏起到纵向输导及控制作用。上古生界致密气：受有效储层、源岩、断裂"三元"控制成藏。中生界低渗透、致密油、页岩油：长7_3源储一体。楔形体与长7_3油源直接接触，近源富集成藏；长7_3油源通过断裂、砂体及不整合面输导，短距离向上、向下运移，多层系立体成藏。攻关地震"甜点"刻画技术。基于油气成藏主控因素认识，形成有效储层高精度叠前—叠后联合预测技术系列，支撑勘探开发部署。针对上古生界致密气，通过精细构造解释落实地层界面及沉积古地貌，叠后特征曲线重构反演刻画储层分布，叠前各向异性预测裂缝发育带，叠前多参数反演预测含气砂体，多属性融合预测"甜点"。

2022年，宁县—正宁地区新增探明含油面积47.58平方千米，探明石油地质储量1793.02万吨；新增探明含气面积19.67平方千米，探明天然气地质储量13.97亿立方米。完成二维地震1420千米，三维地震1380平方千米，完钻探井21口，探井总进尺8.61万米。累计探明含油面积62.88平方千米，石油探明储量2474万吨，探明天然气面积798.73平方千米，天然气储量410.85亿立方米。

古生界天然气勘探效果初显。正宁地区通过叠前叠后砂体、有效储层、裂缝带预测，结合通源断裂及微幅构造，建立古地貌、烃源岩、断裂展布"三元"控藏模式，落实有利砂体叠合面积885.9平方千米，整体部署探评井44口，完钻11口，7口获工业气流，试采日产气1.1—4.7万立方米。2022年，新增天然气探明地质储量13.97亿立方米。宜川地区综合落实上古生界砂体空间展布特征及下古生界源储配置有利区，落实各层系有利砂体叠合面积769平方千米，部署探评井29口，完钻10口，在4个层系（盒8段、山西组、本溪组、马家沟组）7口井获工业气流，初步落实探明天然气储量规模135亿立方米。

2022年宜庆地区新建产能1亿立方米。

中生界石油增储建产有序推进。通过井震结合、地质工程一体化甜点评价，在长2、长6、长7、长8四套主力含油层系刻画13个甜点，资源量2亿吨。按照"大平台—大井丛—水平井—工厂化"模式，在中生界部署各类井214口（探评井19口），2022年完钻水平井32口（探评井3口），日产油5.9—18吨。其中长7部署水平井186口，实施13口，正161-H701井获日产17.5吨工业油流，试采289天，累产油3300吨，初步落实储量规模1.12亿吨。长2、长6新增石油探明地质储量1793万吨。

截至2022年11月，中生界油井开井81口，日产油236.1吨，含水60.2%，采油速度1.12%，建产7.7万吨。

（郝强生　蒋学峰）

油气开发

综 述

【概述】 辽河地区油气大规模开发建设工作从1970年开始，历经5次技术接替（稀油注水技术、高凝油注水技术、普通稠油吞吐技术、特稠油吞吐技术、超稠油吞吐技术），两次开发理念创新（二次开发、立体开发），1986年生产原油突破1000万吨，1995年原油产量达1552万吨。2022年，按油品性质划分，稀油探明石油地质储量119691.07万吨，动用稀油地质储量95224.25万吨，占总动用储量的44.5%，可采储量23853.04万吨，标定采收率25%。稠油探明石油地质储量101036.53万吨，动用稠油地质储量89707.30万吨，占总动用储量的42%，可采储量28323.2万吨，标定采收率31.6%。高凝油探明石油地质储量36292.42万吨，动用高凝油地质储量28809.47万吨，占总动用储量的13.5%，可采储量6891.91万吨，标定采收率23.9%。截至2022年底，辽河盆地陆上、滩海、外围发现油气田41个，探明石油地质储量257020万吨，可采储量66129.66万吨。其中辽河探区发现油田40个，探明石油地质储量254546.04万吨，可采储量65796.48万吨（盆地陆上发现28个油气田，探明石油地质储量229547.22万吨，占总探明储量的89.31%，可采储量61862.49万吨；滩海发现油气田4个，探明石油地质储量12316.01万吨，占比4.8%，可采储量2083.65万吨；外围盆地发现油气田8个，探明石油地质储量12682.81万吨，占比4.9%，可采储量1850.34万吨）。宜庆地区发现油气田1个，探明石油地质储量2473.98万吨，占比0.96%，可采储量333.18万吨。

【开发历程】 勘探试采阶段（1955—1969年），1955年辽河油田开始地球物理勘探，1964年钻探的第一口探井辽1井见到较好油气显示，1965年油区首个获工业油流井辽2井投入试采。开发建设阶段（1970—1971年），发现黄金带、热河台2个油气田，探明石油地质储量2326万吨，揭开辽河油田开发序幕。上产阶段（1972—1995年），相继发现兴隆台、曙光、欢喜岭、高升、青龙台、大民屯等32个油气田，新增探明石油地质储量17.8亿吨，平均每年新增探明石油地质储量0.74亿吨。投入开发26个油田，新增动用石油地质储量14.04亿吨，平均每年新增动用储量0.59亿吨，原油产量平均每年增长70万吨，1986年突破1000万吨，1995年生产原油1552万吨，达到历史最高峰。产量递减阶段（1996—2005年），发现黄沙坨、欧利坨子、龙湾筒、铁匠炉4个油气田，新增探明石油地质储量5.7亿吨，平均每年新增探明储量0.57亿吨。投入开发6个油田，动用石油地质储量3.77亿吨，平均每年新增动用储量0.38亿吨，由于资源接替不足，原油产量由1552万吨下降到1252万吨，平均每年递减30万吨。产量相对稳产阶段（2006—2008年），发现奈曼、元宝山2个油气田，新增探明石油地质储量1.4亿吨，新增动用石油地质储量0.8亿吨。通过加大老油田二次开发、转换方式、水平井规模应用、难采储量二次评价等工作，原油产量连续3年保持1200万吨以上。产量调整稳产阶段（2009—2020年），辽河探区投入开发3个油田，新增动用石油地质储量2.4亿吨；2019年，着矿权流转区的转入及老区综合治理见到显著成效，产量回升到1007.6万吨。2020年以来进入效益稳产阶段。全面启动油藏对标工作，推进提质增效专项行动，优化产量结构，精细注水注汽，加强老井管理降低自然递减率。2021年，柴达木探区退出，受曙光地区洪灾影响，全年完成产量1008万吨，连续36年保持千万吨规模。2022年，加强"储量池、项目池、井位池"建设，全面优运行、提效率、调结构、稳规模，原油产量超额完成集团调整指标，天然气产量创近14年新高。

【开发工作】 2022年，面对历史罕见洪水侵袭等严峻挑战，辽河油田上下聚焦高质量发展、锚定创一流目标，收获极为可贵的发展成果，生产原油933.2万吨，完成油气产量当量1000.18万吨，实现连续37年千万吨规模稳产。评价勘探取得积极成效。精细评价辽河陆上、加快评价外围开鲁、立体评价宜庆地区，落实探明储量2702万吨，稀油储量占比100%，整装储量占比92%，储采平衡系数连续3年向好，资源基础有所增强。新井建产更加高效。推行产建一体化承包，以台长制组织雷72、河21等8个大平台建设，实施新井809口，年产油44.6万吨，产能贡献率37.4%。深挖天然气上产潜力，宜庆地区日产气能力突破30万立方米。老井稳产更加巩固。优化实施方式转换，新转井组35个，总体规模达到679个，年产油207.6万吨。强化精细多元调控，注水油田年产油连续6年稳定增加，自然递减率降至12.1%；实施"压舱石"工程，静安堡、海外河油田被集团公司评为高效开发油田。推进"多介质、多井型、多方式"复合吞吐，年增油23.5万吨，油汽比保持0.31。措施增产更加有力。通过风险合作、费用包干等方式，专项治理套损井435口，年产油11.7万吨；优选2批492口低效井复产，开井率提高2.2%。储气库建设运营卓有成效。新建储气库双51、双31投产，首套国产离心式压缩机组投运，双6—H2316等3口大尺寸井相继投产，日注采能力均突破3000万立方米，周期注气32.06亿立方米，同比增加12.3亿立方米，最高日调峰能力达到3530万立方米。马19储气库先导试验工程5月开工建设，龙气5储气库地质与气藏工程可研方案通过审查。开启第七轮采气，有效彰显在东北及京津冀地区调峰保供作用。

【开发成果】 截至2022年底，辽河油田公司投产油井22088口，开井13155口，年产油933.2万吨，累计产油5.05亿吨，采油速度0.44%，采出程度23.64%，可采储量采出程度85.54%。投注水井2665口，开井1908口，年注水3092万立方米。按照油品性质划分，稀油投产油井7332口，开井4430口，年产油310.3万吨，采油速度0.33%，综合含水80.7%，累计产油2.0亿吨，采出程度20.96%，采出可采储量的83.66%。沈阳采油厂投产油井2224口，开井1711口，日产油2714吨，年产油101.3万吨，采油速度0.35%，综合含水88.74%，累计产油5861.5万吨，采出程度20.35%，采出可采储量的85.05%。稠油投产油井12532口，开井7014口，日产油15435吨，年产油521.58万吨，采油速度0.58%，综合含水85.3%，累计产油2.47亿吨，采出程度27.55%，可采储量采出程度87.25%。其中常规开发稠油油田投产油井1212口，开井875口，日产油1724吨，年产油56.05万吨，采油速度0.42%，累计产油3462.70万吨，采出程度25.8%，综合含水84.99%。普通热采稠油和特稠油油田投产油井8194口，开井4247口，日产油7189吨，年产油256.10万吨，采油速度0.43%，累计产油1.56亿吨，采出程度26.15%，可采储量采出程度86.7%。超稠油油田投产油井3126口，开井1892口，日产油6522吨，年产油209.43万吨，采油速度1.25%，累计产油5680.91万吨，采出程度33.95%，可采储量采出程度82%。

（王建伟）

石油开发

【概述】 2022年，辽河油田公司生产石油液体产量933.2万吨，其中原油产量923.4万吨，液化气9.8万吨（表1）。原油生产单位主要有14个：曙光采油厂、兴隆台采油厂、特种油开发公司、沈阳采油厂、欢喜岭采油厂、锦州采油厂、高升采油厂、冷家油田开发公司、金海采油厂、茨榆坨采油厂、辽兴油气开发公司、荣兴油气开发公司、庆阳勘探开发分公司和国际合作部的月东项目部（表2）。

表1　2022年辽河油田公司油气产量

项　目		产量（万吨）
石油液体		933.2
原油	稀油	300.5
	稠油	521.6
	高凝油	101.3
液化气		9.8

表2　2022年辽河油田公司各采油单位原油产量

序号	项目	产量（万吨）
1	曙光采油厂	179.5
2	兴隆台采油厂	100.6
3	特种油开发公司	96.3
4	沈阳采油厂	103.5
5	欢喜岭采油厂	84.0
6	锦州采油厂	76.1
7	高升采油厂	52.1
8	冷家油田开发公司	48.6
9	金海采油厂	50.0
10	茨榆坨采油厂	32.2
11	辽兴油气开发公司	28.6
12	荣兴油气开发公司	18.7
13	庆阳勘探开发分公司	5.2
14	国际合作部的月东项目部	50.2
15	液态烃	7.6
	合计	933.2

【目标任务】　2022年，股份公司下达辽河油田公司新增探明石油地质储量任务2500万吨，可采储量350万吨。辽河油田公司上报新增探明石油地质储量2702万吨，可采储量360.37万吨。新增动用石油可采储量111.26万吨，老区增加石油可采储量889.36万吨，合计新增石油可采储量1000.62万吨。股份公司原油产量调整计划933万吨，实际生产原油933.2万吨，完成年度计划的100.0%。计划注水3005万立方米，实际完成3092万立方米。稠油计划注汽2521万吨，其中蒸汽吞吐1159万吨，转换方式1362万吨；实际年注汽2234万吨，完成年度计划的88.6%。其中蒸汽吞吐1046万吨，完成年度计划的90.3%；转换方式1188万吨，完成年度计划的87.2%。

【油藏评价】　2022年，辽河油田公司突出勘探开发一体化，以增加经济可采储量、提供效益建产目标为重点，坚持"内外并举、常非并重"，落实探明储量2702万吨，储采平衡系数持续向好。宜庆地区强化源岩、运移通道配置关系研究，构建中生界立体成藏模式，多层兼顾、立体部署，长2特低渗、长6超低渗透、长7页岩油评价水平井均获10吨以上稳定油气日产，长7页岩油展现出亿吨级增储潜力。辽河探区深耕老区富油区带，以探寻油气成藏规律为主线，重新刻画圈闭形态，精细描述优势相带，在杜124、沈281、雷72等区块均取得突破，拓展复杂断块老油田高效增储建产空间，带出优质井位28口。大民屯凹陷沈281块基于洼陷控烃、断坡控储、复合运移成藏模式新认识，在西边界断层外，中生界新层系获日产13.8吨工业油流，展现良好增储前景。

【产能建设】　2022年，辽河油田公司深化地质工程一体化建产理念、突破双甜点精准预测技术、创新项目制承包管理模式，低渗新区水平井大平台立体建产，富油气老区整体编图规模建产、方式转换二三结合效益建产，当年新建产能122.9万吨，同比提升3.5万吨，稀油、高凝油比例由60.1%提升至61.6%。其中新区强化不同类型储层分级评价，地面地下一体化整体部署，在17个大平台立体部署井位175口，实施126口。老区依靠大连片三维地震解释和古地貌恢复，重新审视曙光、欢喜岭、静安堡3个亿吨级老油田，部署井位530口，当年实施386

口，建产能56.2万吨，年产油19.6万吨。坚持新建产能与恢复产能并重，投资成本一体化推进套损治理，风险合作、费用包干，全年集中治理435口井，恢复产能24.8万吨，年产油11.7万吨。

【老区治理】 2022年，辽河油田公司围绕"降低递减率、提高采收率"两条主线，多措并举、精准施策，稳产基础持续夯实。油田注水启动静安堡、海外河"压舱石"工程，构建复杂油藏"细分层系+精细分注+动态调控"高效注水模式，集中资源打造5个精细注水示范区和11个油田公司级专项治理区块，全年完成注水井工作量4236井次，较"十三五"平均增加1278井次，年产油342.1万吨，创17年以来最高，自然递减率降至12.1%。稠油吞吐坚持以"多介质、多井型、多方式"为核心的复合吞吐工作，重点推广"集团注汽+CO_2辅助吞吐，超临界注汽+压防"等技术，全年实施吞吐4133井次，年产油319.5万吨，油汽比0.31，同比提升0.01。方式转换统筹近期与长远、兼顾产量与效益，强化方案论证，优化参数设计。暂停锦91、庙5火驱、沈67高凝油中低渗透化学驱等低效项目，节约成本1000余万元。突出超稠油蒸汽驱技术规模推广，黏度界限突破20万厘泊，近2年在杜80等块扩大转驱24井组，日产油达到510吨，产量实现翻番。多类型油藏化学驱技术发展完善，推进普通稠油、高凝油化学驱11井组转驱，增油效果初步显现。方式转换井组达到679个，日产油6449吨，年产油207.6万吨。

【外围上产】 2022年，辽河油田公司统筹运行、科技引领、构建"本土稳定+外围快上"发展格局。宜庆地区强化三维地震采集和成果深化应用，通过大平台建产、工厂化压裂，全力推动流转区建设，宁175等区块整体集中动用，乐208等浅层优质目标快速效益动用，累计部署各类新井774口（油井545口、气井229口），当年实施102口（油井53口、气井49口），日产油气当量升至471吨，实现翻两番。开鲁地区扩大直平组合注水规模，强化老区细分层系精细注水调整，加大压裂等进攻性措施挖潜。加快新井实施进度，全年投产57口，年产油1.8万吨，其中河21-H234大平台压裂开创多项纪录。辽兴油气开发公司整体日产油上升2个百吨台阶，年产油同比增加5.5万吨。

【气库建设】 2022年，辽河油田公司气库调峰提量。形成多周期注采扩容上产、大尺寸水平井优化设计、精细注采动态调控等系列技术，建成双6、雷61、双51和双31 4座储气库。气库建设提速。双台子储气库群一期工程提前1年投产，首轮注气7.2亿立方米。马19水淹气藏建库先导试验进入现场实施，评价库龙气5、双台子二期地质与气藏工程方案高效完成，预计新增库容量40.28亿立方米。协同采油提效。攻关排液扩容技术，创新气驱采油与储气库协同发展新模式，双6储气库优选5口井排液，采气累计携油5.76万吨，增容0.2亿立方米。同时新增部署排液井7口，持续扩容增效。

（王建伟）

天然气开发

【概述】 辽河油田天然气生产区块主要集中在辽河探区和流转矿权区，其中辽河探区包括辽河盆地陆上、浅海海滩及辽河外围盆地3个地区，流转矿权区为鄂尔多斯探区。天然气总资源量9641亿立方米，其中辽河探区4486亿立方米，鄂尔多斯探区5155亿立方米。辽河油田天然气分为气井气、油井气两种。开采方式主要为天然能量开采。生产天然气单位主要有11个：兴隆台采油厂、茨榆坨采油厂、沈阳采油厂、荣兴油气开发公司、庆阳勘探开发分公司、金海采油厂、高升采油厂、锦州采油厂、欢喜岭采油厂、曙光采油厂、辽兴油气开发公司。截至2022年底，累计探明天然气地质储量2612.7亿立方米，可采储量1249.3亿立方米。

2022年，辽河油田公司生产工业气8.83亿立方米，实际上报产量8.41亿立方米（表3），完成股份公司年度计划8.30亿立方米的101%，同比增加0.51亿立方米。计划外供天然气0.97亿立方米，实际完成外供1.94亿立方米，完成计划的200%，同比增加1.33亿立方米。生产自用气6.47亿立方米，同比减少0.82亿立方米；内部商品气计划5.62亿立方米，实际完成6.33亿立方米，完成计划的113%，同比增加1.20亿立方米。

表3　2022年辽河油田公司各采气单位天然气生产量

序号	项目	产量（亿立方米）
	其中，气井气	1.78
	油井气	6.63
1	兴隆台采油厂	3.77
2	沈阳采油厂	0.99
3	茨榆坨采油厂	0.94
4	荣兴油气开发公司	0.71
5	庆阳勘探开发分公司	0.46
6	金海采油厂	0.41
7	高升采油厂	0.29
8	欢喜岭采油厂	0.29
9	锦州采油	0.28
10	曙光采油厂	0.24
11	辽兴油气开发公司	0.02
	合计	8.41

【天然气产能建设】 2022年，辽河油田公司计划部署新井27口，钻井进尺6.93万米，建成年产能力1.02亿立方米，投资2.36亿元。实际完钻产能新井侧钻井27口，钻井进尺6.93万米，建产能1.02亿立方米，年产气1245万立方米，年产油1501吨。其中钻新井25口，进尺6.79万米，建产能0.98亿立方米；实施侧钻井2口，进尺0.14万米，建产能0.04亿立方米。

【天然气资源潜力】 2022年，鄂尔多斯地区天然气资源丰富，多层系含气，建产目标落实，深层煤层气与致密砂岩气有利区重叠，具备立体开发的有利条件。辽河矿权区累计上报天然气探明储量407.6亿立方米，以宜川地区为主，探明储量363.93亿立方米，占比89.3%，黄龙气田探明储量29.7亿立方米，宁古3区块探明储量13.97亿立方米。针对宜川气田已落实储量499.7亿立方米（已探明363.9+基本落实135.8亿立方米），通过动静态指标"甜点区"筛选，落实目前条件下可效益建产的Ⅰ+Ⅱ类区储量共375亿立方米，为上产规划部署提供可靠目标。滩海地区葵花岛和太阳岛未动用天然气储量30.9亿立方米，位于中间部位新部署的葵探1井，解释气层202.2米/65层、差气层107.3米/33层，中生界获高产工业气流，8毫米油嘴，折算日产气10.2—24.5万立方米，估算该区天然气预测储量505亿立方米。东部凹陷牛居正实施探井居探1井，井深5372米（房身泡组），预测资源量800亿立方米，具有增储上产前景。

【天然气开发】 2022年，辽河油田公司围绕鄂尔多斯探区上产、产能建设、资料录取、开发管理4个主要方面开展深入、扎实、细致的工作。利用半年时间完成宜川北200平方千米"两宽两高"三维地震的采集、处理与解释，相对常规进度节约近5个月。因地制宜开展技术创新，针对"静校正严重、噪音发育、吸收衰减严重、建模成像困难"等主要问题，形成"黄土山地高精度静校正、叠前保真去噪、薄储层高分辨率处理、复杂地表精确成像"等黄土塬三维地震采集处理创新技术成果，浅层信噪比与分辨率明显提升，地质信息更为丰富。采用波阻抗+伽马约束井震结合的高精度储层反演技术，精准识别薄气层，指导水平井部署与实施，其中宜49-H2井试气达到百万立方米，单井日产气能力4.1万立方米，超方案设计1.1万立方米。

建立"五精"评价部署模式，优化部署方案设计，按照"气藏经济结合，评价目标安排上精筛细选；沉积成岩结合，气藏特征把控上精雕细刻；新老资料结合，潜力规模认识上精查细找；地下地面结合，部署方案设计上精益求精；地质工程结合，具体方案实施上精细论证"的"五精"评价部署的工作思路，阶段部署新井255口（探评井25口/开发井230口），完钻34口（探评井4口/开发井30口），初步落实新增地质储量135亿立方米，可建产能8.42亿立方米，确保实施井位充足。在宜川北部实施新井宜10-8-53和宜10-9-53，单井平均钻遇气层40米/13层，单井日产气能力突破2万立方米，达到本地区最高水平。

建立勘探评价开发协同攻关工作模式，5个"一体化"协同推进部署研究、方案设计、组织实施。成立油田公司级项目组，制定年度工作目标，靠前指挥、激发活力，提升增储建产工作效率。直井建井周期缩短至21天，水平井储层钻遇率提升至92%。借鉴长庆油田效益开发成熟经验做法，推广大井丛立体式部署，以骨架井为核心在同平台实施开发井5—8口，缩短钻前准备时间、节约征地钻井投资，便于集气建设和生产管理，平均单井节约工期4天，节约投资76万元。

【储气库生产运行】 2022年，辽河油田公司抓住"辽河储气库群"建设被纳入国家"十四五"规划的历史机遇，落实集团公司2022年工作会议及油田公司四届三次职代会精神，全面推进"百亿方气库"建设。在役双6储气库和雷61储气库完成年度注采任务，双台子储气库群一期工程提前一年投运，累计注气32.11亿立方米（其中双6储气库23.65亿立方米、雷61储气库1.26亿立方米、双台子一期7.2亿立方米），为冬季保供资源储备提供有力支撑。周期采气27.15亿立方米（其中双6储气库24.1亿立方米，雷61储气库1.52亿立方米，双台子一期1.53亿立方米），辽河储气库群最大日注气量达到2721万立方米，最大日采气量达到3113万立方米，均创历史新高，成为全国注采能力最强的储气库群之一。

双6储气库完成"九注七采"，累计注气119.7亿立方米，累计采气95.6亿立方米。第七采气期，阶段采气24.07亿立方米，地层压力12.8兆帕，本轮采气呈现采气量再创新高（24.07亿立方米）、高强度采气天数最多（82天）、日均采气量再创新高（2057万立方米）3个特点。随多周期注采，双6储气库注气期边水外推，水侵量由建库前的613万立方米减少至525万立方米，下降88万立方米，同时采气携出部分原油，气库逐步实现扩容。截至九注末，库存量59.5亿立方米，达容率103%，目前地层压力12.8兆帕，库存量35.4亿立方米，预计到26兆帕时，剩余储气能力26.2亿立方米。

雷61储气库完成"三注三采"，累注气3.5亿立方米，累采气2.48亿立方米。第三采气期，阶段累采1.52亿立方米，末期地层压力6.2兆帕。本轮采气呈现采气量再创新高、最大日采气量历史新高（221万立方米）、高强度采气天数最多（37天）3个特点。雷61储气库建库前试水评价为弱边底水气藏，通过地质再认识，气水界面抬升，影响部分库容；第三周期注末库容量为3.86亿立方米，增加0.34亿立方米，达容率73.5%。随着注采周期的增加，有效库存量增大，第二采气期有效库存量为2.96亿立方米，较第一采气期增加0.74亿立方米，库存动用率上升为76.6%。

双台子一期库群（双51、双31）2022年5月投产，完成首轮"试注试采"，注气井18口，最大日注气695万立方米，累计注气7.15亿立方米，采气井16口，最大日采气282万立方米，累计采气1.51亿立方米，超出计划1.01亿立方米。

储气库群建设全面铺开。双6储气库3口大尺寸水平井投产。2021年新增部署的3口大尺寸水平井于2022年4月完钻，6月3口井相继投注，单井日注气量92—160万立方米（开度50%—60%），12月2口井（H1203、H2316）井采气，单井最高日采气量达235万立方米，是常规水平井的1.5倍。双台子一期工程稳步推进。双台子一期工程双51、双31、双601储气库，部署注采井41口，观察井2口，完钻井38口，正钻2口，待钻3口，预计2023年

7月完成全部钻井施工。计划老井处理63口，完成57口。地面工程井口压缩机、电机润滑油站吊装就位，空冷器安装完成95%，进口压缩机厂房施工完成90%；变频室施工完成80%；采气二、采气三区试压完成45%，电仪配管、电缆铺设累计完成80%。马19储气库先导试验工程有序推进。2022年8月，2口先导试验井全部完井，11月，地面工程进场。2023年4月，注采完井，完成排水井9口，老井处理3口，正作业6口。先导试验站压缩机、空冷器吊装就位，低压配电室主体施工完成；双向输气管道焊接完成11.63千米，顶管、连头全部完成，地貌恢复完成。整体形象进度达到62%。

超前谋划扩大气库建设规模。双台子二期工程建设加速推进。二期工程包括双7、双602、双9、齐62 4座储气库，设计库容量14.11亿立方米，工作气量6.93亿立方米，新增部署注采井22口（8口水平井、14口直井），2020年与一期工程同步通过可研，由于环保原因暂缓实施，正在进行调规。油藏初设方案通过油田公司审查，计划在调规完成后，2个月内整体初设方案通过油田公司审查；超前启动青龙台储气库方案编制工作。青龙台储气库设计库容量6.3亿立方米，工作气量3.2亿立方米，运行压力7—14.5兆帕，在充分考虑老井利用的基础上（老井利用8口），部署12口（4口大斜度井8口直井）注采井，日调峰气量409万立方米，油藏部分可研方案已通过油田公司审查。编制完成双6储气库扩容井位部署方案。双6储气库处于稳定扩容阶段，局部仍存在井控不足的区域，为持续完善扩容后的注采井网、持续扩大排液扩容规模，按照"整体部署，分批实施"的原则，优化部署注采—排液一体化新井11口，分2批实施，方案已通过辽河油田公司审查。

（唐雪枭）

油藏评价

【概述】 2022年，油藏评价工作强化从重地质储量向注重经济可采储量的理念转变，有效应对洪涝灾害空前严重和新冠疫情多发散发等诸多挑战，着力做好外围宜庆地区多层系立体评价、外围开鲁地区特低渗油藏集中评价、辽河坳陷富油区带精细评价3个方面工作。全年在19个区块实施评价井41口，钻井进尺11.04万米，上报探明储量2701.99万吨，可采储量360.37万吨，分别完成年度计划的108%、103%，超额完成任务。培植、准备项目有效推进，构建较好的资源接替格局，为后续评价工作的高效推进奠定基础。

以提供效益建产为目标，增加经济可采储量为核心，深入推进技术攻关提成效和精细管理降成本，突出整装目标升级评价，外围宜庆地区乐83区块实现整装升级、规模增储；突出外围开鲁地区特低渗油藏进攻性评价，实现奈13块探明预测同步增储；突出富油区带整体评价，实现雷72、杜124等区块滚动增储、同步建产。

【奈13区块特低渗透砂岩油藏评价】 奈曼油田构造上处于开鲁盆地奈曼凹陷，奈13区块位于奈曼油田东部。截至2021年底，奈曼油田自下而上已发现九佛堂组九下段及九上段2套含油层系，累计上报探明含油面积7.22平方千米，探明原油地质储量2034.29万吨。2016年对本区进行两宽一高三维地震资料采集，同年按照岩性油气藏勘探思路部署奈13井，压后水力泵排液，获工业油流。2017—2021年，先后部署实施奈13-1井、奈30井和奈30-1井，试油试采均获工业油流，实现奈曼凹陷东部斜坡带岩性油气藏勘探的突破。

按照"直井落实油藏参数、控制甜点分布，水平井体积压裂提产攻关"的思路进行井位部署；通过单井精细标定，刻画微构造，同时优选储层敏感参数，建立储层与阻抗定量关系，预测有效砂体；开展地质地震一体化交互建模，通过井震对比建立多套对比标准层，依据地层产状、波形变化设置多个控制点，结合速度场及建模来提高地质模型精度，保证水平井油层钻遇率；地质—工程双甜点结合，优化段簇组合，提高改造效果，实现规模增储有效建产。2022年，部署实施评价井奈30-2和奈30-H101井，新增探明含油面积5.69平方千米，探明原油地质储量584.86万吨。

【乐83块超低渗透砂岩油藏评价】 乐83区块位于甘肃省庆阳市宁县九岘乡鲁家村，构造上位于鄂尔多斯盆地伊陕斜坡西南缘。2020年，在乐83井区长6实施5口预探井，上报预测储量3417万吨，2020—2022年，在正宁油田西部采集处理1380平方千米的三维地震资料，并对该区构造进行精细解释，落实构造，运用波阻抗反演、地震多属性分析等多种储层预测技术，对该区储层的展布进行预测和刻画。2021年，为落实长6油藏潜力，按照"直控平动"评价思路，实施老井试油4口评价水平井3口，老井试油3口获工业油流井，3口水平井钻遇率均在70%以上，投产2口、正放喷1口，其中宁179-H601井日产油12吨以上生产6个月，庆辽乐86-H601井日产油14吨左右，证实长6超低渗储层采用长水平井蓄能压裂开发的可行性。

按照"直井落实油藏参数、控制甜点分布，水平井体积压裂提产攻关"的思路，通过开展二维+三维地震精细解释，刻画微构造，预测有效砂体；利用多属性融合技术，精细刻画甜点展布，持续优化水平井轨迹设计，提高水平井油层钻遇率；地质工程一体化优化设计，提高改造效果，2022年，部署水平井3口，新增探明含油面积47.58平方千米，探明原油地质储量1793.02万吨。

【富油区带有利目标评价】 2022年，辽河油田公司继续秉承"老区不老，老区是宝"理念，持续推进老区潜力目标滚动评价，在台1等17个区块部署滚动井29口，在齐40等13个区块完钻滚动井15口，在雷72等3个区块新增探明石油地质储量324.11万吨。

雷72区块（扩边）滚动评价研究。高升油田构造上位于渤海湾盆地辽河坳陷西部凹陷西斜坡北部，东靠中央凸起，南起兴隆台、曙光油田，西至西部凸起，北到牛心坨油田。自1975年起，高升油田自下而上发现太古宇潜山、中生界、沙四段、沙三段4套含油气层系，累计上报探明含油面积38.08平方千米，探明原油地质储量11683.12万吨，溶解气地质储量46.78亿立方米。雷72区块位于高升油田的南部，处于雷家陡坡带，西侧紧邻雷64区块，含油目的层为沙三三亚段。雷72区块于2004年上报沙三三亚段探明含油面积0.55平方千米，原油地质储量97.00万吨。评价研究认为，雷72区块位于高升油田的南部，处于雷家陡坡带，西侧紧邻雷64区块。整体构造形态为依附于陈家断层下降盘的半背斜构造，呈东高西低的特点，高点在雷65-34-14井南部，高点埋深1320米。发育北东向、北西向2组7条断裂，其中北东向断层2条，为区内的主干断层；北西向断层5条，主要起复杂断块的作用。2022年，雷72区块投产1口井，上报探明含油面积0.6平方千米，新增探明石油地质储量178.85万吨。

杜124区块（扩边）滚动评价研究。曙光油田构造上位于渤海湾盆地辽河坳陷西部凹陷西斜坡中段，北部为高升油田，南部与双台子油田、欢喜岭油田相邻，东部为兴隆台油田。杜124区块双北32-46井区位于曙光油田中东部、曙二区东南部，紧邻双台子油田，是已探明杜124区块的扩边、新层区块。杜124区块于1986年上报沙三段二亚段探明含气面积1.00平方千米，天然气地质储量7.00亿立方米，凝析油地质储量10.00万吨；1985年上报沙四段一亚段探明含油面积3.80平方千米，原油地质储量501.00万吨。

评价研究认为，杜124区块双北32-46井区油气层分布受构造和储层双重因素控制，油层呈层状分布，具有多套油气水系统。E_3s_{1+2}底界构造形态表现为单斜特征，西高东低，地层倾角15—25度，构造高点位于双北31-47井附近，高点埋深2270米。E_2s_{32}-Ⅲ油组油层顶面构造形态整体为一长轴北东走向的背斜，地层倾角5—25度，受3条断层分割夹持，形成南北2个断鼻，分别为杜古106北断鼻和双北31-43断鼻。杜古106北断鼻构造形态东陡西缓，北高南低，构造高点位于双北33-45井西侧；双北31-43断鼻构造形态西南高、东北低，构造高点位于双北31-43井南侧，高点埋深2480米。E_2s_{33}油层顶面整体构造形态为一近南北走向的长轴背斜，地层倾角5—25度。内部被断层分割为南北2块，分别为双北33-47块和双北33-45块，其中双北33-47圈闭，构造高点位于双北33-47井西南方向，高点埋深2920米，双北33-45圈闭构造高点位于双北33-45井东南方向，高点埋深2915米。双北32-46井区E_2s_{41}油层顶面构造主要为上倾方向受3条断层围限的断块。构造形态上东西有所不同，西侧表现为单斜特征，具有北高南低的特点，构造高点位于双北30-36井附近，高点埋深3084米，东侧为微幅的背斜构造，被3条北西西走向次级断层进一步分割为3个断块，构造高点位于双北33-47井附近，高点埋深3050米，东西2部分之间以鞍部相连。2022年，一体化部署滚动井2口，开发井106口。上报含油面积0.81平方千米，原油探明地质储量85.5万吨；新增含气面积0.61平方千米，天然气探明地质储量3.35亿立方米。

曙4-5-11区块（扩边）滚动评价研究。曙光油田构造上位于渤海湾盆地辽河坳陷西部凹陷西斜坡中段，北部为高升油田，南部与双台子油田、欢喜岭油田相邻，东部为兴隆台油田。自1979年开始上报探明储量，经过40多年的勘探开发，发现6套含油层系，曙光油田累计上报探明含油面积158.08平方千米，原油地质储量51988.08万吨，溶解气地质储量137.80亿立方米。曙4-5-11区块曙30井区位于曙光油田曙四区东南部，评价区曙30井区为曙4-5-11区块的扩边，主要含油目的层为沙四段。曙4-5-11区块于1996年上报沙四段一亚段探明含油面积1.7平方千米，原油地质储量131万吨，其西侧曙四区于1995年上报探明含油面积23.2平方千米，原油地质储量1620万吨，东侧曙28块于2011年上报探明含油面积0.26平方千米，原油地质储量11.49万吨。油藏评价针对曙4-5-11区块地质特点，重点复查周边出油井点，重新刻画圈闭形态，落实油层分布特征，结合主体区块产能分布、油层分布，优化滚动扩边部署，有序推进滚动井钻探及开发井部署，落实增储规模。通过整体评价研究认为，曙30井区$E_2S_4^1$油层顶面构造整体表现为北西高东南低的单斜，发育8条断层，北东向为主干断裂，控制沉积和油层分布，北西向和近东西向断层将研究区进一步复杂化。曙30井区$E_2S_4^1$油层沉积形成于凹陷缓坡古地理背景，扇三角洲前缘砂体十分发育，具有较明显的扇三角洲水下辫状分流河道沉积特征。储集体是在斜坡形成过程中沉积的一套中薄层细碎屑岩层，主要物源方向在西南方向。受古地貌和所处沉积相控制，总的特点是砂体向西南方向变厚，厚度在15—40米之间。纵向上表现为中、薄层细砂岩与泥岩互层，砂泥岩分异性较好，单层砂体呈层状分布，但在平面上多套砂体叠加连片。储层岩性以细砂岩、粉砂岩为主，储集空间以粒间孔为主，油藏含油边界及油层厚度变化受构造岩性双重控制，油藏类型为岩性构造油藏，2022年，曙4-5-11区块曙30井区上报探明含油面积0.68平方千米，新增探明石油地质储量59.76万吨。

【提质增效管理】2022年，按照集团公司提质增效行动工作部署，结合2022年评价目标特点和评价部署难点，突出目标导向、问题导向，对标分析找差距、补短板，全方位、全要素、全过程细化提质增效措施，按照"高效增储夯基础降折耗、高效井位部署提产量增效益"的工作思路，以突出"三个评价"为工作抓手，持续优化提质增效实施方案，努力实现评价增储与提质增效统筹推进、相融共促。突出勘探评价协同评价：针对预探新发现区块奈30块埋藏浅、直井产能相对稳定的情况，结合外围开鲁地区上产50万吨需求，开展预探评价一体化协调攻关，直平组合评价，部署实施评价井 3 口（2 直 1 平），当年新增探明储量 500 万吨，节约勘探开发投资 2000 万元以上。突出地面地下立体评价：针对杜 124 块产能高、纵向涵盖杜家台、大凌河、兴隆台等多套含油层系的情况，兼顾评价开发、统筹地上地下，按照"大井丛、多层系、立体式"布井，不同层系精细压力预测，钻井设计多个靶点，优化钻井轨迹，实现开发兼探，节省评价井 2 口，节约钻探投资 600 万元。突出老区老井复查评价：在沈 289 潜山、洼 111 等区块开展老井复查评价，逐井逐层摸排潜力，部署老井试油 2 口，侧钻井 2 口，累计节约钻井投资 2000 万元以上，其中沈 289 块侧钻井沈 288-2CH 中途测试获 193 吨高产油流，节约钻井投资 750 万元。

（周　超　徐晓楼）

钻井工程

【概述】 2022 年，辽河油田公司完钻 1013 口，钻井总进尺 186.3 万米，平均单井井深 2022 米，平均单井完井周期 23.4 天，平均机械钻速 13.7 米/时，其中探井 24 口，钻井进尺 7.97 万米，平均完井周期 78.9 天；滚动评价井 36 口，钻井总进尺 9.35 万米，平均完井周期 47.83 天；储气库井 15 口，钻井进尺 4.41 万米，平均钻井周期 82.3 天；开发井 938 口，钻井进尺 164.58 万米，平均完井周期 20.1 天。

【钻井工程指标纪录】 2022 年，辽河油田公司在钻井作业中，开展深层勘探钻井提速攻关，通过优选抗高温钻井液、高效破岩钻头和螺杆，助力深层探井优快钻进。于古 1 井优选 PDC 钻头，单只钻头进尺 2312 米，机械钻速 13.44 米/时，实现一趟钻从 1076—3388 米的探井最佳指标；葵探 1 井创辽河油田 177.8 毫米尾管最深纪录；居探 1 井创一开 660 毫米井眼最深纪录和二开 444.5 毫米井眼最深纪录。

【制度及信息化建设】 2022 年，辽河油田公司制修订《钻井工程管理办法》《钻井设计管理细则》《钻井井控实施细则》《钻井工程质量管理细则》《钻井承包商管理细则》《工程监督管理办法》《钻井工程市场化运行方案》管理办法及细则 7 个，《钻井监督规程》《侧钻井井筒完整性技术规范》《稠油热采完井技术规范》企业标准 3 项及《钻井现场常用标准汇编》1 个，确定部室工作职责、优化设计审批流程、明确质量评定标准、规范市场队伍管理，持续完善钻井系统管理制度，提升管理效率。推进工程技术与监督系统建设，打造具有辽河特色的集数据采集、远程监控、预警、远程技术支持与决策于一体的钻井信息化平台，实现油田工程建设"数字化"、工程数据"资产化"、过程监管"规范化"。

【方案设计管理】 2022 年，辽河油田公司深入践行"地质工程一体化"，超前介入地质井位部署，降低工程难度和施工风险，保证施工质量。牵头推行新区"钻压注采输一体化"，组织编制奈曼、河 21 及宜庆地区一体化工程方案 8 个，实现工程系统专业之间协调一致，确保经济与效率整体最优。组织编制杜 66 古潜山、曙 4-5-11 块、洼 38 块、双 229 块等 10 个区块钻井工程方案，确定井身结构、钻井液、固井和完井等内容和相关技术要求。完成油气井设计审核 1152 口，其中开发井 821 口（水平井 138 口）、探井 98 口（预探井 34 口、评价井 49 口、控制井 15 口）、侧钻井 233 口（侧钻水平井 32 口），设计符合率达到 100%，从"源头上"实现对投资的有效控制。

【井筒质量管理】 2022 年，辽河油田公司完善质量分级管理框架，推进钻井建设单位组织评审、疑难井质量仲裁的质量评审分级管理制度，按照集团公司红线标准评审各类井 855 口，合格率 98.4%，固井质量合格率94.6%。践行钻井质量月度例会制度，深入剖析钻井质量存在的问题，针对固井水泥低返、油气水层段水泥胶结质量差及质量数据准确率低等8项问题，制定预防措施。开展固井质量专项治理，针对水泥低返、油层段不合格、全井段合格率不足70% 3个突出问题，试验推广分级固井、低密度水泥和早强水泥，严抓井径扩大率、套管居中度和顶替效率3个要素，实现3项指标分别控降31%、60%和55%。强化质量过程管控，加大过程监管与违章处罚力度，维护油田利益，全年下发通报11次，制定技术管理措施17项，扣除工程款2341万元。

【储气库建设】 2022年，辽河油田公司发挥技术与管理项目组的管理与技术支持职能，倒排工期、落实节点责任，实现阶段完井15口，超前完成全年工作计划，对比第一批钻井，生产时效提高2.9%、事故复杂时效降低2%。大尺寸井首次应用大尺寸套管头、自愈合水泥等7项技术，较预计周期提前36天。推进储气库复杂老井封堵工作，开展封堵方案内部论证15次，优选无源磁导向及水力喷砂先进技术、创新使用自主研制套管开孔工具等措施，阶段完成5口井封堵作业，其中3口井通过勘探与生产分公司验收。

【推广平台钻井】 2022年，辽河油田公司秉承"新区钻井优化部署大平台、老区钻井充分利用老井场"原则，通过推广平台钻井，实现钻井系统化、集成化、批量化、标准化，在减少征地、缩减搬、安周期和节约井场建设费用的同时降低后期管理成本，同时充分发挥东部老油田老井场资源优势，通过老井场扩边等方式实现资源利旧。全年累计实施并完成平台573个（其中利用老井场423个），钻井1013口，总计节约征地1652亩、井场道路建设54千米、井场管线建设54千米，累计节省钻井投资1.73亿元。

【钻井市场化】 2022年，辽河油田公司充分利用集团公司自主经营政策，以辽兴油气开发公司、未动用储量开发公司、庆阳勘探开发分公司等单位为平台，通过市场招标、商务谈判等市场化手段，构建辽河钻井工程市场良性有序竞争环境，成功引进宁夏宇航油田工程有限公司。在完成集团公司"20%市场化"工作要求同时，实现钻井工艺水平整体提升、钻井单价逐步降低。全年油区通过市场化运作完井103口，节省投资2.11亿元，庆阳地区全面实行市场化。

【台长制管理模式推广】 2022年，辽河油田公司调研长庆油田实施经验，解读台长制内涵，编制《台长制管理办法》，创新大平台、平台群、重点井3种台长制模式，建设与施工单位主管领导担任台长、副台长，共同制定八包四提指标、规划平台、审核方案，全年推广平台（群）12个。通过钻头优选、轨迹控制、应用一趟钻等优势技术，完井132口（其中雷72大平台提前21天完钻，储气库3口大尺寸井平均单井提前38天完井，双229区块平均单井钻井周期缩短28.7%（7.6天），双229-37-61创辽河深井最短钻井周期纪录），节约用地281亩（1亩≈666.67平方米），平均单井完井周期缩短3.2天。

【工艺技术研究应用】 2022年，辽河油田公司开展稠油热采套管头技术研究，摸索简易井口安全隐患的解决方案。与山东纬达石油装备有限公司开展技术交流，指导钻采工艺研究院在杜80-22-67井先导应用自锁式套管头，通过提拉释放应力有效消减井口抬升隐患。

【工程监督管理】 2022年，辽河油田公司从事工程监督人员有757人，分别从事物探、钻井、地质、测井、试油、井下作业的监督工作，监督人员中具有高级监督资质2人，中级监督资质293人，初级监督资质358人，油田公司内部监督621人，外聘136人。编制完成并下发《辽河油田公司工程监督管理办法》，规范工程监督考核分级，监督派驻程序、监督取证与注册等内容。推动钻井监督业务改革，完成监督管理业务由钻采工艺研究院划转至安全环保技术监督中心，划转27人，留用9人，实现监督统一管理。推进钻井监督分级管理，建立一级监督、二级监督、三级监督和实习监督四级管理体系，配套制定 4 个等级钻井系统工程市场化工程监督综合日费标准，有效提高监督自我提升积极性，提升监督管理效率。组织钻井监督市场化招标，引入盘锦辽河油田天意油气工程监理有限公司与濮阳市诚信石油工程技术服务有限公司两家监督公司，有效缓解油区内持证监督人数不足问题。

（张升峰　郑东）

产能建设

【概述】 2022 年，辽河油田公司按照新区快速规模建产、滚动建产、老区方式建产、分批建产、择优建产思路，持续推进新区评价开发一体化，提高建产效率；持续老区精细挖潜，实现高效二次开发；推进与转换方式相结合，提高区块采收率和提高可采储量，深度挖掘老区潜力。充分利用市场化机制，灵活建产，涌现出沈 84-安 12 块、雷 72 块等一批典型区块。完成各类产能建设新井 823 口，钻井进尺 157.96 万米，新建产能 127.58 万吨，年产油 45.4 万吨。其中产能方案完钻新井 823 口（新区完钻 139 口，老区完钻 684 口），钻井进尺 157.96 万米（平均单井进尺 1919 米，新区钻井进尺 38.07 万米，平均单井进尺 2739 米，老区钻井进尺 119.9 万米，平均单井进尺 1753 米），新建产能 98.6 万吨，投产 823 口（油井 787 口，注水井 36 口，油井开井 617 口，日产油 2387 吨，日产气 32.6 万立方米，年产油 45.4 万吨，年产气 6681.7 万立方米）；荣兴油气开发公司完钻新井 34 口，进尺 6.41 万米，新建产能 4.2 万吨，年产油 2.38 万吨，平均单井日产能力 3.9 吨；庆阳勘探开发分公司完钻新井 36 口，总进尺 9.88 万米，新建产能 8.15 万吨，年产油 0.79 万吨，平均单井日产能力 4.9 吨；提前实施 2021 年新井完钻 217 口，进尺 42.34 万米，新建产能 32.7 万吨，投产 67 口，年产油 0.95 万吨。

上报股份公司自营区产能方案完钻新井 809 口，进尺 155.08 万米，新建产能 123.38 万吨（自营新区新建原油生产能力 29 万吨，自营老区新建原油生产能力 94.4 万吨），投产 809 口，年产油 43.6 万吨。其中，自营新区完钻新井 139 口，进尺 38.07 万米，新建原油生产能力 29.022 万吨，年产油 8.76 万吨；自营老区完钻新井 670 口，进尺 117 万米，新建原油生产能力 94.4 万吨，年产油 34.85 万吨。完成水平井 51 口，总进尺 5.6 万米，平均单井水平段长度 553 米，储层钻遇率 97.7%，油层钻遇率 89.4%。投产 51 口，年产油 3.7 万吨，年产气 2.3 万立方米，平均单井日产油能力 8.7 吨，平均单井年产油 727 吨，平均单井生产时间 155 天。

【原油产能建设】 2022 年，辽河油田公司新建产能 127.1 万吨，其中自营区新建产能 122.9 万吨，对外合作新建产能 4.2 万吨。受洪灾影响，2022 年辽河原油产量 934.9 万吨，其中自营区年产油 836.1 万吨（正宁矿权区 5.2 万吨），合营区生产能力 98.8 万吨。其中稀油 309.3 万吨（增加 1.3 万吨），稠油 522.1 万吨（减少 77.7 万吨），高凝油 103.5 万吨（增加 0.3 万吨）。

【产能方案】 2022 年，辽河油田公司实施新井 609 口，新建产能 96.05 万吨（年度配产）。通过压控投资、优化实施井位，全年实际完钻井数 809 口，超方案计划 200 口，进尺 113.6 万米，与方案基本持平，建产能 127.1 万吨，（不含月东）完成方案要求，全年产油 43.6 万吨，新井钻井成功率 100%，未出现一口地质报废井，超当年产能建设实施方案计划及股份公司标准 2% 和 5%。通过超前组织、挂图运行、甘特图作战，全年新井全部超运行线实施，月度运行符合率平均达 110% 以上，达到方案要求；平均单井生产时间 148 天，生产时率得到极大提高；

平均单井日产油 4.4 吨，同比上升 0.1 吨，相比股份公司平均水平（3.5 吨/口）高 0.9 吨，其中新区平均单井日产油 4.7 吨，同比上升 0.5 吨，老区平均单井日产油 3.8 吨，与 2021 年保持不变。提前部署，加快组织实施，当年产能贡献率 42.9%，受洪灾影响，同比下降 5.9%，万米进尺建产能 0.79 万吨，对比 2020 年下降 0.2 万吨，对比股份公司平均水平 0.55 万吨高 0.22 万吨。

【油藏研究与井位部署】 2022 年，辽河油田公司开展油藏精细描述，深入研究油气成藏机理与剩余油分布规律，注重复杂断裂系统精细构造解析及低级序小断层的识别，立体刻画砂体展布、连通关系，加强油藏微构造高点"甜点区"研究，总结区块动态开发规律，靠实单井产能，最大程度降低新井实施风险，最大限度杜绝低效井，为效益建产奠定油藏基础。同时，油藏研究经济评价提前介入，在井位部署前进行综合排队，重点对投资低、风险小、效益好的区块开展井位部署研究。多方式描述剩余油分布，井震结合精细对比扩展部署空间、多手段落实断层位置高效挖潜、地震沉积结合预测有利砂体展布，深化构造、沉积、储层等一系列地质认识，精细挖潜老区剩余油。同时针对老区产能建设区块多、目标分散、实施风险大和后期措施工作量增大的现状，通过提前开展井位部署研究，按照每年"试验一批、部署一批、准备一批"的程序，提前谋划产能建设工作布局，确保当年新井实施工作量，提高方案符合率。

【地质设计审查】 2022 年，辽河油田公司在钻井地质设计上，组织开发部、钻采工艺研究院、勘探开发研究院、录井公司、测井公司及采油单位相关人员，多部门开展钻井地质设计联合审查，对新井实施平台、井身结构、进尺、轨迹、资料录取、安全环保等"八个方面"优化简化，设计的安全性、准确性及经济性得到加强。严格审查数据、图表准确性，高标准要求钻井地质设计风险识别、施工要求，严格执行普通井三级审批、重点井四级审批的井控要求。制定钻井地质设计量化打分标准，横向对标，严格管控设计编制质量，确保钻井施工安全，实现地质任务，注重设计源头优化，压控投资，阶段优化钻井进尺、井身结构、录井、测井等。针对设计审查过程中发现的新问题、实施过程中出现的新情况、效益开发中涌现的新理念，修改完善钻井地质设计模板，做到"四个更全、三个更准、两个更及时"，从源头上不断提升设计的安全性和完整性。

【新井产能优化部署】 2022 年，辽河油田公司强化新井跟踪，在倒排新井运行、产能建设全面提速的同时，坚持控制井优先，优化实施顺序，将跟踪前缘延伸到钻前准备，出现问题及时调整，同时结合油藏特点优选射孔井段，制定合理生产制度，及时分析快速调整，指导区块下步实施。受洪灾影响，平均单井生产天数 146.8 天，同比下降 44.7 天，单井日产能力 3.8 吨，产能贡献率 37.4%。将新部署的高产优质井位调入当年实施方案，保证产能建设整体效果。按照股份公司"不能动用不探明"的要求，强化油藏地质研究，加快评价建产同步，提高新探明储量的建产效率。针对产能落实的区块实施一体化快速建产，针对落实程度低的区块实施滚动式逐步建产的方式，全年在 21 个新区完钻新井 139 口，占总井数比例 17.2%。其中沈 84-安 12 块 S_3 段规模实施 34 口，初期单井日产油 5.7 吨，新建产能 4.02 万吨，当年产油 1.27 万吨，区块日产油 141 吨，实现优质储量向产量的快速转化。

【欢 2-46-041 块精细研究】 欢 2-46-041 块构造上位于西部凹陷西斜坡欢喜岭油田西南部，体形态为西北高东南低的单斜构造，开发目的层为沙四段杜家台油层，2003 年上报含油面积 0.28 平方千米，上报石油地质储量 17 万吨。欢 2-46-041 块井位部署过程中，在精细地质体研究的基础上，结合老井测压资料，刻画剩余油分布和水淹情况，分析各个断块潜力。认为欢 2-46-041 断块纵向上主要发育杜 I 油层组，为主要目的层，重新落实含油面积，石油地质储量。油层平面上主要分布在欢 16 断块、欢

2-46-041 断块、欢 2-46-042 断块、欢 2-46-046 断块，具有部署潜力。在精细储层预测的基础上，针对不同断块不同的压力情况，通过整体井网规划进行剩余油挖潜，部署新井 25 口。采用整体部署分批实施原则，优选实施 8 口。为降风险，合理设计录测井资料录取，实施气测录井 9 井次，地化录井 2 井次，RFT 测井 1 井次，实施过程中综合评价含油性，保障实施效果。

8 口井实施后均如期钻遇目的层，平均钻遇油层厚度 8.5 米，达到设计目标。新井投产后初期日产油 41.9 吨，截至 2022 年底，累产油 10765 吨，平均单井日产油 4.3 吨。

【雷 72 块一体化攻关】 雷 72 块构造上处于辽河坳陷西部凹陷雷家东部陡坡带，主要目的层为古近系沙河街组莲花油层 5—7 油层组，2004 年在雷 72 断块进行储量上报，含油面积 0.55 平方千米，石油地质储量 97 万吨，雷 65 断块埋深 1350—1550 米，平均孔隙度 12.8%，平均渗透率 10.5 毫达西，油层分布受构造、储层物性控制，为厚层低孔低渗稀油纯油藏。2020 年，通过油藏地质特征再认识，试油效果再分析，在雷 72 井区南北 2 块部署实施具有滚动意义的开发控制井 2 口（雷 65-30-12、雷 72-22-12），新井实施后取得较好开发效果。2022 年，在雷 65 断块与雷 72 北块规模部署实施新井 15 口，规划 2 个平台实施，通过"平台化组织实施、精细化储层评价、一体化提产攻关"取得较好效果。新井平均单井电测解释油层厚度 274.5 米，采用分段体积压裂方式投产，平均初期日产油 13.2 吨。在实施过程中取得 2 点认识：①加强随钻地质对比，调整设计井深取得更好效果。在雷 65 断块采用大平台方式集中实施新井 11 口，通过加强地质随钻跟踪，依据岩屑录井和气测录井实时情况，及时调整完钻井深，取得较好效果，累计增加进尺 1502 米，新增钻遇电测解释油层、差油层 481.2 米 /91 层。②地质工程一体化评价，优选段簇确保油井产能利用新井进行钻井取心，开展室内岩心试验分析，进一步开展储层评价，落实储层物性、敏感性及油气分布特征，落实优势储层分布范围，指导分簇、分段射孔方案优化。与压裂工程部门结合，开展压裂液配伍性试验，采用变黏滑溜水压裂液体系实施套管体积压裂投产，其中在雷 65 断块采用大平台集中实施新井 11 口，平均单井钻遇油层 286.9 米，采用分层分簇套管体积压裂投产，平均单井初期日产油 14.3 吨，累产油 9174 吨；雷 72 北块同平台实施新井 4 口，平均单井钻遇油层 156.2 米，采用单层套管体积压裂投产，平均单井初期日产油 10.2 吨，累产油 4830 吨。

【庆阳建产力度】 2022 年，辽河油田庆阳勘探开发分公司完钻新井 35 口，其中水平井 24 口，新建产能 7.2 万吨。当年投产 35 口，日产油能力 245 吨。宁 175 块实施 18 口，其中水平井 8 口，平均水平段长 602 米，单井日产油能力 7.5 吨，初期日产油达到 11.6 吨。

【杜 84 块馆陶产能建设】 杜 84 块馆陶 SAGD 汽腔发育不充分，油藏顶部、底部、边部均存在剩余油富集区，为完善 SGAD 注采井网，改善杜 84 馆陶 SAGD 开发效果，重新认识地质体，通过岩心刻度测井建立岩性电性识别标准，识别与划分内部岩性；建立隔夹层识别标准，落实隔夹层分布；通过岩心刻度测井，建立油水关系图版，以生产动态验证水层识别标准可靠，深化认识油水分布，并依据不同岩性的水层识别标准，重新核实油水内边界分布范围，精细描述油水内边界；精细描述汽腔发育，开展避水界限研究和挖潜方式研究，先后部署新井 45 口，其中直井 24 口（均为注汽井）、水平井 21 口。2022 年，实施 19 口井（直井 14 口、水平井 5 口）。投产初期单井日产油 11.3 吨，累产油 1.89 万吨，有效提高储量动用程度。

【雷 72 块产能建设】 雷 72 井区莲花油层是受构造及物性双重控制具有层状特征的块状油藏，该油藏具有储层物性差、油藏埋藏深及含油幅度大的特点。该区域周边探井钻遇较好油气显示，但试油未见工业油流，且区块断裂复杂，规模建产难度大。2020

年，通过试油结果再分析、油藏地质特征再认识及储层精细刻画，部署2口具有滚动意义的开发控制井（雷72-22-12、雷65-30-12），新井钻遇较好油气显示，体积压裂投产后，初期日产油11吨。2022年，部署实施井位15口均已投产，平均单井初期日产油6.3吨，区块日产油从15吨上升至109吨，当年累产油1.4万吨，取得较好效果。

【沈84-安12块产能建设】 中高渗砂岩油藏勘探开发一体化，沈84—安12块边水区变潜力区。通过精细刻画多层系沉积相带，西南部创新次物源认识，分层落实边水侵入特征，打破"西侧低部位边水侵入区无部署潜力"传统思维，在原认识边水区发现岩性油藏，老区内部井距大的区域通过落实剩余油分布、侧钻井挖潜与内部井网调整相结合，采用"整体规划、分批部署、优化实施"的方式，部署新井83口。2022年，分批实施34口井，日产油4.7吨，平均单井生产时率77天，年产油1.3万吨。

【包1块产能建设】 包1块位于陆西凹陷包日温都断裂背斜构造带中部，为北东—南西向展布的长轴背斜，主要含油目的层九佛堂组上段，储层中孔中低渗，油层埋深860—1090米，为岩性构造油藏。2022年，为加大边部剩余储量动用，扩大直平组合试验规模，优选井况差、井距较大、井网不完善、水淹程度较低的区域，采用直井低部位注水为主、对应注水为辅的注采井网，在边部部署水平井4口，实施4口，全部投产，平均单井日产油12.4吨，含水54.2%。截至2022年底，日产油25.4吨，平均单井日产油8.5吨，含水53.6%，全年累产油0.39万吨。

【龙11块产能建设】 龙11块位于东部凹陷牛居—青龙台构造带青龙台油田南部，为一断裂背斜构造。沙三段为主要含油目的层。油层埋深1500—1700米，石油地质储量1078万吨，平均孔隙度21.7%，平均渗透率1316毫达西，为岩性构造油藏。其主体区龙14断块域水淹严重，继续水驱效果差，需要转换方式，改善区块开发效果。2021年通过三老资料复查，整体落实构造，重订四性关系图版识别有效储层，刻画优势相带展布形态。精细开发效果描述，进行化学驱方案可行性论证。在龙14块主体优选油层条件更优、开采程度更高、监测条件更完善的6个井组开展先导试验，试验井组共设计6注12采，其中新井6注4采。2022年，优先实施6口落实产能，投产初期单井日产油6.4吨，区块日产油从41.9吨上升至74.1吨，为区块下步顺利转驱提供物质基础。

【杜124块产能建设】 杜124块位于西部凹陷西斜坡曙光采油厂南部，主力含油层系为杜家台油层（S4），上报探明含油面积3.8平方千米，探明石油地质储量501万吨。区块为气顶底水油藏，有利储层较为发育，且邻井产能落实，初期日产油和累产油均较高，方案规划在杜124块杜家台油层部署开发井10口，2022年实施10口，投产10口，双北31-49井初期单井日产油13.9吨，阶段累产油4141吨，2口井初期效果差，阶段产量未达到设计指标。

【双229块产能建设】 双229块位于西部凹陷中南段清水洼陷北部，中央凸起西侧。主力含油层系为兴隆台油层（S13），上报探明含油面积17.28平方千米，探明石油地质储量2187万吨。区块为气顶边底水油藏，有利储层较为发育，且邻井产能落实，初期日产油和累产油均较高，方案规划在双229块兴隆台油层部署开发井32口，2022年实施14口，投产14口，双229-37-63井初期单井日产油13.5吨，阶段累计产油1301吨，8口井投产效果差，阶段产量未达到设计指标。

【杜229块产能建设】 杜229块为曙光采油厂的主力区块之一，主要开发目的层兴隆台油层历经20多年开发，先后经历一次开发、二次开发2个阶段。采出程度41.0%，采油速度1.31%，高轮井吞吐效果差，采出程度高，后期主要依靠整体规划蒸汽驱井网，逐步分区域、分层位实施转蒸汽驱开发。蒸汽驱采油速度1.81%。2020—2022年，研究院通过细化层组，按蒸汽驱开发井网整体规划部署170口井，2022年实施44口，全部投产，初期日产油290.1吨，平均单井日产油6.7吨，含水76.1%，截至2022年底，日产油160.1吨，平均单井日产油7.0吨，含水75.4%，全年累产油3.4万吨。

【后备资源建设】 2022年，辽河油区累计探明石油地质储量25.702亿吨（含鄂尔多斯矿权区2474万吨）。已开发石油地质储量21.4亿吨（含鄂尔多斯矿权区760万吨），占探明储量的83.0%。未开发石油地质储量4.3亿吨（含鄂尔多斯矿权区1714万吨），占探明储量的16.8%。已探明未开发储量，按地域划分：盆地陆上29961万吨，占未动用储量的69.2%，外围盆地5811万吨，占未动用储量的13.4%，海上5794万吨，占未动用储量的13.4%，鄂尔多斯矿权区1714万吨，占未动用储量的3.9%；按油品划分：稀油24467万吨，占未动用储量的56.5%，稠油11329.2万吨，占未动用储量的26.2%，高凝油7483万吨，占未动用储量的17.3%。对于探明未开发储量按工作进展分类，本土自营区162个区块，石油地质储量4.3亿吨，占未动用储量的100%。待核销区块41个，已探明未开发储量9656.5万吨，占未动用储量的22.3%；自然保护区30个区块，已探明未开发储量6896.9万吨，占未动用储量的16.72%；正建产区块41个，石油地质储量15652.9万吨，占未动用储量的37.94%；待落实45个区块，石油地质储量9304.9万吨，占未动用储量的22.55%。

（唐雪泉）

采油工程

【概述】 至2022年底，辽河油田有采油井22101口，开井13640口。其中抽油机井19160口，开井12045口；螺杆泵井238口，开井173口；电泵井119口，开井99口；捞油井2301口，开井1221口。平均单井日产液13.7吨，天然气井602口，开井172口。检泵率29.7%，同比降低3.2%；检泵周期767天，同比提高22天；抽油机平衡率90.0%，同比提高0.8%；泵效46.0%，同比下降0.8%（洪水影响）；举升单耗14.5千瓦·时/吨，同比降低0.6千瓦·时/吨。2022年，采油工程系统认真贯彻油田公司各项工作部署，以提升油井效益生产时率为核心，围绕采油举升、井筒注入、工艺措施3个业务目标方向，持续健全制度规范体系，完善注采工艺技术系列、推进导向试验示范、优化方案设计、深化技术攻关、强化对标管理与安全环保治理，严格闭环督导落实，全面促进采油指标向好、系统效益提升，全力支撑油田公司增产、降本、提效（表4）。

【制度规范体系管理】 2022年，辽河油田公司系统梳理采油业务管理薄弱环节，强化基础管理，编制《辽河油田公司机动采油施工指导书》《辽河油田机械类工艺措施技术规程》《辽河油田化工类工艺措施技术规程》等技术规程。结合油田公司措施评价方法、举升设计标准，将《采油工艺措施效果评价方法》（Q/SY LH 0722）《油井举升优化设计规范》（Q/

表4 2022年辽河油田公司采油工作指标完成情况

指标名称	2022年	2021年
工艺措施有效率（%）	93.3%	91.5%
措施吨油成本（元/吨）	523.1	531
举升单耗（度/吨）	14.7	15.1
检泵率（%）	29.7	32.9
泵效（%）	46.0	46.2

SY LH 0729）2项关键技术标准完善升级为油田公司企业标准。梳理并制定涵盖抽油机井、资料录取、生产维护等9类76项采油生产关键操作规程目录以及承包商服务标准化目录，明确各级服务项目类别名称，为后续规范采油系统承包商管理筑牢基础。

【方案设计审查】 2022年，辽河油田公司采油系统强化方案设计管理，持续开展方案优化降本工作，组织完成编审双229块CCUS、曙光采油厂300万吨稳产、曙光及特种油开发地区采油井水患根治等采油工程方案21项，通过优化注采管柱结构，配套低成本防砂、封窜措施，实现方案源头控投降本5266万元，创效3411万元。完成产能建设推荐方案，规范现有工艺适应性评价标准，有效指导油田公司产建区块注采工艺设计。完成曙光采油厂及特种油开发地区采油、热注、集输工艺复产方案，建立"三级确认"工作流程，提出工艺规划思路，为快速复产、安全复产、根治水患夯实基础。完成重点单井设计，解决CCUS注气井A环空带压问题，提高作业时效。组织钻采工艺研究院与吉林油田公司油气工艺研究院合作，开展双229块连续管注入试验。针对曙光采油厂火驱复注点火需求，完善点火工程设计，重点对点火前C/O比测试、点火前氮气置换、采油井含氧量监测提出要求，提升燃烧效果，确保火驱安全复产。

【注采工艺技术梳理】 2022年，辽河油田公司全面梳理抽油泵、防偏磨、防蜡降粘、光杆密封器技术应用情况，归纳形成9类抽油泵技术、2类5种防偏磨技术、4类7种清防蜡技术以及6种光杆密封器技术。完成蒸汽驱、SAGD注汽技术以及多元介质吞吐、稠油分选注、化学冷采、调剖封窜、解堵、堵水6项技术系列梳理，淘汰定量稠油分选注、脉冲注汽等技术，合并高温调剖技术、复合调剖等技术，规范多元介质吞吐、化学冷采等技术名称，规范统一措施名称、技术原理、适用性。

【重点示范项目实施】 2022年，辽河油田公司开展柱塞气举导向试验，由于辽河油田在储层埋深、产水量、产出液性质、地层出砂情况方面与长庆油田差异较大，未达到预期效果。完善推广智能间抽技术，与中国石油勘探开发研究院联合攻关，打造开鲁智能间抽示范区，累计推广间抽控制技术141井次。在兴隆台采油厂推广宽幅电泵技术3（计划18井次）井次，平均泵挂由2433米提升至2767米，最深达到3000米，日增油1.4吨。在沈67块推广电潜螺杆泵6井次（计划26井次），免修期达到491天，百米吨液耗电由1.67度降至1.05度。推广过油层深抽泵技术，优化泵结构避免管柱砂埋，实现泵挂深度降至油层以下，降低闪蒸影响，提高蒸汽驱油井排液强度，在锦45、齐40等区块应用51井次，泵效提高15.6%。制定科尔沁延长检泵周期方案，推广应用内衬油管技术，打造油井长寿标杆区块。

【对标管理】 2022年，辽河油田公司全面推进采油对标管理，突出效益对标，全年组织节电、长寿井培育、工艺措施等专项技术交流44场次，形成提升报告57份，总结推广举升优化、防蜡降粘等典型技术与管理经验11项，注采系统技术与管理水平大幅提升。

精细举升能耗管控。制定不同举升方式经济技术界限，扩大油井间抽、捞油规模，建设黄于热不停机间抽、开鲁智能采油示范区，推动低产液井效益生产，全年新增间抽、捞油井1024口，增油1.07万吨，通过精细采油管理，实现全年举升节电2809万度。抓实检泵对标管理。在自主单井设计软件基础上，攻关完善形成网络版举升优化设计平台，实现软件成果共享，助力单井设计水平提升。推广硬质合金抽油泵（3743台，占比31.%），泵漏导致检泵工作量由2275井次减少到2171井次，同比下降104井次。规模应用整体注塑杆技术，偏磨导致检泵工作量由419井次减少到354井次。检泵工作量由3919井次减少到3629井次，同比减少290井次，检泵率由32.9%下降到29.7%，同比下降3.2%。油田公司检泵指标持续向好。实施低成本工艺措施。通过规范措施评价方法，推行效益对标管理，2020年以来累计实施工艺措施8175井次，2022年实现增油87.3万吨，整体施工成功率98%以上，措施有效率

90%以上，年实施工艺措施2727井次，措施成功率99.9%，措施有效率93.3%。加强生产安全环保。开展SAGD、蒸汽驱隐患排查治理，组织完成全区域994口井的漏气排查，开展隐患治理265井次，成功治理178口井，实现地表漏气全部清零。开展长期注汽井井筒腐蚀机理研究，建立腐蚀速率预测模型、制定新老井防控措施。强化井口完整性管理，梳理辽河油田一类、二类高风险井口1276台套，明确年均220套检测需求，筹建自主化井口检测队伍。

（潘　锦）

开发动态监测

【概述】 2022年，辽河油田公司动态监测工作根据生产实际情况，适时调整相应审批、审查制度，充分保证洪涝灾害复产后动态监测资料的及时录取和应用，保障动态监测资料在油田开发调整方案编制、精细油藏描述、老油田二次开发、油田开发重大试验和油藏动态分析等方面的重要作用。各类测井、试井计划6105井（组）次，实际完成7278井（组）次，完成年计划的119.2%；分析化验计划3409样次，实际完成4032样次，完成年计划的118.3%。地层压力计划2057井次，实际完成2270井次，完成年计划的110.4%。其中采油井2053井次、注水井217井次。水井测调1048井次，实际完成1216井次，完成年计划的116.0%。其中测调联动1050井次、投捞测试166井次。生产测井计划2695井次，实际完成3434井次，完成年计划的127.4%。其中产出剖面4井次、注入剖面2976井次、工程测井454井次。饱和度测井计划212井次，实际完成254井次，完成年计划的119.8%。其中碳氧比159井次、中子寿命69井次、其他26井次。井间监测计划93井组，实际完成104个井组，完成年计划的111.8%（表5）。

【动态监测制度管理】 2022年，依据《辽河油田公司开发动态监测管理实施细则》《辽河油田公司采购管理办法》《辽河油田工程及服务采购管理细则》等文件规定，进一步规范采油单位月申报动态监测计划，各采油单位对上报的动态监测计划项目提供《动态监测市场计划申报情况说明表》，并组织相关科室对计划项目的合理性和必要性进行论证，论证通过后方可履行下步市场申报审批程序。确保严格按照开发动态监测方案组织资料录取，避免资料录取的随意性、多余性，加强资料录取的规范性。

表5　2022年辽河油田公司动态监测资料录取统计表

项目	计划完成井（组）次	实际完成井（组）次		完成年计划%
测井、试井	6105	7278		119.2
分析化验	3409样次	4032样次		118.3
地层压力	2057	2270	采油井：2053	110.4
			注水井：217	
水井测调	1048	1216	测调联动：1050	116.0
			投捞测试：166	
生产测井	2695	3434	产出剖面：4	127.4
			注入剖面：2976	
			工程测井：454	
饱和度测井	212	254	碳氧比：159	119.8
			中子寿命：69	
			其他：26	
井间监测	93井组	104井组		111.8

【动态监测质量管理】 2022年，各采油单位从质量管理出发，加大动态监测现场监督工作力度，完善动态监测现场监督检查记录，监督率达100%，及时解决现场出现的问题，实现资料质量零事故。欢喜岭采油厂采依据《辽河油田公司开发动态监测管理

实施细则》《欢喜岭采油厂注采井资料录取管理规定（修订）》文件规定，制定《厂内监测资料录取准确率考核细则》，编制《厂内监测资料准确率考核明细表》，对动态监测和分析化验误差进行界定，加强资料录取的优质化。

【动态监测应用管理】 2022年，辽河油田公司着重动态监测资料应用管理，秉持"好钢用在刀刃上"原则，每个项目都能反复论证，加强资料录取的有效性，切实保证资料录取能够满足区块开发实际需求。锦州采油厂全年利用动态监测资料指导编制各类开发方案2个，涉及区块16个。指导2022年部署新井82口，当年完钻82口，当年投产75口，累计产油4.27万吨。曙光采油厂全年利用动态监测资料指导编制各类开发方案8个，涉及区块11个。指导部署新井231口，当年实施137口，累计产油7.0万吨。应用资料进行动态分析630井次，共指导各类措施750井次，有效610井次，有效率为81.3%，其中直接应用资料指导各类措施380井次，有效320井次，有效率为84.2%，当年利用资料措施增油16.7万吨。欢喜岭采油厂利用动态监测资料指导编制各类开发方案5个，涉及区块57个。7个区块应用监测资料指导部署新井36口，当年实施36口，累计产油2.9万吨。利用开发动态监测资料进行动态分析2020井次，动态监测资料利用率100%，实施注水注汽动态调配272井次，共指导各类措施760井次，有效率为88%，措施增油13.5万吨。兴隆台采油厂全年利用动态监测资料指导编制各类开发方案1个，涉及区块2个。指导部署新井17口，当年实施13口，累计产油1.9万吨。应用资料进行动态分析314井次，共指导各类措施196井次，有效160井次，有效率为82%，其中直接应用资料指导各类措施89井次，有效74井次，有效率为83%，当年利用资料措施增油5.6万吨。高升采油厂全年利用动态监测资料指导编制各类开发方案12个，涉及区块10个。指导部署新井85口，当年实施37口，累计产油2.1万吨。各区块应用测试资料进行动态分析155井次，共指导动态调配水190井次，调补层、压裂、大修、侧钻等各类措施60井次，有效56井次，有效率为93.3%，当年利用资料，措施增油2.2万吨。茨榆坨采油厂全年利用动态监测资料指导编制各类开发方案4个，涉及区块13个。指导部署新井35口，当年实施25口，累计产油0.7万吨。应用监测资料进行动态分析68井次，共指导各类措施33井次，有效23井次，有效率为70%，其中直接应用资料指导各类措施23井次，有效16井次，有效率为70%，当年利用资料措施增油0.25万吨。沈阳采油厂全年利用动态监测资料指导编制各类开发方案5个，涉及区块3个。指导部署新井68口，当年实施33口，累计产油1.7万吨。应用资料进行动态分析283井次，共指导各类措施128井次，有效326井次，有效率为79.3%，其中直接应用资料指导各类措施27井次，有效26井次，有效率为96.3%，当年利用资料措施增油2.46万吨。金海采油厂全年利用动态监测资料指导编制各类开发方案5个，应用资料进行动态分析40井次，指导注水油田细分注水33口，27小层吸水状况得到改善，年增油0.4万吨，对应油井采取调补层、堵水等措施17口，年增油0.3万吨，指导热采油田注汽参数优选及优化注汽方式12口，年增油0.23万吨。冷家油田开发公司全年利用动态监测资料指导编制各类开发方案6个，涉及区块4个。应用资料进行动态分析56井次，指导各类措施95井次，有效89井次，有效率为93%，其中直接应用资料指导各类措施71井次，有效68井次，有效率为95%，当年利用资料措施增油1.27万吨。特种油开发公司全年利用动态监测资料指导编制各类开发方案2个，涉及区块2个。指导新井部署56口，累计产油4.0万吨。应用资料进行动态分析调控1100余井次，其中直接应用资料指导各类措施310井次，有效267井次，有效率为86.1%，当年利用资料措施增油5.5万吨。辽兴油气开发公司全年利用动态监测资料指导编制各类开发方案4个，涉及区块5个。指导部署新井43口，当年实施

38口，累计产油1.6万吨。应用资料进行动态分析65井次，指导各类措施38井次，有效34井次，有效率为89%，其中直接应用资料指导各类措施19井次，有效18井次，有效率为95%，当年利用资料措施增油4.2万吨。

【动态监测培训管理】 2022年，辽河油田公司以培训管理为切入点，举办测井技术培训班，邀请中国石油集团测井有限公司和钻采工艺研究院技术专家和骨干，对测井方法与原理、生产测井技术与应用、剩余油饱和度测井技术与应用、井间监测技术与应用等进行系统培训。完善相关人员知识体系，提高相关人员专业技术水平，在制定动态监测方案时更具有针对性和有效性，加强资料录取的专业性，推动各采油单位开发动态监测技术和管理的进步。

【动态监测施工管理】 2022年，辽河油田公司各采油单位全面落实动态监测施工安全生产管理工作，加强资料录取的安全性。通过对承包商开展安全培训、现场交底、监督检查，不断提升施工队伍的井控能力与施工水平。加强双重预防机制，提升监测工作的风险管控能力，严控生产安全风险，有序推进监测现场隐患排查与治理。加强风险差异监督，提升监测工作的综合监管效能。重点监督三违行为、高危作业和环境保护，实现监督检查覆盖率100%。优化绿色发展格局，提升监测工作的环保管理水平。严格落实生态议事制度，制定环保计划、落实上级生态环境隐患排查，解决各类生态环境问题，有效控制和预防各类污染事件的发生。

【动态监测资料录取影响因素】 辽河油田经过50年开发实践，针对不同油藏类型、不同油品性质、不同开发阶段，攻关完善9种主体开发方式和配套技术，形成注水开发、蒸汽吞吐、转换方式产量"三分天下"格局。随着油田开发难度越来越大，遇到的难题越来越多，对动态监测技术提出的要求也越来越高，但受地质、工程、技术以及客观等条件限制，动态监测存在的问题也更为突出。复杂的井下技术状况，影响监测资料的录取：稠油开采区块，油井随着热采开发程度不断加深，极易引起地层骨架坍塌，造成地层出砂，导致套管变形甚至套管错断，井下技术状况的变差，使部分油井动态监测难以实现或测试不能到达目的层，影响测试完整性。稀油开采区块井况复杂，套坏、落物井近年来明显增多，给油田开发、监测带来很大影响及难度，影响监测资料的连续性；油水井井况影响，不能连续定点测压。测试仪器的适应条件，制约监测资料的录取：分注井的水量调配测试成功率较低。受井下工具质量、作业质量、注入水质及洗井条件等多方面因素影响，分注井的分层流量测试成功率不高，大量的分注井存在测试仪器遇阻和投捞、调配不了问题。受固井质量、仪器条件及无卡封位置制约，分层测压精度不够，大段油层仅实现分段测压，不能实现细分层系对压力的需求。环空产液剖面测试受井斜、套管技术状况、下井管柱、油品性质等影响，测试难度大，成功率低。热采方式开采的油田进入开发中后期，受注汽及开发方式等因素影响，地层温度较高，部分区域受仪器耐温影响难以进行相关监测。普通分注管柱技术无法满足高温高压测调，测调仪、验封仪下入困难，测调验封无法保证。现存条件的客观因素，束缚监测资料的录取：动态分析对监测资料的需求和监测费用不足的矛盾一直存在。油田开发需要大量的测试资料来支持，受各采油单位对成本的控制，监测费用一直处于较低水平，使监测资料在数量上得不到保证。井场环境复杂，稻田、居民楼、工厂、公路、绿化带、灌溉线等环境下测试安全距离不足，测试协调难度大。吞吐开发的小洼油田，受井况及硫化氢影响，吸汽剖面测试难度较大，井下硫化氢超标，致使仪器下井过程受腐蚀而损坏，无法读取数据。井口漏气现象严重，无法进行测试。特种油开发公司为超稠油，黏度高，原油物性方面化验困难。特高温下黏温曲线、原油密度等目前无测试单位能做相关试验。

（付崇清）

注水工程

【概述】 辽河油田公司有注水井2587口，开井1750口。分注井1395口，开井1014口，其中同心双管分注井67口，普通偏心分注井79口，桥式偏心分注井705口，桥式同心分注井478口，智能分注井66口。分注率为井53.9%。2022年，注入工程系统围绕"精细注水注聚、储气库平稳注采"主线，以夯实基础管理、开展注水对标、应用先进工艺、开展专项治理为抓手，促进注入系统管理水平提升和工艺技术进步，为注水区块稳产上产、储气库注采井平稳保供提供工程技术支撑。

【注水井对标管理】 2022年，辽河油田公司精细注水管理，推进16个注水示范区块建设，实施调剖、分注等水井措施963井次，措施有效率93.2%，增油2.9万吨，其中推广应用智能分注36井次，智能注采联动试验15井组，综合含水下降13.5%，增油3269吨。注水井完整性管理。落实集团公司《关于加强注水井口装置及附件运行管理和风险管控工作的通知》和辽河油田公司安全生产"大反思、大讨论、大排查、大整治"活动要求，规范整改72口注水井口及流程，完成检管460口，保证注水井口及井筒完整性。区块综合治理示范区建设。实施16个注水示范区综合治理，工艺与地质深度融合，梳理筛选典型区块，开展方案论证、工艺措施优选，完成1102井次检管、分注、调剖、解堵等水井措施实施计划。

【注水工艺技术应用】 2022年，辽河油田公司优化注水工艺工作量配置，实施各类水井措施691井次，增油6.3万吨。针对部分区块水井纵向动用程度低的问题，实施桥式偏心分层注水173井次，提高动用程度10%以上。开展智能注采联动技术试验，实施桥式同心分层注水220井次解决测试难的问题，提高测试成功率5%。针对地层堵塞、注入压力高的问题，应用土酸、多氢酸解堵76井次。针对套变井分注难、效果差的问题，实施水井调剖、投球调剖21井次。针对储层中黏土矿物水化膨胀和分散运移问题，实施防膨81井次，稳定储层；针对注水无效循环问题，实施调驱25井次。完成股份公司计划推广的实施智能分注35井次，实际完成36井次。开展"智能分注技术自主化攻关"，完成有缆智能配水器机械部件结构设计和选材及部分核心部件电机以及减速器等优选定型，完成电缆优选、封隔器、锚定器研发定型。开展智能注采联动技术试验。利用智能分注和智能找堵水，开展一体化联动注采试验，完成15井组，累计增油3264吨。

【储气库注采井管理】 2022年，辽河油田公司试运行《辽河储气库井完整性管理规定（试行）》制度，加强钻完井、注采完井、注采气过程管理，减少环空带压井及井口漏气井的发生。标准立项《储气库注采井开关井操作规范》，提高储气库开关井成功率，减少安全隐患。组织开展储气库井环空带压及井口漏气治理，对已投产58口注采井进行全面普查，发现环空带压44口，井口冒泡井15口，制定整改方案，争取股份公司资金7674万元。

【注氮气工艺措施管理】 2022年，辽河油田公司全面实施注氮气工艺措施管理，实现从工程方案设计、现场施工、过程监督到验收结算全过程PDCA闭环控制管理。标准立项《辽河油田氮气隔热工艺技术规范》，制定氮气隔热选井条件、注氮气量计算方法，氮气隔热实施方案以及起草制定《辽河油田空气制氮气纯度检测——气相色谱法》，最大限度减少注氮气量。

（魏　冉）

热注工程

【概述】 辽河油田公司有注汽锅炉356台,其中自有342台,外委14台锅炉提供服务,固定注汽管道651千米。2022年,辽河油田公司围绕高效低耗与清洁能源替代工作主线,强化"产、输、注"全过程质量管理、能耗控降与工艺升级提效,累计注汽量2206万吨,耗气13.9亿立方米、耗油1.56万吨,综合燃气单耗63.77立方米/吨,平均锅炉热效率88.8%,节气978万立方米,系统效率提升2%。

【提效工程】 2022年,辽河油田公司结合"管理提升年"部署要求,围绕提升热注系统效率工作目标,持续推进锅炉提效、沿程减耗等重点工程,阶段实现系统效率提升1.14%。其中锅炉热效率提升0.35%、管道保温降耗0.4%、井筒隔热降耗0.39%。推进单炉对标分析,在外来气热值持续偏低的形势下,深挖"降烟温、控含氧"潜力,下调对入水温、强化供风量调控等措施,实现排烟温度平均降低10摄氏度、含氧降低0.3%,综合燃料单耗下降0.3米³/吨(燃气单耗下降0.1米³/吨、燃油单耗下降2.9千克/吨)。组织实施注汽锅炉动态监测调控1923台次,排烟温度下降9摄氏度、烟气含氧0.2%。实施锅炉提效改造29台,投产16台,平均锅炉效率提升0.3%。推进固定管道保温更新修复188千米,减少沿程散热损失1.07%。组织隔热管性能提升攻关,更新修复14.6万米,同步开展隔热性能变化跟踪试验,抽测100根修复隔热管应用10轮次的隔热效果,摸索制定井下隔热管隔热性能变化规律,全年注汽2212万吨,在外来气热值下降3.7%的情况下,注汽燃料单耗下降0.05元/吨。

【注汽工艺技术】 2022年,辽河油田公司重点梳理蒸汽发生、汽水分离、等干度分配、SAGD蒸汽计量、系统提效(锅炉、管道)和自动控制技术等六大类9项技术,总结技术现状和应用效果。现有注汽技术可以在35兆帕注汽压力下,实现任意蒸汽干度或过热注汽的有效注入。超临界注汽规模增至19万吨/年,油区在位超临界锅炉4台,部分难采区块得到有效动用。在提高锅炉热效率方面,重点实施增大换热面积、回收高温分离水、固定锅炉车载式改造3种提效改造技术路线。以油气生产物联网建设为契机,推进数字化转型,重点攻关数据信息化和锅炉控制自动化,实现少人值守、规范管理。聚焦绿电储能和注汽用能需求,优先考虑电能替代,重点攻关电热熔盐储能+储能换热技术,30千瓦电热熔盐储热先导试验,启动6吨/时电热熔盐蒸汽发生技术研究,为绿色低碳转型做好技术储备,促进热注系统高效管理模式转变和清洁用能结构转型。

【风险隐患排查】 2022年,辽河油田公司结合安全生产工作部署,开展专项抽查,系统分析安全检查问题204项,针对4个专业18类问题制定整改措施。针对水淹区锅炉和管道两大关键环节,分析研判安全环保风险,组织编制注汽复产启炉安全检查确认表,以及管道启运前安全检查工作流程及相关要求,按照"能检必检"原则推进管道检验,确保在锅炉启运及管道运行两方面的安全生产。

(卞家忠)

集输工程

【概述】 2022年,辽河油田公司在运计量站323座、转油站316座、联合站29座、输油站4座、天然气处理站2座、储气库集注站3座、注水站39座。原油年处理能力2715万吨,实际处理原油1037万吨;年注水能力5647万立方米,实际注水3619万立方米;在用管道28116条、15848千米,其中原油外输干线5条,天然气外输干线5条,原油年外输能力1000万吨,实际外输原油708万吨,天然气年外输能力10.09亿立方米,实际外输气量0.54亿立方米;集油吨液成本5.34元/米^3、脱水吨液成本2.18元/米^3、注水系统效率53.01%、井口水质达标率94.35%、管道失效率96次/年·千千米,降本创效5444万元。

【方案设计与基础管理】 2022年,辽河油田公司集输系统组织编制"系统工艺调查及适应性分析、曙光地区水患根治、注水系统杀菌工艺优化、挥发性有机物达标治理、十四五能耗优化减量"等9项规划,逐步完善系统顶层设计。组织编审"产能建设、老区调改、注水专项、开发试验、重点改造"等地面工程方案125项,通过先进成熟技术推广应用,从方案源头节省投资8727万元。深化"双向对标、量化管理"机制,创建沈阳采油厂级对标管理示范点,明确考核奖励机制,定期组织现场交流学习,形成管理提升良性循环。总结归纳辽河油田现有成熟技术,从原油集输与处理、天然气集输与处理、油气田注入、储气库地面、管道和站场完整性6个方面,梳理典型工艺技术64类,夯实技术推广应用基础。明确启停炉条件及温升范围,推广拉油井高架罐间歇伴热,全年实现停炉3293台,同比新增停炉822台,增加节气811万立方米、节电807万度。筛选高效联合站污水处理用药剂,制定化学药剂入站检验、油泥处理剂技术评价与油田污水除硅剂技术评价方法,完成自检自查及问题整改74项,进一步规范化学药剂使用管理。结合数字化建设进程,开展以联合站为中心的采油集输一体化管理模式优化,以奈曼、法哈牛油田为试点,规范管理制度及完善数字化建设标准。针对检查中发现和基层反馈的问题,组织专业力量,解决兴三联一段脱水效果差、洼一联渣油处理、冷家掺稀油量、高采注汽锅炉供气不足等问题。

【工艺优简工程】 2022年,辽河油田公司重点推进密闭集油改造、区块整体集油工艺优化、脱水工艺改造、注水提效等系统工艺优简项目28项,密闭集油改造已完工投产5项。借鉴锦45块集油站场及工艺优化成功经验,按照串接冷输、功图计量、站场关停并转工艺技术路线,开展锦99锦7块、齐40块、特油区块整体优化工程3项。有序推进CNG改管输工程,完成热35、荣105C、开38井组3项CNG改管输工程,结合荣兴区块划转情况,组织完成双北32-46井组、雷72井组CNG收气改进系统生产。截至2022年底,累计减少CNG收气2102万立方米,创效2468万元。新停运加热炉822台,171口拉油井、57口CNG收气井实现密闭管输,减少CNG收气2102万立方米,增收气124万立方米、节气873万立方米、节电1203万度。通过置换马19储气库高COD污水回用注汽锅炉,降低金海外排处理难度,扩建锦州采油厂臭氧氧化工艺规模至1万米^3/日,保障外排系统稳定运行。通过强化基础管理与节点控制,欢二联、牛一联含聚污水处理成本下降41%以上。牵头推进双6储气库低温分离器内构件更新、凝富液分离器分离效果提升等工艺升级,助力总体采气能力突破3500万立方米。

【"绿色低碳613"工程】 2022年,辽河油田公司加快推进工艺优化降耗、技术进步节耗、管理提升节能、燃油燃煤归零等4项"绿色低碳613工程",助力实现系统节能瘦身。计划实施项目23项,完工投产20项,正在施工3项,累计降耗4.1万吨,计划完成率达98.5%。

【工艺技术创新】 2022年,辽河油田公司坚持问题导向、需求导向,集中优势资源,加强关键技术攻关,着力解决制约地面生产提质增效与安全环保的瓶颈问题,重点开展稠油不加热集油、稠油高效密闭脱水和穿越段管道腐蚀防控三项技术攻关。完成齐108块、杜66块、高3块冬季冷输试验和高3块工艺优化方案。组织开展电磁复合脉冲电脱设备在曙四联现场试验,摸索出该设备应用技术界限,同时组织辽河油田设计院立足自身研发,打造辽河油田电脱实验中心。完成管道阴极保护有效性测试与评估技术研究,确定定向钻穿越段及管廊带联排阴极保护优化方案,通过测试管线钢在不同深度土壤环境中极化特性,系统模拟保护电位分布及影响因素,有效评价穿越段管道阴极保护有效性,指导提出优化方案,实现管道腐蚀有效防控。

【风险防控】 2022年,辽河油田公司针对性开展2527千米管道检测、2279处缺陷点修复和668处管段补强,实现"双高"管道治理率100%。开展兴隆台采油厂城区无泄漏示范区、曙光采油厂杜48区块环境敏感区稠油泄漏减缓控制示范区和沈阳采油厂边台区块高凝油生产区域泄漏减缓控制示范区建设。组织完成特石输油管道移交,稳步推进曙四联外输、曙五联外输管道移交工作,持续推进外输管道专业化管理,有效控制管道安全风险,管道失效率同比降低4%。贯彻集团公司和辽宁省、盘锦市政府关于长输管道保护工作要求,全面排查历史遗留违法占压隐患153处。严格落实公司领导部署,逐一现场踏勘、制定整治方案、政企联动快步推进、倒排工期跟踪督办,采用改线、清拆、停运、安全评估方式全面完成油气输送管道隐患整治工作。推行环境敏感区管道"区长制"管理,编制并下发《辽河油田公司管道"区长制"实施方案》,组织对环境敏感区内管道全面梳理,排查出环境敏感区管段2336段、1129千米。定期跟踪敏感区管道保护工作进展,确保"区长制"管理工作落实落地。组织完成储气库注(采)气装置、80万轻烃回收装置、沈二轻烃回收装置及欢一联原稳装置检修工作,保障装置安全运行。按照储罐清洗周期制定辽河油田公司年度清罐计划,开展物资公司成品油罐清洗方案审查,确保清罐过程安全风险受控,克服疫情和洪水影响,全年完成14座储油罐清洗工作。

(刘 畅)

地面工程

【概述】 2022年,辽河油田公司基建工程部门践行"大基建、大系统"理念,聚焦"加油增气"规划部署,保障"三篇文章"建设任务,攻坚抗洪复产大战大考,完成全年工作任务。全年基建工作量16.77亿元,开工审批349项,竣工314项。累计建成双台子储气库一期地面工程,计量接转站3座、计量站9座;各类油气水管线309千米;各类电力线路99千米;抽油机井口装置808套。围绕储气库建设、新能源利用、密闭集输改造、挥发有机物治理等工程,确定油田公司级13项、厂处级重点工程27项。11天完成杜84块8条跨坝管线改造,顺利打通曙特区块油气输送通道。产能新井光伏配套工程建成投产111个井场,全年累计发电110万度,推动新能源项目落地见效。

【施工图设计及标准化管理】 2022年,辽河油田公司基建工程部前移管控关口,参与工程前期审查,以设计管理为源头,通过全方位参与、把关,提升施工图设计完整性、合规性。参与工程设计前期审查 259 项，审批施工图设计 567 项，设计审查 349 项，审查率 100%，提出各级审查建议 456 项，均得到有效解决与关闭。牵头组织制定《重大开发方式地面工程标准化技术规定 第 3 部分：稠油火驱》，主要规定火驱地面工程建设规模、总体布局的确定办法，注气、油气集输、原油处理、伴生气处理、采出水处理及相关专业的技术要求。辽河油田火驱开发区块主要包括杜 66 块、高 3 块、高 3618 块、锦 91 块 4 个区块，实施火驱井 926 口，建有火驱注气站 5 个，计量接转站 55 个，注气规模 260 万米^3/日，火驱井口产液量 10435 米^3/日。

【工程监督】 2022 年，辽河油田公司创建以"日清会、周例会、推进会、交流会"为主体的"四会"制度，强化建设过程管控。召开推进会、对接会 48 次，现场调研指导 46 次，油田公司级重点工程实现施工现场跟踪全覆盖。新井产能配套工程克服地质条件差、雨季施工等不利影响，顺利并网发电，自主建成辽河油田公司第一个光伏发电项目。加强开工条件现场确认、开竣工手续审批把关、重大施工方案审查，两级重点工程开工确认率、开竣工审批及时率、方案审查率达到 100%。严肃查处违反基建程序、违反制度流程的行为，通报批评建设单位 2 家，经济处罚承包商 2 家，合规管理意识有效提升。按照油田公司《水淹区工业厂房确认和修复工作方案》，组织水淹区工业厂房恢复工作，完成水淹区工业厂房修复设计，现场拆除 470 座，修复厂房 186 座。持续加大质量监督力度，1000 万元以上的项目独立设置质量监督部，监督抽查巡查 1300 天人次、查处质量问题 1900 余项次。建立承包商"黑名单""黄牌"机制，开展承包商专项巡察，严抓承包商资质能力确认和施工作业过程监管，累计检查作业现场 1.6 万个次，查改问题 1.3 万项，经济处罚 354.21 万元。

【市场监管】 2022 年，辽河油田公司充分发挥基建专业市场调控作用，坚持规模项目及整装工程优先配置主体单位，统筹配置油区基建工作量。全年配置基建工程 20 亿元，主体单位份额 12 亿元，主体单位市场占比 60%。通过量化考核打分，严格承包商资质把关，形成基建市场 26 个专业承包商短名单，选取能力强、服务优、信誉好的承包商参与工程施工，保证工程建设程序依法合规。截至 2022 年底，辽河油田合格的设计承包商 12 家（内部 4 家、外部 8 家），施工承包商 68 家（内部 51 家、外部 17 家），监理承包商 4 家（内部 1 家、外部 3 家），检测承包商 7 家（内部 2 家、外部 5 家）。主体工程建设企业 4 家，施工、设计、监理、检测各 1 家。重点围绕发包管理、承包管理、分包管理 3 个方面组织开展承包商管理专项检查，检查建设单位 36 家，发现问题 114 项。加强工程建设承包商管理，规范承包商履约行为，对存在问题的 8 家承包商停止基建市场准入 2 个月的处理。

【"六化"建设】 2022 年，辽河油田公司基建工程部门以"井口产能示范、重点工程引领、一般项目跟进"为总体思路，制定年度"六化"工作计划，确定 27 个项目载体，统筹推进"六化"（标准化设计、规模化采购、工厂化预制、模块化建设、信息化管理、数字化交付）建设。常态化开展标准化设计，设计范围向储气库、新能源领域延伸，设计能力向三维多专业协同方向发展，升级新井产能地面工程标准化定型图，完善庆阳地区新井和站场标准化设计，开展井场光伏设施标准化设计，标准化设计覆盖率达到 100%。累计形成标准化设计管理文件 190 套，制定标准化定型图 150 套，研发一体化集成装置 42 套，推动工厂化预制和规模化采购。深入推动工厂化预制，预制产品 877 套，其中井口工艺 632 套，工厂化预制率 100%。各类模块、橇块 245 套，焊接一次合格率 99.2%。新井产能推行"集中预制+现场组装"建设模式，新井时率大幅提升，缩短施工工期 30% 以上。稳步推进模块化建设，双台子储气库群、马 19 储气库采用橇装化设计，分别成橇 104 套、19 套，成橇率达到 85%；欢喜岭采油厂、特种油开发公司二氧化碳捕集驱油减排试点地面工程预制模块设备 13 套，重点工程模块化建设能力逐步提高，施工工期大幅缩短。持续提升信息化管理，全面启动 A5 系统应用，27 家建设单位录入项目信息 669 项，审批开工报告 349 项，竣工报告 314 项。在调研学习和技术交流基础上，形成基建工程智能管理平台建设方案，纳入辽河油田公司"十四五"数字化建设规划。持续提升数字化交付，以储气库工程为依托，完成雷 61 储气库竣工数字孪生体构建，具备数字化交付条件，与双台子储气库工程建设同步，并行构建数字孪生体。以马 19 储气库先导试验站、双 229 块 CCUS 工程为依托，加快实施"智慧工地"建设，实现施工过程视频监控功能。按照"先使用后改进"原则，引进统建数字化交付平台，开展低成本数字化交付平台本地化部署，建设基建智能化管理平台。

【储气库工程建设】 辽河储气库群是国家"十四五"战略工程，是集团公司重点项目，是辽河油田公司"百亿方气库"的核心支撑。5 月 20 日，双台子储气库群一期地面工程注气系统国产压缩机正式投产成功，辽河储气库群成为全国注气能力最大的储气库。投产成功的国产电驱高压离心式压缩机组，是目前国内储气库使用的单台处理气量最大、压力等级最高、工况最复杂的国产电驱高压离心式压缩机，在实现国产压缩机核心技术创新的同时，辽河储气库群国产化率得到提高。日注气能力提升至 3000 万立方米，提前完成全年注气任务。采气处理装置二三区如期建成，日采气能力提升至 3530 万立方米，强力保障 26.5 亿立方米保供任务。

【欢四联污水深度处理站改造】 2022 年，辽河油田公司拆除并安装 2 具 3000 立方米罐三圈壁板和顶板，重新做内外防腐和保温；对一期斜油板除油池、浮选机、软化系统、机泵、外输水罐、腐蚀管线进行改造；对老化损坏的电气和仪表系统进行改造工程总投资 1921 万元。工程建设单位为欢喜岭采油厂，中油辽河工程有限公司承担工程设计，辽河油田建设有限公司承担工程施工，辽宁恒鑫源工程项目管理有限公司承担工程监理，盘锦辽河油田无损检测有限公司承担工程无损检测。

【安全环保技术监督中心实验室改造】 2022 年，辽河油田公司基建工程部门对安全环保技术监督中心实验楼的房间布局、实验室环境及安全隐患等问题进行整改，包括建筑、给排水及消防、采暖通风等系统改造。工程 7 月 10 日开工建设，12 月 10 日主体完工，总投资 927 万元。工程建设单位为安全环保技术监督中心，中油辽河工程有限公司承担工程设计，盘锦辽河油田圣泰实业集团有限公司承担工程施工，辽宁恒鑫源工程项目管理有限公司承担工程监理。

【二氧化碳捕集驱油减排试点地面工程】 2022 年，辽河油田公司欢喜岭采油厂、特种油开发公司二氧化碳捕集驱油减排试点地面工程，采取"业主 + 监理 +E+PC"建设管理模式，中油辽河工程有限公司承担工程设计，辽河油田建设有限公司承担 PC 总承包，辽宁恒鑫源工程项目管理有限公司实施工程监理，盘锦辽河油田无损检测有限公司负责无损检测。项目的实施为减少二氧化碳的外排，为二氧化碳注入封存做铺垫，实现辽河油田碳达峰、碳中和目标。欢喜岭采油厂、特种油开发公司为两座捕集站，伴生气处理规模 14—17 万米^3/日。工程主要包括变温吸附脱烃、变压吸附捕碳、变温吸附脱水、二氧化碳增压、低温制冷液化、储存装车等配套工艺。总投资 7977 万元（不含税），欢喜岭采油厂 6 月 28 日开工，特种油开发公司 10 月 18 日开工。

【产能新井光伏配套工程】 2022 年，辽河油田公司在 9 家采油厂新井井场配套建设光伏发电设施，涉及 111 个井场，装机规模 5194 千瓦峰值（太阳能功率），工程总投资 2212.44 万元，6 月 10 日开工建设，12 月底全部完工并网，该项目为油田公司首个自主建设的光伏发电工程。工程建设单位包括曙光采油厂、兴隆台采油厂、锦州采油厂、沈阳采油厂、茨榆坨采油厂、辽兴油气开发公司、荣兴油气开发公司、金海采油厂、庆阳勘探开发分公司，中油辽河工程有限公司承担工程设计，辽河油田建设有限公司承担工程施工，辽宁恒鑫源工程项目管理有限公司承担工程监理。

【业务协调】 2022 年，辽河油田公司基建工程部门全力开拓油区内部、集团公司、国家管网、地方社会等目标市场，中标西四线东段第六标段、西三线中段第五六标段、江津—南川天然气管道等重大项目，完成市场开发56.35亿元。高效推进中俄东线、储气库等重点工程建设，实现营业收入40.75亿元。深入开展提质增效、两金压控、结对帮扶等管理活动，持续提升经营创效能力，全面完成利润奋斗目标、亏损治理目标、两金压降指标。

（周　丹）

作业工程

【概述】 2022年，辽河油区动用作业队伍293支，其中小修队伍228支（辽河工程技术分公司152支、多种经营70支、长城钻探6支），大修队伍63支（辽河工程技术分公司35支、长城钻探25支、多种经营3支），带压9支（辽河工程技术分公司）。全年完成小修工作量24164井次，大修工作量677口，带压工作量211井次；油田公司小修队伍效率105井次/队·年，作业运行均衡率99.1%，计划执行率99%，大修队伍效率9.8口/队·年，大修成果井率97.4%；作业提质增效工程累计创效8800万元。

【基础管理】 2022年，辽河油田公司编制下发《修井业务能力提升工程实施方案》《作业系统提质增效实施方案》《不压井作业规模实施方案》《辽河油田井下作业工程监督指导手册》，组织修改井下作业相关标准6项。组建工作专班，创新"四个优先"运行模式，制定生产组织、作业选井、运行管理等多项举措，发挥"大运行"管理优势，统筹各单位协同工作，保障雷72大平台、储气库保供、窗口期大修、抗洪复产等重点项目，积压工作量"动态清零"。开展84支队伍资质初审，加强资质动态管理。

【不压井作业规模推广】 2022年，辽河油田公司以提质增效为工作主线，开展不压井作业规模推广工程，依托油田公司财务专项支持，编制《2022年不压井作业规模实施方案》，成立工作专班，建设示范区块和专业施工队伍。组织开展不压井作业技术培训、现场技术指导，初步完成高温带压作业经济效益评价方法，累计实施515口，减排3.5万立方米，增油1.6万吨。

【作业效益联包】 2022年，辽河油田公司在"两厂两区"试点基础上，组织辽河工程技术分公司与9家采油单位签订联包协议，打造采油单位与辽河工程技术分公司"四个一体化"工程，促进维护作业量、作业费双降。对比联包指标，9家联包单位小修维护工作量下降368井次，作业费用减少1609万元，交井一次合格率提高1%。

【套损井治理】 2022年，辽河油田公司坚持月度工程例会制度，统筹大修队伍运行，建立大修井运行日报跟踪制度，及时发现和协调衔接不畅、队伍等停问题。开展月度总结分析，严格控制设计变更时间，编制疑难井多种技术方案，减少队伍等停799小时。开展小修井筒准备工作，推进大修井作业提速，全年大修治理套损井435口，提前2个月完成集团公司考核任务，大修成果井率提高1.3%，单井工期缩短2.1天，增油8.5万吨。

【修井能力提升】 2022年，辽河油田公司编制下发《2022年修井业务能力提升工程实施方案》，定期组织交流研讨会。组织兴隆台采油厂与辽河工程技术分公司编制《井下作业专项工作方案》，试行"班组联动运行机制"，开展城区井作业、潜山井作业专业化队伍建设，小修作业平均单队月交井数从4.1口提高到4.7口。欢喜岭采油厂围绕"双降提产"，建立检泵井论证小组和例会制度，召开检泵井及不正常井分析论证会20余场次，论证136井次，杜绝低效无效检泵井11井次，产量贡献率达到1.07。特种油开发公司强化工程质量管理，加强返工井、返工工序原因分析与责任追究。单井维护井次降低0.02井次，单井措施井次降低0.02井次。辽河工程技术分公司按照"四个优先保障"原则，科学统筹队伍运行，与中油发展公司合作组建小修队伍11支，跨区域调派队伍80余队次，小修队伍效率达到120井次/（队·年）。推广通井、解堵、气举、测试、冲砂、过油管射孔、常规挤注灰作业、新井投产等连续油管作业109井次。成功试验分体式导斜器6井次，解决浅层井倒斜器无法通过的问题。开展通井、刮管一体化作业工具研究，现场累计试验19井次，成功率100%。攻关电动修井系列技术，电动打印技术现场试验4井次，工序时效提高40%。推进取换套、液压解卡等大修工程小修化142井次，创效4500万元。

【作业监督管理】 2022年，辽河油田公司完善监督队伍建设，完成《作业工程监督管理细则》，编制《作业工程监督现场监督指导手册》，规范工序监督要点及监督记录。推行分级监督方式，突出现场工程技术、安全管控的督导及监督，组织完成9名中级工程监督缓评工作，通过率100%。组织完成148名监督人员注册管理，确保证件合格有效。通过年度考核与日常考核相结合、理论考试与分级面试双向检验的形式，完成已持证监督人员考核568人次，通过股份公司监督中心审核认定，通过率100%。加强人才储备管理，组织完成两期初级井下作业工程监督培训211人次，其中第一期通过率48.9%，高于集团公司作业监督取证平均通过率3.9%。

【作业过程管控】 2022年，辽河油田公司规范作业监督计划、加强施工质量验收评定、开展异常井、返工井、事故井分析，平均月动用监督484人，累计监督19322井次，工序质量验收86458次，入井工具、流体质量检验29906次，维护性作业井原因验证4799井次，检查整改问题2174个。结合井下作业管理现状，下达"井下作业安全生产管理控制系统建设"投资961万元。在电子监督、生产运行管理、承包商管理统建系统基础上，按照"三级管理、三层服务"原则，自建工程技术管理和生产运行管理两个模块，实现层级信息联动与权限管控，192支自有队伍全面完成系统建设。

【管材管理】 2022年，辽河油田公司发布《石油专用管材管理办法》，逐级宣贯，强化管材全过程质量管控，明确管材调剂、报废流程。完成《石油专用管材质量管理办法》，组织编制《油管厂过程管理操作规程》，编制下发《管厂管理检查标准》等，提升管厂管理水平。组织机关相关部室开展专项检查，发现并整改9大类143个问题。组织11家生产单位按期完成待清洗区防渗、雨污分流环保隐患治理。跟踪分析密闭清洗技术，编制完成《密闭清洗技术优化与推广方案》。以欢喜岭采油厂油管厂为试点，完成现场分区分类目视化建设，实现在周转区、待修区、报废区管材建设标准化上的专业化管理。各单位在管材动态管理上，通过自筹费用，结合油田公司下达6000万元管材更新专项补贴费用，累计更新管杆13.7万根，检验检测管杆121.4万根，修复管杆43.8万根，报废技术认定管杆20.1万根。

（王勃皓）

压裂工程

【概述】 2022年，辽河油田公司动用压裂队伍14支，其中长城钻探9支、西部钻探5支。完成压裂517口963层段，同比增加151口255层段；压裂施工成功率96.7%、开发井压裂措施有效率96.8%。开发井压裂累增油17.5万吨、增气2881万立方米、平均单井累增油385.9吨、平均单井日增油2.8吨；年度目标设计优化降本 518 万元，完成 552.3 万元，完成全年指标的 106.6%。

【基础管理】 2022 年，辽河油田公司编制下发《辽河油田压裂市场化运行方案》，规范各单位外部企业压裂总承包的运行模式。组织召开大平台与重点井等压裂方案审查 28 批次，累计审批压裂设计 597 份。与东北石油大学、中国石油勘探开发研究院、中国石油集团工程技术研究院有限公司等科研院所，合作开展页岩油科研攻关一体化试验与火山岩超高温液体体系适用性研究。明确建设单位属地监管主体责任，与井筒站和中海油监督合作，共同开展压裂全过程监管；组织各单位召开压裂问题技术探讨会 2 次，分析问题 6 类 18 井次，明确钻采院技术支撑主体责任、加强工具技术攻关，建设单位加强工具质量管理；集中分析压裂问题井，每月组织专家开展原因分析，组织兴采厂开展压裂工作专题汇报，加强问题井管柱起出跟踪，建立压裂施工问题资料库。编制《辽河油田压裂酸化工作月报》，及时分析不成功井、无效井的原因。定期开展重点区块、重点井压裂效果评价，总结经验并针对性提出改进措施。对压裂数据核实归档，建立压裂井电子数据库。

【车组运行】 2022 年，辽河油田公司坚持"重点优先、集中实施"，按照"探评、产能、老井"顺序，兼顾重点区块重点井等因素，分区域集中高效施工，定期组织建设单位、施工车组单位讨论压裂运行方案，助力油田公司产量逆势回升。9—12 月，辽河油田公司安全快速复产上产期间，与长城钻探工程公司协调从西部市场调回 2 支队伍，油区压裂能力由 9 万水马力提升至 14 万水马力，其中 9 月完成 79 口井的压裂施工，创造月施工纪录。

【雷 72 大平台工厂化压裂】 2022 年，辽河油田公司针对块状巨厚储层连续但分层系多、蒙皂石含量高易水敏的特点，优化射孔和施工规模，开展地质工程优化分层，根据纵向应力差优化射孔选簇、匹配井网优化缝长，参考先行压裂工艺试验的效果，实现横向控砂体、纵向防窜通，优选无机 + 有机季胺盐复合防膨剂、纳米驱油剂，实现防膨率由 72.0% 上升至 89.2%，驱油率由 18.3% 上升至 39.6%。5 月 26 日—6 月 6 日，高效完成 11 口 33 层平台化拉链式压裂施工，在技术上实现 9 个"首次"应用，创造辽河油田单日单机组 6 层的压裂施工纪录。通过开展储层精细评价、辅助试油气录井技术，形成返排期产量认识及油嘴调整计划，6 月 28 日，放喷日产油达到 88 吨。

【河 21 大平台工厂化压裂】 2022 年，辽河油田公司实施地质工程一体化融合设计，针对大平台水平井"纵向叠置，平行错开"空间关系，以"平面规避断层、纵向充分改造"为原则，创新设计以"纺锤式"布缝理念避免压窜，对水平段进行储层分类、差异化改造，提高缝控体积。9 月 11—22 日、11 月 14—19 日，分 2 批次完成 11 口 67 段的工厂化拉链式压裂施工，其中第一批施工首次采用"双车组、双炮队、双拉链"模式，配合"模块化"射孔保障安全提速、双车组互为保障水源共享、"双监测"保证全井段数据采集，水平井压裂运行效率由 2 段 / 日提升至 6—8 段 / 日，创造辽河油田单日双机组 8 段的压裂施工纪录。

【沈 273 大平台工厂化压裂】 2022 年，辽河油田公司针对薄互层储层动用难的问题，在沈 273 块前期 3 口水平井效果总结基础上，建立区块整体压裂优化设计图版，开展水平井交叉布缝、不同簇间距对比试验，2022 年 10 月 26 日—11 月 13 日，历时 18 天完成拉链式工厂化规模压裂，压裂 66 段，其中 H205 井实行超密细分切割分 17 段实施。此次施工为单机组双射孔队 3 井拉链，油区首次实现 24 小时连续作业，最高单日完成 7 段压裂。

【沈 224 页岩油水平井压裂】 2022 年，辽河油田公司针对岩性复杂、加砂难度大、水敏性强等改造难点，借鉴沈页 1 井和其他页岩油压裂技术经验，与东北石油大学合作，开展多学科一体化攻关，确定"前置 CO_2 蓄能 + 大规模体积压裂"的技术路线。4 月 28 日—5 月 19 日，完成 3 口 28 段的工厂化拉链式压裂施工，合计注入 CO_2 量 4438 立方米，为油田公司首次实施水平井前置 CO_2 蓄能压裂，规模达到集团公司先进水平。

【重点勘探井压裂】 2022年，辽河油田公司交51-H207井针对碳酸盐矿物、黏土矿物及微晶石英充填孔隙喉道，创新研发大规模应用酸性滑溜水体积压裂，配合示踪剂监测和地面微地震裂缝监测，实现提孔增渗。桃28-1井优选低伤害压裂液、结合隔层条件，加砂强度9.5米^3/米，液体强度111米^3/米，压后放喷单日获64.6立方米油高产（6毫米油嘴）。荣探1井采用直井套管分层压裂技术，选取超低密度支撑剂（0.9克/厘米^3）与超高温液体体系（耐温180摄氏度），压后实现高导流人工裂缝。

【重点开发井压裂】 2022年，辽河油田公司兴隆台潜山、双229块分别按照潜山高温降摩阻、CCUS小井距控缝长压裂思路优化方案，新老井压后均获高产，多井平均日产油均在10吨以上，推动兴隆台采油厂劳动竞赛期间快速上产。荣17井、宜47井分别实现油区、流转区块首次煤层气开发试验，评价落实该区域煤层的产气能力，验证深层煤层气资源压裂适用性。河8-1井实现首次页岩油二氧化碳压裂实验，落实河25块页岩油直井产能并为水平井开发提供技术储备。庆阳多个区块结合非常规储层甜点分类认识，引进长庆油田成功经验，形成定向井小规模压裂、水平井精控缝长、适度规模的压裂思路，多口井平均日产均在10吨以上。宜川致密气引入集团公司专家技术指导，充分吸收成熟经验，确定控液增砂的改造思路，多井年产气百万立方米以上。

【压裂液体系优化及返排利用工艺】 2022年，辽河油田公司研制驱油滑溜水、酸性压裂液、可重复利用压裂液、防水锁压裂液、清洁压裂液、生物胶压裂液、超高温压裂液等功能性压裂液体系，用以满足深层气井、致密油气井、页岩油井、平台井等对压裂液低伤害、防水锁、驱油、增渗、耐高温、可重复利用等需求。其中集降阻、补能、驱油于一体的滑溜水体系累计使用3.46万立方米，节约成本155.7万元。酸性压裂液先后应用于广13井和交51-H207井，最高日产油分别为6吨和15吨，达到工业油流。在河21平台首次开展压裂液返排液重复利用现场中试，处理返排液1550立方米，回收净化水1500立方米，回用率≥95%，水质含油、含悬浮物≤10毫克/升，满足回注标准以及重复配制压裂液要求。

【工具改进与研发应用】 2022年，辽河油田公司针对深层气井和深层潜山井压裂的耐高温、耐高压、气密封等性能要求，研制和改进高温高压压裂封隔器、压裂试采一体化封隔器（耐压差70兆帕、耐温180摄氏度），进入室内试验阶段。研发两种密度（1.22克/厘米^3、1.31克/厘米^3）、4种尺寸（12—22毫米）可溶暂堵球（耐压差60兆帕），形成"可溶桥塞硬分段+可溶堵球软分簇"结合的压裂工艺，结合极限限流射孔，封堵有效率提高至80%以上，施工177口井使用暂堵球35772个，平均单段成本降低4万元。

（孙　鹏）

井控管理

【概述】 2022年，辽河油田公司主要生产单位在持井控证人员7118人，拥有作业队伍的单位配置各类井控装备1312台套，油气生产单位油气水井井控静态风险分级共计26887口，井控培训基地开展井控取换证培训2549人次，井控车间试压检测2038台，其中防喷器642台，防喷器控制装置85台，旋塞阀1233件，压井节流管汇78套。井控系统压实建设方井控主体责任，完善制度升级，着力提升井控管理质量，形成全员重视井控工作的浓厚氛围，获2022年集团公司井控先进单位。

【井控规范化管理】 2022年，辽河油田公司完善井控顶层设计，组织与22家单位签订年度井控责任状，设立井控奖励基金，组织参加集团公司井控工作部署会议，召开井控管理领导小组会议、油区井控联席会议。下发《辽河油田井控管理办法》《辽河油田井控工作计划》《辽河油田井控演练计划》，修订《辽河油田井下作业井控实施细则》，进一步规范井控工作。

【风险管理】 2022年，辽河油田公司注重井控风险防控，组织完成3个盆地、305个区块、170支钻修队伍的井控风险评估复核，参加集团公司井控工作专题研讨暨井下作业井控细则专家复审会，汇报评估分级、井控大检查、作业细则修订等工作成果。在安委会专项汇报《辽河油田井控安全风险分析与对策》，编制《辽河油田储气库井控风险与对策》，提升油田井控安全风险防范意识。起草《井下作业班组井控开关井操作程序》《手动试压泵及车间试压操作程序》企业标准，牵头修订《井下作业井控技术规程》行业标准，助力企业、行业井控技术发展。扎实开展井控专项检查，发现问题50项，下发整改动态5期，停工整训队伍2支，对典型问题出示整改通知单5期，形成《辽河油田井控大检查工作动态》《辽河油田主要领导井控工作部署》《辽河油田井控大检查工作通报》上报集团公司，持续提升油田公司施工现场井控标准。强化特殊敏感时期井控管理，扎实组织"井控警示月"活动，确保春节、冬奥会期间井控安全。重点明确紧急撤离关井要求、连续生产井控管控、复工复产井控管控，压实各系统、各单位井控责任，保障抗洪复产形势下油区井控安全基础。抓实八级管控措施，分区域部署井控应急抢险队，日跟进重点风险井井控包保领导并进行公示，保证国庆节、党的二十大期间油田生产经营井控形势平稳。

【井控培训管理】 2022年，辽河油田公司邀请集团公司井控专家，举办《井控管理规定与应急预案培训》，组织参加集团公司处级定点培训3期15人。编制年度井控培训计划，创新开展线上培训、线下复核模式，累计培训49期2549人，持续满足辽河工程技术分公司、辽宁中油产业发展有限公司等新增队伍井控取证需求。

（付 尧）

科技与信息

科技管理

【概述】 2022年，辽河油田公司科技工作深入学习贯彻党的二十大报告提出的"科技是第一生产力、人才是第一资源、创新是第一动力"的重要论述，实施创新驱动工程，深化科技体制机制改革，组织实施各级各类科技项目39项，在深层天然气成藏、水平井体积压裂、储气库建设等领域取得10项关键核心技术突破，在中国石油地区公司层面率先出台着力高水平科技自立自强、强化科技创新实施意见及4项配套制度，拓展实施"揭榜挂帅"、科研生产项目化等模式，获省部级以上科技成果8项，授权国家发明专利103件，获集团公司专利银奖1项、优秀奖3项，制定并发布各级标准67项、获集团公司优秀标准奖4项，集团公司"千万吨稳产"重大专项以94.18的高分顺利验收，集团公司稠油重大专项立项稳步推进。

【科技项目计划】 2022年，辽河油田公司科技工作围绕"创新驱动工程"部署要求，聚焦十大科技创新领域，强化重大科技项目攻关，创新开展13项公司级重大专项、8项揭榜挂帅项目、9项重点项目，构建以重大科技专项为主、常规项目为辅的整体攻关布局。下达科技经费8500万元，首次实现正式计划文件在1月下达。

【科技改革】 2022年，辽河油田公司深化科技体制机制改革，在中国石油内部率先制定出台《辽河油田公司着力高水平科技自立自强、强化科技创新的实施意见》，形成以"实施意见"为核心、11项配套制度为保障的科技创新体系。首次设立科技项目基础奖，创新设立成果转化创效奖实行基础研究奖和技术发明奖单评。成立辽河油田公司科技工作领导小组，调整科学技术委员会职责定位，优化科学技术委员会专业组，通过完善科技管理体系，促进科学技术委员会、业务部室、主体科研机构、生产经营单位在科技规划计划及科技项目立项、开题、验收等管理环节的全面统筹，形成纵向联动、横向联合的"大科研"体系。

【体系创新】 2022年，辽河油田公司推进科研机构转型发展，优化主体科研机构和生产单位地质所、工艺职责定位，对主体科研机构弱化利润考核、强化科研成果和科技贡献考核，建立获省部级科技成果数量、发明专利申请数量、标准制修订项目完成率、牵头承担项目的验收良好率、科技成果转化情况等5项考核指标体系。对生产单位进行科技考核加分，建立承担科技项目、获科技奖励、授权发明专利、制修订标准4个加分指标。推动创新联合体建设，协调组织勘探开发研究院、钻采工艺研究院和辽河油田设计院，联合西南石油大学分中心、中国石油大学（北京）等10家单位共同起草完成稠油体质增效创新联合体协议。

【项目管理】 2022年，辽河油田公司科技项目管理向"放管服"转变，加大简政放权力度，严格开题、检查、验收等关键环节管理，推行项目经理负责制，持续推进"揭榜挂帅"项目管理模式，加强项目研发过程中的协调服务，确保项目顺利推进。强化投入管理新机制研究，开源引流，加大地区公司投入力度，科技专项费用由2021年的4000万元提升至8500万元，首次实现翻番。建立新知识、新技术、新工艺、新产品"三新"鉴定专家库，细化"三新"鉴定操作要求，明确油气勘探开发和新能源领域研发活动界定方法。加大室内实验、现场试验投入力度，制定人员/设备工时统计、现场试验配套、机构费分摊等要求，全部纳入预算编制范畴，按科目单独核算，合规扩大研发支出范围，完成研发投入10.52亿元以上，研发费加计扣除率达到21%，连续四年实现稳定增长，免税额达到6862万元，列集团公司第 2 位。

【科技攻关】 2022 年,辽河油田公司围绕关键潜力领域难题开展科研技术攻关,深层天然气成藏机理、非常规油气甜点预测、储气库扩容上产、平台井体积压裂等 10 项关键核心技术取得重大进展,实现地质理论认识深化、工程利器自主可控、关键技术换代升级及绿色低碳取得实质性进展,科技攻关能力显著提升,有效支撑油田公司主营业务目标实现和高质量发展(表 1)。

【科技奖励管理】 2022 年,辽河油田公司修订出台《辽河油田公司科学技术奖励办法》,调整优化油田公司科技奖励评价制度,组织集团公司级科技奖励推荐,建立报奖单位互审、科技部终审的审查模式,与盘锦市科技局充分对接,有序推进辽宁省科技奖励推荐,首次组织中国石油与化学工业联合会科技奖励申报。科学调整油田公司科技奖励评价制度,依据油田公司科技奖励办法,组织 2022 年度油田公司科技奖励评选工作,评选出项目奖 52 项、人物奖 4 人。其中项目奖一等奖 30 万元/项。二等奖 15 万元/项,三等奖 5 万元/项,突出贡献奖 25 万元/人,青年科技奖和技能人才奖 10 万元/人,发放项目奖奖金 565 万元,人物奖奖金 55 万元。

【知识产权管理】 2022 年,辽河油田公司以推动知识产权高质量发展为总基调,健全完善知识产权管理体系,建立所属单位及公司两级知识产权论证制度,退回专利申报 41 项,论证专利 46 件,发放专利授权奖金 92 万元。优化知识产权结构,加大高质量高价值专利培育力度,年度申请专利 257 件,发明专利占比 100%,授权专利 113 件,其中发明专利 103 件,授权发明专利比例 91.2%。推荐 6 件专利参

表 1 2022 年辽河油田公司关键技术成效一览表

序号	技术名称	重大进展及成效
1	深层天然气成藏机理及储层评价技术	构建近源高压充注、侧向封堵、多层系立体成藏新模式,指导部署的葵探 1 井引领深层气获重大发现,辽河坳陷天然气成藏下限由 5000 米拓深至 5700 米,落实储量规模 500 亿立方米
2	非常规油气甜点预测及储层改造技术	创新甜点评价优选及非常规储层压裂参数优化设计,引领发现延长组 7 段亿吨级石油和宜川百亿立方米天然气 2 个规模增储区带,支撑新增石油探明储量 1793 万吨,原油日产量由流转前 29.5 吨上升至 246.7 吨,天然气由 0.3 万立方米上升至 28.8 万立方米
3	储气库扩容上产及高效运行技术	自主设计大尺寸水平井、国产高压力大排量压缩机,支撑建成 3530 万立方米的全国最大日调峰能力储气库群,为东北及京津冀地区天然气保供发挥"顶梁柱"作用
4	平台井体积压裂及工厂化作业技术	在改造设计、压裂新材料及液体体系上取得新突破,单段费用降至 67 万元,达到中国石油"并跑"水平,支撑建成雷 72 巨厚低渗油藏有效动用示范区,年节约成本 2300 余万元
5	碳驱油碳埋存目标评价及注入技术	形成圈闭断—盖风险性"立体式"评价体系,创新井筒防腐工艺,支撑全年实现注碳 5.6 万吨
6	水驱智能注采联动技术	创新研发智能注采联动综合控制系统,建立 4 个注采联动示范区,区块综合含水下降 10% 以上
7	热采套损井新型预应力完井技术	优化固井设计技术,研制新型地锚、套管头等完井工具,热采井口抬升由 170 毫米降低至 50 毫米,固井合格率由 90.3% 提高到 93.5%
8	电缆传输作业系列化技术	国内首创电缆传输封配一体电动分层注水技术,研发形成电缆传输通井、打印、找漏、桥塞座封等修井技术系列现场试验成功率 90%,作业效率提高 40%、成本降低 30%
9	高含水稠油冷输技术	制定高含水稠油冷输技术界限,优化简化高含水稠油地面集输工艺。实现齐 108 块 115 口井冷输,累计停运加热炉 98 台
10	油气田分布式光伏发电技术	形成油田分布式光伏项目标准化建设方案。指导公司完成 100 兆峰瓦光伏工程设计,2022 年建成 43.3 兆峰瓦

评集团公司专利奖，获集团公司专利奖 4 项，其中银奖 1 项，优秀奖 3 项。在电动修井技术领域开展专利导航布局，助力科研人员对标国内外电动修井技术开发现状，知识产权与业务发展需要等融合度不断提升，整体布局专利 24 件，其中包括国际专利 1 件。持续开展知识产权对内/外许可，签订合同 7 项、专利许可费 1150.5 万元。

【标准化管理】 2022 年，辽河油田公司科技系统牵头制定并发布各级标准 67 项（其中行业标准 2 项、集团公司企标 2 项、油田公司企标 63 项）；评选油田公司优秀标准奖 20 项；复审油田企标 96 项；组织实施重点标准 42 项；推进国际标准培育项目 3 项；获集团公司优秀标准奖 4 项（其中二等奖 2 项、三等奖 2 项），获集团业绩考核加分 0.5 分。完善标准化体制机制建设，对相关标准化技术委员会人员及机构进行调整；将标准制修订计划完成率纳入三院（勘探开发研究院、钻采工艺研究研究、辽河油田设计院）业绩考核；集中宣贯《标准化工作导则 第 1 部分：标准化文件的结构和起草规则》《标准实施监督检查和评价规范》《标准体系构建原则和要求》，提高标准化管理水平。标准管理查询系统 2.0 全面上线运行，实现两级标准体系一体化管理与运维。

【成果转化】 2022 年，辽河油田公司科技系统研究编制《科技创新创效工程》立项报告，选取优势科技成果充分梳理降本增效关键点，着力打造油气开发、工程技术、工程建设 3 类降本增效推广路径，年度优选水平井精细调控、水平井体积压裂等 21 项技术进行完善和推广，成立科技成果转化联合实施团队，细化工程项目组人员责任分工。建立月报工作制度，梳理并总结汇总进展情况。建立跟踪检查、研讨评价等工作机制，其中侧钻定向井设计、热采井套损防治等 13 项技术现场应用 450 余井次，挖潜创效 1.1 亿元。申报的"柔性金属防砂泵举升技术"科技成果通过集团公司科技成果转化创效奖励审核，奖励金额 3.9 万元。

【科协工作】 2022 年，辽河油田公司科技部组织开展线上线下相结合的学术交流 8 次，参与人数 200 余人，发表论文 23 篇。由赵奇峰、姜全、董娟团队参与的"降低作业井井控风险工具的研制"项目获中国创新方法大赛二等奖。组织参加集团公司青年科技创意比赛，获一等奖 1 项、二等奖 1 项、三等奖 2 项。组织推荐 3 人当选盘锦市优秀科技工作者。

【博士后科研工作站】 2022 年，辽河油田公司科技部对博士后项目全程"保驾护航"，在站博士后郝明完成年度考核指标，承担的"辽河油田聚/表二元复合驱污水再利用及处理技术研究"课题，实现化学驱污水减量化 90% 以上，大幅降低化学驱污水处理费用，确定超临界水氧化技术处理化学驱污水合理时间，实现"预处理+超临界水氧化"处理化学驱污水全流程的能量循环利用，撰写核心学术论文 1 篇，申请发明专利 1 项。开展博士后培养计划，李巍、史雪冬两名博士顺利进站，研究方向分别为"深层超稠油蒸汽驱低能耗提高油汽比""鄂尔多斯盆地非常规油气藏基础研究"。

【人才培养】 2022 年，辽河油田公司优化技术专家岗位设置和选拔机制，年度新聘任首席专家 6 人、企业技术专家 11 人、一级工程师 11 人。组建"科研单位+采油单位"的压裂技术攻关团队，打造教—学—研一体化培育新平台，培养压裂领域骨干 30 人。加强先进人才典型选树，首次评选出突出贡献奖 1 人、青年科技奖 2 人、技能人才奖 1 人。

【科技宣传】 2022 年，辽河油田公司在新华网、中国科技网、《中国石油报》《辽河石油报》等各类媒体发布宣传报道 30 余篇。以知识产权宣传周为契机，在油田公司范围内开展以"全面开启知识产权强企建设新征程"为主题的 5 项知识产权宣传活动，增强全体员工尊重和保护知识产权意识，发放《专利代理实务分册》等专业书籍 485 本。

科技成果

【创新方法大赛奖】 2022年,辽河油田公司科技成果获中国创新方法大赛二等奖1项(表2);获辽宁省创新方法大赛一等奖3项、二等奖5项、三等奖11项,列辽宁省企业组第一名(表3)。

【科技进步奖】 2022年,辽河油田公司优选上报辽宁省科学技术进步奖7项,其中会评通过一等奖1项、二等奖1项(表4)。获集团公司科技进步三等奖7项(1项参与)、技能人才奖1项(表5)。获辽河油田公司科学技术进步奖一等奖4项,二等奖15项,三等奖20项(表6)。获中国石油与化学工业联合会科技进步奖特等奖1项、一等奖1项、二等奖2项、三等奖2项(表7)。

表2 2022年度中国创新方法大赛奖

获奖名称	主要完成单位	主要完成者	获奖级别
降低作业井井控风险工具的研制	中国石油天然气集团有限公司辽河油田分公司	赵奇峰 姜 全 董 娟	二等奖

表3 2022年度辽宁省创新方法大赛奖

项目名称	主要完成单位	主要完成者	获奖级别
降低油田光杆断脱井泄漏风险	辽河油田公司	夏洪刚 赵奇峰 姜 芳	一等奖
降低作业井井控风险工具的研制	辽河油田公司	姜 全 赵奇峰 董 娟	一等奖
降低采油系统变频器故障停机次数	辽河油田公司	鲜林祥 李晓东 赵奇峰	一等奖
提高抽油杆倒扣效率工具的研制	辽河油田公司	姜 全 刘 岩 朱成龙	二等奖
降低热采注汽井底返汽污染量	辽河油田公司	梁俊祥 郭发德 鲜林祥	二等奖
提高稠油/超稠油脱出污水除油效率	辽河油田公司	董 超 高 鹏 何远哲	二等奖
多功能井口控制装置的研究与应用	辽河油田公司	刘 岩 姜 全 任 欣	二等奖
水平井不动管柱开采技术研究与应用	辽河油田公司	杨振东 李玉君 吴 涛	二等奖
降低采油井口油气泄漏风险	辽河油田公司	林平平 马金香 夏洪刚	三等奖
提高抽油机光杆盘根使用寿命	辽河油田公司	饶德林 柳转阳 杨立华	三等奖
提升油田采油系统变频器经济效益	辽河油田公司	李晓东 王 涛 朱孔飞	三等奖
提高打捞不规则落物成功率工具的研制	辽河油田公司	任光辉 袁崇良 杨金龙	三等奖
提高注汽锅炉热能利用率	辽河油田公司	王 涛 梁俊祥 林平平	三等奖
降低井口工艺管线硫化氢腐蚀机率	辽河油田公司	陈树勇 王艳军 邹洪超	三等奖
提高抽油机调整平衡工作效率	辽河油田公司	朱 闯 郭发德 张 宇	三等奖
提高漏失井冲砂效率工具的研制	辽河油田公司	朱成龙 李桂库 任 欣	三等奖
锅炉灭火后故障原因追溯及诊断系统	辽河油田公司	杨立华 张 伟 戴 飞	三等奖
提高油田伴生气管线防冻性	辽河油田公司	邹黎明 朱 闯 王 薇	三等奖
提高石油行业仪表运输缓震效果	辽河油田公司	孙 宁 宋 静 朱孔飞	三等奖

表4 2022年度辽河油田公司通过辽宁省科学技术进步奖会评项目

序号	项目名称	推荐等级	推荐单位
1	聚/表复合驱大幅度提高原油采收率关键技术与规模应用	科技进步奖（一等奖）	辽河油田公司勘探开发研究院
2	热采稠油复杂出水井化学堵水技术及应用	科技进步奖（二等奖）	辽河油田公司曙光采油厂

表5 2022年度集团公司科学技术进步奖

获奖人/项目名称	主要完成单位	主要完成者	获奖类别及等级
磨料水射流增产提效技术	辽河油田分公司	孙守国 安九泉 胡胜勇 孔凡楠 王文涛 于广刚 姜雷 张涵淇	技术发明奖二等奖
辽河西部凹陷走滑断裂体系勘探理论技术创新及岩性油气藏规模发现	辽河油田分公司	刘宝鸿 周晓龙 田志 陈昌 高荣锦 李金鹏 雷文文 钱丽新 康志勇 杜磊	科技进步奖三等奖
聚表复合驱聚合物再利用技术	辽河油田分公司	王德伟 贾财华 高玉军 肖家宏 韩松 段效威 徐纪彬 张英伟 苏野	科技进步奖三等奖
互层状稠油油藏分注分采关键技术	辽河油田分公司	郭洪军 罗恩勇 王岩 郎宝山 郭斌建 田玉秋 郭小天 王书慧 王玉龙 向峥	科技进步奖三等奖
稠油、超稠油污水旋流预处理技术	辽河油田分公司	李泽勤 孙雁伯 林琳 刘振宁 高鹏 宁佳 吴非 周立峰 梁凌熏 郑猛	科技进步奖三等奖
超稠油开发中后期低成本配套工艺	辽河油田分公司	张勇 郭金鹏 王鸽 吕树新 李玉君 石小枫 路朋 孟鑫 商永刚 赵红杰	科技进步奖三等奖
油气井仿真优化系统开发与应用	辽河油田分公司 冀东油田分公司	贾俊敏 郝瑞辉 杨昕 吴超 卢玉 高文明 李方涛 罗鹏飞 孙翠容	科技进步奖三等奖
油区地热资源综合开发利用及经济性评（参与）	勘探开发研究院辽河油田分公司 大庆油田有限责任公司	王社教 方朝合 曹倩 范显利 孙凤鸣 郑德温 冯学坤 胡俊文 姚艳华 张新成	科技进步奖三等奖

表6 2022年度辽河油田公司科学技术进步奖

序号	项目名称	主要完成单位	主要完成人员	奖励等级
1	辽河复杂老区大比例尺精细编图增储建产关键技术研究	勘探开发研究院 曙光采油厂	姚睿 周鹰 樊佐春 程建平 王强 梁飞 蔡超 易文博 佟天宇 高丽 聂爽 孙安培 张芳	一等奖
2	辽河外围后河地区致密油藏规模探明关键技术研究	勘探开发研究院	李渔刚 徐大光 史际忠 孙岢 司勇 杨志强 吕宏伟 康志勇 何彬彬 马成龙 钱玲 周羿 潘铎	一等奖
3	雷72井区钻井压裂关键技术研究与应用	钻采工艺研究院 高升采油厂 钻井工程技术部	杨建平 张子明 李玉印 苏建 张勇 卜祥福 王奇 管恩东 蒋晓波 景宏伟 夏树刚 王勃皓 石鹏	一等奖
4	辽河双台子储气库水平井钻完井技术研究	钻采工艺研究院 钻井工程技术部 储气库公司	巩永丰 王俊英 周明强 刘明涛 陈显学 宋学义 赵小强 杜新军 丰先艳 郑东 吕民 邓志平 张蕾	一等奖

续表

序号	项目名称	主要完成单位	主要完成人员	奖励等级
5	辽河外围精细目标地震处理关键技术研究与应用	勘探开发研究院	卢明德 柳世光 张 波 高晨阳 卢 志 孙宇驰 袁安龙 田 涯 杜 磊 陈宇龙 刘 洋	二等奖
6	沈阳油田重上百万吨规模关键技术研究	沈阳采油厂	杨 杰 王庆文 刘增涛 杨卫东 李春龙 刘 畅 鲁迎龙 王鹏程 王亚成 冷 彪 唐志春	二等奖
7	SAGD后期精准调控关键技术研究与应用	勘探开发研究院 特种油开发公司 曙光采油厂	宫宇宁 郗 鹏 杨依峰 孟 强 王中元 王 凯 傅 巍 姜筠也 王 强 支印民 曹峻博	二等奖
8	超稠油边底水油藏开发调整技术研究与实践	曙光采油厂 钻采工艺研究院 国家能源稠（重）油开采研发中心	雒红梅 吴伟强 崔婷婷 赵吉成 余 聪 刘永华 黄晓静 郝少勤 丁 晓 刘 艳 温秋梅	二等奖
9	曙三区多元开发关键技术	曙光采油厂 钻采工艺研究院	张 帆 许国民 刘 禹 向 进 彭 浩 吴 微 张 玲 王健骁 邢广益 赵 宇 张 宇	二等奖
10	特-超深层稠油油藏多元开发关键技术研究与实践	冷家油田开发公司 钻采工艺研究院	马 开 张新培 桂烈亭 蒋 艳 邓中先 何 寅 赵海艳 张哲洋 乌丽娟 徐成龙 黄瑶瑶	二等奖
11	后河地区水平井体积压裂技术研究与应用	荣兴油气开发公司 钻采工艺研究院 辽兴油气开发公司	杨 辉 宋 晓 张文昌 邵剑平 王俊伟 车明光 韩振强 刘 岩 付 尧 陈珍男 曹 斌	二等奖
12	低成本高效防砂技术体系研究与现场实践	金海采油厂 钻采工艺研究院 曙光采油厂 锦州采油厂 国家能源稠（重）油开采研发中心	杜 健 邹 运 毕雯雯 马丽丽 李宏远 韩宗正 董绍刚 董鹏毅 米 慧 林 丽 王德伟	二等奖
13	超稠油开发热能综合利用技术研究与应用	特种油开发公司	韩树柏 孟 叶 张 勇 孟 强 范宏岩 包 波 商永刚 王建波 路 朋 孙振彪 王 鸽	二等奖
14	热采综合试验平台研制与应用	钻采工艺研究院 国家能源稠（重）油开采研发中心	曹 建 朱富林 赵 峰 王远方 王 淑 陈 平 杨 俊 田播源 刘 莉 王 俊 蒲宝月	二等奖
15	储气库注采井化学增注技术	钻采工艺研究院 储气库公司 石油化工技术服务分公司	安志杰 周 飞 李德胜 戴倩倩 董奇玮 刘 欢 刘全和 韩兴博 李 佳 席春婷 王斯雯	二等奖
16	油田地面处理工艺模拟技术	中油辽河工程有限公司 钻采工艺研究院	刘振宁 林 琳 周立峰 王 宁 董 超 梁凌熏 赵慧铃 宁 佳 王岫蔚 郑 猛 高 鹏	二等奖
17	改良外科Apgar评分对新辅助化疗后进展期胃癌术后并发症的预测价值	盘锦辽油宝石花医院	朱 磊 孟 君 江爱宗 黎 江 孙九龙 左文斐 赵海淳	二等奖
18	体检设备接入平台的研发与应用	盘锦辽油宝石花医院	刘 波 李雨成 兰祯伟 单昊才 琦 赵 楠 孙淑民 潘 青 孙银彤 邵 晨 李 宁	二等奖

续表

序号	项目名称	主要完成单位	主要完成人员	奖励等级
19	房颤的介入治疗及全程管理	盘锦辽油宝石花医院	王妮妮 武艳梅 杨光磊 李新东 唐 欣 赵 宇 陈森娟 于 贺 李 博 李佳璇 刘雪松	二等奖
20	欢西油田稠油吞吐中后期上产关键技术研究与应用	锦州采油厂	刘 然 李 明 谷艳荣 柴君良 汪 宁 唐 龙 陈婷婷 尹 灿	三等奖
21	稠油油藏开发后期稳产技术研究与应用	欢喜岭采油厂	段强国 刘 影 杨晓强 郑利民 裴 磊 黄慧兵 刘 闯 李瑞东 王永娜	三等奖
22	特高含水期复杂断块油藏挖潜技术对策研究与应用	锦州采油厂	张元东 王 健 于立明 韩佳欣 张玉增 陈俊丽 张玉龙 韩 娜 师小敏	三等奖
23	于楼油田复杂断块油藏精细部署研究与实践	兴隆台采油厂	李金鼎 屈丰君 李文苗 王暄妍 马 兰 任之荃 张保军 孙 锴 丁 超	三等奖
24	大洼断裂南部转换带复式油藏模式重构及增储建产	兴隆台采油厂	于靖民 贾国娜 史云鹏 张 莹 梁 策 张阳阳 杜 淼 尚士科 张 越	三等奖
25	海1块双高期综合调整对策研究与应用	金海采油厂	李晓佳 田 鑫 赵 辉 景 峰 汪小平 孙 放 王 佳 乞迎安 马广刚	三等奖
26	低渗透油藏重复压裂改造技术研究与应用	兴隆台采油厂 钻采工艺研究院	孙凤艳 李 霞 邱衍辉 林 健 段晓旭 樊夕铭 梁 晗 刘欢漾 李佳阳	三等奖
27	沈阳油田抽油泵结构优化设计与试验	沈阳采油厂	唐 平 袁 武 唐晓波 刘大伟 王志刚 刘斯迪 陈学亮 黄双龙 李廷莲	三等奖
28	欢北低渗油藏注采配套技术研究与应用	欢喜岭采油厂	陈 昊 袁 晖 仲 超 朱元伟 郭发德 赵德宝 张驰远 刘 洋 胡振东	三等奖
29	兴隆台采油厂抽油井综合防断脱技术研究与应用	兴隆台采油厂	李 正 张继平 周 华 代新勇 赵 鑫 吕哲勇 马成龙 吴清东 王 宁	三等奖
30	低产低效井举升综合提效技术研究及应用	钻采工艺研究院 茨榆坨采油厂	贾俊敏 张红朋 梁 兴 卢 玉 张洪彬 许宝燕 孔祥一 苏 婵 喻 波	三等奖
31	提高弃置井封井质量技术研究	钻采工艺研究院	谢 昕 于 雷 高彦生 杨平阁 付玉红 张春堂 沙 磊 张本芳 肖 昌	三等奖
32	小洼油田难采区配套工艺技术创新与实践	金海采油厂 钻采工艺研究院	刘建宁 孙 凯 于丽宏 乐庸军 王宁辉 张 建 陈志会 郭译浓 李洪亮	三等奖
33	复杂油藏稳油控水关键技术	曙光采油厂 国家能源稠（重）油开采研发中心	黄 腾 刘江玲 赵日升 沈文敏 唐大明 向 峥 王记峰 孙伟东 殷 伟	三等奖
34	辽河油田注汽站无人值守技术的研究与应用	中油辽河工程有限公司 曙光采油厂	于清澄 李 达 孙 博 杨 逊 侯 玉 赵 超 郭洪军 杨 霖 柳海龙	三等奖
35	曙四联集输系统设备改造与工艺升级	曙光采油厂 国家能源稠（重）油开采研发中心	和 冰 冯兆国 张建安 孙贤良 何 南 杨东辉 丁 晗 张书东 刘锦彪	三等奖
36	热注锅炉数字化智能化运维管理技术	曙光采油厂 国家能源稠（重）油开采研发中心 钻采工程技术部	王 泉 单祥斌 马立平 刘 军 王玉敏 孟 锦 刘子韬 徐雪艳 顾 杨	三等奖

续表

序号	项目名称	主要完成单位	主要完成人员	奖励等级
37	血管内超声在急性心肌梗死治疗中的应用价值	盘锦辽油宝石花医院	张长弓 攸 翔 佟 浩 黄 帅 于彬彬 赵 奕 范大为 王汝菲	三等奖
38	颈内动脉床突段重度狭窄的介入治疗	盘锦辽油宝石花医院	耿 煜 闻梓钧 彭 过 赵忠惠 佟 剑 侯青松 刘利群	三等奖
39	血清抗 PLA2R 抗体水平在膜性肾病诊断及预后评估中的作用	盘锦辽油宝石花医院	高 菊 王 楠 叶 娓 李 爽 欧小琳 王 冰 闻 俊 于洪志 胡 冰	三等奖

表7 2022年度辽河油田公司获中国石油与化学工业联合会科学技术进步奖

序号	项目名称	获奖单位	获奖类别及等级
1	天然气驱油与地下储气库协同建设理论技术创新与工业化	勘探与生产分公司 中国石油勘探开发研究院 塔里木油田分公司 冀东油田分公司 中国石油大学（北京）辽河油田分公司等	特等奖
2	全深度域地震成像与储层定量预测工业软件 iPreSeis 研制与应用	中国石油勘探开发研究院 勘探与生产分公司 西南油气田分公司 塔里木油田分公司 辽河油田分公司等	一等奖
3	巨厚超稠油油藏直—平组合SAGD高效开发基础研究（参与）	西南石油大学 辽河油田勘探开发研究院 中国石油勘探开发研究院	二等奖
4	大型超稠油油藏蒸汽腔检测与高效挖潜关键技术及工业化应用（参与）	西南石油大学中海油研究总院有限责任公司 辽河油田分公司特种油开发公司 中国海洋石油国际有限公司 北京旭日奥油能源技术有限公司	二等奖
5	稠油油藏多介质协同注蒸汽高效开发效关键技术研究与应用（参与）	中国石油勘探开发研究院 辽河油田分公司	三等奖
6	稠油水平井蒸汽吞吐提高采收率新技术及规模化应用	中国石油长城钻探工程有限公司 辽河油田分公司钻采工程技术部、大庆油田分公司头台油田开发有限责任公司 中国石油大学（北京）	三等奖

【技术发明奖】 2022年，获集团公司技术发明奖二等奖1项（表8），获中国石油与化学工业联合会技术发明奖三等奖2项（表9），获辽河油田公司技术发明奖3项（表10）。

【基础研究奖】 2022年，辽河油田公司获评选基础研究奖10项，其中一等奖2项、二等奖3项、三等奖3项（表11）。

【突出贡献奖】 2022年，获辽河油田公司突出贡献奖1项（表12）。

【青年科技奖】 2022年，获辽河油田公司青年科技奖2项（表13）。

【技能人才奖】 2022年，辽河油田公司获集团公司技能人才奖1项（表14），辽河油田公司技能人才奖1项（表15）。

表8 2022年度获集团公司技术发明奖

项目名称	主要完成单位	主要完成人员	奖励等级
磨料水射流增产提效技术	辽河油田分公司	孙守国 安九泉 胡胜勇 孔凡楠 王文涛 于广刚 姜 雷 张涵淇	二等奖

表9　2022年度辽河油田公司获中国石油与化学工业联合会技术发明奖

序号	项目名称	获奖单位	奖励等级
1	火烧油层高温电点火关键工艺技术及装备	辽河钻采院 中国地质大学（武汉）	三等奖
2	强封堵恒流变油基钻井液及其性能自动化监测技术	中国石油长城钻探工程有限公司 辽河油田公司	三等奖

表10　2022年度获集团公司技术发明奖

序号	项目名称	推荐单位	主要完成人员	奖励等级
1	树脂球选堵辅助精细注水技术	钻采工艺研究院	李　楠　安　岩　寇　微　刘双亮 周　贺　史　策　安泽典　魏　冉	一等奖
2	防砂完井工况模拟与评价技术	钻采工艺研究院	匡韶华　王宝权　佟姗姗　严　蕾 胡　祎　柳燕丽　石　磊	二等奖
3	薄互层稠油火驱开发关键技术	曙光采油厂 国家能源稠（重）油开采研发中心	匡旭光　罗恩勇　吴　非　许　丹 张宗发　秦洪岩	三等奖

表11　2022年度辽河油田公司基础研究奖

序号	项目名称	主要完成单位	主要完成人员	奖励等级
1	高成熟探区风险勘探领域选择关键要素研究	勘探开发研究院	蔡国钢　杨光达　张东伟　周　艳　解宝国 李　鑫　杜庆国　王树昆	一等奖
2	双6储气库高效建库机理研究	勘探开发研究院、中国石油勘探开发研究院	闫忠顺　郭泽萍　李　滨　刘　洁　邱小松 盛　聪　赵国光　周培杰	一等奖
3	陆家堡凹陷不同岩性成储机制研究	勘探开发研究院	裴家学　张甲明　冉　波　张瑞雪　王　洋 崔宇晶　胡文婷	二等奖
4	奈曼凹陷构造演化与源储耦合关系研究	勘探开发研究院	杨　雪　郝　亮　刘晓丽　何绍勇　刘海艳 李秀明　秦喜春	二等奖
5	稠油热采过程流体形成及变化机理实验研究	勘探开发研究院、国家能源稠（重）油开采研发中心	闫红星　杨俊印　姜文瑞　王伟伟　鲁印龙 薛　莹　韩　月	二等奖
6	西部凹陷多元潜山内幕结构及油气成藏特征研究	勘探开发研究院	雷文文　戚雪晨　单俊峰　王　姝　刘　洋 郭彦民	三等奖
7	荣胜堡洼陷深层原生油气藏成藏特征研究	勘探开发研究院	郭军敏　苗哲玮　田　志　高荣锦　张子璟 祁　飞	三等奖
8	致密/页岩油储层评价及压裂适应性实验研究	勘探开发研究院	李金有　董晓东　程海清　刘玉婷　孙　倩 李　朗	三等奖
9	双6储气库注采能力工艺评价方法研究	储气库公司	赵　春　贺梦琦　温海波　王　浩　王　博 程涵彬	三等奖
10	二元驱污水再利用配制注入液黏度损失影响因素研究	中油辽河工程有限公司	孙绳昆　孙雁伯　乔　明　董林林　裴　格 韩　旭	三等奖

表 12　2022 年度辽河油田公司突出贡献奖

序号	获奖人姓名	工作单位
1	李晓光	辽河油田公司

表 13　2022 年度辽河油田公司青年科技奖

序号	获奖人姓名	工作单位
1	高荣锦	勘探开发研究院
2	苏　建	钻采工艺研究院

表 14　2022 年度获集团公司技能人才奖

获奖人/项目名称	主要完成单位	主要完成者	获奖类别及等级
赵奇峰	辽河油田分公司	赵奇峰	技能人才奖

表 15　2022 年度获辽河油田公司技能人才奖

序号	获奖人姓名	工作单位
1	柳转阳	曙光采油厂

【省部级科技成果简介】

1. 项目名称：磨料水射流增产提效技术

获奖等级：集团公司技术发明奖二等奖

项目简介：油田开发生产中，针对灰塞堵塞、高温及非常规尺寸井射孔、高强度管割缝及多层管切割等难题，常规措施存在井筒尺寸适应性差、易损伤套管、作业成本高、效率低等问题，结合水射流技术前期存在的破拆能力弱、喷嘴耐磨性差、井下控制系统精度低、泵注设备不匹配等技术难点，自主研究磨料水射流增产提效技术，形成主要技术发明点如下：

（1）建立国内首家高压水射流地面试验系统，满足年试验能力＞100次。提出磨料射流降压安全作业，研制超耐磨喷嘴，设计国内首套高压水射流地面泵注设备，建立淹没、围压试验系统环境，实现喷嘴寿命提高300%、泵注压力达115兆帕。

（2）首创高压水力钻塞技术，实现水泥、化学药剂及结垢等各类塞体的钻除与井壁清洗，钻塞能力＞10米/时，适应井筒尺寸≥52毫米。

（3）发明水力喷砂射孔技术系列，形成水力喷砂射孔、井筒炮眼清孔及磨料水力钻孔等工艺技术，满足常规井、高温井及非常规尺寸井射孔作业，建立井筒地层沟通流道，提高地层渗流能力。

（4）独创磨料水力切割技术，形成水力磨料割缝、小直径多层管喷割及大直径多层管旋割等辽河油田自主特色切割工艺，实现井筒内轴向及周向多层管切割，提高修井作业成功率。

2. 项目名称：辽河西部凹陷走滑断裂体系勘探理论技术创新及岩性油气藏规模发现

获奖等级：集团公司科技进步奖三等奖

项目简介：西部凹陷是辽河油田千万吨稳产的主战场，凹陷东侧陈家走滑断裂带中浅层探明4亿吨石油储量，但中深层受走滑断裂影响，储层分布认识不清，勘探程度低。辽河油田公司设立研究课题，开展走滑断裂形成演化及其控藏特征研究，创新形成2项地质认识、2项勘探配套技术，支撑发现控制储量5120万吨，主要成果如下：

（1）创新形成"断陷盆地走滑断裂带发育连片、叠置、具明显迁移规律的规模扇体群"地质认识。首次厘定一级主干断裂最大走滑位移量为12千米，建立断陷湖盆走滑断裂典型构造样式、明确其控源控储控藏特征，指导发现岩性圈闭168平方千米。

（2）创新形成"断陷盆地走滑断裂带3种岩性油气藏模式"。断陷盆地走滑断裂带在裂陷期、深陷期发育近岸水下扇成因角砾岩、火山成因角砾岩、湖底扇成因砂砾岩3种储层类型及3种岩性油气藏模式。

（3）形成基于地震沉积学及高分辨率相控反演的叠置砂砾岩体预测技术。采用高精度层序地层对比、地震多属性等时切片、高分辨率相控反演技术，砂砾岩体预测精度由20米提高至8米。

（4）形成基于叠前地震反演的砂砾岩优质储层预测技术。建立砂砾岩优质储层岩石物理量版，制定叠前多属性反演预测技术路线，储层预测符合率由60%提高至75%。配套形成基于深度学习的测井评价技术，储层识别准确率达到94%。有形化成果丰硕，授权发明专利3项，发表论文6篇。有效支撑辽河西部凹陷岩性油气藏的勘探发现，自2020年起实施新井钻探、老井试油共计12口，其中获工业油流井10口；上报控制石油地质储量5120万吨，创造经济效益12593.2万元。

3. 项目名称：互层状稠油油藏分注分采关键技术

获奖等级：集团公司科技进步奖三等奖

项目简介：辽河油田是全国最大的稠油生产基地，稠油动用地质储量8.93亿吨、年产量603万吨，分别占全国稠油储量和产量的26%和21%。其中互层状稠油油藏年产油230万吨，占稠油总产量的38.1%，是支撑辽河油田千万吨规模稳产的主导力量。互层状油藏受其特有的沉积环境影响，油层层数多，非均质性强，开发后期动用不均、低压低产、汽窜、套坏等复杂多样矛盾日益突出，严重影响油藏开发效果。

针对互层状稠油油藏储层特征及开发矛盾，依托油田公司科研项目，系统开展技术攻关。通过自主研发和持续改进，成功研制可逆注汽阀、小直径超膨胀热采封隔器、压控开关等15件关键工具，形成分层处理分层注汽复合管柱、井下自动选择性投球复合暂堵、复杂工况井分层注汽管柱、分层可控采油等系列分注分采关键技术，改善油藏吞吐开发效果，有效助力辽河稠油开发的提质增效。该项技术授权发明专利6件，实用新型专利9件，发表论文2篇，多项关键技术取得重要突破，解决制约稠油开采效果的瓶颈性技术难题，实现稠油注采工艺的进一步完善与发展。近5年来，现场应用1045井次，新增产量25.8万吨，节省蒸汽量15.9万吨，降低无效产水16.7万吨，累计创效3525万元，取得显著经济效益和社会效益，为油田高效开发提供了坚实的技术保障，对同类稠油油藏开发具有示范引领作用，应用前景广阔。

4. 项目名称：超稠油开发中后期低成本配套工艺

获奖等级：集团公司科技进步奖三等奖

项目简介：辽河油田面临稠油开发速度快、开发程度深、开发成本高的严峻形势，为进一步支撑稠油油田高质量效益发展，主要针对注汽锅炉热效率不达标、原油开采和集输能耗大、开发后期油水气相介质性能改变带来的工艺适配性降低三大矛盾，开展超稠油开发中后期低成本配套工艺技术攻关，在超稠油开发领域形成超稠油地面冷输、高含水井冷举升等国际领先的丰富成果，年均降低热采费、动力费、作业费、油水处理费11988万元。超稠油开发中后期低成本配套工艺累计获得辽河油田公司科技进步奖2项，国家发明专利4项，发表论文3篇。

现场实践证明，超稠油开发后期低成本工艺技术配套的现场应用后，可节约天然气5656万标米^3/

年，节约电量767万千瓦·时/年，盘活隔热管8.4万米/年，增油8520吨/年。大幅降低超稠油开发后期成本，有力践行我国石油企业高质量低成本的发展理念，实现超稠油开发的可持续发展，项目意义重大。

5. 项目名称：聚表复合驱聚合物再利用技术

获奖等级：集团公司科技进步奖三等奖

项目简介：聚表复合驱因油藏非均性、聚合物自交联等因素影响，无效驱替聚合物逐年增多，注入端驱替效果变差；生产油井含水升高，含聚升高，产出液处理难度加大；注入井作业冲砂返出物增多且处理困难。辽河油田公司依托集团公司重大科技项目，针对锦16块聚表复合驱，从驱替、产出、集输、回收等方面入手，形成3个方面8项关键技术，使无效聚合物减少90%，主要成果如下：

（1）在注入端，利用注聚母液在线调剖和高含聚污水调剖技术，有效利用聚合物。

（2）在产出端，完善配套工艺，针对早期可能窜聚的生产井进行预判，预防生产井产聚。针对已窜聚但不严重的生产井，将聚沉絮凝处理液缓释挤入地层深部，增加驱油波及体积。针对已形成大孔道的窜聚生产井，封堵大孔道，控制生产井聚合物的产出。针对高含水窜聚生产井，实施消聚堵水一体化技术。

（3）研发的无害化回收装置，返出物分离回收装置等，使废弃且不好环保处理的聚合物得以有效回收。研发的体膨颗粒、弱凝胶、双液聚沉等调剖体系，最大程度实现废弃聚合物再利用。

（4）形成3个方面技术创新，授权发明专利9件，实用新型专利8件，发表相关论文3篇，有效减少无效聚合物的产出。

6. 项目名称：稠油、超稠油污水旋流预处理技术

获奖等级：集团公司科技进步奖三等奖

项目简介：辽河油田稠油、超稠油产量占比达到60%，是千万吨稳产的重要保障。随着开发逐步进入中后期，开发方式转换实施规模的不断扩大，采出液物性日趋复杂，稠油、超稠油采出液处理难度大、成本高、环保监管压力大等问题突出。探索污水处理新工艺、新方法，实现稠油、超稠油污水处理系统节能降耗、满足国家日益严格的清洁生产要求，是我国陆上石油开采企业面临的共性问题。为此，辽河油田公司设立稠油、超稠油污水预处理技术攻关课题，并于2016年列为国家示范工程、集团公司重大科技专项地面工程领域主要攻关、示范内容。

本项目按照"污水处理流程密闭、以物理方式分离污水中原油、油泥类老化油减量并有效处理、少加药或不加药降低处理成本"的总体攻关思路，在污水高效药剂研究、老化油处理方法研究基础上，突破常规旋流装置的处理技术界限，原创性形成"稠油、超稠油污水旋流预处理装置及处理工艺"。先后获发明专利授权3件、实用新型专利1件，在学术期刊发表论文2篇。通过5000米^3/日规模工业化试验应用，实现有效降低运行成本、流程密闭、提升水质、油泥减量目标，对辽河稠油、超稠油处理站节能改造、满足严苛的环保要求具有重要意义，具有较好的经济社会效益及推广应用前景。

7. 项目名称：油气井仿真优化系统开发与应用

获奖等级：集团公司科技进步奖三等奖

项目简介：辽河油田油品性质多样、油井结构复杂，导致机采井能耗高、检泵周期短，严重制约油田经济有效开采，同时，注蒸汽井、储气库井等特殊井况缺少精准优化方法，国内外软件适应性差、功能单一、成本高，针对这些问题，自主技术攻关形成油气井仿真优化软件系统，突破稠油注汽、人工举升、油井诊断等多个优化难题，开发出具有24个模块的集成化软件系统，填补行业空白。授权发明专利5件，发表论文7篇，应用效果及经济效益显著，取得4项创新点：

（1）系统构建油气井优化理论体系，首次建立

全井段仿真优化模型，解决油气井顶层设计优化难题，大幅提高各类油气井优化设计适应性。

（2）创新开发采油气基础仿真优化模块，全面提升工艺措施设计效率，解决基本设计计算问题，满足油田各类方案设计和参数优化的需要。

（3）突破行业人工举升软件功能局限，创新开发7种人工举升设计及3类油井诊断功能模块。

（4）首创高度集成化设计平台，集成四大设计板块，包括注蒸汽井、机采井优化等24个模块，创建完整的文件、图像、数据库系统，成功商业化应用。

项目研究成果授权国家发明5项，授权计算机软件著作权1件，发表论文7篇。打破国外软件技术壁垒，成为石油行业核心升级换代技术，整体达到国内领先水平，部分关键技术达到国际先进水平。

8. 项目名称：聚/表复合驱大幅度提高原油采收率关键技术与规模应用

获奖等级：辽宁省科技进步奖一等奖

项目简介：我国油气资源高效开发是践行"能源的饭碗必须端在自己手里"嘱托的必由之路，是保障国家能源安全的现实途径。辽河油田地质条件复杂、油品多样，水驱油田原油采收率仅27%，仍有超过70%剩余油残留在地下，攻关大幅度提高采收率技术势在必行。在中国石油重大科技专项支持下，突出解决两驱协同开发关系不清、高凝油无碱驱油体系尚属空白、现场调控技术界限不明等瓶颈问题，创新形成聚/表复合驱大幅度提高采收率技术。

（1）丰富"水驱+聚/表复合驱"两驱协同开发理论认识，创新形成垂向重力分异、平面流度控制的立体开发模式。揭示反韵律储层剩余油重力分异与流度控制的作用机制，取心—录井—测井—单层试采多因素联动，按米级分类量化水驱剩余油潜力，研创"优化组合、靶向射孔、选择性注采"靶向挖潜方法。发明多层砂岩油藏开发中后期的层系重组及开采方法，创新提出"同层两驱串联接替、错层两驱并联接替、立体重组两驱并行、平面两驱接替"设计模式，解决复杂油藏两驱协同效益开发问题，储量动用程度由60%提升至80%。

（2）突破高凝油、稠油油藏化学驱配方设计壁垒，创新研制无碱绿色、高效协同的系列聚/表复合驱油体系。首次揭示表活剂"类皂化+亲油亲水平衡+加合增效"协同构效机理，优化头基、尾链与油相分子匹配度，研发的无碱表活剂在极低浓度（0.03%）下界面张力实现超低，消除碱的负面作用；创建聚合物与储层匹配设计方法，匹配率由50%提高至70%以上；发明系列可选择性封堵的调剖/调驱剂及制备方法。构建驱油剂环境生物基准与环境阈值，对生态环境绿色友好，形成的系列驱油体系将应用领域由稀油拓展至高凝油、稠油油藏，引领国内外化学驱技术新发展。

（3）创建体系配液用水、注采操控、流场控制等技术界限，实现技术经济双重约束大段塞全程调控。揭示蜷曲、絮凝、断链三大水质降粘作用机理，建立以氧化自由基为核心的水质降粘影响技术要求；发明储层连通质量分类评价方法，建立强非均质、易出砂储层注采操控技术界限及调控对策；发明调驱/调堵方法及试验系统，形成流场流度调控方法。建立技术经济双重约束大段塞全程调控技术，解决复杂储层聚/表复合驱有效驱替、均衡动用问题。工业化试验区1.5倍注入体积，油井见效率95%以上，动用程度高达94.5%。

该项目构建聚/表复合驱提高采收率关键技术体系，工业化试验采收率由49%大幅度提高至73%，节约建设投资50%，转驱前收回40%钻井投资。授权国家专利13件，其中发明8件，软件著作权2件，制修订标准12个，其中国标3个、行标2个，发表论文14篇。2014年以来已在4个油田试验推广，累产油181.9万吨，新增销售收入43.6亿元、净利润8.9亿元。近3年受国际油价低迷、疫情影响，累产油79.8万吨，新增销售收入16.4亿元、净利润1.1亿元。

9. 项目名称：热采稠油复杂出水井化学堵水技术及应用

获奖等级：辽宁省科技进步奖二等奖

项目简介：辽河油田年产稠油 599.5 万吨，占原油总产量的 59.3%，是保持"千万吨稳产"的重要支柱。但随着稠油蒸汽吞吐开发进入中后期，出水问题逐步加剧，集中表现在曙一区古潜山、杜80、杜68兴隆台等区块，日影响产油量 1100 吨，出水情况日趋复杂。从油藏类型来说，既有潜山块状底水油藏，又有油水互层状砂岩油藏；从出水特征来说，既有底水锥进，又有边底水侵；从完井方式及出水井型来说，既有套管射孔的直井，又有筛管完井的水平井。为此，为保障辽河油田"十四五"持续稳产，亟须针对热采稠油复杂出水状况，创新开展高温化学堵水技术的研究与攻关。从分析出水规律入手，开展氮气泡沫凝胶堵剂、延迟固化耐高温堵剂、液体桥塞暂堵剂及选择性耐高温堵剂等核心药剂的研制，同时配套研发潜山油藏复合段塞堵水、砂岩油藏逐级深部化学堵水、水平井化学分段堵水及多元选择性堵水等系列堵水工艺，并进入工业化应用阶段。具体取得以下3个方面技术突破与创新：

（1）首创裂缝性潜山稠油油藏复合段塞堵水技术。在分析底水运动规律及剩余油分布规律的基础上，加深对曙一区古潜山内幕特征的认识，指导堵水技术实践；创新研制一种延迟固化耐高温堵剂，固化时间由8小时延长至48小时，耐温达350摄氏度，固结强度达到12兆帕以上；采用氮气泡沫凝胶、延迟固化耐高温堵剂复合段塞建立底水隔板，保证施工的安全性、可靠性，在不损失储量的前提下，抑制潜山油藏底水锥进。

（2）创新研发砂岩油藏逐级深部化学堵水技术。通过物模实验，结合吞吐稠油地层温度、压力梯度分布，划分封堵空间，研制不同耐温（120—200—350摄氏度）及耐压（1—2—8兆帕）堵剂体系，通过堵剂间协同效应，对出水通道全程封堵；与封堵空间相匹配，研发设置有机冻胶+颗粒凝胶+无机固化堵剂三段塞，保证封堵半径与封堵强度的"双升级"，形成砂岩油藏逐级深部化学堵水技术，实现砂岩油藏"水中找油"的技术突破。

（3）突破筛管完井技术界限，创新研发水平井分段堵水与多元选择性堵水工艺。攻克稠油水平井找水难题，研发化学分段堵水工艺。通过综合分析水平井油藏剖面、井温曲线及选注选采效果，明确判断水平井出水部位，解决因油稠无法测试产液剖面、找水难度大的问题；研发化学分段堵水工艺，对于趾部出水的水平井，在挤入封口剂段塞后，钻磨时对趾部出水部位"留塞"，对于跟部出水的水平井，采用液体桥塞暂堵"屏蔽"趾部非出水部位，将后续堵剂准确作用于跟部出水部位，提高长井段水平井堵水的针对性和有效性。研制选择性耐高温堵剂，集成创新多元选择性堵水工艺。研制一种选择性耐高温堵剂，以液体状态通过筛管段，具有一定选择封堵性，进入出水通道，对无法判断出水部位的水平井具有较强适应性，在80摄氏度以上反应固化，固结体耐温350摄氏度以上，抗压强度达15兆帕，实现"注得进、堵得住、耐冲刷"；集成创新氮气+凝胶堵剂+选择性耐高温堵剂+二氧化碳多元选择性堵水工艺，实现氮气压锥、深部复合封堵及二氧化碳辅助吞吐等多种优势于一体，无须钻磨，不受井况条件制约，满足无法判断出水部位或套变水平井的堵水需求。

该技术已获得授权国家发明专利6件，实用新型专利3件，发表论文4篇。该技术的研发成功，标志着受油藏类型、出水程度及完井方式等制约的复杂出水井堵水难题得到有效解决。工业化应用366井次，增产原油18.94万吨，累计创效2.42亿元，进一步保障热采稠油的高效开发，同时，也为下步水平井的部署开发及稠油方式转换提供技术支撑。

（雷霄雨）

信息化工作

【概述】 2022年，辽河油田公司将信息管理部更名为数字和信息化管理部，列辽河油田公司本部直属机构管理，统筹辽河油田公司数字化及信息化工作。成立辽河油田公司数字化建设项目组，推动"十四五"规划重点项目建设，完成物联网建设、勘探开发一体化协同研究平台（RDMS）建设、工程技术支持决策管理系统、采购管理系统等阶段性建设任务。在A1、A2、ERP、门户、视频会议应用维护等方面提供信息技术支持10万余次，保障各大信息平台平稳运行，支撑各项业务高效开展。制定各类规章制度，持续完善信息化基础设施，提升网络与信息安全防护能力，推动油田数字化、智能化转型发展。

【信息化顶层设计】 2022年，辽河油田公司调整网络安全与信息化工作领导小组，对"十四五"期间重点实施的信息化项目调整为21个，制定数字化建设项目实施方案。成立数字化建设小组推动重点项目建设。全面落实"项目组负责制"，形成双周例会制度，共同协调解决项目建设问题，全力推进各项目的建设工作。完成工程技术支持决策系统、采购管理系统升级及信息传输网二期改造3个重点项目建设。

【信息化项目建设】 2022年，辽河油田公司物联网建设工作以"提升速度快、应用效果佳、生产符合度高"三大特点，同步推进保障措施精准落地，实现项目高效、平稳推进。成立物联网监督实施小组，开展全链条督导检查，累计组织推进会、现场督导96次，参与368人次，全面筑牢安全红线，严守质量底线，保障进度基线。施行网格化管理，制定辽兴油气开发公司、曙光采油厂等9家在建或待建单位运行大表，细化设计和施工两大阶段9个环节70道工序，分单位明确职责分工，实现建设过程目视化、数据化管理。开展物联网深化应用前期研究，实现生产数据一次采集录入、系统自动推送、全局共享应用以及视频智能巡检。高质量完成高升采油厂、辽兴油气开发公司、茨榆坨采油厂、欢喜岭采油厂、金海采油厂5家单位4639口井、319座站物联网建设，井站数字化覆盖率提升到53%、57%，对比47.4%、49%的年度计划目标，计划超6%、8%。开展专题培训，聘请相关专家13人，对物联网建设等多方面内容进行讲解，强化人才保障。参与"青智汇"科技创新论坛，《辽河油田物联网建设方案优化研究》《辽河油田物联网深化应用研究》完成决赛评比。参与辽河油田2022年度企业管理现代化创新优秀成果申报，完成《实施"五步"督导，提升油气生产物联网建设水平》材料编制与上报。发布《油气生产物联网运维规范》，明确运维界面，采用"自主+专业"的方式，推进油田公司物联网运维工作。

【信息系统管理】 2022年，辽河油田公司在用统建系统50套，涵盖勘探、开发、计划、财务、生产、采购等各个部门和各业务领域。完成A1系统勘探开发数据归档入库，累计发布数据考核月报11期，督促各采油单位完善471口井相关信息，年新增归档物探数据3个工区，42000吉字节；钻井数据632口，录井数据709口，测井数据994口，试油数据53口55层。完成A2系统数据库服务器和应用服务器安全稳定运行，记录数日增23万条、年增8400万余条，总累计12.7亿条，总数据量近500吉字节，将庆阳分公司90余口开发井的井史数据从长庆油田迁至辽河油田A2数据库；完成荣兴油气开发公司20余个区块的基础数据、1000余口井的归属调整。完成 A5 系统用户注册 2308 人及 3 项设计（地质设计、工程设计、施工设计）75180 井次。管理各类井 28732 口，间、站、库 3651 座，管线 19595.8 千米。完成 A6 系统 4 款专业软件（油藏自动绘图软件 GPTMap，地质制图系统 GeoMap，地质分析软件 Geoworks，地震波形指示反演软件 SMI）引进部署，实现数据一键推送、成果一键归档，满足一体化协同应用需求；完成油气勘探生产信息系统、勘探项目全生命周期管理等 3 个已建系统集成到协同研究平台；集成整合集团公司主湖井基础数据、辽河 A1 库、辽河 A2 库、辽河 A5 库、勘探库、开发库、分析化验库，实现业务数据正常化及对外发布与应用；完成锦 16 块、杜 84 块和宜庆地区 3 个示范区特色业务数据建设，勘探开发数据治理取得初步成效。完成辽河油田 ERP 系统用户注册账号 3226 个，创建项目清单 8517 个、项目服务订单 2535 张、物资采购订单 39915 张、设备维修工单 2568 张、设备修理订单 1601 张、销售订单 3901 张、生产订单 10 张、销售发票 14417 张，产生集成会计凭证 259706 张。完成发文 5135 份，收文 132406 份，电子公文系统年运维工作量 2709 项，更新门户系统信息 15.9 万篇，审核通知公告、经营管理、油气生产信息 5210 条。开展邮件账户清理工作，加大机房巡检力度，完成 2 次机房应急演练，及时处理设备告警 1573 次、硬件故障 302 次，保证机房场地环境设备、服务器、网络等设备正常运行，确保各应用系统、数据库平稳运行。

【网络与信息安全】 2022 年，辽河油田公司提高网络安全整体防御水平，守住不发生重大网络安全事件底线，积极推进在用系统等级保护。编制《辽河油田公司信息系统等级保护实施方案》，明确等级保护中"定级—备案—建设整改—等级测评—监督检查"5 个环节工作要求和信息系统测评指标。率先开展 DMZ（非安全系统与安全系统之间的缓冲区）区 11 套信息系统和储气库公司 12 套工业控制系统等保测评，完成专家评审和定级备案，推进测评整改，提升系统安全防护能力。配合集团公司检查组完成年度网络安全现场检查，组织业务骨干和信息技术专家对 49 家二级单位进行现场检查，重点对信息系统、工控系统、设备间等基础设施进行风险排查，自主发现并整改各类问题及隐患 166 项 477 条。落实辽宁省省委和盘锦市市委网络安全和信息化委员会办公室要求，开展服务器高危漏洞、新型恶意软件漏扫、国外关键软件应用等 8 项风险排查。编制重点时段网络安全保障方案，成立专项网络安全保障指挥部，实施安全升级管控。调整安全策略 152 次，封堵恶意 IP 地址 678 个，阻断外部攻击事件 154 万次，保障网络环境稳定畅通，完成党的二十大、冬奥会等重点时段网络安全保障任务。开展国家网络安全宣传周活动，增强全员网络安全意识。

【数据管理】 2022 年，辽河油田公司启动勘探开发一体化协同研究环境平台搭建、功能部署和 3 个示范区（锦 16 块化学驱、杜 84 馆陶 SAGD 和宜庆矿区）建设，打通 615 项数据与集团公司数据湖、A1、A2、A5、勘探库等数据源的访问链路，实现各专业新数据正常化，完成 3 个示范区建设和 125 个功能落地应用，勘探开发数据资源集成与数据治理取得明显成效，实现集井位部署、动态分析、决策支持等勘探开发一站式协同研究。建设集群数据库容灾系统，有效避免大规模业务系统中断和数据丢失，确保数据库系统和数据安全。完成荣兴油气开发公司等 10 家采油单位 40 个区块 1069 口单井的 A2 数据调整，消除零散井数据交叉情况。自主开发数据映射、历史数据迁移、增量数据回迁工具，完成 A5 系统 430 个数据表、500 吉字节数据量的本地化迁移。

【信息化标准建设】 2022 年，辽河油田公司开展"世界标准日"活动，对集团公司重点实施的身份认证、无线网络等 10 项标准进行宣贯、培训，提高信息业务人员对标准化的认知和重视。调整辽河油田信息与通信专标委人员组成，增加开发系统委员，推动信标委工作与其他专业标准化工作协同发展。《SY/T 0311—2016 滩海石油工程通信技术规范》获辽河油田公司2022年度优秀标准奖二等奖。建立项目联合审查机制，聘请机关部门及二级单位业务专家共同参与评审，精准把握业务需求，坚持"不该花的一分也不能花"原则，持续优化建设方案，助力油田提质增效。

【信息化技术培训】 2022年，辽河油田公司组织参加集团公司网络安全、数据治理等7期培训，举办物联网、勘探开发数据模型（EPDM）、云计算等9期技术培训，与华为技术有限公司、昆仑数智科技有限责任公司技术交流12次，参与963人次。对集团公司《关于数字化转型、智能化发展的指导意见》和油田公司《信息化管理办法》进行学习宣贯和深度讲解，信息岗位专职人员接受培训率达到100%，兼职信息人员70%以上接受培训。联合辽河油田公司团委举办"青智汇"论坛信息技术活动，收集31家单位93个研究课题，搭建交流平台，进一步引领青年了解油田信息化建设、提高技能水平。

（白宪丽）

生产运营、安全环保与质量节能

油气生产组织

【概述】 2022年，辽河油田公司油井总数22250口、气井总数594口，油井开井11814口，气井开井119口，日产油27457吨，日产气252万立方米，原油产量934.87万吨、天然气产量8.83亿立方米；注水总井数2373口，开井数1807口，日注水9.10万立方米，年累计注水3649万立方米；注汽开井391口，日注汽7.16万吨，年累计注汽2065万吨；辽河油区动用钻机83部、宜庆地区动用钻机9部，完钻各类新井1046口；动用作业队伍300支，小修作业交井2.25万井次；辽河储气库群注气32.06亿立方米、周期采气27.12亿立方米。辽河油田公司生产运营系统坚持以生产经营一体化为统领，统筹生产组织，强化调度指挥，应对年初气库提前停采、历史罕见洪涝灾害、新冠疫情反复、辽河石化停产检修等一系列困难挑战，为油田公司连续37年保持油气千万吨规模稳产提供坚实保障，被集团公司评为2021—2022年天然气冬季保供先进单位。

【上产督导】 2022年，辽河油田公司优化"碰头会、对接会、周例会、月度会"4项例会机制，编制年度生产方案，强化督办落实，累计跟踪推进1167项，同比增加71%，运行到位率99%、符合率94%，推动河21块大平台、CCUS先导试验等数十个重大项目实施。开展2轮劳动竞赛，实施上产四级督导，强化欠产单位服务，聚力推进奈曼、双北地区等上产目标，油气产量实现逆势上扬。

【新井实施】 2022年，辽河油田公司建立专题例会机制，创新挂图作战，强化现场对接，85部钻机高节奏运转、12个区块高质量增储、25个目标高效率建产，重点打造雷72块、双229块、河21-H234等9个大平台试点典型。完钻各类新井1046口，同比增加100。其中探评井完钻70口，获工业油气流64口。产能新井完钻803口、投产748口，同比分别增加103口和92口，平均单井生产时率233.6天，同比提高5天。

【天然气保供】 2022年，辽河油田公司聚焦储气库调峰保供，结合天然气供需形势、气库建设总体规划以及冲峰供气、凝析油产出、注采转换等情况，细化调控运行。完成双台子储气库2套国产压缩机组投运、双51块和双31块新建库启运、3口大尺寸井投注。2022—2023年保供期间，辽河储气库群注气32.06亿立方米（其中双台子储气库注气30.81亿立方米，雷61储气库注气1.25亿立方米）；采气27.12亿立方米（其中双台子储气库25.61亿立方米、雷61储气库1.51亿立方米）。创5项纪录：周期采气最大，累计采气同比增加4.88亿立方米；高位运行时间最多，日采气2000万立方米以上生产79天；单日采气最高达3113万立方米；装置运行最稳，安全平稳生产117天；采气质量最佳，外输气质量合格率100%。与此同时，稠油生产用气7.58亿立方米，城市民用供气0.54亿立方米，实现天然气保供"质、量、效、誉"4个方面提升。

【窗口期施工】 2022年，辽河油田公司针对滩涂苇海保护区施工时段受限的特点，超前摸排敏感区钻井、作业、地面工作量，多专业、多部门共同靠实优化施工运行，完成钻修井248口、管线更新维护173千米，同比增加2倍，集中完成曙光采油厂93口钻修井，按期实现龙618块和茨635块密闭集输，为全年生产争取主动。

【疫情期保产及油地关系协调】 2022年，辽河油田公司成立疫情应对专班，全天候双岗值班值守，多部门合署办公，增设专题碰头会机制，节假日对接支持不停，采取"优化生产运行方式、调整油气外销渠道、强化属地政府协调、统筹石油企业资源"4个方面数十项举措，协调地方政府部门办理运输车辆通行证1964份，调整原油输销1800吨/日，增建卸油点5座，组织天然气就地外销7.5万立方米，协调下游炼厂拉油车辆绕行保障外销、增收4个联合站来油，及时解决科尔沁原油外运等受阻问题，全力保交通、保作业、保生产，减少产量损失数万吨。加大内外部沟通协调，采取超常规举措解决宜庆地区生产叫停、新井电力建设滞后、钻机搬迁受阻、敏感时段民爆物品禁运等突出难题50余项。协调国家自然资源部和营口海事局，赶在葵东1井组作业许可证即将到期前办完相关手续，解决被迫关井风险，保住每日50吨产量。协调赤峰市电业局采取"停改限"措施，解决因线路改造对科尔沁作业区造成的影响，少影响油井173口、油量327吨，有力保证正常生产、促进增产增效。

生产保障

【概述】 2022年，辽河油田公司生产运营保障以水电运行、油气监察、道路运输为基础，通过专业化管理、精细组织运行，为高质量推进生产建设提供支持保障。截至2022年底，油田公司有66千伏电力线路106条1321千米、6千伏电力线路540条5321千米、变电所69座，年供电量30亿千瓦·时。有生产水源井219口，其中在用102口、备用52口、待报废65口，地下水年开采量550万立方米。自有车辆所属单位23家，外部承运服务商25家，自有在用各种类型车辆机具3909台（套），社会化车辆机具1973台（套）。

【水电管理】 2022年，辽河油田公司利用新井投产电力搭火、设备检修停运等时机，完成285条3285千米电力线路、26座变电所的检修任务，减少产量影响450吨，故障跳闸率降低1个百分点。试行配电网抢修考核机制，就近驻扎抢修队伍，实施区域联动处置，百起故障压缩抢修时间35个小时。面对沈阳采油厂"6·25"极端灾害天气造成线路跳闸13条、电杆倒杆19基，抽调专业队伍2支108人连夜支援，24小时内完成故障处理和送电。实施全网电量市场化交易、优化峰谷平用电结构、改进生产工艺等七大类举措，创效1.63亿元。组织120口自备水源井计量改造，完成687个班站点水质检测，确保取水合规、用水安全。

【交通运输】 2022年，辽河油田公司推行交通运输专业化改革，萎缩退出通用车辆，做精做强特车业务，集中划转、处置、报废车辆近200台。开发线上点车平台，实现3000余台分散车辆统一调度。实施市场化运作，集中资格招标、量化打分选商27家，促进降本增效。开展交通运输现状专项审核评估，整改问题255项，确保交通运输安全平稳、优质高效。

【油气监察】 2022年，辽河油田公司油气监察工作以堵塞管理漏洞，防范油气产品盗失风险为目标，将监察工作融入生产管理关键环节。修订发布《辽河油田公司油气监察管理办法》，厘清职责分工、优化管理流程、突出追责问责。加强油气产品准运管理、警企联防联动机制等措施，重点抓实冬奥会、党的二十大等特殊时段严管严治，有效防范化解油气偷盗风险，全年监察出动1.1万人次，检查重点部位1.2万个，查处各类问题338项，挽回经济损失925万元。

防洪防汛

【概述】 2022年，辽河油田公司遭受3轮洪水冲击，5条河流汛情齐发多发，绕阳河、辽河分别出现1951年和1995年以来最大洪峰（表1，表2）。绕阳河国堤首次溃口，堤外生产区域首次被淹，曙光地区产量首次归零，曙光采油厂矿区首次遭遇洪水威胁。累计关停各类站282座、油井3461口、锅炉171台，影响日产油最高达10527吨。国家部委、辽宁省、集团公司等各级领导高度关注，多名部级、厅级领导和专家现场调研指导，会商应对举措，统筹调配资源支持。集团公司董事长戴厚良、总经理侯启军作出批示，股份公司副总裁张道伟视频听取防汛抗洪工作汇报，勘探与生产分公司领导连夜赶赴一线指导防汛工作，中国安能建设集团公司、中国石油海上应急救援中心和辽河石化公司、东方地球物理勘探公司、长城钻探工程公司、大庆油田、吉林油田等兄弟单位多方驰援，通过油田公司上下和内外部共同努力，抗洪抢险减灾取得全面胜利，原油产量损失控制在80万吨以内，守住油不入河、更不入海的底线。

表1　2010—2022年绕阳河受灾洪峰流量

年份		洪峰流量（米³/秒）
2010年		280
2019年		230
2021年		407
2022年	第一轮	809
	第二轮	1850

表2　2010—2022年辽河受灾洪峰流量

年份	洪峰流量（米³/秒）
2010年	1630
2013年	1100
2019年	1260
2022年	2480

【防汛前期工作准备】　2022年，辽河油田公司牢固树立防大汛、抗大洪、抢大险、救大灾的思想，贯彻"安全第一、常备不懈、以防为主、全力抢险"的工作方针，召开公司防汛工作会议，周密部署，抢前抓早，统筹安排防汛工作。在主汛期前完成水道疏通、堤坝加高、排涝提升工程，成功抵御绕阳河前期600米³/秒洪水侵袭，为减轻洪峰冲击、加快泄洪复产发挥重要作用。组织电力线路1674千米、变电所检修34座，清点补充四大类31万余件（套）防汛物资，逐项维护检修排涝设备和视频监控系统，逐个修改完善二级单位防汛预案，落实应急队伍，开展现场演练。深入剖析梳理防汛短板不足，针对性制定整改举措，深入9家临河采油单位和5家生产辅助单位，严查物资储备、工程建设、河套施工、人员落实等情况，督促落实迎汛准备，整改隐患问题45项。

【抗洪抢险救灾工作】　2022年，辽河油田公司坚决落实集团公司"守住安全底线、确保环保不出问题、最大限度降低损失"总体要求，迅速成立"三个中枢"（调度中枢、指挥中枢、信息中枢），明确"三个安全"（人员安全、环境安全、设备设施安全）"四个到位"（干部值班值守到位、防汛物资准备到位、应急救灾处置到位、灾后复产及时到位）"四道防线"（井站防线、区块防线、河道防线、入海口防线）工作要求，全力组织抢险救灾。19家单位出动上万人次，调集物料数十万吨、应急物资26万件，组织关键抢险12次（表3），抢修加固堤防60余千米。累计发布预报预警信息188次，形成防汛动态和简报、快报、专报152期，编发各类会议纪要91期，编制方案、报告、总结数十万字，有力支撑抗洪决策，赢得多方关注支持。

表3　2022年辽河油田公司防汛抗洪12次关键抢险情况表

序号	突发情况	抢险处置
1	7月3日连降暴雨辽河水位猛涨	冒雨作战，加固钢桥
2	7月7日堤防告急道路受阻	连夜作战，打通道路
3	7月9日回形堤发生险情	加高0.4米，堵住洪水
4	7月10日L形堤倒灌溢流	接力运料，加高1米
5	7月11日大锦线路北管涌	厂处领导，冲锋抢险
6	7月12日19号台坝体滑坡	道路阻断，迂回抢险
7	7月13日L形堤多处溃口	百台车辆，昼夜抢修
8	7月29日洪水流量升级预警	提前准备，全力迎战
9	7月31日洪峰提前实测翻倍	油地联合，守护国堤
10	8月1日国堤塌方发生险情	启动应急，有序撤离
11	8月1日出现溃口危机加剧	建立防线，支援修堤
12	8月3日洪水逼近矿区受危	坚守阵地，保卫家园

【排涝复产】 2022年，辽河油田公司成立复产领导小组，明确复产原则、要点和流程，确定复产批次和时限，万余人奋战在曙光区域，舟车并用、涉水进场、手拉肩扛，争分夺秒加快复产进度。同步动用油地排涝力量，国堤溃口合龙前优先组织国堤东侧排洪，通过倒水与排水相结合，东水西调、南北夹击，泵随水走、倒水倒泵，高峰时期累计布泵289台，同时启泵233台，日排水606万立方米，20余天累计排水1.3亿立方米。坚持"水退一尺、路进一尺"，优先畅通复产通道，加快畅通主干道路，及时畅通重点路段，分区域、分批次做好进井路、井站接续铺垫，抢通水毁道路10万余米。提前涉水落实设备状况、筹备物资、制定方案，超常规修复电力设备，15天完成7座水淹变电所全部恢复送电，5天恢复4座联合站和1座首站主体功能，11天完成8条跨坝管线改造，对比原计划提前15天的基础上再提前5天，实现3461口油井全部开井。

【灾后上产】 2022年，辽河油田公司召开动员会，取消各级干部双休日、节假日。成立复产工作专班，研究制定产能新井、增产措施、长停井复产等1344井次上产工作量，按照"9月底前细化到天、9月底后安排到周"倒排运行、按日跟踪、每周通报，协调外部支援钻机4部、小修队伍6支，加快组织工作量实施。公司领导带队，现场考察干部担当、督查工作落实情况。日产油从洪灾最低时17085吨攀升至27500吨以上，实现产量万吨大跨越。

油气营销

【概述】 2022年，辽河油田公司加快推进生产经营一体化管理。油气营销业务主要负责油田公司月度计划制定下达，根据油气产品市场价格走势，通过油气管网、车载拉运开展油气产品销售。截至2022年底，销售原油921.58万吨、天然气1.94亿立方米，盘锦线、沈抚线等6条外销管线年输销原油702.81万吨，25个车载拉运销售点年拉运销售原油218.77万吨。

【合规管理】 2022年，辽河油田公司开展《辽河油田公司油品销售管理办法》《辽河油田公司天然气销售管理办法》《辽河油田公司零散天然气销售管理办法》修订工作，厘清公司销售业务界面，修改工作流程。组织开展原油、天然气、轻烃液化气等产品销售环节合规性自检自查，核查原油市场化销售客户资质9家，责令整改2家、清理1家，全面强化合规管理。

【统筹产销】 2022年，辽河油田公司加强产业链上下游、油田内外部协调联动，超前沟通辽河石化公司最大规模检修计划，制定原油平衡、应急外销等预案，增加锦州石化公司和锦西石化公司管输量，协调锦州石化新增卸油点，组织二级单位降低原油库存，保障检修期间56万吨原油产销有序运行。及时调整辽宁、内蒙古等地因疫情管控，油品拉运受阻情况，协调下游炼厂增加运力，推行"点对点"闭环装卸，优化管输销售量，最大限度保证原油输销。针对洪灾期间曙光采油厂产量下降，辽河油田公司积极筹措油源，暂停高升采油厂等4家采油单位车载拉运销售，取消1.8万吨原油市场化销售合同，在保障原油管线运行的同时，满足集团公司内部炼厂供油，汛后复产阶段有序恢复油品正常输销秩序，快速组织高价油品分销，开展特石线分油品结算，调整盘锦线掺稀油比例，及时保收1亿元。

【营销创效】 2022年，辽河油田公司加强国际油价走势跟踪和预测分析，实施原油动态销售2.5万吨、分质分销256万吨、市场化销售37万吨，创效7057万元。开发天然气市场，拓展用户规模，增加输销天然气2.7亿立方米，创效1972万元。

应急管理

【概述】 2022年，辽河油田公司应急管理工作坚持以人为本、立足基层、夯实基础，以提高突发事件处置能力为重点，着力加强薄弱环节和解决共性问题，加快形成源头治理、动态管理、应急处置相结合的应急管理机制。截至2022年底，储备围油栏、潜水泵、防汛沙袋等应急物资十一大类23万件（套），开展公司级应急演练2次、厂处级应急演练100余次，举办应急管理培训班3期，"1+22"应急预案（1个公司总体预案和22个专项预案）现行有效。

【基础管理】 2022年，辽河油田公司深入贯彻国家和集团公司先期处置、科学施救应急理念，重新修订发布《辽河油田公司突发事件应急管理办法》《辽河油田公司突发事件应急预案实施细则》，对完善应急准备、规范应急处置提出明确要求，从基础上强化体系建设，提升应急工作主动性。以生产现场实战化应急演练为主线，分解剖析应急演练操作步骤，梳理完善"一案一卡"（现场处置方案和应急处置卡）关键要点和操作流程，明确编制架构和具体要求，规范事故分析、预警报告、自救互救、初期处置等关键程序和措施，组织31个二级单位、105个基层班站先期编制"一案一卡"525份，推进公司应急救援能力持续增强。

【应急保障能力建设】 2022年，辽河油田公司施行应急物资"三定"（定位、定人、定量）监管，完善物资共享机制，全面强化日常维护保养，执行统一调度与动态管理，确保应急物资时刻处于"临战状态"；强化井控、管道抢险救援队伍人员和设备管理，分区布设消防队伍，健全厂处级单位兼职应急队伍和基层群防性应急保障队伍。截至2022年底，储备应急物资11余万个计量单位，配备公司级专业应急队伍4支。

【专项检查】 2022年，辽河油田公司分阶段开展生产现场应急管理专项检查，以管理较为薄弱、员工应急能力亟待提高的边远井站为重点，深入查摆基层预案、培训演练、应急技能等问题，着力堵漏洞、强弱项，累计检查二级单位31个、基层现场105个，发现问题150项均整改完成。

【应急培训演练】 2022年，辽河油田公司针对应急预案编修、管理制度宣贯、"一案一卡"编制工作，举办3期应急管理培训班，对44个二级单位业务科室负责人、应急管理人员、基层单位科级干部、基层班站骨干开展全覆盖培训，邀请集团公司、兄弟油田应急专家授课，全面讲解国家法规制度和应急管理形势、集团公司应急管理现状、应急预案编制和应急演练技术规范等内容，累计培训186人次。以常态化和实战化管理为导向，督导6家单位18个班站实施应急演练，梳理整改演练问题51项，进一步建立健全贴近实际、贴近实战的应急演练长效机制。

（刘　健）

新冠肺炎疫情防控

【概述】 2022年，辽河油田公司坚决贯彻国家、辽宁省市地方政府和集团公司新冠肺炎疫情防控工作的措施要求，树立"人民至上、生命至上"，立足精准防控，总结疫情处置经验，完善各项疫情防控机制，推进各项防控措施落实，以快制快，妥善应对周边突发疫情，有效守住工作场所和办公场所"零感染、零扩散"防线，实现疫情防控转段平稳过渡。

【机制运行】 2022年，辽河油田公司严格落实"两保""四清""四早"要求，动态发布疫防文件29个，精准排查人员流动轨迹7.7万余人次，与地方政府、油区成员单位联防联控，科学有效应对茨榆坨采油厂等周边突发疫情13轮次。持续巩固免疫屏障，加强免疫接种率91.4%，保障员工身体健康和生产经营秩序平稳。

【精准常控】 2022年，辽河油田公司全面优化更新辽河油田疫情管控信息系统，建立全员数据库，开发移动端、大数据汇总、行程定位、重点人员和项目跟踪等模块，加强快速排查和精准管控能力。建立门岗、突发情况疫情处置明白卡，规范会议排查、入口登记等各类风险排查表格。建立线上排查、线下抽查、"四不两直"检查和大数据比对四位一体监督检查体系，排查通报324项，全部完成整改落实。

【科学预控】 2022年，辽河油田公司每日跟踪国内疫情变化，开展地区风险排查、行程轨迹排查和重点区域排查，累计发布《辽河油田公司疫情风险预警及防控要求表》371份、《辽河油田公司新冠肺炎疫情轨迹情况通报》401份、重点区域应急排查23次。建立风险预警机制，对出现社会面新冠病毒感染者地市启动预警，对驻地矿区和项目实施"安全岛"升级管控，严防疫情输入。科学严谨制定疫情防控专项方案，统筹做好特殊敏感时段疫情保障工作，实现抗洪复产平稳有序，党的二十大期间防控底线不动摇。

【有效速控】 2022年，辽河油田公司组织公司级、二级单位级和基层站场三级应急演练，规范突发疫情事件速报、日报和快速处置流程。针对茨榆坨采油厂突发疫情风险，成立专班进驻矿区，第一时间解决疫情物资保障和生产生活保供协调问题。针对盘锦市域内聚集性疫情，第一时间做好涉疫风险人员和场所处置，协调办理车辆通行证，做好静态管理期间生产保供工作。

【多维联控】 2022年，辽河油田公司与属地政府、辽河油区成员单位信息实时互通，与辽油宝石花医院建立24小时联络机制，第一时间获取疫情信息，第一时间开展联动排查，第一时间进行核酸检测和环境采样。组织沈阳采油厂、锦州采油厂、高升采油厂、茨榆坨采油厂、庆阳勘探开发分公司、辽兴油气开发公司等牵头建立矿区抗疫联盟，统筹区域内各生产保供单位和承包商联防联控工作，压实各方防疫责任，做到政策一致、措施统一、信息共享、监管同步，坚实构建区域疫情防控屏障。

安全生产

【概述】 2022年，辽河油田公司学习贯彻习近平总书记关于安全生产重要论述，落实集团公司、油气和新能源分公司和辽河油田公司党委的安排部署，坚持打牢"双重预防"根基，精准防范化解重大风险。全年杜绝一般B级及以上生产安全和道路交通安全事故。发生一般C级事故1起、轻伤1人，同比减少3起、减少轻伤2人。千人轻伤率控制在0.015，同比下降78.3%。抗洪复产实现零事故、零伤害，安全生产意识呈现"三个空前"的良好氛围。

【风险分级管控】 2022年，辽河油田公司健全完善风险分级管控机制，建立以危险源辨识、风险评价和风险控制为基础的安全风险防控体系，实现各类风险稳定受控。利用动态施工信息平台对次日施工计划实施预约许可，分级落实监管责任，风险预控能力显著增强。严抓高危作业"安全区长"责任落实，问责履职不力"区长"375名，平稳组织动态施工作业10余万项。修订完善《辽河油田公司高风险点源挂牌管理细则》，紧盯"六个重点领域""八大安全风险"，针对储气库、轻烃、联合站、海上设施等高风险点源，实施深度诊断评估、HAZOP（危险与可操作性）分析、SIL（安全仪表系统安全完整性）评估、装置检测等措施，查改工艺安全问题1083项，制定措施建议234条。开展"反违章、守禁令"活动，违章人员"进站"轮训，轮训期间停发上岗津贴，累计轮训340人次，查纠违章1138项，推动全员行为安全养成。重要敏感时段实行"五定五升级"，16类高风险作业列为管控重点，升级管理强度贯穿全年，保障政治大年安全稳定。抗洪复产期间，推行"网格管控、挂图作战、全员责任、步步确认、标准作业、专项监督"六步法，采取"专业化、区域化、网格化"监督模式，分类分级监督各类风险作业10391个次，实现"零事故、零伤害"。

【隐患排查整治】 2022年，辽河油田公司统筹开展安全生产三年行动、危险化学品、房屋建筑物、燃气等"1+9"安全专项整治，系统治理燃气问题隐患598处，清理违建房屋57处，整改海上设施问题165项，累计整改各类问题3.6万项。扎实有序开展安全生产大检查，公司领导班子挂帅，采取"公司领导带队查、专业部门系统查、监管部门督导查、属地单位自主查"模式，严格周调度、月总结通报、季报告，检查覆盖全系统、辐射全领域。累计发现问题隐患1.3万余项，整改完成率94.4%。统筹资金1.41亿元，重点治理高风险站场、油气管道、压力容器、消防系统等安全隐患29项。跟踪督办油气管道占压隐患151项，下发《隐患整改督办单》，限期全部销项。按照轻重缓急原则，排定2023—2025年安全隐患治理计划，筹措资金分批实施，确保隐患科学有序治理。

【承包商安全监管】 2022年，辽河油田公司修订完善《辽河油田公司承包商健康安全环境监督管理办法》《辽河油田公司承包商HSE记分管理办法》《辽河油田安全环保专业承包（服务）商管理实施细则》等管理制度，组织修订完善HSE合同52个，全面应用承包商HSE信息系统，实现安全资质线上审查。严抓承包商关键人员能力验证，组织培训5573人次，一次考核通过率86%。严抓承包商施工作业过程监管，累计检查承包商作业现场1.6万个次，查改问题1.3万项，约谈承包商负责人13人，累计处罚承包商354.21万元，黄牌警告及黑名单数量，均超过集团公司下达指标。

【安全管理模式创新】 2022年，辽河油田公司创新安全管理模式，针对洪灾全面实施"网格管控、挂图作战、全员责任、步步确认、标准作业、专项监督"六步法，推行"3+1+1"区域化监督模式，明确一级风险施工点位474次，二级、三级风险施工点位9917次，累计派出监督员2882人次。建立12个独立矿区区域安全联盟，构建辽河矿区安全生产自我管理、自我服务、自我完善、自我约束的长效机制。成立标准化站队验收专班，修订完善《辽河油田公司HSE标准化建设示范站队评审验收标准》，对申报HSE标准化"百千示范工程"的28家基层站队严格核查，确定10家企业级达标示范站队，申报3家基层站队参与集团级达标示范站队评选。

【"安眼工程"建设】 辽河油田公司应用AI分析技术，强化采油单位违章智能捕捉，2家采油单位424路视频监控嵌入"人车闯入、工装工帽监测、盘根漏油、抽油机异常停车、悬绳器不同步"5种智能AI模型，报警准确率提高至95%以上。针对现场修井系统存在的危险性及违章行为，研发"液压防喷器上防砸护板识别、人员用工具拉管上小滑车识别、修井机上人员滞留识别、手握吊环识别、吊装未使用牵引绳识别"等6种AI智能算法模型，完成试验性现场优化和系统适配，推送报警数据38条。17家单位配发移动布控球54个，强化高危动态施工监管，推送报警数据163条。扩充视频网络通道，全面促进与油气和新能源分公司实现监控同轨。

【消防安全】 2022年，辽河油田公司修订完善《辽河油田公司消防安全管理办法》，发布实施《消防安全重点单位网格化管理实施方案》，形成"四级管理、三级监督、层层管理、多点监督"网格化管控模式。规范3类10项消防车监护范围，实施精准消防监护。梳理油田公司防火重点部位194处、消防控制室（值班室）170处，健全完善管控台账，实现重点防控。持续开展重点单位消防灭火演练，持续应急实战能力。

【海洋安全监管】 2022年，辽河油田公司履行海洋石油安全生产监督管理办公室中油分部辽河监督处授予的行政执法职能，落实《海洋石油平台（设施）安全风险评估指南》和高风险平台全面停产整改、较高风险平台局部停产整改、中风险平台限期整改、低风险平台持续提升治理要求，组织有人值守平台、老龄化固定式生产设施主结构等深度评估，对葵东1井组平台、A1平台、A2平台和A、B、C、D人工岛及陆岸终端的安全风险评估工作，整改问题165项。完成"一台（岛）一策"治理方案，推进海洋石油安全风险监测预警系统建设与应用，实现重大隐患动态清零。履行海上石油生产安全监督行政执法职能，配合国家应急管理部、集团公司开展检查10次。

环境保护

【概况】 2022年，辽河油田公司学习贯彻习近平生态文明思想，深入推进绿色低碳工程，全年杜绝一般C级及以上环境污染事故和生态破坏事件，氨氮、氮氧化物等污染物排放总量均在集团公司下达范围之内，分别下降31%、5%。实现油泥源头减量1.26万吨，同比下降20%，单井作业产生量下降25%。碳排放总量568万吨，同比下降5%，强度控制在0.57，新能源替代减碳33.7万吨，创新实践探索出绿色发展的新路径。

【清洁生产】 2022年，辽河油田公司始终坚持"牺牲环境的原油一滴也不采、保护生态的投入一分也不省、绿色转型的行动一刻也不停"的"三个一原则"，打好蓝天、碧水、净土污染防治三大保卫战。全年完成35座站场生活污水治理，完成4家单位、7座联合站VOCs治理，对34座联合站开展土壤与地下水调查，各项指标全部达标。强化落地油泥源头治理，单井作业油泥产生量0.06吨，同比下降0.02吨，建立管道"区长"负责制，管道失效率同比下降11%，实现含油污泥"控源头、遏增量"。8家单位20个采矿权通过政府绿色矿山"回头看"检查，获辽宁省专项奖金105万元。

【环保监管】 2022年，辽河油田公司有序完成年度自然保护区退出工作任务，全面开展环境风险评估，下达隐患治理资金1.9亿元，重点治理挥发性有机物。推行排污许可一证式管理，实行"监督管理一体化、环保巡查精准化、重点工作专业化"的监管模式，严格排污许可执行、污染物指标排放、流转区环保合规管理、"低老坏"问题核查整治，下达督办通知23个，查纠问题612项，处罚8.9万元，曝光典型问题33个，处理问责46人次，营造触碰"红线"必严惩的高压态势。面对洪灾冲击，针对部分工艺设施遭水淹造成余油外溢情况，构建井站、区块、河道、入海口"四道防线"，布设隔油栏40余千米，守住油不入河、不入海底线红线。

【绿色低碳转型发展】 2022年，辽河油田公司实施碳排放总量和强度"双控"，加快实施"绿色低碳613工程"。通过开发单元区块对标、重点能耗设备监测对标、稠稀油碳排放强度分类对标管理，实现年度能耗总量减少17.4万吨标煤、同比下降6.2%，碳排放总量同比减少54万吨，碳排放强度同比下降7%。实施风光电和余热等新能源替代工程，年度风光规模发电4万千瓦·时，实现余热利用1.2万吨标煤，油田地热资源开发利用技术领跑石油系统同行业。

QHSE 体系管理

【概述】 2022年,辽河油田公司以QHSE体系建设为主线,加强QHSE管理顶层设计,推进"一体化、差异化、精准化"审核,提升体系管理内生动力,在集团公司两次审核中均获良好B1级成绩。

【QHSE体系建设】 2022年,辽河油田公司梳理并建立QHSE制度体系框架,建立与集团公司、油气和新能源分公司QHSE制度对比表及法律法规清单,开展规章制度适用性、合规性评价活动。完成《辽河油田公司QHSE巡察实施细则》《辽河油田公司员工非生产亡人事件管理实施细则》《辽河油田公司媒体通报安全环保问题管理办法》《辽河油田公司排污许可管理办法》4项制度制定。完成《辽河油田公司职业卫生和员工健康管理办法》《辽河油田公司生产安全事故管理规定（试行）》2项制度修订。完成《<SP08.02.02.01员工职业健康检查>流程》《SP08.02.02.02 职业健康监护管理》《SP08.02.05.01 劳动保护》《SP08.01.05.01.05 临时用电作业许可》《SP08.01.05.01.07 进入受限空间作业许可》5项流程的修订工作。

【QHSE体系审核】 2022年,辽河油田公司持续改进一体化、精准化、差异化审核,固化审核技术组长负责制,实施技术组长"前线"负责、技术团队"后台"支持双线并行,坚持文审先行、现场审核跟进的追溯审核模式。组织编制《辽河油田QHSE体系审核迎审方案》《辽河油田QHSE体系指导审核指引》《辽河油田公司QHSE体系审核工作任务清单》《机关部门迎审重点工作指南》《机关部门迎审任务清单》。在板块审核19项重点内容基础上进行扩充,突出27项重点内容审核,推动公司QHSE特色重点工作开展,着力提升审核质量。优化审核员及审核骨干培训,以"先集中后分散"原则,统筹利用培训时间,提高培训效率,累计培养中、高级审核员249人,承担集团公司审核任务10项。辽河油田公司领导亲自带队开展审核,审核单位33家,查改问题3074项,提出针对性改进建议600余条,审核质量大幅提升,各二级单位均达到良好级（B级）水平。集团公司上下半年指导审核分别获评86.50分、86.52分,连续5年保持良好B1级,QHSE体系运行绩效稳步提升。

【QHSE标准化建设】 2022年,辽河油田公司推进"百千示范工程"建设,严格考核验收和"回头看",年度严重问题挂黄牌站队93个、事故站队摘牌1个,建设企业级示范站队20个,优选5个站队申报集团公司级示范站队。推进自主安全管理站队建设,编制《辽河油田公司2022年自主管理站队创建方案》,开展自主安全管理创建试点推进和辅导,培育锦州采油厂女子采油站等自主安全管理站队39支,逐步向自主管理阶段迈进。

【QHSE巡察】 2022年,辽河油田公司全面开展QHSE巡察工作,推动各级领导干部QHSE风险管控能力提升和履职尽责表现,对23家单位分别实施例行巡察、专项巡察和联动巡察,发现履职履责问题454项,对3家单位召开QHSE专题民主生活会,诫勉谈话处级领导1名、科级干部2名,通报批评科级干部1名并调离岗位。

【QHSE宣传培训】 2022年,辽河油田公司开展安全生产月、"六·五"环境日、质量月、《职业病防治法》宣传周等主题宣教活动,开设安全生产大检查、"反违章、守禁令"、健康辽河"知"通车等QHSE媒体专栏7个,发布QHSE资讯稿件、推文1.1万余份。创新开展"高危作业警示月"活动,每月一主题、每月一学习,制作教学视频8个,配发至基层班组,提升风险防控综合素养。分层级多形式创新开展QHSE培训,举办处级及拟提拔干部安全生产大讲堂5期,实施二级单位主要负责人、安全总监安全生产述职42名,履职评估处级及拟提拔干部328名，提升关键少数履职能力。组织全员安全技能上机测试，累计测试处科级干部及业务骨干1588人次，以考促培推动全员自主学习。建成VR安全教学基地，推广沉浸式培训，以科技提升培训效果。

节能节水与计量管理

【概况】 2022年，辽河油田公司从改进节能节水目标责任机制、严格能耗指标运行管理、狠抓计量法律法规和制度落实、加强重点计量器具监督管理入手，推进生产系统能效对标与定额考核、节能计量"三同时"管理、节能专项项目实施、油气交接计量管理、物料计量专项检查、量值传递体系建设等具体工作，完成节能量4.6万吨标煤，节水42万立方米，超额完成集团公司下达的节能节水任务指标。

【能效对标管理】 2022年，辽河油田公司分系统制定2022年考核指标，综合考虑洪涝灾害影响，重新核算各单位2022年度能耗指标。每月组织召开月度能效指标分析例会，按照"红、橙、蓝、绿"4个等级对14家油气生产单位的63项能耗定额指标进行评价，开展能效指标重点分析和现场调研督导，做到"指标变化有预警、措施制定有支撑、整改效果有核实、整体能效有提升"。截至2022年底，辽河油田公司综合耗能总量、耗能强度均呈显著下降趋势，除曙光采油厂、特种油开发公司受汛情影响能耗异常外，其他单位综合能耗同比下将6.12万吨标煤，下降率6.42%，吨油能耗同比下降7.11千克标煤/吨，下降率3.78%，能耗定额管理工作取得良好效果。

【节能计量三同时】 2022年，辽河油田公司有序推进节能审查工作，从设计院可研编制目录入手，对每个项目进行筛查，第一时间掌握各单位项目可研编制情况，督促各单位开展节能计量"三同时"工作。组织召开辽河马19储气库先导试验项目、辽河油田双229块洼128井区沙一段特低渗透油藏二氧化碳驱油与埋存先导试验配套地面工程项目和曙1-38-32块SAGD开发地面工程项目节能报告审查会，并成功通过勘探与生产分公司和地方政府节能审查，为后期项目建设奠定良好基础。

【计量管理】 2022年，辽河油田公司按月更新贸易结算、厂际交接、能源计量等重点计量器具台账，规范流量仪表铅封管理，明确铅封管理、拆除、更换等各种情形要求，消除能源消耗计量失准和效益流失风险。计划周期送检率（扣除封存，更新部分）100%；检定合格45299台次，检定合格率95.5%。起草《空分制氮气纯度检测气相色谱法》企业标准，为测量氮气纯度检测提供标准依据。开展氮气注入质量调研和注氮计量现场试验，规范注氮气计量管理。组织开展地衡交接计量专项检查，检查地衡23台，其中涉及原油外销地衡12台，查改地衡传感器和显示屏不封闭、视频监控实施不完善等问题55项。组织开展计量检定机构备案，严格核准业务范围、工作制度、检定能力、人员情况、设备情况、资质证书等硬性指标，现有计量检定机构23家，持有计量标准85项，其中地方政府授权44项，内部授权41项，主要标准器125台件，获社会共用计量标准授权机构4家，夯实公司计量检定机构的基础管理。

职业健康

【概述】 2022年,辽河油田公司打造健康辽河新模式,杜绝职业病亡人事故,非生产亡人数量同比下降11.86%,重大疾病死亡数量同比下降9.17%。检测职业病危害作业场所1081个、检测合格率100%。获集团公司健康企业称号16家单位,员工健康生活品质得到有效保障。

【健康辽河行动】 2022年,辽河油田公司开展健康大讲堂、健康管理培训、健康企业建设经验分享等培训6期。深入各单位开展心肺复苏、慢病知识等健康培训指导260次,帮助12768人掌握心肺复苏技能。打造特种油开发公司和辽河油田公司机关作为健康食堂示范单位,开展健康营养食堂建设,制定健康食堂创建标准和实施方案,形成营养食谱和食品营养标签,全面实行"三减三健"。打造"工会+健康"管理新模式,深入探索和完善心理健康促进和干预机制,开展心理健康一线行、团体辅导,加大全员健身推广力度,开展"职业健康达人"评选活动,形成"体医结合"疾病管理与健康服务体系,成为油田公司最有效的健康推广新模式。

【健康企业创建】 2022年,辽河油田公司建立"8+N"健康企业建设模式,发挥典型榜样力量,定期组织验收完成单位在全公司分享成功经验。开展"无烟单位"创建、健康知识普及宣教、健康食堂建设、工间操比赛等一系列健康文化活动。推进健康指标检测设备设施合理化配备,配备健康小屋104个,健康背包133个,配备血压计、血糖仪等检测设备共计3765个,为日常健康指标跟踪监测提供便利条件,提高员工健康服务水平。在辽河油田公司官方微信、掌上辽河创设"健康辽河知通车"专栏,累计推送健康知识167篇。

【员工健康干预】 2022年,辽河油田公司建立全员健康电子档案59985人份,根据体检结果,实施分类、分级管理,异常指标累计下降10865人次。加强员工健康干预,在风险人群中筛选重点关注人员2136人,定期面访和随访,面访率达到99.7%,制定月度指标体系,每月跟踪干预情况,每月通报存在问题,以问题为导向强化各单位落实健康管理责任,持续降低重点关注人群风险。

【职业健康防护】 2022年,辽河油田公司加强新改扩建项目职业病防护设施"三同时"管理,完成16个重点建设项目职业卫生评价,职业病防护设施"三同时"执行率100%。全年完成1081个场所职业病危害因素检测,开展辽河工程技术分公司修井作业噪声超标场所治理,对2021年50个噪声超标场所进行治理效果评价,完成辽兴油气开发公司、欢喜岭采油厂、金海采油厂职业病危害现状评价。下发《辽河油田公司职工福利费管理办法》,加强员工健康监护,持续全面实施职业健康体检和健康体检一体化,全面优化体检项目,制定多样化体检套餐50余种,采用职业健康体检费、福利费、个人医保三渠道相结合的方式,实施"体检项目自由选"的针对性体检,体检率100%,完善员工职业健康监护档案和职业卫生档案,妥善安置职业禁忌员工。严格执行《员工个人劳动防护用品管理及配备规范》,组织开展新版工服换装工作,共换装春秋季、夏季、冬季工服17.2万套。

质量管理与监督

【概述】 2022年,辽河油田公司深入开展质量管理"三个一批"行动,杜绝一般及以上质量事故和计量纠纷事件。井身质量合格率达99.38%,固井质量合格率达95.07%,同比提高8.32%。完成套损套变井治理1361口，新增量同比减少22口。优质完成双台子储气库群压缩机注气系统、欢三联地热项目井场工艺及管网改造等重点工程，全年查处质量失信问题5608项，查处不合格产品187批次，挽回经济损失1346万元。跨越式提升质量管控强度，对稳油增气作用更加凸显。

【质量"三个一批"】 2022年，辽河油田公司发布实施《质量管理"三个一批"行动方案》《落实质量管理"三个一批"工作要求的强化措施》，明确发现问题的考核方式及强化质量事故事件管理、质量问题统计上报分析等相关要求。坚持每月对标通报，提升监管强度，压实各方质量管控责任，全年累计发现问题5608项，惩处干部员工426人次，其中党纪政纪处分17人，清除或限制进入市场承包商13家、供应商27家。

【井筒质量管理】 2022年，辽河油田公司开展油气水井质量三年整治，对标井筒质量"七条红线"，出台《辽河油田公司井筒质量严重问题判定标准》。开展井筒质量"低老坏"和重复性问题专项检查，重点检查设计方案编制审批不规范、套管丝扣保护不当等7个方面，查改问题140个。开展射孔专项检查，重点检查射孔通知单、射孔施工设计、射孔作业施工等7个方面，查改问题16个。开展油气水井质量三年集中整治阶段性验收，抽查单位6家，查改问题17个。

【工程质量监督】 2022年，辽河油田公司创新实施"红线"和"对标"管理，设立建设工程质量六条"红线"，编发《辽河油田建设工程现场常见质量问题对标手册》，开展建设工程现场常见质量问题对标整治，以焊接质量为切入点规范工艺纪律。组织开展建设工程项目质量三年集中整治阶段性验收，对3家单位验收，查改问题15个。中俄东线天然气管道工程、雷61储气库地面工程获全国优秀焊接工程一等奖。

【产品质量监督】 2022年，辽河油田公司严格采购产品质量认可和企标区域符合性审查，办理产品质量认可105个，审核通过产品500个，未通过产品266个；年审276个，审核通过产品2174个，审核未通过产品446个；办理98家供应商的345个产品增项；因资料不合格劝退供应商2个，吊销产品221个。组织220份企业标准质量指标地域符合性函审，对80余份标准进行会审，查改问题560个，保证标准的严肃性和文本质量。推行全过程性能跟踪，实施跟踪产品2647个，查处问题产品36个。严格实施两级产品质量监督抽检，检验计划实施率100%，年度抽检3724批次，不合格品67批次，挽回经济损失89.01万元。优化《辽河油田公司必检物资目录》，年初下发必检物资目录，根据采购产品质量状况和工作需要适时增补。严格管控抗洪救灾用质量，成立灾后复产用物资质量督查专班，确定重点管控物资目录，检查物资20类，查改问题11个，抽样送检物资44类。

（高　瞻）

新能源业务

【概述】 2022年，辽河油田公司新能源业务按照集团公司"三步走"总体部署，全面实施"绿色低碳613工程"，完成备案和签订风光并网指标合作框架协议65.6万千瓦；沈茨锦18.19兆瓦光伏发电工程全面完工并网发电；辽河油田76.81兆瓦光伏发电工程施工建设取得突破性进展；新增并网发电36.88兆瓦，形成发电能力0.43亿度；欢三联地热利用示范项目运行平稳；依托兴隆台区广田热电供暖工程成功签订开发合作协议项目130万平方米；BSK1战略资源工程有序开展，天然碱勘探取得新突破；完成《钱家店砂岩型**矿勘探理论技术创新及找矿重大突破》国家科技进步奖一等奖及10项发明专利的申报工作。

【铀矿勘探】 2022年，辽河油田公司铀矿资源项目部紧密围绕"勘探增储、储量申报、外闯市场"中心工作，超前研究部署、超前生产组织、动态精细调整，完成全年80口探井施工任务，总进尺3.15万米。部署探井井位169口，制定钻井动态运行表12张，获工业矿井30口，矿化井46口，异常井4口，工业见矿率37.5%。完成钱Ⅲ块整体详查，对照国家储委储量评审备案要求，外协开展区块储量估算及开采经济技术可行性研究。在钱Ⅴ块南部发现一个储量增长新区块，在钱家店北部宝德勒地区查明一个成矿新领域。全面落实各项承包商管理制度要求，及时签订工程合同10项、配套研究项目合同4项，健全承包商开工审批前置清单9项。承担股份公司"含油气盆地铀矿勘查评价与高效开采技术研究"课题1项，研究周期2021年10月—2023年12月，金额231万元。全面完成2022年度和项目中期研究内容和考核指标，取得"钱家店地区铀、铼成矿受氧化还原环境控制"等三项成果认识。

【风光发电工程】 2022年，辽河油田公司新能源事业部争取风光发电并网指标，组建指标获取工作专班，与辽阳县、凌海市等地方政府沟通，逐一协调解决节点问题，完成备案和签订风光并网指标开发协议65.6万千瓦。8月21日，沈茨锦18.19兆瓦光伏项目建设，从设计到施工全流程跟进监督，12月10日，实现沈茨锦油区167座光伏电站并网发电，累计发电量突破200万千瓦·时。全力推进辽河油田76.81兆瓦光伏项目建设，组织开展前期土地资源排查，组织完成43.3兆瓦光伏基础施工，30.7兆瓦光伏组件安装，及18.17兆瓦并网调试；项目剩余部分已与13家油气生产单位完成项目实物移交，持续履行监督指导职能。按照"实施一批、规划一批、储备一批"的要求，先后完成沈采前进—静安堡、静北风力发电工程、友谊库（木材厂）5.9兆瓦全额上网光伏发电工程现场踏勘、可研编制及部分前期手续办理，积极推进风光发电项目前期工作。

【地热技术开发】 2022年，辽河油田公司新能源事业部成功协调组织欢三联地热系统复产运行，针对原欢三联地热系统采灌困难的瓶颈问题，重新布置6采10灌的井网方案，组织改井作业及工艺安装，历时17天完成复产施工。通过开展资源精细评价，制定采灌工艺方案，深入开展项目可行性研究，进一步优化热价体系，与广田热电签订《辽河油田杜306井区中深层地热供暖合作框架协议》。通过科学组织论证，与沈阳市润电集团座谈对接供暖合作，完成沈阳采油厂矿区地热供暖工程可行性研究。与辽宁省地矿集团座谈交流，就沈阳地热勘查方面达成较强合作意向，探索供暖项目对外合作。

【科技攻关】 2022年，辽河油田公司新能源事业部承接股份公司级BSK1勘查科技项目及地热项目2项，集团公司级地热及煤气化科技项目2项，油田公司级天然碱矿科技项目1项。以2021年中国石油和化工自动化应用协会科技进步奖特等奖为基础，启动《钱家店砂岩型铀铼矿勘探理论技术创新及找矿重大突破》国家科技进步奖一等奖申报工作，与科技部、勘探开发研究院、中国地质大学、辽宁大学等单位组织多学科、多技术、多方法联合攻关，开辟以"油铀兼探、多矿并举"的创新思维和管理模式，创新性建立一套含油气盆地铀矿勘探的工作程序及方法技术，集成一套铀层地震追踪技术。全年完成发明专利申报10项，其中铀矿资源项目部6项、地热资源项目部4项，全部通过公司科技部审核，其中5项专利已获代理机构受理，为公司绿色低碳转型发展提供有力技术支撑。

（齐思慧）

企业管理

企管法规与内控

【概述】 2022年，辽河油田公司按照公司党委工作部署，紧紧围绕公司四届三次职代会总体思路，聚焦高质量发展要求，着力提升依法治企水平，全面推进深化改革落地，持续强化市场和承包商管理，有效管控企业运营风险，高质量开展"管理提升年"行动，推动公司生产经营业绩持续改善。

【深化改革】 2022年，辽河油田公司再次"回头"看不足、找短板，全面总结改革成效，对通过集团公司考核的公司制改制、厂办大集体改革和退休人员社会化管理等任务，深挖遗留问题，进行再推进、再提升，确保"清零销号"。加强台账管理，发挥工作台账"成果展示""考核依据"作用，实现改革"账实相符"。以提升改革质量为重心，组织各部门逐项任务梳理改革进展，编制《辽河油田公司改革三年行动补短板强弱项工作方案》，聚焦19项短板弱项专题攻关。聘请集团公司改革专家开展预验收，对改革任务的确立、措施的制定与落实、具体进展情况、标志性成果与集团公司要求的一致性和完整性、存在问题及改进建议等方面进行综合检验并全面通过。制定《2022年深化改革工作运行机制》，实时跟踪改革工作动态。加强与各部门深入对接，组织方案讨论会、审查会33次，推动17项重点任务、30个具体项目的改革任务圆满完成，提前2个月完成改革三年行动82项任务，实现改革三年行动"量质双优"完美收官。

【治理体系建设】 2022年，辽河油田公司分级明确授权范围和管理原则，构建"依法授权、界面清晰、权责统一"的授权管理体制，有力提升经营决策质量效率。制定发布《辽河油田公司授权管理办法》，坚持差异化管控，进一步加大放权力度、规范用权程序，将生产经营权限逐步下放到生产经营主体，激发管理活力。制定发布《辽河油田公司执行董事授权管理办法（试行）》，编制《执行董事对总经理授权清单》，明确24个具体事务由总经理签批，推动执行董事向总经理授权规范化、制度化。制定权限手册，明确决策层在重要生产经营活动中的权限范围、审批程序和相应责任，作为公司决策层行使审核审批权的重要依据。梳理机关部室职能配置、规章制度和各项业务管理实际，制定《辽河油田公司2022年权力责任清单》。

【法治建设】 2022年，辽河油田公司深入贯彻国务院国资委、集团公司"合规管理强化年"部署，认真落实集团公司关于加快建设世界一流法治企业的实施意见，全面开展法治示范企业创建工作，制定"建设一流法治企业""强化合规、提升管理""综合治理专项行动"三项工作方案及其行动计划、任务清单，召开专项行动部署会，统筹推进依法合规治企三项工作，全面实施47项任务。建立"三坚持三聚焦"机制，营造全员尊法学法守法用法浓厚氛围。辽河油田公司依法合规治企水平显著增强，被集团公司确定为第一批法治示范企业。

【合规管理】 2022年，辽河油田公司结合集团公司最新要求，确定构成辽河油田合规体系十一大要素，编制《辽河油田公司合规管理体系文件》，初步形成"全员参与、全过程监控、全领域覆盖"的合规管理体系。修订《辽河油田公司合规管理办法》，进一步强化管理要求、优化组织机构、完善合规论证机制。落实合规管理责任，完善领导人员、业务部门合规责任清单，组织两级业务部门全面梳理外部合规要求和内部规章制度，确定适用的合规规范1698项，合规义务748项，修订完善合规操作指引226项。完善《合规操作指引》，推进依法合规要求和风险防控措施到岗位、到个人。编制下发《辽河油田公司"强化合规 提升管理"专项行动实施方案》《辽河油田公司综合治理专项行动实施方案》，明确重大事项审查工作标准，结合油田公司"三重一大"决策制度实施细则，对党委会、总经理办公会决策事项进行合法性、合规性审查并出具意见书，审查资产处置等重大事项102项，出具44份书面意见，保证油田公司经营依法决策、规范运作、风险受控，保障重大事项合法性合规性审查严格有效。落实员工责任，组织学习集团公司印发的《领导干部法治知识简明读本》，辽河油田公司二级副及以上人员学习覆盖率100%。认定合规高风险岗位3419个，编制合规高风险岗位违法违规问题自查操作说明，按集团公司要求时限组织划定范围内人员通过"合规管理信息平台"完成自查确认，均无违法违规问题。

【合同管理】 2022年，辽河油田公司优化合同管理制度，细化合同管理职责边界，明确合同在履行、监督等各环节的工作要求，强化履约管控、合同变更等重点环节管控力度，健全合同履行风险评估、示范文本管理、合同信息统计分析等工作机制。将提高合同签订质量作为工作重点，组织修订合同示范文本33项、HSE合同示范文本28项。强化事后合同问题治理，规范油田工程合同订立履行并进行检查督导，对事后合同、合同示范文本使用率不达标、合同价格条款约定不规范等问题突出的单位予以通报，并纳入业务考核。配合推动交易结算工作、重大工程建设项目合规监督工作。参与重大项目法律论证，确保重大项目法律上可行、风险可控、权利义务清晰，保障公司合法权益。全年签订合同2.47万份，标的额1250.04亿元，两级合同管理部门实行100%法律审查，交易风险得到较好控制。

【纠纷案件管理】 2022年，辽河油田公司严格落实案件管理各项制度、规范，突出控制案件数量、提高处理质量、加强重点案件推进三个关键，进一步加强未结纠纷案件处理，适时调整案件处理方案和处理计划，提高案件办结效率，完善阶段措施。注重积极主动维权，针对协调无效的追索欠款、非法侵占等事项，提起维权诉讼，保障公司合法权益。妥善处理南方公司系列纠纷案、盘锦燃气公司系列纠纷案等重大案件，全过程跟踪、指导、推进处理进度。加强争议纠纷的事前防范和协调处理，充分发挥发案单位、业务部门作用，采取切实可行的措施，通过案前协商等方式，消除争议隐患、化解纠纷矛盾，最大限度避免争议纠纷转化为诉讼案件。全年结案58起，避免和挽回经济损失3145.68万元。新发案件中，我方为被告案件42起，同比减少15起。注重积极主动维权，针对协调无效的追索欠款、非法侵占等事项，提起维权诉讼9起，标的780.9万元，保障公司合法权益。

【制度建设】 2022年，辽河油田公司编制下达两批次《制度建设计划》，加快缺失制度建设和需更新制度修订。严格执行"三方向、四审制"制度审查标准，着力缩短管理链条、明确罚则、强化可操作性，确保制度适应业务发展和管理提升要求，全年审查制度97项，同比增加32项。探索建立专家咨询审查机制，在公司内部推选业务能力强、从业经验丰富的专家参与制度审查，首次建库收录专家155名，涵盖生产、经营两大系统，22个业务领域。以荣兴油气开发公司为试点，研究建立与"新型采油气管理区""四办四中心"模式相配套的制度流程体系，编制下发《新型采油气管理区制度流程优化实施方案》。根据内控跟单测试结果、各部门机构和业务调整情况，以及基层单位反映强烈问题，针对性开展制度流程优化简化，建设和优化流程108个。组织召开流程信息化推进会，发布《辽河油田公司流程信息化工作实施方案》，配套编发《流程信息化组织实施计划》，完成自建系统建设38个。开展内控手册年度修订工作，对公司711个业务流程、869个风险、1315个控制措施、404个实施证据以及全部机构和岗位职责进行修订更新确认。

【"管理提升年"行动】 2022年，辽河油田公司以"强基础、控成本、降递减、提效益、上水平"为主题，启动"管理提升年"行动。科学做好统筹谋划，对照集团公司创建一流企业标准，分析公司生产经营管理现状，剖析优势、短板和目标，制定发布《辽河油田公司"管理提升年"行动方案》。组织各专业部门编制17项具体专项任务方案、47家二级单位编制本单位管理提升方案，确保管理提升行动在全油田公司内全覆盖、高起点启动，高水平、高质量推进。对每项方案细化任务清单，逐个任务明确责任、限定时间，建立月总结、月通报工作机制，专人负责工作进度督导、工作成效收集总结、工作推进问题协调解决。油田公司层面17个专项方案68项工作任务、二级单位方案1129项工作任务，总体工作进度达100%，管理提升成效凸显。加强"管理提升年"行动宣贯，在《辽河石油报》一版推出《管理提升—辽河行动》专栏，大力宣贯，促进行动落实落地。全员劳动生产率、投资回报率、市场化率等关键指标持续改善。

【对标管理】 2022年，辽河油田公司落实集团公司对标行动各项工作要求。建立"1+3+2+2"对标体系，即1个整体综合对标，3个专业对标（油气开发、采油工程、工程建设），2个对标示范单位（曙光采油厂作为稠油示范、兴隆台采油厂作为稀油示范），2个重点工程对标（法人企业治理、储气库建设），健全完善"定标—对标—达标—立标"运行机制，编制完成《辽河油田公司深化对标管理提升实施方案》，推进关键指标切实改进。集团公司137项对标管理提升任务全部完成，61项定量指标已达标，工作任务完成进度100%，工作成果完成率100%。

【管理创新课题】 2022年，辽河油田公司持续推进管理创新机制，严格落实管理创新部署，细化项目参评条件，明确获奖等级标准，扩大专家数量和范围，评审工作中实行回避机制。抽取具有丰富管理经验的中层管理人员担任评委，通过现场答辩和集中评审的方式，围绕创新性、效益性、实践性、指导性和示范性等标准对答辩成果进行评价，全年管理创新课题项目立项34项，验收26项，评审13项，成果重数量较往年增长11%。建立管理创新奖励机制，制定《辽河油田公司管理创新奖考核评价细则》，采用管理创新成果表彰奖励和管理创新奖相结合的方式，建立优秀成果应用奖励机制，鼓励管理创新工作有序开展，推进创新成果助力公司重点业务管理提升和转型升级。

【外部市场管理】 2022年，辽河油田公司持续规范外部市场管理秩序，防范市场风险，修订《辽河油田公司外部市场管理办法》，建立《辽河油田公司外部市场开发管理办法》《辽河油田公司外部市场项目管理办法》，全面规范外部市场管理要求、开发行为、运行机制。优化运行模式，推动外部市场项目财务独立核算体系建设，细化外部市场区域分布，出台《外部市场员工管理"十不准"》，外部市场项目开发、实施平稳运行。强化数据分析，注重"跨部门"协作，点对点复核数据，精准完成外部人员补贴发放和年度外部市场奖励发放。外闯市场人数4516人，同比增加300余人，取得外部收入60亿元，同比增加2亿元，边际利润3.1亿元以上，同比增利3000万元以上。

【内控与风险管理】 2022年，辽河油田公司开展全范围、全业务跟单测试，组织60名骨干成立测试组，用2个月时间对21个部门和45家单位开展测试，全面检查油田公司流程711个、制度运行情况301项，发现问题630个。修订《辽河油田公司内控手册》，针对性开展制度流程优化专项行动，建设和优化流程108个，切实有效发挥内控监督作用，高标准通过管理层测试与外部审计。持续优化风险管理工作机制，构建辽河油田公司、所属单位两级风险预警指标体系，风险管理全面加强。组织开展公司2023年度重大风险评估暨报告编制工作。研究设计构建重大风险预警指标体系框架，开展风险事件收集和重大风险跟踪监测，实现重大风险的动态管控，提升风险应对能力。成立"辽河油田公司合规、风险、内部控制管理一体化研究"管理创新项目课题研究组，建立一体化运行监督与考核评价工作机制，编制一体化管理规定和工作报告模板，形成合规、风险、内控一体化运行管理的工作格局。全面梳理油田公司境外项目管理现状，排查存在风险并制定管控措施，持续做好一类、二类投资项目风险评估及程序性审核工作。

【内部市场与承包商管理】 2022年，辽河油田公司强化顶层设计，着力构建工程及服务市场管理新模式。修订《辽河油田公司工程及服务内部市场管理办法》，实行"统一归口、分级负责"的市场管理体制，重新梳理和划分30个专业市场，规范市场交易类型和业务流程，推进市场化价格体系建立。梳理内部主体单位名录及其业务范围，严控将内部单位具备资质能力工作量外委，减少内部市场份额流失。编制《辽河油田公司工程及服务项目标准化目录》，推进采购文本及表单标准化，减少有效异议及投诉的风险。全年累计完成工程及服务市场交易总额180.79亿元。其中主体单位76.56亿元，外部关联交易企业51.85亿元，改制企业34.97亿元，外部企业17.41亿元，完成市场交易资金节约额2.67亿元。

强化承包（服务）商制度建设，完善管理体系。开展基层访谈、业务座谈，深入分析公司承包商管理问题，按照"职责分级化、选商公开化、考核标准化、管理信息化"思路，全面完善承包（服务）商管理体系，修订发布《辽河油田公司承包（服务）商管理办法》，实现招标、市场、合同、承包商"四位一体"管理。强化承包商资源库建设，对生产急需等4类项目及时开辟绿色通道，加快办理准入。按照"3+1"模式，搭建3个（内部交易、关联交易、市场化交易）内网子平台和1个外网承包商信息交互平台。对内实现市场交易计划、实施、项目分包全流程线上运行；对外与承包商之间实现承包商准入、采购公告发布、响应文件接收等工作的即时交互。有力推动内部市场资源共享、过程合规、运行高效、信息在案、永久可溯，工程及服务项目运行效率和水平全面提升。

【法制宣传教育】 2022年，辽河油田公司建立"三坚持三聚焦"机制，营造全员尊法、学法、守法、用法浓厚氛围。组织6万余名在岗员工全员合规培训，开通法律咨询信箱，设置报刊普法专栏，举办演讲比赛、公检法巡回宣讲，增强全员法律合规底线意识。坚持惩治结合，深化"反内盗"专项行动；出台员工遵规守法"十不准"等制度。聚焦关键少数，组织中层领导干部法律考试、法律讲座，提升领导干部法治意识和法治能力。聚焦关键领域，对工程建设、物资采购、招投标等法律风险较高领域开展靶向普法。聚焦关键时点，在"6·5"环境日、"12·4"国家宪法日等节点开展普法，营造良好法治氛围。

（李建飞）

规划计划

【概述】 2022年，辽河油田公司规划计划工作坚持以习近平新时代中国特色社会主义思想为指导，全面贯彻党的二十大精神，认真落实辽河油田公司各项部署，围绕"管理提升年"主线，助力"三篇文章"，创造了良好的工作业绩。完成原油产量1008.01万吨，商品量995.07万吨。完成天然气产量7.9亿立方米。上市业务集团公司下达投资79.79亿元，完成投资75.87亿元，投资完成率95.08%；未上市业务集团公司下达投资29.95亿元，完成投资29.49亿元，投资完成率98.46%。完成集团公司投资完成率考核指标。《油气田企业项目化管理研究与应用》获2022年度石油石化企业管理现代化创新优秀成果三等奖。

【中长期发展规划】 2022年，辽河油田公司持续优化发展顶层设计，"加油增气"规划、"二篇文章"布局、"两个阶段三步走"路径更加清晰完善。坚持"油藏开发规律、开发工作制度、杜绝短期行为、兼顾安全环保、注重长期效益"五项原则，组织编制《国内油气应急增产预案及中长期发展目标研究》《渤海滩浅海油气业务规划》《天然气上游业务中长期发展规划》《未上市业务中长期高质量协同发展规划》《企业自有耕地业务规划》，明确各阶段任务、指标和工作部署，研究存在的风险和对策措施，确保规划方案可操作、目标可实现。以"双碳"目标为牵引，围绕"清洁替代、战略接替、绿色转型"发展战略，突出规划引领和效益把关，加大指标获取力度，持续优化整体规划和重点项目安排，确保规划目标顺利完成。

【投资管理】 2022年，辽河油田公司坚持"三个优先"投资策略，实施投资管理"六大提升工程"，严把投资方向和总量控制，合理安排计划节奏，重点倾斜勘探开发、储气库、安全环保及抗洪复产项目，通过清理往年节余，累计下达投资计划6批次125.34亿元。持续优化投资结构，修订《辽河油田投资管理办法》，严格项目效益评价和排队优选，优化压缩投资7.63亿元，勘探开发、新能源、储气库等主营业务投资占比稳定在95%以上；百万吨产能投资控制在46亿元以内，当年投资完成率达到95%以上。制订地面前期工作计划，通过地面单标模式，将前期工作周期缩短，加快投资下达时间。通过设备设施利旧和地面方案优化，节约地面投资2627万元。分阶段开展投资清理工作，全面消化结余资金以及加快清理结算进度。深度剖析钻井概算审减额构成情况，确定钻井投资的靶向优化领域。贯彻集团公司党组投资管理工作部署，全面开展投资问题专项治理工作，督促推进47项整改措施落实落地，全年预计实现增油14164万吨，增气404万立方米，增加天然气销量1.18亿立方米，降低损失风险1.2亿元。

【项目管理】 2022年，辽河油田公司坚持"事前算赢"，明确投资项目必须达到规定效益标准方可列入计划，提质增效类投资项目将内部收益率标准提升至15%。产能化学驱、低渗透产能建设项目投资内部收益率由集团公司的6%提升至7%。按新增项目提质增效额的50%，调减项目所在单位预算成本指标或核增年度预算利润指标，全面推行投资回报考核机制。推行项目制管理，成立5个公司级、6个厂处级项目组，年度评选5个重点项目进行专项奖励，持续提升投资管理效能。梳理长期无动态在建工程246项，涉及资金8.68亿元。科学构建"项目池"体系，完善制度流程，补充管理短板，有效遏制盲目立项，大幅提升计划符合率，筑牢项目管理坚实基础。推进项目前期工作进度，加强与集团公司相关部门对接沟通，组织各类审查会议28次，累计审查新能源项目12项，投资估算22.5亿元，获得批复项目8个。制定项目前期工作流程指引，完善前期资料归档管理以及规范项目前期工作闭环管理，铸牢合规经营坚固防线。加强超前研究，编制辽河油田公司2023年业务发展和投资建议计划，分类有序推进重点投资项目前期工作，科学严谨做好评估论证，提升项目质量和效益，从源头推动油田公司高质量发展。完成各类项目可研审查75项，初设审查73项，累计核减、优化、利旧工作量895项，审减金额5870万元。

【产能建设管理】 2022年，辽河油田公司通过新井地面标准化、产能建设"项目群"管理等一系列举措，有效保障前期工作与投资计划的衔接，新井生产时率和建产效率显著提高，全年实施油气产能井802口，新建原油产能115.2万吨，新建天然气产能1.06亿立方米。获得双229块洼128井区CCUS地面工程、曙光油田稠油300万吨稳产2022—2023年度地面工程的批复，为全面完成CCUS"十四五"规划、稠油开发方式转换提供有力支撑。落实国家和中国石油储气库建设规划部署，统筹推进前期论证、新库建设、老库扩容，加快探索创新市场化、多元化运营模式。同比2021年，库容由62.79亿立方米增至103.83亿立方米，日调峰能力由3000万米^3/日增至3530万米^3/日。集团公司核定注气量31.8亿立方米，采气量26.5亿立方米。完成注气量32.06亿立方米，采气量26.5亿立方米。与开发事业部、钻采工艺研究院、勘探开发研究院、辽河油田设计院、辽河油田经济技术研究院协同推进宜庆地区油气开发方案编制，全面保障宜庆建产需求。

【油气营销管理】 2022年，辽河油田公司落实市场营销"24字"方针，通过优化销售布局及拓宽销售渠道，深化原油分质分销，完成稀油、高凝油销售152.08万吨、104.11万吨，实现高价油品最大化销售。稳步推进市场化销售，完成原油市场化销售36.98万吨，增效5930万元。将中国石油上游油气田部分原油市场化销售争取至大连石油交易所进行线上交易，交易油品128万吨，创效480万元。积极开展原油动态销售工作，优化年度销售布局，完成辽河石化检修期间辽河油资源平衡方案；积极应对汛情影响，启动原油外销应急措施，为复产工作创造有利条件；落实《集团公司轻烃液化气乙烷管理办法》，解决沈阳采油厂稳定轻烃及抚顺石化公司无法接收部分轻烃产品销售后路的问题，实现油田公司产销平稳顺畅，完成动态销售2.47万吨，增效647万元。加大组织流转区块、本土零散气及边缘井销售力度，增输增销天然气1.67亿立方米，增效1972万元。优化燃料结构，稳步实施控降天然气消耗工程，增加天然气自用6416万立方米，增效8982万元。科学制定商品量计划，统筹产运储销管理，完成年度油气生产经营任务指标。上报原油产量933.17万吨，对比股份公司调整计划933万吨，超产0.17万吨。上报原油商品量921.42万吨，对比股份公司调整计划920.87万吨，超产0.55万吨。完成原油销售量921.58万吨，对比原油商品量多销0.16万吨，库存下降0.16万吨；上报天然气产量8.41亿立方米，对比股份调整计划7.50亿立方米，超产0.91亿立方米。上报天然气商品量1.94亿立方米，对比股份公司计划0.97亿立方米，超产0.97亿立方米。

【新能源业务管理】 2022年，辽河油田公司树牢"节能是第一能源"理念，聚焦"双碳"目标，进一步调整完善绿色低碳与新能源发展领导小组管理机制，提升领导小组职能定位，强化统筹推进和组织领导。积极履行牵头单位责任，组织编制中国石油驻辽企业制定碳达峰实施方案、辽东半岛深远海海上风电基地规划，协同推进风光资源评价、项目优选，助力中国石油在辽绿色发展。持续优化完善"绿色低碳613工程"规划，编制碳达峰行动方案和低碳建产方案，为绿色低碳战略推进实施提供有力保障。组建省、市两级指标获取工作专班，先后30余次到省、市发改委等政府部门专题对接，建立指标获取联络机制，获得政策支持；同时20余次会同驻辽企业，采取广泛接触、重点跟踪、互利合作的方式，积极在省内各市开展资源获取工作。协助集团公司与辽宁省政府达成600万千瓦指标协议。完成油区外55万千瓦（辽阳20万千瓦、凌海35万千瓦）集中式风电项目及油区内10万千瓦光伏发电工程开发合作协议签订及政府备案。加强投产项目运行管理，强化在网状态及发电效率监控，累计自发绿电3200万度。推进项目前期工作进度，加强与集团公司相关部门对接沟通，缩短可研、初设审查批复时间，组织各类审查会议28次，累计审查新能源项目12项，投资估算22.5亿元，已获得批复项目8个。加快重点项目建设，实施重点清洁替代项目建设7项，全年实现120兆瓦光伏项目开工建设，累计实现清洁替代能力10.76万吨标煤。开展举升能耗对标管理，实施热注锅炉提效、密闭集油改造、油气冷输等6方面20个项目，节降天然气2221万立方米、节电3259万度；油田能耗总量同比下降29.14万吨标煤、降幅11.6%；碳排放总量568万吨、同比减少31万吨，碳排放强度0.57。CCUS示范工程双229块先导试验第一批14口井顺利完钻，在齐131、杜古潜山等11个油藏26个井组开展二氧化碳注入试验，注碳5.6万吨，增油2万吨。

【后评价管理】 2022年，辽河油田公司后评价工作坚持系统思维、突出成果应用，组织基层单位开展后评价工作，实现投产项目全覆盖，重点开展后评价项目14项，同比增加4项，其中完成详细后评价8项，简化后评价6项。总结经验24条、教训39条，提出工作建议41条。其中欢三联地热应用示范工程后评价报告作为集团公司重点详细后评价项目，分析透彻、条理清晰、重点突出，在集团公司验收评审过程中得到集团公司领导和专家的一致认可。

【油地协调工作】 2022年，辽河油田公司持续推进油地协调工作，规划计划部作为盘锦市规委会成员，配合自然资源局排查上会审议项目35个，落实涉及油气设施项目17个，推进凌海市大有经济开发区文张线两侧油气设施迁改工程，牵头与凌海市及大有经济开发区协调，通过多次推进会解决管线、电力线、通讯线等路由调整及老百姓阻工问题，确保油气设施迁改在道路建成前完成。积极与辽宁省交通建设投资集团、锦州市交通局、葫芦岛市交通局对接，争取地方迁改资金近3000万元，解决项目实施中的手续办理、征地协调及补偿等难点问题，有序推进京哈高速扩建涉及盘锦线迁改工程建设。与盘锦市及大洼区发改委协调，完成马19储气库先导试验工程项目备案。加强与外部企业战略合作，签署有关新能源业务合作协议 6 份。

【抗洪复产保障工作】 2022 年，辽河油田公司主力生产区域遭受 3 轮洪峰冲击，特别是绕阳河发生 1951 年以来最大洪水，数千井站设备被迫停运，上万吨原油产量受到影响。组织机关相关部室编制《抗洪抢险复产上产实施方案》，下达抗洪抢险及复产投资便函 9 份，抗洪抢险设备 7365 台套，50541.51 万元。申报集团公司第四批抗洪抢险复产专项投资计划申报 5.23 亿元。其中应急抢险设备工程 0.47 亿元，复产设备工艺改造 4.76 亿元。申请原油产能投资增补 130 口井，投资 9.39 亿元，申请提前实施工作量 170 口井，加快 2023 年产能建设。

【规划计划基础业务管理提升】 2022 年，辽河油田公司组织宣贯 IPM 系统（前期模块）运行要求，启动线上业务办理环节，协调解决问题 78 项，为辽河油田公司投资管理工作数字化专项提供保障。实行新井地面标准化管理，提高新井生产时率，节省投资 10393 万元，平均单井节省 13.9 万元。梳理各采油厂调整区块、油品性质及油气自用情况，及时完成油气商品量调整计划的编制及下达，实现有效指导生产运行。扎实推进管理提升工作，完善统计营销管理制度及流程，认真开展统计分析工作，强化统计分析应用，对重点能源产品进行详细分析，提高统计工作水平。

（修颖辉）

财务工作

【概述】 2022 年，辽河油田公司财务资产工作以习近平新时代中国特色社会主义思想为指导，全面落实公司四届三次职代会暨年度工作会议精神，聚焦"三篇文章"、聚力"六项战略工程"，深化提质增效专项行动，扎实开展"管理提升年"活动，持续发挥财务资产系统决策支持、服务保障、价值创造和风险防控作用，实现"两利四率"显著改善，助力公司高质量发展。全年实现营业收入 549.51 亿元，其中上市业务收入 381.64 亿元，同比增加 86.04 亿元；未上市业务收入 167.86 亿元，同比增加 21.97 亿元。实现税费 100.22 亿元，其中上市业务实现税费 90.73 亿元，同比增加 51.04 亿元；未上市业务实现税费 9.49 亿元，同比增加 2.51 亿元，经营业绩在 16 家油气田企业中稳居第六位。

【预算管理】 2022 年，辽河油田公司全面深化预算政策研究，发挥预算价值引领作用。研究完善预算指标体系和政策，在预算编制中统筹运用对标管理、市场提效、可控成本压缩等方法，引导各单位进一步加强效益管理，优化资源配置。陆续出台新增投资计提折旧折耗指标分担促进外围区上产，鼓励外闯市场和支持原油效益上产等政策。通过原油销售增收、挣薪酬、收取投资占用费等措施增利 9.17 亿元，消化基本运行费、折旧折耗、勘探费用、财务费用等预算缺口。引导各业务环节、各责任主体控投降本、提质提效。统筹推进落实培训中心党校业务划转至上市、以前年度社保结余返还、信息化业务改革等工作。实行"三个三"预算工作机制，动态开展旬度、月度损益预计。加强对标管理，推行定点承包模式，及时跟踪油田公司各单位生产经营情况，提供分析指导，服务两级决策，确保完成年度经营业绩指标，"两利四率"指标持续向好。全年实现账面净利润 33.37 亿元（上市 42.32 亿元，未上市 –8.95 亿元），超集团公司预算 3.71 亿元（上市 2.16 亿元，未上市 1.55 亿元），同比增利 23.29 亿元（上市 32.48 亿元，未上市 –9.19 亿元）。实现桶油基本运行费 18.22 美元、完全成本 65.01 美元（剔除特别收益金、资产减值报废及弃置义务调整，汇率 6.7261），剔除洪灾影响后 55.71 美元，同汇率对比集团公司预算下降 0.42 美元、降幅 1%。

【提质增效专项行动】 2022 年，辽河油田公司落实集团公司、勘探与生产分公司提质增效专项行动安排，以价值创造为导向，以"四精"管理为行动路径，推动提质增效向价值创造的更高层次、更深领域迈进，不断夯实高质量发展根基。全年确立10个方面、49项提质增效工程，通过推行分类分级管控、"五个一"工作机制、项目经理牵头跨部门组建实施团队等举措，发挥部门联动优势，靠实项目成效。全面推进开源创效、降本增效、控降投资、政策增效、财税运营各项工作，做好经营形势宣讲，推动全员挖潜创效，多点发力，实现管理挖潜30.97亿元（增效8.26亿元、保障15.08亿元、优化投资7.63亿元），完成年度目标的113.8%。将亏损治理作为专项任务的重中之重，全口径、全层次、全覆盖对辽河油田所属各层级全资、控股、实际控制及参股企业，以及经营困难的非法人单位进行全面排查和系统梳理，升级全级次子企业治理范围，对亏损企业制定"一企一策"治理方案，纳入集团公司治理范围33户全级次企业同比减亏1.01亿元。统筹推动"四维"帮扶体系，层层分解目标任务，组建帮扶工作专班，帮扶内部亏损单位18家，落实责任包保制度，强化结对帮扶考核结果运用，对比亏损治理目标减亏0.49亿元。

【资金运营】 2022年，辽河油田公司在资金紧平衡管理基础上，完善资金配置政策，提升价值导向作用。持续执行激励约束政策，对各单位进行资金清算、票据返息、两金余额下降返息及超限额占用罚息等，减轻基层单位历史负担，激发资金创效意识。拓展资金来源渠道，取得新能源绿债融资2.74亿元、储气库长期借款额度30亿元，每年节约财务费用支出0.44亿元。积极与集团公司对接，落实各项投资拨款政策，取得集团公司注资14.8亿元。充分运用商业承兑汇票、中油财票等多种金融工具，减少营运资金占用逾38亿元，减少利息支出0.63亿元。严格落实党中央、国务院国资委关于清理拖欠民营企业账款和农民工工资专项工作精神以及集团公司工作要求，加强合规管理，从业务前端出发，规范合同付款条款，增加农民工工资专户、农民工工资保证金专户条款，强化重合同、守信用理念，理顺管理流程，防止前清后欠。建立民企欠款清理工作常态化，完善信访工作机制，做深做实清欠工作。实现特殊资金共享管理新模式，在保持特殊资金管理权属的同时，对工会经费、党费等特殊资金收支实行集中共享信息化管理。通过系统整合，统一业务流程，规范核算标准，实现业务线上流转、资金线上支付、数据可视可控，有效解决付款程序烦琐、资金风险高、监管难度大等问题，得到集团公司财务部的高度认可。

【"两金"压控】 2022年，辽河油田公司保持"两金压降"高压态势，落实专项、专班、专人机制，动态跟进并通报各单位"两金"总额变动情况及重点关注事项，层层推进抓落实。多措并举处置历史遗留"两金"，收回已提坏账陈欠款1602万元，核销8674万元。组织联合清欠，收回集团公司陈欠款492万元。通过债务重组、债务转移承接、分期还款等方式确定4914万元历史陈欠清收方案。加大保函开立力度，减少应收保证金6亿元。2022年底，"两金"总额53.5亿元，较年初硬下降6.4亿元，降幅11%，"两金压降"综合完成率112.5%，资产负债率70.66%，实现自由现金流30.66亿元，均超额完成总部指标。

【会计核算】 2022年，辽河油田公司加强财务核算基础工作和会计信息质量提升。综合预算管控、资金运营、会计核算、税价统筹、资产优化、结算加快、队伍建设7个方面，开展财务基础管理能力评级，评选出上市A类单位12家，B类单位14家，未上市A类单位8家，B类单位10家，有力提升财务管理和风险风控水平。全力拓展财务共享组织范围和业务范围，推进交易平台、党工团业务、海外业务、股权公司业务上线，建立与ERP系统、EAM资产系统的融合对接，提升财务信息化自动化水平。10月，辽河油田财务共享会计核算、资金结算和报表编制3项业务移交指标均达到100%，标志着辽河油田成为中国石油财务共享100%全移交的首家千万吨级油气田企业。创新实行特殊资金财务共享服务正式上线运行，是集团公司特殊资金业务共享模式的首次实践，得到集团公司领导高度认可。加快推进结算工作，要求各单位简化内部验收和价格审核程序，明确上市与未上市单位间完工项目结算时限，主动服务基层，组织成立结算工作专班，及时解决各单位反映的结算问题，促进年末结算工作合规高效。针对财经政策和公司高质量管理的需要，开展一系列专项业务研究和规范。明确探井、评价井和滚动勘探井的核算模式，制定外部市场项目会计核算要求，指导未动用业务重组和划转，明确物资公司上市业务销售成品油核算方案、持续开展长期无动态科目余额清理、加强工程项目核算等，持续优化核算体系和架构，提高会计信息质量，助力公司效益发展。

【税收政策】 2022年，辽河油田公司全面夯实税收基础，做好税源普查，强化发票合规管理，防范税收风险，为国家税务总局金税四期上线打下扎实基础。完成储气库合资合作项目纳税筹划方案，实现节税创效。深入研究风险勘探和重大开发试验等具有研发属性的业务，推进研发费加计扣除工作规范运行，实现研发费加计扣除基数3.66亿元，加计扣除额2.74亿元，提升净利润6862万元。持续宣贯自用成品油消费税返还相关规定，从严执行优惠政策，组织自用成品油消费税返还申报工作，申请返还消费税1656万元。在依法合规前提下，用足用好各项减税降费政策，落实三次采油和低丰度区块资源税减征、工业余热生产并销售热力产品形成的增值税即征即退、污水综合利用增值税即征即退、管输超税负增值税先征后返等工作，合计减免（含退税）1.2亿元。持续加强纳税管理，积极对接税务部门，简化耕地占用税征管模式，将属地申报缴纳改为统一向盘锦市第一税务分局申报缴纳，一定程度上减少油田公司纳税管理成本、简化纳税申报流程、防范纳税操作风险。

【资产管理】 2022年，辽河油田公司持续加强资产管理制度建设，修订完善《辽河油田固定资产管理办法》《辽河油田资产评估管理办法》，制定《辽河油田资产库管理实施细则》，进一步夯实资产管理基础。全面推进资产分类评价管理，建立公司资产创效能力评价标准，评价资产总额544.37亿元，其中低效资产占比6.75%、负效资产占比2.06%。加大报废工作力度，减少低效、负效资产存量。全年报废资产30859项，原值46.36亿元，净额3.28亿元。推进完善弃置费用复核机制，轻量化资产16.24亿元。加大报废资产处置力度，完成全年处置挖潜创效5400万元。履行国有企业社会责任，会同公共事务管理部完成2022年疫情影响政策性房租减免工作。组织各托管单位对子公司资产进行清查，进一步厘清托管公司与子公司资产权属。在改革重组、资产收购、抗洪抢险、新能源建设等工作中，充分发挥专业优势，完成改革重组涉及资产划转1453项、评估储气库合资资产原值132亿元、上市公司收购未上市热注业务锅炉44台，保证新能源项目建设拆除相关地面资产379项，为公司改革发展、应急管理提供可靠资产保障。推动资产管理信息化工作，建成油气和新能源板块第一家资产处置管理平台，全年处置各类报废资产105批次，实现全部线上运行的工作目标。试点建设资产清查盘点系统，切实提升资产盘点工作效率。

【稽查监督】 2022年，辽河油田公司全面夯实财务资产合规管理，创新财务稽查组织模式，有效防控风险。组建"稽查监督联合体"，采取"线上+线下""常规+专项"相结合方式，开展外部市场完全成本核算、食堂费用合规管理、特殊资金管理等专项监督，将财务稽查向更为细分业务领域推进。按照集团工作部署，组织对依法纳税、债务风险、会计信息质量等方面进行全面检查，完善流程、堵塞漏洞，建立风险监测预警机制，形成风险防控体系。推广应用大数据财务稽查监督平台，分析近3年审计、巡察、内控和财务稽查等各类检查发现的财务管理方面问题，筛选多发、频发和屡查屡犯的风险事项，总结关键风险点，搭建自建稽查模型，嵌入集团公司统建系统，有效发挥大数据监督平台信息化监督作用，提升风险应对及合规管理水平。发布《辽河油田公司财务资产依法合规管理"十条禁则"》，筑牢财务风险防线。统筹配合各类巡察、审计、内控测试，抓好抓实问题整改，深度做好检查结果应用。

【抗洪复产支持】 2022年，面对辽河油区遭遇的历史罕见洪涝灾害，财务资产部第一时间组织成本项目审查、报废资产处置、保险理赔、结算等工作专班深入一线，科学合理预计洪灾损失、积极筹措资金，支持保障抗洪抢险和复产上产。组织12个部门联合制定下发抗洪救灾应急物资采购管理流程，明确应急物资采购、验收和结算工作。统筹保障资金需求，制定油田公司降本增效支持上产工作方案，及时下达措施上产资金计划和抗洪抢险成本计划。组织现场查勘受损资产，协调保险公司洪灾损失理赔。协调沟通，争取集团公司在利润、成本、现金流等方面考核政策支持和洪涝灾害资源税减免，最大程度减轻公司损失，有效缓解公司资金压力。

（王丽萍）

概预算管理

【概述】 2022年，辽河油田公司确立市场化改革方向，围绕加强计价依据管理、掌握业务动态、修编完善定额、制定计价标准、推进清单计价的应用研究等工作要求，为公司建立工程造价市场化提供认识、技术和环境准备。全年审批概算655项，审批额672033万元，审减29045万元；审核预算（标底）340项，审定额73334万元，审减4709万元；审核结算460项，审核额81088万元，审减7286万元；审核设备、材料价格8372项，审减1234万元。

【计价依据制定】 2022年，辽河油田公司开展辽河油田储气库钻采系统工程造价研究，分析储气库井钻采工程工艺特点、费用构成及造价特殊性，编制辽河储气库钻采工程市场化定额，并建立一套适用辽河油田公司且能够推广到集团公司的投资估算编制方法。编制审批新工艺、新技术价格，审核碳同位素录井、岩矿扫描录井、增能射孔等辽河油区新增工艺技术210项，推动形成辽河油田新工艺、新技术价格标准。统一非标准设备计价标准，成立非标撬装设备及标准化井口工艺撬价格审核组，制定价格测算方案，审核储气库群地面工程撬装设备模块31套，非标设备39台套，标准井口工艺撬21套，油气管线开孔封堵76项，3PE防腐管24项，有效解决价格纠纷。

【市场价格管理】 2022年，辽河油田公司制定并实施《车辆服务市场化价格》，审核增能射孔等新工艺、新技术价格210项，发布撬装、非标设备价格191项。保障抗洪复产概、结算，及时确定39项非常规项目的计价依据，完成概、结算181项，审减金额5623.77万元。针对曙光采油厂年底结算集中的压力，受委托承接3.9亿元的结算一级审核。坚决落实辽河油田公司党委市场化战略部署，编制《2023年油气井工程、物探工程、小修作业工程造价指标》《2023年建设工程、服务项目造价指标》，共计4366项。编制完成《智能化系统工程市场化清单单价指标》，确立2023年建立造价指标配套管理机制的目标，全力推动适应市场化的造价管理系统性变革。

（冯少华）

审计工作

【概述】 2022年，辽河油田公司全面贯彻新发展理念，注重转型发展和信息化应用，着力做好审计整改"后半篇"文章，以高质量审计监督服务公司高质量发展。全年完成各类审计项目56个，发现问题金额2.48亿元，取得直接成果1.16亿元，其中审减各类经济业务项目支出9446万元，内部收缴2150万元（挽回损失601万元），扣减相关单位工资总额7.6万元，提出并被采纳审计建议59条，报送审计要情8期，出具审计管理意见书7份，向辽河油田公司纪委移交审计线索5个，提出审计意见并进行责任追究6人。获集团公司优秀审计项目一等奖1个、三等奖5个。

【工程建设审计】 2022年，辽河油田公司审计系统完成外闯市场的探索与尝试，承担西南油气田"宁纳线增输工程竣工决算审计"项目，为西南油气田挽回效益损失79万元，得到委托方好评。持续推进辽河油田建设有限公司重组整合历史遗留问题清理工作，完成对吉林省高速公路集团有限公司应收款的清欠工作，清收资金425万元。配合完成辽河油田建设有限公司吸收合并华油工程有限责任公司相关工作。对标集团公司制度管理，组织并参与修订工程领域相关管理制度6项，包括《辽河油田公司工程建设项目审计管理细则》，参与修订油田公司《基建工程建设管理办法》《基建工程竣工验收管理办法》等4项工程管理制度。

【审计质量控制】 2022年，辽河油田公司审计系统完善从审计计划立项到审计成果综合利用的全过程质量控制体系。修订《辽河油田公司财务审计管理细则》《辽河油田公司工程建设项目审计管理细则》，编制《结算前审计管理细则》，建立结算资料三方交接制，进一步规范审计行为。定期开展审计质量检查，科学考核、准确评价，提升审计项目运行质量。迎接集团公司原油销售管理审计等专项管理审计5个，整改落实审计发现问题12个，按要求上报集团公司审计部。辽河油田公司内部审计发现问题522项，均在规定期间内整改落实。上报审计要情8期，限时督办跟进整改审计发现的重大问题和系统性风险24项，采取完善制度、开展专项治理、研究优化采购方式等措施办法，落实相关工作要求。下达管理审计意见书7份，约谈问题较为集中的二级单位主要领导，落实整改主体责任。工作量不实问题占比由70%降至38%，审减率由2.65%降至0.93%；2个油气生产单位的工作量不实问题占比分别下降18%和10%，审计成效果显著。

【专项审计】 2022年，辽河油田公司审计系统注重提升专项审计实效，开展安全生产费用专项审计和能耗管理专项审计，完成集团公司审计部委派审计项目。紧盯制约企业效益增长和价值提升的关键因素，明确部分重点物资管理等重点项目10个，选取2个项目由审计部门和纪委办公室联合开展，探索大监督运行模式，形成监督合力。强化经济责任审计力度，组织实施二级单位行政正职离任审计23个、总会计师离任审计28个。事后审计发现问题金额2.78亿元，取得直接审计成果1285万元。

【事前审计】 2022年，辽河油田公司树立管理型审计理念，落实机关监督职能。审计系统审计资金32.89亿元，审减金额6465万元，综合审减率2%。出具管理性问题底稿51份，注重揭示系统性和承包商存在的苗头性倾向性问题，促进各相关职能部门和被审计单位进一步堵塞漏洞、强化管理。组织起草《结算前审计管理细则》，从制度层面明确各环节部门的管理职责及提升工作质量的考核方法。

【审计信息化建设】 2022年，辽河油田公司审计系统聚力信息化建设，坚持信息化建设助力项目精准高效。完成数据仓库中台上线，建立40余套相关数据模型，参加集团公司审计数据仓库建模大赛，获三等奖和创新奖。开展监督一体化平台搭建工作，建立与纪检、巡察、审计、企管、安全环保等部门有机贯通、相互协调的工作格局。立足大数据应用成果，承担集团公司审计部"研究型审计在内部审计中的应用探析"课题，是中国石油唯一在中国内部审计协会获奖的项目。组织开展辽河油田公司内部审计理论研讨工作，25篇论文在辽宁省内审协会、集团公司评比中获奖。

【审计队伍建设】 2022年，辽河油田公司审计系统继续夯实队伍建设根基。开展政治理论集中学习13次，深入学习党的十九大、党的二十大和习近平总书记系列讲话精神，第一时间组织集体学习研讨党的二十大精神，交流心得体会，学思践悟、细照笃行。组织审计人员参加素质能力提升培训班、大数据培训班、全面学习落实新修订审计法、研究型审计的思考和实践探索等讲座，深化全员培训效果，拓展依法意识、审计思维和综合素养，培养复合型人才。安排69人次参加巡视巡查、集团公司审计、辽河油田公司内控、盘锦市审计等工作，在实践中培养提升能查能说能写本领。贯彻落实中央八项规定精神，严格执行审计"十不准"工作纪律，时刻上紧制度规矩的"发条"。通过向被审计单位发放《审计人员廉洁从业告知函》，要求审计人员节日期间填报《围猎情况登记表》，主动接受监督，营造廉洁环境。

（张　弛）

人力资源

【概述】 2022年，辽河油田公司组织人事工作围绕做好"三篇文章"，以"党建提升工程"和"人才强企工程"为主线，突出党建引领、突出对标对表、突出管理提升，做好"控减压降"，抓好"强优转提"，实现人力资源结构最优化、价值最大化，党的建设和各项组织人事工作成果显著。获集团公司组织人事信息报送工作先进单位、人事档案专项审核工作先进单位、组织史资料编纂工作先进单位等荣誉。

【员工管理】 2022年，辽河油田公司持续从严控制员工总量，进一步完善控员计划与工资总额、班子考核双挂钩机制。推行严格的公开招聘，将新增员工向新兴业务、重点项目、艰苦岗位倾斜。落实《中国石油天然气集团公司员工违规行为处理规定》，逐人逐岗清理长期不在岗人员，严肃劳动纪律，严格劳动合同管理，用好提前退休、离岗创业、依法解除等政策，持续压减员工总量7620人。全面推进岗位管理，打破身份界限，优化资源配置，建立"竞聘上岗、签约定岗、以岗定薪、岗变薪变"的动态运行机制，激发员工队伍活力。建立内部人力资源市场，组建人力资源调剂中心，打造人力资源调剂实体平台，完善"吸纳人员、强化培训、挖掘岗位、人员调剂"四大功能与激励约束政策，促进富余人员"上平台、动起来、走出去、退下来"，推进富余人员分流2154人。建立致密油、煤层气、光电、地热、作业监督、地质工程等人才资源池42个，推进7100名各类人才进池、赋能、调剂、盘活、共享。坚持自己的活自己干、外部的活抢着干，进一步清理顶替井口清理、管线修复等外雇工岗位623人，向长庆油田、塔里木油田、广东石化等企业劳务输出1015人。

【薪酬管理与业绩考核】 2022年，辽河油田公司强化薪酬考核分配，下发《辽河油田公司2022年工效挂钩办法》及配套制度，建立健全效益联动、效率对标和收入水平调控的工资总额决定机制，实现与集团公司全面接轨。规范专项奖励管理，开展内部自查自改，下发《辽河油田公司专项奖励管理办法》，严控额度，规范程序，限定标准，发挥专项奖励定向激励作用。分层级深化全员绩效考核，下发《辽河油田公司机关绩效考核办法》，建立全方位考核评价体系，推行"业绩+党建+民主测评"的"三位一体"考核机制，全面搞活内部分配。按照辽河油田公司抗洪复产方案，跟进复产上产进度，下发抗洪复产奖励政策，鼓励广大干部员工鼓足干劲，全力夺油上产。完成多种经营企业年金缴费基数核定，企业缴费分配比例由6%提高到7%，账户月人均计入额增加94元。深入推行考勤信息化管理，实现考勤结果与工资发放无缝对接。

【组织机构管理】 2022年，辽河油田公司聚焦组织效能和价值贡献提升，提质提速机构改革赋能主责主业高质量发展。强化党管机构编制，修订《油气田企业组织机构设置规范》，深入实施组织体系优化提升工程，系统推进测试、修井作业、物资采购、石油化工、文体后勤、社保及离退休6项业务专业化重组，分板块、差异化核定二级单位机构编制49家，新型管理区3个、43个新型作业区组织架构100%建设完成，5个公司级项目组高效推进。《基于数字化的新型采油管理区作业区建设创新实践》获第三十五届石油石化企业管理现代化创新优秀成果奖一等奖，三项制度改革、"油公司"模式改革当选党的十八大以来辽河油田公司党的二十大标志性成果。累计压减二级机构2个、三级机构111个、基层领导人员职数534人，富余人员显化比例25.3%，超额完成集团公司"4个10%"压减目标。

【提质增效】 2022年，辽河油田公司继续加大工程、服务外包项目中主体岗位业务外包用工清理工作力度，清退623人，节约成本1832万元。抓住"油公司"模式改革、"三供一业"移交，以及低油价期间员工观念转变的有利时机，用好分流政策，分流富余人员2154人，节约人工成本7728万元。指导各单位通过解除劳动关系、鼓励特殊工种及长病人员提前退休等手段开展措施减员，累计减员370人，节约人工成本3488万元。扩展稳定的外部市场"走出去"渠道，新增外闯市场1015人，创效5789万元。聚焦主责主业，加大低效无效亏损机构、非主营业务及主营非核心业务机构撤并精简力度，持续深化"油公司"模式改革，结合物联网建设进程，压减采油作业区，加快推进新型采油管理区、作业区建设。完成机构压减113个，累计挖潜金额1439万元。合理优化线上培训项目设置，累计完成线上培训48281人次，节省培训费用2613万元。开展薪酬分配专项监督检查，挽回经济损失85.4万元。调整薪酬发放和核算主体，减少采油单位储量评估人工成本3.3亿元，增加SEC储量120万吨，减少计提折耗创效1.8亿元。

【技术人才管理】 2022年，辽河油田公司深入贯彻落实集团公司"人才强企工程推进年"活动，牢固树立"人才是第一资源"理念，健全"生聚理用"人才发展机制，推进人才强企4个方面30条措施落实落地。修订发布《辽河油田职业技能等级认定管理办法》《辽河油田公司高技能人才管理办法》，研究制定《辽河油田公司创新创效成果奖励办法》，高技能人才使用和激励机制得到规范。构建专业技术人才队伍建设"126"工作架构，制定科技领军人才"名将"计划和青年技术人才"菁鹰"计划，健全技术专家管理体系，细化岗位责权与工作保障。突出人才价值导向，注重实绩和影响力，修订完善《辽河油田公司职称评审实施办法》，高质量完成2022年度职称评审工作。加强专家人才队伍建设，组织选聘企业首席技术专家6名、企业技术专家11名、一级工程师11名。完善青年人才职业发展通道建设，在19个生产单位扩大实施"双序列"改革，聘任二级工程师104名、三级工程师159名。出台《辽河油田公司博士后科研工作站管理办法》，招收2名博士进入博士后工作站。加大石油主干专业引才力度，引进高校毕业生87人。探索科研生产任务项目化管理新模式，逐步建立"项目+人才"的技术攻关和人才培养体系。突出青年技术骨干与新入职员工培养，通过培训赋能、轮岗交流、挂职锻炼、导师带徒等方式全方位培养使用人才。推荐辽宁省"兴辽人才计划"产业高端人才1人、优秀工程师、集团公司青年科技人才25人。安排6名技术专家进入辽河油田公司级勘探开发建设项目组，105名技术专家全年完成各级项目254项，占比项目总量70%以上。多轮次组织勘探开发研究院及钻采工艺研究院专家开展技术巡诊活动，支持公司抗洪复产与原油上产。坚持"以赛促学、以赛促用"，发现培养优秀人才，组织青年技术骨干参加集团公司首届油藏动态分析竞赛，获2金3银3铜，总成绩位列第二名。

【劳动保障】 2022年，辽河油田公司配合辽宁省人力资源和社会保障厅、辽宁省保险事业服务中心开展拟退休员工档案审核工作，监督指导各相关单位完成档案交接以及3400人退休审批资料的整理。协调帮助对退休审批结论存在异议人员到辽宁省人力资源和社会保障厅进行复议，并做好退休信访接待工作，在政策允许的范围内，为职工争取最大利益，妥善处理退休上访问题。按照辽宁省、盘锦市劳动鉴定委员会工作要求，组织指导各单位上报劳动能力鉴定资料并参加鉴定，完成工伤劳动能力鉴定53

人，完成因病劳动能力鉴定5人。

【人力资源信息化共享】 2022年，辽河油田公司与共享服务大庆中心签订5年《人力资源共享服务水平协议》，举办共享业务交流研讨会，收集总结共享业务上线经验，针对集团公司新发布的《人力资源管理系统管理办法》中未明确共享服务公司应承担的数据检查责任问题，按照"管办分离"原则；以切实提高共享模式下的数据质量为目标，明确辽河油田公司所属单位与共享服务公司间考核责任，与共享服务大庆中心商讨报表定制和统计分析等新增服务。

【员工培训管理】 2022年，辽河油田公司深入推进"线上+线下"培训模式，组织开展培训项目93项、567期，培训人员3.5万余人次。采用"项目制"运营方式，组织新能源人才储备培训、新型采油气作业区管理能力提升培训、培训管理者培训、党支部书记培训等项目，形成课题报告20余项、论文5篇、专利6项、心得体会30余篇，编制出版《辽河油田公司新能源技术团队培训项目成果汇编》《行动力——基层党建难题破解》。统筹建设辽河油田公司培训资源46个，其中培训教材17本，数字课件29个；完善培训机制体制，印发《辽河油田公司"十四五"员工教育培训规划》《辽河油田公司网络培训工作管理规定》。

【人事档案管理】 2022年，根据集团公司《中国石油天然气集团有限公司进一步推进干部人事档案专项审核工作实施方案》《关于开展人事档案审核质量问题专项整治工作的通知》工作要求，按照"谁管理、谁把关，谁审核、谁签字，谁签字、谁负责"的原则，继续开展各级干部人事档案专项审核和质量问题专项整治工作。规范审核、严格组织认定、完善材料收集，分情况、分类别进行处理；按照"以检促改，以查促整"的指导思想，对各单位专项整治工作情况进行专项监督，对整治工作过程中存在失职渎职、弄虚作假、泄露数据信息等违反组织纪律、保密纪律和规矩意识方面行为的，以零容忍的态度坚决整治，坚决整治专项审核工作中存在的问题，切实提升干部人事档案审核质量问题专项整治工作质效，并获"中国石油天然气集团有限公司人事档案专项审核工作先进单位"荣誉称号。

（史凤立）

股份管理

【概述】 2022年，辽河油田公司资本运营系统深入贯彻落实公司党委决策部署，聚焦高质量发展要求，主动应对困难挑战，谋改革、促转型、强合规、防风险、保安全、保稳定，国有资产实现保值增值。股权公司实现收入26.5亿元，实现净利润12512万元，投资收益8448万元，超出年初预算奋斗指标4273万元，同比增加3065万元；改制企业实现收入104.6亿元，同比减少9.9亿元，利润总额87万元，同比减少0.2亿元。

【股权管理】 2022年，辽河油田公司资本运营系统按照集团公司要求，完成股权公司2021年股利分配，符合分红条件的13家股权公司分红额1710万元，比集团公司和股份公司要求最低分红额多213万元。启动红海滩工程建设与技术服务有限公司清算注销工作，辽河油田公司党委审议通过红海滩公司清算注销，聘请伊朗当地律师办理注销事宜，选定清欠责任人，签订委托咨询合同，启动清算流程。做好参股企业自查整改，中石油辽河油田（朝阳）燃气有限公司更名为朝阳兴诺燃气有限公司。开展国有产权管理问题专项治理工作，制定《辽河油田公司国有产权管理问题自查自纠工作方案》，集团公司国有产权管理问题专项治理检查工作组到辽河油田检查，评价辽河油田公司汇报材料和工作台账可作为集团公司资料模板。开展"控股不控权"问题专项整治工作，完成"控股不控权"问题专项整治自查报告及相应附件，上报集团公司财务部。

【股权投资】 2022年，辽河油田公司资本运营系统秉持"战略性资本运营、价值性股权管理"理念，围绕公司发展战略，聚焦主责主业及战略新兴产业，开展合资合作。储气库合资合作。股份公司将持有辽河油田（盘锦）储气库有限公司100%股权协议转让至辽河石油勘探局有限公司，完成工商变更登记，辽河石油勘探局有限公司将所属储气库资产划转至辽河油田（盘锦）储气库有限公司。新能源合资合作。辽河油田公司党委会审议通过组建辽阳新能源全资子公司方案，向油气和新能源分公司上报组建请示。大连石油交易所混合所有制改革。完成奥克控股集团股份公司、静云科技（辽宁）有限公司、上海芯化和云数据科技有限公司3家意向合资方尽职调查工作。辽河油田资源利用公司增资扩股，鉴于增加未上市二级单位组织机构存在的障碍，不再对资源利用公司进行增资。组织编制股权公司非安装设备投资计划，规划计划部为7家股权公司下达投资计划257项，投资金额1544万元。组织辽宁中油产业发展有限公司编制、上报本部及其下属全资子公司等9家公司4批投资计划370项，投资金额3788万元。编制股权公司未上市中长期规划。

【董监事管理】 2022年，辽河油田公司资本运营系统准确把握新定位新使命，从管企业向管资本转变，加快构建以国有股权为纽带的集中统一管理体制，制定《辽河油田公司子企业董事会运作评价管理办法》《辽河油田公司子企业外部董事履职评价管理办法》《辽河油田公司独立董监事管理细则》，修订《辽河油田专职董监事管理细则》《辽河油田所投资公司股东会、董事会和监事会议案管理细则》。制定《调整董监事委派的工作方案》，全年组织8家公司董事会、监事会换届，调整委派董事74人次，监事44人次，委派股东代表14人次。组织股权公司召开股东会11次，董事会16次，监事会11次。审查股东会议案127项，董事会议案77项，监事会议案14项，提出修改意见25项，驳回14项。强化辽宁中油产业发展有限公司议案管理，理清管理界面，完成《辽宁中油产业发展有限公司股东会、董事会议案决策程序及各决策主体权利清单》。

（牟韬锋）

设备管理

【概述】 2022年，辽河油田公司设备管理工作立足全生命周期设备管理理念，开展"管理提升年"活动，不断提升设备专业化、精细化、集约化、数字化管理水平，努力实现"安全、完好、经济、高效"管理目标。截至2022年底，设备管理部下设职能科室6个，在册员工24人（含改做具体工作5人），平均年龄48岁。业务上指导二级单位设备管理科室48个，各级设备管理人员1037人。在册设备206088台，原值174.1亿元，净值58.33亿元，新度系数0.33，主要设备综合完好率93.19%，综合利用率72.71%，重特大责任事故率为零，实现提质增效1.65亿元，超额完成辽河油田公司任务指标（表1）。

表1 2022年辽河油田公司设备综合报表

内容\项目	设备数量（台）	原值（万元）	净值（万元）	新度系数	综合完好率（%）	综合利用率（%）
上市部分	175792	1343798	454765	0.34	94.48	73
未上市部分	30296	397247	128557	0.32	81.63	67.01
合计	206088	1741045	583322	0.33	93.19	72.71

【设备基础管理】 2022年，辽河油田公司修订《辽河油田公司设备管理办法》，优化业务职能，厘清职责界面，完成炼化业务职能调整。加强设备标准规范管理，推进新井产能建设设备单标建模，明确110项设备修理标准化目录。规范设备使用管理，梳理设备操作规程66项。编制《辽河工程技术有限公司修井设备配备建议方案》和修井业务五年发展规划，牵头完成机械加工业务退出改革任务，助力运输与特车业务改革发展。

【设备安全管理】 2022年，辽河油田公司持续加强设备完整性管理工作，落实设备本质安全。开展"严操作、反违章、重完整、提能力"设备现场安全运行专项整治活动，排查并整改问题3596个。推动高风险设备完整性管理诊断评估，对14家二级单位涉及易燃易爆、有毒有害、高温高压、运行风险大的高风险设备开展管理评估，排查并整改问题569个。深化安全监管机制，推动特种设备、"三高一危"（特车高压、高温、高空部位、危险品运输）车辆、压缩机、出租设备、天然气回收站场等重点领域和设备隐患排查，消除故障苗头和隐患问题915项。

【设备合规管理】 2022年，辽河油田公司加强重点关键设备前期管理，充分开展设计论证、技术选型工作，修改技术缺陷，完成设备选型技术把关7568项，涉及投资18.5亿元，推动捞油车、潜油电泵等重点设备的引进。强化修理过程管理，审批设备修理项目2431项、3.12亿元，编制设备维修检查标准13项，多举措保障80万轻烃检修，提升设备维修质量。梳理分析设备出租安全环保责任及风险，审批租赁事项231项，涉及金额1.88亿元。加强报废设备技术鉴定，削减冗余、精干存量，报废设备22610项，原值10.63亿元。

【设备提质增效】 2022年，辽河油田公司系统梳理变压器、电动机等设备基础信息，形成更新调改方案，完成2073台设备更新计划，设备额定效能整体提高3%。按照集中发布+随时对接的模式，集中发布两批次共享设备，随时对需求设备寻求共享资源，全年跨二级单位共享设备185台套，原值3413万元。统筹再制造抽油机126台，开展抽油机、加热炉、高架罐等闲置设备调剂利旧1712台套，并从集团公司其他油田调剂利旧设备35台套。完成污染罐车改造等设备改造22台，退租设备14台压减设备租赁支出，支持油建公司承揽内部修造业务创效686万元，完成抽油机减速箱集中更换润滑油3100台。通过聚焦投资再造、技术创新、修旧利旧、优化运行、退租减租5项设备提质增效工作措施，全年挖潜创效1.65亿元。

【自动化设备管理】 2022年，辽河油田公司贯彻落实集团公司部署，推动修井设备更新、自动化电动化改造，创新研发自动化、电动化和智能化井下作业装备，助力公司高质量发展及"双碳"目标实现，全年更新小修自动化设备2台。组织开展国产压缩机与进口压缩机对标分析，从安全性、经济性、适用性等多个角度对国产和进口压缩机进行综合对比，建立数据模型，形成分析评价报告，为后续压缩机选型提供依据。推动8台压缩机能耗测试与振动治理，实现减振降耗，年节电1346万千瓦·时。

【抗洪复产保障】 2022年，辽河油田公司应对特大洪水，提前组织对11家单位32个排涝站点119台排涝设备检查，检修整备大型排涝泵、紧急调动汽油抽水泵。建立设备保障小组，协调推动设备抢修、紧抓润滑油更换、电气设备维修、机泵设备恢复等重点工作，促进上万台受损设备及时检修，调剂设备216台，保障设备先行。组织召开注气锅炉复产推进会，成立工作专班，严防锅炉闪爆风险，提前完成132台注汽锅炉维修任务。

【炼化业务管理】 2022年，辽河油田公司加强炼化业务管理，对接公司总体发展布局，制定《石油化工专业中长期高质量协同发展规划》，推动"焦、电、水"有序发展。协调完成石油化工技术服务分公司注汽、输油、宾馆3项业务专业化重组，并协助其完成解困减亏。修订《辽河油田公司炼油化工生产管理制度》，加强装置开工管理，规范关键环节操作变动，抓好停工交检修、检修交开工界面交接。组织制定化工产品及煅烧焦产品"十四五"营销方案，推动"四增一降"营销转型，四类新拓市场销售占比由1.2%提高到70%。

【设备业务培训】 2022年，辽河油田公司加强设备管理队伍建设，提升人员能力水平。对130人开展系统领导干部完整性履职能力评估。开展设备管理咨询师第六期培训，培养设备管理咨询师42人。开展特种设备取证等各类专业技术培训60期，培训人员2000余人。开展两项软科学技术研究，推动五项管理创新研究，与兄弟油田和制造企业开展技术交流，提升设备管理软实力。

（王 冬）

物资采购管理

【概述】 2022年，辽河油田公司将采购管理部、辽河石油勘探局有限公司物资分公司合并，重组整合为辽河石油勘探局有限公司物资分公司（物资管理部）。物资管理部履行"管"的职责，负责计划管理、供应商、编码、电子商务、仓储及质量管理、技术设备引进管理，负责集团公司授权集中采购组长单位的管理工作，负责工程、服务、物资的招标以及物资的非招标采购管理，参与物资采购"三方定价"工作，指导监督各二级单位采购管理工作，协调解决采购运行。全年，辽河油田公司物资采购工作以制度建设为核心，牢固树立"产品质量是设计和制造出来的"的意识，坚持"全生命周期综合成本最低"理念，持续加强质量管控。以实现采购管理"无纸化"为目标，打造工程、物资、服务一体化的"智慧采购"平台，实现移动终端审批、移动办公、业务流程线上运行的"智慧采购"新模式。截至2022年底，物资管理部下设业务中心6个，实际在册员工33人，其中处级干部1人，科级干部16人，副科级干部5人，工作人员11人。全年物资累计采购额48.1亿元，同比增加10.9亿元。工程、物资和服务总招标率达100%，两级物资集中采购度超过99%，全年节约资金4.31亿元，物资采购资金节约率8.96%。进口业务完成引进项目35项，采购金额1.06亿元，电商累计采购金额1.15亿元。库存周转次数22.16次，全面完成各项指标。

【重点项目保障】 2022年，辽河油田公司建立公司重点工程项目清单，密切跟踪重点项目物资采购进度。推行重点工程项目物资计划预审制度，对计划的准确性、交货期的合理性进行预审，提高采购效率。协调储气库、CCUS、VOCS、饶阳河迁改等重点工程项目物资保供，确保按期到货。对公司新能源光伏发电项目，与建设单位沟通，完善技术规格书和评分细则，与集团公司协调，加快方案的审核和招标组织，完成《辽河油田2022年产能新井井场配套光伏设施采购项目》招标评审工作。组织开展《辽河油田沈茨锦光伏发电工程集中采购方案》编制工作。

【物资计划管理】 2022年，辽河油田公司优化物资计划上报程序，减少流程节点，增加上报频次，使二级单位上报计划更加顺畅。推行年度、季度计划为主，月度计划为辅的采购模式，提升规模化采购优势，降低采购成本；加强日常计划管理及运行时效考核，提高计划上报准确率、及时率、完整率，提升计划运行时效，生产保供更加及时。ERP系统累计上报物资计划117644条，累计上报计划金额64.17亿元，计划上报准确率94.6%。

【制度体系建设】 2022年，辽河油田公司理顺管理机制，修订《辽河油田物资管理办法》等9项制度，重新梳理和优化业务流程，6个管理中心梳理业务流程43个，优化调整工作流程18个，减少审批表单9张，减少审批节点12个。突出"一体化"模式下管、采、供全链条统一管理、分级负责的业务特点，在落实"管办分离、相辅相制"的基础上，全力推进物资采购管理提升、高效合规运行。

【物资招标管理】 2022年，辽河油田公司物资招标工作推行集中招标，整合公司范围内发生频次高的同类项目，专业处室作为招标人，进行集中招标，从根源上解决肢解项目规避招标风险，大幅提升采购效率。推行招标方案会审制，成立招标管理领导小组，公司主管领导牵头，相关专业处室参加，对1000万元及以上的工程、服务、物资招标项目进行方案会审，充分发挥集体决策和专业管理作用，进一步提升招标工作的质量和效率。

【产品质量管控】2022年，辽河油田公司物资管理工作严格落实集团公司、辽河油田公司产品质量监督抽查结果，对提供不合格产品的供应商进行严肃处罚，停止或取消其供货资格，筑就坚实的质量控制屏障。对集团公司、辽河油田公司106家供应商的117项产品进行处理（其中辽河油田公司通报15家供应商15批次产品、集团公司通报集团范围内91家供应商104批次产品）。辽河油田公司到货103181批，其中物资公司到货102056批，必检物资19727批，发现不合格产品均已按照采购合同中"质量条款"约定进行后续处置，避免经济损失1351.55万元；挽回经济损失15.86万元，其中一般性验收（资料、数量、外观质量）累计不合格123批次，避免经济损失764.15万元；理化性能检验累计不合格64批次，避免经济损失587.40万元和挽回经济损失15.86万元。

【集中采购管理】2022年，辽河油田公司是集团公司三十二大类电工材料、四十七大类油气试采工具产品授权集中采购组长单位。通过现场调研，对可溶桥塞产品集采价格下浮11%，调整后的可溶桥塞产品集采价格已基本处于同期市场最低水平。按照集团公司2021年一级物资供应商新增准入工作安排，对于确实不能满足充分竞争需求的物资品种，开展供应商新增准入工作。重新组建电工材料管理小组，选取采购量排名前14的所属企业和技术专家作为管理小组成员单位，为后续开展授权集中采购相关工作提供技术支撑。通过精细梳理集采目录，实现100%量化评审等提高采购效率。在总结前期二级物资集中采购工作经验的基础上，优化采购策略，创新集中采购管理模式。固定成型6大采购策略模板，包括性价比最优、全生命周期、质量优先、技术优先、价格优先、品牌化。推进集中采购专业化、标准化，提高物资采购效率效益和物资采购管理水平。继续推进油田公司依法合规治企，规范采购行为，强化风险防控，先后对辽河油田建设有限公司、辽河油田辽兴油气开发公司、环境工程、未动用等10家单位开展"两新两高"和"五自"单位采购行为专项检查，发现问题60项。

【进口采购管理】2022年，辽河油田公司严格执行国家法律、法规，贯彻集团公司管理规定，推行国际公开招标和两级集中采购。严格审核引进项目，应招标项目全部履行国际公开招标程序。组织完成进口引进项目35项，计划资金总额1.53亿元，合同总额1.06亿元，节约计划资金4636万元，计划资金节约率30%。超集团公司采购资金节约率5%的工作目标。

【提质增效】2022年，辽河油田公司充分利用市场化手段，在提升质量、效益和效率上下功夫。通过执行集团公司集采结果、实施二级物资集中采购、强化招标方案质量提升、加强非招标物资项目管理等措施，实现提质增效4.31亿元。仓储方面，通过区域仓储中心统一调配，对于长时间未领用物资进行预警通报，并在计划需求环节进行平库处理，有效盘活库存资源，库存周转次数为22.16次。按照"两金压控"工作要求，制定库存限额指标。开展闲置物资统计、调剂处置工作，闲置物资账面金额合计1671.46万元。同公司所属二级单位进行沟通，对金额609.76万元积压闲置物资明确内部消耗调剂使用，已利用21.31万元，利用率3.5%。对账面金额1069.7万元的闲置物资在辽河油田公司、集团公司范围内进行调剂使用，共同推进二次调剂相关工作，进一步盘活闲置物资，提高物资使用效益。将兴隆台采油厂闲置的168×6毫米黄夹克防腐保温无缝钢管2.036吨调剂给环境工程公司使用，价值21786.95元。

【供应商管理】2022年，辽河油田公司坚持"少量优秀"管理要求，强化物资供应商管理工作。以公开招标等形式，引进优秀制造商，提高对制造商的直采率，库内制造商比例逐年上升。梳理分析二级物资供应商资源库，结合实际采购情况开展辽河油田分公司二级物资代理商、贸易商优化压减工作。

【"共享商城"建设】 2022年，辽河油田公司物资管理工作落实"管理提升年"行动方案，搭建辽河特色物资"共享商城"，实现常规生产消耗类物资和非生产性通用物资为一体的网上超市化采购模式，大幅提高采购效率，缩短供货周期。通过以图文可视化的展现形式，建设辽河特色物资"共享商城"，"计划+选商"二合一的形式，点选商品直接生成订单，形成计划上报、审核的新模式。推进"零库存"管理，对年度需求量较大和使用需求频次高的物资，开展实物代储代销和"储物于商"采购模式，对占用仓储资源大、不便运输的物资提前检验，实现"工厂直达现场"。

（时冀徽）

经济评价

【概述】 2022年，辽河油田公司发挥三级经济评价作用，加强内部研讨、系统培训和基层调研，征集各单位合理化建议。与勘探开发研究院共同探索形成经济技术一体化评价模式，高水平完成储量经济评价，得到集团公司评审专家高度认可。《原油效益开发数智化决策体系探索与实践》获2022年度石油石化企业管理现代化创新优秀成果奖二等奖。

【勘探经济评价】 2022年，辽河油田公司完成新增三级储量及SEC扩边新发现储量经济评价，增加探明经济可采储量原油292.83万吨、溶解气1.58亿立方米、天然气8.65亿立方米、凝析油0.93万吨，增加控制经济可采储量原油318.44万吨。完成7个区块新增经济可采储量估算工作，估算原油经济可采储量87.72万吨。完成31个探明未动用区块的分类评价、2022年油藏评价项目投资计划、海上探井风险勘探经济评价，助力油田公司实现提质增效目标。

【开发经济评价】 2022年，辽河油田公司完成1129口油气产能建设新井和519口套损井的经济评价和效益审核，累计投资优化77口，压降投资2520万元。完成国家能源局油气开发项目备案工作。开展辽河油田产能建设市场化潜力筛选，完成173个潜力低效区块经济评价。完成2019—2021年油气产能井达效分析，完成2023年油气产能框架计划经济评价。完成《曙光油田稠油300万吨稳产年度实施方案》《辽河油田宜庆地区油气初步开发方案》等SAGD、蒸汽驱、化学驱、火驱、概念设计和国际合作六大类22个项目，合计110个方案，累计226轮次的经济评价工作。组织完成杜80蒸汽驱、杜84蒸汽驱等20个方式转换项目的跟踪评价，编写月报40期，季报48期。完成SAGD、蒸汽驱等22个项目619个井组效益评价工作，为公司效益开发提供决策依据。

【采油经济评价】 2022年，辽河油田公司按月开展16000余口单井及117个评价单元效益评价工作，编制上报股份公司的效益评价季报4期、年报1期。强化单井效益提升工作，与采油单位共同组织无效井治理工作，全年治理无效井596口，平均单位操作成本由治理前6984元/吨下降至2989元/吨，低效井治理率达到63%，效益升级率达到65%（在2021年同油价条件下）。开展措施前评价7220井次，否决无效措施122井次，减少风险性支出2806万元，对实施措施持续跟踪评价。高效配合汛期后复产上产工作，组织各采油单位开展705井次成本类专项措施前评价及效益审核审批工作。完成《稠油开发井下大功率电加热技术先导试验方案》《高温带压作业项目》经济评价。

【地面工程经济评价】 2022年，辽河油田公司完成《曙、特地区防水患地面优化工程》等2个项目经济评价，《金海采油厂、欢喜岭采油厂物联网建设方案初设经济评价》等6个项目效益审核工作。

【新能源项目经济评价】 2022年,辽河油田公司完成CCUS顶层设计经济评价,编制CCUS先导试验方案,加强经济技术一体化研究,用经济指标指导技术方案多轮优化,优先保障捕集内部碳源效益达标,解决辽河稠油尾气排放问题,形成《双229块注128井区CCUS先导试验》经济评价方案,保证项目45美元/桶油价下效益实施。完成天然碱开采项目经济评价,为公司与通辽政府合作谈判提供技术支持。开展通辽铀业开发专项工作效益评价,为谈判提供数据支撑。开展风光发电项目经济评价,完成驻辽企业、辽河油田90兆瓦等7个风光发电项目经济评价审查,保障项目效益获批,推进绿色能源替代工程。完成石油经济专标委《石油可采储量估算》行业标准修订工作及《油井增产措施经济评价方法》标准修订立项工作,以及《锦45块集输系统工艺优化》等8个后评价工作。

(胡龙飞)

经济政策研究

【概述】 2022年,辽河油田公司政策研究工作围绕"学习、研究、思考、创新"工作目标(任务),一体统筹科研课题及提质增效项目,创新工作方法和工作思路,依托课题研究,打造思想精品。

【企业政策研究】 2022年,辽河油田公司完成集团公司"油气田公司业务归核化发展配套机制研究"课题,系统分析集团公司业务归核化发展顶层设计,总结提炼业务归核化发展目标和实施路线图,全面评价16家油气田公司业务归核化发展现状,对标国际大石油公司业务归核化发展路径,提出业务归核化发展配套机制和工作建议。按照集团公司安排,开展专项调研,完成《发挥国有经济在实现共同富裕中的作用》专题报告,系统分析辽河油田在促进共同富裕中的主要做法和工作成效。借鉴胜利油田经验,形成《关于辽河油田开展难动用储量风险合作开发的建议》,供公司决策参考。

【新能源研究】 2022年,辽河油田公司完成《减排替代背景下辽河油田新能源优势发展方向研究》,结合油气生产实际,提出油田公司风电、光伏、地热、光热、氢能等业务发展方向建议。编写《新能源重点政策汇编与解读》,提出新能源业务发展政策建议。完成《驻辽企业基础研究》《辽河油田清洁能源建设实施方案编制建议》《CCUS业务政策调研及工作建议》等汇总编写,提出驻辽企业"双碳"工作措施路径和建议。完成《绿色循环园区政策解读及园区循环化改造案例调研》,提出绿色循环园区建设工作建议。开展智库理论与实践研究,提出企业智库的功能和要素,制定辽河油田新型智库建设战略规划和建设目标,启动产品体系、学科体系建设,以及知识管理、研究范式分析、数据情报分析工作,实质性推动辽河油田智库建设。开展《辽河油田内部资源优化工程》,完成年度提质增效目标。打造《行业简讯》《经研信息参考》《值班信息》等特色信息产品,在发挥决策支持作用上迈出实质步伐。

【软科学管理】 2022年,辽河油田公司软科学管理工作贯彻落实"强化软科学对管理提升的战略引领、理论支持"的工作部署,以建设新型智库为核心,以实践应用为目的,以研究课题为切入点,建立健全各项规章制度,实现课题数量翻倍、研究质量提升、管理水平提高的工作目标。修订完善《辽河油田公司软科学研究课题管理办法》《辽河油田公司软科学研究奖励细则》,建立明确的管理规范,完善标准模板20个。编制《辽河油田公司软科学研究经费管理实施细则》《辽河油田公司软科学研究成果管理实施细则》,推动流程管理标准化、规范化。组织完成"辽河油田公司储气库发展模式研究""辽河油田亏损企业治理对策研究""辽河油田"十四五"时期原油效益开发策略研究"等33项课题。高质量完成集团公司课题"加强石油企业职工心理健康促进工作研究""油气田公司业务归核化发展配套机制研究",分别获集团公司优秀课题奖、良好课题奖。2022年,在研集团公司课题3项,辽河油田公司课题4项。课题数量同比2021年增长1倍。开发软科学课题管理信息系统,规范软科学研究课题管理流程27项,制定软科学研究课题标准模板20个,有效提升管理效率和质量,节约课题研究经费20.67万元。

（郭宏伟）

招标工作

【概述】 2022年,辽河油田公司招标工作贯彻落实党的二十大精神,严格执行集团公司工作部署,聚焦高质量发展,锚定创一流目标,牢牢守住招投标"规法一体"各道防线,生产经营业绩再创历史新高,实现持续快速发展良好态势。

【招标指标完成情况】 2022年,辽河油田公司按照《辽河油田公司2022年提质增效专项行动实施方案》要求,落实市场化招标节资降本增效工程,完成招标、谈判1552包/标段,同比增加311包/标段,估算金额62.48亿元,中标金额53.17亿元,节约金额3.23亿元,资金节约率7%,招标成功率83%。实现收入7762万元,同比增加2050万元。盈利5690万元,对比底线目标3192万元超额完成2498万元;对比奋斗目标3692万元超额完成1998万元。

【抗洪复产项目招标】 2022年,辽河油田公司针对每个抗洪复产项目采取精细化管理,制定"甘特图"任务时限表,实行挂图作战,节假日期间不休息,"以小时计"靠前服务完成招标流程节点,优质高效完成招标采购任务,全力保障油田公司复工复产。接收抗洪复产项目108包/标段,组织复产评标会议105场次,其中节假日评标41场次,切实做到招标节约率不低于6%,招标成功率100%,专家抽取成功率100%。

【外部市场开发】 2022年,辽河油田招标工作依靠优质的服务、专业的队伍,在逐步提升油区内部市场占有率的基础上,利用专业服务优势走出油区,实现外部市场跨越式发展,服务辽河石化公司、锦西石化公司、天时集团能源有限公司、大连中石油国际储运有限公司等外部单位15家,在辽河油区形成小范围的"区域招标中心"。全年承揽外部市场项目105个,招标金额4亿元,外部市场创收332万元。

【招标监管机制】 2022年,辽河油田招标工作通过常态化开展"内防泄密,外查造假"工作,助力推进招标领域治理体系和治理能力现代化。加强对评标现场管控,制定《评标专家现场签到制度》以及评标工作纪律,公开上墙,规范参与评标人员行为。完善现场视频监控系统,更新屏蔽装置、配备录音笔,对评标现场评委、监委、工作人员进行全程监控并录音录像、存档备案,有效防止现场泄密。严格落实公司依法合规治企工作会议专项部署,全面夯实依法合规治企基础,在内部管理及硬件设施上,提高依法招标工作水平。学习贯彻新《安全生产法》,全面落实"三个必须"要求,成立招标中心分委会,扎实推进油田公司"大反思、大讨论、大排查、大整治"活动,排查出风险隐患2项,逐项制定针对性的整治措施。

（董 宇）

土地和公路管理

【概述】 2022年,辽河油田公司土地公路系统贯彻公司党委决策部署,锚定"高质量、创一流"目标,围绕"三篇文章"布局和"六项战略工程",以"管理提升年"为主线,以"一部五线一平台"为载体,提质量、提效率,强基础、强规范,转作风、转形象,拼搏实干,笃行不怠,助力"加油增气"与"提质增效"年度业绩指标实现。面对罕见的严重洪涝灾害,高质量、高效率完成绕阳河右岸排水、水淹道路桥涵恢复和交通秩序管理、油气上产土地保障等一系列急难险重任务。

【征地工作】 2022年,辽河油田公司专研国土政策争取效率空间、精准切入点发力突破、加大协调管理创新,全面提高新井征地及钻前准备时率。复工复产期间,利用"特事特办"支持政策,进场周期降至10天,对比全周期提速88%,对比上半年提速78%。完成新井征地1249口,钻前施工效率提高30%,产能新井井场准备率108%。坚持以最小的土地消耗支撑更大规模油气生产,压控投资6540多万元。其中完全新增用地150口井,对比国家用地指标节约投资2340万元。利用管排护地,减少土地复垦费用500万元。坚持"能临时用地不永久征地,能用老井场的不新增用地"原则,完全利用老井场及扩边征地占比同比提高10%,压控投资3700万元。取得国家石油钻井及配套设施用地批复360宗地,办理供地不动产权证79宗地,启动2020年、2021年2批项目组卷报批607宗地。

【土地管理】 2022年,辽河油田公司明确土地公路管理界面,从有利于保障生产经营、有利于提升管理效能、有利于维护企业利益、有利于促进安全和谐等方面着眼,科学划定界面,准确明晰责任,构筑起覆盖全油田的立体综合管理网络,确保每寸土地有人管、每寸土地都管好。对油田内部土地调剂流程和标准进行规范,明确报审、备案、指界等步骤要求,列出土地档案交接资料明细,杜绝土地交接过程产生的各类新增问题,堵塞管理漏洞。按照依法纳税、应缴尽缴原则,联合财务部门对油田土地税基进行全面梳理核准,理清油田土地纳税情况,形成土地纳税专项台账,查遗补漏,修正完善,防范法律风险。全面开展土地清查,核准油田土地基础数据,摸清土地"家底",截至2022年底,辽河油田现有土地18358宗、179483.8亩。规范土地处置流程,新增部门论证和主管领导前置会议2个环节,完成金海采油厂小平4井场土地处置,完成油气原家属站装车区土地处置审批工作。

【土地利用】 2022年,辽河油田公司探索低效土地盘活新思路,持续开展土地整治工作,先后组织实施曙一联西部地块、曙光街道裕隆地块、六分场地块、渔圈沟地块等6项土地复垦整理项目,新增耕地496亩、取得补充耕地指标分成251亩。推进完工土地整治项目指标入库,通过与辽宁省自然资源厅、盘锦市自然资源局相关部门沟通协调,完成测井农场平房区、街道矿区北鱼池、曙光街道后备资源等土地复垦、整理、开发项目验收入库工作6项,累计新增耕地面积955.66亩,取得入库补充耕地指标分成525.61亩。为新能源项目建设提供土地支持,按照"先存量、后新增"原则,通过权源信息、现场勘测等方式对辽河油田新能源业务可利用土地组织用地需求调查3轮,筛查土地9000亩,可以使用6500亩,已使用2000亩,余存量土地4500亩。完善低效地盘活体系建设,全年盘活低效土地1183亩。扎实推进生态恢复工作,恢复井场土地30宗96亩,减税38.4万元。全力支持盘锦市山水林田湖草沙一体化治理工程验收,累计完成配套资金6800万元。

【土地保护】 2022年,辽河油田公司持续推进"双违"治理行动,组建专项治理小组,配套形成

"1+N"工作实施模式，分阶段组织打好春耕"阻击战"和秋收"歼灭战"，密切对接盘锦市执法大队，解决已经形成侵占事实的历史问题，全面遏制新增侵占问题，累计收回侵占土地507宗、侵占面积784亩。严格遵循安全生产"三管三必须"原则，持续常态化加大土地占用清理力度，结合分管业务包保责任，对未清理的非法占用土地，尤其对各单位已排查出的构（建）筑物占地，按照已确定的土地管理界面，实施全覆盖的权属土地安全环保风险排查，发现隐患问题责令限期整改，有效削减"违法占地、违法建设"衍生出的各类安全环保风险，确保可控受控。

【公路管理】 2022年，辽河油田公司投入1500万元养护专用道路827千米，其中砂石路维修95千米、沥青路补坑槽34072平方米、附属设施更换公路标识标牌维修75个，创新设置"路长制"标牌32个。针对曙15支沥青路损毁严重、曙5支严重水淹损毁、齐8支砂石路扬尘污染大，以及桥涵桥墩损坏等安全隐患问题，争取资金1602万元，完成6条道路、6座桥维修改造，保障通行安全。抗洪复产期间，通过规划车辆通行线路、交警辅警疏导、警车流动巡查、设置标识标牌等措施，提升通行质量和效率，设置交通管疏导点14个，日平均执勤人员28人、巡逻警车3台、疏导车辆1500余台、驱赶违停车辆120余台、劝返非施工车辆160余台。结合曙特地区受洪灾实际，争取资金97万元组织水淹桥涵特殊检查，及时掌握安全状况，做好危害性评估。结合历史资料和2021年公路现状测量结果，将征地档案、设计等级、施工信息等录入土地公路管理信息系统进行数据更新。录入矿区数据11000宗、证测数据5270宗、三供一业752宗，共计17022宗，日常运维365项，升级修补系统漏洞8项。

【专业市场管理】 2022年，辽河油田公司规范土地公路市场运作，配置计划34970.86万元，其中钻前、复垦市场份额14921.97万元，配置辽河油田建设有限公司7843.27万元，占比52.56%；公路、征地、土地确权及管排等市场份额20048.89万元。

【油地协调】 2022年，辽河油田公司与盘锦市每月工作交流2—3次，在抗洪抢险复产特殊期间，新井产能建设办理手续提速入场，雷61、双台子储气库消防建审、验收容缺办理，盖探1井用海手续协调，石油化工技术服务有限公司加气站经营许可证续办等重大事项取得大力支持。主管领导亲自带队到沈阳市协调土地复垦验收、到辽阳市协调龙气5储气库用地等事宜，营造良好发展环境。与盘锦市发改委、盘锦市自然资源局、盘锦市交通局，以及各区、县等部门，加强每周工作交流对接，顺利解决古1井因噪音补偿阻工、曙古211井阻工钻机搬家等30多起阻工事件。编制《油地工作简报》2期，《工作纪要》1期，督办油地各类重大事项40多个。共同推进征地协调、钻井噪声阻工补偿、百姓诉求等各类堵点、卡点问题50多个。对标长庆油田逐步顺畅用地环境，加快新井上钻使用林草地、耕地双重审批时率，为宜庆地区效益上产保证用地支撑。联合财务部门申请在陕西省、甘肃省、辽宁省建立"复垦保证金账户"，落实临时用地复垦保证金预存政策，防范法律风险，优化外围环境。

（狄 强）

对外合作

【概述】 2022年，辽河油田公司对外合作工作围绕公司总体工作任务目标，以党的建设为核心，持续开展形势任务宣传教育，聚集"加油增气"，深化管理促提升，深化合规促发展，推进合作项目原油上产和境外业务开展，向高质量发展目标迈进。

【对外合作】 2022年，辽河油田公司对外合作项目原油产量实际完成98.4万吨，对比年度调整预算97.2万吨，超产1.2万吨。其中冷家堡项目年度调整预算 48 万吨，实际完成 48.6 万吨，超产 0.6 万吨；月东项目年度预算 49.2 万吨，实际完成 49.8 万吨，超产 0.6 万吨。对外合作项目商品量实际完成 94.32 万吨，对比年度调整预算 91.92 万吨，超交 2.4 万吨。其中冷家堡项目年度调整预算 45.12 万吨，实际完成 45.72 万吨，超交 0.6 万吨；月东项目年度预算 46.8 万吨，实际完成 48.6 万吨，超交 1.8 万吨。合作项目中方实现税前利润 39745 万元（不含冷寂补提弃置费 51498 万元），对比年度预算 18120 万元，超交税前利润 21625 万元，剔除油价、税费、洪涝等影响 16230 万元后，实际超交税前利润 5395 万元。冷家项目面对 30 年不遇历史罕见洪涝灾害，科学研判，统筹组织，所有水淹区域提前 19 天实现全面复产，累计减少产量损失 3820 余吨，成为辽河油田公司第一家实现水淹区全面复产的单位。月东项目加速人工 D 岛新井建产，克服疫情影响及钻井人员隔离、相关设备设施难以及时就位等多重困难，确保新井如期开钻。推进地面配套设施生产建设，利用钻机滑移间隙，完成 7 台抽油机吊装就位及电机、配重、控制柜的安装调试工作，提前 10 天达到投产要求，为产量目标的超额完成提供有力支撑。

【国际业务社会安全管理】 2022年，辽河油田公司确保海外项目及时准确在国际业务社会安全管理系统中填报安保日、周报和疫情周报，对海外项目的社会安全风险评估报告和安保方案进行审查，形成审查报告，指导涉外单位对存在的问题进行整改落实。对海外项目进行国际业务社会安全专项审核 3 次。强化国际业务社会安全管理培训，举办辽河油田公司国际业务社会安全管理培训班，邀请集团公司专家授课，提高国际业务从业人员风险防范意识，自我防护能力，应急处置能力。通过"辽油 e 学"信息化平台发布线上培训课程，实现国际业务社会安全管理线上培训，提高培训效率，提升国际业务培训信息化水平。组织符合条件人员参加集团公司防恐安全培训，参培人员成绩均合格。严格落实"三防"工作要求，开展国家安全教育。组织 30 余名涉外人员参加国家安全教育活动，邀请盘锦市国家安全局工作人员进行全程讲解，树立员工总体国家安全观，时刻牢记"内外有别"，做好防范工作。

【外事与出国】 2022年，辽河油田公司申办因公出国项目 35 个，审批通过因公出国 44 人次。境外在岗人员 35 人（人事关系在辽河油田），其中辽河油田自有海外项目 2 人，对外提供技术服务人员 8 人（长城钻探工程有限公司、管道局工程有限公司）海外对口支持、双向交流、借聘人员 25 人（表2）。完善《辽河油田公司外事接待工作管理办法》，有效规范外事接待和对外交流工作。优化因公出国管理，高效保障因公出国（境）需求，严守"非必要不派出"底线。高效、规范、科学组织日常出国（境）审批审核和手续办理工作，保障因公出国团组的顺利派出，强化因公出国（境）人员行前教育工作，增进员工对国际旅行常识了解，提高安全防范和疫情防控意识，安全、顺利、合规地完成工作任务，实现因公出国全过程合规管理，无违反外事纪律问题。开展国际交流，发挥外事、外联作用，完成油田公司 SPE（石油工程师协会）会员调整工作 10 人，完成油田公司 AAPG（美国石油地质学家协会）会员调整工作 3 人。联合科技部筹备国际稠（重）油技术论坛，做好外事、外联保障工作。严格落实集团公司、辽宁省委、盘锦市委关于加强涉外安全保

表2 2022年辽河油田公司长期派出人员分布统计表（动态调整）

类别	辽河自有项目		对口支持（双向交流、借聘）							技术服务	
单位	辽哈公司	加拿大乐迪公司	拉美公司	中油锐思	中东公司	中亚公司	尼日尔公司	CPECC	中油国际管道	管道局	长城钻探
人数	2人	0人	15人	1人	1人	12人	1人	6人	5人	3人	9人
小计	2人		41人							12人	
合计	55人										

密相关文件精神。做好安全合规与防策反、防渗透、防窃密（三防）教育工作，因公出国人员签订保密承诺书，归国后开展回访工作，密切关注重点国家回国人员，酌情进行面对面访谈，回国人员填写归国回访记录表。

【海外业务】 2022年，辽河油田公司明确发展方向，优化业务顶层新设计，召开国际业务研讨会，细化目标市场，确立近期目标市场（尼日尔、哈萨克斯坦、乍得）和远期目标市场（委内瑞拉、伊拉克）。"机关+基层"上下合力，协作推进国际业务发展，形成"1+5+2"国际业务发展组织架构。国家能源稠（重）油开采研发中心和海外稠（重）油技术支持中心作为科技创新平台，围绕海外项目公司技术需求开展"研究—实施—再研究"，使2个"中心"成为辽河油田海外市场发展有效载体。2022年3月30日，与中国石油系统内部企业合作（长城钻探）签订国际业务领域战略合作框架协议线上签约仪式，确立沟通联络机制，联手拓展国际业务。与中国石油系统外部（洲际油气股份有限公司）在阿尔巴尼亚开展油气技术服务合作，构建油田公司国际业务发展平台。制定并发布《辽河油田公司境外业务管理办法》，开展境外业务风险排查工作，形成《境外业务风险排查报告》并制定应对措施。对境外项目开展备案工作，严格事前管控，对重点项目进行评估论证，有效防范境外项目在法律、合规、安全、商务等方面风险，获得集团公司对乌干达项目的支持并通过备案，使辽河油田在哈萨克斯坦、加拿大等原有海外市场基础上，实现向乌干达市场挺进的新突破。成立由油田公司主管领导任组长的工作专班，国际合作业务拓展工作专班（长城钻探）和国际合作业务（尼日尔项目）工作专班。国际合作业务拓展工作专班（长城钻探）获取长城钻探提出的31项技术需求，明确技术需求与具体海外项目结合的工作方向。针对亏损企业治理工作，国际合作部与经济技术研究院成立工作专班，积极帮扶国际事业部解困扭亏，通过强化全员、全要素成本管控，明确市场定位，加强组织和压实责任，成立专业团队和工作专班"五大工程"，全力推动解困扭亏工作。

【海外疫情防控】 2022年，辽河油田公司按照集团公司规章制度，开展海外疫情防控工作，实现海外项目平稳运行，海外员工健康平安。扎实做好常态化工作，确保海外项目及时准确地在国际业务社会安全管理系统中填报安保日/周报和疫情周报。组织开展涉外突发事件应急演练工作，确保涉外单位、海外项目明确应急上报流程，提高应急处置能力。

（王　东）

档案史志

【概述】 2022年，辽河油田公司贯彻落实集团公司档案工作部署，持续加强基础业务管理，扎实推进档案史志各项工作，不断提升档案服务质量。截至2022年底，辽河油田公司业务上指导二级单位档案部门29个，有专职档案人员168人，兼职档案人员398人，馆藏档案约150余万卷、98万件，总排架长度约66492米。先后编纂出版企业年鉴36册，组织史资料企业卷2卷7册、基层卷40卷、企业志及大事记4册。

【档案基础管理】 2022年，辽河油田公司加强档案制度体系建设，按照集团公司档案工作规定，结合管理体系融合要求，全面修订《辽河油田公司档案管理办法》，并统筹做好相关档案工作规章制度的废立改工作。围绕公司发展战略，着眼于档案"四个体系"建设目标，完善公司档案事业"十四五"发展规划。健全档案工作评价考核机制，制定《辽河油田公司档案工作考核评分实施细则》，明确档案工作评价办法和评价方式，并将考核结果纳入年度绩效考核范围。建立档案归档范围确认制，优化归档业务流程，编制归档范围确认表和备案表，明确分级归档原则和机关各部门档案资料的具体归档范围。组织开展档案业务专题培训，重点围绕档案的收集与整理、归档质量要求以及集团公司档案管理系统的使用等方面进行讲解与交流。健全完善档案鉴定与销毁工作制度，明确档案鉴定销毁工作流程，牵头组织开展原运输公司会计档案的鉴定销毁工作，鉴定清理并销毁到期会计凭证3126卷，会计账簿743本。以国际档案日为契机，组织档案系统开展以"喜迎二十大、档案颂辉煌"为主题的档案征文、微视频制作、新《档案法》宣贯等系列活动，增强全员档案意识和档案法制观念，档案馆制作的《辽河记忆》获集团公司微视频三等奖。

【档案收集归档】 2022年，辽河油田公司坚持把收集作为档案工作的第一要务，按照"谁形成、谁归档"的工作机制，做好年度档案资料的收集、整理和归档工作，确保各类档案应归尽归、应收尽收。全年接收地质资料档案1087口井17392件；接收重大科研项目档案112卷1186件；接收管理类档案4014卷（件）；接收纸质会计档案652卷，电子会计档案1581条；接收更换土地不动产证3782件，永久征地文件459份，土地协议88份。加强公司重点建设项目档案的跟踪指导，组织档案业务骨干对辽河双台子储气库群地面工程进行现场指导，先后组织6次归档标准和归档要求的培训交流，并对项目档案开展预验收工作，验收竣工文件964卷。做好撤销单位档案移交接收工作，配合国际事业部清点撤销的原高二三区对外合作项目中方项目部档案资料，接收撤销档案463卷。组织开展档案清查盘点工作，对档案库房实体档案与档案目录逐一核对，及时更新档案索引信息，并同步维护E6系统档案资源信息。

【档案服务利用】 2022年，辽河油田公司坚持把服务作为档案工作的宗旨，结合疫情防控形势，进一步简化借阅利用手续，实行线上和线下相结合的方式，提供多样化的档案服务方式，为公司生产经营、项目施工、退休审核、工作调动、职称评定、纪检监察等提供有力依据。全年提供利用档案11962卷（件）、1127人次，复印档案资料6200余页，修复档案4561件。常态化开展地质资料交换工作，接收地质资料20万余份，向公司25个采油单位及"两院"、相关部门交换地质资料18.82万份，向中国石油勘探开发研究院资料中心上交勘探开发资料241份。针对部分管理类档案借阅利用率居高不下的实际情况，开展人事介绍信服务利用管理创新项目，充分利用档案管理系统相关功能，阶段性完成4万余份干部人事介绍信资料目录的著录，借阅利用工作效率得到提高。全年查阅管理类和会计档案资料3206卷（件）608人次；接待远程异地查询人员21人次，电话咨询70人次，提供查阅档案资料3574卷，复印文件2400余页。配合土地公路管理部开展土地调查核实项目，扫描土地批复文件935件。

【档案数字化工作】 2022年，辽河油田公司按照"珍贵档案、重点档案、利用率高的档案"优先数字化的原则，研究制定首批管理类档案数字化实施方案。开展数字化前期准备工作，对1160卷人事档案信息逐一核对，补录档案管理系统条目7820条。落实"增量电子化、存量数字化"工作要求，对22808卷纸质单井和土地档案开展数字化加工，全年增加档案数据量1308GB，单井地质档案数字化率提升至74.6%。通过E6系统开展年度文件材料的归档工作，实现电子文件及时归档，基本实现对年度新增档案资料和数据的信息化管理。与企管法规部沟通协作，完成油田公司档案管理系统与合同管理系统的集成并正式上线运行，并在两级合同承办部门和档案管理部门推广应用。

【地质资料汇交】 2022年，辽河油田公司组织开展辽河油田油气地质资料汇交工作，建立油气地质资料汇交工程项目联动预警机制，协同勘探事业部、开发事业部推进油气地质资料管理规范化创建工作，督促下达汇交通知单，明确责任分工，细化工作清单。研究制定《辽河油田公司地质资料汇交管理标准》，明确各个专业归档资料的纸质与电子格式要求。全年向全国地质资料馆汇交辽河油田12个探矿权的油气地质资料，包括517口井10340件原始资料、实物资料56件，以及储量报告、录井报告（及附表）、录井图、岩心图和试油总结报告等，为公司按时取得矿权凭证、依法合规开展油气勘探开发奠定基础。

【档案安全管理】 2022年，辽河油田公司持续加强全员安全教育及事故案例警示教育，组织开展全员"写风险"活动，针对档案库房安全管理、办公室用电安全等，开展岗位风险再识别，有效提高事故预防能力。联合辽河油田消防支队组织开展消防应急演练活动，现场进行消防安全专业知识培训和实操演练，并完善《辽河油田档案馆安全应急预案》《辽河油田档案馆火灾突发事件预案》等，着力提高全馆员工应急处置能力。落实安全生产"大反思、大讨论、大排查、大整治"活动安排，聚焦档案库房防火、防水、防爆、防盗、防霉变、防泄密等，开展安全风险隐患大排查工作，发现电气、消防及其他隐患问题25项。对排查中发现的风险隐患列出问题清单，建立问题台账，逐一研究行之有效的整改措施，实行对账销号。建立安全员工作机制，在各科室设立兼职安全员，并实行档案库房管理"库长制"，由库长全面负责库房防火、防盗等档案"八防"日常巡查，构建起"纵向到底、横向到边"安全工作网络。

【史志编纂】 2022年，辽河油田公司持续巩固企业年鉴"一年一鉴、公开出版"工作成果，对2021年企业年鉴彩图设置、总述撰写、大事记、编纂条目及附录附表等资料进行全面修改完善，与机关部门和二级单位反复沟通，于11月进入出版印刷环节。稳步推进企业年鉴2022卷本的编纂工作，坚持以内容为要，优化编纂纲目设置，力求凸显辽河油田特色。根据历年年鉴编纂出版存在的问题，创新年鉴资料征集方式，探索稿件征收、组稿编辑交叉协同展开，由各部门、各单位提供基础资料，史志办公室整理资料，统筹推进资料征集、整理、编辑、修改、完善和图片采集等各环节工作，确保编纂工期整体前移。统筹开展组织史资料企业卷的编纂出版、续编卷资料征编及基层卷的指导审查工作，重点对即将出版的企业卷（2016—2020）卷本开展审核对接，发现问题、反馈问题、修改问题。

（石　坚）

综合事务管理

【概述】 2022年，辽河油田公司办公室系统紧密围绕油田中心工作和改革发展大局，履行部门职责，全面推进管理提升，规范和加强办文、办会、办事工作，"三服务"水平显著提升，年度考核继续保持"A"级行列，获集团公司信息工作、"三重一大"决策和运行监管系统应用优秀单位。

【综合信息材料编报】 2022年，辽河油田公司办公室系统强化文稿材料"第一载体"作用，高质高效完成辽河油田公司党的二十大精神宣讲报告、党代会、职代会、季度会等重要会议材料，向集团公司党组领导、辽宁省省委省政府领导提供的讲话备参和工作汇报，以及其他各类讲话、纪要、理论文章、致辞贺信等文稿300余篇。完善信息报送网络，强化督促考核，全年向集团公司上报信息202篇、采用84篇，在140余家考核单位中，采用量位列集团公司第十位。编发《党委工作》31期、《值班信息》97期、《辽油通报》12期，多角度展示油田改革发展成果经验，为领导决策提供重要参考。

【调研督办】 2022年，辽河油田公司办公室系统制发《落实油田公司主要领导调研工作要求责任清单》，建立台账、明确责任，定期检视、闭环管理。完成辽河油田公司党委年度109项重点工作任务部署督办工作，月度督办报告11期、专项督办报告5期；针对落实重点工作不及时、不到位、打折扣事项，向14家部门单位下发黄色催办单，有效提高督办效果。累计督办事项245项、办结233项、办结率95%。

【综合工作】 2022年，辽河油田公司办公室系统加强统筹协调，有效发挥运转中枢作用，周密做好协调组织，服务辽河油田公司党委会、总经理办公会50次，讨论"三重一大"等事项181项。组织集团公司侯启军总经理调研慰问汇报会、公司党代会等大型会议40次，协助各部门办会1360场次。高质量完成水利部部长、省委省政府领导、党组领导等重要接待任务333次、1677人次，对3家接待宾馆开展专项检查及抽查46次。完善公务用车、办公用房等管理办法，建立台账、规范使用，做到有审批、有登记，调配机关办公用房50间、公务用车150台。加强办公费、差旅费等费用审核，核销费用139笔，金额554.5万元，支出接待费617万元。实施机关公共费用压降工程，结余约70万元，完成提质增效目标。

【公文管理】 2022年，辽河油田公司办公室系统强化公文印信管理，组织修订《辽河油田印章管理规定》，新建3条电子公文流程（督办报告流程、总经理办公会议纪要流程、专题会议纪要流程），有效提升公文办理效率。定期督查反馈领导批示文件落实情况，编写《领导文件批示落实情况表》32期，确保文件精神落到实处。接收各类文件4198份（传阅纸质文件1439份），审核制发各类文件573份，归档文件1817份，施印使用1153印次（网上审核用印申请705次）。

【保密工作】 2022年，辽河油田公司办公室系统调整完善保密委员会（密码工作领导小组）成员，定期召开保密委员会会议。修订完善《油田公司保密管理办法》，由10章78条调整为16章164条。参与编制《集团公司商业秘密保护工作指南》，征集并择优推荐集团公司和辽宁省保密论文28篇、"保密故事大家讲"微视频7个、保密宣传片创意文案3篇、宣传海报9份。开展微信泄密专项整治，组织二级单位保密工作全覆盖检查，全面加强涉密人员、涉密载体管理，收办各级机要文件、密码电报和密码传真文件1025份。以全民国家安全教育日、保密宣传教育月等节点为契机开展专题教育120余场次。按照辽宁省总体部署，依托"保密观"App和中国保密在线网站，组织全员参加线上教育培训，并将保密知识学习纳入局处两级党委理论学习中心组学习和各类培训班。与团委等部门成立专班代表辽宁省参加国家安全人民防线宣教比武，入围决赛前十并获"最佳风采奖"。全年未发生重大失泄密事件。

（周　扬）

技能人才评价

【概述】 2022年，辽河油田公司技能人才评价系统贯彻集团公司工作部署，以"管理提升年"活动为契机，编修管理办法3项。推进"人才强企"工程，扎实开展职业技能等级认定，对标先进，守正创新，技能人才队伍建设成效显著，在全国职业技能竞赛中先后获得2金4银5铜，被集团公司选定为辽宁省地区认定中心，为公司"加油增气"战略目标提供坚实的技能人才支撑。

【地区认定中心】 2022年，辽河油田公司根据集团公司总体部署，按照"一省一中心"模式，承担中国石油辽宁省认定中心职能，统筹办理所在地区评价机构属地备案、认定计划和证书数据汇总等工作，实现"一个窗口对外"。建立中国石油驻辽企业技能认定业务联系人台账，加强业务沟通和协调，制定数据汇集、上报流程，高效完成辽宁省中国石油企业数据联网公示工作，助力集团公司实现数字化服务区域性共享。

【技能等级认定】 2022年，辽河油田公司持续满足生产运营、外闯市场和新能源业务对技能人才需求，采取集中考试、上门服务等考核方式，完成140个专业方向6933人次职业技能等级认定工作，其中首次开展首席技师、特级技师认定，经集团公司批复首席技师13人、特级技师126人。组织考试419场次，其中理论知识考试76场次，实际操作考试343场次；组卷640套，试卷印刷6600余套。组织34名内部督导员完成集团公司线上认证工作，40名督导员对技能等级认定工作进行全过程质量督导255次。根据集团公司总体部署，完成共享运营公司大庆中心委托的94人次技能操作认定。修订发布《辽河油田职业技能等级认定管理办法》。

【考务管理】 2022年，辽河油田公司考务工作坚持"回头看"策略，优化考务工作程序与方法，转换视角，差异化制定各批次考试运行计划，坚持严谨落实各项考务制度与流程，严格考风考纪，严肃全流程监督检查，严究工作程序与方法的不足之处，并予以及时优化，及时去除不必要且有重复内容的表格，有效减轻基层单位实际工作负担，提升工作质量和工作效率。全年选拔154名考评员，通过线上和线下两种方式，参加集团公司组织的考评员培训班，有效提升考评员队伍业务水平。

【题库管理】 2022年，辽河油田公司推进题库建设与生产实际紧密结合，完成采气工等32个工种1425道操作技能试题修订和开发。加强题库系统建设，全面梳理233个集团公司工种和51个自有工种的职业标准、理论知识和操作技能题库，完成集输工初、中、高级工3个等级，35个技能等级标准化培训视频制作。

【人才队伍建设】 2022年，辽河油田公司深入推进人才强企专项工程，聘任集团公司技能专家14名，企业技能专家77名，新增首席技师51名、高级技师和技师173名，高技能人才队伍结构素质进一步优化。参与《辽宁英才计划》优秀技能人才评选活动，1人被评为"盘锦工匠"，9人参与辽宁省荣誉评选。持续完善青年操作技能骨干"千人储备库"建设，以需求为导向制定培训内容，逐项提升青年操作骨干技能，完成培训1150人次。持续动态管理青年操作技能骨干，184名操作员工纳入青年技能骨干进行培养，64名青年操作技能骨干充实到高技能人才队伍。组织两级专家和高技能人才创建团队进行难题认领、合作攻关，攻克集团公司级难题13个，企业级难题151个。

【职业技能竞赛】 2022年，辽河油田公司参加第四届全国石油石化职业技能竞赛采油工、消防战斗员和生产创新大赛3项赛事，同步带动2.7万余人次操作员工参与岗位大练兵，最终获2金4银5铜。参加集团公司首届油藏动态分析竞赛，获个人赛1金、2银、3铜，团体赛第二名，团队赛1金、1银。聚焦油田数字化发展，组织127人参加辽宁省职工技能竞赛热注运行工、集输工2个工种赛事以及油田公司维修电工职业技能竞赛，选拔出技术能手12人，分别向辽宁省推荐"五一劳动奖章""辽宁省技术能手"各2人。指导12家单位开展24个工种职业技能竞赛43场次，操作员工技术技能得到进一步提升。

【技能专家工作室】 2022年，辽河油田公司明确技能专家工作室职责定位、工作内容、考核指标，确立专家工作室年度任务和创效目标，有效激励专家工作室提质增效。强化技改革新宣传和应用推广，组织开展技术交流、成果展示、新技术推广等技能活动，专家工作室效能得到提升。

【"百优"示范站队（班组）】 2022年，辽河油田公司聚焦油田公司数字化、高质量发展，联合专业部门研究制定"百优示范站队（班组）"创建方案，实现生产模式、岗位设置、人员配置、技能结构和薪酬分配有效倾斜，择优对欢喜岭采油厂东滨霞采油站、金海采油厂洼一联合站等10家站队以及锦州采油厂王海涛、辽河工程技术分公司王起飞、电力分公司史立军、油田建设公司金龙等30名"铁人班组长"典型进行授牌，并组织经验交流活动。

（赵　源）

维稳信访与综治保卫

【概述】 2022年,辽河油田公司维稳信访与综治保卫工作坚持以护航党的二十大为主线,突出法治信访、依法维稳、综合治理、改善民生、和谐共建,有力提升平安辽河建设水平,为公司高质量发展提供坚强保障,被集团公司认定为首批平安企业,获集团公司党的二十大维稳安保工作特别贡献集体。

【信访稳定】 2022年,辽河油田公司信访系统深入贯彻《信访工作条例》,突出稳定风险源头预防,推进信访矛盾化解攻坚,确保员工队伍和谐稳定。全年接待处置来信来访1398人次,信访总量同比下降33%,进京访总量同比下降55%,实现赴省进京非访为零。完成重点阶段维稳工作,在北京冬奥会、党的二十大等重点时期,召开专项会议部署维稳工作,全面升级管控措施,向各单位下发维稳安保责任令,成立驻京工作组,确保员工队伍大局稳定,受到集团公司通令嘉奖。建立多部门维稳助力联动机制,对重大决策开展稳定风险评估,排查化解矛盾问题252件次,妥善处置涉稳负面舆情16起。办理辽宁省交办的信访案件56件次,完成"万件化访"信访案件清零攻坚,有效推动信访积案化解。对重点案件全部落实处级领导实名制包案,推动信访人"事心双解"。

【综治管理】 2022年,维稳信访工作办公室加强"反内盗综合整治、预防员工违法犯罪"2个长效机制建设,有效提升打击防范质量和效率,为油田生产建设营造良好的发展环境。全力规范油区治安秩序,开展整治生产秩序打击涉油犯罪专项行动,定期排查非可防部位治安隐患,联合公安局破获涉油气水电物资案件233起,严厉打击酒驾、诈骗、打架斗殴等行为,油区违法犯罪人数比上年减少25%。开展警示教育活动,组织全员签订《辽河油田公司员工遵规守法十不准承诺书》,编撰下发《悔恨的泪》系列教育手册,定期刊发普法专刊,广泛开展"送法到基层"活动86场次、教育面6000余人次,营造尊法学法守法用法的良好氛围。全面开展"反内盗"综合整治,完善内盗黑名单制度,实施重要岗位和承包商人员背景审查制度,建立反内盗长效机制,协同公安机关开展督导检查89次,保持打击内盗高压震慑态势。加快推进安防体系建设,开展治安反恐防范国家重点目标达标建设集中攻坚,对42个油气重点目标建设情况实施动态管理,实现二级重点目标建设全部达标,取得涉油案件防控能力、安防达标建设"两个硬提升"。

【邪教防范】 2022年,辽河油田公司维稳系统持续巩固法轮功人员教育转化"清零"成果,严格敏感时段邪教人员防控,坚决打赢反邪教攻坚战。做好敏感时段邪教人员防控工作,紧盯党和国家重大活动期间以及邪教敏感时段,跟踪掌握重点人员思想、工作和生活动向,严防邪教人员借机滋事捣乱破坏,油区未出现邪教人员非法聚集、散发反宣品及邪教网络案事件。开展防范打击邪教破坏和境外基督教渗透专项行动,严控邪教和境外基督教渗透破坏活动风险,稳妥处理邪教重点人来访问题,有效避免邪教人员"借访借诉"闹事滋事,切实维护油区政治安全。扎实开展教育转化工作,制定《开展"法轮功"人员教育转化巩固战实施方案》,深化"四级书记抓巩固",严格落实"一人一策"巩固措施,实现已转化人员零反弹。

【企业内保】 2022年,辽河油田公司维稳系统建立健全安保管理体系,强化重点场所保卫工作,协调清理整治非法占压油田土地及油气管线,持续筑牢油田保卫工作基础。持续规范油田保卫管理体系,制定《辽河油田安保管理体系建设实施方案》,做好保卫人员规范化建设,完成600余名保安管理员培训取证,持续推进综治保卫管理规范化、专业化建设。指导驻京保卫中队、机关保卫中队全力做好集团总部和油田公司机关安保工作，强化办公场所疫情防控、消防隐患排查、夜巡值守等工作，组织处置楼前扰序人员，依法维护正常办公秩序。常态化推进非法占压整治，油地融合组建辽河综合执法大队，定期召开油地协调会议，依法依规清理历史非法占压、拆除大量违章建筑，实现年度新增占压为零的目标。

【民兵武装】 2022年，辽河油田公司维稳系统深入开展全员国防教育，加强民兵整组和军事训练，深化民兵队伍参建参治，持续提升武装工作规范化建设水平。开展国防教育宣传培训，组织油区各单位学习国防教育知识和报刊读本，举办纪念"九一八"系列活动，在节假日走访慰问军烈属家庭，增强干部员工的爱国拥军意识。加强民兵武装规范化建设，在油田消防支队成立市级民兵应急力量训练基地，高质量完成盘锦军分区应急营编兵工作，组织128人完成集中封闭民兵军事训练任务，有效提升备战打仗能力。推进武装工作与生产经营深度融合，指导基层武装部成立民兵巡逻队，对联合站、转油站等重点部位开展巡逻防控，提升民兵应急值班分队和"兵字号"工程创建水平，有效发挥民兵武装在油区治理中的重要作用。

【政法协调】 2022年，辽河油田公司政法委加强政法工作组织领导，协调处理涉企重点案件，加大反诈宣传力度，综合治理员工涉信用卡诈骗犯罪，严格履行执法监督职责，参加政法单位听证会13次，促进提高执法司法水平。辽河公安局严厉打击违法犯罪，查处治安案件282起，掐掉盗接私接水电气点源18处，化解处置涉企纠纷52起，为企业提供押运服务133次，侦破刑事案件569起。其中包括尘封18年的无名尸白骨案、301特大电信网络诈骗案、茨榆坨采油厂电能被盗案等重大案件，有效保障油区生产安全和平安稳定。辽河检察院深化检察工作成效，依托检察便民联系点开展边远矿区检察服务，下发检察建议书堵塞企业管理漏洞，办理涉案达500余万元的高考诈骗案，有效发挥驻公安机关检察官办公室的作用。辽河法院提供有力司法保障，受理各类案件3459件，审执结案件3328件，诉前化解纠纷985件，办理厂办大集体企业强制清算和破产案件20件，完成创建"无讼油区"目标，油田企业和员工群众合法权益得到保障。

（廖其彬）

党群工作

党建工作

【概述】 2022年，辽河油田公司党委坚持以习近平新时代中国特色社会主义思想为指导，深入贯彻落实党的二十大精神，践行新时代党的组织路线，坚持全面从严治党方针，紧扣"三篇文章""六项战略工程"部署，贯彻落实党章党规及党建工作有关要求，统筹推进迎接党的二十大、学习宣传贯彻党的二十大精神、召开公司第三次党员代表大会、深化党建提升工程、丰富基层党建"三基本"建设与"三基"工作有机融合实践路径等重点工作，构筑高质量发展政治优势和组织优势。获集团公司党建信息化平台2.0建设应用优秀单位。

【党组织及党员队伍】 2022年，辽河油田公司党委同步业务重组和机构整合，完成所属6家党委更名、撤销和新建工作，3个党委和340个基层党组织如期完成换届。截至2022年底，辽河油田公司党委下设基层党组织2038个，其中二级单位党委50个，三级党委9个，党总支239个，党支部1740个，有党员31839人，其中在岗职工党员31737人，离休人员党员102人。在岗党员中，管理岗位党员8209人，专业技术岗位党员10553人，技能操作岗位党员12975人；35岁及以下党员5066人，36—45岁党员9884人，46—55岁党员12385人，56—60岁党员4402人（表1）；研究生学历1490人，大学本科学历14219人，大学专科学历9371人，中专及高中、中技学历6452人，初中及以下学历205人（表2）。

表1　2022年辽河油田公司在岗党员基本情况（一）

总数	年龄					
	30岁及以下	31—35岁	36—40岁	41—45岁	46—50岁	51—55岁	56—60岁
31737	757	4309	4622	5262	6560	5825	4402

表2　2022年辽河油田公司在岗党员基本情况（二）

总数	女	少数民族	学历					
			研究生	大学本科	大学专科	中专	高中、中技	初中及以下
31737	7760	2255	1490	14219	9371	2043	4409	205

9月20日，召开中国共产党辽河油田分公司第三次党员代表大会，应到代表300名，因事、因病请假26名，实到代表274名。根据党章和《中国共产党基层组织选举工作条例》规定，经到会代表充分酝酿讨论，采取无记名投票方式，分团差额预选、大会等额选举的办法，选举产生中共辽河油田分公司第三届委员会和纪律检查委员会委员。会后，中共辽河油田分公司第三届委员会和纪律检查委员会分别召开第一次全体会议，选举产生中共辽河油田分公司第三届委员会书记、副书记和纪律检查委员会书记、副书记。持续深化基层党建"三基本"建设与"三基"工作有机融合，形成具有辽河特色的"五个融合"新思路，依托党建联盟推进储气库群建设、大平台建设，实现质量、速度双提升，"党建+安全"制度体系持续完善，协同推进基层建设、基础工作、基本技能"三提升"，"互学、同促、共建"联动机制初步形成。派出党建指导服务小组指导23家单位67个支部，解决问题42个。组织开展机关党务干部包保基层党支部548个，先进党支部与薄弱党支部结对406个，派出党建指导员101人，推动薄弱党支部全面达标。

【领导班子与干部队伍建设】 2022年，辽河油田公司党委全面落实新时代党的组织路线，深入贯彻集团公司党组决策部署，打造高素质专业化的"三强"干部队伍。鲜明树立正确的选人用人导向，严把政治关、品行关、能力关、作风关、廉洁关，突出在油气上产、解困扭亏、改革发展、抗洪复产等大战大考中发现识别干部，选拔懂经营、会管理、善决策，具有战略思维和专业素养的干部，以鲜明用人导向引领干事创业导向。全年提拔助理副总师3人，二级正职28人，副职95人，进一步使用32人。突出选优配强，新配备专业技术总师26名、安全总监15名，组织开展总会计师岗位公开竞聘，完成13家单位领导体制调整，着力打造坚强有力的班子集体。聚焦培养德才兼备的年轻干部，组织开展党的十九届六中全会、党的二十大精神、习近平总书记重要指示批示精神、青马工程等培训班，推荐专业能力素质过硬的干部到集团公司和地方政府挂职锻炼，选派年轻干部到曙光地区支援抗洪复产，推动干部在实践锻炼中增长才干。全年提拔80后干部37人，占提拔总量的30%，中层领导人员平均年龄比上年降低0.8岁。

【党员素质教育】 2022年，辽河油田公司党委扎实贯彻落实《2019—2023年全国党员教育培训工作规划》要求，有计划分层次高质量开展党员教育工作。严格落实"第一议题"制度，公司党委率先垂范，学习研讨36次，带动二级单位党委开展专题研讨1500余场次。结合喜迎党的二十大25项措施，油田公司领导带头宣讲党的二十大精神、聚焦"九个着力"深化落实党的二十大精神，组建宣讲团分片区宣讲80余场次，充分运用线上线下资源，面向全体党员开展党的二十大精神学习教育，全面提升党员领导干部政治判断力、政治领悟力、政治执行力。创新党（总）支部书记"培训+催化"模式，以"理论教师+党建专家+专业催化师"组建师资团队，以"行动学习法"为核心，组织催化培训10期500人次，设计开发行动教学课程6门，打造升级版"精品课堂"16期，总结凝练的成果编印成《行动力——基层党建工作难题破解》工具丛书，供基层党组织书记进行参考借鉴。每季度下发"两学一做"学习教育安排，细化季度学习内容，以理论学习中心组学习、"三会一课"、民主生活会和组织生活会等制度为主要抓手，组织广大党员干部学原文、读原著、悟原理，全面提升党员干部政治理论水平。

【党员发展】 2022年，辽河油田公司党委严格执行《中国共产党发展党员工作细则（试行）》，按照"控制总量，优化结构，提高质量，发挥作用"的总要求，科学制订发展党员工作计划，严格按照发展党员5个阶段25个步骤，注重在生产科研一线、高知识群体、青年骨干中发展党员，扎实做好发展党员工作。全年集中组织2期382名发展对象培训班，发展党员362人，其中生产、科研一线发展党员353人。

（姜　山）

宣传工作

【概述】 2022年，辽河油田公司宣传工作紧扣"管理提升年"要求，把握迎接、宣传、贯彻党的二十大工作主线，全面推进理论武装、意识形态、主题教育、新闻宣传、企业文化、机关党建等各项工作，获集团公司2021年度网络评论工作先进单位。

【政治理论学习】 2022年，辽河油田公司坚持学习贯彻习近平新时代中国特色社会主义思想，推进"双二双五"学习模式，服务公司党委理论学习中心组集体学习17次、党委会学习16次。制定下发《辽河油田公司党委深入学习贯彻习近平总书记重要指示批示精神落实机制》，向辽宁省省委报送学习纪要4期。开展专题研讨，在《辽河石油报》刊发领导干部理论文章50余篇。下发《辽河油田公司党委关于党史学习教育常态化长效化实施意见》，推动党史学习教育常态化长效化。完成集团公司重点课题3项，辽宁省党建课题1项，辽河油田公司及二级单位两级政研会确立课题61项。

【党的二十大精神宣贯】 2022年，辽河油田公司全力做好党的二十大精神学习宣传贯彻相关工作，制定下发《辽河油田公司党委关于认真学习宣传贯彻党的二十大精神的通知》《关于深化落实党的二十大精神的指导意见》，组建"党的二十大精神进基层"宣讲团，实现二级单位宣讲全覆盖。用好用活自有媒体，沟通对接外部媒体，展示油田学习宣贯的特色亮点和典型做法。做好党的二十大期间，新华社、央视等12家媒体对出席代表、辽河油田公司执行董事、党委书记李忠兴15次采访的服务工作，刊发相关新闻报道80余篇。

【意识形态工作】 2022年，辽河油田公司修订《辽河油田公司党委意识形态工作责任制实施细则》，确保意识形态领域平稳受控。开展意识形态阵地摸排清查，梳理油田公司7类333个意识形态阵地的运营状态变化情况，备案新闻信息服务从业人员信息234名，开展网络意识形态风险隐患评估整改、新媒体内容运营违规外包专项清查。开展党的二十大、公司抗洪复产等重点时段舆情应急值班值守，形成值班日志报告98期，完成中央和集团公司舆论引导任务7310项。开展网评队伍建设，公司三级网评队伍人数增加至1304人。

【形势任务教育】 2022年，辽河油田公司紧扣管理提升年工作要求，开展"转观念、勇担当、强管理、创一流"主题教育，推进专题学习、集中宣讲、专题讨论、对标查改、岗位实践五项活动，累计开展学习研讨1462场、专题宣讲1028场、群众讨论823场。通过报纸专栏、网页专题等平台交流主题教育活动成果，发布简报29期，推广经验做法120余条，制作关键词手册7.5万份。牵头组织开展安全生产"大反思、大讨论、大排查、大整治"活动，巡察处级、科级和基层单位69个，编发《党委工作》10期。

【新闻宣传】 2022年，辽河油田公司在外部媒体发稿2000余篇，为企业发展营造良好舆论环境。首次联合中国石油驻辽西地区5家企业举办"喜迎党的二十大，绿色低碳向未来"开放日活动，邀请辽宁省、盘锦市有关领导以及人民网、新华社等22家主流媒体走进辽河，座谈交流，发布相关稿件百余篇，并被集团公司作为样板项目，在新闻通气会作经验交流。抗洪复产期间，派出专人坚守一线，全程陪同、配合媒体记者和地方部门，做好现场新闻管理。对于出现的涉洪涉油报道，第一时间与新华社、央视等媒体沟通，及时调整报道方向，避免出现容易引发社会关注的敏感内容。协调新华社撰写辽河油田公司抗洪复产动态清样，获集团公司党组宣传部充分肯定。在天然气保供专题中，跟踪报道辽河油田公司加大天然气生产力度、发挥储气库调峰保供作用、天然气内部挖潜等工作进展，以及在保供工作中表现突出的先进典型，累计在各级媒体刊发稿件200余篇。组织开展辽河油田公司第六届新媒体创作大赛，选送72组作品参评集团公司第七届新媒体内容创作大赛，入围作品44组，其数量位列地区公司第一。

【企业文化建设】 2022年，辽河油田公司提炼辽河油田52年文化积淀要素，凝练形成"辽河精神"。推进文化引领专项工作，规范命名公司级功勋井10个、石油精神教育基地12个、企业文化建设示范点23个。整理上报集团公司实物展品、图片等资料72项，其中实物展出14件。抽调1名员工到集团公司担任中国石油展览厅讲解员。举办第四届辽河榜样颁奖典礼，利用《辽河石油报》、辽河电视台、油田公司主页、油田公司官微、掌上辽河客户端等宣传阵地开设专题专栏，报道展示评选过程和辽河榜样风采，发稿200余篇。开展文明风尚宣传活动，张亮被评为2022年盘锦"最美人物"。开展辽河油田公司文明创建活动，全面落实"门前四包"责任制，加强文明交通管理和公共环境问题整治，组织油田单位25家、800余人次开展为期7天的5个交通岗志愿服务工作，助力盘锦市通过"文明城市"迎检工作。

（冯　煜）

机关党委工作

【概述】 2022年，辽河油田公司坚持以习近平新时代中国特色社会主义思想为指导，贯彻党的全面领导最高政治原则、准确把握机关党的建设根本遵循、主动看齐对标高质量党建，扎实推进机关党建"15341"全新实践形态，着力构建高站位谋划布局、高水平融合促进、高质量引领保障的大党建工作格局。

【机关理论武装】 2022年，辽河油田公司严格落实"第一议题"制度，列定13期15个第一议题专项内容，作为机关党组织和党员学习实践指引和遵循，坚定捍卫"两个确立"、坚决做到"两个维护"。第一时间部署"党的二十大精神进机关"，按照"五个牢牢把握""三个全面""九个着力""四个如何"要求，集中组织收听收看、开设门户专网、制发6期35项理论活页和《机关党课·内刊》，运用宣传板、公共LED等媒介进行全覆盖、整体性宣贯。

【机关党建与业务深度融合】 2022年，辽河油田公司巩固深化，建立"攻坚落实重点任务专班推进机制"。率先组织5个机关部门启动专班，带动机关整体。锁定以25个新建产能区块高效推进、油品市场化营销、采油作业效益联包、用电"量费双降"、精准投资项目管控、工程建设"两金"压控、创建"金字号"国优工程为代表的121项重点任务加码推进，目标实现91.3%。抗洪复产油气上产关键阶段，牵头组织"油气上产再立新功"动员会，以党小组为单元组建34个共产党员突击队，"案头+现场"夙夜鏖战，成为靠前指挥战斗的坚强"桥头堡"。安全生产和疫情管控双升级背景下，建立"五定三通"责任包保机制，组织机关部门采取定点、定责、定事、定时、定效和加密沟通、协调联通、高效畅通方式，对基层上报的177个问题，限时直办、转送交办、研究办结。建立机关作风"转改问效"机制，突出5个重点27个关键类别，建立测评方式多维、测评指标动态优化的测评机制，分析近百个指标数据，定向发力推进机关作风建设12条规定落实，实现连续第三年关键指标明显改善。健全完善党建责任考核机制，充分发挥考评机制"指挥棒"作用，以业绩检验党建成效为标尺，明确党建与业务"两手抓、两手硬、两相融"的机制导向，创新搭建4个模块涵盖16个一级指标、33个二级指标的考评架构和指标体系，刚性运用考核结果，党建引领保障机关建设水平不断抬升。

【机关党务工作】 2022年，辽河油田公司机关党务工作，从严建强基本组织，主动对标有形有效"双覆盖"，保持组织健全率100%，选优配强26个支部班子，"一肩挑"领导体制优势充分发挥，阵地有形化建设与智慧党建一体推进，12项党务完全线上运行。从严执行基本制度，以党章为根本遵循，新建主体明确、责任交底、标准规范、务实管用的机关党委工作制度、党（总）支部议事规则、意识形态和宣传工作考核、政治巡察整改等制度，真抓严管"三会一课"党内政治生活、述职评议等制度落实，以责任交底和跟进指导监督，保证制度管党治党良好生态。从严锻造基本队伍，更新完善和从严把握机关选人用人条件标准，严把人员调入、科级和专业技术干部选聘调整287人次。会同组织部门完善《辽河油田公司机关全员绩效考核办法》，制定挂职方案，选派22名年轻干部深入基层蹲苗式、历练式锻炼。创新启用"三分学、三分研、四分用"学研做模式、组织"跨年"特殊党课、开展"践行铁人三问新内涵"形势任务专题研讨、组织"创建攻坚堡垒、争当实干先锋"示范岗创优增效活动，党组织政治优势和组织力充分彰显。

【机关党风廉政建设和反腐败工作】 2022年，辽河油田公司推进政治监督具体化常态化，学习宣传贯彻党的二十大精神、落实"第一议题"制度监督16次，围绕提质增效、抗洪复产等油田公司重点任务监督30次，发现问题37个，提出管理建议2条。突出对"一把手"和领导班子进行监督，开展访谈交流13次，谈心谈话96次。对18个机关部门开展"整改提升"专项巡察，系统梳理2018年以来巡察反馈375个问题整改情况，深入查找板块业务领域存在的共性问题、典型问题和风险漏洞，补齐工作短板，助推管理提升。严格落实巡察发现经商办企业问题处理建议，完成71名党员干部补充申报工作。制作节日廉洁提醒短视频，"四不两直"开展节日期间监督检查13次。严格审查婚丧事宜报告单58份，摸排23名党员干部签订廉洁自律承诺书，确保不违规不越线。开展违规吃喝专项治理、办公用房专项监督，发现问题28个，制发建议书1份，移交问题线索1个。规范审慎回复党风廉政意见19次277人，更新完善机关635名监察对象信息，完成问题线索初核3个，转立案2件，执行纪律检查建议书7份，纪律处分、组织处理6人。推动部门实施监督项目43个，挽回经济损失85.4万元，健全制度机制71项。制发机关党员干部业务往来负面清单，将"反围猎"要求纳入6项公司级制度建设。组织机关处级干部观看警示教育片《利剑啸歌》，固化月度廉洁经验分享机制，组织23家部门剖析案例221个，发布《廉洁小课堂》8期，对54名机关新进年轻干部进行廉洁教育。

【机关群团工作】 2022年，辽河油田公司落实员工职业劳动保护政策，为机关部门更换新款劳保工服、配发劳保用品。开展健康管理工作，组织公司机关349名中高风险人员进行健康指标监测，建立机关健康小屋和"健康角"，配发急救药物。落实全员消费扶贫、普惠性会员福利及困难群体及弱势群体相关福利政策，慰问节假日期间在岗员工、加班员工及困难家庭、特殊群体745余人次。开展建党百年、建团百年"双百"系列活动，以及"赓续红色血脉、矢志接续奋斗"岗位实践活动，组织青年小组组长和部分青年代表集中收听收看庆祝中国共产主义青年团成立100周年大会实况，以学习习近平总书记重要讲话精神为主题开展特殊团课，向全体青年赠予书籍270余册，29支党员和青年突击队在急难险重任务面前果敢认领、能打敢拼。

（刘　涛）

党风廉政建设和反腐败工作

【概述】 2022年，辽河油田公司纪委坚持以习近平新时代中国特色社会主义思想为指导，把迎接党的二十大、学习宣传贯彻二十大精神贯穿始终，不忘初心、牢记使命，奋力克服疫情持续影响和历史罕见汛情挑战，聚焦油田增储稳产、改革发展等重点工作，充分发挥监督保障执行、促进完善发展作用。获辽宁省纪检监察工作先进集体，3人获辽宁省纪委嘉奖，1人获评辽河油田公司劳动模范。

【政治监督】 2022年，辽河油田公司坚持集体学习制度，跟进学习习近平总书记重要讲话和指示批示精神。召开纪检巡察系统学习宣传贯彻党的二十大精神宣讲会，编制任务清单，专题学习120余次，深刻领悟"两个确立"的决定性意义，增强"四个意识"、坚定"四个自信"、做到"两个维护"。牵头集团公司2项重点课题研究，形成油田公司软科学成果4项，推动正风肃纪反腐与改革发展、完善制度、促进治理有机协同、一体贯通。严格监督"第一议题"制度执行，督促领导班子成员带头宣讲二十大精神。协助公司党委制定《落实党的二十大精神全面从严治党工作方案》《落实全面从严治党主体责任清单》。在集团地区公司层面率先制定《强化对"一把手"和领导班子监督工作手册》，细化8个方面62项监督重点，以清单化管理规范"关键少数"履职行权。坚持失责必问、问责必严，深入调查履行领导责任、管理监督职责不力等失职失责问题，对145名领导干部进行责任追究。保持强烈政治责任感、政治敏锐性，强化党代会期间的纪律作风监督检查，确保换届选举风清气正。闻汛而动推进抗洪复产监督，划定纪律红线、明确负面清单、制定监督措施，查改物资保供验收、排涝泵停运等问题隐患235个，精简业务流程39项，保障如期复工复产。系统把握油田公司长远发展战略风险，持续加强重大工程建设项目合规监督，提质增效专项行动、天然气保供和疫情防控跟踪监督，开展绿色低碳转型、压裂市场专题调研。对金海采油厂开展结对帮扶监督，助力压降成本支出1683万元。

【巡察监督】 2022年，辽河油田公司坚持理论研究与创新实践相结合，构建常规巡察与复合巡察、交叉巡察等相结合的"1+N"多元巡察模式，全方位彰显巡察利剑作用，推动解决制约改革发展、影响企业效益、涉及员工利益的历史顽疾和复杂问题。持续推进政治巡察与生产经营有机融合，实施"四新"技术应用及科研项目管理专项巡察，发现问题96个，移交问题线索5件，从政治高度对相关业务领域开展系统治理，提升管理水平。聚焦全面从严治党和企业改革发展任务，常规巡察5个基层党委及相关改制企业，揭示党的建设、合规管理等方面问题272个，提出意见建议30条，提前半年完成党的十九大期间全覆盖目标。指导31个基层党委建立巡察机构，一体推进两级党委上下联动巡察，发现问题2071个，推动全面从严治党向基层延伸拓展。起草《关于加强巡察整改和成果运用的实施细则》《被巡察党组织落实巡察整改主体责任实施细则》，建立"三方联审"机制、固化"五责协同"格局，督促整改问题2448个。探索开展"整改提升"专项巡察，全面检视巡视巡察和审计反馈问题整改情况，实现"清仓见底"。系统剖析、科学研判巡察成果，为油田公司党委压紧压实主体责任、优化机关职能配置、推进业务专业化重组提供重要参考。

【党风监督】 2022年，辽河油田公司修订并组织全员宣贯公司党委《落实中央八项规定精神实施细则》，明确7个方面22条纪律要求，坚持守正创新，主动探索"纪律教育+催化"模式，编发《习近平总书记关于作风建设重要论述》《廉洁故事集》，编制"年轻干部教育""疫情防控"等纪律教育课件，转发纪律警示15期，教育覆盖7429人次。承担集团公司"廉洁文化体系建设"课题，深入研究国有企业廉洁文化建设基本路径，起草《辽河油田公司加强新时代廉洁文化建设的推进措施》。提炼形成辽河"九廉文化"，建成廉洁文化基地，打造廉洁文化新地标。固化形成"四风"问题线索快查快办机制，坚持有信必核、有案必查，深入研判"四风"新表现新动向，加强规律性关联性研究分析，紧盯重要节点常态化开展明察暗访和专项监督检查，严肃查处违规吃喝、公车私用、违规收送礼品礼金、截留员工差旅补助等突出问题，通过曝光典型问题，坚决防止反弹回潮。系统排查经商办企业情况，从源头上防范靠企吃企廉洁从业风险，切实防范国有资产流失。

【执纪监督】 2022年，辽河油田公司始终保持不敢腐的高压震慑，紧盯不收敛、不收手，以及员工群众反映强烈问题，严肃查处对抗组织审查、套取资金、违规核销、虚开发票等典型问题。创新"红黄蓝"亮牌机制，向信访举报突出的单位和个人发函提醒10次。受理信访举报95件，同比下降6.9%；处置问题线索138件，立案审查84件，同比分别上升39.4%和13.5%；纪律处分115人次，给予诫勉谈话及其他组织措施194人次，通过监督执纪挽回直接经济损失72.6万元。持续深化不能腐的制度措施，坚持每季度分析信访举报态势，通报执纪审查情况。结合监督执纪成果，督促投资经营、内外部市场、改制企业等重点领域建章立制45个。有序推进"反围猎"专项行动，挖掘风险点源7221个，制定防范措施7454条，开展谈心谈话6241次，签订诚信廉洁合作协议书1.04万份，组织"三商"监督检查701次。复盘分析东郭苇场专案，并在集团公司纪检监察组月度例会上作工作交流，得到高度评价。注重涵养不想腐的廉洁文化，对新提拔的42名二级领导干部开展"六个一"廉洁从业教育。对2.3万名党员干部进行纪律条规测试，推送学习资料、警示案例39篇，编发《廉洁故事集》《漫画说纪》电子书，教育覆盖4万余人次，引导党员干部知敬畏、存戒惧、守底线，筑牢拒腐防变的思想防线。制定《油田公司纪委澄清失实检举控告工作实施办法》，为4名被诬告干部澄清正名。

【合规监督】2022年，辽河油田公司深化业务领域规范治理。紧盯设备管理、招投标、油品管控等关键环节，督促基层纪委开展专项监督34项，排查问题370个，挽回损失177.4万元。实施工艺措施效果和重点物资"纪检+审计"联动监督，发现各类问题140余个，移交问题线索4件。开展锦16块二元驱管线泄漏事故以案促改警示教育活动，排查风险4065个，提出建议14条，推动完善制度37项。不断健全完善监督体系，充分发挥纪检、巡察、审计专责监督优势，推动各类监督贯通协同。制修订《辽河油田公司党风廉政建设和反腐败工作协调小组工作规则》《辽河油田公司贯通协同监督体系建设工作指引》，完善7项机制，统筹实施工程建设、承包商监管等24项专项监督，查改问题1023个，接收合规、审计等主动监督移交问题线索40件。推进监督一体化平台建设，制定"问题分级定性词典"，统一处置标准、共享监督成果。以信息化赋能监督，通过电子监察发现疑似问题3个，持续提升监督效能。

【队伍建设】2022年，辽河油田公司坚持固本强基，从严从实加强纪检巡察干部队伍建设。持续提升全员能力素质，认真研究纪检队伍建设课题，初步形成4类12项发展目标。全员全覆盖开展业务培训，创新"双向需求"模式，选派业务骨干参加集团公司纪检监察组、纪检监察组二中心、六中心以及协助省市纪委监委查办专案等相关工作。严格落实《企业纪委监督执纪工作规程》，建立健全相互制约内控机制，推进工作规范化法治化正规化。修订《督办工作实务指南》，推动督办问题线索查实率达到74.1%，同比提升17%。开展处分决定执行情况专项检查，查改影响期内工资晋档、考核不规范等问题44个。扩容改造办案场所、升级配齐办案设备、规范"走读式"谈话审批程序，筑牢办案安全底线。加强内部监督管理，制定《各二级单位纪委、派驻纪检组向油田公司纪委请示报告工作办法》，明确8个方面24项具体内容。严把队伍入口关，逐一审核系统内干部交流调整事宜62人次。区分单位性质，分类实施基层纪委书记年度履职专项考核，压紧压实监督责任。创新开展纪检巡察干部"廉洁家访"活动，严明"五带头、十严禁"纪律要求，坚决防止"灯下黑"。

（杨明艳）

工会工作

【概述】2022年，辽河油田公司工会工作深入落实党建带工建整体要求，锚定"培养"造就一支听党话跟党走的产业工人队伍"目标，赓续前行、奋楫争先，团结动员广大职工完成油田公司生产经营各项目标。获"国"字号荣誉5项，省部级荣誉65项。

【企业民主管理】2022年，辽河油田公司贯彻以职工代表大会为基本形式的企业民主管理制度，坚持把涉及职工切身利益的事项和制度作为职代会审议重点，闭会期间组织职工代表讨论审议两项制度办法，从源头维护职工合法权益。持续深化提案常态化征集办理，立案提案35件全部办复，综合满意率100%。细化处级、科级单位厂务公开内容、程序和考核标准，推动厂务公开工作规范化、标准化。通过辽宁省总工会厂务公开民主管理工作调研检查，获高度评价。特种油开发公司代表辽宁省在全国厂务公开民主管理工作视频调研检查会上进行工作汇报。民主管理方面充分发挥首席职工代表作用，组织首席职工代表列席重要会议172场次，提出合理化建议263条，进行专题巡视69次，参加民主恳谈会359场次。组织开展厂务公开民主管理工作微视频大赛，沈阳采油厂作品代表辽宁省参加全国展评。辽宁省厂务公开领导小组，全面推介特种油开发公司、沈阳采油厂工作经验。

【群众性经济技术创新】 2022年，辽河油田公司组织开展"奋战一百天，上产二万八""凝心聚力再奋战、安全日增1万吨"复产上产等主题劳动竞赛，编发劳动竞赛公众号31期，营造良好竞赛氛围。主动承办2022辽宁省职工技能大赛暨油气开采工技能大赛，突出"全员性参与、实用性项目、联动性推进"，采油、热注、集输、井下作业4个工种170名选手参加决赛，各工种第一名均获辽宁五一劳动奖章。深入开展群众性安全监督、职工技术创新、合理化建议征集、班组成本分析等群众性经济技术工作，全员挖潜创效3025.25万元，超额完成既定目标。油田公司工会在全国总工会组织召开的班组建设调研会上交流发言。曙光采油厂获全国安康杯竞赛优胜单位。

【保障帮扶】 2022年，辽河油田公司工会在服务职工上彰显"工会情怀"，把职工切身感受作为检验工作成效的重要标准，为职工做好事、办实事、解难事。全面落实"五项帮扶""四季恒温"送温暖服务机制，坚持定期走访、日常关怀和应急救助，累计实施各类帮扶4694人次，支出帮扶资金1986.75万元。外部市场慰问、一线送清凉、职业病岗位职工疗养等活动服务职工5万人次，提升职工幸福指数。2022年，团体安康险投保1.54万人，赔付率73%。抗洪复产时期，第一时间成立防汛保障突击队，投入防汛保障经费1400万元，为抗洪复产一线职工提供专项服务。贯彻履行国有企业社会责任，组织18名驻村第一书记和工作队员轮换工作，开展对口支援和乡村振兴工作，捐赠项目资金720万元，消费帮扶资金2120万元，巩固脱贫攻坚成果，助力乡村振兴，完成油田残疾人等特殊群体的服务保障工作。组织2338名职工献血82.35万毫升，缓解盘锦市医疗用血紧张局面。获省（中）直定点扶贫先进单位，辽河油田公司驻辽宁阜新市阜蒙县苍土乡西苍土村工作队获集团公司脱贫攻坚先进集体和辽宁省学雷锋活动示范点称号。

【女工、EAP工作】 2022年，辽河油田公司拓展女职工成长空间，团结引领"半边天"在油田改革发展实践中展现新作为。贯彻落实《中国妇女发展纲要（2021—2030）》，向公司提案委员会提交《优化辽河油田女性人才资源开发，加大女性干部的培养、使用力度》提案。组织开展女职工技术比赛、巾帼管理提升课题比赛等活动，为女职工搭建成长成才平台。全面落实辽宁省总工会"玫瑰书香"工作要求，组织开展"巾帼荐读"主题阅读系列活动，提高女职工终生学习、学以致用理念。贯彻落实辽宁省总工会《关于持续推进女职工"两癌"筛查工作的通知》要求，为106名多元经济企业女职工申请"两癌"筛查经费3.18万元，女职工特殊权益得到维护。以"培育好家风——女职工在行动"为主题，组织开展"油田好家庭""外闯市场贤内助"推荐评选展示活动，有效发挥女职工家风家教建设主力军作用。持续关注职工心理健康，组织EAP团队深入外部市场、抗洪一线，全面消除职工心理健康风险。开展"情绪管理""变革中员工心态调适与应对"等团体辅导讲座30余场次，"加强石油企业职工心理健康促进工作研究"课题被评为集团公司2022年软科学研究优秀课题。

【工会自身建设】 2022年，辽河油田公司组织开展"特色小家"创建评比活动，按照"成熟一家、发展一家"的工作思路，命名表彰47个基层工会组织为辽河油田公司首批特色职工小家，全面推进职工之家实体化、标准化、特色化建设，打造出一批具有辽河特色，拿得出、立得住、叫得响的基层"建家"品牌。开展队伍建设线上培训，组织1133名专兼职工会干部和4023名两级职工代表参加《职工代表大会操作指引》学习宣传和闯关答题活动，将工会业务培训覆盖到三级工会，有效提高工会干部的业务水平和职工代表的履职能力。组织开展"两个找到"专项行动，切实提高工会干部服务职工群众的自觉性、自豪感。与财务资产部紧密协作，搭建财务共享平台，成为集团公司、辽宁省首家工会经费集中核算企业，有效提升资金安全水平。建立工会固定资产线上管理系统，全面掌握固定资产详细情况，推进工会资产依法管理、合规运行。完成9位工会主席离任经济责任审计，9家二级单位及油田公司工会本级2018—2021年度经费收管用和帮扶资金使用情况审计；规范和完善公司工会工程（服务）项目预算和结算程序，完成工程（服务）项目外委审计22项，有效发挥经审工作职能。

【宣教文体】 2022年，辽河油田公司以学习贯彻党的二十大精神为重点，与学习贯彻习近平总书记关于东北、辽宁振兴发展，石油能源安全的重要讲话和指示批示精神相结合，通过收看直播、网络答题、课题研讨等多种形式，掀起学习宣传贯彻热潮。编纂《精神的力量——辽河油田劳模风采录》，制作女工专题宣传片，增强石油劳动者的使命感与价值感。发挥工会官微作用，推送各类消息303条，凝聚起干事创业的强大合力。广泛开展喜迎党的二十大《辽河壮歌》美术、书法、摄影、集邮作品展。组织职工参加全国石油职工健步走网络公开赛，获"优秀组织贡献奖"。组织职工参加广播体操网络公开赛等活动，展示辽河职工良好政治素养、浓厚家国情怀和昂扬的精神风貌，营造歌颂党、热爱党、忠于党的浓厚氛围。

【民生改善工程】 2022年，辽河油田公司切实履行工作职责，通过基层走访调研、组织召开座谈会等多种形式征求意见，加强顶层设计，丰富工作内涵。领导小组办公室注重统筹协调，聚焦实际需求优化措施方案，围绕10个重点项目，逐一明确牵头责任，促进"四心"工程落实落地、扎根发芽。基层单位狠抓工作落实，围绕"四心"内涵拓展延伸，规划年度重点项目507项，用心用力解决"急难愁盼"焦点问题400余项，提升职工群众获得感、幸福感、安全感。

（王禹心）

共青团工作

【概述】 2022年，是中国共产主义青年团成立100周年，辽河油田公司紧紧围绕迎接和学习宣传贯彻党的二十大主线，紧密聚焦"建团百年"主题，精准对标"管理提升"要求，全面推进"六个100"创建工程，找准"背靠党委、面向青年"最佳位置，团结带领油田公司广大团员青年，置身生产经营主战场，冲在科技创新最前沿，坚守抗洪复产第一线，用实际行动彰显辽河共青团和青年责任担当，获集团公司五四红旗团委称号。截至2022年底，辽河油田公司下设团委16个、直属团支部15个、基层团支部94个。

【青年教育强基工程】 2022年，辽河油田公司围绕"学习二十大、永远跟党走、奋进新征程"主题，召开"学习宣传贯彻党的二十大精神辅导报告会暨工作部署会"，公司党委领导面向广大青年开展专题辅导，公司团委书记、团委委员、各单位团青工作负责人直接面向基层、面向青年开展层层宣讲、组织专题研讨552场次，举办网络答题3期，超10万人次参与。围绕庆祝建团百年，协助油田公司党委筹备"学习习近平总书记建团百年庆祝大会重要讲话精神"会议，系统制定3类13项规定任务，各基层团支部开展主题团日、专题学习558场次，团支部参学率、覆盖率100%。围绕青年精神素养提升工程，制定"13345"责任清单，开展集中学习教育516场次，形成对标讨论问题1182条。召开辽河油田公司青年精神素养提升工程对标讨论总结推进会，集团公司团委书记张劲线上参会指导，高标准实现团支部、青年工作小组、40周岁以下青年"三个全覆盖"。

【青年创新创效工程】 2022年，辽河油田公司组建135支"提质增效·建功辽河"青年突击队，主动参与纳入公司提质增效工程，提前2个月完成全年创效指标，实现保障创效2752万元。举办第38届青年油水井分析大赛，突出"两个并重"攻关导向，组织青年立足自己管理的油井、区块开展研究分析和岗位实践，形成攻关成果124项。推动"青智汇"科技创新论坛，划分五大专业板块，征集孵化创新项目206个，与数字和信息化管理部共同完成信息技术板块3个赛道的答辩评审，推荐11个优秀项目在全国"振兴杯"和集团公司青年创意大赛中获得佳绩。创建"一号四岗"青年团队55个，开展"青年文明号开放周"、安全生产月"六个一"等系列活动，40个青年集体通过集团公司"青安岗"创建公示，9个青年集体获评全国及省部级荣誉。

【青年成长成才工程】 2022年，辽河油田公司开展第九届"双十杰"评选，划分管理、技术、技能3个序列，制度化向公司党委、集团公司团委及团辽宁省委等上级团组织推荐优秀青年95人。推进"青年马克思主义者培养工程"，明确五大环节10个方面培养举措，遴选首期学员112名，开展2期170课时线上培训，推进4类16个理论课题研究，培育"又红又专"的青年政治骨干。举办专业技术青年大讲堂9期，邀请企业专家12名，为青年讲授深层天然气勘探、压裂工艺改造等前沿课题，打造青年学技术、强本领、拓思维的"金牌课堂"。制定《辽河油田公司共青团推优工作实施办法》，畅通共青团推优荐才渠道，拓宽青年成长发展空间。常态化开展"我为青年做件事"主题实践，为青年解决实际问题。深化"四心"青年志愿服务体系建设，围绕疫情防控、孝老爱亲、文明城市创建、外闯市场员工家庭关怀等方面，开展志愿服务160余次，累计时长超4800小时。强化油地沟通协作，共同举办"石油精神进校园""盘锦市青年创新创效大赛"和暑期实践、交友联谊等活动，为"油地大融合"加油助力。

【共青团自身建设】 2022年，辽河油田公司严肃团内组织生活，落实"三会两制一课"制度，开展专题组织生活会96场次，完成团员教育评议702人，全年规范发展团员41名，组织关系转接率、"学社衔接"率均100%，受到团辽宁省省委通报表扬7次。持续改进组织运行管理方式，创新"团支部+青年工作小组"双轨组织运行模式，推动成立两级党委青年工作部31个，下设青年工作小组400余个，团青组织架构更为清晰。建立重点工作督察督导机制，利用"智慧团建"系统、"铁人先锋"等团属信息化平台，督导检查基层团支部开展党的二十大精神专题学习、团支部"对标定级"等5项重点工作落实。强化团干部教育管理，持续推动"团干部上讲台"工作机制，面向129名基层团青干部举办专题读书班，对9名新任职团青干部开展任职轮训，组织开展年度述职评议，将评价结果运用于评先选优，推动团干部能力作风有效提升。

【辽河共青团品牌打造】 2022年，辽河油田公司团委作为共青团辽宁省第十四届委员会委员单位，承办团中央、中国青联主办的中国青年五四奖章辽宁首场分享会，邀请4位辽宁省内奖章获得者线上直播分享，2.3万人次参与互动。作为集团公司共青团辽宁协作区组长单位，推动协作区团青工作共商、品牌共创、资源共享，牵头举办《国家安全人民防线建设青年大讲堂》，协作区11家成员单位，600余名青年同时在线学习。作为集团公司青年精神素养提升工程材料组组长单位，协助集团公司团委完成工作简报33期，学习材料16期，撰写向集团公司党组专项工作汇报1期。强化对外宣传工作，全年

"报、台、网、微"发布新闻1100余篇，外宣稿件150篇，创历史新高，并先后24次被《人民日报》、人民网等外部主流媒体报道转载，充分展现辽河共青团和青年的良好形象。评选表彰第26届中国青年五四奖章、全国五四红旗团支部、集团公司五四红旗团委，3个青年集体通过一星级全国青年文明号认定，1个青年创新项目获全国"振兴杯"铜奖，4个青年创新项目在集团公司青年创意比赛中获一等奖1项、二等奖1项、三等奖2项，全年辽河共青团系统集体和个人获省部级以上荣誉累计33个。

（刘培炎）

单位概览

上市业务单位

兴隆台采油厂

【概况】 兴隆台采油厂作为辽河油田的发祥地，是辽河油田组建最早的油气综合开发二级单位，勘探工作始于20世纪60年代。1964年，辽河油田第一井辽1井开始钻探；1972年，成立三二二油田采油指挥部；1973年6月，更名为辽河石油勘探局兴隆台采油厂。1973年9月，马20井求产，日产原油达到2010吨、天然气40万立方米，成为我国第一口"双千吨"高产油井，为全国之最；1975年，原油产量261万吨，达到历史最高峰，并在此后22年持续稳定在100万吨以上。1998年，所属海外河油田和小洼油田划归新成立的辽河金马股份有限公司后，原油年产量降至80万吨，并连续10年保持在80万吨以上。1999年，重组分立为辽河油田公司兴隆台采油厂和辽河石油勘局兴隆台工程技术处。2008—2012年，随着兴隆台潜山油田全面开发，兴隆台采油厂接连实现年产原油"重上百万""超越百万"和油气当量150万、160万的跨越，经济效益跃居辽河油田首位。2015年，兴隆台采油厂与兴隆台工程技术处部分业务重组整合，按照"两个牌子、一个领导班子、一套机关机构、一体化管理、分开核算、两本账运行"的模式，实施采油与井下作业业务一体化管理。重组调整后，兴隆台采油厂成为集勘探开发、工程技术服务、生产保障、多种经营等业务为一体的综合性生产单位。2018年，辽河石油勘探局兴隆台工程技术处更名为辽河石油勘探局有限公司兴采工程技术处（简称兴采工程技术处）。2020年10月，按照辽河油田公司对所属9个采油单位托管的工程技术业务进行重组整合的统一部署，撤销兴采工程技术处，将其留存的主营业务人员、资产及债权债务整体并入辽河工程技术分公司，将其留存的再就业业务划归新组建的公共事务管理部统一管理。2021年，时隔8年，兴隆台采油厂油气当量重上160万吨。2022年，兴隆台采油厂采油作业四区整建制划转至未动用储量开发公司（后更名为荣兴油气开发公司），划出员工338人。虽然油田减少，但老区逆势增长，兴隆台采油厂依然保持着百万吨生产规模。

截至2022年底，兴隆台采油厂辖区面积1600平方千米，开发兴隆台、大洼、黄金带、于楼、热河台、新开、欧利坨、桃园8个油田及双台子（兴）、曙光（兴）、欢喜岭（兴）、冷家（兴）4个区块，横跨辽河盆地东西2个凹陷，地跨盘锦、鞍山两市，油田与稻田、苇田相互交织，采油井站遍布城市中心区、经济建设区、城郊居民区。开发建设50年来，兴隆台采油厂累计生产原油5963.97万吨，累产天然气351.39亿立方米。本部设管理职能科室14个，直属部门5个，所属三级单位12个。员工总数2914人。

2022年，兴隆台采油厂生产原油101.1万吨；外供天然气3.66亿立方米；完成油气当量133.77万吨；实现账面利润17.01亿元，位列辽河油田公司第一。连续3年获辽河油田公司质量健康安全环保特殊贡献单位、获全国企业文化成果奖二等奖、辽宁省思想政治工作研究优秀单位。

【油气上产】 2022年，兴隆台采油厂坚持"一季度措施上产为主，二季度新井措施并进，夯基础降递减贯穿全年"的稳产上产思路，全员开展"奋战六个月、向建厂50周年献礼"劳动竞赛，原油日产连上4个百吨台阶。洼73井区油藏评价取得新突破，新增探明石油地质储量90万吨，部署水平井3口，直井1口；洼18井区实现勘探开发一体化高效建产，新增探明石油地质储量80万吨，实施开发井9口，平均单井累产油2090吨。成立"产能建设项目组"，实行列表督办、挂图作战、增时率、提产能。集中力量推进红星、洼19、于11等重点开发区块新井钻投组织，投产新井91口，建产周期同比缩短6天，生产时率由177天提升至190天，平均单井年产油826吨，创近年新高。深化油藏潜力及经济效益评价，精细分析提高措施效果，重点向潜力区块和高效措施倾斜，实施各类措施376井次，累增油14.6万吨，同比多增油1.6万吨。成立注水专班，稳步推进公司、厂两级示范注水区块综合治理，开展黄于热欧水质提升工程，热8井区等欠注区块实行"点对点注水、局部增压"，累计增加注水量1.1万立方米。以打造标准化站场为手段，持续推进"标杆变标准、示范变规范、经验变制度"，站场面貌持续改善，标准化水平不断提升。通过完善工作制度、优化方案设计、突出对标提标，采油管理指标呈现"三升三降"的良好局面。推进联合站污水处理升级、兴60站分输改造，集输系统保持平稳绿色运行。统筹土地征垫、地面建设、物资供应等环节，有序开展"五项会战"、物联网建设、注水治理等重点工作，高效组织修井作业、捞油施工、原油拉运等生产活动。开展"双转双强双促进"活动，累计参与活动79人次，发现问题38项，督办重点工作123项，全方位助力油气上产。全力支持曙光、特油地区抗洪抢险，体现大厂责任担当和大局意识。

【精细管控】 2022年，兴隆台采油厂以"成本构成"和"经济产量"双模型为导向，梳理影响要素，锁定提质方向，业财融合成效进一步凸显。强化预算管控和刚性执行，优化投资结构，构建大预算格局，严把前期审核关，压降非必要投入6000万元，优化成本项目19项、资金836万元。把握高油价时机，竞价销售原油12.3万吨，动态销售原油1.2万吨，提升产品价值创效3397万元。加大分质分销力度，销售黑凝析油39.1万吨，增加销售额3911万元。推进实施25项提质增效工程，建立厂内维修队伍的联动机制，实施抽油机拆装、站场采暖改造、管排铺设焊接、油管二次分检修复等自营工程200余项，增效582万元。充分发挥劳模专家和技术骨干作用，开展抽油机润滑油高效净化、减速箱维修等自营业务，创效85万元。

【科技增产】 2022年，兴隆台采油厂坚持技术创新，加强攻关，展现科技增产新驱动。强化"技术+管理"一体化推进，科技支撑作用进一步彰显。油藏开发技术持续完善。开展中高渗砂岩老区微构造精细解释、沉积微相精细识别、隐蔽剩余油定量描述、精准注水体系设计等技术攻关，首次实现大洼油田上升盘油气分布规律整体认识，精确追踪欧13井区砂体分布范围，为补充后备接替资源，指导后续开发调整打下坚实基础。方式转换项目进展顺利。双229块CCUS项目阶段完成转注12井次，日注二氧化碳能力250吨，累注入3.1万吨，初步达到碳埋存目的。兴古7块天然气驱和调控取得成效，见效油井日增油20吨，为兴隆台潜山群气驱与储气库建设联动提供科学依据。采油配套工艺日趋成熟。完善升级油井智能间抽、水井提压增注、出砂井防砂等技术，助推采油管理指标持续提升；推广应用水窜井智能找堵水、多轮次单井调剖、气窜井封窜治理等技术，加速形成有效补能；持续优化高含水井大泵排液、古潜山低产井深抽提液、偏磨井综合治理等技术，助力双低井提产提效。储层改造技术不断完善。开展潜山中生界重复压裂、中低渗储层砂岩老井压裂、CCUS平台井拉链式压裂，规模化开展储层改造，释放低渗储层产能潜力，实施各类压裂措施91井次，累增油气当量6.5万吨，同比增加32.6%。

【安全环保】 2022年，兴隆台采油厂扎实开展"四大"（学贺信、找差距、强信心、勇担当）主题活动，双防机制日趋完善，质量健康安全环保形势稳定受控。突出责任落实。建立隐患问题追溯机制，深入剖析管理原因，通过现场会、管理反思、安全生产记分、考核兑现、承包商黑黄牌等手段严格问责履职不力、失职失责行为。代表辽河油田公司迎接集团公司QHSE体系审核，保持良好B1级水平。突出风险管控。完善风险分级管控和隐患排查治理双重预防机制，严格执行疫情管控政策，确保风险可控受控。按照"专业主导、专人负责、专项资金"原则，投入资金1100余万元，高质量开展管道、电气等隐患专项治理。突出专项整治。按照"体检式自查、沉浸式检查、闭环式复查、批判性反思、精准性治理、量化性提升"模式，推进"四大"主题活动走深走实，组织现场办公会3次，反思讨论48场次，形成反思材料169份，制定措施602条。有序开展安全生产大检查，推进燃气、房屋建筑物等专项整治，累计查改隐患1089项。突出清洁生产。持续推进"无泄漏示范区"建设，开展管道外腐蚀检测90千米，管道阴极保护评价18千米。实施联合站VOCs治理，实现外溢天然气回收和兴二联储罐平稳运行。将新能源作为产业升级的重要部署，建成光伏发电装机容量13.86兆瓦，形成年发电能力2000万千瓦·时，绿电替代能力15.4%，井场光伏规模位列辽河油田公司第一。

【党建思想政治工作】 2022年，兴隆台采油厂坚持党建引领，统一思想，汇聚改革发展新合力。发挥党委"把方向、管大局、保落实"重要作用，为高质量稳健发展指引正确前进方向。坚持党建引领把关定向。深入学习贯彻党的二十大精神，开展"学贺信、找差距、强信心、勇担当"主题教育和"重走创业路"等建厂50周年系列庆祝活动，提振干部员工"兴油报国"精气神。促进深度融合夯基固本。持续实施"兴油先锋工程"，将产量指标落实到每名党员。设立党总支书记项目13个，共产党员工程87项，解决实际问题110个，形成党建工作与生产经营互联互动、协同增效的良好局面。强化履职尽责严守底线，深化党内监督巡察。厂党委2个巡察组对机关党总支及所属7个党支部开展内部巡察，发现问题3个大类80余项，有效解决机关工作的"薄弱点"。注重人才驱动激发活力。坚持重实干、重实绩的用人导向。推行岗位管理机制，打破身份界限，聘任27名优秀操作技能人员到管理或专业技术岗位。开展科研人员重新聘任，优化调整36人。聚焦改善民生温暖民心。制定《兴隆台采油厂民生工程实施方案》，落实职工健康驿站、一线水冲厕所、矿区公路修整和公园修缮等28项惠民工程，不断增强员工群众获得感、幸福感。加强员工健康干预，实施指标监测2360人次，制定个性化干预方案，重点关注人员下降58%，通过盘锦市健康企业验收。

【建厂50周年活动】 2022年，兴隆台采油厂梳理50年发展历程，提炼兴油文化体系和"奉献拼搏、兴油报国"的兴油精神。在党的二十大召开之际，兴隆台采油厂把开发建设50年的创业历史和奋斗历程作为生动"教材"，组织开展"故事里的兴采""口述历史""见证兴油""厂史知识答题""重走兴油路 奋进新征程"等系列文化教育活动，以潜移默化、寓教于乐的形式，提振广大干部员工"加油增气"的精气神，为实现采油厂高质量发展汇聚兴油力量。以"知、信、行、传、创"五步法持续推动兴油文化落地生根，在"兴油先锋"微信公众号推送相关内容，编制《企业文化手册》《兴油之路》画册、《逐梦兴油》宣传片等等，全方位、立体式解读传播兴油文化。厂各党总支和党支部总结提炼形成各具特色的班站文化，如花之魁文化、绿色家文化等。作为辽河油田的发源地，兴隆台采油厂聚焦打造辽宁省企业文化建设示范基地，着力打造"一地三井一园两馆"文化阵地，对辽一井石油精神教育基地、辽河油田首批3口功勋井、辽河油田石油精神教育基地女子采油队队史馆等进行恢复和修缮，增加文化橱窗、创业连环画展板等内容，丰富阵地内涵。

（李　晶　陈　英）

曙光采油厂

【概况】 油田公司曙光采油厂（辽河石油勘探局曙光工程技术处）的前身是辽河石油勘探局曙光采油指挥部。1975年4月，辽河坳陷西斜坡中段曙光地区杜家台构造上的杜7井获高产油气流，展示良好油气勘探前景。10月，石油化学工业部向国务院呈报《关于组织辽河地区曙光油田会战的报告》，并先后从玉门油田、新疆油田、大庆油田和石油地球物理物探局等单位调集1万余人的队伍，开展曙光油田勘探开发会战。12月，辽河石油勘探局党委决定组建曙光采油指挥部。1976年1月，曙光油田会战誓师大会在曙3-9-6井场隆重召开，曙光油区会战正式展开。1984年4月，辽河石油勘探局党委将曙光采油指挥部更名为曙光采油厂。1999年8月，曙光采油厂核心业务和非核心业务重组分立为中国石油天然气股份有限公司辽河油田分公司曙光采油厂（简称曙光采油厂）和辽河石油勘探局曙光油田工程技术服务公司。2000年3月，辽河石油勘探局将曙光油田工程技术服务公司更名为曙光工程技术处。2008年2月，曙光工程技术处划归辽河油田公司管理，列未上市业务二级单位管理。2015年5月，辽河油田公司对曙光采油厂和曙光工程技术处进行重组整合，按照两个牌子、一个领导班子、一套机关机构、分开核算、两本账运行的模式，实施采油与井下作业业务一体化管理，保留曙光工程技术处的机构名称、模拟法人、工商和税务登记资格及资质。重组整合后，曙光采油厂成为集勘探开发、工程技术服务、生产保障等业务于一体的综合性生产单位。2020年10月，按照辽河油田公司对所属9个采油单位托管的工程技术业务进行重组整合的统一部署，撤销曙光工程技术处，将其留存的主营业务人员、资产及债权债务整体并入辽河工程技术分公司，将其留存的社会保险、离退休（再就业）机构及人员划归新组建的公共事务管理部统一管理。曙光油田构造上位于辽河盆地西部凹陷西斜坡中段，是一个斜坡背景下发育起来的复杂断块油田，具有多种沉积体系，储层岩性、储集空间多样；油藏类型多，具有边、顶、底水等多种油水组合；开发层系多，自下而上发育潜山、高升、杜家台、莲花、大凌河、兴隆台、馆陶7套含油层系，油藏埋深584—3440米；油品性质多，按原油黏度可分为稀油、稠油、超稠油、特稠油；开发方式多，常规方式有注水、吞吐，转换方式有火驱、SAGD、蒸汽驱、化学驱等，并形成与不同油藏油品类型的配套工艺技术。曙光采油厂已在200万吨以上规模稳产37年。开发建设47年来，先后经历"稀油开发上产、稠油接替稳产、方式转换二次上产"3个阶段。累积探明含油面积168.8平方千米，地质储量42360万吨，动用含油面积151.1平方千米，地质储量39271万吨。已投产油井4125口，开井2396口，日产油水平6015吨，综合含水82.5%，累计产油9969万吨，采出程度25.5%，可采储量采出程度88.0%。共有注水井330口，开井222口，日注水7440立方米。稠油区块年注汽700万吨，吞吐油汽比0.22。

截至2022年底，曙光采油厂在册员工5138人。本部设管理职能科室14个，直属部门5个，三级单位16个。拥有资产原值258.81亿元，净值52.61亿元。有计量接转站114座，热采注汽锅炉97台，联合站3座，污水处理厂1座，配水间48座。2022年，曙光采油厂生产原油180.4万吨，完成商品量178.47万吨（表1）。考核利润对比油田公司底线目标202375万元超交237万元，对比奋斗目标209232万元欠交6620万元。

表1　曙光采油厂主要生产经营指标

指标	2022年	2021年	同比增减
原油产量（万吨）	180.4	213.6	-33.2
原油商品量（万吨）	178.47	210.5	-32.03

【生产建设】2022年，曙光采油厂坚决贯彻辽河油田公司决策部署，积极应对历史罕见洪涝灾害，坚持把油藏经营管理理念贯穿勘探开发全过程，全面完成原油生产调整指标。资源储备方面，通过方式转换、产能建设、老区挖潜等手段，新增经济可采储量200万吨，实现储采平衡。勘探增储方面，以地质研究为基础，依托地震解释、储层预测等技术，在曙66块大凌河、曙30块杜家台等油藏开展增储研究，新增探明储量45万吨。产能建设方面，优化方案设计、优选配套措施，投产新井135口，同比增加16口，单井初期日产近五年最高，年产油6.1万吨。措施增油方面，加大侧钻、大修、调补层等进攻性措施力度，实施212井次，措施有效率同比提高1.1%。老油田综合治理方面，稀油注水持续完

善注采井网、精细动态调控；吞吐稠油持续优化注汽结构，强化油井基础管理；扣除洪涝影响，稀油自然递减率10%，吞吐油汽比0.26。开发方式转换方面，持续扩大超稠油蒸汽驱及稀油化学驱规模，开展薄互层普通稠油蒸汽驱等试验，新转驱井组7个，新增可采储量35万吨，对已转驱井组实施动态调控625井次，年产油67万吨。运行组织系统坚持优化运行提质量、强化协调抢效率、深化管理夯基础，组织开发生产工作部署实施，基本实现大运行格局，促进原油产量不断抬升；用15天完成10条156千米春检计划，配套实施低压检修隐患20类4150处，实现全年高压线路平稳运行。采油系统围绕"最高的生产时率、最佳的生产参数、最低的能量消耗"理念，检泵率同比降低4.9%，举升单耗同比下降1.1千瓦·时/吨，井口水质合格率同比提高2.8%，全面夯实基础管理工作。注汽系统持续完善注汽质量监督，通过落实提升实施方案、外部注汽锅炉积分制管理暂行办法等措施，锅炉平均注汽干度对比2021年提升0.6%。编制节能降耗实施方案，锅炉平均热效率提升0.4%，烟温同比降低14摄氏度。集输污水系统强化"分段控制、分段达标、分段优质低耗"管理，吨液处理成本由5.59元/米^{3}降至5.43元/米^3，吨油处理成本由36.53元/吨降至34.05元/吨，实现处理单耗和可控成本呈现"双降"。作业系统强化运行效率，扎实推进作业时率、作业质量、安全监管、成本管控等各项工作，交井一次合格率达99.7%，同比上升0.1%；大修成果率达97.65%，同比上升1.78%。

【科技创新】 2022年，曙光采油厂坚持赋能创新，完善杜84馆陶SAGD注汽井网、优化井段调整，调控29井次，促进蒸汽腔均衡扩展，年产油47.5万吨。确定蒸汽驱井组平面及纵向见效特征，探索汽窜井封堵4井次，蒸汽驱年产油6.6万吨，增油3万吨。完善易出砂储层化学驱配套工艺技术，11个井组最高日产油达到转驱前3倍，年产油由2.1万吨上升到2.3万吨。坚持攻坚克难，热采稠油复杂出水井化学堵水技术攻克新瓶颈。针对曙1104205、杜80、杜68兴隆台等区块出水问题，开展氮气泡沫凝胶堵剂、延迟固化耐高温堵剂、液体桥塞暂堵剂及选择性耐高温堵剂等核心药剂研制，同时配套研发潜山油藏复合段塞堵水、水平井化学分段堵水等系列堵水工艺，授权发明专利6件，工业化应用366井次，增产原油18.94万吨，累计创效2.42亿元。互层状稠油油藏分注分采技术研究取得新突破，创新研发分层处理分层注汽复合管柱、井下自动选择性投球复合暂堵等系列分注分采关键技术，现场应用1045井次，新增产量25.8万吨，累计创效3525万元。优选机械找堵水、系列防排砂、边远井掺稀、特殊井举升、多功能热采管柱5项成果转化推广应用，提高科技成果转化率，实现增产7938万吨，降本290万元。

【经营管理】 2022年，曙光采油厂以"管理提升年"为契机，贯彻落实"四精"（经营上精打细算、生产上精耕细作、管理上精雕细刻、技术上精益求精）要求，优化支出结构，倒逼预算成本。预算管理方面，克服基本运行费压减、大宗商品涨价等影响，持续加强成本计划管控，合理调控生产与非生产性支出。积极争取资金政策支持，辽河油田公司批复投资及成本支出13.13亿元，全力保障抗洪复产所需投入。全年基本运行费23.24亿元，同比下降5.3%。提质增效方面，突出顶层设计，围绕增储上产、降本增效、科技引领、管理提质4个主题，以热效率提升、生产工艺优化、"六外"（外协、外委、外雇、外租、外修、外包）项目管控等方面为突破口，17项提质增效工程创效6248万元。对标管理方面，统筹推进采注输系统"技术改进、管理提升"，管理指标持续向好，同比检泵率降低4.7%、掺液量降低12.4%、吨液处理成本降低0.16元/米^3、热效率提升1.2%，实现燃气费、电费等费用同比下降。合规管理方面，成立合规委员会，明确责任分工，编制合规高风险岗位责任清单。开展合规高风险岗位认定工作，动态更新识别合规规范506项。组织在岗员工参加专题培训，发放普法宣传手册700份，营造良好依法合规氛围。信息化建设方面，组织中心机房、服务器、办公网络升级改造，提升网络安全、运行效率。编制105台锅炉、16座井站无人或少人值守方案，完成5座热注站改造。在抗洪复产现场安装布控球330台次，实时监控水情、堤坝、重点现场状况，保障人员安全、减轻劳动强度。

【机构改革】 2022年，曙光采油厂按照辽河油田公司工作安排部署，主要开展采油站优化调整、本部科室市场职能优化调整、本部直属部门溢油应急中心调整、接收未动用储量公司部分业务人员划转、"三定"工作、电工工程中心整合工作6个方面工作。开展采油站优化调整工作。将采油作业一区101采油站整建制划至采油作业二区，划转各类油井104口、人员44人，更名为采油作业二区211采油站。划转后整体基层采油站编制数量保持不变。采油作业一区采油站编制2人，划归至采油作业二区。开展二级本部职能部门市场职能优化调整工作。将经营计划科市场管理职能调整到企管法规科。核减经营计划科一般管理人员编制定员4人。核增企管法规科一般管理人员编制定员4人。开展本部直属部门溢油应急中心调整工作。根据油田公司下发的《关于明确曙光采油厂机构设置与编制定员的通知》文件，将质量安全环保科、辽河油田溢油应急处置中心合并成立质量安全环保科（辽河油田溢油应急处置中心）。接收未动用储量公司部分业务人员划转工作。接收员工146人，其中144名劳务用工以劳务输入形式划入、1名在册在岗员工以调入形式划入、1名原曙光采油厂劳务员工直接返还曙光采油厂。划转后在采油作业二区成立212采油站，增加基层一般管理人员编制2人；采油作业六区成立610采油站、611采油站、612采油站，增加基层一般管理人员编制6人。热注作业二区成立215注汽站、216注汽站，增加基层一般管理人员编制4人。按照《辽河油田公司"三定"工作的实施意见》文件精神，根据《关于明确曙光采油厂机构设置与编制定员的通知》文件要求，开展"定职责、定机构、定编制"工作。开展电工工程中心整合工作。撤销电力工程中心机关组织机构设置。机关管理人员划入生产保障大队机关，暂时保留原编制定员8人。基层领导人员责任分工由生产保障大队领导班子共同研究决定，一般管理人员融入后工作要统一管理、统一协调、统一指挥。将电力工程队整建制划入生产保障大队，保留小队级机构设置，含管理人员编制定员9人。

【员工队伍】 2022年，曙光采油厂突出政治标准和专业素养，坚持组织把关、群众公认，全年新选拔任用副总师2人、正科级干部7人、副科级干部9人，交流30人。新选拔任用80、90后科级干部8人，占提拔总量44.4%，科级干部平均年龄降低1岁。推进人才强企工程，优化薪酬结构，稳定提升全员薪资，调动全员积极性；以"三定"工作为基础，岗位聘任787人；聘评"双序列"技术人才18人；出台高技能人才管理办法，选聘技师及以上高技能人才41人。员工徐梓艺获集团公司先进工作者称号，门福信、王利新荣获辽河油田公司劳动模范称号，匡旭光获辽河油田公司第九届十大杰出青年称号。

【安全管理】 2022年，曙光采油厂落实"四全""四查""五个用心抓"工作要求，全员深入开展QHSE管理工作。质量管理方面，落实质量"三个一批"管理要求，一次焊接、新井井身和固井质量合格率分别达到96.6%、100%、92.3%，获集团公司、辽宁省优秀质量管理成果4项。健康管理方面，深入推进22项健康管理制度，建立"蒲公英"健康管理网络，组织全员开展心脑血管疾病等重大慢性病体检，普及健康知识。继续加大无烟单位创建，检测职业病危害场所126个、班站饮用水173处。定期组织办公楼宇、前线班站消杀，消杀面积380万平方米，营造健康办公环境。安全管理方面，持续强化风险管控，识别风险2150项，制定控制措施2460条。细化"五升级"管理，在关键领域、抗洪复产等特殊时段升级管控项目4500个，查改问题1250项，处罚承包商39.2万元，挂黄牌8家，列黑名单8人，守住安全底线，实现"零伤害、零事故"。环境管理方面，组织开展春季环保综合整治，严控环境隐患及风险，洪水期间，在关键部位布控隔油栏19道，收集工业垃圾、含油杂物及油泥5000余吨，努力实现污油"零入河、零入海"。治理水淹管线117处、泥浆池46处，对污水厂14万方池及遗留13座储罐油泥清理近5万吨，实现管控节点零固废。节能及新能源建设；实施节能专项改造项目 6 个，实现节气 29 万立方米、节电 15.4 万千瓦·时、节能 437 吨标煤；推进光伏建设，利用新井、闲置井站场 20 处，装机容量 1.3 兆瓦，累计发电 13 万千瓦·时，减排二氧化碳 1400 吨。实现安全环保形势持续稳定，获辽河油田公司质量健康安全环保先进单位等荣誉称号。

【党建工作】 2022 年，曙光采油厂党委充分发挥把方向、管大局、保落实重要作用，以高质量党建引领高质量发展。学习贯彻党的二十大精神，领导班子带头深入基层进行宣讲。严格执行"第一议题"制度，党委中心组学习研讨 45 次。组织修订"三重一大"决策流程及权责清单，完善民主集中决策机制。坚持党史学习教育常态化，开展学史、读史、诵史活动。深入开展"转观念、勇担当、强管理、创一流"主题教育，组织 165 名班站长、党支部书记开展"承包商怎么管"专题讨论。突出文化引领，广泛宣传增储上产、管理提升、抗洪复产工作，展示企业良好形象。以"党建联盟""党建+"等载体为牵动，扎实推进基层党建"三基本"建设与"三基"工作有机融合，探索实施联站联建工作，成立各类专班 35 个，有效整合基层人力资源。党支部结对共建 62 个，党员立项攻关 78 项，解决安全生产难题 198 个，创效 985 万元。推进人才强企工程，优化薪酬结构，稳定提升全员薪资，调动全员积极性。以"三定"工作为基础，岗位聘任 787 人。提拔、交流干部 48 人，聘评"双序列"技术人才 18 人。出台高技能人才管理办法，选聘技师及以上高技能人才 41 人。开展全员全覆盖警示教育，层层传递管党治党压力，有效落实主体责任。开展党内巡察、合规监督、工作督办等，深化"纪委督办+基层自主监督"监督模式，持续增强基层党组织监督工作效能。持续推进"六型"机关建设，开展"反围猎"专项行动、违规吃喝专项治理工作，驰而不息纠"四风"、树新风。

【群团工作】 2022 年，曙光采油厂做细做实"三个服务"（服务企业发展、服务职工群众、服务基层一线），融入中心工作，凝聚员工合力，助力采油厂高质量发展。坚持以党建带群建。发挥群众性工作优势，开展劳动竞赛、技术创新和岗位实践，征集技术创新成果、合理化建议成果 94 项，开展厂务公开微视频大赛和"特色小家"创建工作，规范落实厂务公开民主管理制度，增强发展内动力。构建立体式普惠帮扶格局，帮扶各类群体 190 余人次，支出帮扶资金 180 万元。实施文体场馆修缮等民生工程，提升员工群众生活品质。曙光采油厂获全国和辽宁省"安康杯"双优胜单位、盘锦市五一劳动奖状。坚持以党建带团建。把青年作为推进采油厂高质量发展的战略力量，开展"学习二十大、永远跟党走、奋进新征程"主题教育实践，选拔 3 名骨干参加"青马工程"培训，组建 10 支青年突击队，产能建设提效工程被列为公司重点项目。成立辽河油田公司首家青年采油站，在全厂范围选拔站长，青年人才培育选拔提档加速。坚持青年油水井分析日常化、过程化、实效化，分预赛、决赛两轮次举办曙光采油厂青年油水井分析比赛，助力解决油水井管理难题，提升青年业务水平，曙光采油厂获辽河油田公司青年油水井分析团体第一。

【抗洪复产】 2022 年，曙光采油厂遭遇特大洪涝灾害，洪水来势凶猛，超出预期，导致 2277 口油井、106 台热注锅炉和 3 座联合站全部关停，建厂 47 年来产量首次归零。灾情罕见，受到集团公司党组高度关注，党组副书记、总经理侯启军在关键节点深入抗洪一线调研指导。严峻的汛情牵动着辽河油田、盘锦市、辽宁省乃至全国人民的心。国家防汛抗旱总指挥部、水利部、应急管理部、辽宁省省委省政府领导到绕阳河防汛一线，检查指导工作。油地双方坚持一家人、一条心、一盘棋，并肩携手、共克时艰，始终坚持人民至上、生命至上，迅速启动应急预案，成立前线指挥部，调度工作。同声相应，向险而行战洪峰抗洪灾。第一时间成立小组 10 个（指挥协调组、技术支持组、排洪工程和厂房修复组、安全环保组、对外协调组、电力保障组、物资供应组、设备保障组、资金计划组、服务保障组），党员突击队 12 个，擎党旗驻守堤坝堡垒，亮党徽抵御洪峰侵袭。由于胜利塘及曙光大桥封闭，员工每天往返现场需绕行100多千米，为提高效率，成立前线指挥部7个，建立两岸作战、整体联动的战时协调机制。在10余次抢险中，建立砂石料场9个，日均协调车辆510台次、船只25台次、人员2700人。打桩800多根，抛石笼、抽油机基础300多个，堵大型管涌70多个，修复堤坝35处，牢牢把握抗洪抢险主动权。同心前行，尽锐出战建家园保产量。强制排水专班在左右岸、溢油中心、联合站、采油站等处布设排涝泵200余台，提前为复产做好准备。井站恢复专班组织员工每日工作近15小时，在齐腰水中抢修配电系统及各类机泵近万台套，提前6天完成所有井站复产工作。工程系统重构专班昼夜不停恢复管线230千米，检修罐体400余台套，提前完成3座联合站、77台锅炉复产任务。地质工艺措施专班制定各类措施60余项，增调钻井、作业队21支，完成千余井次上产任务，日产迅速攀升至灾前86%。QHSE管理专班开展沉浸式排查、区域化防控、网格化监管，严格管控承包商，守住了安全环保底线。复产保障专班与机关处室一起严细核定工作量，加速市场运作，强化合规管理和过程监管，全面做好物资保障、井站消杀、员工心理疏导等工作。同舟共济，携手并肩渡难关克时艰。辽河油田公司机关处室驻扎曙光采油厂，昼夜不停排忧解难。多家单位多次组织千人会战前来驰援，在近40摄氏度的高温雨水天气下，装沙袋、抛石块、扛水泥、布泵排水。曙光采油厂以外的辽河油田内部单位190多名挂职干部、技能专家、专业电工，协助完成1200余台套的机泵拆装、电气维修、现场管理等工作。各兄弟单位拆卸自家200余套机泵、配电柜、变频器送至前线助力复产，共同奏响荡气回肠的抗洪战歌。

（王　野）

欢喜岭采油厂

【概况】欢喜岭采油厂坐落在世界第一大苇田、亚洲最大的湿地之中，是集勘探开发、采油管理、工程技术、生产保障和多种经营等业务为一体的综合性能源企业，勘探工作始于20世纪70年代初。1976年9月，欢喜岭矿区筹建处成立，相继发现兴隆台、大凌河等高产油层。1978年8月，在欢喜岭矿区筹建处的基础上组建欢喜岭采油指挥部。1979年，由大庆油田一次性调入管理干部和工人706人，补充到欢喜岭指挥部各级班子、机关和小队。1984年4月，更名为辽河石油勘探局欢喜岭采油厂。1985年6月，欢喜岭采油厂原油平均日产达到10003吨，占全局原油产量五分之二，为全局争当"油老三"挑起重担。1999年8月，欢喜岭采油厂实施重组改制，划分为欢喜岭采油厂和欢喜岭工程技术处，实行"一级检举、两级管理"。2011年4月，经过10年分开分立，欢喜岭采油厂、欢喜岭工程技术处重组整合，把建设百万吨大厂作为首要任务。2011—2017年，欢喜岭采油厂连续7年原油生产保持百万吨以上。

截至2022年底，欢喜岭采油厂管理联合站3座，脱水站1座，二氧化碳捕集液化站1座，注聚站1座，计转站31座，计量站52座，注汽站42座，油水井3448口。本部设管理职能科室13个，直附属部门5个，所属三级单位15个，员工3711人。有固定及油气资产原值172亿元，净值26.83亿元，固定及油气资产共计35398项。2022年，生产原油84.5万吨，生产天然气3000万立方米，超额完成油气生产任务指标。欢喜岭采油厂被评为辽河油田公司先进单位。

【勘探开发】2022年，欢喜岭采油厂精查油气资源，在欢17-欢20井区、齐40-齐108结合部、欢125井区实施探井7口，投产5口，老井试油试采井3口，新增储量113万吨。其中齐40-2-15井3月注汽试采莲花油层，初期日产油9.6吨，目前日产油9.4吨，阶段累产油879吨；欢2-21-07井与欢2-22-005井在沙四段钻遇良好油气显示，分别解释油层34米/4层与24米/2层。深挖部署潜力，探索多元化产能建设新方向，优化井位部署，审批产能井80口，投产36口，日产油62吨，日产气2.2万立方米，年产油2.9万吨，年产气290万立方米。在老区开发上，优化注汽调控，打牢稠油稳产根基。对齐40块蒸汽驱进行综合调控，进行注汽调整90井次，同时实施新井7口，各类措施249井次，区块油汽比保持在0.13，年产油35.9万吨。对齐108块蒸汽驱进行整体调整，结合分层注汽、汽驱井段调整和高干度注汽等措施，调整7个井组，汽驱日产油由最低时的158吨上升至170吨以上，年产油6.1万吨，油汽比0.11，节约注汽量11.3万吨。对稠油吞吐进行优化注汽，开展非烃类辅助吞吐、组合注汽、分层（选层）注汽、水平井多点注汽等工作，规模化实施吞吐低效井治理，产油12.9万吨、注汽46.0万吨，对比配产配注指标超产1.1万吨、节汽2.0万吨。实施综合治理，开展老区控减。在精细注水上下功夫，重点围绕产能新区加快推进转注进程、注水老区深化精细注水调控、缓冲区深挖措施潜力3项工作，新增水驱控制储量182万吨，新增注水见效井31口，年增油1.3万吨。在化学驱调整上做文章，围绕扩大药剂波及体积的目标，锦16化学驱井组开展层系归位、注采调整、低速调驱3个方面工作，实施注采井段调整13井次，实施注入参数调整6井次，油井提液增排21井次，低速调驱9井次，化学驱井组年产油4.4万吨，对比上年增油0.8万吨。在套损井治理上见成效。按照油田公司套损井治理要求，套损井治理完成82井，年产油2.0万吨，超额完成公司下达的年度套损井治理任务。在精细管理上夯基础，落实"一井一策"，做好油井清防蜡工作，优化方案设计，推进"工况图"管理法，增强维护挖潜的实效性。累计完成憋压、碰泵、洗井、调冲、控套等维护性挖潜措施14600井次，累计减少检泵25井次，油井生产时率同比提高0.1%。

【生产运行】 2022年，欢喜岭采油厂建立"大运行"模式，按照"当月实施一批、次月储备一批、第三个月论证一批"原则，超前确定措施计划，确保生产时率。投产各类措施1229井次，对比年初计划增加103井次。强化作业运行管理，完成各类修井作业施工井2180井次，小修作业一次成功率达99.4%。精心组织上产会战，充分调动干部员工积极性。8月21日，组织劳动竞赛，通过优选长停井复产、加大措施力度、精细注水和优化注汽等措施，灾后60天产量连上2个百吨台阶，有效弥补洪涝影响。10月全力组织杜813块水淹区域复产工作，通过集中注汽、整体提温和加快作业工作进度等措施，实现该区块产量快速接替和提升，原油核实日产快速恢复到灾前水平。

【提质增效】 2022年，欢喜岭采油厂扎实推进"管理提升年"活动，持续深化对标管理，建立横向、纵向综合对标体系，明确九大类69项重点指标，33项专业指标中20项明显改善。细化采油基础管理，开展全员成本分析活动，形成"全面抓管理，全员降成本"等管理新格局，在基础管理指标中，检泵率、注汽单耗排名油田公司前三。创建07站示范点，召开现场会，评选十佳班站，以点带面，促进基础管理水平再上新台阶。持续加速关停并减，齐40等区块串联集油改造全面提速，并减井站22座，系统负荷率提升至70%。持续强化控投降本，实行投资、计划、预算"三位一体"全过程管控，投资规模较近3年均值控降16.5%，实现吨油完全成本、基本运行成本"双下降"。推进资产轻量化，欢喜岭采油厂内外调剂、处置、报废资产设备4500余项，降低折旧折耗600万元。持续强化合规管理，梳理300余项制度流程，充分发挥经营计划、概预算、财务等职能部门作用，重大事项法律审查率达100%，有效提升依法合规治企能力。强化班站管理提升考核，欢喜岭采油厂党委宣传部每季度对基层班站进行一次全面的基础管理考核，考核结果在班站中进行大排名并予以通报，促进基层班站强化基础，整改不足，整体提升。持续强化市场开发，班子带头闯市场，整合资源走出去，首次在辽河油田公司内部实现测试技术输出创效50万元。新拓展煤层气业务2400万元，中国石油塔里木油田公司热普油气运维实现"单一"到"总包"新突破，劳务输出435人，创效6100万元。持续强化技术创新，变干度注汽技术规模推广至42井组，节约燃气750万立方米。攻克浅层套变治理技术，大幅提升修井效率和成功率。

【安全环保】 2022年，欢喜岭采油厂坚决贯彻"生命至上、安全第一"方针，靠实责任履行，优化QHSE体系建设，推行全员安全计分、高危作业区长制等管理制度，逐级签订责任书82份，全员安全责任进一步压实，QHSE管理基础持续夯实。抓实健康管理，新建健康小屋12个，"一体化"健康体检3800人次，健康干预1128人次，有效率达24%。因时因势优化防控措施，提出的疫情应对措施作为油田系统模板推广应用，通过盘锦市健康企业创建验收。落实风险管控，一体化推进安全生产三年专项整治和"四大"活动，辽河油田公司监督检查问题同比减少9.5%。分专业、分层级开展联合站储罐等重大隐患专项整治79项。狠抓质量管控，固井质量合格率提高17.9%。落实环境治理措施，强化防污减排，实现历史存量含油泥浆、存量工业固体废物、当年产生剩余固相和其他危险废物等"四个清零"目标。严格控制新增油泥量，同比下降35%。按照计划和标准，完成保护区130口井绿色生态退出。加速推进CCUS，在建光伏发电装机容量6.5兆瓦。

【企业改革】 2022年，欢喜岭采油厂全力推进13项改革措施，成立人力资源调剂中心，负责采油厂扁平化、专业化重组分离、分流等人员的吸纳管理工作，对接各单位岗位用工需求，挖掘岗位潜力，组织人员调剂、安置工作，对接内外市场开发需求，协同培训部门开展业务技能提升培训工作，并根据采油厂生产经营需要，组织专业力量承揽内部市场工作量，初步发挥积极作用，捞油、采油运维内部市场化成效显著。2个热注作业区实施"一体化"管理，热注系统管理更加专业、高效。精细、规范完成"三定"和岗位聘任，用工降至3000人以内，劳动生产率提升7.4%，实现身份管理向岗位管理历史性转变。成立煤层气市场项目部，列为三级单位，主要负责中国石油煤层气有限责任公司韩城、临汾煤层气排采项目生产经营工作，进一步扩展外部市场份额，扩大外部市场队伍。

【党的建设】 2022年，欢喜岭采油厂党委突出政治建设，坚定拥护"两个确立"，坚决做到"两个维护"，把迎接、学习、宣传、贯彻党的二十大作为全年工作主线，严格执行"第一议题"制度，开展中心组"学习+研讨+培训"38场1600余人次，开展"转勇强创"、苇海创业文化等宣传教育70场，推出"走出辽河谋发展"等系列专报，有效凝聚全员克难奋进的思想合力。聚焦发展主题，修订落实主体责任、"三重一大"、请示报告等制度，狠抓落实，落实率达100%。实施"1565"（建立一套工作职责清单，推进五个规范化建设，开展六个常态活动，实施五化管理法）举措，丰富"党建+"载体，实施党员先锋工程127项，创效1300余万元，"双三基"融合展现新成效。强化党员、干部担当作为，每半月清单化落实上级部署，督办解决重点问题76项。整合纪检、巡察、内审职能，构建"大监督"格局，整改问题91项，连续3年保持信访稳定。人才强企"5416"（建立干部人才管理"五张清单"，构建干部人才培养"四项机制"；制定"一套工作流程"，抓好"六类群体考评应用"）体系闭环推进，选聘优秀骨干31人、二三级工程师27人、技能人才157人。强化"三强"（政治坚强、本领高强、意志顽强）干部培养，健全"六类群体"（科级干部、二三级工程师、骨干人才、技能人才、优秀班站长、优秀共产党员）考核办法，推动形成"能者上、优者奖、庸者下"的用人导向，激发干部队伍活力。欢喜岭采油厂团委获辽宁省先进团委，员工夏洪刚获第四届"辽河榜样"称号。

【民生工程】 2022年，欢喜岭采油厂始终坚持"以人民为中心"的发展理念，聚焦"人企共赢、欢喜幸福"，通过全面完成业绩指标，员工收入增幅达8.2%，创近5年最高，员工幸福指数显著提高。组织成立矿区联盟，实现矿区共投共建。协调矿区内新建供暖锅炉，有效解决矿区供暖难题。贯通欢喜岭采油厂新区大桥，新建儿童乐园、班车候车棚、公厕，解决员工群众急需。养护健身设施100余处，植树800余棵，员工群众生活更便利，更具满足感。全域改善生产条件，定制公交安全运行420天，惠及30万人次。修缮老旧办公楼，4个单位整体搬入矿区，实现所有基层单位厂区内集中高效办公。打造井站样板间12个，实现从"破旧乱"到"规范化"大幅转变。做好后勤服务，开放公寓食堂，提高服务水平和质量，员工生活、工作更舒心，更具幸福感。全心关爱重点群体，常态化帮扶特困人群109人次，细心关爱外闯市场家属1300人次，服务更暖心，员工更具安全感。

（吕世文）

高升采油厂

【概况】 1978年8月，辽河石油勘探局组建高升油田开发建设队伍，成立高升采油指挥部。1984年4月，高升采油指挥部更名为高升采油厂。1999年8月，高升采油厂核心业务与非核心业务重组分立为中国石油天然气股份有限公司辽河油田分公司高升采油厂（简称高升采油厂）和辽河石油勘探局高升油田工程技术服务公司。2000年3月，高升油田工程技术服务公司更名为高升工程技术处。2008年2月，高升工程技术处划由油田公司管理。2011年4月，油田公司对高升采油厂与高升工程技术处进行重组整合，形成两个牌子、一套领导班子、一套机关机构、一体化管理、分开核算、两本账运行模式，高升采油厂发展进入新时代。2020年10月，按照辽河油田公司对所属9个采油单位托管的工程技术业务进行重组整合的统一部署，撤销高采工程技术处，将其留存的主营业务人员、资产及债权债务整体并入辽河工程技术分公司，将其留存的社会保险管理办公室、离退休管理中心（再就业管理办公室）机构及人员划归新组建的公共事务管理部统一管理。高升采油厂地处盘山、台安境内，构造上位于辽河盆地西部凹陷西斜坡北端，勘探面积近1000平方千米，发现高升、牛心坨2个油田。

截至2022年底，探明含油面积49.47平方千米，石油地质储量14033.21万吨。目前投入开发16个开发单元7套含油层系，动用含油面积35.44平方千米，石油地质储量12939.9万吨，可采储量3362.40万吨，标定采收率26.0%。探明天然气地质储量76.5亿立方米，其中气层气29.26亿立方米，占38.2%；溶解气47.24亿立方米，占61.8%，可采储量60.03亿立方米，标定采收率78.5%。本部设管理职能科室14个，直属部门3个，所属三级单位10个，用工总数2248人。油气及固定资产16862项，资产原值103.95亿元，净值16.88亿元；主要运转设备有抽油机938台，热采锅炉19台，加热炉1447台，车辆160台。2022年，高升采油厂完成原油生产量52.1万吨，完成油田公司配产指标；实现原油销售商品量49.3万吨，完成利润3.17亿元（表2）。

表2 高升采油厂原油、天然气生产情况统计表

年份	原油产量（万吨）	原油销售商品量（万吨）	天然气产量（万立方米）
2021年	51.3	49.3	2962
2022年	52.1	49.3	2926

【勘探开发】 2022年，高升采油厂精细油藏评价部署，油田勘探取得突破。秉承"老区不老、小块不小"工作理念，围绕雷72井区、牛心坨沙四段、曙北古潜山及台安洼陷周边5个重点目标区带开展部署研究，部署各类探井9口，完钻5口，正钻2口，试油试采5口（老井2口），均见到一定产能。按照"试油资料复查找潜力、区域细分统层定基础、精细地震解释找圈闭"研究思路，在雷72井区开展增储建产一体化研究，部署实施滚动探井3口，均获得初产8吨以上高产工业油流，实现上报探明含油面积0.59平方千米，地质储量150.09万吨。坨南构造带评价勘探取得新进展。按照"直井控边界，水平井提产量"部署思路，在坨19块部署实施评价井2口，均见到一定油气显示。其中坨19-2井压裂试采，初期日产油2.4吨。深化地质综合研究，产能建设成效显著。按照"新区增储建产一体化部署、薄层低渗稠油分类评价精细部署"思路，深化地质综合研究，在4个区块实施新井37口，建产能4.7万吨，全部投产，年产油2.1万吨。同比投产井数

增加24口，年产油增加1.3万吨，百万吨产能投资控制在42.1亿元。细化注水综合治理，老区递减有所减缓。注水油田以提高水驱储量、控降递减为核心，结合油藏特征及开发特点，采取"层状油藏分层开发、块状油藏立体开发、特殊岩性油藏分区开发"的多元注水模式，细化注水效果分析，分类建立注水调控政策，逐步摸索形成各块、各区域、各井组配套的注水调配技术，减缓老区产量递减。完成水井措施57井次、动态调配注185井次，增加水驱储量82万吨，自然递减率控制在11.9%，同比下降0.3%。深耕老区措施挖潜，支撑油田持续稳产。坚持以效益生产为核心，以保护高效、治理低效为途径，深化措施结构调整，实施地质措施372井次，年增油6.64万吨，措施有效率90.2%，同比提高2.4%。与2021年相比，2022年在配套措施费用没变的情况下，实施数由26口提升至70口，同期增油达到7273吨，同比增加4812吨。加强方式转换调控，火驱效益持续提升。按照"提高火驱产量、提升火驱效益"工作思路，开展分区动态调配气，注采井段优化配置与分类注汽引效等工作。火驱日注气量由31.3万立方米下调到26.3万立方米，日产油稳定在170吨以上，完成年产油6.2万吨，同比增加0.2万吨。

【油气开采】 2022年，高升采油厂以"优化方案保增产、技术攻关解难题、管理提升创效益"为手段，通过科技攻关、管理创新，确保高升油田产量稳定。优化方案保增产，针对雷72井区巨厚块状油藏储层特点，以"多层联合改造、提高改造强度、获取高产工业油流"为思路，形成直井多层防窜体积压裂工艺、低残渣变黏驱油滑溜水压裂液体系、拉链式高效作业等多项技术，有效解决"层间窜通、强水敏、施工效率低"等问题。创造单日压裂6层的辽河油区新纪录，目前雷72大平台日产油70.4吨。针对压裂后树脂砂封口工艺存在出砂、低产的问题，对施工工艺及参数设计进行改进，保障防砂效果并提升储层改造效果，累计实施25口井，油井生产平稳，累计产油10158吨。针对多元介质吞吐方案制定缺少设计依据的问题，比对施工参数与增产效果，形成不同轮次、区块的参数设计依据；分析总结不同介质组合作用效果，评价适应井况、使用区域，完善措施选井原则。累计实施多元介质吞吐64井次，措施有效率86.2%，阶段增油8595吨，阶段油汽比0.058。技术攻关解难题，针对牛心坨重复压裂增产效果变差问题，依托科研项目，形成低伤害压裂液体系和二次暂堵转向压裂工艺。针对注水区块/稠油热采区块大修侧钻井、新井近井地带存在泥浆堵塞问题，通过分析钻井岩屑、泥浆成分，调整解堵配方体系，应用机械分层、化学暂堵等工艺，充分释放油井产能。累计实施8井次，阶段增油1395吨。管理提升创效益，扩大不停机智能间抽应用规模，并安装分时计量电能表，搭建云端数据平台，根据封、谷、平用电时段，自动调整工作参数、计量系统能耗，有效降低举升能耗。全年实验53口井，平均单井日节约电费100元，2023年满时率应用，预计节约电费90万元。加强高频检泵区块综合治理，从管、杆、泵全井筒开展延长检泵周期技术配套，优化杆、管配比设计，推广整杆注塑抽油杆、内涂层油管、硬质合金抽油泵、防砂工艺配套等措施，检泵率下降3.6%。完善热循伴热配套工艺，提升热循稳定性及自动化程度。申报《双空心杆热水循环伴热装置操作规范》，明确管理界限，指导现场操作。在运64口井，年累计节电1760万千瓦·时，减少伴热成本1259.2万元。

【生产管理】 2022年，高升采油厂精耕细作，对标管理提质量。提高管理措施有效率，降低维护作业井次，组织开展维护作业讨论会，分析高频维护作业井原因、集中出现的问题，累计召开讨论会6次，对150口高频维护作业井制定下步措施。累计开展碰泵洗井72井次、碰泵生产21井次，治理泵漏井25井次。推进不正常油井治理，夯实油井稳产基础。加强不正常井管理要求，要求泵漏、卡泵井作业前开展洗井、碰泵等措施，全年发生维护类作业329井次，检泵率26.6%，同比减少91井次、降低2.5%。细化集输系统现场管控，保障质量达标，通过加强药剂管理、工艺设备设施维护管理措施，全年原油外输（销）含水达标率100%，污水处理水质达标率同比提高0.8%、井口水质达标率同比提高1.1%。突出立体挖潜，拓展效益空间。通过明确摩擦负荷计算方法和控制标准，借助油井测试功图，对油井开展动态加药、调掺、调整加热功率、调整热水循环温度和周期清蜡等工作，降低井筒举升摩擦阻力耗电，开展调平衡53井次、调冲次35井次、加药、调掺18244井次，同比节约电量56.7万千瓦·时。通过调整用电设备参数、运行时间及加强用电计量，实现节电，累计开展辅助举升电加热躲尖峰运行43井次、减少井口电热带运行15天，同比节约电量63.4万千瓦·时。通过提升单井增注泵效率、挖掘注水站节电潜力、降低注水沿程压降、减少增注泵启运时间等优化措施，改善注水系统低效高耗现状。全年注水耗电950.8万千瓦·时，同比减少58.6万千瓦·时，注水系统单耗同比降低0.17千瓦·时/米^3。针对员工年龄梯度大、操作工人自然递减快等实际问题，根据辽河油田公司统一部署，全面完成物联网建设工程，包括单井数据采集1022口、中小型站场建设52座、联合站建设2座、视频监控点建设115个，以及厂级生产调度中心1座、作业区级生产监控中心建设5座等，为新型采油作业区建设奠定基础。

【科技工作】 2022年，高升采油厂承担科研项目7项，其中科技科主导项目4项，包括股份公司项目1项、厂级项目3项。其中厂级科研项目"牛心坨油田储层改造技术研究与试验"是针对牛心坨油田压裂改造开发过程中，暴露的压裂效果变差问题，开展新型低伤害压裂液体系以及高效重复压裂技术研究。现场试验新型低伤害压裂液体系试验1井次、高效暂堵转向压裂试验1井次，实施后储层伤害率降低40%，暂堵转向剂岩心暂堵率达95%以上，有效提高压裂效果。"多介质辅助蒸汽吞吐技术研究与试验"针对高升采油厂稠油热采区块措施效果参差不齐、多轮次措施效果逐轮变差的问题，开展多介质组合辅助吞吐技术适应性及参数设计研究，根据油井储层物性、生产情况，优化药剂、二氧化碳、氮气不同介质组合方式，完善选井依据，提高措施针对性，改善蒸汽吞吐效果。依据项目研究成果试验多介质辅助吞吐9井次，增油1515.3吨，平均单井周期增油168.3吨。"牛心坨南部有利勘探目标评价及部署研究"通过综合分析构造背景、微幅构造、断层控藏等油气成藏要素，建立牛心坨环洼带油气成藏模式；通过高品质地震资料、储层反演特色技术，结合沉积演化和储层特征研究，识别牛心坨环洼带隐蔽油气藏的展布情况。通过研究新增有利圈闭4个，部署滚动探井3口，新增探明储量292.4万吨；部署开发井1口，预计单井控制储量2.58万吨。通过科研项目研究形成科研成果6项，其中获辽河油田公司级科技成果1项，实现科技增油3.5万吨。申报发明专利5项，授权发明专利1项、实用新型专利1项。

【经营管理】 2022年，高升采油厂发挥计划引领作用，突出整体协调职能，加强项目整体管控，高效推进项目进程，组织开展联调联动投资管理模式，责任到科，行动到人，应用即时通信等手段实现信息实时共享，设立月报通报、周报跟踪制度，及时协调解决相关问题，保证雷72大平台建设、物联网建设工程、稠油区块清洁能源替代、生产措施水优化改造等一批重点项目高效推进。预算编制方面，坚持过"紧日子"思想，年初按"有保有压、从严从紧"编制原则，保证生产性投入，压缩非生产性支出，统筹考虑套损井治理资金来源收窄、供电价格上涨等变动因素，经3轮汇报对接，整体压缩预算需求14118万元。在预算架构上，实行"执行预算+储备预算"架构，提高资金配置有效性，经部门申请、厂主要领导审批，预算管理办公室核定，下达储备预算项目111项，配置资金6751万元。成本计划管控方面，逐步建立成本计划管控一盘棋格局，充分发挥成本计划的微观调控作用。成本计划下达前严格审查，明确项目资金来源，预算外项目不予下达。依据项目立项申请下达成本项目便函，作为项目合同签订依据，解决高升采油厂生产生活急需，有效规避事后合同风险。梳理汇总成本计划项目，每日逐项做好记录追踪，将结算数据记录到"点"，单项计划串联为"线"，全年执行汇聚成"面"，实时观测计划执行情况，对照预算触发预警信号，做到全项目全方位跟踪。

【深化改革】 2022年，高升采油厂持续深化改革，激发改革动能和组织活力。完成新型采油作业区建设，结合物联网情况和3个采油作业区各自生产实际，差异化完成新型采油作业区大队机关"两室一中心"和基层"四大班组"建设，明确各岗位职责，健全工作制度，精简资料报表，重点校对物联网数据，加强数据采集分析结果运用，建成以物联网数据为中心的调度指挥中枢，形成科学快捷顺畅的工作流程，提高工作效率，降低劳动强度，精简岗位员工。同时将高二联合站并入采油作业二区，探索采油集输一体化模式运行。稳健开展"三定"及岗位管理工作。按照辽河油田公司"三定"批复意见和全面推行岗位管理实施办法，结合实际制定"三定"工作实施方案，年内压减科级机构1个，撤销小队级单位8个，除生产保障大队外全部实行扁平化管理。科学调配二三级本部及基层单位一般管理和专业技术岗位，严格按照组织程序，平稳妥善做好330个一般管理岗位、179个专业技术岗位首次聘任工作。完成注汽业务和未动用储量开发公司改革交接。按照公司整体部署，接收石油化工技术服务分公司注汽业务及人员，接收未动用储量开发公司调整区块及人员，助力公司业务归核化发展。

【员工培训】 2022年，高升采油厂在疫情防控及抗洪复产等诸多无法集中组织培训的不利因素下，完成厂级、大队级培训项目198个，培训员工16176人次。组织参加辽河油田公司内培训117个，培训1072人次。完成培训任务，创新培训管理。注重培养大队优秀级升级为厂级培训班，给基层单位培训施展舞台发挥空间。将大队级《青年人才储备"双向培养 一体培训"工作措施实施方案》升级为厂级培训班。精准培养转岗及申报第二工种岗位员工操作技能取证，为外部市场提供技能人才储备。先后组织培训5期、70人左右的派遣外出长庆油田劳务员工压力容器取证工作，完成年初设定的外部市场规模需要。围绕新型采油作业区建设，推进物联网技术技能操作培训。从数字化油田建设管理岗、数字化油田运维岗位操作员工等业务板块实际出发，设置贴近生产实际的培训课程。参与各级职业技能竞赛，大力培养技术型人才。参加辽河油田公司举办的3个工种职业技能竞赛及全国油气开发专业职业技能竞赛暨中国石油集团公司首届技术技能比赛活动，获铜牌2块，高升采油厂获优秀组织奖荣誉称号。

【安全环保】 2022年，高升采油厂质量安全环保执行"严监管、零容忍、全覆盖"总体工作要求，紧密围绕"管理提升年"活动主线，强化QHSE管理组织运行，重点落实帮助生产作业现场解决问题、管理难题55项，督促岗位员工履行《岗位QHSE履职承诺卡》相关规定要求。丰富审核方式，提升审核质量，修订完善季度QHSE体系量化审核标准，开展基层单位专项审核2次，全要素全覆盖审核1次，发现各类问题235项，按照PDCA管理要求召开整改会议，逐项问题分析，制定纠正预防措施，减少问题再次发生的概率。迎接勘探与生产分公司的QHSE量化审核，取得B1级的良好成绩。强化风险管理，落实双重预防机制，加强风险识别，重点梳理管理活动风险、落实风险控制措施、将风险落实到具体岗位，识别四级风险1820项、三级风险1131项、二级风险6项，针对识别的二级风险由主管科室制定控制措施。强化要害领域管理，实现风险平稳受控，强化职业健康管理，有序组织体检工作，先后组织接触有毒有害作业场所人员参加职业健康体检650名，参加非职业健康体检2324人，参加小伙房健康人员体检110人。加强职业危害管理，开展有毒有害作业场所检测59处，饮用水检测15处。制定高升采油厂"119"宣传月活动方案，按照辽河油田公司冬季安全生产强化措施要求，组织开展用电用气专项检查。突出抓好"低老坏"及重复性问题监督整改，有效查改问题234项。开展反违章专项整治活动，开展专项检查178场次，检查生产现场478个，查改问题416项，其中查改操作违章问题300项，管理违章问题116项，切实起到警示督促作用。建设项目环保管理依法合规，设计新建环保项目2项，高采生产措施水处理工艺改造、高114探井环评。高度重视环保项目隐患治理，环保隐患治理项目为高升采油厂生产措施水处理工艺改造，制定项目进度跟踪表，严格按照辽河油田公司要求的时间节点完成施工，并按照投资计划额的95%要求完成结算率。推进采油作业二区清洁能源替代工程，年减少二氧化碳排放量4250吨、二氧化硫7.5吨、氮氧化物2.9吨，实现油田绿色转型发展、清洁持续发展的总体目标。

【质量节能】 2022年，高升采油厂组织开展井筒质量、射孔质量、建设工程质量专项检查。以低、老、坏，"质量红线"问题为抓手，针对关键质量控制点进行重点检查，严把行为质量和实体质量关口。检查现场24个，发现问题18项，其中资料问题5项，仪器设备及防护问题5项，实体问题8项，未发现工程质量红线问题。开展产品质量、性能专项检查。制定《采购产品现场使用性能跟踪工作方案》，实施产品跟踪223件次，上报问题14项，开展问题产品调查12站次，围绕问题产品开展抽检8批次。针对皮带、压力表等问题突出的产品，协调基层单位与生产厂家就问题情况进行电话交流、调研及问题反馈，保证此项工作落到实处。组织召开井筒质量、工程质量季度会议，对辽河油田公司监督通报的质量问题，以及自查问题进行总结分析，开展"质量红线"、低、老、坏问题宣贯会，牢固树立"红线"意识，严肃实施"红线"考核与问责。全年处罚新井质量问题2起，处罚金额0.2万元，对辽河工程技术分公司108队进行"黄牌警告"。分解节能指标，制订工作计划。全年能耗总量12.3210万吨标煤，同比减少1.0657万吨标煤，降幅7.96%；油气生产综合能耗226.42千克标煤/吨，同比下降23.65千克标煤/吨，降幅9.46%。其中通过实施机采系统节能改造、注汽锅炉热效率提升改造、原油脱水工艺优化和坨36站关停改捞油生产，节电367万千瓦·时，节气144.0758万立方米，完成节能量3142吨标煤。

【党群工作】 2022年，高升采油厂开展第一议题专题学习23次，务虚研讨"新能源指标及开展情况""风力发电可研阶段运行流程"等4项重点工作和迫切需求，汇总提炼出提升性建议63条。列出"生产时效、安全风险、人才队伍、党建工程"等7个督办具体方向，班子成员确定事项、党委办公室双周通报、机关科室主动认领，督办事项164项，其中各类专项巡察提出的靶向问题整改率达100%；持续跟踪督办事项整改率达97%以上；生产会安排的具体工作落实率达到100%，整体工作速率提升22%。制定《基层党建"四融四共"推进方案》，充分发挥3个党建协作区作用，"嵌入式"扎根基层，实现"党建+"遍地开花，"党建+安全检查"36次，"党建+提质增效"推进22项党员先锋工程，"党建+改革"解决难点21个，同比分别提升12%、19%、46%。全范围发放"党建问题整改"指导手册，制定《高升采油厂托管企业党建工作质量提升实施方案》，完善修订《党支部规范化建设工作汇编》。凝聚力量共奋进，高升采油厂党史文化主题公园、高升采油厂企业文化基地、高1506"功勋井"、《高采印迹》彰显油区底蕴；"蒸汽文化""张一文化""排头兵文化"辐射全厂、凝聚力量。十人巡回、百次专场、千人覆盖的主题教育掀起层层热潮，打破员工思想的"破窗效应"，迅速形成促进认同、推动工作、和谐稳定的浓厚氛围。开展困难帮扶、节日慰问7次，受众人群310人次，往返1800多千米完成驻长庆油田外部市场班站员工现场调研慰问。依托"党建联盟"与兄弟单位场馆共享、活动共建、文化共促，创新性解决职工提案"无运动场馆"的难题。职工体检打破固定套餐限制，实现体检项目挑选组合"私人定制"。

（韩忠新）

茨榆坨采油厂

【概况】 茨榆坨采油厂地处辽宁省沈阳市辽中区茨榆坨镇，所辖油区为辽河盆地东部凹陷北部地区，分布于沈阳市、辽阳市、鞍山市等，勘探面积1200平方千米，资源量2.5亿吨。1983年1月，辽河石油勘探局成立沈阳勘探指挥部采油一大队。1983年11月，辽河石油勘探局以沈阳勘探指挥部采油一大队为基础成立茨榆坨采油厂。1999年8月，茨榆坨采油厂核心业务与非核心业务重组分立为辽河油田分公司茨榆坨采油厂和辽河石油勘探局茨榆坨工程技术服务公司。2000年3月，茨榆坨油田工程技术服务公司更名为茨榆坨工程技术处。2008年2月，茨榆坨工程技术处划归辽河油田公司管理，列未上市业务二级单位管理。2011年4月，辽河油田公司对茨榆坨采油厂与茨榆坨工程技术处进行重组整合，按照"两个牌子、一个领导班子、一套机关机构、一体化管理、分开核算、两本账运行"模式，实施采油与井下作业业务一体化管理，保留茨榆坨工程技术处的机构名称、模拟法人、工商及税务登记资格。2020年10月，按照辽河油田公司对所属9个采油单位托管的工程技术业务进行重组整合的统一部署，撤销茨榆坨工程技术处，将其留存的主营业务人员、资产及债权债务整体并入辽河工程技术分公司，将其留存的社会保险、离退休（再就业）机构及人员划归新组建的公共事务管理部统一管理。2021年3月，为落实辽河油田公司区块划转要求，将外围油区的科尔沁油田开发公司和张强采油作业区成建制划转到辽兴油气开发公司。

截至2022年底，茨榆坨采油厂有采油作业区3个，集输大队1个，联合站2座，计量站34座，转油站7座，集气站2座，注水站3座。管理牛居、青龙台、茨榆坨、铁匠炉4个油田，探明含油面积119.29平方千米，探明石油地质储量1.24亿吨，动用含油面积103.17平方千米，石油地质储量1.12亿吨，可采储量1981万吨，标定采收率18.1%，累产原油1519万吨，采出程度13.8%；探明含气面积29.36平方千米，探明天然气地质储量101.48亿立方米，累产工业气天然气50.32亿立方米，采出程度49.6%。本部设管理职能科室14个，直属部门3个，所属三级单位8个，在册员工1325人。茨榆坨采油厂现有油气及固定资产11175项，总原值7565398653.03元，总净值2616756775.14元，总净额2356442581.84元。2022年，生产原油32.2万吨，生产工业气9420万立方米，外供原油商品量32.1007万吨，天然气商品量7965万立方米；油气综合商品量超产2.27万吨，账面利润-27315万元，考核利润31810万元（表3）。

表3 茨榆坨采油厂主要生产经营指标对比表

指标	2022年	2021年	同比增减
原油产量（万吨）	32.2	30.5055	1.6945
原油商品量（万吨）	32.1007	30.38	1.7207
天然气产量（万立方米）	9420	8902	518
天然气商品量（万立方米）	7965	7610	355
油气综合商品量（万吨）	38.45	36.44	2.01
利润（万元）	31810	-22337	54147

【勘探开发】 2022年，茨榆坨采油厂以油藏开发为着眼点，油气上产稳步推进。围绕勘探开发、运行组织，攻坚克难，全力突破，实现"油气双超、递减双降"。持续精研勘探增储。秉承资源为王理念，在牛居、茨榆坨构造带部署探井12口，居探1开启深层致密气勘探元年，茨13-1等实现平面扩边展延，新增探明储量343万吨。持续优化新井建产。通过超前谋划、并联推进，全面控投降本，产能建设呈现时率升、产量升、投资降的"两升一降"良好态势。投产新井50口，年产油3.6万吨，生产时率297天、同比提高79天，达到辽河油田公司领先水平。持续精细综合治理。深化"稳油控水"工作思路，聚焦精细注水、精选措施、精细管理，全面夯实油田稳产基础，实现老井自然递减率15.5%，同比下降6.9%；综合递减率3.5%，同比下降5.3%。油井开井率90%，注水井开井率84%，继续保持辽河油田公司领先水平。持续深挖气藏潜力。按照油气并举的思路，多措并举，措施井应上快上，潜力井应收尽收，自耗气应节必节。生产工业气9420万立方米，实现八连增，切实担负起天然气保供重任。持续强化运营组织。围绕勘探开发、生产经营等工作，精心超前谋划、精准资源配置、精细督办落实，产能建设、重大项目等全面提质提速提产提效；科学组织抗疫复产上产、高效组织防汛复产增产，日

产油连上 3 个百吨台阶。

【生产管理】 2022 年，茨榆坨采油厂以管理提升为支撑点，发展基础持续夯实。以管理提升年为契机，抓基础重创新，固本培元提升企业软实力。强化采油管理。以长寿井培育、清防蜡优化、稠油降黏等老井管理为基准点，助力检泵周期提升至 860 天。坚持每周召开分析挖潜会，实施管理挖潜措施 1.02 万井次，累增油 1.04 万吨。其中热洗对比 2020 年下降 644 井次，间接增油 8560 吨。强化节电管理。持续开展油气水电综合治理，通过外堵漏洞、内挖潜力共同发力，在开井数、产液量、注水量同比增加情况下，节约用电量 1462 万度，吨液耗电降幅达到 19%。强化项目管理，挂图作战，全力推进重大项目。完成龙 618、茨 635 等块密闭集油工程，集油率提高 26%；物联网与新型采油作业区建设"三同时"，井场数字化覆盖率达 82%，站场数字化覆盖率达 100%；新能源风光发电与油气业务全面融合，光伏年内投产 2 兆瓦，累计发电 55 万度。强化创新管理。围绕增储上产、节能创效等关键技术难题，以二三级工程师、技能人才为抓手，超前立项研究，完成科技项目 6 项，5 个创新成果在生产中应用，进一步提升科技支撑能力。全员扎实开展创新创效，累计实施挖潜项目 544 个，群众性岗位建功活动更加深入。

【经营管理】 2022 年，茨榆坨采油厂以效益导向为出发点，经营水平显著提升。推进"三年亏损治理"，靠实"提质增效项目工程"，企业盈利能力迈上新台阶。抓好投资评价。优化结构、强化审批、简化设计，加强项目全过程管理，压减投资 4908 万元。其中产能建设投资以"产建承包制"为抓手，控减投资 3744 万元；设施、设备利旧，优化产前项目等方案，优化投资 1164 万元。抓细成本控制。以业财融合为抓手，优化顶层设计、严格过程管控、强化对标对表，将现场写实和线下审批预算相结合，压缩各项支出 628 万元，电费、材料费等 7 项重点费用全面受控。吨油完全成本、基本运行费实现硬下降。抓实提质增效。打造提质增效"升级版"，高效推动作业优化、水电气综合治理等 8 个方面、18 项工程，累计创效 1.24 亿元。通过完善自修奖励政策和小额采购管理办法，激发全员创效活力，减少外委支出 316 万元。抓严合规管理。深入推进依法治企，进一步完善风险评估防控机制，在采购、财务、安全等 13 个重点领域中查改问题 22 项，依法决策、依法经营、依法管理成效显著。强化项目闭环管理，完善联合验收、联合补偿、联合议价制度，完善业务流程 89 个，堵塞管理漏洞，严控经营风险。

【队伍建设】 2022 年，茨榆坨采油厂深入贯彻辽河油田公司决策部署，扎实推进人才强企工程。加强选人用人顶层设计。修订完善年度《基层领导班子和三级正副职干部考核工作方案》，坚持"以需求设岗位、以业绩论人才"的选人用人导向，严格履行干部选拔任用程序，严把选人用人政治关、品行关、能力关、作风关、廉洁关，提拔三级正副职 9 人、进一步使用 2 人，职数控制在油田公司要求范围内。推进干部队伍的结构优化。围绕业务发展和大部制改革等重点任务，规范机构和岗位设置，科学配备干部资源，交流调整三级正副职 17 人，全厂 40 岁以下年轻干部占比 27%。越来越多的年轻干部被安排到重要岗位担重任、攻难关，队伍活力被充分激发。着力德才兼备的人才培养。推进人才强企工程，完善"生聚理用"机制。通过规范流程、开门选才，优选出 49 名科级后备干部，初步建成公司级、厂级、大队级青年人才库，为干部队伍有序接替提供保障。抓好各级干部的选育管用。强化 HSE 能力评估、科级干部考核，实现干部队伍整体水平的有效提升。把考核结果作为干部奖惩使用重要依据，奖励先进、督促后进，推动形成"能者上、优者奖、庸者下、劣者汰"的正确用人导向。坚决落实辽河油田公司岗位管理实施办法，统筹谋划、精准施策、平稳推进，公开竞聘上岗 58 人，压减机关 20 人，优化生产保障大队的管理力量，精简机关的编制定员，实现管理人员能上能下、能进能出的动态运行机制。

【安全环保】 2022 年，茨榆坨采油厂以源头把控为关键点，安全环保有效管控。落实"四全""四查"

工作要求，推进"五个用心抓"，质量健康安全环保形势持续稳定向好。风险管控取得新进展。落实安全生产"十五条硬措施"，完善"双重预防"机制建设，扎实推进安全生产专项整治，足额保证安全生产投入611万元。以"党建+安全"为引领，聚焦12.05采油井口刺漏事件、辽河油田公司体系审核43项典型问题，开展"大反思、大讨论、大排查、大整治"活动33次，排查整治各类安全隐患676项，推进全员责任再压实。质量管理取得新成果。抓实"三个一批"（发现一批质量问题、追责一批责任人、惩戒一批承包商供应商。）行动，严守"七条红线"（井身轨迹连续三点全角变化率大于设计值或者超过设计值的点数占全井段总点数比例大于10%；定向井实钻井身轨迹出靶区；生产套管裸眼井段平均井径扩大率大于20%或目的层平均井径扩大率大于15%；固井水泥返高未达到设计值，且低于设计段长大于50米；生产套管固井质量在油气水层段、尾管重合段、上层套管鞋处、上层套管分级箍处及其以上25米环空范围内，固井水泥一、二界面胶结质量未达到连续胶结中等及以上；全井固井水泥环一、二界面胶结质量中等以上井段长度低于封固井段长度70%的；入井套管质量或固井用水泥及外加剂质量不合格的，或固井后套管柱试压不合格的），严格井筒质量对标，井身质量合格率100%、固井质量合格率96%，保持高水准运行。严抓产品质量，抽检物资22类、166批次，挽回经济损失14.7万元。绿色发展踏上新台阶。严守建设项目生态红线，百分百实施绿色钻修井作业，开展VOCs检测与修复，年度VOCs减排5.7吨，合规处置废滤料、废铅酸蓄电池等危险废物189.8吨。高质量通过辽宁省绿色矿山建设"回头看"验收，牛青茨3个矿权持续保持国家级绿色矿山行列。健康管理取得新进步。启动"健康护航安心"工程，健康企业创建通过辽河油田公司预验收。推进中高风险人群健康干预，高风险人员下降10%。密切关注防疫政策，因时因势决策，科学精准防控，顶住一轮又一轮疫情的冲击。

【党建工作】 2022年，茨榆坨采油厂以党建引领为根本点，政治优势充分发挥。深入贯彻全面从严治党方针，继承弘扬优良传统，提升党建质量。落实第一议题制度，深学细悟党史、党的二十大精神，抓住两级中心组，立足支部主阵地，丰富载体促实效，推动学习全覆盖，引导党员干部切实增强"四个意识"、坚定"四个自信"、做到"两个维护"，厚植"听党话、跟党走"的自信与自觉。推进文化宣传建设。扎实开展"转观念、勇担当、强管理、创一流"主题教育活动，真正将党、国家、企业的发展形势同茨榆坨采油厂改革发展路径需求深度融合，开展主题宣讲140余场次，进一步坚定走"高质量五十万吨新茨采"道路的自信与自觉。推进党政深度融合。坚持大抓基层的鲜明导向，推进基层党建"三基本"建设和"三基"工作有机融合，通过"支委包站""五大员"等党建品牌活动，打造基层管理骨干架构支撑。围绕生产经营、安全环保工作立项攻关，节约挖潜536万元。推进党风廉政建设。压实"两个责任"，组织签订党风廉政建设责任书200份，党员干部廉洁从业承诺书557份。扎实组织"反围猎"专项行动，针对性制定97项具体措施，严控风险隐患。开展第二轮党委内部巡察，通报整改问题109个。以监督执纪问责的实际成效保障高质量发展大局。推进群团组织建设。发挥"党建带群建"作用，在辽河油田公司职工技能比赛、油藏分析比赛等大赛中摘金夺银。强化员工个性化培训，队伍整体素质得到提升。青年志愿者在生产管理和疫情防控中充分发挥突击队作用，被盘锦市推报为"最佳志愿服务组织"。

【矿区和谐】 2022年，茨榆坨采油厂以和谐民生为切入点，幸福指数持续攀高。深入践行以人民为中心的发展思想，始终将矿区和谐稳定、员工幸福生活作为高质量发展重要目标，确定落实4类、10项、26件民生实事，切实提升员工群众获得感、幸福感、安全感。全力改善民生工程。坚持通过发展保障和改善民生，建立健康小屋、完善急救制度、保障饮水安全、优化就餐标准、落实带薪休假、修缮体育场馆，多措并举提升员工健康水平。全力保障员工权益。在"普惠"全员方面拓展思路，持续传递组织关爱、凝聚员工力量。开展探视慰问、困难帮扶

368人次，发放慰问、帮扶资金86万元。举办子女暑期托管班，召开员工荣退座谈会，发放纪念册、纪念品62份。妥善解决持续9年的茨采社区四区居民楼房产证办理难题，实现历史问题销项。开展核酸检测、抗洪复产等志愿活动104次，集中隔离点"同心战疫"临时党支部事迹被辽宁省省委组织部通报表扬。全力促进油区和谐。发挥"党建联盟"作用，加强四供一业监督，改造办公区暖气、更换路灯电缆、加装人脸识别系统，矿区建设不断加强。建立巡回审判点，开展"送法到基层"教育活动，受众群体达1100余人。开展风险隐患排查治理，防范化解意识形态舆论风险事件9起，实现政治大年平安稳定。

（马子菁）

沈阳采油厂

【概况】 沈阳采油厂为国有大型现代化高凝油生产企业，位于辽宁省沈阳市西北35千米处，总占地面积11.53平方千米，驻地占地面积134.9万平方米。沈阳油区包含静安堡油田、边台油田、大民屯油田、法哈牛油田，构造上位于辽河断陷北部的大民屯凹陷，勘探面积800平方千米，蕴涵着10.11亿吨的石油资源量。油藏类型多而复杂，油品性质为高凝油和常规稀油。探明含油面积247平方千米，石油地质储量3.6亿吨。1955年地球物理普查，1956年2月开始物探，1971年3月开始钻探，7月沈1井首次发现高凝油。1972年11月，成立沈阳勘探指挥部。1973年6月，更名为沈阳勘探处。1974年10月，沈阳勘探处与第二勘探处合并成立沈阳勘探指挥部。1984年4月，更名为沈阳采油厂。1986年，编制整体开发方案、全面开放建设。历经2011年4月重组整合，2019年8月重组改制，2020年11月"油公司"模式深化改革，是辽河油田公司重要的油气生产单位，担负着沈阳油区的油气开发经营管理任务。

截至2022年底，沈阳采油厂探明含油面积247平方千米，石油地质储量3.6亿吨。油藏投入开发27个，动用含油面积197平方千米，地质储量28809.5万吨；其中高凝油油藏17个，动用含油面积143平方千米，地质储量22592.1万吨；稀油油藏10个，动用含油面积54平方千米，地质储量6217.4万吨。区块投入注水开发23个，注水面积186平方千米，地质储量27886.5万吨。全油田产量综合递减率4.7%，自然递减率9.6%，含水上升率0.6%，油田阶段存水率0.22，阶段水驱指数1.52，储采比9.8。固定资产原值12.79亿元，固定资产净值4.18亿元；油气资产原值235.7亿元，油气资产净值48.63亿元。计量接转站82座，注水站2座，联合站5座，热水站5座；各种设备9352台套，其中抽油机1771台、各种泵722台、加热炉351台。资产新度系数0.2，设备利用率75.5%。油井总数2224口，开井1711口；水井总数688口，开井579口；气井总数108口，开井31口；观察井66口。本部设管理职能科室13个，直属部门5个，所属三级单位14个。用工总量3143人。2022年，沈阳采油厂获集团公司"十三五"财务工作先进集体、五四红旗团委、辽宁省企业事业单位安全保卫工作暨二十大安全保卫工作集体二等功等集体荣誉50个次；受到省市级表彰奖励81人次。

【生产建设】 2022年，沈阳采油厂面对新冠疫情、极端天气等风险挑战，全厂干部员工靠实落地稳产上产、提质增效项目，实现生产任务和利润指标"双超"，完成年度各项目标任务。完成原油产量103.52万吨，比计划超产0.44万吨，同比增长1.33万吨，原油产量连续6年超产。完成原油商品量103.52万吨，比计划增加0.44万吨，同比增长1.33万吨，原油商品量连续7年持续增长。完成天然气产量10868万立方米，比计划超产368万立方米，同比增长270.00万立方米。完成天然气商品量6048万立方米，比计划增加1648万立方米，同比减少241.00万立方米。完成油气综合商品量108.34万吨，比计划增加1.75万吨，同比增加1.14万吨（表4）。油田注水计划950万立方米，实际完成1081.85万立方米，同比增加34.85万立方米。完成补层、压裂、大修、侧钻等各类措施278井次。投产92口井，其中89口油井、水井3口。推进数字化建设。超前开展物联网应用研究，探索数字化管理、智能化应用模式。开展施工图设计、征地等前期准备工作，加快迈向数字化转型步伐。布局新能源发展。贯彻落实"清洁替代、战略接替、绿色转型"三步走总体部署，围绕辽河油田公司"双碳"目标，发挥自然资源优势，挖掘闲置土地资源，为低碳转型、高质量发展注入"绿色"新能源。光伏发电已建容量7.61兆瓦，在建容量10.57兆瓦。风电项目进场准备。

表4　沈阳采油厂主要生产经营指标对比表

指标	2022年	2021年	同比增减
原油产量（万吨）	103.08	100	3.08
原油商品量（万吨）	103.08	100	3.08
天然气产量（万立方米）	10500	9400	1100
天然气商品量（万立方米）	4400	1800	2600
油气综合商品量（万吨）	106.59	101.43	5.16

【经营管理】 2022年，沈阳采油厂投资效益稳步改善，成本管控不断优化，提质增效管理升级，经营利润大幅提升。完成辽河油田公司考核指标，上缴利润54262万元，比考核指标超交4231万元。"两金压控"（存货、应收应付款项）年度控制指标100%，实际完成103%。基本运行费预算指标考核9.69亿元，实际完成9.9亿元，比预算超支0.21亿元，同比增加1.3亿元。实现营业收入50.02亿元，比计划增收17.07亿元，同比增收15.63亿元。其中实现油气主营业务收入50.17亿元，比计划增收17.38亿元，同比增收16.36亿元。发生总成本35.52亿元，比预算超支0.74亿元，同比超支3.24亿元。账面利润14.5亿元，比计划增加9.5亿元，同比增加12.39亿元。完成投资7.34亿元。上缴税费7.46亿元，其中资源税1.8亿元，石油特别收益金5.09亿元，城建教育等其他税金0.57亿元。环境保护税、房产税、土地使用税、车船使用税、印花税共0.2亿元。强化管控降投资。优化简化工艺流程，挖潜利旧，压减地面投资3745万元；利用老井场钻井58口，减少征地面积97亩，节约征地费用3607万元。论证取消或暂缓投资项目6个，压减投资1.18亿元。压缩预算控成本。强化事前审批，关口前移，取消非必要项目77项，审减成本1033万元。提质增效挖潜力。建立覆盖各系统的提质增效九大工程，实现创效2.66亿元，超计划4125万元。构建"选标、对标、分析、提升、考评"闭环式对标体系。检泵周期、泵效、系统效率同比分别提高55天、0.4%、0.9%，检泵率、吨液耗气、举升单耗同比分别下降18%、0.02立方米、0.4千瓦·时。

【勘探开发】 2022年，沈阳采油厂树立"资源为王"理念，贯彻"认识无止境、勘探无禁区、探索不停步"思路，立足凹陷，整体统筹研究与局部精细评价相结合，老井评价与新井部署相结合，实现环荣胜堡周边沙三段增储建产，决胜深层，多技术集成应用，裂缝综合评价，前进潜山勘探取得新突破，常非并举，打破"凹陷西边界外不成藏"惯性思维，地质工程一体化"双甜点"评价，西斜坡中生界首获新发现，完成10个目标区勘探研究。坚持"效益建产"严格抓，并行同步提质提速。产能建设提质提速坚持增储与建产同步、扩边与内部调整同步、产能建设与注采完善同步，项目化管理、并联式推进，产能建设好于预期，投产93口，建产能11.2万吨，年产油5.6万吨，单井生产天数283天，同比增加17天。贯彻"精细注水"常态抓，源头治理强基固本。精细注水控降递减，坚持油水并重，注水先行，贯彻"注好水、注够水、精细注水、有效注水"，以重点区块治理为统领，坚持一块一策，常态化井组分析和动态调控，新区同步注水，储层改造增加注水，智能分注精细注水。低渗老区改善注水，转复注完善井网，酸化增加注水量，暂堵转向压裂流线场调控。中高渗老区细分注水，按照"细分层系、二三结合、重构井网"调整思路，整体细分2—3套层系开展水驱、化学驱试验。潜山油藏多元注水，形成关联交互式、异步注采、强弱轮替脉冲注水等多元化注水技术。年实施井网完善、细分重组、欠注治理为主的注水工作1003井次，超计划113井次，年增油3.2万吨，自然递减率9.6%，同比下降0.1%。

【措施挖潜】 2022年，沈阳采油厂强化措施论证和经济评价，深入推进措施挖潜与油藏综合调整，做到全员挖潜、油藏研究、措施论证、效益评价相结合，突出抓好压裂、侧钻等高效措施，措施挖潜效果显著。坚持"五个不等于"（油田高含水不等于每口井都高含水，油田高含水不等于每个层都高含水，油田高含水不等于每个部位、每个方向都高含水，地质工作精细不等于认清地下所有潜力，开发调整精细不等于每个区块、井和层都已调整到位），做好油藏研究、措施论证与效益评价相结合，突出抓好压裂、侧钻等高效措施，实施措施278口，措施有效率92.7%，年增油4.7万吨，同比增加0.5万吨。压裂注重"四个方向"（注重潜山浅层潜力评价、难采储量盘活、扩边评价、注水完善区暂堵压裂引效），增油增储同步，压裂实施29口，单井日增油3.9吨，年增油1.05万吨，带出井位25口。侧钻注重"四种方式"（通过"侧高点、换井底、挖井间、钻新层"挖潜），以恢复油井产能、释放油层潜力为目的，实施套损井、长停井侧钻15口，日产油75吨，年增油0.57万吨，规模效果双提升。

【科技工作】 2022年，沈阳采油厂承担各类科技项目15项，计划经费投入6904万元，经费入账5042万元，经费使用率73%。其中承担"辽河油田公司科技项目"4项，计划经费投入1011万元，经费入账587万元；承担"业务部室类科技项目"3项，计划经费投入3796万元，经费入账3424万元。承担"沈阳采油厂科技项目"8项，计划经费投入2097万元，经费入账1031万元。获得辽河油田公司科技进步奖2项（表5），国家专利授权11项（表6）。探索科技管理新模式。推行"揭榜挂帅"项目管理模式，选贤举能，精准发力，对

表5　沈阳采油厂获辽河油田公司科学技术奖统计表

成果名称	授予日期	等级	获奖人员
沈阳油田重上百万吨规模关键技术研究	2022年12月24日	二等奖	杨杰　王庆文　刘增涛　杨卫　李春龙　刘畅　鲁迎龙　王鹏程　王亚成　冷彪　唐志春
沈阳油田抽油泵结构优化设计与试验	2022年12月24日	三等奖	唐平　袁武　唐晓波　刘大伟　王志刚　刘斯迪　陈学亮　黄双龙　李廷莲

表6　沈阳采油厂获国家专利授权统计表

专利名称	授权公告日	专利号
致密型油藏开采方法	2022年12月2日	ZL201910560232.5
连续油管用刮蜡清洗工具及其使用方法	2022年12月2日	ZL201910874177.7
一种具有加热功能的集输管线强力除垢装置	2022年6月24日	ZL202220558819.X
一种采油井口防盗装置	2022年2月1日	ZL202122412615.3
一种应用于采油工程的施工作业管柱	2022年3月8日	ZL202122415806.5
一种采油井口防冻取样器	2022年7月12日	ZL202122416763.2
一种采油工程专用抽油机保护装置	2022年4月19日	ZL202122473151.7
一种采油用取样装置	2022年4月19日	ZL202122529001.3
一种油田采油智能化取样装置	2022年8月16日	ZL202220012325.1
一种油田井下作业多功能工具台	2022年7月1日	ZL202220059302.6
一种防堵塞油田采油过滤装置	2022年7月1日	ZL202123405665.5

获得重大突破并取得生产实效的"揭榜挂帅"项目人员给予优厚奖励。加强科技管理培训。应用各种载体平台对科技相关的管理办法进行宣贯培训，提高科技管理者业务水平，组织科技人员参加国内外学术论坛交流，扩展科技工作者视野。加大知识产权研发力度。围绕集团公司十大创新领域和本单位核心关键技术开展专利挖局布局以及专利导航等工作，在油田注水、化学驱、页岩油开发等重大开发试验上有所突破，总结各个环节和领域的工作改进方法，深度挖掘，为今后专利申报做好基础工作。适应科技研发加计扣除相关要求。科技项目开题必须经过"三新论证"（符合新工艺，新产品，新材料论证）环节；科技项目人员构成必须有研究团队、配合团队、辅助团队三方组成，并由课题长建立相关考勤记录，规范运行。遵从科研活动的三段式运行规律。科技项目成果形成应由研究实验一站式，改变为研究实验阶段、应用试验阶段、应用标准量化阶段的三段式，每个阶段3个团队的作用和对应的激励分配政策均有差别。沈阳采油厂获辽河油田公司科技进步奖二等奖1项、三等奖1项。

【QHSE】 2022年，沈阳采油厂强化红线意识和底线思维，突出风险分级防控和隐患排查治理，连续7年获辽河油田公司安全生产特殊贡献单位。强化责任落实。开展科级干部安全承包活动，解决安全难题172项。严格开展专业培训和QHSE履职能力评估，固化风险分级防控责任架构，中国石油天然气集团有限公司油气和新能源分公司体系审核量化得分86.7，提升幅度位于辽河油田公司前列。强化风险防控。完善风险分级防控和隐患排查治理的双重预防机制，构建专业监督和"轮值安全员"相协调的防控体系。对井控、管道完整性、电气隐患、"低老坏"及重复性问题等重点领域开展专项整治，整改隐患161项。严格管控承包商安全风险，从严审查46家承包商的192个项目安全资质，黄牌警告4家，承包商监管逐步完善。强化质量管理。全面控制产品工程质量，未发生质量事故。严格把住产品质量验收和抽检关，井身质量合格率100%，固井质量合格率92.31%，套损套变治理超额完成14井次，质量监督挽回经济损失116.3万元，QC小组活动创效501.5万元。强化清洁生产。梳理环境管理脉络，工业废水、生活污水全部收集利用，全员垃圾分类收集意识全面养成。合规处置危险废物38吨，废弃铅酸蓄电池2吨，钻井泥浆和油泥处理全过程实现资源化。高标准通过国家绿色矿山"回头看"验收，获颁国家级绿色矿山嘉奖。强化人员健康。抓实风险人群健康干预，推进健康诊疗服务机制，实现中高风险人群风险降级87人，非生产亡人同比减少4人，4个基层单位通过健康示范科级单位验收。疫情防控科学精准，平稳化解多轮沈阳地区疫情风险，最大限度克服疫情对生产影响。

【企业改革】 2022年，沈阳采油厂以突出重点业务、优化整合资源、提高管理效能为目标，稳步推进改革引向纵深。持续优化组织结构，开展"三定"（定职责、定机构、定编制）工作，对全厂组织机构设置进行重新调整，除生产保障部分业务以外，全面实施扁平化管理，并重新核定管理、专业技术、技能操作岗位编制定员。压减三级本部职能科室1个，撤销基层队（站）级机构44个，管理人员减少52人，除生产保障大队，其余三级单位全部实现"扁平化"管理。按新型作业区建设有关要求，采油作业区机关调整为"两室一中心"，促进富余人员显性化，抽调56人到长庆油田采油五厂劳务输出，进一步优化职能配置、精简机构编制、提高运行效率。推行岗位管理，打破员工身份界限，优化人力资源配置，建立"竞聘上岗、签约定岗、以岗定薪、岗变薪变"动态运行机制，聘任管理及专业技术岗位人员612人，其中管理人员435人、专业技术人员177人。落实人才强企战略。强化年轻干部培养，搭建"四大平台"（党课巡讲、职业生涯规划展报、班组成本分析比赛、青年油水井分析比赛）发现培养和储备优秀青年人才。优化基层班子结构，提拔三级正职2个，交流调整正副职17人次。健全完善干部考核办法，刚性应用考核结果。选聘二级、三级工程师各8人，发挥专业技术领军作用。

【党建工作】 2022年，沈阳采油厂党的建设扎实深入，深度融合成果丰硕。贯彻新时代党的建设总要求，突出全面从严治党，落实主体责任，提升党建质量。加强思想理论武装。提高政治判断力、政治领悟力、政治执行力，刚性执行"第一议题"制度，党委理论学习中心组集体学习22次、专题研讨7次，各基层领导班子理论学习290余次。领导带头宣讲党的二十大精神，引导党员干部坚决当好"两个确立"的忠诚拥护者、"两个维护"的标杆示范者。提升党建工作质量。推进党建"三基本"建设和"三基"工作有机融合，强化基层党支部作用，开展15项党建提升工作。实施18项"党建＋安全"深度推进行动，一体化开展"红旗党支部"和"标杆站队"创建。《大力实施"四强化四同步"融合举措全面夯实老油田高质量发展根基》入选《国企》杂志2022年度"国企党建创新优秀案例"。发挥党员先锋作用。广泛开展"喜迎二十大、奋进新征程"岗位实践活动，设立党员先锋岗101个、责任区71个，成立党员突击队和志愿服务队58个，立项党员工程69项，开展"党员工位承包"活动，党员率先垂范作用更加突显。推进党风廉政建设。落实党委主体责任，推动案件查办与警示教育一体发力，连续6年围绕"思想、作风、管理、标准、环境"等方面开展作风督查，通报整改问题351个。开展2轮党委内部巡察，发现11类39项问题。深化宣传群团工作。宣传报道创历史最好水平，传播好声音，展示好形象，形成强大合力。深入开展"我为员工群众办实事"活动，思想教育引领入脑入心。强化员工个性化培训，队伍整体素质得到提升，在辽宁省职工技能大赛、辽河油田公司职业技能竞赛、青年油水井分析比赛等各项比赛中摘金夺银。

【民生工程】 2022年，沈阳采油厂多渠道征集意见，多举措解决员工"急难愁盼"问题，实施宽带网络升级、办公区域WIFI覆盖等30项民生改善工程，增强员工群众的认同感、责任感和幸福感。维护员工利益。超额完成业绩，员工平均收入同比增长5.7%。开展一线送清凉、送温暖等专项慰问，第一时间将组织关怀送到战风雨、抗洪涝等急难险重最前线。落实带薪休假、疗养、体检等福利待遇，保障员工合法权益。推进扶贫帮困，开展节日慰问、大病救助、困难帮扶等447人次，发放慰问金122万元。改善生活环境。高标准开展净化美化绿化工程，始终把矿区的清洁程度作为职工群众检验工作的基本标准，持续加大清洁力度，铺设、修复破损路面17处3400平方米，主干道植树65棵，补植绿化面积4000余平方米，矿区环境更加宜居，提升员工生活舒适度。保障油区稳定。警企联合开展"反内盗"专项整治行动，巡逻150余次、检查重点要害部位290个，积极处理阻挠事件39起，协调纠纷事件26起，维护油田平安稳定的发展环境。落实维稳责任制，保障重大敏感时期油区生产稳定、矿区和谐稳定。

（孙金昌）

锦州采油厂

【概况】 锦州采油厂成立于1991年4月1日，是辽河油田公司下辖的油气生产二级单位。1991年4月，辽河石油勘探局将欢喜岭采油厂所辖的大凌河以西稠油区块的开发生产及管理划转并独立，成立锦州采油厂。同时，辽河石油勘探局党委设立中共锦州采油厂委员会。1999年8月，按照辽河石油勘探局重组改制、分开分立的整体部署，以锦州采油厂的采油、采气、油气集输、采油工艺研究、地质开发研究等核心业务为基础，组建辽河油田公司锦州采油厂，隶属辽河油田公司管理；以非核心业务为基础组建锦州油田工程技术服务公司，隶属辽河石油勘探局管理。2000年3月，辽河石油勘探局将锦州油田工程技术服务公司更名为锦州工程技术处。2008年2月，锦州工程技术处划归辽河油田公司管理，列未上市业务二级单位管理。2011年4月，辽河油田公司将锦州采油厂与锦州油田工程技术处按照"两个牌子、一个领导班子、一套机关机构、一体化管理、分开核算、两本账运行"的模式进行合并重组，实施采油与井下作业业务一体化管理，并保留"锦州油田工程技术处"企业名称及其独立法人、工商及税务登记资格。重组整合后，锦州采油厂成为集勘探开发、工程技术服务、生产保障、多种经营等业务一体化的综合性生产单位。2017年，锦州采油厂已形成油气开采、勘探开发、工程技术服务、生产保障、多种经营等业务一体化发展格局。2018年3月，辽河油田公司决定，将辽河石油勘探局锦州工程技术处更名为辽河石油勘探局有限公司锦州采油厂工程技术处，仍与锦州采油厂实行一体化管理。2019年9月，按照辽河油田公司"油公司"模式改革中关于运输车辆和特种车辆业务重组整合的安排部署，将特车车队整建制划转到辽河油田车辆服务中心。2020年10月，按照辽河油田公司对所属9个采油单位托管的工程技术业务进行重组整合的统一部署，撤销锦州采油厂工程技术处。锦州采油厂经过20多年不平凡的发展历程，创造出200万吨以上高产稳产12年的辉煌业绩；螺杆泵采油、水平井采油等技术率先在油田应用和发展，蒸汽驱、化学驱2项集团公司重大试验项目取得成功；创新性实施"采油专业化管理""五位一体"经营承包、"模拟资产经营""单井效益分析"等管理模式，构建科学化、规范化、精细化管理格局。

截至2022年底，锦州采油厂管辖有锦45、锦25、千12等21个稠油区块，以及锦16兴隆台、锦99杜家台等34个稀油区块，探明含油面积73.8平方千米，探明地质储量20277.3万吨。有油井总井2924口，开井1699口，日产液28324吨，日产油2798吨，平均单井日产油1.7吨，综合含水90.12%，采油速度0.38%，采出程度33.48%，可采储量采出程度95.05%，剩余可采储量采油速度17.74%，剩余可采储量350.1万吨。开发方式有注水、蒸汽吞吐、蒸汽驱、化学驱、天然能量等，其中以稀油注水和稠油吞吐为主。锦州采油厂设管理职能科室13个，直附属部门4个，三级生产经营单位13个，有员工3108人。拥有固定资产30882项，原值1487884.82万元，净值155877.17万元，有采油计量站46个（含无人值守站），转油站32座，热注站20座，联合站2座，注水站2座，污水处理站3座。各类设备21912台，原值12.86亿元，净值1.42亿元。主要设备综合利用率86.95%，综合完好率96.7%，新度系数0.11。2022年，锦州采油厂有油井2924口，开井1699口；水井201口，开井157口；气井10口，开井3口；蒸汽驱注入井259口，开井174口；火驱无；化学驱井151口，开井139口。生产原油75.52万吨，超产5200吨；生产天然气2819万立方米，超产319万立方米。生产天然气2819万立方米，超产319万立方米；超交油气综合商品量0.98万吨，实现利润6.69亿元（表7）。获全国文明单位、辽宁省思想政治工作先进单位、辽宁省健康企业、辽河油田公司先进单位、辽河油田公司生产运营系统先进单位、辽河油田公司新闻宣传工作先进单位、辽河油田组织史资料编纂先进单位。

表7 锦州采油厂主要生产经营指标

指 标	2022年	2021年	同比增减
原油产量（万吨）	75.52	73.54	1.98
原油商品量（万吨）	74.65	72.8	1.85
天然气产量（万立方米）	2819	2539	280
天然气商品量（万立方米）	171	14	157
油气综合商品量（万吨）	74.78	72.8	0.01

【油气勘探开发】 2022年，锦州采油厂全力推进油气上产、管理提升和效益开发。抢抓产能建设促上产。完钻新井105口，投产90口，年产油3.1万吨，建产能8.6万吨，百万吨产能投资24.5亿元。贯彻效益开发总体要求，全力推进低产低效井综合整治，突出效益复产。对257口低效井开展评价，制定分类治理方案，努力恢复效益生产。实施堵补46口，辅助提效48口，日增油91吨，动态关停66口，日降液762立方米。特别是长停井锦2-15-226C非目的层挖潜，日产油30吨已稳产1年，年增油1.04万吨，年产气173万立方米，效果显著。推进产能恢复工程，完成侧钻、换井底等措施99口，恢复日产能力185吨，当年产油2.1万吨。老区精细治理保稳定。强化稀油注水治理，狠抓"水质达标率、配注合格率、水井分注率、分层测试率"管理，实施

欠注井治理30井次，优选替换155套封隔器，应用含聚污水低成本处理技术，水质达标率由83%提升至93%，注水日产油稳定在370吨，综合递减率、自然递减率同比分别下降12.5%和11.7%。强化稠油稳油控水，以"治水"为导向定措施，实施侧钻、调补层各类治理措施70井次，联合站日进液量降至2.9万立方米，同比减少1400立方米，累计增油2.7万吨、降水5.8万立方米，综合含水由90.9%下降至90.4%。强化躺井率控制，狠抓油井基础管理。通过优化方案设计、严格作业质量监管、精细油井日常管理等工作，躺井率由2.3%降至2.1%。方式转换调控增规模。化学驱方面，试验区开发后期产量止跌回升，综合递减率由2021年的9.5%下降至5.8%，综合含水由87.7%下降至85.5%。统筹协调组织14套橇装设备井口注聚，增注23井次有效弥补前置段塞注聚量。优化调驱方式，解决纵向上层间吸聚差异大的问题，日产油由85吨最高上升至269吨。含水由94.9%下降至91.1%。蒸汽驱方面，完善井网实施新井2口、侧钻井3口、调补层3口，注采对应率由45%提高到49%，实施吞吐引效、调参、检泵等动态调控22井次，年产油7.2万吨，对比计划超0.4万吨。实施挂图作战强运营。成立产能新井领导小组，编制产能井运行"甘特图"，实施挂图作战，统筹推进方案编制、井场征垫、计划下达。与油田公司协调钻机，在位钻机达到10部，月均完钻井数18口，创近5年新高，实现钻前提速7天，钻井运行时率大幅提升。产能新井平均生产天数279天，单井投产周期同比缩短5天，油井生产时率显著提升，新井运行到位率、符合率位于辽河油田公司前列水平。

【生产建设】 2022年，锦州采油厂紧紧围绕"稳油控水、优化降本、科技创新主"三条主线，以对标管理为手段，开展老井持续稳产、基础管理提升等五大工程。抓实基础管理，以内容简洁、适用、可操作性强为原则，组织操作员工、站队长等158人，全面梳理并修订操作规程388项。以"注上水、注够水、注好水、精细注水"为主线，成立注水治理专项团队，完善注采井网、治理欠注井30口、推广使用Y341封隔器42套等，实现分层验封合格率提升20%，水驱自然递减率由17.9%降至7%。出台《零散污水、污泥管理办法》，新建57号站污水处理点，处理冲砂液、泥浆污水等8.6万立方米，有效保证联合站进站液平稳。重新梳理新投产的稀油电脱、常规生化池等工艺，强化分段控制分段达标管理，全员树立少加药降浮渣量理念，药剂费同比减少67万元。开展科技创新，揭榜《污水水量平衡调控》《含聚污水低成本处理》等，通过项目制、团队配合，联合站平均进站液量降至29758米^3/日，同比减少1402米^3/日。2000立方米无效注水转为达标外排，单方成本降低2.4元，共节约成本830万元。首次实现含聚污水处理连续稳定达标，吨水处理成本降至1.9元/米^3，水质达标率由83%提升至93%，提高注水水质和化学驱稀释效果。推进提质增效，采取改变生产方式、优化设备运行、合理调剂设备等节电措施，实施拔管柱捞油40口，错峰间开80口，抽油机调平衡260井次，变频器调剂55台等，节电250万千瓦·时；实施油井挖潜控套56口井，挖潜天然气165.78万立方米。开展锦612块、千12块天然气管网铺设，实现区块互通，回收天然气79万立方米。集输大队开展储罐清理、浮选机等维修维护，累计创效1472.7万元。

【安全环保】 2022年，锦州采油厂在QHSE管理工作中立足当前、精准把脉、科学谋划，优化体系运行，精细双重预防，深入环境治理，从严质量把关，聚焦健康防疫升级管控。落实"四全""四查"，高质量、高标准开展安全大检查活动，体系运行保持良好B1级，QHSE业绩稳定向好。将开展好"四大"活动作为政治任务来抓，落实15条硬措施，厘清"四张清单"，增加大反思内容5项、增加大讨论专题4项、增加专项整治项目6个，督办历史遗留问题15项，跟踪383项自查问题闭环整改。优化体系运行质量，重点审核QHSE责任落实情况、风险管控情况等6方面内容，查改各类问题273项。代表油田公司迎接集团公司量化审核，综合评分88.60分，同比提高1.02分，体系水平保持在良好B1级。推行自主安全管理。将自主安全管理作为对标A2的重要基础工作，优选13个班站开展自主安全管理试点建设。开展需求化赋能培训。科学制订年度安全教育培训计划，明确三级安全教育培训项目860项、分委会培训项目66项。聚焦"专业化监督、承包商管理、动态施工监管"三大能力短板，设计实施"学标准，学规范"、承包商安全资质审查、作业许可取证3个专项培训，采取"名师讲解＋自学研讨＋实训巩固"的方式，组织月度常态化专职安全监管人员安全知识与管理能力考核，促进管理人员懂原理、知规范、能对标、会整改。根据疫情形势适时采取"云培训"模式，保障3850人次有序受训。实施承包商升级管理，严格落实"黄牌警告"及"黑名单"监管约束机制，对承包商实行问题统计排名末位淘汰。组织各单位开展燃气隐患专项排查工作，查改问题112项。开展消防应急演练16次，提高员工火险应对和处置能力。开展道路运输安全管理现状审核，查改隐患问题137项。编制完成《采油厂环境风险评估报告》《土壤与地下水隐患排查工作方案》报告。完成油管厂地面硬化及污水回收改造工作，对欢三联等重点生产区域开展VOCs检测排查与修复工作。

【科技工艺】 2022年，锦州采油厂按照"稀油上产、稠油缓降"工作思路，承担辽河油田公司科技项目1项，采油厂科技项目4项，揭榜挂帅项目1项。申报国家发明专利4项，授权国家发明专利3项。获集团公司科技进步奖三等奖1项，辽河油田公司科技进步奖二等奖1项，锦州采油厂科技进步奖一等奖3项，二等奖11项，三等奖6项。措施增产，完成增油类措施14项203井次，增油3万吨，整体措施整体有效率90%以上。完成工程方案设计2900井次。实施各类钻井125口，提供产能3.75万吨。小修完成2930井次，大修完成102井次。以"优化措施选择，提高单井产量"为目标，加大科研攻关力度，解决油井存在的"水、窜、堵、地层能量低、油汽比下降"等实际难题。稠化油驱水技术升级完善，实施规模保持在50井次，年增油0.9万吨，降水4万立方米。按照"补充地层能量、扩大蒸汽波及体积"工作思路持续基础攻关研究，提升措施精准度，实施18井次，增油0.3万吨。重点开展"封窜＋二氧化碳"复合应用试验，取得较好效果。攻关新型返出物降解技术，提高化学驱修井效率。以获取最大经济效益为目标，结合油层特性，在优选裂缝几何参数基础上，设计最优压裂方案，增油1251吨，压裂效果显著。

【经营管理】 2022年，锦州采油厂以实现"严谨投资、精准投资、效益投资"为目标，以保障油气勘探开发和增储上产为重点，深入优化油田运维改造，探索绿色低碳转型，持续推进数字化油田建设，立足采油厂油气开发主营业务，牵头协调采油厂产能新井标准化设计、地面方案编制、投资计划申报工作，完成产能新井钻井设计及评价98口，地面方案编制113口，产能井投资内部收益率平均为10.88%，优于辽河油田公司8%的指标要求。地面论证周期19天，优于辽河油田公司20天以内的指标要求。深入优化油田运维改造项目，统筹兼顾安全、环保、节能改造项目，开展风光电等绿色新能源项目，持续推进A11低成本物联网建设，做好"项目池"储备。完成"注汽锅炉车载提效改造""锦7、锦99块地面集输系统优化""锦采无人值守注汽站改造"等47个项目的可研和初设委托，下达计划25项，争取投资资金7103.56万元。实现重质油市场化销售，实现拉运重质油31310吨，创效870万元。拉运销售黑凝析油1.05万吨、中质油3.4万吨，创效3500万元。推进光伏项目建设，实现自发自用、就地并网。欢三联光伏发电160万千瓦·时，新井产能配套光伏累计发电12万千瓦·时，累计创效73万元。《低碳采油厂（多能互补）建设方案》，入选中国能源研究会城乡电力发展中心的《百县千项新能源示范项目》；被集团公司推荐入选《2022年中央企业绿色低碳发展案例》；被中国能源协会推荐荣获中国技术市场协会金桥奖。

【队伍结构调整】 2022年，锦州采油厂为优化组织机构职能配置，提升管理质量，结合实际调整部分组织机构职能。采油管理科修井作业管理职能和井控管理职能划归工艺研究所管理。包括大修、小修作业井质量管理、监督和结算工作，管、杆、泵等井下工具周转管理、井控安全管理等工作。党委宣传部厂区有线电视转播工作划归生产保障大队。包括有线电视设备线路维护和运行等工作。科技科与信息档案科合并，成立信息科技中心。原信息档案科负责的档案管理职能划归党委办公室（厂长办公室），其他职能保持不变。机动采油大队化学驱配制站划归采油作业一区管理。地质研究所试井队、中心化验室划归机动采油大队管理。调整涉及的人员，按照"人随职能调整而调动"原则，调入相应机构。

【员工培训】 2022年，锦州采油厂强化需求导向，优化培训设计，着力打造善管理的专家型人才储备库、充实"高精尖缺"技术型人才生力军、建设"石油工匠""锦采工匠"预备队。依托中油E学培训管理系统，完善培训班的管理。全部实现线上运行。全面开展采油厂培训工作，组织各类培训334项，4283人次。厂内培训班42项，培训2468人次，持续加强管控，提升培训质量，培训目标落实到位。厂外培训班292项，培训1815人次，外出培训有根有据，有为有位，合理合规。组织13个班组52名员工参加锦州采油厂首届班组技能对抗赛（以支部为单位），比赛突出生产练兵，将突发应急、安全知识和施工作业许可列为考试项目，提升基层班站安全技能和技术水平。量身定制"培训套餐"，采取积分制培养考核，激发管理和专业技术人员的内生动能，覆盖管理和专业技术人员163人。完成采油工、集输工、热注工、维修电工4个主体工种的新版电子版题库建设，共录入12938题。完善教育培训基地的建设，增加500平方米培训练兵场所。

【信息物联】 2022年，锦州采油厂信息化建设围绕"数字物联、绿色低碳、自主管理的新型效益采油厂"工作目标，充分依托现有物联网实施先行者优势，探索物联网深化应用，引领企业数字化转型，完成新型作业区改革，按照"集中监控、统一指挥、专业化运维"原则，打破采油班站管理模式，实施专业化重组，实现"班站管理"到"专业化管理"的转变。完成《井场视频监控工程》项目建设，完成427井场视频建设。对19个自建生产重点场所监控视频，统一接入物联网平台管理。建设《油田安全生产智能巡检可视化平台》，率先在石油行业开采现场实现视频智能巡检。完成西八千驻地网络升级，对地磅系统接入物联网平台，降低综治风险。扩展《生产数据平台》，完成灭火器管理模块、仪表检定管理模块开发工作，开展注水管理模块需求分析。针对视频会议室需要，建设完成视频软会议室15个。合同系统自2020年5月2.0上线运行以来，合同系统管理、个人工作助理、签约授权管理、合同申报、审查审批、合同履行、合同签订、合同相对人管理、接口管理、合同归档等各模块均运行良好。18个业务科室具有网上申报权限，在线用户87人。签订合同412份。

【档案史志】 2022年，锦州采油厂档案室保管的党群行政经营管理类、科学技术研究类、建设项目类、设备仪器类、会计类、油气勘探开发类、声像类、实物类八大门类档案已全部应用E6系统管理，机读案卷级目录65222条，文件级目录168755条。完善档案"八防"、档案保密、档案利用、档案收集整理鉴定与销毁等10余项管理细则，深化档案信息著录，提高档案信息检索与利用效率。接收各门类档案4450卷/件。馆藏档案累计达到65120卷，45591件。提供利用档案237人次；3129卷/件次，复印档案183页，拍照2012张。组织专兼职档案员进行档案管理培训和消防培训。在"6·9国际档案日"前后围绕"喜迎二十大·档案颂辉煌"宣传活动主题开展档案一系列宣传活动。新增基建档案、设备档案、科技档案、勘探开发档案均实现纸电同收，新增电子档案112件，完成数字化成果702个，达到6.2吉字节大小10062幅。按照辽河油田公司档案馆要求，从油气勘探开发、生产建设、安全环保、党务群团、科技工艺、经营管理、队伍结构调整、质量监督、员工培训、民生工程、信息档案、外部市场、疫情防控、庆祝中国共产党成立100周年活动14个方面，撰写16716字的锦州采油厂年鉴大事记。

【外部市场】 2022年，锦州采油厂围绕"安全外闯、效益外闯、技术外闯、品牌外闯"4个基本原则，开发新市场，精心维护现有市场，加强外部市场队伍管理，外部市场取得较好成绩。输出劳务202人，预计项目收入1700万元，辽河油田公司成本补贴950万元，边际利润630万元。外部市场参与考察外部市场项目8个，开辟月东海上注汽、吐哈和煤层气技术支持3个项目，输出劳务29人，创收220万元，实现利润164万元。外部市场不断加强老市场的维护和巩固，对现有的3个老市场进行补充和调整，加大苏北采油厂2022—2026年原油生产总承包服务项目输出人数，由过去11人稳步增加到16人，调整2022年天然气压缩机操作劳务服务项目4人进入月东项目采油集输注汽服务项目，协调人力资源调剂中心补充2022年长庆油田第五采油厂劳务外包（收入性支出）劳务输出项目22人，完成人员的补充和调整。为加强外闯队伍的管理和各项目的正常运营，外部市场制定2022年长庆油田第五采油厂劳务外包（收入性支出）项目奖金考核制度，安全管理细则，休假制度，疫情防控管理制度等，保证队伍稳定规范运营。

【新能源业务】 2022年，锦州采油厂坚持油气与新能源并重战略，构建多能互补的发展模式，通过清洁能源项目实施、物联网深化应用、专业化班组整合等一系列举措，推动能源信息化发展上台阶，努力打造成绿色低碳、数字物联、自主管理的新型效益采油厂。通过产能结构调整、机采系统提效、集输处理系统优化、注入系统提效、新能源建设等7方面进行技术分析，形成15项成熟技术，已经启动并推广11项，占比73%，为实现低碳采油厂建设提供支持。通过风光发电，欢三联地热利用，电气化改造开启新能源清洁替代工程。

【党务群团】 2022年，锦州采油厂以党建引领提升发展动能。牢牢把握坚持和加强党的全面领导重大原则，发挥党组织政治功能和党员先锋模范作用，将党建优势转化为助推企业发展的强劲动能。聚焦"建功新时代、喜迎二十大"，推进落实"第一议题"和中心组学习制度，以"四学四讲六提升"推动党的二十大精神走深走实。严肃"三重一大"执行流程，抓好顶层设计决策发展重大事项137项，建立机制督查督办，确保年度50项重点任务全面完成。召开多层次务虚会明确发展目标和重点举措，有力保证"十四五"规划扎实推进。党委班子和各级党组织团结有力、勇于担当，建功高质量、奋进创一流的步伐更为坚定。坚持"转观念、勇担当、强管理、创一流"，聚焦主业主责全力"加油增气"。广大党员干部员工面对疫情反复、洪水肆虐、全油田极端困难的挑战下，讲大局、顾大家，合力抗洪复产、聚力提质增效，做出产量超年初计划1万吨、天然气超产319万立方米、实现利润6.69亿元的突出贡献。牢牢把握意识形态工作主动权主导权，常态化开展党史教育和形势任务教育，深化塑造红色品牌，建成1个厂级政治文化阵地和2座文化示范班站。抓好典型引领和正向宣传，锦州采油厂获《中国石油报》先讲报道组称号，1项新媒体作品获集团公司二等奖，员工闫德建当选第四届"辽河榜样"。突出民生保障，提升全员幸福指数。制定《锦州采油厂2022民生工程实施方案》，生产保障大队等12个项目牵头部门全面发力，25个子项目完成23项，解决房屋改造问题、私搭乱建、道路铺设、区域亮化等问题100余个。全员点餐式体检、员工子女就餐、便捷健康监测设施配备等项目颇受好评。

（王美娜）

金海采油厂

【概况】 金海采油厂成立于2016年3月22日，由原金马油田开发公司和原浅海石油开发公司整合成立，是集辽河盆地陆上、盆地滩海油气开发的采油生产单位。勘探开发区域分布于盘锦、鞍山、锦州、营口4个市。陆地辖有海外河、小洼、黄沙坨3个油气田，海上覆盖辽东湾北部，西起葫芦岛，东至鲅鱼圈连线以北，包括太阳岛、葵花岛、笔架岭、月海等4个油气田。

截至2022年底，金海采油厂探明含油面积64.6平方千米，石油地质储量1.31亿吨，动用含油面积

57.6平方千米，动用石油地质储量1.17亿吨，可采储量3369万吨，采收率28.7%，剩余可采储量458万吨。开发区域油品性质为普通稠油、特稠油、稀油等，生产方式以机械采油为主，开发方式包括注水、吞吐、蒸汽驱和天然能量等。有油井1272口，开井792口，综合含水91.3%，年产油50万吨，累计产油2911万吨，采油速度0.43%，采出程度24.8%，可采储量采出程度86.4%。注水井201口，开井127口，年注水403万立方米；注汽井12口，开井6口，年注汽28.5万吨。本部设管理职能科室14个，直属部门4个，所属三级单位12个。用工总量2344人（劳务用工270人）。拥有固定资产原值116.74亿元，净值13.67亿元。在册设备数量13073台，设备新度系数0.2，生产设备综合完好率为94.18%，主要生产设备综合利用率84.75%，事故率0%。主要运转设备有抽油机963台，采油输油泵75台，热注柱塞泵27台，注汽锅炉33台，车辆80台。有采油站55座，海上平台2座，注水站3座，注汽站11座（固定注汽站6座；活动注汽站5座），联合站4座。2022年，生产原油50万吨，油气综合商品量49.6万吨。实现利润3.43亿元，超考核利润（底线目标）0.1亿元，吨油完全成本同比增加443元，涨幅16%。

【勘探增储】 2022年，金海采油厂同步推进陆上与滩海油气勘探，加强海26块等3个区域增储技术研究，初步落实17井次、28个潜力层和9个有利目标区；风险探井葵探1首次发现中生界、沙河街组高产气流，沙三段折算日产气14.5万立方米，获集团公司油气勘探重大成果一等奖。

【油气生产】 2022年，金海采油厂着眼油田抗洪复产大局，接续开展上产劳动竞赛，日产水平由年初1260吨上升至1440吨，保持逆势上扬态势。统筹新井高效建产、老井持续稳产、长停井治理提产、海上与捞油上产，开发生产指标整体改善，环境敏感区新井上钻同比提前55天，增产1万吨。老井产量稳定在37万吨，天然气产量稳定在4100万立方米。套损井治理井数同比增加24口，增油1.7万吨。海上油井生产时率同比提高16天。捞油产量贡献达7300吨。海1块化学驱先导试验成效显著，高峰期日增油28.1吨，含水最大降幅7.6%。协同开发事业部、勘探开发研究院编制完成股份公司海外河老油田"压舱石"整体规划方案，6个专题研究有序推进，海外河油田获集团公司高效开发油气田荣誉称号。发挥运行组织工作的枢纽作用。践行"大运行"理念，加强与地方政府、机关部室、兄弟单位的沟通协调，钻投组织、作业运行及时高效。海上原油拉运、注一联工艺改造、老化油处理等重点工作有序推进。水电讯三网运行保持平稳。科学部署、有效应对多轮强降雨、风暴潮等极端天气，应急管理水平和生产组织能力得到有效检验。

【提质增效】 2022年，金海采油厂全面推进控投、降本、提效、治亏等措施，实现总体利润3.9亿元，超额完成业绩指标。树牢"一切成本皆可降"理念，开展全生命周期经济评价，优化控降投资550万元。清理冗余资金2352万元。重新核定预算标准2806项，源头压减5245万元。坚持过"紧日子"思想，围绕31个项目严格落实提质增效目标责任，控降"六外"（外协、外委、外雇、外租、外修、外包）支出，综合创效1.03亿元。压茬推进管理提升三年行动，实时跟进"提升管理效率、控降完全成本、降低递减率"等八大类30项重点工作，有效解决制约高质量发展瓶颈问题。全面抓实"两金"压降，深化库存价值管理，深挖物资集中采购、工程服务招标潜力。与辽河油田公司纪委办公室结对，进一步落实"一企一策"精准扭亏。落实中央企业"合规管理强化年"部署，以制度建设加强市场、招标、合同、承包商"四位一体"管理，完善法律风险防控体系，提升依法合规治企水平。严格落实质量管理工作要求，排查上报质量问题221个，经济处罚3.15万元。持续推进油气水井、地面工程建设项目质量集中整治，井身质量合格率、固井质量合格率100%。注册QC小组活动课题32项，获集团公司二等奖1项、辽宁省三等奖1项。热注作业区注汽七站被评为集团公司2022年度质量信得过班组。强化机采、注汽、集输系统对标，能耗总量同比下降3.4%，超额完成辽河油田公司节能节水任务指标。

【科技创效】 2022年，金海采油厂树立"地质先行、整治，规范固废管理，切实扛起属地责任。从严抓实质量管控，稳步推进套损井治理，完井69口，实现增油1.3万吨。固井质量合格率再提高4.4%，井身合格率保持100%。累计查处质量问题105个，追回经济损失80.2万元。从严抓实体系建设，规范QHSE管理委员会运行，对标建立专业例会制度，系统修订安全生产责任制清单，扎实开展标准化站队、送教上站等活动，体系审核连续4年保持B1评级。

【党建工作】 2022年，特种油开发公司党建引领稳步增强。持续夯实思想根基，制定党的二十大学习宣贯方案，全面落实党的二十大精神；严格执行"第一议题"制度，各级党组织学习研讨228次，解难题、促发展取得明显进展。开展2轮主题教育活动，凝聚共克时艰强大合力。抗洪复产期间，宣传报道攻坚事迹470余篇，对外展示良好形象。持续推进基层党建，抓好用活"党建+""党建联盟"等载体，"三基本"建设与"三基"工作进一步有机融合。开展"喜迎二十大"岗位实践活动，实施共产党员工程93项，创效6000余万元。动态调整党支部和党员分布，以业务科室为基本单元调整设置机关党支部18个。推进党支部标准化规范化建设，结成"三联共建"互助对子26个，落实示范党课、党建项目等共建任务108项，考核评选优秀党支部18个，达标党支部42个。实践完善"党支部书记沙龙+课题研究+工作调训"三级培养模式。举办"支部书记讲党课大赛、党务干部业务知识竞赛"赛事2项，举办党支部书记沙龙2期，完成机构改革与党组织设置研究等课题16项，"高质量做好宣传思想文化工作的探索与研究"获辽河油田公司二等奖。举办讲党课大赛，17名党支部书记同台比武，形成《做基层班组里的C位党员》等精品党课10堂，提升党务干部抓党建、强党建的能力。发挥党委"把方向、管大局、保落实"作用。严格执行"三重一大"决策制度，召开党委会28次，研究审定抗洪复产、岗位管理等重大事项74个，保证改革发展重点工作精准推进。持续加强正风肃纪。加大"反围猎""以案促改、以案促治"警示教育力度，突出"一把手"和领导班子监督，规范"关键少数"履职行权。启动党委内部巡察，开展周转物资专项检查，督促整改问题90个，挽回经济损失59.5万元。精准运用四种形态从严执纪，纪律处分1人，组织处理13人，2个基层党组织书面检查，政治生态得到有力巩固。

【群团工作】 2022年，特种油开发公司惠民生、抓落实，和谐局面保持稳定。牢固树立"保障员工福祉是最大民生"理念，完成生产经营调整指标，员工收入增幅稳居油田公司前列。推进民生改善工程，实施食堂标准化建设、员工个性化体检，开展我是健康达人、心理健康一线行、中秋趣味游戏等活动。抗洪复产期间，发放防暑降温、生活物资3.4万件，快速安排专业急救、抗洪体检、灾后消杀等工作，全方位保证员工身心健康。全力升级健康企业，率先组织油田公司首家个性化体检，通过"一对一"干预，中高风险人群再降8%。全力扩大关爱帮扶，入户慰问抗洪抢险员工家庭65户，帮扶大病、困难等特情家庭80户次，累计发放慰问品、慰问金和援助款402.6万元。开展青年志愿者服务27人次，发放帮扶款25.4万元，帮助员工渡过难关。深化厂务公开民主管理工作，召开民主恳谈会16场次，讨论审议岗位管理等重大事项4个，征集各类提案16项，提案办复率、满意率100%，接待省总领导现场调研，并在全国总工会会议上作经验介绍，热注作业一区SAGD2号站典型经验在"学习强国"刊发推广。

【新冠肺炎疫情防控】 2022年，特种油开发公司疫情防控工作领导小组全面贯彻集团公司和辽河油田公司疫情防控工作要求，强化责任落实，确保各项疫情防控措施落实落细。及时关注并掌握最新疫情防控政策规定和风险预警，第一时间通过疫情防控联络员群，传达落实上级疫情防控各项通知要求，全面落实到每个基层单位、部门和每名员工。引导员工和亲友自觉遵守政府疫情防控政策，及时准确报告个人疫情防控信息，做好个人防护，落实好个人防疫责任。坚持"非必要不外出"，确需出行的严格执行员工、承包商出行审批和亲友报备制度，凡域外返盘人员，提前24小时通过微信小程序"E盘锦"如实报备，落地即检，联络员持续跟踪员工身体健康情况。对外出油区员工建立一对一联络包保，指定专人建立一对一联系。抗洪复产以来，全面排查员工及同住亲属、承包商外出返回等行动轨迹1300余人次，做到排查彻底及时无遗漏，坚守住零疫情底线。同时办公场所、食堂、送班客车等高风险场所要严格落实消杀措施，严格按照《特种油开发公司常态化疫情防控工作方案》相关要求执行，组织桌面应急演练，提高应急响应水平。为严防疫情输入，全力配备政府部门开展区域核酸筛查工作。请曙光医院专业人员培训公司志愿者2次，培训常态化核酸采样人员24人，确保采样人员满足需求。提前做好各项准备工作，采样前及时联系曙光医院医护人员并与曙光街道进行对接。做好物资领取、样本转运、垃圾清运工作。完成对员工、承包商、保洁、保安、食堂、服务等窗口工作人员采样26次2100余人次，完成区域核酸任务。

【抗洪复产】 2022年，特种油开发公司战天灾、克万难，抗洪复产永载史册。竭尽所能固守防线。特种油开发公司党委严格落实辽河油田公司党委部署，靠前指挥、夙夜鏖战，先后组织迎战拦潮堤、奋战U型路、会战国堤口、转战十三支"四场大型保卫战"，紧急加高加固堤坝6.5千米，处理管涌50余处，快速扫线180多千米、大罐充液163个、铺设隔油栏18千米，尽显守土有责、守土尽责的使命担当。多措并举强化保障，建立"机关帮基层、未复帮先复、已复帮正复"结对帮扶机制，充分挖掘人力资源潜力。全方位提供保姆式后勤服务，全天候保障生活补给供应，全覆盖慰问感谢员工家属，竭尽全力支援前线将士。落实"人员安全、环境安全、设备设施安全""干部值班值守、防汛物资准备、应急救灾处置、灾后复产及时"总体要求，强力实施"大反思、大讨论、大排查、大整治"活动，推行"体检式自查、沉浸式检查、交流式互查、闭环式复查"监管，牢牢守住"井站防线、区块防线、河道防线、入海口防线"，实现"零事故、零伤害、零外溢"目标。全力以赴复产上产。多轮研讨制定抗洪复产总体方案，明确分工、细化措施、落实责任，为特种油开发公司快速复产提供顶层设计。排涝专班提前3天完成上亿立方米排涝任务，复产专班仅用8天恢复集输主体功能、15天697口油井启抽、17天55台锅炉启运。同步组织全员生产大会战，最短时间内日产油连续跨越3个千吨台阶，完成抗洪复产任务，受到上级党组织高度肯定。

（程 辉）

冷家油田开发公司

【概况】 冷家堡油田是1993年正式投入开发的稠油、特稠油油田。1997年12月，中国石油天然气总公司与中国（香港）石油有限公司的子公司BECKBURY国际有限公司（Bechbury International Limited）协商合作开发辽河油田冷家堡区块，双方签订《中华人民共和国辽河油田冷家堡区块石油合同》。1998年3月，辽河石油勘探局与BECKBURY国际有限公司（Bechbury International Limited）签订《委托合同》，决定合作开发冷家堡油田，合作开发期20年，生产期限满之日起，其所有权归属于辽河油田。1999年8月，冷家油田划归辽河油田公司管理，列为辽河油田公司二级单位。2000年3月，BECKBURY国际有限公司、中国石油辽河油田分公司、辽河石油勘探局三方签订协议，将《委托合同》中辽河石油勘探局的冷家堡油田勘探开发业务和石油区块划归中国石油辽河油田分公司管辖。2001年4月，辽河油田公司将冷家油田开发公司列为二级单位管理。2010年3月，中国（香港）石油有限公司更名为昆仑能源有限公司（Kunlun Energy Company Limited），辽河冷家堡项目改为昆仑能源有限公司旗下的合作项目。至此，冷家油田开发公司作为一家以石油、天然气开发为主营业务的合作上市公司，依据《石油合同》，受中国（香港）石油上市公司委托，由辽河油田公司行使管辖权。对内称"冷家油田开发公司"，是辽河油田公司下属的原油生产单位；对外称"BECKBURY国际有限公司"，是昆仑能源有限公司旗下的合作项目,是非法人涉外经济实体。所辖井站地跨盘锦市盘山县、大洼县和鞍山市台安县。位于辽河断陷西部凹陷东部陡坡,紧临中央凸起,西侧为陈家洼陷,沉积物源主要来自中央凸起,地层沉积受台安—大洼和陈家逆断层控制,沉积条件比较复杂,层组划分难度较大,既有西部凹陷所具有的普遍规律,又有独特之处。

截至2022年底,冷家堡油田已探明26个区块单元。累计探明石油地质储量17794.6万吨,可采储量3475.2万吨。其中特超稠油7个区块,地质储量为9329.9万吨,可采储量2046.2万吨;常规稠油9个区块,地质储量为5719.0万吨,可采储量942万吨;稀油10个区块,地质储量为2745.6万吨,可采储量487万吨。投产油井1547口,开井772口,日产液7593吨,日产油1141吨,平均单井日产油1.5吨,综合含水84.9%,年产油48.6万吨,折算采油速度0.28%,累积产油2706万吨,采出程度18.4%,可采储量采出程度91.1%。稠油注汽量198万吨,其中吞吐年注汽量148.7万吨,日注汽4074吨,累注汽量4277.9万吨。平均周期11.4轮,油汽比0.23,累油汽比0.45,回采水率123.4%。稠油转换开发方式年注汽量49.3万吨,日注汽1351吨,累注汽量777.8万吨,年油汽比0.13,累油汽比0.12。投产注水井64口,开井31口,日注水量1983立方米,平均单井日注64.0立方米,年注水量66.8万立方米,累注水量2120.1万立方米,月注采比0.28,累计注采比0.37。冷家油田开发公司设管理职能科室14个、直属部门4个,下设三级单位9个。在册员工82人,以劳务输出方式录用的劳务人员1375人。2022年,生产原油48.6万吨,超产6000吨。完成原油商品量45.72万吨,超产0.6万吨。实现原油销售量45.73万吨,超销0.61万吨。实现账面利润3.28亿元、自由现金流4.85亿元、销售收入17.63亿元。操作成本支出10.82亿元。完成基本建设投资5960万元,结余3418万元。固定资产原值增加5268万元。

【评价增储】 2022年,冷家油田开发公司以冷西富油气区带整体编图为基础,相继在冷西洼陷带实施预探井(冷10-52-50)1口,评价井1口(冷35-34-60C),通过对储量空白区S_3^2Ⅲ砂岩组试采并获得成功,证实S_3^2Ⅲ成藏受岩性控制,拓宽冷西地区勘探增储的潜力空间。通过消化吸收前期勘探成果,以浊积岩体岩性成藏模式为指导,利用井震结合进行有利储层追踪,落实冷3块和冷189块具有成藏优势,优选2口老井进行试油试采,并见到明显效果,预计增储105万吨。

【产能建设】 2022年,冷家油田开发公司通过油藏精细描述,重新认识冷42块构造特征,精细刻画洼59块隔夹层及储层分布特征,成功部署新井井位40口,完钻15口,提高产能贡献率。新井运行严格按照工作机制,在方案设计、征地协调、地面准备等倒排运行,责任到人,新井组织稳步推进。

【老油田综合管理】 2022年,冷家油田开发公司针对冷43块普通稠油注水水驱效果差异大的问题,以提高波及体积、降低低效水循环为目标,开展"主体区精细调整注水、边水区周期温和注水、低压区选层加强注水"3项举措,实施注采调整、分层调配等措施92井次,区块年产油9.7万吨,同比增产2500吨,实现综合负递减。加强注汽方案设计,强化组合注汽方式论证和配套措施应用,把控源头提升吞吐质量,改善高轮次稠油吞吐效果,年实施吞吐措施380井次,油汽比保持0.27。强化动静态论证,量化剩余油潜力,全面提升措施效果,实施大修、调补层及压裂等措施74井次,年增油2.7万吨。

【难采储量动用】 2022年,冷家油田开发公司坚持"因藏施策、分区治理"原则,针对"高黏、高泥、低渗"3类难采储量,加强地质工程一体化研究,将储层物性改造、酸化解堵、防膨降黏等工艺技术进行组合升级,实施各类措施7井次,增油0.5万吨,有效盘活难采储量100万吨。

【开发方式转换】 2022年,冷家油田开发公司强化蒸汽驱开发后期规律认识,做实不同"三场"(温度场、压力场、饱和度场)下的井组动态分析工作,指导开展二氧化碳辅助汽驱、调剖、注采参数调整等措施63井次,有效扼制蒸汽驱递减趋势。

【生产组织】 2022年,冷家油田开发公司以效益生产为中心，加强生产运行协调，原油产量保持良好态势。面对无产能投资、疫情反复以及洪水影响的不利因素，先后3次开展劳动竞赛，成立8个上产保障项目组，优化奖励方案，最大限度调动上产积极性，完成劳动竞赛任务。向联管会申请1500万元的套损井治理投资，安排套损井治理30口，于6月初在原有3支大修队伍的基础上协调新增1支队伍。汛后复产期间，抢抓进度，临时新增队伍1支，全力推进大修进度。投产16口，累增油5200吨，成为原油上产重要补充。以提升注汽质量为工作重心，突出"锅炉本体、注汽管网、注汽管柱以及注汽方案"的"四位一体"管理提升，紧凑协调锅炉搬家及注汽井切换。通过疫情期间的区域"内循环"以及汛期的注汽运行调整，保证注汽量的高位运行，为实现产量主动，额外增加5万吨注汽量，优选10口高油汽比井注汽，峰值日产油达20吨/日。此外，引进超临界锅炉1台，过热锅炉2台，改进注汽效果，自有锅炉运行时率达85%，超辽河油田公司平均水平。

【对标管理】 2022年，冷家油田开发公司持续加强采油管理。以降低躺井率为切入点，分析躺井原因，提出针对性建议，减少检泵14井次。规范异常处置流程，严格执行掺液标准，优化修井方案设计，躺井率同比下降0.09%，检泵率下降0.3%。持续提升注汽效能。突出"锅炉本体、注汽管网、注汽管柱以及注汽方案"的"四位一体"管理提升，保证注汽质量。合理降低锅炉对流段入口水温380台次，开展对流段清灰、吹灰32台次，注汽单耗同比下降2.0米^3/吨。集采系统优质低耗。完成管道分类、数据采集更新，建立管道失效台账，对敏感区域管道升级管理，完成59处破损部位及扎地管段补强加固。坚持分段达标、分段控制，加大老化油处理力度，系统运行平稳。

【成本控制】 2022年，冷家油田开发公司实施目标预算政策，倒排利润目标，对成本费用预算进行优先级排序，对交叉性业务归口管理，对预算外项目严格审批，突出重点保障、突出效率效益，2次压缩非生产性费用1200万元。严肃预算考核，强化预算执行情况分析，查明偏差大的费用项目原因，制定针对性举措。严格落实预算年度考核，以月保季、以季保年，以考核促提升，激发各单位内生动力，经营业绩持续攀升。以"是否有利于账面业绩改善""是否有利于管理效率提升"为标尺，聚焦"转观念、强基础、控成本、提效益"，在"开源增收、降本增效、稳产增油"3个方面，以项目管理的方式，稳步实施18项提质增效工程，持续开展价值创造行动，全力打造提质增效"加强版"。开源增收734万元、降本增效3536万元，合计效益挖潜4270万元，完成年度计划103%；措施增油5.5万吨，完成年度计划114%。开展2022年重点领域项目合规性审查回头看工作，自查2021年结算项目282项，发现问题39处，追回问题资金59万元，避免经济损失。开展联合账簿审计问题整改工作，落实审计整改责任，经过5轮次沟通汇报，9项审计问题整改方案得到审计组认可，消除法律风险。开展结算价格审批工作，坚持物资批价执行询价比价机制，劳务批价按实际施工量复核，做到每项价格都与辽河油田公司各单位横向对比，召开价格委员会13次，审批各类价格2448项，审减资金1703万元。

【科技推广】 2022年，冷家油田开发公司完善推广多元介质辅助吞吐技术，对接油藏需求，开展辅助介质筛选评价，提高措施效果。坚持集团公司补压技术思路，重点冷41块、冷124块、洼83块实施集团公司多元辅助吞吐技术，采取内部补能、外部防窜技术路线，提高井组生产效果。实施54井次，增油5200吨。加大稠油分选注推广力度，应用投球选注、分层定量等技术，试验FCD井下流量控制技术、分注调剖一体化管柱等技术，实现油井精准注汽，实施53井次，增油5400吨。强化低成本防砂技术应用，针对轻微套坏井及出砂严重井，加强作业过程中出砂情况跟踪分析，优化方案设计，保证防砂效果的同时，节约措施成本。实施高温固砂10井次，增油3900吨，与去年对比，单井措施费降低0.36万元，单井增油增加327吨。实施工艺措施15项218井次，累计增油2.7万吨，措施有效率84.9%，措施经济有效率68.9%。开展超临界蒸汽特地质工程一体化"的科学理念，着力推动油田开发技术升级，获辽河油田公司科技进步奖3项，授权专利2件，增产措施同比提高10%，年增油4.7万吨。强化新海27块厚层状底水普通稠油油藏深度二次开发技术攻关，精准量化剩余油分布及水平井部署界限，创新小井距、短半径水平井部署模式，有效扩展水平井部署空间，优化部署短支水平井53口，投产30口，年产油2.1万吨。持续攻关普通稠油化学驱提高采收率技术，深化井组综合调整、优化配注工艺流程、强化关键节点管控，先导试验6井组年产油1.9万吨，年增油0.8万吨，动用程度提高16.8%，见效井占比达85%，延程粘损控制在13.7%以下。低成本高效防砂、小洼难采区配套技术取得积极进展。持续加强海上分层采油技术研究，建立分层防砂、分层采油技术体系，满足电泵举升、钢丝测调、封隔层段技术要求，填补辽河油田海上开发技术空白。

【安全环保】 2022年，金海采油厂扎实开展新《安全生产法》培训宣贯，细化"五个用心抓"举措，以"安全生产大检查""四大"活动为主线，从严落实安全生产"十五条硬性措施"。优化QHSE体系建设，迎接中国石油油气和新能源分公司（原勘探与生产分公司）管理审核，审核成绩保持良好B1级。全力防治风险隐患。突出抓"低老坏"、重复性问题整治；加强海上生产、承包商、井控等重点领域风险管控；按时完成排定任务111项，安全生产三年专项整治行动收官。在成本总额不变的前提下，进一步加大投入力度，支出安全整改资金511万元，有效解决石油化工技术服务分公司锅炉维修、海上平台延期服役等一批新增项目和历史遗留问题。强化建设项目合规管理，完成污水处理项目竣工验收；管道完整性治理和污染物总量控制到位；严守生态环境政策，完成笔架岭核心区2块井场生态恢复，落实保护区违规问题整改2项；打造海南2号站规范化治理样板，站容站貌、队伍面貌、数字化程度明显改善，展现良好的窗口形象。践行绿色低碳发展理念，光伏发电累计达361万千瓦·时，新能源结构占比升至5.5%。全力抓好健康保障。通过盘锦市健康企业创建验收；开展"健康巡诊到一线"活动；持续强化员工健康风险评估和危机干预，179名高、中风险人员指标明显下降。落实常态化防疫措施，协调审批生产生活保供车辆35台次，7次承接辽河油田公司重点会议及全员核酸检测补检工作，员工生命健康安全和正常生产经营秩序得到充分保障。

【和谐稳定】 2022年，金海采油厂严格落实维稳责任。升级管控重点时段稳定工作，落实"护航行动"专项措施，完成党的二十大等系列安保维稳任务，队伍大局保持稳定。宣贯《信访工作条例》，推动解决托管企业员工欠薪欠保，包案接访37人次。加强员工普法教育，开展打击盗窃天然气、清理非法占压专项行动，确保重点场所、重点时段、重点人员防范到位，油区生产办公秩序稳定向好。全面促进共建共享。修订《厂务公开实施办法》。固化"我为员工群众办实事"长效机制，落实4类19项民生工程。构建立体式精准帮扶格局，多角度维护员工利益，累计帮扶、慰问1153人次，有效解决员工群众急难愁盼问题，增强全员获得感、幸福感。着力履行社会责任。响应"我为碳中和种棵树"活动倡议，助力集团公司在大庆油田的首个"万亩碳中和生态园区"建设。全面加强海南、海外河油田迎检沿线规格化建设，打造石油企业展示样板，企业发展外部环境持续向好。迎接全国总工会、长庆油田、大港油田等单位参观学习66批次800余人，充分展现辽河油田滩海发展新面貌。

【党建思想政治工作】 2022年，金海采油厂强化党建融合。深入开展党的二十大精神宣传学习教育，按照辽河油田公司党委要求，迅速制定工作方案，明确责任部门，按照党员干部先学一步，党务岗位精学一步，党群系统深学一步的总体要求，推动学习教育常态化、长效化。建立完善安全生产承包点和党建联系点"双包双促"机制。党委副书记兼任机关总支书记，强化组织部力量配备，开展党组织书记业务培训，保障机关与基层党建工作得到强化。党组织书记述职评议结果与薪酬兑现挂钩，75个党支部达标晋级优秀率达32%。推进党建"三基本"建设与"三基"工作有机融合，以"六联活动"为载体，与辽河油田公司纪委办公室、勘探开发研究院、开发事业部（开发部）组建3个党建联盟，共同推动解困扭亏、"压舱石"工程等重点工作。凝聚思想共识。深化"转观念、勇担当、强管理、创一流"主题教育，确保责任、成绩、形势、任务、薪酬"五个讲清楚"。建成辽河油田石油精神教育基地金海文化展厅和廉洁文化基地，打造辽河精神新窗口、廉洁文化新地标。坚决守好意识形态阵地，严格落实舆情报告制度，牢牢把握正确舆论导向。人民网、新华社、《中国石油报》《辽河石油报》等媒体刊发金海新闻435篇。持续正风肃纪。压紧压实"两个责任"，对照整改油田公司党委巡察"回头看"反馈问题77项。组织签订党风廉政建设责任书。严格落实中央八项规定精神及其实施细则。开展"2022年度市场及招投标管理合规监督"专项排查。深化干部员工警示教育，开展"讲腐败案例、悟清廉人生"88期，发放《违规配备和使用公车专题》《年轻干部教育专题》《违法犯罪专题》纪律教育课件2300余份，确保"拒腐防变""反围猎"警钟长鸣。注重人才培养。优秀干部挂职锻炼9人、技术骨干双向挂职锻炼1人，评聘二、三级工程师12人、两级技能专家11人、两级"青马工程"培训青年人才4人。孔祥宇获全国采油工大赛金奖，为辽河油田时隔20年赢得又一殊荣。金海采油厂在2022年辽宁省职工技能大赛中获集输工组前三名、热注运行工组1金2银；2人获辽河油田公司油水井分析一等奖。

【机构改革推进】 2022年，金海采油厂有序开展内部"三定"工作，压减职能科室1个、基层队（站）7个、班组56个，优化岗位67个，涉及人员532人。优化工效挂钩办法，推进全员绩效考核，充分调动员工工作积极性。完善配套激励机制，整合力量拓展外部市场，47名员工走出金海、创造价值。推进海南地区数字油田建设，建成"两室一中心"的新型作业区管理模式，数字化转型迈入新阶段。

【选人用人情况】 2022年，金海采油厂党委始终坚持正确的选人用人导向，严格落实国有企业领导干部"二十字"工作要求，贯彻党的干部路线方针政策，通过严格执行干部选拔任用程序、加大年轻干部提拔使用力度、选优配强正职基层领导人员、有效激发干部队伍活力、从严开展干部考评监管等几个方面，进一步完善选人用人工作机制，使真正想干事的人有平台，能干事的人有机会。提拔使用基层领导人员三级正7人，三级副1人；交流调整18人；改作具体工作10人；进一步优化基层领导人员队伍结构，40周岁及以下25人，占比25.8%。基层领导人员队伍97人，三级正正职41人，三级正副职9人，三级副职47人。年龄51—55周岁30人，占比基层领导人员总量的30.9%；46—50周岁30人，占比30.9%；41—45周岁12人，占比12.4%；36—40周岁21人，占比21.7%；35周岁及以下4人，占比4.1%。根据辽河油田公司党委巡察"回头看"反馈意见，党委突出抓好领导班子年龄结构、专业结构调整优化，对班子正职在同一职位任职满6年、班子副职在一个职位任职时间较长的，进行分工调整或交流。基层与机关交流正职12人、副职1人；机关科室之间交流调整正职1人、副职2人；基层单位之间调整正职2人。

【油田内部协助工作】 2022年，作为油田骨干单位，金海采油厂从"讲政治、顾大局、保整体"角度出发，主动投身油田改革发展大局，全力办好"几件大事"。支援曙光特油地区抗洪复产，6次派出395人次驰援曙光、特油、冷家地区抗洪一线，派遣42名业务骨干、技能专家支援曙光特油地区复产，成为集结最快、作用最好的队伍之一。履行天然气调峰保供责任，2次组织黄沙坨天然气限输100.4万立方米，增加管道气用气占比25%；减少注汽量5万吨；内部消化产量影响4180吨、利润影响923万元，确保油田公司调度指令执行到位。落实辽河油田公司总体部署，高效完成马19储气库排水配套工程建设，保证注一联合站工艺改造满足马19来液处理需求。抓好业务划转与人员接收，6个工作日完成冷家油田25口产能井投资测算和计划下达，保证油井按时上钻；接收石化技服注汽业务划转244人；月东油田外雇用工清退37人，同步开展选用培训，保证生产安全平稳。

（吕　静）

特种油开发公司

【概况】 特种油开发公司是辽河油田公司下辖的油气生产二级单位,生产区域是全国最大的超稠油生产基地。1994年12月,辽河石油勘探局以特殊油试采项目经理部为基础组建特种油试采开发公司,外雇施工队伍,拉开超稠油开发的序幕。1996年5月,辽河石油勘探局对曙一区超稠油进行蒸汽吞吐试采试验,随着越泵电加热举升工艺的突破性进展,杜84块曙1-35-40井试采成功,开辟国内超稠油开发的先河,特种油试采开发公司进入先导试验扩大试验阶段。1997年1月,特种油试采开发公司更名为特种油开发公司,在曙一区杜84、杜229区块部署新井186口,建成50万吨生产规模的生产基地。1999年8月,辽河石油勘探局进行分开分立,特种油开发公司资源、资产纳入辽河油田公司。2000年,特种油开发公司年原油生产规模首次突破百万吨大关,全年生产原油108万吨。2013年1月,辽海集团有限公司划归特种油开发公司委托管理。2015年5月,辽河油田公司决定成立辽河石油勘探局特种油工程技术处,与特种油开发公司按照"两个牌子、一个领导班子、一套机关机构、一体化管理、分开核算、两本账运行"的模式运行,实施采油与井下作业业务一体化管理。重组整合后,特种油开发公司成为集生产保障、工程技术服务、多种经营等业务一体化的综合性单位。2020年10月,按照辽河油田公司对所属9个采油单位托管的工程技术业务进行重组整合的统一部署,撤销特种油工程技术处,将其留存的主营业务人员、资产及债权债务整体并入辽河工程技术分公司,将其留存的社会保险、离退休(再就业)机构及人员划归新组建的公共事务管理部统一管理。

截至2022年底,特种油开发公司管辖曙一区杜84块、杜229块、曙1-6-12块3个超稠油区块,探明含油面积6.76平方千米,探明地质储量6735万吨。拥有各类开发井1819口(其中直井1552口,水平井267口),采用70米井距正方形井网布井,开发方式以蒸汽吞吐、SAGD、蒸汽驱为主,采油速度1.43%,采出程度45.90%,可采储量采出程度86.0%,综合含水83.47%。本部设管理职能科室14个,直属部门4个,所属三级单位10个,托管多种经营企业1个。员工总数2469人,有科级以上干部96人,具有专业技术职称的664人。2022年,生产原油96万吨(表8)。拥有固定资产原值116.33亿元,净值21.05亿元。有联合站1座,采油站24座,热注站35座。主要运转设备有抽油机1296台,采油输油泵85台,热注柱塞泵86台,注汽锅炉78台,有机热载体炉110台,车辆109台。特种油开发公司获集团公司维稳信访安保防恐工作特别贡献集体、辽河油田公司质量健康安全环保特殊贡献单位、辽河油田公司抗洪复产先进单位等荣誉11项,125人次获局级以上表彰。

表8 特种油开发公司主要生产经营指标

指　　标	2022年	2021年	同比增减
原油产量(万吨)	96	124.7	-5.5
原油商品量(万吨)	94.72	123.5	-4.8

【开发生产】 2022年,特种油开发公司稳调控、保稳产,生产建设量效齐增。产能建设历史最快。以项目制保障新井投产运行,56口新井5月底全部投产,平均单井仅用63天,较历史纪录再提前9天,年产油4.5万吨,较计划超产0.5万吨。稳油控水效果显著。精细层间矛盾分析,主动排查35口井,治理套漏出水6口,井区综合含水下降3%,年增油1.5万吨,产液量减少7.3万吨。水淹区域试采成功,杜84块西部兴Ⅵ组9口停关井增油0.5万吨,水侵储量再现生机。精细实施气体辅助、机械防砂、泡沫调驱等增产措施222井次,实现增油3.6万吨。方式转换平稳回升。坚定"馆陶降产馆陶补"理念,通过恢复注汽、强化注氮、向上补孔、加强排液等综合手段,井组日产油重回860吨,杜84—馆H61井

步入百吨井行列。蒸汽驱工业化规模扩大至30个，年产油13.7万吨、油汽比0.167。全年方式转换贡献产量51.9万吨，占比54%，压舱石作用充分凸显。生产运营不断加强。围绕"提质、提速、提产、提效"目标，合力应对水平衡、限电断电、来气波动等运行难题，强化生产协调和系统衔接，高效组织钻机运行、井下作业、地面建设、注汽调整、冬防保温等工作，提高生产运营和应急保障能力。

【科技创新】 2022年，特种油开发公司举全力、出实招，科技创新活力尽显。持续强化科技创新。杜84块更高黏度蒸汽驱试验取得成功，开发指标与杜229块持平，再次拓展汽驱应用界限；扩大MVC浓缩液调剖试验2口，平均单井增油564吨，展示良好应用前景。馆陶水侵调控模型、蒸汽驱耐高温调驱等技术研究取得实质进展，为解决生产问题提供技术保障。新能源建设成效显著。推进光伏发电，优选集输大队炉岗、检斤岗区域开展0.24兆瓦发电装置建设，全部竣工。二氧化碳液化项目历经9轮技术研讨，成功进场实施，投产后预计年可减少碳排放1.8万吨，为辽河油田公司绿色转型打造"特油样本"。全年获集团公司级奖励1项、辽河油田公司级奖励2项，发明专利1项。

【经营管理】 2022年，特种油开发公司挖潜力、增效益，经营业绩来之不易。预算调整更加精准，系统分析特大洪灾、产量结构变化对生产经营的深度影响，争取减利因素4.4亿元，实现账面利润5.42亿元。投资管控更加有效，坚持严谨投资、效益排队，严格前期论证和经济评价，优化压缩投资1230万元，百万吨产能建设投资22.75亿元，同比下降0.25亿元。成本控制更加精细，严把立项审核，优先保证上产创效支出，杜绝低效无效投入，对于超预算项目，倒逼费用节降，全年考核口径单位完全成本2287元/吨，单位基本运行费1110元/吨，均控制在预算调整指标之内。提质增效更加显著，坚持"一切成本皆可降"理念，27项工程总创效1.1亿元，较方案增加1510万元，在成本连年压缩的背景下，有力缓解运营压力。经营管理更加合规，充分发挥概预算监督作用，审查项目1068个，审减金额4098万元；加强合同、市场及招投标管理，做到应招尽招，内部市场占有率达93%；加大对盘锦辽河油田辽海集团有限公司的扶持力度，市场交易额同比上升3.6%，支持托管企业生存发展。

【员工队伍】 2022年，特种油开发公司坚持选育管用并重，干部人才活力有效激发。坚持把大战大考作为锤炼培养干部主阵地、考察识别干部主渠道，选拔实绩突出、吃苦耐劳的干部，配合上级选拔二级正副职5人，提拔使用三级正副职21人，交流调整21人，80后干部达到42人，占比46.7%。综合运用组织考核、年度考核等方式，对90名三级正副职和10个基层班子进行量化打分，对排名靠后的干部和班子进行谈话提醒。推进"三定"和岗位管理工作，提前摸排化解不稳定因素，召开推进会、座谈会等26场次，压减科级机构1个、基层队站28个，平稳完成582个管理和技术岗位的首次竞聘工作。加强"三支"人才队伍建设，实施管理人才"双向交流"、专业人才赋能提升、操作人才"一岗多能"，累计双向交流32人次，选聘考核一级、二级、三级工程师10名，取得第二、第三工种资格证书691人，聘任首席技师4人、高级技师8人、技师14人，2名女员工获辽河油田公司女职工技术比赛一等奖，特种油开发公司技能团队在辽宁省职工技能大赛获团体第二名。

【安全管理】 2022年，特种油开发公司严监管、全覆盖，稳定态势持续巩固。从严抓实安全生产大检查。组织联合站火灾爆炸应急演练，守住政治大年平稳态势。针对SAGD安全隐患，开展井温测试、短接排查996井次，更换套管短接、注汽管柱132井次，地面漏气点由21处降至2处，有效降低浅层漏气失控风险。从严抓实现场监管，压茬推进全员反违章整治，违章数量同比下降5%。加大承包商监管力度，黄牌警告8家，黑名单清退8人，罚款26万元，特种油开发公司连续3年未发生一般C级及以上安全事故。从严抓实清洁生产，严格落实双碳要求，全年排放二氧化碳82.3万吨，氮氧化物722吨，同比下降15%。洪灾期间快速完成杜84块溢油围控、大锦线清污攻坚，成立专班开展灾后污染大性和增油机理研究，结合高采、茨采成功经验，针对性制定选井标准，筛选潜力井 18 井次，设计注汽量 4 万吨，预计增油 1.0 万吨，油汽比 0.25 以上。针对深层稠油常规注汽井底干度低（25%—45%），热损失大（15%—25%）的问题，建立过热注汽选井标准，10 月以来实施 5 井次，平均过热度 7.2 摄氏度，注汽压力提高 0.5 兆帕，注汽温度提高 12 摄氏度，出口蒸汽热焓提高 250 千焦/千克，井底干度提高 4%—8%，同期对比阶段增油 180 吨。

【节能减排及挖潜】 2022 年，冷家油田开发公司加强节能监测工作，重点耗能设备监测率达 100%。推广高温红外线辐射涂料喷涂、冷 41 块伴生气回收等节能项目，节能 4142 吨标煤，实现"耗能总量"和"耗能强度"双下降，节能量、节水量超目标值 10%。坚持"不环保的原油一滴不采，不绿色的效益一分不要"，践行绿色低碳发展理念，首次获得辽宁省绿色矿山奖励基金。强力推进清洁能源替代，通过开展"燃油归零"行动、加热炉间停等重点项目，实现碳减排目标。组织雨污分流、生活污水改造、水污染隐患排查等重点工程，从源头上预防污染事件发生。结合环境风险评估，全面排查各类管道 576 千米，管道失效率下降 31.5%，发生管道泄漏环保补偿 0.77 万元，创历史新低。突出危废源头减量及合规处置，通过修井油泥二次回收，作业油泥减量 41.9 吨，同比降幅 74.6%。依法处置各类危险废物 1688 吨，实现小宗危废年底清零。

【质量健康安全环保】 2022 年，冷家油田开发公司围绕"管理提升年"主基调统筹年度工作，扎实开展 30 个方面、132 项重点任务，进一步提升 QHSE 管理水平。压实全员 QHSE 责任，组织修订岗位职责 1457 份，签订各层级责任书 77 份，构建纵向到底、横向到边的责任体系。领导干部率先垂范，开展安全生产承包点活动 150 次，查改问题 214 项。广泛组织"反违章、守禁令""四大"（大反思、大讨论、大排查、大整治）等主题活动，开展 QHSE 技能水平测试 2 批次，抽考 414 人，合格率 100%。开展"一体化、差异化"体系内审，闭环查改问题 620 项。代表辽河油田公司迎接集团公司体系审核，问题数同比下降 30.6%，综合评级保持良好 B1 级水平。强化风险分级清单化管控，识别风险 6297 项，制定 9 项公司级、11 项大队级风险管控方案，确保风险受控可控。强化隐患排查治理，投入资金 3450 万元，有序推进油气管道安全隐患整改等 36 项重点项目，完成井场标准围栏围护 2000 余米，更新抽油机安全护栏 90 套，修复炉尾管网 1070 米，改造注汽管网三通 21 处。累计查改隐患问题 984 项，高风险领域本质安全水平显著提高。坚持高压严管、以查促改，检查生产现场 844 次，查改问题 2139 个，有效夯实安全根基。检查承包商现场 925 次，查改问题 579 项，黄牌警告 6 次，累计处罚 27 万元。严守工程质量"六条红线"和井筒质量"七条红线"，开展工程质量专项检查 13 次，套损井治理检查 24 井次，查改问题 61 项，实现工程质量验收和固井质量合格率 100%。严格落实产品质量年度抽检计划，抽检化学药剂、物资、油气水样 618 批次，对 6 批次不合格产品进行退换货处理，挽回经济损失 3.35 万元。面对多轮次疫情冲击，建立联防联控机制，跟踪摸排重点人员 504 人次，组织核酸检测 35 轮、5.1 万人次，防疫消杀 65 万平方米，配发口罩、消毒液等防疫物资 4.8 万件。强化职业健康监护，组织职业病危害场所检测 35 个，检测率 100%。综合评估职业病危害场所毒物、噪声、高温等有害因素，完成冷一联合站和冷二转油站输油泵房降噪治理。科学研判体检结果，建立中高风险人员健康档案，通过一对一面访、电话随访、微信常访等方式，有效落实个性化干预措施，中高风险人群减少 33 人，健康企业创建初见成效。

【党群工作】 2022 年，冷家油田开发公司进一步增强党建深度融合效果。设立"书记工程" 44 个、"委员项目" 107 个，通过项目化管理、课题化设计、工程式推进、绩效化评估的方式统筹推动，累计创效 816 万元。基层党组织基础工作进一步夯实。健全完善全面从严治党责任清单，梳理细化党委书记、党委委员、党总支书记、党总支委员、党支部书记、党员"六级责任清单" 161 条，党委委员领办"X"（自选任务） 34 项，"党建+指导"服务职能有力体现。队伍素质进一步提升。持续加强技能人才队伍建设，参加和组织各级各类培训284期，培训2263人次，3人通过首席技师考评，4人通过高级技师考评。组织参加辽河油田公司各类技能大赛，7名员工取得2金、1银、4铜的好成绩。"温暖冷家"建设进一步提高。深化实践"我为员工群众办实事"，将企业发展作为最大民生，通过超额完成业绩指标，员工收入实现较大增幅。打造"新五小工程"（小档案、小讲堂、小背包、小场地、小监事会）升级版，构建立体式精准帮扶格局，出台抗洪复产、大病帮扶、困难救助等服务保障措施，投入200余万元解决员工急难愁盼问题，增强广大员工幸福感、荣誉感、归属感。

（张洪波　朱跃红）

辽兴油气开发公司（通辽铀业分公司、中国石油天然气股份有限公司辽河油田阿鲁科尔沁旗分公司）

【概况】 1997年1月和1998年4月，辽河石油勘探局先后成立试采油公司和试采气公司，分别负责组织协调辽河盆地及外围盆地特种油试采工作和采油单位零散井、长停井管理及停产气井的恢复、浅层天然气的勘探开发工作。1999年8月，辽河石油勘探局重组改制、分开分立后，试采油公司和试采气公司划归辽河油田公司管理。2000年10月，辽河油田公司将试采油公司与试采气公司合并成立油气试采公司。2006年3月，成立外围油气勘探开发项目部，隶属能源勘探开发事业部管理。2007年11月，成立试采油外围项目管理部，隶属油气试采公司管理。2008年4月，辽河油田公司与辽河石油勘探局重组整合后，辽河油田公司将油气试采公司的试采油外围项目管理部与辽河石油勘探局外围油气勘探开发项目部合并，成立外围能源勘探开发项目部。2011年7月，辽河油田公司将油气试采公司与外围能源勘探开发项目部合并，成立辽兴油气开发公司。2021年3月，辽河油田公司将科尔沁、张强等外围区块统一划归至辽兴油气开发公司。区块调整后辽兴油气开发公司拥有陆家堡、奈曼、张强、龙湾筒、钱家店5个主力凹陷。2022年11月，新能源事业部铀矿资源项目部划入辽兴油气开发公司，业务领域进一步拓展。

截至2022年底，辽兴油气开发公司设管理职能科室5个，所属三级单位6个。用工总量845人。2022年，生产原油29.2万吨，产量规模净增6万吨，增幅同比达25.9%。完成考核利润4.11亿元，采油单位排名第三位。辽兴油气开发公司执行董事、党委书记周立国获集团公司先进工作者称号。辽兴油气开发公司科尔沁作业区区长兼党总支书记周世彬获盘锦市五一劳动奖章。

【油气勘察】 2022年，辽兴油气开发公司加大勘探开发力度，在陆家堡凹陷交力格洼陷、奈曼凹陷北部等重点区带部署探井、评价井22口，阶段完钻17口井，组织试油试采17口井，交51-H207等6口井获工业油流，新增预测储量1775万吨、控制储量3257万吨、探明储量568万吨。全年实施产能新井57口，新建产能7.83万吨，老井措施111井次，增油2.72万吨，实现主力注水区块自然递减率从17.3%下降到12.5%，完成原油产量29.2万吨。

【重点项目】 2022年，辽兴油气开发公司组建"产能建设项目组"，加快新井组织实施，实现油井生产时率同比增加57天。奈曼油田首创"平台群"管理模式，后河油田尝试实施"中心大平台+卫星平台"钻井管理模式，实现"提速、提质、提产、提效"既定目标。

【经营管理】 2022年，辽兴油气开发公司组织"奋战四个月、辽兴勇担当"劳动竞赛，实现原油日产水平由830吨/日上升至最高880吨/日。开展老井稳产挖潜，实施老井增油措施315井次，阶段性增油564.2吨。提前筹划部署、寻因对症施策、制定实施提质增效工程14项，挖潜增效9288万元，优化投资5349万元，综合完成率140%。全面压降投资，实施新井57口，节省投资12005万元，完成工程、服务市场化采购403项，采购价格平均下浮14.3%。

【安全环保】 2022年，辽兴油气开发公司未发生一般C级及以上事故。固体废物合规处置率和有控废气排放达标率达到100%。编制质量安全环保责任清单308份，年度体系内审发现整改问题隐患328项，保持住B1评级。开展安全生产大检查、冬季安全生产专项活动607次，检查生产场所197个，发现问题287项，全部整改。开展环境风险评估，编制完成《辽兴公司环境风险评估报告》。解决炉渣利用、场地恢复、废物贮存等环保隐患，完成中央环保督察（内蒙地区）迎检工作和辽河油田公司QHSE专项巡察工作。推进油水井质量和地面工程建设质量三年专项整治行动，发现并整改井筒质量问题57项，基建工程质量问题21项。编制《辽兴公司节能关注点和指导清单》，规范员工主动践行节能行为。疫情常态化防控期间，成立以矿区为单元的疫情防控联盟，严格流动管理，构筑"安全岛"确保"零疫情"。设立机关自检核酸点，降低楼内人员核酸外检风险。

【科技创新】 2022年，辽兴油气开发公司加大地质工程一体化攻关，水平井随钻跟踪调整、体积压裂、低渗储层甜点识别、直井压裂配套、低成本酸化解堵等方面技术均有新突破，河21-H234大平台8口水平井首次采用"双车组、双炮队、双拉链"模式，历时12天完成8口水平井67段压裂施工。

【新能源】 2022年，辽兴油气开发公司明确"2025年实现碳中和，打造零碳采油厂"工作目标，编制《辽兴公司碳中和实施方案》，建成投运新井产能光伏配套项目，稳步推进奈曼旗油田、科尔沁油田、张强油田风光发电项目。

【企业改革】 2022年，辽兴油气开发公司按照辽河油田公司"三定"及新型采油管理区建设工作要求，完成"四办七中心"（综合办公室、经营财务办公室、党群办公室、安全生产办公室、生产指挥中心、协同研究和信息中心、监督中心、运行维护一中心、运行维护二中心、运行维护三中心、运行维护四中心）及基层班组机构改革，机构由原来的21个压减至11个，二级本部直接管理到基层班组，中间不设管理层级。同时按照岗位管理首次聘任相关要求，建立"竞聘上岗、签约定岗、以岗定薪、岗变薪变"的动态运行机制，平稳扎实推进"三定"后续岗位管理聘任工作。推进专业技术岗位序列改革，畅通人才成长通道，建立由企业技术专家、一级工程师领军的科研技术团队。

【选人用人】 2022年，辽兴油气开发公司提拔三级正副职干部14人。注重加强干部交流调整，行政与党务交叉任职5人、机关与基层之间交流14人。在职三级正副职干部61人，平均年龄44岁，其中85后干部11人，90后干部1人，占总数的20%。

【党建工作】 2022年，辽兴油气开发公司党委充分发挥"把方向、管大局、保落实"作用，"党建+"品牌工作广受赞誉，党建工作与生产经营融合共进。在辽河油田公司党建工作责任制年度考核排名第五。始终坚持"听党话、跟党走"，牢记"国之大者"，置身辽河油田"三篇文章"大局，谋求高质量发展。落实"第一议题"制度，启动学习贯彻党的二十大精神相关工作，组织中心组学习24次、专题研讨6次。组织专题培训班、研讨班，专题研讨意识形态工作。执行"三重一大"集体决策程序，召开党委会25次，重大事项集体决策率100%。研讨形成"十四五"发展规划，明确"十四五"末"上产50万吨"奋斗目标。探索推进"品牌化"融合新机制，创新实施"党建+N"工程、区域性党建联盟等品牌工作，聚焦核心目标，确立共产党员先锋工程24个，解决生产经营实际问题26项，节约创效906万元。

【群团工作】 2022年，辽兴油气开发公司制定五大类16项民生改善工程项目，为基层解决问题7项，配备各类生活设备设施六大类35个，发放简易健身器材21类472件。发挥驻地健康驿站主动干预作用，健康风险重点关注人群下降58.3%。组织群众性挖潜创效，4项由青年突击队牵头的提质增效工作入围辽河油田公司团委重点项目。获辽河油田公司青年油水井分析比赛团体第四名，创历史最好成绩。

（朱 容）

油气集输公司（油气工程技术处）

【概况】 油气集输公司前身是1976年1月辽河石油勘探局成立的油气管理处。1992年7月，辽河石油勘探局将油气管理处更名为油气集输公司。1999年8月，油气集输公司核心业务和非核心业务重组分立为中国石油天然气股份有限公司辽河油田分公司油气集输公司（简称油气集输公司）和辽河石油勘探局油气工程服务公司。2000年3月，辽河石油勘探局将油气工程服务公司更名为油气工程技术处。2008年2月，油气工程技术处划归辽河油田公司管理，列未上市业务二级单位管理。油气集输公司作为辽河油田公司所属上市业务二级单位，机构规格为正处级。2020年4月，油气集输公司与油气工程技术处重组整合，按照"两个牌子、一个领导班子、一套机关机构、一体化管理、分开核算、两本账运行"的模式，实现上市与未上市业务一体化管理。油气集输公司主要负责原油储运和天然气处理，是连接辽河油田与下游炼化企业的枢纽，主要拥有输油输气、储运、轻烃生产三大主营业务。管理输油管道11条总长443.13千米，设计年输油能力1300万吨；2000立方米以上储罐27座，储油能力40万吨。输气管道15条，长461.28千米，年输自产气能力23亿立方米，年供外来气能力35亿立方米。拥有日处理天然气80万立方米轻烃回收装置1套。承担中国石油国际事业公司的大连420万立方米国际储备库生产运行服务管理。托管盘锦辽河油田金东实业有限公司、盘锦鼎盛燃气有限公司、全资子公司辽宁辽河油田五格自动化工程有限公司。设备总台套数4786台套，主要生产输油机泵48台套、加热炉31台、蒸汽锅炉6台、储罐31座、轻烃回收装置1套，设备新度系数0.18。开发建设47年来，累计输送原油47569.7万吨。转供天然气311.9亿立方米，输送天然气166.2亿立方米，完成轻烃商品量320.8万吨。

截至2022年底，油气集输公司设管理职能科室13个，直属部门2个，临时机构2个，三级生产单位14个，在册员工总数1598人。拥有固定资产原值37.15亿元，净值11.06亿元；工程处原值2.53亿元，净值1.02亿元。2022年，输送原油636.2万吨，输送天然气3.83亿立方米，转供天然气16.1亿立方米；完成轻烃商品量7.48万吨；实现利润15364万元（表9）。油气集输公司被评为集团公司维稳信访安保防恐工作特别贡献集体、辽河油田公司2022年度先进单位、质量安全环保先进单位。

【生产管理】 2022年，油气集输公司管道管理彰显专业化，稳妥接管特石线（特一联—辽河石化）管道，编制《特石输油管道一体化管理和应急方案》，提早组织特石线停输、分输流程改造，增强管道应急突发事件能力。以"三联三防"靠实管道保护，以"两防一保"强化天然气保供，完成沈抚线（高一联—渤海站）、盘锦线B段（东郭阀室—葫芦岛站）、坨石线（坨子里—石化总厂）等管道几何变形与漏磁检测，修复缺陷点57处。连续7年新增违法占压为零、已实施内检测管道泄漏率持续为零。科学组织中国石油辽河石化分公

表9 油气集输公司产量数据指标对比表

	输送原油（万吨）	输送天然气（亿立方米）	转供天然气（亿立方米）	转供特稠油（万立方米）	轻烃商品量（万吨）	实现利润（万元）
2021年	676	4.04	14.67	0	7.23	4071
2022年	636.2	3.83	16.1	71.9	7.48	15364
对比	-39.8	-0.21	1.43	71.9	0.25	11293

司检修期间生产运行，实现1.8万吨黑凝析油分质单储，增效2000余万元。创建站控中心，探索输供气系统管理新模式，组织站内集输工艺升级和隐患整改，提升管控水平和运行质量。抓住"窗口期"实施天然气管道缺陷维护327处，完成820管线（欢净化—轻烃厂）缺陷维护289处，为升压供气提供坚实保障。轻烃产量实现新增长。克服原料气二氧化碳含量偏高、疫情管控轻质油堵库等困难，精心组织原料气"调富去贫"，协调公路拉运外销，精细操控优化大机组运行，高质量完成轻烃装置检修，实现时率收率双突破、产量效益双提升。

【科技创新】 2022年，油气集输公司打破关键技术依赖，欢兴720（坨子里站—欢喜岭站段）管道首次实现气爆脉冲清洗技术在辽河油田长距离、大口径天然气管道的应用，完成曙四线（曙四联—曙光站）、海坨线（海一联—坨子里站）输油管道首次清管内检测，自主完成渤坨线（坨首站—渤海站）、盘锦线A段（曙光—东郭阀室）漏磁内检测，分析人工干预数据600余个，数据判读准确率达95%以上，专业化公司发展方向和技术优势更加强劲。获得发明专利1项，获盘锦市自然科学学术成果奖三等奖2项，新技术应用研发岗获辽河油田公司青年创新创效示范岗，核心期刊发表论文2篇。

【提质增效】 2022年，油气集输公司面对洪涝灾害影响、运营成本进一步压缩等经营压力，强化合规管理，优化经营策略，做实提质增效，赢得经营质效同步提升。全面增强合规管理。开展合规提升管理专项行动，落实依法合规治企管控措施，帮扶托管企业合规经营、解困扭亏。推进合规风险和违法违规问题整治，开展"三重一大"合规性审查36项，完成项目签约审查验收262项，持续提升依法合规水平。严控成本支出，硬性压缩非生产项目456万元。通过"先算后干""边干边算"，严控项目签约金额，减少维护维修支出384万元。内外市场深耕细作。新增曙四联原油及兴隆台采油厂自产气管输费4100万元。持续做优大连油库运营，实现收入3453万元。扩大江苏外部市场，签订泰州等3个站场管道运维服务合同，新增抚顺东洲计量站，全年增收765万元，盘活人力资源46人。开展群众性岗位节支创效，节约挖潜170万元。

【安全环保】 2022年，油气集输公司严格落实"四全""四查""五个用心抓"要求，安全环保态势趋稳向好。坚决落实"十五条硬措施"，优化体系运行，严格风险防控、环境治理、质量管理，全覆盖监督检查326次，发现整改问题293项。深入开展安全生产"四大"活动，形成反思报告756份，发现整改问题369项。开展动静设备安全评价，分析识别储罐等静设备失效机理12项，诊断解决机泵故障8项。完成振兴燃气管道、重点工程项目720管线隐患整改，及时清理139处管道占压隐患。QHSE体系建设继续保持良好B1级，试点创建"无隐患站队""无泄漏装置""无违章班组"，各类风险防控措施精准落实。完善健康设施及配套服务，实施健康干预，"三高"人群持续减少，健康企业创建成效显著。搭建安全素质提升平台，开展安全管理监督能力提升培训班，开设站场防火防爆安全技术等16项课程。组织无人机驾驶员培训，8人取证，为管道安全巡护提供人才保障。完成《管道完整性管理》《站场完整性管理》等课程开发，填补辽河油田公司管道专项培训空白。被评为辽河油田公司质量健康安全环保先进单位。

【企业改革】 2022年，油气集输公司深化辽河油田公司专业化、归核化管理，4月25日，与石油化工技术服务分公司在特石输油分公司举行管道交接仪式，特石输油管道（特一联—渤海站）正式移交油气集输公司。正式接管石油化工技术服务分公司集输工程公司及所属的82名员工、生产设备23台套、资产226项，扛起管道专业管理的使命与担当，实现原油外输业务专业化管理，保障动脉管道安全环保平稳运行。6月9日，接收原大连分公司海蓝宾馆资产、西山小区房产资产、租用的上市办公楼资产，7月1日，人事系统划转接收员工23人（合同化17

人，市场化6人）。深入推进"三定"工作，精简机构设置22个（含20个基层队），优化职能配置11个，压缩编制定员80个。

【抗洪复产】 2022年，油气集输公司曙光站等5座站场被淹，提前组织提前将稀油替换超稠油调入特石线（特一联—渤海站），调整坨石线来油工艺，将特石线中间站变首站，避免特石线凝管给辽河油田公司造成巨大损失。果断采取"东油西调"，将坨子里站来油越站外输盘锦线（曙光站—葫芦岛站），保障盘锦线输油大动脉不停输。属地单位提前采取生产设施关停断电，带电设备架高转运，高架罐、污油缸注水、注胶等有效措施，将损失降到最低。严密防护固守安全环保，第一时间对爬坝管道增设防护钢板，加固管道迎水面，24小时坝上不间断巡护。3次组织270人抢险突击队，火速支援冷家油田、杜84区块抢险，牢牢守住安全环保底线。无人机巡测队发挥空中天眼作用，对曙光特油受灾区防洪堤、井站、管网等巡飞勘查4950千米，发现异常28处，为油地应急救援、复工复产提供重要支持。复工复产期间，快速启动8个复产专项方案，统筹推进排涝复产，超前组织淌水进站，拆卸受灾设备外运修理，开展站场清淤消杀防疫，在曙光特油油区复产前具备输送条件。

【党建工作】 2022年，油气集输公司推进全面从严治党，做实做优党政融合，党的建设持续加强。深入学习宣传贯彻党的二十大精神，突出原原本本学、融会贯通学、创新方法学、结合实际学，在学习实践中构建新发展格局，丰富高质量内涵。开展习近平总书记重要指示批示精神再学习再落实再提升主题活动，巩固党史学习教育成果。刚性落实"第一议题"制度，组织党委会、中心组学习研讨45次。修订落实"三重一大"事项决策执行流程，召开党委会42次，决策议题103项。党建工作责任有效压实，修订《公司党委落实全面从严治党主体责任清单》，实施重点任务推进计划，开展党建工作责任制考评工作。落实维稳信访工作责任制，接访67人次并全部化解。成立党委巡察办，全力配合辽河油田公司党委"整改提升"专项巡察，开展"反围猎"、合规管理等专项监督检查，发现问题55项，提出建议10条。优化领导班子结构，推进"三定"工作，加强干部人才队伍建设，提拔三级领导人员8人，进一步使用1人，年轻干部挂职培养锻炼2人，选拔评聘专业人才15人。党政工作融合有效促进，深入开展"转观念、勇担当、强管理、创一流"主题教育，有效汇聚全员奋进合力。以"党建+"引领攻坚急难新重任务，实施"共产党员创新创效项目"，创新组织"悟思想、查风险、做示范"党建+安全主题展报，通过全员安全自述、183名党员群众线上交流、14名岗位员工巡讲展报，推动党建为安全生产注能。

【民生工程】 2022年，受洪灾影响输量效益减少，油气集输公司咬定目标全力争创利润，保证经济效益最大化，实现员工人均工资收入增加4000元。民生实事精准落地。巩固延伸"我为员工群众办实事"实践活动，明确4类9项民生工程，完成健康管理平台搭建、一线生活用水改善等30件民生实事，组织大病帮扶、员工探视、艰苦岗位等各类慰问230人次，员工幸福感显著增强。有力推进民生改善。完成坨子里、曙光、松山站内储罐液位计改造，减少员工上罐检尺频次，降低员工劳动强度和安全风险。落实厂务公开、民主管理措施，持续强化全员主人翁责任感。开展外闯市场员工"EAP春风行动""心理点餐"等活动，提升员工抵御不良情绪能力。持续深化民生健康。严格落实疫情防控政策，因时因势调整防控措施，妥善组织员工倒班轮换，有效构建"安全岛"。制定"1+X"体检套餐，组织月跑云打卡、健康知识讲座等活动，成立伙食委员会，升级服务质量，稳固提升员工身心健康水平。

（李　莉）

勘探事业部（勘探部）

【概况】 勘探事业部成立于2015年7月21日，由原辽河油田公司勘探项目管理部、新区勘探项目管理部、海洋勘探项目管理部合并而成。2016年7月20日，经辽河油田公司党政班子研究决定，按照"一个领导班子、一套机构、一本财务账套"模式，将辽河油田公司勘探处、勘探事业部合并，重组整合为辽河油田公司勘探事业部（勘探部），列为辽河油田公司上市业务二级单位，保留辽河油田勘探处（现为勘探部），兼承机关勘探业务管理职能。2021年3月28日，辽河油田公司将海南油气勘探分公司南海勘探管理职能划入勘探事业部（勘探部），勘探事业部加挂"海南油气勘探分公司"牌子，增设深水勘探科。2022年12月14日，辽河油田公司决定撤销海南油气勘探分公司。勘探事业部（勘探部）主要承担辽河油田公司石油控制、预测两级储量任务和天然气探明、控制、预测三级储量任务。主要负责辽河油田公司整体勘探工作的组织协调及考核；组织编制勘探规划和年度计划、勘探部署总体设计，组织勘探部署方案审查；申报勘探项目及矿产资源勘查项目的登记管理；勘探前期项目的立项论证，勘探投资综合管理；组织制定油气勘探管理规章制度、技术规范、技术系列配套方案和工程质量标准；勘探工程项目组织实施、运行管理以及质量安全环保管理；组织勘探资料归档、成果总结，以及勘探信息管理。截至2022年底，勘探事业部（勘探部）设科室17个，员工64人。

2022年，勘探事业部（勘探部）完成探井26口，进尺11.1万米；完成风险探井1口，风险探井进尺1.18万米。完成探井试油40口/93层；探井油层压裂改造36口井45井次，酸压2口井2井次；试油获工业油气流井36口，其中，新获工业油气流井31口，往年重复获工业油流井5口，预探井成功率57.4%。完成三维地震采集270平方千米，完成辽河探区三维地震资料处理2170平方千米，其中，新资料处理270平方千米（同时完成1380平方千米连片处理），地震老资料挖潜处理1900平方千米；完成井中地震6口。新增石油探明储量2702万吨、天然气探明储量20.44亿立方米、石油控制储量3257万吨、石油预测储量4074万吨。勘探事业部（勘探部）被评为辽河油田公司先进单位。

【东部凹陷勘探成果和认识】 2022年，东部凹陷完成探井4口（欧26-气1、桃28-1、永3-2、于古1），完成进尺2.17万米。完成探井试油7口，完成试油层数25层，获工业油流7口（欧26-3-7、欧29-新24、欧48-28-20、欧48-38-24、桃28-1、小33-36-28、于古1）。东部凹陷中浅层河道砂实现新发现。2022年，部署实施探井2口（桃28-1、于古1井），均获高产工业油流。桃28-1井在沙三上段3349.7—3343.4米，6.3米/1层，地层测试平均液面1862.6米，累积回收油0.872立方米，折压力系数1.2。压后6毫米油嘴放喷，日产油64.6立方米。于古1井在沙一段2983.3—2700.8米，测井解释油层厚度30.4米/8层，测试日产油23.1立方米，投产日产油22.6吨。在该区初步落实沙三上段、沙一段有利砂体面积90平方千米，资源量3000万吨。

【东部凸起勘探成果和认识】 2022年，在东部凸起完成试油1口（佟古1井），结论为水层。

【西部凹陷勘探成果和认识】 2022年，西部凹陷完钻探井2口（双北1、曙古210），进尺2.50万米，完成探井试油2口，完成试油层数2层，新增探明含油面积2.09平方千米，新增探明石油地质储量324.11万吨，新增探明含气面积0.61平方千米，新增探明天然气地质储量3.35亿立方米，新增预测含油面积16.7平方千米，新增预测石油地质储量2299万吨。盘山—清水洼陷源内低潜山甩开勘探初见成效。2022年，在盘山洼陷低潜山落实有利圈闭面积90平方千米，预测资源量1.2亿吨，整体部署曙古210、曙古213、双北1等5口探井。其中曙古210井完钻井深4816米，太古界解释油层117.05米/9层、差油层52.54米/8层，在3899.4—3968米井段试油，日产油 1.7 吨，结论低产油层。在井控程度高的曙 110 块新增含油面积 16.7 平方千米，新增预测地质储量 2299 万吨。

【大民屯凹陷勘探成果和认识】 2022 年，大民屯凹陷完钻探井 5 口（沈 224-H302、沈 372、沈 373、沈 376、沈 378），进尺 1.33 万米，完成探井试油 2 口，完成试油层数 5 层。

【辽河滩海勘探成果和认识】 2022 年，辽河滩海完钻风险探井 1 口（葵探 1），进尺 5835 米，完成探井试油 1 口，完成试油层数 3 层，获工业气流井 1 口（葵探 1）。风险勘探滩海东部，葵探 1 井获重大突破。葵探 1 井于 2022 年 8 月 19 日完钻，完钻井深 5835 米，层位中生界。自上而下钻遇东三段、沙一段、沙三中下段、中生界四套含气层系，含气井段跨度近 3000 米，测井解释气层 202.2 米 /65 层，差气层 107.3 米 /33 层。该井在中生界、沙三中下段、东三下段试气三层，分别获日产气 19.94 万立方米、15.45 万立方米、14.86 万立方米高产工业气流，将辽河油田出油气底界深度下移 800 米，勘探深度下延至 5800 米，取得滩海地区近年勘探最好成果。

葵探 1 井的钻探成功意义重大，首次在辽河坳陷中生界发现超深层高温高压气藏，首次在滩海东部沙三段发现规模储集体并实现突破，在沙一段—东三下段落实整装岩性—构造气藏，首次在辽河坳陷深层发现疑似无机成因气。通过研究，初步落实中生界、沙三中下段、沙一段、东三下段有利面积分别为 140 平方千米、260 平方千米、43.6 平方千米、37.2 平方千米，初步落实天然气预测储量规模 506 亿立方米。

【辽河外围勘探成果和认识】 2022 年，完成探井 9 口（交 51-H207、交 51-H262、交 56、库 6、庙 55、庙 56、奈 33-2、奈 35、奈 38），进尺 2.27 万米，完成探井试油 12 口，完试层 23 层，获工业油流井 7 口（交 53、保 2、广 13、交 54、交 56、库 6、交 51-H207）。新增控制含油面积 38.2 平方千米，控制石油储量 3257 万吨，新增预测含油面积 15.2 平方千米，预测石油储量 1775 万吨。

1. 整体评价陆东凹陷低渗透油藏，发现整装效益储量

成效一：甩开预探库伦塔拉扇体，实现勘探领域的拓展。

2022 年，在该区完钻探井 1 口（库 6），老井试油 2 口（广 13、保 2），均获工业油流。其中，广 13 井在九上段 2249.9—2205.7 米井段试油，压后日产油 7.5 吨。保 2 井在九上段 1803.6—1794.3 米井段试油，压后日产油 2.24 立方米。库 6 井在沙海组 1885.2—1983.6 米井段试油，压后日产油 1.43 立方米。

成效二：整体评价交力格扇体，落实规模效益储量。

按照"直井控面积，水平井提产"工作思路，完钻 9 口（7 直 2 平），获工业油流 6 口（交 47、交 51、交 53、交 54、交 56、交 51-H207）。交 53 井在九下段 2309.7—2122.4 米井段投产，初期日产油 4.8 吨。交 51-H207 井水平段长 1157 米，砂岩钻遇长度 733 米，测井解释油层及差油层共 622 米 /30 层。对九上段Ⅳ油组 271.1—1876.3 米井段分 14 段压裂，总液量 2.3 万立方米，砂量 1850 立方米。压后机抽排液，最高日产油 13.6 吨。

根据钻井情况，针对九上段Ⅳ油组升级控制石油地质储量 3257 万吨。

2. 奈曼凹陷勘探实现规模增储

成效一：甩开预探渔场扇体，发现新的含油区块。

部署探井 3 口（奈 33、奈 34、奈 35），完钻 2 口（奈 33、奈 35），工业油流 1 口（奈 33）。奈 33 井在九下段 1933—1878.4 米井段试油，压后日产油 1.35 立方米。

成效二：整体评价桥河扇体，落实规模效益储量。

部署探评井 9 口，完钻 5 口，奈 30、奈 30-1 两口井获工业油流。其中东部陡坡带奈 30 井在九下段 1559.1—1505.6 米井段获日产油 6.4 吨的工业油流；奈 30-1 井，在九下段 1553.6—1502.5 米井段地层测试获日产油 6.2 吨，压后投产，初期日产油 4.3 吨。在东部斜坡带奈 13 区块九下段新增探明石油地质储

量584.86万吨，预测石油地质储量1775万吨。

成效三：在探索奈曼凹陷九佛堂组及义县组油气藏的同时，北部斜坡带多口探井钻遇厚度不等的天然碱矿。该套碱矿层埋深400—2800米，单层厚度（0.4—16米），天然碱品位78%—96%。初步落实天然碱矿面积40平方千米，估算资源规模超亿吨。为进一步探索该类型资源，部署实施奈33-2井，系统取心心长347.0米，碱层厚度99.28米，盐层厚度51.79米，系统开展成矿机理、资源评价及配套开采工艺研究。

【鄂尔多斯矿权区勘探成果和认识】 鄂尔多斯矿权区按照"整体谋划、地震先行、油气并举、增储建产同步"思路，高效完成1380平方千米连片攻关处理，厘定地层结构，细化勘探单元，梳理断裂体系，深化成藏认识，攻关地震"甜点"刻画技术。2022年，宁县—正宁地区新增探明含气面积19.67平方千米，探明天然气地质储量13.97亿立方米。

古生界天然气勘探效果初显。在正宁地区，通过叠前叠后砂体、有效储层、裂缝带预测，结合通源断裂及微幅构造，建立古地貌、烃源岩、断裂展布"三元"控藏模式，落实有利砂体叠合面积885.9平方千米，整体部署探评井44口，完钻11口，7口获工业气流，试采日产气1.1万—4.7万立方米。新增天然气探明地质储量13.97亿立方米。在宜川地区，综合落实上古生界砂体空间展布特征及下古生界源储配置有利区，落实各层系有利砂体叠合面积769平方千米，部署探评井29口，完钻10口，在4个层系（盒8、山西、本溪、马家沟）7口井获工业气流，初步落实探明天然气储量规模135亿立方米。

【顶层设计管理】 2022年，勘探事业部（勘探部）强化基础研究与战略选区，以重点领域地质研究瓶颈问题为导向，通过加大基础研究、盆地/凹陷级整体研究，推动勘探理论认识水平新提升，部署实施风险探井葵探1井获重大突破，实现外围开鲁地区快速发现效益储量，宜庆中、古生界增储建产有序推进。加强勘探部署审查，完善辽河油田风险探井及预探井部署管理制度，坚持首席专家牵头执行的"一检三审"工作流程，部署过程质控得到加强。优化矿权管理，全面完成第一轮探矿权核减延续，利用保护区抵扣政策少核减1168平方千米，利用同盆地置换面积3348平方千米，保证辽河油田公司勘探主战场基本完整。坚决执行集团公司关于NH矿权移交指示和要求，与中国石油南方石油勘探开发有限责任公司对接移交探矿权24个、16.9万平方千米、资料7000余份，提前4个月完成工作任务。

【新技术推广应用】 2022年，勘探事业部（勘探部）物探工程，在宜庆地区三维地震采集中，首次采用超高灵敏度检波器接收，提高地下弱信号接收能力。首次采用基于高清航片的信息共享技术，激发点位实施率提升2%。采用无人机巡航节点回收质控技术，工作状态稳定性实现完好率99.98%。攻关形成"两宽两高"黄土山地采集技术系列，采集日效同比提升24%，主频提高10赫兹—15赫兹。钻井工程，推广应用多聚复合盐钻井液体系、一趟钻技术，实验应用半程固井工艺，攻克抗高温钻井液体系性能、稳定性等适用性技术，实现从"打成井"到"打好井"的转变。年度平均机械钻速同比提高7%。居探1井完钻井深5990米，创造了辽河油田钻井工程八项纪录。试油工程，细化压裂改造技术体系，创新"扩孔增渗"改造理念，采用新型柔性暂堵球增加裂缝开启簇数，增大改造体积，在交力格、后河、广发等多个低渗甜点区规模应用见到好效果，后河扇体储量升级率78.9%。信息工程，推进勘探全生命周期动态管理系统与RDMS系统集成，开展信息安全和运维管理，实现门户2.0升级。自主完成70余台电脑系统升级工作，节约成本7万余元。开展勘探生产运行监控可视化平台建设，为勘探运行效率再提升提供支撑。

【勘探成本管控】 2022年，勘探事业部（勘探部）积极利用油田公司内部市场化运行机制，优选探井开展选商定价工作，降低施工成本，桃28-1井利用市场化平台实施，钻井单价同比降低505元/米，节约费用191万元，测井费用节约26万元，节约勘探投资217万元。积极探索新型管理经营模式，试油工程引入风险合作模式，采取将试油井的产量目标与结算金额挂钩的方式进行对外承包，实现风险共担，控投降本。以"管理提升年"实施为依托，全面推进合规管理，健全完善内控体系和风险预警应对机制，扎实推进市场、合同、承包商一体化管理，生产经营实现全面提质增效、稳健发展。

【生产组织管理】 2022年，勘探事业部（勘探部）开展探井全生命周期管理，实行倒排计划、挂图作战、超前介入、并联管理，辽河及开鲁地区平均钻井周期69.35天，同比减少11.95天。运用"点对点运行"等措施克服疫情影响，年度平均试油周期51.4天，实现连续三年效率提升。分区块总结环评编审工作，环评周期同比缩短19—34天。优化生产组织实现控投降本，加强钻前组织运行，合理优选井场、优化进井道路、利用老井场、使用管排等措施优化投资663万元。坚持"一井一工程"，在钻机选型、轨迹设计、井身结构等优化投资1359万元。在外围试油作业实施整体压裂优化投资46万元。实施项目经理制管理，成立东部凹陷天然气勘探项目组，通过科研、生产、经营一体化项目组织实施，按照小修作业进行试气施工提升作业进度，实现东部凹陷天然气勘探投资控降、高效运行。打造精品勘探工程，针对宜庆地区黄土山地复杂地表特点，实行"分阶段管理、分工序验收"及"共用一张图，同走一条路"工作模式，保障3个采集项目在最佳施工季节优质、高效完成采集。

【安全环保】 2022年，勘探事业部（勘探部）统筹安全生产与勘探增储，全面落实安全生产责任，防风险、守底线，围绕风险分级防控，突出重点领域问题治理，实现"零伤害、零污染、零事故、零疫情"。狠抓隐患排查，开展常态化、"四不两直"检查工作，组织开展"反违章""十五条措施"、防火专项检查等活动，对72个施工现场开展检查，查出并整改问题232个。严抓QHSE问题责任，从外部管理转向内部管理，层层压实主体责任，内部安全生产记分2人，约谈2个承包商负责人，4个承包商队伍被黄牌警告，升级问责承包商队伍1个，处罚38.8万元。坚持绿色环保施工，年度电代油钻机实施6口，采用密闭式收集槽代替敞口式废弃泥浆收集槽6口，与属地采油厂建立试油期间危险废物联管机制，进一步明晰责任界面。

【党建工作】 2022年，勘探事业部（勘探部）开展主题教育，坚持学做融合、查改贯通，完善党支部设置，落实党建工作责任机制，加强党支部规范化建设。成立"勘探开发一体化""流转区效益上产""打造物探精品工程"等党建联盟，全力推动规模增储、效益建产，充分彰显堡垒作用。刚性执行"第一议题"制度，严格落实"三重一大"决策程序，持续提升综合履职能力和班子整体合力。推进"反围猎"专项行动，全链条排查风险点源160项。驰而不息纠正四风，强化领导干部及其亲属经商办企管理，加强廉洁提醒教育，员工队伍未发生违规违纪行为。强化意识形态责任落实，开展"转、勇、强、创"主题教育活动，宣讲12场次，制作展板34块。加大企业形象和先进典型宣传力度，建设特色文化大厅和文化走廊，围绕勘探生产工作，在媒体发表新闻107篇，有力汇聚企业发展正能量。严格落实保密、综治信访等责任制，营造良好环境。开展党员先锋工程创建工作，在勘探部署、提高地震资料品质、钻井提质提速、油气层改造增产等方面立项攻关7项，降本增效387万元。开展"党建+安全"等活动，党员夜查6次，发现整改隐患13项。成立勘探先锋青年突击队助力抗洪复产，被评为抗洪复产优秀集体。

（郝强生）

开发事业部（开发部）

【概况】 辽河油田公司开发事业部（开发部）（简称开发事业部）成立于2017年9月，是由原开发处（二次开发项目部）、开发项目管理部、SAGD开发项目管理部、齐40块蒸汽驱开发项目管理部重组整合而成，实行"一个机构、两块牌子"的模式，列为辽河油田公司上市业务二级单位管理，同时行使机关开发业务管理职能。截至2022年底，开发事业部设置业务科室17个，员工92人。2022年，开发事业部坚持"强基础、控成本、降递减、提效益、上水平"工作方针，新增探明储量4997万吨，超目标997万吨，组织生产油气当量1000.18万吨，取得抗洪复产与抗击疫情双胜利、开发指标与管理水平双提升的成绩。组织选派的辽河油田公司9名骨干参加集团公司油藏分析大赛，取得团队1金1银、个人1金2银3铜的成绩，集体位列大赛第二名。

【油气开发统筹组织】 2022年，开发事业部锚定"加油增气"工作目标，重点组织落实开发精准施策、组织提速提效、管理挖掘潜力等举措，辽河油田公司油气稳产根基进一步筑牢。坚持内外并举、常非并重，精细评价辽河陆上、加快评价外围开鲁、立体评价宜庆地区，落实储量创近十年新高，储采平衡系数连续三年保持1.0以上。其中，宜庆地区多层兼顾、立体评价，长2特低渗透、长6超低渗透、长7页岩油评价水平井均获10吨以上高产，长7页岩油展现出亿吨级增储潜力。上报天然气新增探明储量20.44亿立方米，创2007年以来历史新高。加强抗洪抢险和灾后复产，取得油气复产上产阶段性胜利。强化复产和上产方案引领，科学评估洪灾产量影响，第一时间上报集团公司争取政策支持，编制复产油藏工程方案，部署五大方式20项技术对策，助力灾后快速恢复生产能力。统筹各单位潜力，及时优化产量指标，增补上产强化措施，细化劳动竞赛方案，确保非受灾单位快速上产。抓好现场实施，专门成立灾后复产上产项目组，深入受灾严重的曙光采油厂、特种油开发公司和兴隆台采油厂生产一线开展现场办公，统筹新井运行、措施挖潜、加快上产进度。强化责任落实，现场督办严格考核。精准调控实施吞吐转轮、SAGD增注等工作量，在关停时间更长、影响规模更大情况下，日产油在3个月内实现万吨跨越，到年末产能恢复到原有产能的90%，实现全年油气当量1000.18万吨，得到股份公司充分肯定。

【油气开发指标改善】 2022年，开发事业部深化产建一体化承包，推行项目制管理，针对建产目标复杂、低渗透占比高的现状，转变建产理念、突破关键技术，实施低渗透新区水平井大平台立体开发高效建产，富油气老区整体编图规模建产，方式转换二三结合效益建产，新建产能119.5万吨，新区建产、稀油高凝油建产比例持续提升，百万吨产能投资控制在计划指标以内。统筹兼顾经济效益与低碳转型，超稠油蒸汽驱规模推广，多类型油藏化学驱技术完善发展，新转井组35个，累计实施679个。其中，锦16化学驱上产成效显著，产量大幅提升。锚定效益上产目标，建立以宜庆指挥部统一协调、勘探开发研究院西部分院技术支持、庆阳分公司组织实施的管理模式。实行赛马机制和三个一体化统筹，强化三维地震采集和成果应用。全力推动流转区建设，多措并举、精准施策，年产油372万吨，连续6年上产。

高效启动老油田压舱石工程，按照"五重"技术路线，完成顶层设计、规划和先导试验方案，明确"十四五"上产70万吨目标。优化注汽，以多介质、多井型、多方式为核心，加大复合吞吐实施力度，吞吐油汽比稳定在0.3。重点推进深层低渗透稠油超临界注汽，拓展到茨13等4个区块，扩展深度、黏度、物性实施界限。坚持"五个突出"筛潜力、风险合作、费用包干保效益，套损井存量降至3722口。加强天然气老区调查选措施、精细挖潜增能力，强化密闭集油、零散气回收，在没有新井补充情况下，本土年产气7.95亿立方米，实现逆势增长。

【能源转型业务】 2022年，开发事业部围绕绿色发展方向，持续推进能源业务转型。气库调峰能力创新高。储气库国产首套电驱高压离心式压缩机组成功投产，形成多周期注采扩容上产、大尺寸水平井优化设计等系列技术应用。储气库群日注气能力从1400万立方米提升至3000万立方米，最高日调峰能力达3530万立方米。推广应用至马19储气库先导试验，见到增油效果。CCUS工程见成效。开发事业部作为业务归口管理部门，统筹协调油藏、工艺、设备等多专业领域，实施全链条、一体化管理运行。实现双229块先导试验第一批14口井顺利完钻，高效建产。多类型油藏二氧化碳驱规模转注，欢喜岭采油厂、特种油开发公司两座碳捕集站建设快速推进，探索稠油二氧化碳辅助 SAGD 技术，年注碳 5.6 万吨，超额完成集团公司下达的年度二氧化碳注入任务指标。

【经营管理】 2022 年，开发事业部健全经营管理制度，提升管理效率，坚持科学统筹，强化过程管控，合规治企能力进一步加强。

加强基础业务管理。组织编制采矿权开发方案，开展政府企业协调，14 个油田获取新采矿权证，按期完成股份公司矿权整改任务，消除违法开采风险隐患。针对重大项目、重点工程，设置三类六项考核指标，实施效果与绩效考核、评先选优挂钩，保障重点工作落实到位。完成钻采工艺研究院测试业务划转至石油化工技术服务分公司的专业化重组。首次举办开发系统油藏动态分析培训班，邀请各级专家 30 余人对 13 家油气生产单位的 45 名业务骨干采取封闭一个月培训。引进 RDMS 软件，实施开发动态历史数据整合，实现统建系统功能扩充，完善产量在线跟踪系统，提升数据库在地质研究中的支持作用。采取三色督办、三级考核、三层评价机制，全年督办油田公司、开发事业部、基层单位生产经营事项 298 项，同比增加 43%，整体服务基层满意度明显提升。

强化经营管控措施。加强开发市场资质管理和项目审查，全年组织审查开发市场项目 130 多批次、672 项、10.2 亿元。强化内控管理，优化工作流程，细化节点管控，全年签订合同协议 46 项，金额 2 亿元，未发生事后合同和履行争议。

推进财务合规管理。坚持科学统筹、深化业财融合，强化过程管控，完成全年考核指标。规范会计核算，强化内部稽核，保证会计信息质量，提供经营预测分析报告 14 份，为辽河油田公司决策提供支撑。加强资金管理，提高资金计划准确性，切实落实民企支付政策，提升特殊资金监管水平，超额完成"两金"压降指标。强化风险研判，严格财务监督，严守财经纪律，促进业务本质合规，风险防控水平得到提升。提前研判，加强横向协调沟通，确保防疫、生产物资等及时保供。

【安全健康环保】 2022 年，开发事业部按照辽河油田公司要求，强化责任归位，质量健康安全环保形势持续稳定。推进"党建+安全"深度融合，组织开展"新安全生产法""四大"等 5 项活动，全面筑牢 QHSE 管理基础建设。开展"反违章专项整治""安全生产大检查"等系列活动，重点对射孔施工、化验室危化品等重点领域开展检查，发现并整改问题 54 项。强化钻井地质设计源头把控，修订设计条款 7 项，更新标准 4 项，消除施工安全隐患。严格管控实施风险，排查风险问题隐患 93 项，对承包商实施黄牌警告及经济处罚。实施钻井监督"双保障"，保证钻井施工质量和安全。开展健康企业建设，员工体检套餐推行"四选一"个性化定制和中高风险员工"双体检"模式，签订健康服务协议，积极开展健康宣教，提升员工自我健康管理意识。

【党建工作】 2022 年，开发事业部发挥党委引领作用，深入学习贯彻党的二十大精神，持续开展党史学习，用新思想武装头脑、用新要求指导实践，用高标准开展形势任务教育，凝聚攻坚克难整体合力。切实履行"两个责任"，充分落实"一岗双责"，坚决执行民主决策程序，严格依法合规管理，有效防止违规违纪问题发生。以辽河油田公司党委巡察为契机，以问题整改为导向，对开发事业部党委工作薄弱环节进行全面整改提升。将油田公司开发重点工作与青年培养提升相结合，成立 3 支提质增效青年突击队，凝聚青年员工干事创业合力。举办开发事业部首届青年职展活动，为青年员工成长成才搭建平台，靠实人才队伍保障。设立服务台，增设物业保安，升级管控外来人员。更换办公楼公共区域照明灯具，增加视频会议功能。丰富菜品，提供 A、B 套餐，满足不同就餐需求。针对加班频繁现象，增设加班晚餐。全年实施民生工程 9 项，投入 20 余万元，为员工营造良好的工作环境，落实民生幸福工程。

（解琳琳）

勘探开发研究院

【概况】 勘探开发研究院坐落于辽宁省盘锦市兴隆台区。主要承担着油气勘探、油气田开发、地震资料处理解释、地质与开发实验分析、中长远规划、对外技术支持、储气库建设、新能源技术研究等科研生产任务，是辽河油田分公司勘探开发核心技术的研发中心和战略决策的参谋部，是国家能源稠（重）油开采研发中心的重要组成部分。勘探开发研究院的前身最早可追溯到大庆六七三厂的地质队。1967年3月，大庆石油会战指挥部从其开发研究院、地参部和钻井指挥部地质大队等单位抽调地质技术人员，组建大庆六七三厂地质队。1970年4月，辽河石油勘探指挥部将大庆六七三厂地质队、大港油田冀中会战指挥部地质连和3个测井队进行整合，成立地质团。1970年10月，三二二油田将地质团更名为地质指挥部。1973年6月，辽河石油勘探局将划出地震大队的地质指挥部更名为地质处。1976年1月，辽河石油勘探局撤销地质处，成立科学技术研究院。1990年6月，辽河石油勘探局将划出钻井工艺、采油工艺等相关业务的科学技术研究院更名为勘探开发研究院。1993年3月，辽河石油勘探局将数据处理解释中心与勘探开发研究院合并，称辽河石油勘探局勘探开发研究院。1999年9月，辽河石油勘探局实施重组改制，勘探开发研究院实行分开、分立，保留油气勘探开发核心业务的勘探开发研究院划归中国石油天然气股份有限公司辽河油田分公司管理。2007年5月，辽河油田公司在勘探开发研究院成立稠油开发试验技术研究中心，业务上由辽河油田公司稠油开采先导试验基地管理中心领导。2015年4月，辽河油田公司成立国家能源稠（重）油开采研发中心，其下属的稠油勘探开发技术研究中心挂靠在勘探开发研究院。

截至2022年底，勘探开发研究院设管理职能科室8个，直属部门1个，主体科研所18个，科研辅助单位3个。现有员工1238人。有资产设备5977台套，其中大型服务器及并行机125套，处理解释及数模软件187套，高性能工作站627套，试验仪器设备800余套，固定资产原值近6.8亿元。

2022年，勘探开发研究院部署风险探井2口、预探井106口、评价井59口、开发井885口，编制各类重大方案48项。完成新增探明可采储量1001万吨、探明石油储量4074万吨、控制油储量6085万吨、预测油储量4074万吨、探明天然气储量160.5亿立方米。SEC原油修正量682万吨，天然气修正量6.33亿立方米。各项费用控制在预算指标之内，质量安全环保、党风廉政建设、计划生育、信访稳定、治综保密全面达标。勘探开发研究院被评为辽河油田公司先进单位。

【油气勘探】 2022年，勘探开发研究院牢固树立"资源为王"理念，加大甩开预探与进攻性评价，整体规划增储区带亿吨级1个、千万吨7个、百亿立方米2个。风险勘探方面，聚焦5个深层天然气风险目标，部署探井2口，提交股份公司审查4口，呈现多点开花良好态势。葵花岛构造带形成"近源高压充注、逆掩断裂侧向封堵、多层系立体成藏"新认识，葵探1井三层试气均获高产气流，成果获集团公司重大勘探发现奖一等奖。集中勘探方面，按照"整体谋划、地震先行、增储建产同步"的思路，推进外围区规模发现。开鲁地区建立浅水湖盆沉积模式，形成常规油—致密油—页岩油连续成藏新认识，在交力格、库伦塔拉、渔场、桥河四大扇体分层次部署、一体化实施，新增三级储量5617万吨，新建产能6.8万吨；宁县—正宁2个月完成1380平方千米三维资料的解释应用，明确"三元"控藏新模式，一次性整体部署预探井19口；宜川地区联合应用二维、三维资料，井震融合预测下古致密砂岩有利储层分布，构建沟槽控储源储耦合新模式，宜10-17-19井日产天然气3.19万立方米。滚动勘探方面，以复式成藏理论为指导，注重多层兼顾、立体评价，在曙光下台阶的杜124区带以杜家台油层为主探层，兼探兴隆台、大凌河和莲花油层，双北 31-47 井钻遇百米厚油层，双北 32-46 井获 92 吨高产；以潜山内幕成藏理论为指导，应用地质地震统计学认识内幕裂缝发育规律，预测优势储层空间展布，前进潜山展现富油气老区良好增储建产前景。

【油田开发】 2022 年，勘探开发研究院突出新井提产与老井降递减并重，有效支持新区效益上产、老区持续稳产。产能建设成效显著。大比例尺整体编图目标由断块间向油田级拓展，优选曙光等 5 个油田，建立老区扩边一体化部署、断裂系统重构规模部署、储层精准预测效益部署 3 种部署模式，规模部井 353 口。其中 30 口以上区块占比 60%，单井日产 10 吨以上占比 38%。油田复产期间，专家带队 24 小时驻扎现场技术支持，3 个月编制方案 34 项。曙光采油厂、特种油开发公司、冷家油田开发公司总体产量快速恢复至 92%，兴隆台采油厂、金海采油厂日产量连上 4 个百吨台阶。老区稳产能力稳中有升。以压舱石工程为引领，精细多期叠置砂体储层表征、精准不同类型剩余油刻画、建立层系井网重构技术界限，在奈曼、牛心坨等 9 个区块注水精细调控 300 余井次，水驱控制程度提高 11.6%，自然递减率降低 1.4%；方式转换区块精准流场调控，锦 16 化学驱建立有效注入及强化采油调控模板，产量由 11.5 万吨增至 15 万吨；馆陶 SAGD 建立控水压差界限，认识岩性与汽腔扩展关系，分区域制定调控对策，部署新井 41 口，日产连上 4 个百吨台阶。外围新区快速上产。地质工程一体化甜点评价，以缝控储量为核心，直井控藏补能、水平井规模建产一体化部署，个性化拉链式压裂设计，页岩油、致密气实现突破。宜庆整体部署井位 256 口，长 8 宁 218-H1 日产 20 吨，山西组宜 49-H2 日产 7 万立方米，初步形成辽河低渗透油气藏开发技术序列。建库技术持续升级。开展渗流—地应力四维建模，首次量化临界注气安全压力 26.2 兆帕，创新建库与气驱采油联动新模式，突破油区建库效率 5% 的局限，双 6、雷 61 储气库扩容 2.3 亿立方米、增容 0.3 亿立方米，日调峰能力提升至 3530 万立方米，有力支撑冬季保供。市场开发有序推进。按照保存量求增量思路，持续输出稠油、火山岩优势技术，签约新疆油田，合同额 2000 万元。

【科技创新】 2022 年，勘探开发研究院围绕辽河油田公司发展目标及现场需求，加大技术创新力度，完成科技项目 58 项，获省部级科技成果奖 3 项，辽河油田公司科学技术奖励 12 项，授权发明专利 19 项，制修订国际标准 1 项、行标 5 项、企标 7 项。理论认识取得突破。残留型凹陷低渗透油藏深化连续—立体成藏认识，明确以低渗透砂岩、湖相碳酸盐岩及油页岩为主的多种储层类型，解放洼陷带勘探空间。超稠油蒸汽驱进一步揭示"剥蚀为主、驱替为辅"渗流机理，创建超稠油非牛顿流变模式，明确向牛顿流体转变临界条件，建立启动温度和压力梯度界限，指导 7000 万吨超稠油蒸汽驱储量的优化设计。深层天然气构建纵向封盖、侧向封堵高温高压成藏模式，揭示深层源岩以裂解气为主的成因，明确主力洼陷"气态窗"分布范围，深化微纳米级储层表征，发现东部物源存在的直接证据。卡点技术取得进展。创新发展以综合静校正、起伏地表偏移为核心的黄土塬地震资料处理技术，建立井控及定量化质控方法，宜庆地区目的层主频由 20 赫兹保真提高至 30 赫兹，可识别出 15 米储层，有效支撑宜庆增储上产。升级特高孔渗油藏聚表复合驱调控技术，明确不同油价下成本产量关系，建立化学驱后停注界限，完善对标分类措施调控图版，强化注入质量及动用程度调整，填补国内技术空白，有效支撑锦 16 块化学驱产量提升。完善 SAGD 中后期精准调控技术，揭示脉动式扩展水侵形式，建立控水压差界限，认识岩性与汽腔关系，指导分区域个性化调控，冲击采收率 75% 新目标。国内首次开展地热流体能量转换与评价物模研究，创新厚层中低渗热储水平井取灌技术，井型由直井拓展到水平井、取水量由每小时 40 立方米提升至 200 立方米以上。平台建设持续完善。非常规研发试验平台建立致密/页岩油储层评价实验方法 13 项。新建微孔径分析、湿式电镜观测、微裂缝识别等方法，多维度剖析全孔径储集空间。新建四步法多极性抽提、微量油运移状态分析、激光共聚焦分析可动油等方法，定量表征原油赋存状态。稠重油研发试验平台拓展非等温驱替、在线实时取样等功能模块，新增完善二氧化碳综合利用与埋存、稠油自生热模拟、小尺度数字实验平台，创新湿式火驱、原位产生溶剂辅助SAGD等5项实验能力，向更深、更稠、更复杂油藏开发迈进。数智平台整合现有勘探开发数据，上线运行数字井史等六大功能，支撑井位部署等九大业务场景。研发人工智能特征提取与链式匹配方法，初步实现地层自动对比。攻关远程3D可视化技术，全面推广应用GeoEast解释软件及地质研究云平台。《特种油气藏》强化稿源质量，加大高端学者约稿数量，期刊影响因子由2.75提升至2.95，创历史新高。

【新能源业务】 2022年，勘探开发研究院以绿色低碳为发展方向，形成新能源发展规划，加快构建"碳埋存、地热、BSK"三大技术体系。CCUS试注成功。深化循环注入驱油—埋存效率与机理认识，量化低渗、潜山、致密油驱替界限。双229块试验区9个井组，首批14口全部完钻并成功试注，注入18761吨，目前井组日产油123吨，实现混相注入。地热工程有序推进。建立叠置热储多层合采、厚层中低渗热储水平井、薄互层高渗热储相控井网部署三种模式，编制完成欢三联、广田热电、沈采矿区三项地热开发方案。欢三联实现采灌平衡，阶段节气200万立方米。BSK研究取得新进展。深化成矿机理，建立测井评价技术与地震预测技术。在奈曼凹陷部署井位4口，奈33-2井连续取心见良好矿层，初步落实有利面积36平方千米。在钱家店地区部署井124口，首次对外输出BSK技术支撑长庆油田。

【方案编制】 2022年，勘探开发研究院完成各类方案编制68项，包括《庙7块九佛堂组井位部署研究》《辽河油田2022年预探部署总体设计方案》《冷家断裂带井位部署方案》《荣18块精细注水综合调整方案》《大洼油田洼77块沙三中段Ⅱ组开发井位部署研究方案》《辽河油田宜庆地区油气初步开发方案》《龙11块综合调整方案》《牛居洼陷深层潜山风险探井居探1井部署方案》《河21块九佛堂上段Ⅳ油组先导试验井位部署》《锦16块厚层聚表复合驱阶段效果评价及调整建议》《曙4-5-19块井位部署研究》《辽河煤层气资源评价与开采试验》《辽河煤层气资源评价与开采试验》《包1块水平井试验方案》《辽河油田公司"十四五"规划》《欢三联精细热储描述及调整方案》《鄂尔多斯盆地黄龙地区井位部署建议》《宜川—黄龙地区本溪组深层煤岩气潜力评价及部署建议》《大民屯西斜坡沈358-268块CO_2吞吐试验设计》《洼77-H1井CO_2吞吐试验设计》《沈67块化学驱阶段效果评价及下步调整建议》《辽河油田原油千万吨稳产关键技术研究与应用》《辽河油田2021年度新建原油生产能力标定》《辽河油田公司2021年度石油天然气探明未开发储量和控制/预测储量评价分类工作汇报》《稠油热采烟道气回注目标区筛选》《奈曼油田细分层系及跟踪部署调整方案》《锦东地区沙三段、沙四段及新太古界井位部署方案》《辽河油田油气应急增产预案》《欢喜岭油田锦45块井位部署研究》《辽河碳驱油碳埋存潜力评价及先导试验井组设计》《辽河油田大力提升油气勘探开发力度中长期发展目标研究》《河21井位部署及平台规划设计》《辽河滩海龙王庙潜山井位部署建议》《杜124双北32-46块杜家台油层井位部署方案》《沈84-安12块沙三段边部产能建设井位部署研究》《勘探开发研究院开发科研技术服务（2021—2022）》《锦16块聚表复合驱工业化试验区返层接替方案》《龙气5块改建储气库可行性研究》《曙光基地精细热储描述及取灌开发方案》《太阳岛-荣兴屯地震叠前深度偏移处理与目标落实》《辽河油田2023年预探部署工作量提前实施方案》《2022年度中国石油欢喜岭油田和正宁油田石油探明储量新增报告》《正宁地区中生界油藏评价及井位部署建议（第二阶段）》《冷605块沙三段井位部署意见》《陈古1潜山太古界开发井位部署意见》《辽河油田2022年度新增石油探明储量申报方案》《辽河油田2022年度新增石油探明储量申报方案》《于606块注水综合调整方案》《交力格油田交47区块九佛堂组新增控制储量方案》《奈曼凹陷奈 13 块新增预测储量新增方案》《西部凹陷曙光低潜山曙 110 区块新太古界预测储量》《正宁油田乐 83、乐 63 区块新增石油探明储量初步开发方案》《正宁油田宁古 3 区块二叠系石盒子组盒 8 段气藏天然气探明储量新增报告》《海外河油田 / 静安堡砂岩油藏压舱石工程规划方案》《辽河油田 2022 年度新增石油探明储量报告》《于 11 块注水综合调整方案》《宜川气田宜 39 井区试采方案》《于 606- 于 11 井区调整井位部署方案》《双台子储气库群二期工程初步设计》《宁县—正宁地区 1380 平方千米工作进展及天然气探评井部署建议》《辽河油田 2023 年原油产能建设框架调整方案》《鄂尔多斯盆地正宁—宁县地区中生界复杂油水层测井识别技术研究》《牛心坨油层细分层系试验部署方案》《辽河油田双 229 块洼 128 井区沙一段深层特低渗透油藏 CO_2 驱油与埋存先导试验》《2022 年度中国石油正宁、牛居、奈曼、曙光和高升油田石油天然气探明储量新增报告》《奈曼凹陷奈 13 块新增探明储量方案》《2022 年度天然气 SEC 储量评估方案》《滩海东部葵花岛构造带预探井位部署建议》《海外稠（重）油技术支持与研究》《锦 16 块扩大区转主段塞时机分析》《宜川地区井位部署建议》。

【经营管理】 2022 年，勘探开发研究院成立院合规管理委员会，梳理法律法规、内部规章制度等 1250 项，形成《研究院合规职责清单》，法律风险防控体系不断完善。加大法律知识宣贯，向员工逐条宣讲《员工违规行为处理规定》《公职人员政务处分法》等，强化法律意识，营造决策依法、管理用法、全员守法的浓厚氛围。强化预算和计划管控作用，事前论证、事中控制、事后评价相结合，提升资金利用效率，全年投资完成率 97.8%，创历史最高。科技项目突出一体化攻关和基础课题研究，压缩项目 50%，专家牵头，分级分类评审，科研攻关质量效率双提升。整合计划、市场、概预算、合同相关业务，实现业务全链条一体化服务，缩短合同办理周期，为基层减负。强化材料费全过程管控，建立"计划、审批、验收、库存、转运、使用"六位一体的考核体系，避免材料闲置和浪费，材料费同比下降 10%。

【安全环保】 2022 年，勘探开发研究院落实"管理提升年"部署，以防范化解重大风险为目标，出台 15 项管理提升举措，营造良好发展环境。QHSE 体系运行高效。通过辽河油田公司、集团公司板块体系审核，综合得分稳中有升。强化双重预防机制，开展安全专项培训，聘请 8 位资深教师逐所对接，重新编制风险防控清单 29 份，形成分级风险防控责任架构。突出地质设计、方案编制风险提示的规范性，制定《设计规范》《检查表》，强化三级审查，形成"一井一工程、一平台一设计"，从源头预防井控事故的发生。突出"低老坏"及重复性问题治理，投入 235 万元治理隐患 89 处，在高标准、严要求的政治大年，保持安全环保形势总体稳定。

【党建工作】 2022 年，勘探开发研究院坚持全面从严治党，构建"大党建"格局，提升融合质量，为高质量发展提供坚强保证。全面学习贯彻落实党的二十大精神。以"清单打卡"形式原原本本学报告，11 位党委委员深入党建联系点讲授专题党课，以普通党员身份参加专题学习 24 场次，党员与群众一带一互助学千余次。聚焦科技自立自强要求，四院党建联盟，跨单位设立非常规油气增储上产、CCUS 产业化共产党员工程，构建创新联合体。丰富"党建+"载体推进党建与科研融合共进。依托党建联盟、支部结对，组建注水、CCUS 等项目联盟 8 个，曙光采油厂、特种油开发公司、庆阳勘探开发分公司（宜庆勘探开发指挥部）单位间区域联盟 5 个，做到理论联学、技术联创、人才联育。拓展"结对帮扶"工作方式，开展党委委员—党建联系点专项提升、党群部门与基层党支部帮扶提升、考核排名首尾支部对标提升的"三级提升"模式。创新推出"基层党建工作提示卡"，高效指导基层标准化、规范化建设。全面推进"党建+安全"四大活动，设立党员安全责任区 238 个，开展大讨论 24 场，排查问题 173 个，全面整改落实。

（周约如）

钻采工艺研究院

【概况】 1990年4月，辽河石油勘探局将科学技术研究院的钻井工艺、采油工艺业务划出，成立钻采工艺研究院。1999年8月，按照辽河石油勘探局重组改制的整体部署，钻采工艺研究院重组分立为辽河油田公司采油工艺研究院和辽河石油勘探局钻采技术服务公司。2001年4月，采油工艺研究院更名为钻采工艺研究院。2007年5月，辽河油田公司成立稠油开采先导试验基地管理中心，其下属的稠油钻采工艺试验技术研究中心设在钻采工艺研究院。2015年4月，辽河油田公司成立国家能源稠（重）油开采研发中心，其下属的稠油钻采工艺技术研究中心挂靠在钻采工艺研究院。钻采工艺研究院是辽河油田公司工艺技术核心支持单位，肩负着科研攻关、科技成果推广、钻采工程设计、技术监督与检验检测"四大职能"，发挥着保储量发现、保产能建设到位、保转换开发方式实施、保油水井增产增注、保储气库建设运营、保绿色低碳转型"六大保障"作用，依靠技术进步与管理创新为辽河油田公司增储稳产、降本增效提供高质量的科技支撑。

截至2022年底，钻采工艺研究院设管理职能科室10个，直属部门1个，下设三级单位15个，员工总数756人。拥有固定资产原值3.86亿元，设备3103台（套），科研楼群建筑面积7.2万平方米。2022年，钻采工艺研究院完成各类技术支持6181井次、钻采工程方案39份、工程设计4059井次、工程监督199口、检验检测9822样次，三级储量贡献率95%，科技增油22.3万吨，设计降本8485万元，提质增效1.50万元，完成辽河油田公司下达各项业绩考核指标，钻修技术研究所员工王斌获第四届"辽河榜样"。

【科技攻关】 2022年，钻采工艺研究院聚焦科研转型，狠抓科技创新、重点突破以及工作落实。在重点创新成果方面，组织承担各级科研项目/课题69个，下达科研经费3824万元。科技项目完成率100%。获市局级及以上科技成果18项，省部级3项，其中"磨料水射流增产提效技术"获集团公司技术发明奖二等奖，是2022年辽河油田公司获集团公司科技成果最高奖项。"油气井仿真优化系统开发与应用"获集团公司科技进步奖三等奖。"火烧油层高温电点火关键工艺技术及装备"获中国石化联合会技术发明奖三等奖。获市局级16项，连续6年获钻采工程系统全部一等奖。申报集团公司科技成果转化创效奖励2项，获奖励11万元，培育2023年集团公司科技成果转化创效奖励项目3项，获奖励25万元。申报发明专利100件，授权发明专利31件；发表科技论文8篇。在关键技术突破方面，自主研发形成电动打印等多项电动修井核心技术，工序时效较传统作业方式提高40%，成本降低30%以上。举升储能测控加热一体化技术可替代传统中频电加热消除结蜡影响，预期平均单井年节电$\geq 4\times 10^4$千瓦·时。创造性提出纳米成膜加固井壁防砂技术思路，国内首创水基纳米防砂材料。突破化学驱井下连续测粘技术关卡，室内试验连续测粘精度误差小于1.5%。

【科技成果推广】 2022年，钻采工艺研究院突出技术支持重心变革，保障辽河油田公司稳产上产，有效发挥科技支撑作用。开展各类现场技术支持6181井次，实现科技增油22.3万吨、增气1520万立方米，三级储量贡献率达95%。高效勘探方面，深层超深层高效钻井技术助力葵探1井获集团公司勘探重大发现一等奖。"坂土浆防漏+复合凝胶堵漏"组合拳大幅降低宜黄地区漏失量和损失时间。桃28-1井压裂后创近5年来东部凹陷探井日产新高。"扩孔增渗+酸性滑溜水"体积压裂支撑交51块3257万吨控制储量上报。密切割高砂比体积压裂打造宜49-H2井百万立方米日产标杆井。效益开发方面，钻压采一体化联动支撑雷72块建成百吨日产能力大平台；注16块等4个智能注采示范区综合含水平均下降12.9%、增油5169吨；压裂防砂技术成功破解高18块、大1块等块泥质细粉砂顽疾；大尺寸套管切割举升技术打破中海油技术垄断、在海8岛节约成本500万元；在杜家台、曙66等区块规模实施小泵深抽技术72井次，平均泵效提升10%，累增油2615吨；7项抗洪复产重点工程力保洪涝影响产量最小。绿色低碳方面，环空带压诊断与检测技术精确识别储气库5口异常带压井的井下管柱漏点位置，为隐患治理提供依据；70兆帕V0级气密封隔器解决双229块CCUS注入腐蚀难题，替代进口工具降本108万元；攻关形成低成本环空保护液，降低CCUS井筒防腐成本20%；《大功率电加热装置技术研究与试验》获集团公司立项审批，400千瓦井下电加热装置在千12-39-429井试验成功；国内首次攻关电缆传输快速修井作业技术，完成电动切割、电动打印现场试验15井次，提高作业效率4倍、降低修井成本40%以上。

【钻采工程设计】 2022年，钻采工艺研究院完成区块方案39项（表10）、单井工程设计4059口（表11）、工程监督199口（表12），节约投资8485万元，有力保障辽河油田公司储气库建设、钻压采一体化、产能建设、方式转换、综合治理、新能源等重大项目顺利实施。支撑"千万吨油田稳产"，完成雷72块大平台调整方案，并做好实施跟踪，保障辽河油田公司效益建产；高质量编制曙光稠油300万吨稳产和双229特低渗油藏CCUS先导试验2个年度实施方案，在沈358和洼77区块试验3口水平井拓展二氧化碳吞吐，探索致密储层有效补能、提高单井EUR合理开发模式。提早梳理方式转换注采技术系列，摸清现状、评价适用性，针对不同储层、油品开展辽河特色差异化方案设计，助力曙1-38-32深层SAGD、杜84超稠油蒸汽驱、海1普通稠油化学驱、沈84-安12高凝油化学驱、曙光稀油聚驱/聚表复合驱对比等重大开发先导试验项目立项。按照预防、治理并重，编制杜84块SAGD、齐40块蒸汽驱隐患排查治理方案，对消除地表漏气、短接腐蚀、管柱腐蚀、热损失大、套管损坏、井口破损等六大隐患具有重大意义，编制曙光地区复产采油井防洪根治举升工艺方案，为辽河油田公司水患根治提供工程参考。持续推进"百亿方气库建设"，强化项目制管理，高效完成龙气5可研和双台子库群二期初设，以及钻注采完井、弃置井封井等单井工程设计128口，充分论证大尺寸井设计，制定"表层深下+多级密封"井身结构，结合避断层井眼轨迹设计+平衡压力固井设计，实现双6三口大尺寸井钻井周期比计划108天平均减少18天，创造储气库大尺寸井水平段最长、周期最短、井筒质量最好3项纪录。有效助力"外围区效益上产"，以控制百万吨产能建设投资为目标，加快编制正宁页岩油、宜川天然气、河21-H234大平台、奈1块等钻压采一体化方案，量身定制防塌堵漏钻井液、"精细密切割+暂堵转向+防水锁压裂液"个性化改造方案，配套压裂、投产、井下节流、柱塞气举"四合一"全生命周期一体化管柱，开展举升工艺比选，打造大

表10 2022年完成各类区块方案数量表

储气库（份）	产能建设（份）	转换方式（份）	综合治理（份）	新能源（份）
2	13	13	9	2

表11 2022年完成各类单井设计数量表

钻井（井次）	压裂（井次）	修井（井次）	防砂（井次）	测试（井次）	试油（井次）	注采（井次）	注入（井次）	举升（井次）	调堵（井次）
1151	483	863	97	799	61	91	257	94	163

表12 2022年完成各类工程监督数量表

作业监督	试油监督	压裂监督
148	36	15

平台标杆示范，实现工厂化、低成本、低能耗高效实施。引进Wellcat和Stimplan两款软件，丰富设计手段。对照集团公司钻井设计资质新规定，申报并获集团公司钻井设计甲级资质，继续保持方案设计权威地位。建设辽河油田工程技术支持决策管理系统，实现对工程施工实时监控与管理、工程数据采集与分析应用，为工程技术决策管理提供数智支持。宣贯井控管理新规定、新规范，严细井控设计把关，设计源头识别削减井控风险77项。健全井控考核管理体系，压实全员井控责任，编制院井控专项检查方案，确保井控工作万无一失，被评为辽河油田公司井控工作先进单位。

【经营管理】 2022年，钻采工艺研究院坚持科研攻关，统筹提质增效、对标提升专项行动，深化生产经营、投资成本一体化管理，全面完成各项经营业绩指标。突出计划管控，实施月度计划、年度计划管理模式，以计划的必要性、赢利能力为红线，杜绝各类低效、无效项目，确保每项计划符合科研生产实际。下达12批次合同计划，共计306项，4.02亿元。大力践行效益投资理念，严格项目前期论证，紧密结合上级部室，争取有利投资政策，优化投资结构，提升软硬技术实力。新增投资项目7项，组织完成《压裂酸化中心设备设施与软件购置》《辽河油田工程技术与监督管理系统》等项目，总投资额1404万元。按照"程序不能逾越、节奏可以加快"理念，扎实推进全要素降本增效工作，从市场采购、预算审批、结算审减多维度开展降本增效工作。充分运用"竞争性谈判、单一来源谈判"采购模式，让多家供应商进行"背对背"竞价，在满足技术、质量要求的条件下，价低者优先中标。审查机加工标底和新产品价格2906项，预计节约成本2500万元。细化项目成本分析，精准测算项目价格，申报概算项目3项，申报金额1408.3万元，结算项目165项，审核金额1.19亿元，审减603万元。进重点专项工作，利用"辽河油田内部市场交易平台"，完善技术服务项目"双重响应机制"，为辽河油田公司各采油单位提供技术支持。累计响应项目453项，市场交易金额2.65亿元。全面推广"一级制度、两级流程"制度管理新模式，树立制度权威，规范业务操作，减轻基层负担。组织开展"管理提升年"工作，编制印发《钻采工艺研究院"管理提升年"行动方案》，深入推进管理提升工作落地，29个管理提升项目均全部完成。细化梳理钻采工艺研究院执行流程83项。与纪委办公室、质量安全环保科成立联合检查组对试运行的83项执行流程开展跟单测试，发现问题21项，针对性提出改进意见和完善措施，最大限度保障流程设计合理性和运行高效性，切实将各项制度转化为推进工作的"行动指南"。针对近2年多项技术服务项目缺乏价格标准的实际情况，主动与财务资产部、经济技术研究院造价中心沟通协调，邀请造价中心两名专家开展为期7天的现场办公，面对面审批新增190项技术服务价格，加快审批速度，提高结算效率，有效解决基层单位结算难问题。加大法治宣传教育力度，坚持为领导班子中心组学习提供普法资料12份，举办法治教育专题讲座1次。坚持从问题产生的根源入手，坚决堵塞管理漏洞，实现内部控制闭环管理。

【安全环保】 2022年，钻采工艺研究院持续巩固"五个用心抓"总体布局，严格落实"管理提升年"要求，优化管理体系，压实全员责任，精准防控风险。加强QHSE体系建设，完善管理体系审核工作，审核评分同比略有提升，持续保持良好B1级。强化QHSE监督检查，开展各类检查等16次，人检查期间，累计发现并整改隐患问题291项，对20人扣减安全生产记分27分。抓好全员素质提升，组织参加7项辽河油田公司安全资质取换证培训，完成取换证106人次。统筹抓好各项宣传活动，高质量完成系列宣教内容和实践操作，发放宣传用品500余件，开展各类应急演练16次。持续推进健康企业建设，开展健康风险评估，建立全员健康档案进行健康干预，配备血压计等多种健康监测器械，完成9个毒物接触岗的职业危害因素检测工作。慎终如始抓疫情防控，第一时间制定严密的防控方案，严格落实人员轨迹排查、流动审批报备、返程后隔离监测和上岗前核酸检测等防控要求，随疫情风险变化，动态调整核酸检测频率；突发异常情况，立即对次密接及以上风险人员行程轨迹进行环境消杀和采样，确保不留死角，保证科研生产与疫情防控"两手抓、两不误"。

【质量节能】 2022年，钻采工艺研究院持续推进质量管理体系有效运行，通过辽河油田公司再认证审核，保持质量管理体系资质。组织井筒质量工作，开展全生命周期质量控制。牵头开展油水井井筒质量三年整治行动，促进井筒质量技术支持水平逐步提高。参与井筒质量事故调查，助力辽河油田公司提升井筒质量管理水平。加强检验检测职能建设，履行质量监督检验职能，完成检验检测9822样次，发现不合格产品106样次，为辽河油田公司把好质量关，提供了科学、权威的技术支撑。加强标准管理，承担国际标准培育项目1项、制修订集团公司企业标准1项、辽河油田公司企业标准25项，报审行业标准2项、油田公司标准15项。规范机加工过程管理，组织机加工公开招标5个标段2个批次，完善机加工框架招标工作，组织完成机加工计划申报11批次，完成网上签约合同148份；加强机加工过程管控完成产品质量跟踪和抽检管理工作300余次，确保机加工管理依法合规。

【队伍建设】 2022年，钻采工艺研究院党委突出生聚理用，着力打造产才融合发展高地。针对不同层级人才有序实施"拔尖人才领航、骨干人才蓄能、青年人才墩苗"计划，人才工作方向、培养载体进一步清晰。突出专家培养使用，完善专家、技术团队配置和使用机制，赋予专家更多话语权同时，强化专家在本专业本领域的技术引领责任。突出骨干人才专项培养，通过推行"旋转门"轮岗、"菜单式"培训和"揭榜挂帅"等机制，优选45名优秀二三级工程师分批开展机关、采油厂专项工作历练，人才的格局迅速提升、能力有效拓展。突出毕业生跟踪培养，丰富完善新毕业生培养模式，在机关、基层、采油厂3个维度，协同开展专业理论提升、工艺基础实习、现场生产实践。16名专家牵头体积压裂、电动修井等25项重大课题研究，11名年轻骨干揭榜挂帅院级项目，11人入选集团公司青年人才培养计划，3人入围辽宁省兴辽英才（优秀工程师），1人获辽河油田公司青年科技奖，62名青年人才通过项目化培养加速成长，人才培养经验做法在辽河油田公司七一大会上进行典型交流，高质量人才支撑高质量发展更加有力。

【深化改革】 2022年，钻采工艺研究院深化干部制度改革，探索干部进出新方式。按照高素质专业化要求，扎实推进素质培养、选拔任用、从严管理、正向激励工作，打造坚强有力的领导班子和忠诚干净担当的干部队伍，连续6年推行"集中述职+多维度测评"，扩大公开述职人员范围，设置5类考评群体10余项指标及权重，采取公开"亮相"、分档打分、综合评价、整体排序方式，切实做到考出区别、评出差距。研究分级分类管理，构建动态管理机制。持续推进"双序列"改革，创新人才机制。突出科学刚性考核，任期增加基层50%考核权重，考准真实业绩。开展激励3轮次，奖励"电缆传输快速修井作业"等重点项目40项、210人次、64万元。成立由企业技术专家领衔的18人宜庆技术支持项目组，定向支持西部勘探开发研究中心，基层二次考核分配进一步深化，以岗位价值和业绩贡献为核心的分配理念得到广泛认同。盘点人力资源现状，优化岗位设置、分解编制定员，编制"三定"和岗位管理选聘工作方案，高效平稳完成岗位聘任和钻井监督业务改革工作。

【基层党建】 2022年，钻采工艺研究院党委突出政治引领，着力塑造科研党建融合品牌。坚持把推进党建"三基本"建设与"三基"工作有机融合作为促进科研工作的有效方式，出台有机融合工作方案，明确"一个机制、六个融合"推进思路，提出24项具体推进举措，让深度融合更有抓手更具实效。创新党委委员指导服务机制，构建党建+业务+安全三联统一的融合载体，党委委员开展联系指导40余次。实施基层党建提升、品牌创建定向集中指导服务2次、个别指导8次。组织开展"党建强基础 喜迎二十大"活动，党建思维、融合思想在基层进一步落地生根。创新开展"党建+小目标"岗位实践活动，组建62个党员团队，认领42项督办任务，让党员在工作中挑大梁、当先锋。量身打造采油工艺研究所、油田化学技术研究所、矿场机械研究所等6个党支部融合示范点，在庆祝建党101周年专题党课暨"党建凝聚力量 支撑加油增气"成果经验交流会上推广经验、授牌表彰，实现党建融合有载体、业务推进有支撑。继续推进与曙光采油厂、特种油开发公司、欢喜岭采油厂等单位党建联盟基础上，深化科研生产、地质工程2个一体化党建联盟，拓展融合内涵和外延。采油工艺研究所、钻井工程设计中心、压裂酸化技术中心等党支部与联盟单位，围绕一体化方案编制、抗洪复产等专项任务，开展具有科研味道的三会一课、主题党日等活动20余次，打造出汽驱SAGD隐患治理等系列精品方案，联合攻关"FCD"等科技难题12项。采油工艺研究所融合示范典型经验入选辽河油田公司有机融合优秀案例集。

【党风廉政建设】 2022年，钻采工艺研究院党委全面履行主体责任，听取纪委专题汇报6次。督促落实"第一议题"制度，中心组学习研讨扩大会议18次，学习上级重要指示批示精神36篇。严格执行"三重一大"决策部署，集体决策事项45个，民主决策率100%。坚持将科研双序列人员纳入监管范围，组织签订党风廉政建设责任书109份。动态更新完善监察对象信息150余份。回复党风廉政意见11项次、涉及145人次。组织召开"反围猎"专项行动座谈会，从专题学习引导、风险点源排查、制定防控措施3个方面有序推进，排查出"围猎"风险岗位71个，"围猎"风险点源103个，制定防范措施134项。细化纪检工作考核评分细则，抽查科级干部述职述廉报告37份，提出4条整改意见，督促各级"一把手"和班子成员履行全面从严治党责任。利用"廉洁之声"期刊编发警示教育材料42期，运用"钻采清风"工作群为基层党员干部推送纪律教育材料61份，在线阅览数量达5918次。纪检干部自制专题课件，深入基层所开展"面对面"专题宣讲11次，受教育人数190余人，将最新的廉洁知识送近项目组。精心构建廉洁文化展厅，打造全新"廉洁教育"文化阵地，现场组织廉洁展板宣讲5次，受教育人数130余人。深入剖析内部存在的廉洁风险，强化以案为鉴、以案促改，组织基层所和机关科室"廉洁宣讲"36次，进一步加深党员领导干部对"由风及腐、由风变腐、风腐一体"的思想认识。强化正风肃纪，紧盯关键节点和特殊时段，扎实开展"子女升学""违规吃喝""违规接待"等专项治理，对照报销单据，查阅采购明细，严防以采购名义公款购买礼品等用于送礼，有效防范"四风"问题发生。深化监督效能，把"管理提升"作为重要抓手，从计划上报、合同签订、物资采购、工艺措施、效果评价等多个维度，开展"化工物资"和"一级制度、二级流程"合规监督，共发现各类问题21项，提出整改建议6条。督办院72项重点工作进展，推动各级业务监管部门落实责任。突出严管厚爱，配合辽河油田公司纪委纪律审查1件，执行纪律检查建议书2份、审计意见书1份，运用"四种形态"诫勉谈话1人，坚决给予批评教育，释放"党纪严于国法"强烈信号。

【思想文化宣传】 2022年，钻采工艺研究院党委深入学习贯彻习近平新时代中国特色社会主义思想，落实"第一议题"和中心组学习两项制度，深刻学习领会习近平总书记对中国石油重要指示批示精神，开展沉浸式专题学习25期，结合实际开展会诊式调研研讨6期。集中收看党的二十大开幕会盛况，逐字逐句读原文，分享学习体会，发放《辅导百问》等书籍1560套册，综合运用各类媒体平台学习宣传贯彻党的二十大精神，将思想和行动统一到党的二十大确定的重大战略部署上来。制定《"三重一大"决策制度流程》，制度更加完善、过程更加规范、决策更加高效，党委班子成员谋划科研转型、研究复产上产、统筹资金计划等大事要事45项。坚持总体国家安全观，加强保密"两识"教育，全覆盖排查社交软件，规范处置内部资料，严防敏感信息外漏。严格落实意识形态工作责任制，全面加强阵地管理和督查，牢牢把握意识形态主动权。深入开展主题教育活动，聚焦科研本质定位，讲清讲透科研机制体制改革、考核政策调整和权重变化；组织各系统围绕"十项思考"和"20道思考题"深入研讨交流，制定落实举措，广大科研人员更加坚定

"以科研为中心"发展导向。引领价值追求,深度挖掘"爱业成痴"的专家张子明、"与困难作伴"的钻修王斌、"十年磨一剑"的矿机贾俊敏等一批可敬可学的典型人物事迹,王斌当选第四届"辽河榜样",形成良好的示范带动效应。高标准推进安全生产"四大"活动,组织19场次大讨论,制定26条消除短板弱项的具体举措,强化安全红线意识和底线思维。深入推进文化引领专项行动,宣贯《企业文化手册》、辽河精神,稠油工艺技术展厅入选首批石油精神教育基地。打造全媒体宣传格局,报纸、电视、新媒体同步推送、立体宣传,发表新闻1487篇,一批支撑加油增气的好人好事持续广泛传播。

【群团工作】 2022年,钻采工艺研究院召开群团工作会议,制订工作计划及进度安排。建立工会线上办公平台、"民意调查卡"、基层民意联络员等,接受咨询和政策指导170余次。院重点工作、重大事项、厂务公开制度向职工代表征集意见9次。上报群众性经济技术成果9项,在辽河油田公司层面立项4项,获辽河油田公司群众技术创新成果评审"金点子"第一名,申报集团公司先进工作者1名,辽河油田公司劳动模范1名,盘锦市"五一劳动奖章"1名,辽河油田公司先进个人6名,在抗洪复产表彰大会上,获先进集体1个,抗洪复产先进个人1名。推荐并获"盘锦市三八红旗手工作室"荣誉称号。制定《钻采工艺研究院2022年度民生改善方案》,组织责任部门确定三大类15个项目并全部完成。为11个小家活动中心配备活动设施,获辽河油田公司首批特色小家称号。组织献血活动,慰问困难员工和一线科研骨干。组织开展工间操、男女混合排球比赛,健步走等体育活动。组织开展"逐梦新时代 巾帼展芳华"女职工风采展示。钻采工艺研究院团委获辽河油田公司五四红旗团委荣誉称号,举办"永远跟党走·奋进新征程"伴我成长这一年青年展演竞报会。获青年油水井分析比赛一等奖并获得青年岗位能手称号1人,获油水井分析比赛二等奖2人。计划生育、综合治理、信访稳定等工作平稳有序。

(张 浩 丁 薇)

经济技术研究院

【概况】 2021年3月,经济技术研究院成立,整建制划入原概预算管理中心、经济评价中心的业务及人员,同时承接海南油气勘探分公司非勘探业务人员、结算部分流人员以及企管法规部软科学课题及政策研究职能,列为行使机关职能的上市业务科研板块二级单位管理,同时托管"盘锦辽河油田技术经济咨询有限公司"业务及人员,保留"定额站"牌子。经济技术研究院主要承担油田工程造价、经济评价、软科学管理,及项目技术经济咨询、经济政策研究、新能源研究支持等科研任务,立足"聚焦能源经济,贡献思想力量;建设企业智库,服务油地发展"价值目标,发挥能源行业经济技术管理和一体化研究能力,为辽河油田公司及所属单位改革发展及经营管理重大专项提供决策支持和智力支撑,是辽河油田公司经济管理领域重要专业力量。

截至2022年底,经济技术研究院设管理职能科室3个,业务部门22个,在册员工124人。2022年,经济技术研究院概预结算1455项,审减41040万元;经济评价压降投资2520万元,减少风险支出2760万元;承接咨询项目87个,实现利润419万元;完成各类课题研究35项。经济技术研究院获市局级以上管理创新成果6项;获辽河油田公司及以上集体荣誉2项;获评辽河油田公司先进个人1人;获评辽河油田公司抗洪复产先进个人1人;获评辽河油田公司青年油水井分析大赛效益分析组一等奖1人。

【经济发展研究】 2022年,经济发展研究工作始终围绕辽河油田公司大局,厚植能力基础,助力企业决策,以高质量研究服务高质量发展。完成集团公司课题"油气田公司业务归核化发展配套机制研究",系统分析集团公司业务归核化发展顶层设计,总结提炼业务归核化发展目标和实施路线图,全面评价16个油气田公司业务归核化发展现状,对标国际大石油公司业务归核化发展路径，提出业务归核化发展配套机制和工作建议。按照集团公司安排，开展专项调研，完成《发挥国有经济在实现共同富裕中的作用》专题报告，系统分析辽河油田在促进共同富裕中的主要做法和工作成效。借鉴胜利油田经验，形成《关于辽河油田开展难动用储量风险合作开发的建议》，供油田公司决策参考。完成《减排替代背景下辽河油田新能源优势发展方向研究》，结合油气生产实际，提出油田公司风电、光伏、地热、光热、氢能等业务发展方向建议。编写《新能源重点政策汇编与解读》，提出油田公司新能源业务发展政策建议。完成《驻辽企业基础研究》《辽河油田清洁能源建设实施方案编制建议》《CCUS业务政策调研及工作建议》等汇总编写，提出驻辽企业"双碳"工作措施路径和建议。完成《绿色循环园区政策解读及园区循环化改造案例调研》，提出绿色循环园区建设工作建议。开展智库理论与实践研究，提出企业智库的功能和要素，制定辽河油田新型智库建设战略规划和建设目标，启动产品体系、学科体系建设，以及知识管理、研究范式分析、数据情报分析工作，实质性推动辽河油田智库建设。开展《辽河油田内部资源优化工程》，完成年度提质增效目标。

打造《行业简讯》《经研信息参考》《值班信息》等特色信息产品，在发挥决策支持作用上迈出实质步伐。

【工程造价管理】 2022年，经济技术研究院确立市场化改革方向，围绕加强计价依据管理、掌握业务动态、修编完善定额、制定计价标准、推进清单计价的应用研究等工作要求，为辽河油田公司建立工程造价市场化提供认识、技术和环境准备。全年审批概算655项，金额672033万元，审减29045万元。审核预算340项，金额73334万元，审减4709万元。审核结算460项，金额81088万元，审减7286万元。审批设备、材料价格8372项，审减1234万元（表13）。推进产能建设井关联交易对接结算工作，与中国石油长城钻探工程公司、中国石油集团测井有限公司对接谈判，完成509口产能建设井预算审核，最终结算金额13.78亿元。开展辽河油田储气库钻采系统工程造价研究，分析储气库井钻采工程工艺特点、费用构成及造价特殊性，编制辽河储气库钻采工程市场化定额，并建立一套适用于辽河油田且能够推广到集团公司的投资估算编制方法。编制审批新工艺、新技术价格，审核碳同位素录井、岩矿扫描录井、增能射孔等辽河油区新增工艺技术210项，推动形成辽河油田新工艺、新技术价格标准。配合规范并简化套损井治理工程资金申报流程，会同相关部门简化2022年套损井治理资金计划概算审批等流程，切实保障辽河油田公司套损井治理工作实施和上产进度。统一非标准设备计价标准，成立非标橇装设备及标准化井口工艺橇价格审核组，制定价格测算方案，共审核储气库群地面工程橇装设备模块31套，非标设备39台套，标准井口工艺橇21套，油气管线开孔封堵76项，3PE防腐管24项，有效解决价格纠纷。保障抗洪复产概、结算，及时确定39项非常规项目的计价依据，完成概、结算181项，审减金额5623.77万元。针对曙光采油厂年底结算集中压力，受委托承接3.9亿元结算一级审核。组织辽河油田造价人员岗位认证279人次，其中高级88人次、中级172人次、初级19人次。

表13 2022年完成各类审批数量表

	项目数量（项、条）	审批（定、核）额（万元）	审减额（万元）
概算	655	672033	29045
预算（标底）	340	73334	4709
结算	460	81088	7286
设备、材料	8372	—	1234

【经济评价管理】 2022年，经济技术研究院严把效益关，组织完成辽河油田多项重大方案评价，完成上报股份公司效益产量评价任务，在储量申报、投资和成本控制等方面，发挥经济评价决策支撑作用。在勘探评价方面，完成新增三级储量及SEC扩边新发现储量经济评价，增加探明经济可采储量原油292.83万吨、溶解气1.58亿立方米、天然气8.65亿立方米、凝析油0.93万吨，增加控制经济可采储量原油318.44万吨。完成7个区块新增经济可采储量

估算工作，估算原油经济可采储量 87.72 万吨。完成 31 个探明未动用区块的评价分类评价、2022 年油藏评价项目投资计划、海上探井风险勘探经济评价，助力辽河油田公司实现提质增效目标。在开发评价方面，完成 1129 口油气产能建设新井和 519 口套损井的经济评价和效益审核，累计投资优化 77 口，压降投资 2520 万元。完成国家能源局油气开发项目备案工作。开展辽河油田产能建设市场化潜力筛选，完成 173 个潜力低效区块经济评价。完成 2019—2021 年油气产能井达效分析，完成 2023 年油气产能框架计划经济评价。完成《曙光油田稠油 300 万吨稳产年度实施方案》《辽河油田宜庆地区油气初步开发方案》等 SAGD、蒸汽驱、化学驱、火驱、概念设计和国际合作六大类 22 个项目，合计 110 个方案，累计 226 轮次的经济评价工作。组织完成杜 80 蒸汽驱、杜 84 蒸汽驱等 20 个方式转换项目的跟踪评价，编写月报 40 期，季报 48 期。完成 SAGD、蒸汽驱等 22 个项目 619 个井组效益评价工作，为辽河油田公司效益开发提供决策依据。在采油评价方面，按月开展 16000 余口单井及 117 个评价单元效益评价工作，编制上报股份公司的效益评价季报 4 期、年报 1 期。强化单井效益提升工作，与采油单位共同组织无效井治理工作，治理无效井 596 口，平均单位操作成本由治理前 6984 元 / 吨下降至 2989 元 / 吨，低效井治理率达到 63%，效益升级率达到 65%（在 2021 年同油价条件下）。开展 7220 井次措施前评价，否决无效措施 122 井次，减少风险性支出 2806 万元，对实施措施持续跟踪评价，对下步措施投入提出建议。高效配合汛期后复产上产工作，组织各采油单位开展 705 井次成本类专项措施前评价及效益审核审批工作。完成《稠油开发井下大功率电加热技术先导试验方案》《高温带压作业项目》经济评价。在地面工程评价方面，完成《曙、特地区防水患地面优化工程》等 2 个项目经济评价，《金海、欢采两厂物联网建设方案初设经济评价》等 6 个项目效益审核工作。在新能源项目经济评价方面，完成辽河油田公司 CCUS 顶层设计经济评价，编制 CCUS 先导试验方案，加强经济技术一体化研究，用经济指标指导技术方案多轮优化，优先保障捕集内部碳源效益达标，解决辽河稠油尾气排放问题，形成《双 229 块洼 128 井区 CCUS 先导试验》经济评价方案，保证项目 45 美元 / 桶油价下效益实施。完成辽河油田公司天然碱开采项目经济评价，为辽河油田公司与通辽政府合作谈判提供技术支持。开展通辽铀业开发专项工作效益评价，为谈判提供数据支撑。开展风光发电项目经济评价，完成驻辽企业、辽河油田 90 兆瓦等 7 个风光发电项目经济评价审查，保障项目效益获批，推进绿色能源替代工程。完成石油经济专标委"石油可采储量估算"行业标准修订工作及《油井增产措施经济评价方法》标准修订立项工作。独立及联合咨询中心完成《锦 45 块集输系统工艺优化》等 8 个后评价工作。

【技术经济咨询】 2022 年，经济技术研究院立足打造"中石油特色咨询品牌"，发挥咨询甲级资信优势，坚持做大做强咨询业务，发展能力实现进阶升级。承接及中标各类咨询项目 87 个，其中可研 16 项，后评价 15 项，评估审查 44 项，考题研究 2 项，经济测算及管理 10 项（表 14）。合同额 1678 万元，税前利润 419 万元，利润增长 164%，经营业绩数量级增长，劳动生产率大幅度提高。编制《辽河油田公司未上市业务中长期高质量协同发展规划》等专题报告，明晰辽河油田未上市业务发展愿景和发展路径，为辽河油田公司整合和改革提供总体思路。完成《辽河油田储气库钻采工程造价方法研究》《兴隆台采油厂潜油电泵采油设备购置可行性研究》等可研项目 16 项，为辽河油田和委托单位提供技术支持和专业保障。组织《牛一联轻烃回收装置可研评估》《月探 1 井弃置封井工程方案审查》等各类项目评估、审查 44 项，强化项目前期评估论证，有效优化投资方案。强化投资后评价成果运用，完成《2019 年辽河油田原油产能建设项目》《齐 108 块莲花油层蒸汽驱开发地面建设工程》《辽河雷 61 储气库》等 15 个后评价项目，有效提升企业决策质量和项目管理水平，助力辽河油田公司高质量发展。取得质量环境职业健康安全 QES 管理体系认证，借助三体系认证证书优势，市场开发能力大幅提升，与集团公司咨询中心、大庆油田有限责任公司、中国石油长城钻探工程公司、中国石油大庆钻探公司等多家外部单位合作，完成《大庆油田2022年电驱压裂机组购置可研》《大庆钻探工程公司2022年度压裂车组购置项目可行性研究报告》《2022年威远页岩气风险作业区块经济可采储量评估》等13个外部市场项目，合同额454万元，同比增长1.5倍。完善咨询专家管理体系，更新勘探开发、地面工程、钻采工程、新能源专家库，聘用专家450余人次，构建以专家为核心、以项目研究为纽带的运行机制，为咨询项目提供有力支撑。

表14　2022年完成各类咨询项目数量表

可研（项）	后评价（项）	评估审查（项）	专题研究（项）	经济测算及管理（项）
16	15	44	2	10

【软科学管理】　2022年，经济技术研究院贯彻落实"强化软科学对管理提升的战略引领、理论支持"工作部署，建立健全各项规章制度，加强完善科研队伍建设，营造良好科研条件，实现课题数量翻倍、研究质量提升、管理水平提高的工作目标。组织完成辽河油田公司"辽河油田公司储气库发展模式研究""辽河油田亏损企业治理对策研究""辽河油田'十四五'时期原油效益开发策略研究"等33项课题，其中软科学研究优秀课题12项（表15）。完成集团公司课题"加强石油企业职工心理健康促进工作研究""油气田公司业务归核化发展配套机制研究"，分别获集团公司优秀课题、良好课题奖。在研集团公司课题3项，辽河油田公司课题4项。课题数量同比增长1倍。软科学研究评审专家111人，同比增加72人；参与软科学课题研究512人次，同比增加393人次，参与研究人数增长3倍；投入软科学研究经费365万元，同比增长32.6%，软科学研究环境和成果实现合理高效发展。制修订辽河油田公司软科学研究管理及奖励机制，规范软科学管理运行，促进成果推广应用。开发软科学课题管理信息系统，规范软科学研究课题管理流程27项，制定软科学研究课题标准模板20个，有效提升管理效率和质量，节约课题研究经费20.67万元。

【科技创新】　2022年，经济技术研究院强化科技管

表15　2022年软科学研究优秀课题

序号	课题名称	需求单位	承担单位
1	混合所有制改革实现形式与实践研究	深化改革领导小组办公室	培训中心（党校）资本运营事业部
2	辽河油田公司科技团队贡献取酬机制研究	深化改革领导小组办公室	党委组织部（人事部）、科技部、培训中心（党校）钻采工艺研究院
3	辽河油田"十四五"时期原油效益开发策略研究	开发事业部	经济技术研究院
4	辽河油田亏损企业治理对策研究	财务资产部	财务资产部
5	SEC储量精细评价与创新性研究	开发事业部	开发事业部
6	"辽河精神"研究与实践	党委宣传部	党委宣传部
7	辽河油田数字化转型、智能化发展研究	数字和信息化管理部	数字和信息化管理部
8	辽河油田公司人才评价激励机制研究	党委组织部（人事部）	党委组织部（人事部）
9	辽河油田廉洁文化建设探索与实践	纪委办公室	纪委办公室
10	减排替代背景下辽河油田新能源优势发展方向研究	规划计划部	经济技术研究院
11	辽河油田公司合规、风险、内部控制管理一体化研究	企管法规部	企管法规部
12	辽河油田制度体系现代化实施路径研究	企管法规部	企管法规部

理与创新工作，组建经济技术研究院科技管理领导小组和科学技术委员会，出台《经济技术研究院科学研究与技术开发项目管理办法》，科研管理工作走上正轨。开展"辽河油田'十四五'时期原油效益开发策略研究""碳驱油埋存提升效益研究"课题攻关工作。"以推动油田高质量发展为目标的经济评价数字化转型升级"获集团公司管理创新优秀成果奖二等奖，"原油效益开发数智化决策体系探索与实践"获石油石化企业管理现代化创新优秀成果奖二等奖，"油田产能建设经济评价方法"获辽河油田公司优秀标准奖三等奖，全年申报专利1件、发表学术论文2篇，其中1篇获盘锦市自然科学学术成果奖一等奖。

【方案编制】 2022年，经济技术研究院编制《2023年油气井工程、物探工程、小修作业工程造价指标》《2023年建设工程、服务项目造价指标》《智能化系统工程市场化清单单价指标》等造价指标方案，推动辽河油田造价管理市场化改革。《辽河油田碳达峰实施方案》《辽河油田碳达峰行动方案》《中国石油驻辽企业碳达峰实施方案》等政策研究方案，服务辽河油田发展和决策。《牛居油田永3区块古近系沙河街组沙三段气藏天然气探明储量新增报告》《高升油田雷72区块雷72-22-12井区古近系沙河街组沙三三亚段油藏石油探明储量新增报告》《奈曼油田奈13区块白垩系九佛堂组九下段油藏石油探明储量新增报告》《正宁油田乐83区块三叠系延长组长2、长6油藏；乐63区块三叠系延长组长2油藏石油探明储量新增报告》《曙光油田杜124区块双北32-46井区古近系沙河街组沙一+二段油藏、沙三段气藏、沙四段油气藏和曙4-5-11区块曙30井区古近系沙河街组沙四段油藏石油天然气探明储量新增报告》等经济评价方案，为辽河油田提质增效发挥重要作用。

【党建思想政治工作】 2022年，经济技术研究院提高站位强信念，在把牢政治方向上精准发力。严格执行"第一议题"制度，在安全生产、防范风险、依法合规等方面统一思想、凝聚共识，党员干部政治判断力、政治领悟力、政治执行力持续提高。倡导"学习、团结、监督、执行、担当"团队精神，严格执行民主集中制。置身"三篇文章"布局，统筹规划经研院未来发展方向，明确"突出研究与业务并重"的职能定位和"建成一流经研院，为油田公司加油增气、'三篇文章''六项战略工程'提供技术支撑"的共同发展愿景。强化培养严考核，在激发队伍活力上精准发力。优化干部队伍结构，3名85后走上三级副管理岗位，1名80后走上三级正管理岗位，储备优秀年轻干部25名。畅通机关与基层、党务与科研生产交流渠道，岗位交流4人次，促进干部员工合理流动、全面成才。对排名靠后的7名科级干部开展提醒谈话，明确整改方向。注重规范抓创新，在提高党建质量上精准发力。组织"经研大讲堂"，扎实推进学习型团队建设，引导干部员工增强"四个意识"、坚定"四个自信"，坚决做到"两个维护"。制定《支部委员考核办法》，组织党支部书记现场述职，推进党建工作责任落实落细。优化党组织设置，选好配强支部班子，2篇支部工作案例入选辽河油田公司《强基固本赋新能优秀案例集》。压实责任重合规，在弘扬清风正气上精准发力。组织25个职能科室、业务部门开展廉洁风险排查，综合研判出全院范围内易发生的11项廉洁风险进行提示。将合规监督深度融入科研生产管理，开展经济评价管理合规监察，提出管理建议4条。注重抓早抓小抓实，重点开展"反围猎"、违规吃喝、办公用房、违规经商办企等专项治理，补充申报18条亲属经商办企信息，释放越往后越严的鲜明信号。以人为本扬正气，在营造和谐氛围上精准发力。扎实开展形势任务教育，组织开展大学习、大讨论和宣讲教育活动，引导全体党员干部心往一处想、劲往一处使，凝聚起爱岗敬业守纪律、担当作为作贡献的思想共识。严格落实意识形态工作责任制，全年无意识形态事件发生。加大员工健康干预力度，对12名中、高危人群进行动态跟踪管理。坚持"三到位一处理"，确保"两节""两会"及党的二十大期间等重点时期和谐稳定。

（于 兵）

辽河油田消防支队（中国石油消防应急救援辽河油田支队）

【概况】 1978年11月，辽河石油勘探局成立辽河油田公安消防支队，为县团级单位，是以防火灭火为中心任务，按部队要求成立的组织机构。1985年5月，辽河油田公安消防支队改制为企业专职消防队伍，并更名为辽河石油勘探局消防支队。2006年3月，集团公司将辽河石油勘探局所属的消防支队划归辽河油田公司，并于4月更名为辽河油田消防支队，列为油田公司上市业务二级单位管理。2020年4月，辽河油田消防支队加冠中国石油消防应急救援辽河油田支队名称，更名为辽河油田消防支队（中国石油消防应急救援辽河油田支队）（简称消防支队），实行"一个机构、两块牌子"管理模式。消防支队主要担负着辽河油田公司、辽河石化公司、长城钻探工程公司辽河分部、东方地球物理公司辽河物探处和辽宁销售公司盘锦分公司等石油企业以及内蒙古科尔沁油区的防火、灭火和应急救援工作，同时承担着冀东油田和长庆油田的消防保卫任务和消防安全监督管理。

截至2022年底，消防支队设管理职能科室9个、三级生产经营单位11个（含外部市场广东消防大队）、托管多种经营企业3个、基层站队25个，在册人数624人。有固定资产原值2.68亿元，各种资产3111台（套）。2022年，消防支队实现消防安全重点单位监督检查覆盖率100%，火灾隐患督促整改率100%，打造网格化管理模式，组建消防安全监督站，三级消防监督体系初步形成。实现辽河油田公司安全生产先进单位"十三连冠"。

【防火工作】 2022年，消防支队坚持精准发力、靶向治理，有效履行防火职责。强管理夯基础。融入油田公司"监管一体化"管理格局，参与修订《辽河油田公司消防安全管理办法》，进一步理清消防安全管理职责界面。梳理下发《油田公司消防安全重点单位界定标准》，明确189家消防安全重点单位。修订《消防重点单位网格化管理实施方案》，打造网格化管理模式。对25个二级单位386个出租房屋进行消防条件确认审批，确保油区消防安全形势持续稳定。强监督除隐患。开展日常监督检查和消防安全专项考核，查找问题828项，经济处罚2.8万元，对相关责任人记52分。选派110余人次参加油田公司防火专项检查、零散气回收专项检查、房屋建筑物专项检查、节前安全生产大检查等活动。完成119个工业动火、高危井作业、装置投产、紧急抢修、大型会议活动等消防备案和分级监督。围绕"抓消防安全、保高质量发展"主题开展消防宣传工作，开展"消防站开放日"21次，下发《消防安全宣传手册》2500份，发挥多媒体宣传优势，在辽河油田公司微信公众号发布节日期间消防安全提示5期。参与油田公司消防安全管理知识培训，累计授课1000余学时，培训6000余人次。

【灭火工作】 2022年，消防支队坚持聚焦实战、科学练兵，提高救援能力和专业化建设。贯彻落实集团公司《专职消防队建设管理规范》，分批次、分层次打造基层站队示范点，狠抓一日生活制度管理，全面规范早操、交接班、组训、车场日、火警出动、救援演练等程序，实现基础管理工作与集团公司专业化建设考核相统一，与准军事化管理相协调。受集团公司质量安全环保部委托，组建专家组到集团公司7家专职消防队开展专业化建设考核评估验收，横向对标找差距，纵向对比拓思路，坚定专业化建设发展方向。推进训练革新，落实每战必评制度，开展无预案演练、跨区域联合演练，提升打赢制胜能力。坚持科技兴队、素质强兵，119火警指挥中心投入使用，2台新消防车正式列装。举办指挥员、通讯员、驾驶员、班长骨干等各岗位培训班，集中脱产培训19名基层骨干指挥员，选拔尖兵参加中国石油首届技术技能大赛消防战斗员竞赛，获个人银奖2枚，铜奖2枚，团队铜奖、优秀组织奖。全年消防支队出动火警174次，火场战斗保护价值4992.1万元，火场战斗抢救价值1257.7万元；执行现场监护任务270次；执行抢险救援任务341次；开展熟悉演练427次。成功扑救"3·11"油罐爆炸火灾，出色完成曙光特油地区抗洪抢险和复工复产任务。

【安全环保】 2022年，消防支队坚持压实责任、从严管控，稳定安全环保形势。强化责任落实。严格按照"四全"（全员、全过程、全天候、全方位）"四查"（查思想、查管理、查技术、查纪律）"三管三必须"（管行业必须管安全，管业务必须管安全，管生产经营必须管安全）要求，持续推进QHSE管理体系建设，修订《消防支队QHSE管理手册》，完善以党政主要领导为第一责任人的安全环保责任体系，签订各类责任书24份，组织各类HSE培训23项860人次。强化风险防控。严抓节假日、特殊时期升级管理，常态化开展"四不两直"监督检查，从严考核问责，安全生产记分15人次。投入专项资金113万元，对5个基层中队电气线路开展隐患治理，闭环管理持续走深走实。强化健康管理。推进健康企业创建，因时因势优化防控措施，倡导员工健康膳食、合理用药、科学运动，突出健康状况中、高风险员工主动干预，员工体质指数同比下降7.51%。

【经营管理】 2022年，消防支队坚持依法合规、改革创新。实行全面预算与经营计划双重管控，执行"一事一议"立项方式，杜绝预算外和超计划项目发生。坚持"提质"与"增效"并重，围绕内部挖潜、业务优化、外闯创效等重点环节，深化创新实践，严格成本管控，累计压减成本840万元、创效653万元。凝聚全员合力推进广东石化分公司消防服务项目，组建工作专班，提升消防服务水平，创效573万元。

【队伍管理】 2022年，消防支队以"管理提升年"行动为抓手。坚持依法合规治企，针对近年来各类检查中发现的问题开展溯源分析，编制合规风险清单，新修订制度3项，新建执行流程23个。完成"三定"工作，推行岗位动态管理，构建科学、精干、高效的组织架构。组织提拔三级正职3人，三级副职3人，三级正副职干部平均年龄42.5岁，本科毕业生占57.8%，交流三级正副职干部42人次。举办各类培训班47期，1416人次参加。支队党委按照"一级制度二级流程"要求，废止《消防支队科级干部管理实施细则》，重新制定三级正副职干部管理流程，规范三级正副职干部选拔任用的程序环节。建立选人用人工作档案，对中层领导人员选拔任用过程进行全纪实。

【党群工作】 2022年，消防支队坚持"第一议题"制度，学习贯彻党的二十大精神，"党建+"引领促进党建工作与生产经营深度融合，切实做好党委巡察整改"后半篇文章"，党委"把方向、管大局、保落实"。中心组学习26次，专题研讨7次，举办"转勇强创"主题教育宣讲会21场次。坚持党委前置研究讨论制度化规范化，完善"三重一大"决策执行流程，决策"三重一大"事项62个，支队党委领导作用更加凸显。抓基层党建固本强基。推进党建"三基本"建设与"三基"工作有机融合，加强支部基础工作，夯实基层堡垒。开展安全生产"四大"活动、党建联系点与安全生产承包点"双包双促"（领导干部对基层站队实行安全生产承包点和党建联系点双承包，促进党建与QHSE标准化建设水平提升）活动，实现党建工作与安全管理双促进双提升。抓形象建设展示风采。用活"两微一网一抖"（宣传媒体矩阵：微信微博、门户网站、抖音）宣传矩阵，讲好消防故事，传播消防声音。大力弘扬辽河精神，凝练形成"四诚"（忠诚担当、公诚守纪、炽诚勇敢、竭诚奉献）精神特色文化，用先进文化和典型事例引领广大干部员工积极投身执勤战备。抓监督执纪从严治党。完成辽河油田公司党委巡察"回头看"整改工作，整改完成率100%。开展联合监督、现场督导、专项检查，增强全员合规意识。抓民生改善构建和谐。提高劳务用工薪酬待遇，劳务用工伙食补助由每日14元/人增加至22元/人，建立外部市场队伍保障关爱机制，加大基层节日慰问力度，举办系列文体活动，组织"送法到基层"，彻底解决多种经营企业退休职工公积金群体访问题，民生改善与构建和谐"双提双促"。

（李逢春　徐秀英）

燃气集团公司

【概况】 2004年6月，辽河石油勘探局成立天然气工程筹备办公室。2005年9月，辽河石油勘探局撤销天然气工程筹备办公室，成立燃气事业部。2008年2月，燃气事业部划归辽河油田公司。2010年11月，辽河油田公司成立燃气集团公司，与燃气事业部实行一个机构、两块牌子、合署办公。2011年9月，辽河油田公司将燃气事业部与燃气集团公司重组整合，成立燃气集团公司。主要负责辽河油田外来天然气经营、下游市场开发，以及油田气代油管理、宜庆区块天然气和油田自产气销售业务。2011年，辽河燃气业务第1家独立法人公司中石油辽河油田（盘锦）燃气有限公司注册成立；第一条天然气管线华锦专线，第一座CNG母站盘锦母站投产运行。2017年，第一座CNG车用标准加气站沈阳沧海路加气站投产运行。同年，作为外闯市场单位，首次实现盈利，利润952万元；2021年，油田外部市场销量10.7亿立方米，跃居全省第一，成为省内天然气业务领跑者，实现利润5406万元，盈利额完全弥补建设期亏损。

截至2022年底，燃气集团公司业务范围横跨4省14市，主要分布在辽宁省盘锦、辽阳、海城、朝阳等11个市，陕西省宜川市，甘肃省庆阳市，内蒙古赤峰市。运营管线9条，总长340千米；在建2条，总长20千米；CNG母站3座、在建1座，子站8座。累计输销天然气216亿立方米。2022年，燃气集团公司设管理职能科室13个，直属部门3个，下辖直属单位7家，托管股权公司8家，在册员工587人。完成输销天然气23.05亿立方米，收入34.25亿元，实现账面利润7377万元，对比辽河油田公司下达的年度预算奋斗目标6915万元，超交利润462万元。燃气集团公司获盘锦市五一劳动奖状、辽河油田公司质量安全环保先进单位称号。

【业务发展】 2022年，燃气集团公司应对油田气代油和外保供销售业务分开分立带来的经营压力，紧抓淡季不淡市场机遇，拓展有效益有质量的终端市场。与辽阳首山经济开发区管委会签订天然气管道特许经营协议，扩大经营区域。优化资源分配供给，拓展直供代输市场，开发管道用户21个，管道业务输销量10.73亿立方米，同比增长12%。依托油田气代油管网和自产气管网，开发沿线市场，油区自产气销量1.55亿立方米，同比增长38%。围绕辽河油田公司流转区产能规划，以辽河油田庆阳勘探开发分公司气井为资源，以长庆油田燃气企业为平台，开发陕西、甘肃市场，投产气井41口，销量0.44亿立方米。依托盘锦、锦州、葫芦岛3座母站开发辽宁和内蒙古赤峰市场，沈阳、本溪、铁岭、赤峰7座子站提升服务质量，塑造优质品牌，母子站总销量1.06亿立方米，同比增长20%。

【生产组织】 2022年，燃气集团公司落实辽河油田公司"保存量、控增量"总体要求，在气源协调、设备维护、用户管理等方面协同发力，建立与国家石油天然气管网集团有限公司、天然气销售辽宁分公司和油田公司纵向对接，与油气集输公司、辽河油田（盘锦）储气库有限公司和各采油单位横向沟通的"三纵三横"交流机制，制定五级压减应急方案，在中国—中亚天然气管道限气、大连—沈阳天然气管道停运检修期间，压减自有终端保民生用气、保油田生产用气，全面做好冬季保供工作。组织开展雨季汛期专项检查，完善母子站雷雨天气停产预案，面对历史罕见洪涝灾害，燃气集团公司100余名员工驻守盘锦末站抗洪筑堤，守护盘锦全市用气最后一道防线。加强应急体系建设，启动应急预案响应1次，有效处置盘锦母站ESD异常切断事件，完成各类应急演练163次，提高应对突发情况应急处置和抢险救援能力。开展管道完整性管理工作，检测管道11条，清理占压26处，完成辽宁省发展和改革委员会督办的占压隐患销项任务。聚焦在建工程收尾，协调各种资源，加快推进鞍山末站、营口信义支线、沈阳于洪母站、赤峰瓦北LNG加注站、冷家油田开发公司点供项目投产运营，奠定燃气集团公司高质量发展基础。

【经营管理】 2022年，燃气集团公司落实"管理提升年"总体部署，坚持"四精"理念，推进管道增效、降本增效等7项提质增效工程，挖潜增效1.05亿元。推进辽宁正丰实业有限公司欠款、沈阳土地款清欠工作，清收欠款110万元。开展资产分类评价管理工作，处置茨榆坨采油厂母站等13项负效资产，优化资产结构。落实辽河油田公司依法合规治企工作会议精神，实施依法合规治企专项任务48项，制定《合同验收管理》等执行流程3个，签订合同437份，合同签订审查率100%，无事后合同和应签未签合同。统筹安排计量器具检定，按月分解指标，严格组织实施。全面实施下游用户计量器具精准选配，开展流量计选型论证，加大"四不两直"检查力度，累计发现问题81项，整改完成79项。

【安全环保】 2022年，燃气集团公司坚持"五个用心抓"（用心抓"四全""四查"工作落实落地；用心抓QHSE体系建设和责任清单管理；用心抓风险识别和隐患排查治理；用心抓低老坏、重复性问题整治；用心抓承包商监督管理），落实特殊敏感时段升级管控措施，牢牢守住全年"四零"（零伤害、零污染、零事故、零缺陷）目标。完善全员安全生产责任制，修订QHSE责任清单，通过集团公司油气和新能源分公司体系审核，连续5年保持B1级。开展安全生产大检查，制定安全生产15条硬性措施，细化62项具体任务，实现任务有清单，落实有抓手。推进安全"四大"（大反思、大讨论、大排查、大整治）活动，组织2轮大反思、大讨论，压实全员安全生产责任。建立安全隐患月度分析会制度，主要领导亲自督办隐患整改，投入安全专项资金1281万元，清理管道占压、整治管道水毁、整改防爆电气隐患、维修更换失效阀门，有效防控安全风险。开展管道泄漏应急实战演练，提高抢险处置能力。

【科技工作】 2022年，燃气集团公司坚持科技创新，针对管理短板、技术瓶颈问题，组织技术攻关。在朝阳支线研发应用管道泄漏连锁报警控制系统，实现对管道泄漏的自动检测、自动报警、自动切断功能，降低管道运行风险。在盘锦母站研发应用压缩机自动停机技术，提高单车充装量。推广应用计量数据远传技术、流量超限报警技术，实现燃气集团公司全部计量点数据自动采集、自动回传、精准计量。研发应用财务精细化管理系统，加快财务信息化建设，推动业财融合。评定科技进步奖、软科学优秀成果奖16项，《燃气管道运行智能化研究》获盘锦市自然科学学术成果奖一等奖。

【党的建设】 2022年，燃气集团公司严格执行"第一议题"、理论中心组学习制度，学习贯彻习近平总书记重要讲话和党的二十大精神，组织学习研讨24次。制定公司"三重一大"决策制度执行流程，完善决策事项清单，民主决策84项，发挥党委"把方向、管大局、保落实"作用。落实全面从严治党主体责任清单，通过施行党建联系点与安全生产承包点"双责合一"制度，运用党支部考评与基层单位班子考核"双挂钩"机制，推动管党治党走深走实。坚持党管干部原则，完善"双向进入、交叉任职"领导体制，持续推行股权公司董事长和支部书记一肩挑。坚持正确用人导向，优化后备人才库，提拔交流干部40人次。围绕发展重点难点，以"党建+项目""党建+安全"为载体，推动基层党建"三基本"与"三基"工作有机融合。扎实推进党史学习教育常态化长效化，组织开展"转观念、勇担当、强管理、创一流"主题教育活动，增强党性观念，凝聚发展合力。加强意识形态阵地建设，开展意识形态建设合规管理督查，防范化解舆情风险。制定公司巡察工作规划，组织开展首轮巡察，发现问题177项，施行基层机关"双反馈"，确保上下结合整改到位。

【惠民举措】 2022年，燃气集团公司坚持惠及民生，推进民生改善工程，开展慰问送温暖、EAP服务行动，完善基层活动场地，组织网上健步走、书法培训班等文体活动，解决民生问题20余项，增强员工归属感。修订完善工效挂钩办法，稳步提升员工收入。执行集团公司员工管理规定，组织全员合规培训、普法教育。启动健康企业创建工作，建立员工健康小屋和心理辅导室，加强员工健康干预，丰富个性化体检套餐,方便员工按需体检。完善健康干预方案,对320名中高风险人员,从生活方式、合理膳食、用药指导等方面给予指导,组织体检复检,改善员工健康状况。落实疫情防控要求,实施"一地一策"防控模式,核酸检测37次,服务社区150人次,保障员工身体健康。

（郭桂林）

外部市场项目管理部（塔里木项目管理部）

【概况】 2014年7月,辽河油田分公司实施"走出去"发展战略,为整合辽河油田在塔里木油田有关单位资源,更加有效地发挥技术、人才和设备优势,进一步提升市场开发水平和创效能力,成立塔里木项目管理部,机构规格为正处级,列为辽河油田公司上市业务二级单位管理,办公地点设在盘锦与库尔勒。2015年9月,辽河油田分公司为加快西部市场开发形成新的经济增长点,同意塔里木项目管理部增挂"西部油田项目管理部"牌子,统称"西部油田项目管理部（塔里木项目管理部）",实行"一套机构、两块牌子"的管理模式。2020年8月,将东部油田项目管理部和西部油田项目管理部重组整合,成立外部市场项目管理部（塔里木项目管理部）,统一对外开发市场。截至2022年底,外部市场项目管理部设管理职能部室7个、技术支持中心3个、基层项目部18个。有员工190人。2022年,开发项目111项,完成市场开发额8.15亿元,形成产值1.97亿元,账面利润-0.64亿元,完成辽河油田公司下达的各项业绩指标。

【安全环保】 2022年,外部市场项目管理部开展全员安全环保履职能力评估,组织编制《管理部QHSE考核细则》,每季度进行考核打分,先后对19家单位进行分值扣减,促进QHSE管理工作的规范化开展。常态化隐患排查效果明显。落实"发现隐患项目有奖机制",鼓励干部员工发现问题,排查隐患问题389项,整改370项,其余项均制定整改措施。组织开展安全生产大检查,基层项目部自查发现问题505项,相互交叉检查发现问题63项,均已整改。改善员工职业健康状况。推进"健康辽河2030"行动,邀请专家开展健康知识讲座,培训人数110余人次。聘请专家对100余名中高风险人员健康指标进行监测,实行分类管理指导和咨询服务。继续推行减油、减盐、减糖"三减"行动,开展"全员健身"活动,引导员工关注健康、增强体魄。

【市场开发】 2022年,外部市场项目管理部多措并举,助推市场开发规模效益"双增长"。三大重点市场取得突破。塔里木油田市场成功签订东河带泵注水、塔中技术服务、轮南防偏磨等多项技术服务项目。依奇克里克总包项目移交后,成立专班项目组,开展各项复产准备工作。长庆油田市场新签项目29项,开发额1.6亿元,市场份额大幅攀升。西南油气田市场签订双方战略框架协议,中标致密油气项目部天然气放空回收利用等项目。市场规模有效巩固拓展。青海、吐哈、煤层气等油田市场巩固深化,业务范围逐渐向区块总包拓展延伸。挺进新疆油田市场及重庆合川、四川威远等油田区域,外部市场再添"新版图"。技术引领市场成果初现。构建外闯市场"技术池",系统集成辽河特色技术资源库,助力技术引领市场开发。依托小修带大修、减氧空气驱等多项辽河特色技术,促进市场开发由重规模向重效益转型。紧盯天然气清洁能源市场,先后在煤层气致密气、长城钻探页岩气等多个区块寻求合作。与吉林油田签署CCUS框架协议,加大新能源业务领域市场开发。外闯市场"资源池"初步构建。先后到欢喜岭采油厂、锦州采油厂、兴隆台采油厂、辽河工程技术分公司等多家二级单位调研交流,了解各单位在冗员闲资、创效能力等方面存在的问题,收集汇总对外闯市场工作的意愿和需求、技术和资源,有针对性地开发和配置市场,不断提升项目开发效率效果。

【经营管理】 2022年,外部市场项目管理部科学制定项目运行和奖励激励办法,以改革激发活力、提升效益。完善业绩考核体系。协助完善辽河油田公司《外部市场开发管理细则》《外部市场项目管理细则》，修订完善管理部《工效挂钩考核办法》《项目制管理办法》，建立形成"双向选择""末位淘汰""以岗定薪，易岗易薪"竞争机制，全面激发员工干事创业热情。项目分级分类科学有效。对所有76个运营项目综合考虑产值收入、项目利润、生命周期、边际贡献四大因素，按照不同权重进行项目分级，实行分类管理。并以此为依据，按照"有所为，有所不为"的原则，发展A类高评价项目、萎缩退出C类低端业务，提升市场判断的敏感度和洞见性。提质增效工程见到实效。开展"管理提升"活动，定期梳理应收款项，排查重点应收项目，资金回流5000余万元。从6个方面落实提质增效专项行动计划，生产上精耕细作，经营上创新管理，实现增效807万元，保障162万元成绩。

【党群工作】 2022年，外部市场项目管理部强化政治引领，发挥"把方向、管大局、保落实"的核心作用。领导班子整体功能持续增强。深入学习贯彻习近平新时代中国特色社会主义思想和党的二十大精神，组织党委中心组学习13次，专题研讨4次。严格落实"第一议题"制度，学习习近平总书记重要讲话21次。规范执行"三重一大"决策制度，科学民主决策67项。深入开展形势任务教育，集中学习研讨12场次40学时，深入基层开展宣讲10余场，受众600余人次，为员工解决实际问题22个。基层党建工作扎实有效。落实《三十项党建重点工作项目化管理实施方案》，探索"六个一"工作法，推动党建"三基本"建设与"三基"工作深度融合。与锦州采油厂、辽河油田建设有限公司等11家单位建立"党建联盟"，构建"八个协同"工作机制，引导外部市场员工共举辽河一面大旗、共创辽河特色品牌。开展党员讲述、专题党课、谈心谈话等系列活动75场次，持续提升基层党建工作水平。深入推进党风廉政建设。制定下发落实"两个责任"推进运行计划，形成34项任务清单，逐项落实，组织签订党风廉政建设责任书和廉洁自律承诺书171份。把警示教育纳入党委理论中心组学习，对80名三级副以上领导干部开展廉洁教育，累计参与1200余人次。开展安全生产"四大"活动。深入开展安全生产"大反思、大讨论、大排查、大整治"活动，收集党员干部反思报告83份，形成讨论成果500余条，排查安全管理问题200余项，逐条制定整改措施。发布"筑牢安全网、护航二十大"微学习18篇，全面营造"人人讲安全、人人要安全"的文化氛围。民生工程建设提升福祉。制定印发《2022年民生改善工程工作方案》，围绕"健康护航安心、生产生活暖心、工会普惠聚心、安居服务舒心"4项内容，细化10个健康项目，着力帮助解决职工"急难愁盼"问题13件。

（徐　鑫）

销售公司

【概况】 1989年11月，辽河石油勘探局成立销售公司，列为辽河石油勘探局直属公司，负责辽河油田所产原油的计划销售、调度储运等。1999年7月，销售公司划归辽河油田公司管理。2000年12月，集团公司将辽河油田公司销售公司的成品油销售业务划归东北销售公司。2010年9月，销售公司除辽河油田矿区居民自用液化气业务外，其他液化气业务划归中石油昆仑燃气有限公司。2014年1月，辽河油田公司将销售公司纳入上市业务二级单位管理。2022年5月，与原大连分公司重组，列为上市业务二级单位管理，同步成立党委，归属经营创效板块。主要负责辽河油田原油及轻烃液化气产品销售、石油石化产品交易等业务，主要负责收集分析市场信息，协助制订销售计划，参与产品定价，负责销售过程管理、现场监督、结算统计及市场开发工作。

截至2022年底，销售公司设管理职能部门4个，三级单位1个，托管单位2个（大连石油交易所有限公司、大连金石高尔夫俱乐部有限公司）。有员工135人。2022年，销售公司应对油品市场变化、组织协调难度增加，以及因疫情影响等一系列困难，严格销售全程管控，确保油品"全产全销"，销售油品921.58万吨。实现收入366亿元，创效9029万元。

【提质增效】 2022年，销售公司围绕年度提质增效工作目标，实现辽河油田公司整体销售收益最大化，超额完成辽河油田公司下达的业绩考核指标。科学设置分质分销站点，掌握油品性质变化，合理调整销售策略，将高价油品销量维持在最高水平。以高凝油、中质油、黑凝析油等高价油品销售工作为重点，尽可能少掺多销。通过现场调研、跟踪化验，及时掌握油品性质变化，合理调整销售策略，将高价油品的销量维持在最高水平。充分利用现行定价机制，加强油价走势预判，在不同结算周期内，按照"价高多销、价低少销"的动态营销策略，在零成本投入的情况下，做到销售收益最大化，实现创效647万元。拓展客户资源，深入了解客户需求，掌握客户的加工能力、原料库存、进货渠道、生产检修安排等基本信息，实行差异化营销策略，根据油田生产和库存情况，利用交易平台持续推进市场化销售工作，增加交易所线上交易规模，适时开展市场化销售，实现增收创效水平新突破，达成市场化销售创效5930万元，增加交易所线上交易规模创效304万元。

【企业管理】 2022年，销售公司遵循"优化流程，缩短链条，提高效率"方针，主次分层，系统全面，依法以规，注重程序，按照时间节点完成重组整合任务，未发生任何不稳定因素。加强思想政治引领，优化机构设置，精干人员配置，依照"政治牢靠、能力突出、岗位所需"原则优选配备骨干力量，机关科室由13个压缩至4个，压减率69.2%；人员由58人压缩至24人，压减率58.6%，办公效率得到显著提升，完成辽河油田首家二级单位大部制改革任务。开展风险评估，组织机关各部门和所属单位开展风险评估，收集与本企业相关的内外部风险信息，根据辽河油田公司风险分类框架及标准，编制风险分析评估表，对18项风险因素进行打分排序，针对重点风险制定管控方案。按照重组整合后新的组织机构和职能安排，结合新的岗位设置和人员安排，按照"一级制度、两级流程"要求，梳理并完善管理制度及业务流程，确保内部控制规范有效。从销售计划、预收账款、销售实施、销售监督、销售结算、销售统计和QHSE管理7个方面，排查关键业务风险点，制定针对性防范措施。完善管理机构，组建销售公司合规、内控、法治建设领导小组，明确各领导小组职责，统筹推进依法合规治企等各项工作。开展专项行动，落实辽河油田公司依法合规治企暨强化合规提升管理专项行动工作。完成合规高风险岗位人员划定工作。制定本单位分管领导、合规高风险岗位人员合规责任清单。开展合规规范清单梳理工作，优化更新适用合规规范清单377项。认真核对结算环节数据，明确经办、复核、审批责任，保证结算量、价准确无误，确保油品结算零差错。严格执行收支规定。对股份公司外部购油单位一律实行先款后货销售原则，确保油品销售无新增欠款，有效保障油田资金安全。

【数字信息化建设】 2022年，销售公司推进数字信息化建设。根据"全面推进数字化"要求，从安全、科学、高效开展油品销售工作角度，推动建立辽河油田销售信息化平台。销售信息管理平台包括计划管理、运行管理、数据管理、结算分析与协同办公五个板块，并支持电脑端、移动端。完成《辽河油田原油销售网络图》《联合站、公路外销点基础数据调查表》《油气集输公司联合站、输油管线和80万轻烃厂、沈二轻、沈三联基础数据调查表》等各项基础数据，并将平台建设方案上报辽河油田数字和信息化管理部。

【质量安全管理】 2022年，销售公司严格落实"四全""四查"工作要求，以"五个用心抓"为行动指引，夯实QHSE体系建设、精准风险管控、精细健康管理，全面推进质量安全环保工作要求落实落地。成立销售公司安委会，建立安全环保重大议事制度，全面修订QHSE工作职责，按照职责分工签订QHSE责任书。制定班子成员安全生产重点任务清单，确保"一岗双责、党政同责"落实到位。制定安全重点工作运行表，落实相关责任部门及实施部门。持续优化"三位一体"监督体制，完善现场监督检查表，促进上下一致、管理同源。实行程序化、标准化、差异化监督，强化监督实施、问题处置、整改验证全流程闭环管理，稳步提升现场监督工作效能。强化应急管理工作，抓好演练过程管理，并以生产现场实战化应急演练为对象，规范演练方案制定、组织实施、评估总结。严格落实辽河油田公司部署要求，开展安全生产大检查、燃气火灾爆炸大检查、安全生产月、房屋专项整治活动。提前安排部署防汛工作，下发预警通知，提示驻厂监督员加强交通安全，储库现场完成沟渠清淤。全面落实辽河油田公司及地方政府各项防控措施，坚持"外防输入、内防反弹"和"三个并重"工作要求，落实"四控""四早""四清"措施，始终从讲政治的高度"平战结合"常态化抓好疫情防控工作，实现疫情防控与生产经营"两手抓，两不误"。按照健康辽河2030行动要求，建立"员工是自己健康的第一责任人、家庭是员工健康的第一监护人、单位主要负责人是员工健康管理的第一责任人"责任架构，明晰健康管理职责，优化健康体检项目，对中、高风险人群实行分级分类管理，制定干预方案。完善办公场所健康紧急处置设施和药品。改善饮食饮水卫生，开展无烟单位、无烟办公室创建、全员健身行动、心理健康行动评选活动。

【队伍建设】 2022年，销售公司抓实干部人才建设，提升服务发展能力。加强干部队伍建设，落实激励干部担当作为措施，完善干部选拔培养体系，把靠得住、信得过、能放心的好干部选出来、用起来，树立良好的选人用人"风向标"。科学制定3支人才队伍培训计划，实施人才强企工程，针对疫情形势，利用网络平台开展教育培训。加强队伍作风建设，突出"强化执行马上就办、担当尽责办就办好"，员工队伍呈现出好面貌、好状态、好形象。

【党风廉政建设】 2022年，销售公司压实全面从严治党主体责任，召开党风廉政建设和反腐败工作会议，落实"一把手监督手册"要求，签订党风廉政建设责任书，签订率100%。召开党委会2次，确保党风廉政建设和反腐败工作思路、措施落实到位。班子成员定期到党风廉政建设联系点开展活动2次。配合辽河油田公司党委巡察工作，反馈问题全部整改完毕。严格落实纪委监督责任，制定廉洁风险防控实施方案，排查出廉洁风险点204个，制定整改防控措施220条。开展"六个一"教育。逐级开展党风廉政建设提醒性谈话43人。梳理"三重一大"决策制度流程。纪委书记对党委班子成员履职情况和日常表现分别做出"画像"评价。严格抓好部门监管责任落实，辽河油田公司纪委"锦16块管线泄漏事故以案促改实施方案"和"反围猎专项行动工作方案"学习教育严格落实落地。跟踪监督提质增效专项行动。监督推进违规公款吃喝问题专项整治工作落地见效。

【党建工作】 2022年，销售公司全面贯彻习近平新时代中国特色社会主义思想，坚定加强党的建设不动摇，夯实党建基础，推动深度融合，坚定不移全面从严治党，着力推进党的领导和公司治理有机统一，全方位引领公司高质量发展。加强两级领导班子建设，选优配强各部室和基层单位领导人员。严格落实"第一议题"制度，开展党委理论中心组学习12次，系统学习习近平总书记系列重要讲话、指示批示和理论文章，重点学习党的二十大精神。巩固深化"不忘初心、牢记使命"主题教育成果，定期到党建联系点讲党课、调研工作、听取意见、解决问题。推进"两学一做"学习教育常态化，利用铁人先锋等平台持续推动学习走深走实，全体党员干部切实增强"四个意识"、坚定"四个自信"、做到"两个维护"。加强民主集中制建设，严格落实党委议事制度及请示报告、谈心谈话等制度，修订完善《"三重一大"决策制度实施细则》，召开"三重一大"会议13次，决策议题25项。加强顶层设计，召开专题会议研究部署党建工作，制定《党建制度汇编》，严格执行《中国共产党支部工作条例（试行）》《中国共产党党员教育管理工作条例》等各项制度规定。抓好基本制度落实，有序开展党建各项工作，铁人先锋平台排名、云长征党内活动等位居考核单位前列，其中云长征活动获评辽河油田公司10家优胜单位之一。推进党建信息化平台应用，在线开展答题活动、组织生活98次，累计300余人次参与，党员参与率100%。深化"三基"与"三基本"有效融合，设立党员工程3项。抓实党建与安全生产经营深度融合，抓好安全生产"四大"活动，油品销售业务探索新型销售联盟形式，石油交易业务开展"税企共建联盟"活动，方便快捷解决业务矛盾问题。抓好辽河油田公司第三次党代会精神及党的二十大精神学习，下发学习通知，开展学习研讨，开展征文活动。开展"四大"主题教育活动，通过宣讲会方式，系统宣贯系列重要部署和安排。贯彻《保密法》《网络信息安全法》，对涉密人员进行分级管理，签订《保密工作责任书》。加强企业文化建设，大连石油交易所规划设计"石油石化交易长廊"，打造特色企业文化阵地。加强意识形态阵地建设和管理监督，在网站及各类媒体发表的宣传稿件全部经过处科级领导审核把关，对发布内容进行严格监督。

（张铁川）

安全环保技术监督中心

【概况】 辽河油田公司安全环保技术监督中心（简称中心）成立于2017年6月，由原辽河油田安全环保处、质量节能管理部、矿区服务事业部、工程服务中心和钻采工艺研究院所属QHSE监督、检验、科研评价机构重组整合而成，列为辽河油田公司上市业务二级单位管理，是一家QHSE监督检查、检验检测、科研评价"一体化"管理技术监督机构。加挂中国石油天然气集团公司东北油田节能监测中心、中国石油天然气股份有限公司油田节能监测中心、中国石油天然气集团有限公司辽河特种设备检验中心、中国石油天然气股份有限公司辽河特种设备检验中心、油气和新能源分公司HSE东北工作站、中国石油辽宁环境应急监测中心、石油天然气辽河工程质量监督站、辽河油田油气井工程质量监督站8块牌子。主要负责生产安全、交通安全、特种设备、环境保护、职业健康、井筒工程质量、建设工程质量和产品质量、服务质量、节能节水、计量、标准化、抗震、防爆等监督工作；特种设备检验检测，环境、节能、产品和劳动安全卫生等指标监测；流量容器和计量器具的量值传递与溯源；安全生产、职业卫生和环境影响评价实施，提供技术咨询服务，以及健康、安全、环保技术研究。此外还负责监督考核公司机关部门和二级单位QHSE履职、风险防控情况，归口指导考核各单位监督派驻机构。

截至2022年底，中心设管理职能科室7个，分设HSE监督、质量技术监督、检验检测、特种设备检验、科研与评价五大业务板块，下辖QHSE监督、检验检测、科研评价站所25个，托管全资子公司1个。拥有在册员工356人。实现收入5059.49万元，成本支出13532.24万元，利润-8472.75万元，拥有2488台套仪器设备。2022年，中心贯彻党的十九大和党的二十大会议精神，全面落实辽河油田公司决策部署，高质量完成年度各项业绩指标，获辽河油田公司先进单位荣誉称号、质量健康安全环保先进单位、中心整体呈现积极主动、蓬勃向上的良好发展态势。

【监督、检验、科研评价】 2022年，中心贯彻"四全""四查""五个用心抓"和"三个一批"要求，紧密结合特殊时段密集、升级管控时段持久的高压态势，综合运用"四不两直"、跟踪检查等方式，实施安全环保与疫情防控、党的二十大等特殊时段升级监督。狠抓储气库建设等重点项目、油气站场等重点部位、钻修井等关键环节、环境敏感等重点区域风险防控。系统开展安全生产、天然气保供等专项检查、专题督查及机关部门联合检查。探索形成"线上+线下"、派驻机构联建联管等一批经验做法。检查生产场所5435个次、工程项目867个次、动态施工3624场次，监控车辆4.1万台次，督促整改问题8761个，抽查产品1484批次，实施经济处罚235万元，为油田挽回直接经济损失2000余万元（表16）。致力加油增气，做优检验主业支持油田发展。完成标准化实验室改造，环境监测七大类253项通

表16　安全环保技术监督中心监督检查情况表

年份	固定场所（个次）	工程项目（个次）	动态施工（场次）	抽查产品（批次）	问题数量（个）	产品不合格（批次）	经济处罚（万元）
2020	4814	757	1923	1611	7883	16	1019.15
2021	5213	820	2723	1456	10302	58	218.3
2022	5435	867	3624	1484	8761	28	235

过国家资质认定，投入资金300万元推动设备设施升级，检验检测整体水平再上新台阶。完成锅炉等特种设备检验、废气排放等环境监测，以及职防检测、绕阳河水质监测等工作，为油田本质安全建设、环境保护、健康防护、应急抢险提供科学决策依据。开展贸易交接计量、注氮机组、耗能设备、注汽质量等领域监督监测，强化油气主导产品质量控制，靠实耗能设备能效对标，为油田深化提质增效提供可靠技术支撑。检验特种设备1531台套，检定仪器仪表8732台套，检验产品731批次，监测耗能设备667台套、环境数据11766个、饮用水数据5874个。专注创新驱动，狠抓科研评价服务油田QHSE监管。围绕钻井工程、油气站场、曙光特油油区复产等重点任务开展安全评估，完成17个单位环境风险评估，以及联合站爆炸危险区域划分、重污染天气应急预案编制等工作，安评18项、环评27项、职评38项、7项咨询累计创收1770万元，实现技术支持、经营创效双提升。围绕环境保护、节能降耗、数字化建设等重点领域开展技术研究，参与油气和新能源分公司重大科技项目攻关。申报发明专利1项，获市级以上科技成果1项，起草标准2项，科技助推QHSE工作提升作用有效彰显。

【运营管理】 2022年，中心实施成本归口管理，做好主营业务创收、节能等外闯市场业务增效，6项提质增效工程创效1475万元。以"管理提升年"为主线，健全"两金"压降、风险评估防控等多项管理机制，搭建岗位轮训、技术交流等人才培养平台，精细化管理体系日趋完善。综合工效挂钩、QHSE绩效管理、违纪扣分等多元考核方式，实施提质增效、科技创新、合理化建议精准激励，激发全员创效和岗位建功热情。压实QHSE责任，开展实验楼改造等重点项目质量管控、安全监督，围绕危化品、低压电气等关键部位整改隐患87项。精心打造合规专项监督、项目全生命周期管控等一批优质管理项目，构建形成强管理、重协同、促提升的新发展格局。

【民生保障】 2022年，中心深入践行"我为员工群众办实事"，为一线站（所）更换饮水机滤芯，安装办公楼广播操音响，购置投影仪、跑步机等设备设施27台（套）。开展"提升职场幸福力"EAP心理讲座，为各党支部配置小型健身器材，录制办公室健身教学微视频9套，营造"快乐工作、健康生活"的工作氛围。在政策范围内，落实会员生日慰问、节日慰问等普惠政策，为外部市场员工配备旅行背包，慰问抗洪复产监督一线干部员工，新冠肺炎疫情面前，慰问居家隔离和集中隔离员工，发放紧缺药品，切实增强职工幸福感、归属感、获得感。将工会活动经费下移，鼓励各分工会和文体协会自主、广泛开展线上健步走、乒乓球赛等文体活动，丰富员工业余文化生活。扎实推进"青年精神素养提升工程"，搭建"云学堂"，推出"监督青年说"等线上学习栏目12期，组织32名青年志愿者参加盘锦市争创志愿服务活动，树立监督青年良好形象。

【党群工作】 2022年，统筹推进中心党委"六项工程"（"政治领航"工程、"固本强基"工程、"文化引领"工程、"人才强企"工程、"清风筑廉"工程和"惠民聚心"工程），全面落实中心创一流"十项工程"（党建提升工程、实验室环境改善工程、数字化QHSE监督工程、检验检测能力扩展工程、资质拓展工程、科研提升工程、设备设施提升工程、人才强企工程、管理提升工程、企业文化建设工程）。坚持和加强党的领导。把习近平总书记重要讲话和指示批示精神作为推动改革发展的重要遵循，刚性落实"第一议题"制度，开展常态化党史学习教育，中心党委理论学习中心组集中学习24次，围绕党的建设、生产经营等重点工作开展专题研讨9次。深化《落实党的二十大精神实施方案》，党政主要领导、班子成员做到先学深悟、专题研讨、带头宣讲。严密组织领导班子专题民主生活会和专题组织生活会，严格履行"三重一大"决策程序，决策事项30项。扎实推进"三基本"建设。定期召开党群办公例会和党支部书记例会，加强中心党委对基层党建工作的全过程管控和指导，压实"三会一课"、主题党日等制度。组织开展安全生产"四大"活动、共产党员工程，与辽河油田环境工程公司、储气库公司、特种油开发公司、欢喜岭采油厂、振兴服务分公司等多家党委建立"党建联盟"，指导各QHSE监督党支部围绕"党建+安全"，延伸开展"监督+服务"，采取"送教上门""进站轮训""驻站监督"等措施，帮助联盟党委基层单位摸清风险底数、制定改进措施。加强和改进宣传思想工作。全面排查敏感信息，关闭中心各层级12个微信工作群。选树辽河油田公司劳动模范、辽河榜样、中心标兵等先进典型，形成尊重劳动、崇尚实干、争先创优的良好风尚。召开"转、勇、强、创"主题教育活动宣讲报告会，明晰形势任务、凝聚发展共识。在《辽河石油报》发稿31篇，在辽河油田公司网站、中心网站发稿476篇，建设中心文化理念墙和廉洁教育文化墙，展现工作亮点、树立监督形象，引领共同的价值追求。坚持打造高素质监督队伍。公开竞聘选拔"党务副职"，2名优秀青年人才走上副科级领导干部岗位。持续加强党务人才队伍建设，选拔12名优秀青年干部兼任党支部委员。充分发挥"用电安全监督、特种设备检验、防雷检验、安全评价"4个人才培养工作室作用，围绕"业务培训、技术交流、立项攻关"功能定位，打造"一专多能"复合型技术人才队伍。开展机关党支部"转变工作作风、密切联系群众"活动，帮助解决生产生活实际问题78个。坚持全面从严管党治党。刚性落实全面从严治党主体责任，层层签订党风廉政建设责任书295份。扎实开展以案促改、反围猎专项行动，集中观看反围猎警示教育片，多层级开展专题谈话28次。制定《监督中心员工行为"八严禁"》，紧盯元旦、春节等重要节点、子女升学等重要时段，审核中心婚丧喜庆事宜10余人次。开展"反围猎"专项行动，实施"差旅费""物资采购管理"合规专项监督，确保两个责任落到实处。

（丁宜宁）

荣兴油气开发公司

【概况】 2022年7月，按照辽河油田公司党委关于未动用储量开发公司开发单元调整的决策部署，持续优化油气生产布局，加快推进新型采油气管理区建设，辽河油田公司党委会议研究决定成立荣兴油气开发公司，列为上市业务二级单位，纳入油气生产板块管理，撤销辽河油田公司未动用储量开发公司（未动用储量开发项目部）。荣兴油气开发公司作为辽河油田公司新型采油气管理区模式试点单位，是在未动用储量开发公司的基础上进行组建，保留原未动用储量开发公司的曙东区块，划出杜813区块、双北区块及全部零散井，划入兴隆台采油厂荣兴屯、大平房、新开等区块及曙光采油厂曙光低潜山区块，构建形成"一个基地+两个区带"发展新格局，即"荣—大基地""曙东区带""低潜山区带"。继续执行"两新两高"政策，持续发挥市场竞争机制作用，完成辽河油田公司下达的"体制创新、模式创新"工作任务，实现"价值链、责任链、业务链"有效融合。截至2022年底，荣兴油气开发公司本部采用"四办四中心"的组织架构，设立综合办公室、经营财务办公室、党群办公室、安全生产办公室、生产指挥中心、协同研究和信息中心、运行维护中心、保障与监督中心8个部门；基层按照地域分布特点，结合信息化油田建设目标，设立巡检维护班5个、集输班1个、保障与监督班1个和资料化验班1个。根据组织架构同步成立直属党支部7个、党总支1个和基层党支部8个。有员工463人，党员219人。2022年，荣兴油气开发公司生产油气当量24.37万吨，油气综合商品量23.91万吨，实现利润3.72亿元，生产经营指标完成情况在13家采油单位中位居前列。致力新型采油管理区改革实践，推动管理提升，全面深化改革发展稳定各项事业，实现"发展靠前、效益靠前、收入靠前"，为辽河油田公司"加油增气"贡献荣兴力量。

【油气勘探】 2022年，荣兴油气开发公司抓好勘探增储，深入剖析老区油藏潜力，精准实施注水调整，持续扩大产量规模。老区勘探取得突破。立足富含油区块，通过地质体再认识、"三老"资料（老区调资料、老化探资料、老矿产资料）大调查，推动老区滚动扩边勘探评价，在荣72块、大32块实施探井评价井复产，并获得良好效果，4口井阶段产油2831吨。措施挖潜成果显著。坚持以老井稳产为抓手，突出"问题井治理、措施井优化"，重新落实油藏构造、储层分布和油水分布规律，实施补层、压裂、侧钻等措施95井次，年增油3万吨。注水质量有效提升。完善注采井网布局，新增转注井18口，增加水驱控制储量129万吨。开展层系归位，实施精细注水43井次，累计增油675吨。加大水井测调和验封力度，实施注水井动态调配57井次。探索低渗油藏注水补能，优选荣72-30-38开展试注，实施后井组日产油由2.8吨上升至4.9吨，水驱试验取得成功。

【生产运行】 2022年，荣兴油气开发公司面对重组整合和抗洪复产双重压力，保障各项工作力度不减、节奏不变、衔接有序。在荣大新榆区块中心位置选址建成前线驻地，并将生产相关部门前移，进一步提升现场管控能力、运行组织效率和应急响应速度。突出抓好产能建设。统筹把握新井征地、安评环评、钻机协调等关键环节，同步加快投产方案、地面建设和作业运行重点工作，投产新井31口，单井生产时率同比提高34天。精心组织抗洪复产。面对汛期险情，及时启动应急预案，加固荣72块井场围堤，组织曙103受淹区域设备关停和人员撤离。提前编制复产方案，制定道路恢复等9项重点工作清单，水退后仅用6天时间恢复产量至关前水平，在受灾单位中首先完成全面复产工作。坚定奋斗目标就是底线目标的决心，开展"大干一百三十天，油气当量超五千"劳动竞赛，细化指标分解，靠实具体工作，形成口口油井有指标、人人肩上有压力的竞赛氛围，助力全年产量超额完成。

【经营管理】 2022年，荣兴油气开发公司牢固树立"一切成本皆可降"理念，突出重点领域，抓住关键环节，深化创新实践，推进"提质增效"工程，提升经营创效能力。深化投资管控。着眼新井全生命周期，完善"大平台"建产模式，优化钻采注输一体化方案设计，强化投资预算，从源头上实现对费用的全面管控，控降投资1500余万元。强化成本预算。严格执行月度计划会制度，运用成本倒逼机制，促进预算刚性执行。按季对关键指标和重点成本开展分析，梳理各部门管控费用要素，材料费、水电费等成本得到有效控制，单位基本运行费较考核指标下降54元/吨。深挖提质增效。巩固荣兴油气开发公司低成本战略，筑牢高质量发展根基，成立提质增效专项工作小组，细化落实措施方案，提升项目质量效果，23个提质增效项目创效1516万元。

【安全环保】 2022年，荣兴油气开发公司严格落实安全生产"十五条硬性措施"，靠实"五个用心抓"举措，全力以赴强基础、除隐患、防污染、保健康、遏事故。对接新型采油气管理区改革，持续推进QHSE管理体系建设，完成"四办四中心"岗位责任制汇编，对重要岗位员工进行履职能力评估，逐步推动QHSE工作科学化管理、规范化运行。全面压实安全责任。调整QHSE委员会，增设专业分委会6个，完善全员安全生产责任清单，有效解决部门职能交叉、职责重叠、权责不清等问题。严格执行安全承包点督导制度，实现对所有班站，重点区域和要害部位的安全管理全覆盖。有效管控安全风险。加强高风险作业、承包商管理和交通运输隐患排查力度，落实动态施工高危作业区长制，开展"四办四中心"安全联合大检查，排查和督办整改各类安全隐患1800余项。出重拳加强承包商安全管理，严格落实承包商"黄牌警告""黑名单"制度，对4家承包商进行"黄牌警告"，1家承包商记入"黑名单"，有效保证项目施工安全受控。建立固体废物规范化管理档案，强化含油污泥源头管控和末端处置，开展危险废物"清库"，油泥产生量同比减少100余吨，节约处置费用约30万元。落实疫情防控要求，坚持"两点一线"工作生活、非必要不外出不聚集，最大限度减少疫情影响，确保防疫生产两不误。疫情严控期间，保持"零输入"良好局面，疫情放开后，日常生产经营工作未遭受严重影响。

【合规管理】 2022年，荣兴油气开发公司以依法合规为根本遵循，以"管理提升年"为主要抓手，立足改革实际，完善制度、重塑流程，促进治理能力逐步提升。结合新型采油管理区架构特点和管理现状，梳理出各责任岗位适用的油田公司制度283项，制定荣兴油气开发公司个性化制度2项、执行流程46项，着力构建与新型采油气管理区相适应的制度流程管理体系，保障各项业务顺畅运行。开展重大管理风险评估，按照"管业务管风险"原则，有效落实部门直线责任，完善风险管控措施，内控管理得到有效加强。规范开展招标选商工作，建立公平公正、竞争有序的市场环境。加强合同内容条款审查，防范合同法律风险。出台《项目验收管理实施细则》，扩充内部审计业务，成立监督部门，经营风险进一步受控。落实辽河油田公司"管理提升年"要求，克服区块划转对管理提升任务的影响，围绕员工能力、基础工作、合规管理等，补齐短板、强化弱项，按计划完成管理提升工作任务16项，全面提升管理水平和质量效益实现。

【员工队伍】 2022年，荣兴油气开发公司进一步优化干部队伍结构，以挂职锻炼的方式在机关3个党支部各增补1名年轻干部任支部委员。注重考察干部的实绩和综合能力，注重年轻干部的选拔，确保真正优秀的人才得到提拔和使用，提拔40岁以下三级副职干部2人。实施"青年人才培养工程"，采取"线上与线下并行，选拔与推优并施，培训与竞赛并重"的多元化员工培训模式，广泛开展岗位练兵、采油工技能竞赛、技能鉴定培训等活动推动员工队伍提素，员工培训率100%，晋升高级职称2人。完成首次双序列二级、三级工程师选聘工作，组织制定聘任办法、评分标准等，通过组织报名、竞聘答辩、上报审批、公示、聘任下文等环节，完成1名二级工程师、1名三级工程师的选聘工作。

【党建群团】 2022年，荣兴油气开发公司坚持全面从严治党，聚焦改革发展任务，把党组织的政治优势融入生产经营、改革发展、和谐稳定全过程，推进党建工作与生产经营目标同向、部署同步、工作同力。广泛组织党员干部收听观看党的二十大开幕盛况，制定《荣兴公司深入落实党的二十大精神实施方案》，明确4个方面24项具体任务，领导带头层层开展宣讲15余场次，形成学习宣传贯彻的有效抓手和浓厚氛围。严格落实"第一议题"制度，深入学习习近平总书记重要讲话和理论文章，开展中心组学习研讨16期、党课学习240次，全面推进习近平总书记重要指示批示精神再学习再落实再提升。结合公司改革实际，重新修订"三重一大"决策制度，党委发挥领导作用的体制机制日益完善。推进"党建提升工程"，探索"三基本"建设和"三基"工作有机融合方式举措，制定印发《加强基层党建工作专项提升方案》，通过开展支部班子履职能力提升工程、党建指导服务、"喜迎二十大、奋进新征程"岗位实践等活动，强化党组织融入中心强管理、促生产。创建"钻井大平台"党建联盟，赋能重点工程项目，制定《"党建+安全"深度推进工作运行表》，构建起党管安全新格局，推动基层党建与基层管理全面融合、全面进步、全面过硬，实现基层党建工作提档升级。坚持党管干部、党管人才，紧扣改革发展需要选配干部，严格遵守民主推荐、组织考察、集体讨论、任前公示、任职前谈话等基本程序，严格执行提拔使用审批报告制度。提拔基层领导人员2名，平级调整7名，按照新型采油管理区本部"四办四中心"组织架构，依据业务归并原则，对现有科级领导人员进行重新聘任并调整11人次，基层领导人员队伍结构进一步优化。高效完成重组整合人员接收、队伍调整等工作，员工总数由307人增加到452人。适应高素质专业化要求，全面推进岗位管理，按照辽河油田公司下达的编制职数，聘任一般管理人员56名，专业技术人员38名，19名优秀技能操作骨干走上管理、专业技术岗位，人才发展优势进一步厚植。全面落实从严治党要求，配合辽河油田公司党委巡察"回头看"工作，补短板、强弱项，促进公司各项工作提升。驰而不息纠治"四风"，扎实开展"反围猎"专项行动，持续加大"双节"等重点时段监督检查力度，建立廉洁警示视频周分享制度，常态化组织党员干部观看《利剑啸歌》等廉洁警示教育片，保持公司风清气正的良好政治生态。

（顾洺赫）

车辆服务中心

【概况】 1999年7月，辽河油田公司成立机关车队。2008年4月，辽河油田公司机关车队与辽河石油勘探局机关车辆管理中心重组整合，成立油田公司机关车辆管理中心。机关车辆管理中心作为机关附属机构，主要负责油田公司机关领导和处室值班用车。2014年10月，辽河油田公司结合机关公务用车实施集中管理的实际，将机关车辆管理中心从辽河油田公司机关分离独立，并更名为车辆服务中心。2019年5月，根据《辽河油田公司"油公司"模式深化改革实施意见》，决定将二级单位的运输特车业务从所在单位剥离，在辽河油田公司层面实施重组整合。按照区域化服务、市场化运行的原则，实行专业化管理，辽河油田公司以车辆服务中心为基础，组建车辆服务中心（辽河石油勘探局有限公司车辆服务中心）（简称车服中心）。车服中心作为辽河油田公司提供专业车辆服务的二级单位，主要为辽河油田各单位提供生产保障用车、生产指挥用车、送班车、公务用车、对外接待用车、急救驾驶等运输服务。

截至2022年底，车服中心设管理职能科室10个，直属部门1个，基层单位12个，基层中队35个，实际在册员工2147人。拥有车辆总数1834台，原值8.8亿元，净值2.2亿元。送班车451台（含大客车382台，中客车69台）；特种大型车辆889台（含油水罐车359台，卡车87台，吊车71台，半挂车21台，牵引车38台，水泥车90台，随车吊74台，洗井清蜡车43台，工程机械装载机17台，锅炉车20台，地锚车7台，高空作业车18台，压风车7台，注水井洗井车15台，其他特种作业车型22台）；小型车辆494台（含轿车124台，吉普车144台，轿货93台，客货70台，商务车63台）。2022年，车服中心完成出车51.5万台次，行驶里程3502万千米。在加油增气、抗洪复产、抗击疫情工作中担当作为，完成各项任务目标，发展成果显著。

【运输服务保障】 2022年，车服中心持续推进"大生产、大调派"模式，生产"四率"（设备完好率、车辆利用率、车辆运行效率、结算率）和服务质量稳步提升，在辽河油田公司"保油上产、加油增气"关键时期发挥重要作用。以效益型生产组织为导向，践行"大生产"管理理念，通过盘活人车资源，形成基层单位间相互配合支援的合力，促进市场占有率稳步提升。开展合署办公，加强业务交流，完成现场车辆协调4365台次，解决问题341项。落实"三复核、三校对"工作法，避免空驶、等停情况，减少"窝工""扯皮"现象。执行辽河油田公司防疫生产两不误工作要求，在茨榆坨、高升油区成立打油专班，连续45天提供不间断保障。建立区域"安全岛"14个，确保用车单位生产连续，全面助力辽河油田公司稳产上产。组织完成人员拉运、物资配送、消毒消杀等工作，得到上级部门和兄弟单位的一致好评。抗洪复产期间，抽调精干人员24小时驻寨指挥，增派车辆261台，驾驶员600余名，可调动车辆达600余台，为辽河油田公司打赢抗洪复产攻坚战提供有力支撑。全面梳理完善应急预案及管理制度，明确应急管理人员和应急响应程序，压紧压实管理责任。组建应急抢险队伍10支，常备应急车辆178台，加强值班值守力度，大幅提升应急响应时效。开展实战演练23次，确保应急响应和处置措施科学有效。结合各属地大队业务范围及承揽能力，详细梳理运输类承包商信息，对工作量进行合理压缩和重新分配，确保自有车辆工作量饱和。明确属地大队对应地区的承包商监管职责，形成上下联动、齐抓共管的管理态势。建立承包商检查机制，发现各类问题156项，开展约谈7家，给予"黄牌"警告1家，纳入"黑名单"2人。按照"内部市场不流失、外部市场齐发力"要求，拓展油区外部市场，获取中国石油长城钻探工程公司、彰武油田项目部、辽河油田总医院（辽油宝石花医院）等外部市场收入669.5万元，经济效益与品牌形象实现"双丰收"。

【安全管理】 2022年，车服中心坚持"两个至上"，贯彻"五个用心抓"总布局，将安全工作视为一切工作的前提和基础，围绕"四零"工作目标，转观念、强基础、严监管、促提升，实现安全态势稳中向好发展。强化安全生产第一责任人职责，开展安全生产大检查、"大反思、大讨论、大排查、大整改"活动，组织宣贯培训55场次、专题讨论43场次，实施QHSE新规4项，集中整治"低老坏"及重复性问题50项，实现安全升级管理全覆盖。搭建安全生产"四级"管理组织框架，建立风险包保机制，落实连带惩戒机制，安全责任层层落实，问责责任单位5个、问责责任个人56人。规范实施日碰头会、班前会机制，确保安全生产指令传达至每名岗位员工，筑牢安全生产第一道防线。扎实推进QHSE管理体系建设，完善基层"标准化车队"考核标准，严格实施QHSE过程考核，提高安全管理实效性。明确中心九大重点防控风险，科学制定风险管控措施113条，查改各类隐患问题698项，排查道路风险点源366项，发布安全风险提示98次，开展"防御性驾驶"培训13场次，要求驾驶员做到"七不开"（不开赌气车，不开英雄车，不开麻痹车，不开酒后车，不开故障车，不开疲劳车，不开违章车）。组织疫情防控预警性排查、密切接触者排查336次，覆盖72.4万人次，实时调整疫情防控措施8次，全力保障疫情高危地区生产平稳运行。招聘专职监督人员21名，形成"驻站、旁站、流动"相结合管理机制。推进"管""监"联合工作模式，查找隐患问题，制定预防措施，跟踪整改成效，实现管理闭环。检查各类场所1万余次、监控车辆6.5万台次，查改隐患问题1455项，处罚金额133.36万元，安全记分90人次。

【经营管理】 2022年，车服中心实行控投、降本、减亏、挖潜等措施，推进"开源增收、管理提效、全员创效、监督促效"4个方面13项工程，累计增效5680万元，完成年度目标的117.64%。树立过"紧日子"思想，执行"先预算、再计划、后支出"管理程序，对预算增补、急需项目审批严格实施审核把关，杜绝超预算或无预算支出。强化预算预警机制，有效控制各项费用，对超进度预算支出项目发布预警函13份。以"油材修"管理为攻坚重点，油料管理方面，明确人员管理责任，开展车辆百公里油耗现场实测，精准核实GPS里程数据，对比2021年燃料消耗升数减少81万升，百元产值燃料消耗减少0.08升，降幅2.47%。材料管理方面，执行"管办分离"，建立分类管理制度，修订、完善审批流程，对比2021年材料费减少626万元，百元产值材料费减少1.2元，降幅17.73%。车辆修理方面，推行维修方案三级审批和维修过程三级监督制度，确保维修方案科学合理，维修时效和配件质量全程受控，对比2021年修理费减少404万元，百元产值修理费减少0.7元，降幅10.59%。盘活人力资源，转岗培训、对外输出劳务人员27名，节约人工成本370万元。鼓励员工承接外委业务，清退外雇保安保洁人员18名，节约外委劳务费215万元。规范机关档案库房、锦州大队、客车大队房屋、土地资产租赁，并提供增值服务，实现增收近300万元。调剂盘活低效、无效、闲置车辆86台，提升设备创效能力。压缩GPS及视频监控服务费261万元，降幅54.53%。科学分析投保额和理赔额比例，优化险种，降低保费支出125万元，降幅15.34%。按照就近原则调整加油服务商，减少燃料服务费80万元，降幅84.69%。

【企业管理】 2022年，车服中心围绕"强基础、保安全、控成本、转作风、提效益、上水平"工作目标，通过对油田运输市场的深度调研、测算分析，科学制定《车辆服务中心高质量发展方案》，确保经营效益、保障能力、运行效率、发展后劲实现最大化。强化规章制度执行力，按照"一级制度 两级流程"要求，完成法律法规梳理265项，发布业务管理流程124项。深化依法合规治企工作理念，从财务、经营、法治、承包商管理等7个方面查摆短板问题，明确整改措施30项。开展"管理提升年"行动，优化执行月总结、月监督工作机制，部署"夯实基础管理、严抓成本控降、持续效益提升"3个方面13项重点工作。强化管理受控，运用疏堵结合、标本兼治工作措施有效整改内控、审计、巡察中发现的问题，2022年度内控测试例外事项降至个位数，位居辽河油田公司前列。稳步推进机构改革，优化人力资源配置，恢复中队管理层级，划小生产作业单元、缩短安全管理半径，推动组织体系和管理架构日趋合理。组织实施"三定"和岗位聘任工作，梳理职能配置，实现人岗匹配、岗能相符，打造精干高效的管理队伍。通过政策疏导、薪酬激励、内部调剂等措施，鼓励员工转岗、增驾、分流，盘活各类人员270余人。推进辽河油田运输信息共享平台全面上线运行，完成油料管理、路单补录、费用结算、单车核算等78项功能的优化调整及使用，数据信息实现共享，信息化优势有效凸显。内部用车计划实现"申报—审批—执行—签认"全过程流转，线上结算全封闭，简化结算流程，减少结算争议，专、兼职结算人员同比减少三分之二，结算效率大幅提高。推动实施视频会议和无纸化会议，精文减会，有效提升办公效率。

【党建工作】 2022年，车服中心发挥"把方向、管大局、促落实"作用，凝聚高质量发展强大合力，推进党建与中心工作双促进、双提升。坚定落实第一议题制度，全面推进习近平总书记重要指示批示精神再学习、再落实、再提升，党委理论中心组学习专题研讨6次，班子成员带头宣讲党的二十大精神，严格执行"三重一大"决策、请示报告制度，有效发挥党委引领作用。着力抓基层、夯基础，压实党建工作责任，以红旗党支部为标杆，开展党支部"六位一体"达标晋级考核，党建检查及工作指导全覆盖，基层党组织建设全面进步。坚持围绕中心抓党建，深化党建联系点制度，开展"党建+""党建联盟""党员先锋工程"活动，组建党员突击队解决急难险重任务。树立选人用人正确导向，发挥各级领导干部头雁作用。健全完善"选育管用"机制，强化"双述双评"结果运用。厚植干部成长根基，举办培训班"提素赋能"，推进党务、行政干部综合培养与双向交流，优化干部梯次配备，激发干部队伍整体活力。层层落实"两个责任"，强化两级班子建设和"一把手"监督，把党风廉政建设情况纳入绩效考核。压紧压实"政治体检"，实现两年基层单位巡察全覆盖目标，着重抓好巡察整改"后半篇"文章。持之以恒纠治"四风"，严格落实约谈、激励、问责措施，一体推进"三不腐"机制，坚持不懈整治员工群众身边腐败和干部作风问题，政治生态持续向好。扎实推进党史学习教育常态化、长效化，组织开展"转观念、勇担当、强管理、创一流"主题教育活动。加强宣传文化阵地建设，压实意识形态工作责任制，完成报纸稿件180余篇，多维度展示企业发展成果。

【群团工作】 2022年，车服中心牢固树立"以人民为中心"发展理念，全面落实民生改善工程，确保改革发展成果最大限度惠及广大员工。开展"我为员工群众办实事"活动，推动"健康护航安心、生产生活暖心、工会普惠聚心"3类民生工程。持续规范员工用餐管理，有效改善食品安全及用餐环境。开展健康干预工作，重视基层生产工作环境，关注员工身体健康，中、高风险人群比例分别下降26.4%和1%。开展应急、大病等各类帮扶29人次，探视慰问227人次，发放帮扶慰问金28.8万元。启动"消费帮扶、送清凉、送温暖"等专项慰问106万元，进一步增强员工幸福感和获得感。树立"两个至上"理念，用严管彰显厚爱，事故同比减少70%，千台车轻伤率为零，杜绝非生产亡人事件。人均收入实现大幅增长，特别是一线艰苦岗位员工，年收入增幅达10000元以上，形成"多劳多得"的激励导向。开展群众性技术创新、合理化建议征集、班组成本分析活动，激发全员创新创效活力。推进机关服务基层工作走实走深，解决一线生产生活难题86项，管理问题19项。加强普法宣传教育，员工违法犯罪大幅下降，持续巩固队伍平安稳定局面。

（乔 琦）

审计中心

【概况】 2019年4月，为贯彻落实集团公司党组关于审计体制改革的工作要求，加强对辽河油田公司审计工作的统筹管理，优化审计队伍的专业及人员结构，辽河油田公司决定，撤销审计处附属的审计室和矿区工作管理部审计中心及所属二级单位审计机构，将上述二级审计队伍及职能进行整合，组建辽河油田审计中心（简称审计中心），列为辽河油田公司上市业务二级单位管理。辽河油田公司审计管理体制由两级审计变为一级审计管理体制，审计中心与审计部合署办公。审计中心主要职责是根据辽河油田公司审计部下达的年度审计计划，编制审计项目运行计划，并组织实施；负责辽河油田公司四类以上工程项目竣工决算审计工作；负责辽河油田公司各类专项、管理效益、财务收支和领导干部经济责任审计工作；负责辽河油田公司股权单位风险管理审计工作；负责集团公司委托的各类工程、专项等审计工作；负责审计中心和审计分中心内部管理制度、工作制度建设，党建群团工作，队伍建设等工作；负责对5个审计分中心的领导。

截至2022年底，审计中心设管理职能科室4个，审计业务科室5个，分中心5个，员工总数142人。2022年，审计中心完成事后审计项目54项，计划完成率159%；办理事前审计4165项，审计金额46.36亿元，形成要情上报辽河油田公司党委8期，移交辽河油田公司纪委审计线索4个，避免效益流失1.2亿元。提出197条审计建议，被审计单位依据审计发现问题对15名相关责任人进行责任追究，对50余人进行岗位调整。6个项目获集团公司奖项，组织作品参加集团公司数仓建模大赛，取得团体赛和个人赛三等奖，25篇论文在辽宁省内审协会、集团公司评比中获奖，获辽河油田公司劳模称号1人，获辽河油田公司先进个人称号1人。

【审计业务】 2022年，审计中心贯彻落实辽河油田公司四届三次职代会精神，紧盯辽河油田公司党委重大决策部署落实情况，聚焦主责主业，恪守权力边界。围绕"三篇文章""六项战略工程"，集中骨干力量开展外围区效益上产审计调查、储气库群跟踪审计等10个重点审计项目。坚持离任必审，加大对"一把手"审计力度，关注"三重一大"和辽河油田公司党委决策部署执行情况，合理运用"三个区分开来"，客观审慎做出评价和结论，保护广大干部干事创业的积极性。高标准完成车辆服务中心、振兴服务分公司等26个"一把手"和13个总会计师经济责任审计。发现公车私用、多计成本等问题，金额1.3亿元，挽回经济损失411.64万元，内部收缴654.5万元，收回入账580.97万元，1个单位依据审计意见实施战略改革。促进权力规范运行，为辽河油田公司党委选人用人提供有力依据。开展建设工程、承揽、抗洪复产合同结算前审计项目4165项，审计金额46.36亿元，全年审减9054万元，审减率1.95%（表17）。由注重造价真实性向全过程管理延伸，深挖审减背后原因，约谈被审计单位管理人员，即时堵塞漏洞，消除质量安全等隐患，出具管理问题底稿71份，促进两级机关完善制度、规范流程10项。敢于破思想之冰，提升信息化审计。对标集团公司审计信息化水平，创新审计思路，持续探索审计数据分析技术方法，进一步加大审计与信息化融合，完成19套统建系统4.16亿条数据整理入仓。

表17 审计中心主要业务数据

	2020年	2021年	2022年	同比增减
结算前审计数目	1401	6080	4165	-31%
审计金额（亿元）	13	37.31	46.36	24%
审减金额（亿元）	0.7592	1	0.9054	-9%
事后审计数目	78	56	54	-4%
审计金额（亿元）	1.9	1.3	1.16	-11%
发现线索	9	7	4	-43%
审计建议	160	165	197	19%

【质量健康安全环保】 2022年，审计中心成立安全工作小组，建立全员安全岗位责任制，健全党建联系点和安全生产承包点"双包双促"活动机制，制定《审计人员安全行为须知》《十五条安全禁令》，网格化开展安全生产"四大"活动、反违章等7项专项行动，中心班子和科级干部在油田公司安全技能测试中，均取得同级别前3名好成绩。安全环保、疫情防控、综治维稳态势稳定。倡导"快乐工作、健康生活"理念，组织开展拔河、飞镖、投篮、跳绳等员工喜闻乐见的群体性活动，组织参加"永远跟党走"全国石油职工第六届健步走网络公开赛并获团体三等奖，员工团队意识和集体荣誉感显著增强。走访慰问困难家庭，发放帮扶资金3.5万元。开展心脑血管疾病、女工健康等讲座3次。联系宝石花医院提供专业医疗指导，对中、高风险人群实行分级分类管理，实施健康干预，全员压力评估，跟踪面访高危人群，16人风险等级下降。严格按照集团公司、辽河油田公司和盘锦市安排部署，确保疫情防控工作全面落实，不留死角。坚持把员工生命安全和身体健康放在第一位，将疫情防控工作融入日常工作中，坚持疫情防控常态化，保证防控过程平稳有序。完善办公场所健康指标测量设施和应急药品配备，发放提高免疫力的中药，组织核酸检测40次，发放疫情防控物资8批次，完善常态化疫情防控工作机制，建立特殊严峻时期疫情管控措施和应急方案。严格外出审批，管控放开前守住中心无疫情的防控底线。

【巡察整改】 2022年，审计中心不打折扣完成巡察问题整改工作。高度重视巡察发现问题整改工作，党政领导亲自组织研究、安排部署，各单位积极投入到巡察整改工作中，十一期间全体副科级以上干部7日无休，分解细化110项问题，确定责任领导和责任科室。2个月制定完善规定细则14项，形成调查核实报告2份，审计业务自查互查报告1份，专项检查报告1份，开展谈心谈话371人次，全面完成229项整改措施。刀刃向内、刮骨疗毒做好巡察整改"后半篇文章"，内强素质、外塑形象，审计队伍展现新风貌。

【党建工作】 2022年，是党的二十大召开的政治大年，是辽河油田公司落实"十四五"规划、攻坚克难推进高质量发展承上启下的一年，是审计中心改革转型、破难前行的奠基之年。审计中心党委以党的二十大精神武装头脑，将迎接党的二十大、学习宣传贯彻党的二十大精神贯穿全年，研究下发《关于认真学习宣传贯彻党的二十大精神的实施意见》，建立学习清单，聚焦"五个牢牢把握""三个全面"等内容，锚定39项目标任务掀起学习热潮，切实把党的二十大精神转化为埋头苦干的强大动力，转化为解决问题的有效办法，转化为推动工作的务实举措，开展学习25次，上传报道17篇。审计中心党委严格落实"第一议题"制度。坚持把学习好、贯彻好"第一议题"作为加强中心党的政治建设、淬炼党员干部思想的重要抓手，第一时间传达学习习近平总书记指示批示，着力在"多思多想、学深悟透、融会贯通"上下功夫，两级中心组带头入脑入心系统学，绘声绘色引领学，线上线下结合学，集中学习118次，研讨74次，进一步提升政治判断力、政治领悟力和政治执行力。坚持民主集中制原则。完善《"三重一大"决策制度实施细则》，厘清权责边界，规范前置程序，坚持集体领导、民主集中、个别酝酿、会议决定，在广开言路中凝聚智慧，在民主讨论中形成共识，决策"三重一大"事项55项，党委发挥领导作用的体制机制日渐完善，党的领导和中心治理日益统一。党委班子与审计部班子共同学习研讨党的二十大精神。不定期开展工作务虚会，经常性业务研讨。通过深入分析研判，凝聚思想共识，前瞻性思考、全局性谋划、整体性推进审计事业发展。制定《打造"审计铁军"行动工作方案》，从6个方面打造过硬审计铁军。创建《"三行动"促"双一流"审计工作》等10项共产党员先锋工程，设立责任区13个，创建先锋岗19个，把党建工作深度融合审计业务的全领域、全过程。

（王　宇）

庆阳勘探开发分公司（宜庆勘探开发指挥部）

【概况】 2019年5月，为贯彻落实《中国石油天然气股份有限公司2018年矿权内部流转与合资合作方案》文件精神，结合流转给辽河油田公司矿权实际，为充分发挥辽河油田公司技术和人才优势，实现油气增储上产，经辽河油田公司党委会议研究，成立庆阳勘探开发分公司。主要负责鄂尔多斯盆地辽河矿权区的勘探开发及生产经营管理工作。区块横跨3省（甘肃、陕西、山西）、8市（庆阳、平凉、咸阳、宝鸡、铜川、渭南、运城、延安），矿权范围包含灵台—宁县、河津—永济、宜川—上畛子3个区块，探矿面积达1.3万平方千米。庆阳勘探开发分公司注册地点位于甘肃省庆阳市宁县新宁镇马莲路6号，机关办公地点设在甘肃省庆阳市西峰区。肩负辽河油田"第三篇文章"使命任务，庆阳勘探开发分公司聚焦"十四五"奋斗目标，贯彻落实市场化运作模式，探索建立新型"油公司"管理体制，充分利用辽河油田勘探开发技术优势，汲取长庆油田低渗透油藏的开发实践经验，加速谱写辽河油田"外围区效益上产"文章。2021年，辽河油田公司党委决定将庆阳勘探开发建设指挥部更名为宜庆勘探开发指挥部，作为矿权区各项工作组织领导和统筹协调的主体，指导监督庆阳勘探开发分公司及相关项目组，与庆阳勘探开发分公司实行"一个机构、两块牌子"管理。将派驻庆阳勘探开发分公司纪检组移至宜庆勘探开发指挥部，更名为派驻宜庆勘探开发指挥部纪检组。

2022年12月，辽河油田公司党委调整宜庆地区机构设置，将庆阳勘探开发分公司与宜庆勘探开发指挥部实质整合为庆阳勘探开发分公司（宜庆勘探开发指挥部），实行"一个机构、两块牌子"管理。保留宜庆勘探开发指挥部党工委，派驻宜庆勘探开发指挥部纪检组更名为派驻庆阳勘探开发分公司（宜庆勘探开发指挥部）纪检组。明确庆阳勘探开发分公司为宜庆地区的管理主体，撤销宜川项目部，保留庆阳产能建设项目组、宜川天然气产能建设项目组，由庆阳勘探开发分公司负责组建。调整领导体制，对庆阳勘探开发分公司（宜庆勘探开发指挥部）模拟建立法人治理结构，推行执行董事、党委书记由1人担任，党员总经理担任党委副书记的领导体制。截至2022年底，庆阳勘探开发分公司设职能科室8个，在册员工81人，其中科级干部34人。拥有大专及以上学历81人，其中高级职称26人，中级职称51人。2022年，庆阳勘探开发分公司生产原油5.2万吨，生产天然气4609万立方米，折合油气当量8.87万吨，完成生产任务指标。

【油气勘探开发】 2022年，庆阳勘探开发分公司强化勘探评价，资源增储结出硕果。完成830平方千米三维地震采集任务，为勘探开发提供有力技术支撑。按照大井丛、水平井、立体动用原则进行规划部署，高效部署各类井329口。其中长7页岩油评价井正161-H701井获得较好试采产能，坚定了页岩油规模建产信心；宜庆下古生界获得勘探新突破，形成百亿方级天然气增储区带。

【产能建设】 2022年，庆阳勘探开发分公司坚持高效开发，产量规模稳步提升。按照"勘探开发、油气共建、井站合建"3个一体化思路，规划大平台119个，节约征地费用4056万元。完成17口井方案的差异化设计，控减投资2210万元。开展压裂技术攻关，探索形成宜庆地区非常规储层压裂改造配套技术及管理制度，新井压裂规模及效果明显提升。全年井数较2021年翻一番，完钻各类井91口，新投产井33口，新增日产油385吨。推行"平台长"工作机制和"工厂化"平台钻井，建立钻井市场化竞争机制和考核评比制度，制定钻井提速模板，优化井身结构，钻井周期同比缩短7天，平台完钻周期节约20天。通过应用近钻头方位伽马钻井导向技术、存储式测井、优化钻井液体系等手段，有效提升储层钻遇率，改善漏失情况。乐208块5口特低渗开发水平井均获得较好产能，揭示长2快速建产潜力。宜10-8-52平台2口新井日产天然气2.5万立方米，进一步验证宜川天然气快速上产潜力。集中精力开展油田注水、措施挖潜及低效井治理工作，年增油1066吨。宜川区块开展"三维一体"老井复查，分区分层落实老井潜力，复产老井24口，落实产能17.5万立方米。

【生产运行】 2022年，庆阳勘探开发分公司优化生产组织，加快工作节奏。完成13口探井工作量，实现储量有序接替。开展压裂投产专项会战，宁175块快速集中建产，施工周期缩短21天，区块建产提前13天。开展天然气上产攻坚战，日产气量从2万立方米升至最高28万立方米。高效组织钻井运行，钻机数量较2021年翻一番。强化现场技术攻关应用，通过配套使用井下防蜡器、投产作业笔尖冲砂、地面智控节流+井下节流、高压三相分离排水等措施，有效解决井筒结蜡、检泵周期短等生产难题。立足增产增效充分挖掘产量潜力点，12口开发注水井实行小规模压裂先期试采，全年增加产油量3200吨。统筹推进基建工程，实现挂图作战，缩减总体施工量，庆阳区块提前铺设管线18千米。通过地面建设与压裂放喷同步实施，实现基建与投产之间无等停。通过地面建设与勘探开发一体化管理，科学规划管网建设，宜川区块新建输气管网37千米，修复管网19千米。通过地面建设与数字化建设紧密结合，加快标准化场站建设，宜川区块24口老井和7口新井实现自动化控制。充分研判应对风险，面对洪灾影响，快速组织灾后重建，仅用10天完成全部井场道路抢修工作。面对下半年疫情持续影响，以"三步走"举措保生产大局，确保原油生产、钻井、基建施工正常，生产有序恢复，实现防疫生产"两不误"。

【经营管理】 2022年，庆阳勘探开发分公司完善体制机制，经营效益持续向好。以"产能提速、效益增储、控降成本"为管理思路，建立目标统领、全要素优化、闭环管理的预算管理模式，按照十八大类费用要素测算需求，各项经营指标持续向好，同比增利1.67亿元。加强产能建设投资保障，全年下达投资额度在辽河油田公司占比超过五分之一。通过实施区块经济评价，缩短前期工作周期，确保产能投资及时下达，钻井、压裂及地面工程进度明显加快，促进宜庆地区效益上产。执行低成本战略，以资质、技术、业绩为指标优选承包商，通过下浮点报价、清单报价等竞价模式控价格、减流程、抓服务，节约投资800万元。建立"五个一"工作机制，重点实施8项提质增效工程。通过优化现场工艺技术，减少资金投入313万元，宁一站富余伴生气累计回收118万立方米，实现增收84万元。全年挖潜增效3195万元、优化投资3400万元。市场新增业务呈现多元化，实现合同额1.67亿元，收入1.08亿元，项目利润580万元，输出主业人员833人。

【安全环保】 2022年，庆阳勘探开发分公司强化责任落实，安全环保整体受控。推进职责建设、能力建设和QHSE体系建设。建立部门职责36项，制定岗位责任清单82份，确定各级安全风险677项，全部包保到人。组织履职能力评估78人次，人人抓安全、主动抓安全局面逐渐形成。依托"互联网+安全"模式高效完成承包商入场安全教育考核、队伍资质能力审查等工作。依托"安眼"工程，实现动态施工现场远程监控实时化。发挥专业监管优势，建立专职监督、直线责任和专业监督"三位一体"监管模式，组织各类检查130余次，查改隐患问题483项，发布监督检查通报14期，下发隐患整改通知单120份，罚款13万元。完善生态环境保护监管机制，建立四级环境管理网络，实施五大环保属地管理网格，编制"十四五"规划环评，建立危险废物规范化管理档案和生产数据库。完成环保措施57井次，排查隐患井198口，处置油泥、浮渣158吨。开展环保检查7次，查改问题11项。面对3个多月疫情影响，克服地域分布广、封控时间长、专职人员少等困难，组建86个网格区，建立72个安全岛，管控排查近3万人次，实现"零疫情、零感染"。

【土地外协】 2022年，庆阳勘探开发分公司突出外协攻关，企地关系逆势破局。将外协作为第一生产力，面对宜川矿权证过期，煤矿权和油矿权重叠压覆，地方政府诉求多、政策调整频繁、征地手续复杂等困难，不等不靠、主动出击，与各区县协调提前审批，确保生产用地未受审批程序变更影响。在矿权压覆不利局面下争取到48宗用地批复。精研相关政策，缓解宜川矿权过期对用地手续办理的影响，实现探井快速上钻。面对宜川政府叫停收气，第一时间现场对接并顺利恢复生产。争取特殊政策支持，解决疫情影响临时用地踏勘问题。

【党的建设】 2022年，庆阳勘探开发分公司发挥政治优势，党的建设更加有力。聚焦政治引领，通过"党委委员带头、支部党员研讨、确保全员覆盖"多载体学习贯彻党的二十大精神，确保全员学深、悟透、见行动。聚焦思想引领，按照"第一议题+专题学习+轮流研讨"模式，学习研讨重要讲话、指示批示精神18次161项，在学习中统一思想，在研讨交流中凝聚共识。利用"线上全员集中、线下分级覆盖"广泛开展"转观念、勇担当、强管理、创一流"形势任务教育宣讲15次，汇聚全员干事创业热情。聚焦行动引领，针对制约增储建产、管理提升的主要矛盾和关键问题，党委委员挂帅形成18个典型工作，推动形成宜庆特色工作经验。建强组织阵地，建立"三会一课"月度提醒机制，梳理发展党员、党支部组织生活、基层党建工作常用流程制度，对4个基层党支部开展"点对点"业务指导9次，确保全面从严治党各项要求在党支部落实落地。建强廉洁阵地，强化党风廉洁建设，逐级签订党风廉政建设责任书，开展"反围猎"行动、生产重点物资管理合规监督检查，确保风清气正干事环境。建强宣传阵地，加强与辽河油田官微、电视台、石油报的沟通互动，重新优化庆阳勘探开发分公司门户主页，创办"逐梦宜庆"官方微信公众号，全年刊发各类新闻报道120余篇，宜庆地区各项工作新闻宣传的及时性、鲜活性、广泛性得到质的提升。用好"三个工程"，开展"党建+"党员工程8项，部署基层党建管理提升方案，查摆问题11项，落实工作举措6项。开展全员强体健身等民生工程9项，投入经费33.7万元，持续改善员工工作与生活环境，不断打造"给力、魅力、活力"的员工之家。与辽河油田政法委、庆阳市公安局协调，强化内外综合治理、完善相关管理制度、优化监督管控，持续净化油区治安环境。结合冬奥、两会、党的二十大等特殊敏感时段，专项检查3次，确保重要时段分公司不发生维稳信访、进京上访等信访问题。

（訾绍凯）

东北原油销售中心

【概况】 2020年4月，根据国家油气管网运营机制改革后管道企业经营范围变化，为确保原油销售业务有序衔接，股份公司决定，调整原油销售业务运行管理方式，将中国石油天然气管道分公司管理的中国石油天然气股份有限公司管道沈阳结算站更名为中国石油天然气股份有限公司东北原油销售中心（简称东北原油销售中心），作为勘探与生产分公司（原油销售分公司）的派出机构，纳入辽河油田公司二级单位机构序列，行政上由辽河油田公司管理，业务上由勘探与生产分公司（原油销售分公司）领导为主，接受股份公司生产经营管理部指导，东北原油销售中心主要领导任免征求勘探与生产分公司（原油销售分公司）意见。6月，辽河油田公司正式下发成立东北原油销售中心机构文件，并在沈阳市进行工商注册，机关办公地点设在辽宁省沈阳市皇姑区金沙江5号。7月，东北原油销售中心正式开展原油统购、统输、统销业务。东北原油销售中心主要负责按照集团公司原油配置计划，对大庆油、管道进口俄油等实行统购统销；负责统购统销原油的管输运行衔接协调；负责统购统销原油的计量质量管理；负责统购统销原油的油款和管输费结算；负责统购统销原油的信息统计等工作；负责完成勘探与生产分公司（原油销售分公司）安排的其他工作。业务范围辐射东北三省全境，主要客户有16家。其中上游客户3家：中国石油天然气股份有限公司大庆油田有限责任公司、中国石油天然气股份有限公司吉林油田分公司、中国石油国际事业有限公司。下游客户13家，包括哈尔滨石化分公司、吉林石化分公司、抚顺石化分公司、大连石化分公司、辽阳石化分公司、锦州石化分公司、锦西石化分公司、大连西太平洋石油化工有限公司、华北石化分公司、丹东输油气分公司 10 家股份公司所属地区企业，吉林省新大石油化工有限公司、丹东石油化工有限公司 2 家地方企业，以及中国中化集团有限公司。2022 年，东北原油销售中心采购原油 4910.5 万吨，销售原油 4913.9 万吨。总收入 2187.52 亿元。实现利润 1.26 亿元。通过劳务输出等方式，为辽河油田公司增收创效 2159 万元。获集团公司生产经营先进单位；1 人获集团公司生产经营管理先进个人。

【生产运行】 2022 年，东北原油销售中心加强资源配置管控，保障原油产业链顺畅运行。高效衔接上下游及管道企业，优化计划内原油资源组织和配置，维护计划的权威性，保障油田生产后路，满足炼油厂加工资源。强化综合平衡职能，确保原油均衡输送。强化铁路运输装卸车过程管理，牵头制定铁路运输保供方案并跟踪落实，保障专线原油供应需求。建立应急响应机制，有效应对大连西太平洋石油化工有限公司突发安全事件紧急调增俄油资源等重大问题，确保生产运行平稳受控。超前谋划应对涉及俄油输送的 3 家炼油厂检修，统筹安排原油输送，及时协调处理运行问题，确保检修期间俄油、庆吉油资源平衡。原油产销综合管理系统建设作为生产运行信息化建设开端，积极与项目组反馈应用情况，优化完善数据报表、开发计划管理等模块，满足生产实际业务需求。开展计量统计分析工作，重点关注出现输差的站点，减少负输差的出现频次，定期开展派驻计量人员工作检查，跟踪落实监管效果。

【质量安全管理】 2022 年，东北原油销售中心建立闭环质量管理模式，确保交付原油质量。建立"监护＋监督＋抽检"闭环质量管理模式，完善油品质量档案，保障交付原油质量符合国家标准，提升原油质量管理水平。开展现场调研 11 次，对上下游取样抽检 52 站次，有效提升交接计量原油品质。学习宣贯新安全生产法，高效统筹疫情防控和消防安全，结合当前火灾防范重点，开展警示性强、通俗易懂、线上线下相结合、参与度高的消防宣传教育活动，为办公场所和员工宿舍配备消防器材，开展消防培训和应急疏散演练，提高抗御火灾整体能力。开展"健康小屋"建设，优化员工非职业健康体检，开展健康宣教系列活动，实现从以疾病为中心向以健康为中心的转变，为员工幸福生活和企业高质量发展提供坚实的健康保障。

【经营计划】 2022 年，东北原油销售中心落实辽河油田公司管理提升、合规管理等依法合规治企专项工作部署，履行好法治建设、合规管理职责，规范经营管理工作。开展"管理提升年"专项行动，制定行动方案推进落实，每月向辽河油田公司报送管理提升工作总结和月报表，从抓基础管理入手，梳理经营管理存在的问题，健全规章制度体系，发布《金融衍生业务管理细则》，推进以制度为核心带动各项工作提档升级。组织开展"合规管理强化年"专项行动，成立法治建设领导小组（合规委员会），建立合规任务清单，明确任务并逐一落推进实，制定各业务部门及重点岗位合规职责清单，开展"12·4 宪法日"普法系列活动，持续深化法治意识，增强风险防控能力。稳慎开展金融衍生业务，加强金融衍生业务学习，做好市场研判、油价走势及政策分析等工作，防范化解运行风险。科学有序开展试运行，发布金融衍生业务管理细则和推进方案并推进落实，持续降低运营风险。强化内控建设，加强合同管理、物资采购、税收管理等关键环节监管，强化制度监督和制约、流程优化与再造，提升合规管理水平。

【党建工作】 2022 年，东北原油销售中心突出政治引领，着力筑根基、强党建，推进政治理论学习系统化、制度化。常态化开展政治理论学习，刚性执行"第一议题"制度，围绕漫画《自嘲》、"铁人三问"等专题开展研讨，组织集中学习 28 次，专题党课 4 次，撰写学习体会 30 余篇，切实引领员工树牢"四个意识"、坚定"四个自信"、坚决做到"两个维护"。加强党支部建设，党建引领作用有效发挥。以"党建＋提质增效"为切入点，提高员工执行能力和创效能力，提前完成效益目标。发展预备党员 1 名、预备党员转正 1 名。严格落实"三会一课"制度，开展主题党日活动,持续巩固党支部三基本建设基础。从严落实党风廉政建设"两个职责"和意识形态工作责任,逐级签订责任书和承诺书,组织全体党员学习《条例》《准则》等文件,确保党风廉政建设与业务工作同部署、同督查、同落实。

【新冠肺炎疫情防控】 2022年,东北原油销售中心坚决落实辽河油田公司疫情防控工作要求,做好防疫用品发放和应急物资储备,完善应急预案,严格执行出行报备审批制度。扎实做好疫情防控,推进员工健康设备设施保障计划,保障员工健康设备设施及药品配备,采购一次性防护服30套、新冠自测盒550人份、医用外科口罩51包、N95口罩17盒、一次性手套17盒,按期为员工发放口罩、消毒液、一次性手套等防疫物资。抓实各项疫情防控措施,完善应急预案,确保突发疫情后,应急处置迅速得当,有序开展生产组织,实现疫情防控与原油采销两手抓两不误。

(周彦鹏)

未上市业务单位

辽河工程技术分公司

【概况】 1999年8月,辽河石油勘探局将兴隆台采油厂的井下作业、特车管理、机械修理、公用事业、离退休管理等非核心业务、资产、人员划出,成立辽河石油勘探局兴隆台油田工程技术服务公司,主要从事小修作业施工任务。2000年3月,辽河石油勘探局将兴隆台油田工程技术服务公司更名为兴隆台工程技术处。11月,扩大作业修井市场区域,小修队伍增加到36支,修井6505口,年创效能力达1.7亿元。2002年,主营业务进入新领域,以国内市场保发展,国外市场保接替的阶段式发展战略扩大主业队伍,开展大修、侧钻、试采油(气)、能源合作开发、天然气压缩回等与油气生产相关业务。2008年2月,兴隆台工程技术处划归辽河油田公司管理,列未上市业务二级单位管理。同时接收离退休职工、再就业职工等各类人员1.1万人。截至8月,历经11年,兴隆台工程技术处已由单纯的大小修作业发展为集作业、油气回收及综合利用、海上油气田合作开发、集体经济、多种经营于一身,区域内外、国内外作业市场同频共振的综合型企业。主营业务实现收入7.4亿元,多种经营企业创收5.5亿元。2009年,受国际金融危机影响,各个油田关井限产,作业市场萎缩,产值规模由2008年的8.3亿元递减到2.9亿元。兴隆台工程技术处扩展侧钻、海上平台、天然气回收销售等新兴业务,累计创效4505万元。2015年5月,辽河油田公司对兴隆台工程技术处和曙光工程技术处的井下作业业务进行重组整合,成立辽河工程技术处。6月,辽河工程技术处正式成立。围绕重组后的企业新定位和发展新形势,辽河工程技术处开展热采井带压作业、地层测试、大勘探试采和压裂一体化服务等新兴业务,开发长庆、塔里木等国内油气田市场,推动油区内外市场开发多元化,2015年,修井1415口,完成天然气压缩产量986.97万立方米,实现产值4.61亿元。2019年,移交天然气回收、海上油井维护、铀矿钻井、物资供应等业务,完成油田公司修井作业业务专业化重组,整合形成25个作业大队、200余支作业小队的队伍规模,完成多元业务综合发展向工程技术服务专业化发展的本质转变。2020年10月,辽河油田公司对所属9个采油单位托管的工程技术业务进行重组整合,将曙采工程技术处、兴采工程技术处、特种油工程技术处、欢采工程技术处、沈采工程技术处、锦采工程技术处、高采工程技术处、茨采工程技术处、金海工程技术处的作业队伍、资产及债权债务整体划入辽河工程技术处，并将辽河工程技术处更名为辽河工程技术分公司。2020年，修井1.86万口，实现收入13.7亿元（表18）。

截至2022年底，辽河工程技术分公司作为辽河油田公司唯一从事修井作业的主体单位，主要开展油气水井大修、小修、带压、试油（试气）、连续油管等业务。具备年修井2万口以上的施工能力。企业建立以来，累计修井6.2万口，压缩回收天然气2.1亿立方米。本部设管理职能科室13个，直属部门4个，所属三级单位22个，在册员工6184人。2022年，交井1.77万口，实现收入18.48亿元，其

表18　2022年辽河工程技术分公司修井完成情况统计表

单位			1—12月份（2021年12月26日—2022年12月25日）									完成全年指标（%）	与去年同期对比（口）
			主体小修（口）		合作小修（口）		小修小计（口）	带压小修（口）	弃置井（口）	大修（口）	试油（层）	合计（口）		
			小修	零活	小修	零活								
油区内	锦州作业大队		2539	15	—	—	2554	—	1	—	—	2555	99.04%	−163
	欢喜岭作业一大队		1673	80	71	8	1832	—	10	—	—	1842	93.68%	−423
	欢喜岭作业二大队		—	—	—	—	—	—	15	102	—	117	99.15%	−14
	试油大队		44	—	397	23	464	—	—	—	40	504	49.47%	417
	曙光作业一大队		2088	121	—	—	2209	—	1	—	—	2210	88.66%	−447
	曙光作业二大队		2115	80	—	—	2195	—	2	—	—	2197	85.23%	−570
	曙光作业三大队		—	—	—	—	—	—	6	76	—	82	94.25%	5
	曙光作业五大队		1480	75	—	—	1555	—	—	—	—	1555	86.39%	−321
	应急救援大队		91	3	—	—	94	—	1	—	—	95	48.21%	−180
	沈阳作业一大队		1439	28	—	—	1467	—	—	—	—	1467	101.17%	−59
	沈阳作业二大队		157	5	—	—	162	—	8	46	—	216	113.40%	−81
	茨榆坨作业大队		458	7	—	—	465	—	—	—	—	465	105.68%	31
	高升作业大队		1011	53	—	—	1064	—	—	—	—	1064	96.73%	−144
	带压作业大队		8	6	—	—	14	191	—	—	—	205	98.70%	−13
	兴隆台作业一大队		868	92	—	—	960	—	—	—	—	960	104.35%	−117
	兴隆台作业二大队		726	26	83	—	835	—	—	—	—	835	112.38%	44
	兴隆台作业三大队		1	—	—	—	1	—	29	68	—	98	107.91%	−3
	海上作业项目部	陆上	402	26	224	14	666	21	2	—	—	689	107.72%	130
		月东	285	1	—	—	286	—	—	—	—	286	95.33%	53
	小计		15385	618	775	45	16823	212	75	292	40	17442	—	−1855
外部市场	大庆项目		—	—	—	—	0	—	—	70	—	70	—	65
	四川项目		—	—	—	—	0	23	—	—	—	23	—	2
	长庆项目		112	20	—	—	132	36	—	—	—	168	—	107
	新疆项目		22	—	—	—	22	—	—	—	—	22	—	−12
	宜川项目		1	—	—	—	1	—	—	—	4	5	—	5
	小计		135	20	0	0	155	59	0	70	4	288	—	167
合计			15520	638	775	45	16978	271	75	362	44	17730	90.92%	−1688

中作业收入10.87亿元；控亏2.59亿元，完成辽河油田公司下达的考核指标。获集团公司五四红旗团支部称号。

【企业改革】 2022年，辽河工程技术分公司开展"三定"及推进岗位管理工作，狠抓重点领域改革深化，加快关键核心技术攻关，高质量发展迈出新步伐。结合辽河工程技术分公司机构设置层级、队伍类别数量、人员实有现状等实际情况，形成《辽河工程技术分公司"三定"工作实施方案》《辽河工程技术分公司推进岗位管理首次聘任方案》，年底完成"三定"及首次岗位聘任工作。落实辽河油田公司改革部署，将矿区服务业务及156名工作人员、1.8万名服务群体移交至公共事务管理部。优化组织机构，确定生产保障职能主体，理清17个机关部门管理界面，实现机构设置与高质量发展相适应。优化人力资源配置，依托政策机制、调剂平台、分流安置渠道、劳务输出项目盘活人力资源，在册员工总量同比下降6.8%，人力资源创效2000万元以上。认真履行多种经营企业托管责任，73名油田派出员工得到妥善安置，完成辽河油田公司厂办大集体改革任务。

【生产运行管理】 2022年，辽河工程技术分公司以工程技术领导工作专班为抓手，推动修井作业提质、提速、提效，为保障辽河油田公司完成油气产量目标、实现整体效益最大化提供强有力的作业支撑，充分彰显修井铁军的担当作为。持续推进"大运行"管理、采油作业效益联包、"四个优先保障"等工作机制走深走实，制定实施"定额当班人均起下管杆根数""施工周期达标"等4项专项考核，科学组织"奋战一百天、上产二万八""奋战六十天、打赢复工复产攻坚战"等劳动竞赛，杜84-馆平17、双31-28等辽河油田公司重点井全部按期高质量交井，优质高效完成高采雷72大平台11口新井压裂配合施工、兴采24口新井集中投产和81口储气库作业施工，动用作业队伍220支，平均作业时效达95.7%，为油田公司控减维护性作业费用1610万元，被评为辽河油田公司"天然气保供先进单位"。坚持以油田发展大局为重，面对辽河流域罕见洪水，组织作业队伍4批次、77队次从上游泄洪区紧急安全撤离，出动干部员工1844人次，昼夜奔赴抗洪前线参与堤坝加固任务11次，装卸1500余吨水泥等抢险物资，集中组织60支以上作业队伍全力支援受灾油区复工复产，完成抗洪复产任务，被评为"辽河油田公司抗洪复产先进单位"。

【经营管理】 2022年，辽河工程技术分公司聚焦年度业绩指标，突出效益导向，深化亏损治理、依法治企，创造高质量发展新空间。围绕"强基础、控成本、提效益、上水平"，从10个重点层面25项措施压茬推进"管理提升年"活动，持续深化提质增效专项行动，取得亏损治理阶段性胜利。强化预算统筹，突出过程管控，预算刚性压缩可控变动成本6%、合计3243万元，实现预算目标主动权。统筹实施3个方面25项提质增效工程，拓宽增收渠道、控减成本费用、提高价值贡献，提质增效9085万元，综合完成率达118.4%。通过运用市场竞争机制、实施概预算与审计审减等有效措施，节约资金1500多万元。顺利移交8200宗土地、519项公路桥梁、256座房屋等油田固定资产，有效促进公司资产轻量化、管理高效化。完成4230名在岗员工合规知识线上培训，明确141项执行流程，对基层11个特殊岗位、108名员工完成跨区域、跨行业轮换，重大事项决策前法律审查率100%，法律纠纷案件结案4起，避免和挽回经济损失700多万元。持续加大市场开发力度，在大庆、长庆等油田实施外部市场项目7个，合同额超过1.3亿元，实现收入5045万元，同比增收3073万元，带动120余名员工走出去；全面启动长庆油田采气一厂、二厂气井增产风险合作项目，签订合同金额2663万元，外闯市场实现提档升级。

【质量健康安全环保】 2022年，辽河工程技术分公司严格落实"四全"（全员、全过程、全方位、全天候）"四查"（查思想、查管理、查技术、查纪律）和"五个用心抓"（用心抓"四全""四查"工作落实落地；用心抓QHSE体系建设和责任清单管理；用心抓风险识别和隐患排查治理；用心抓低老坏、重复性问题整治；用心抓承包商的监督管理）工作要求，未发生杜绝类事故事件，专业化重组后首次实现年度一般 C 级以上生产安全责任事故和环境事件为零，被评为"油田公司 2022 年度质量健康安全环保特殊贡献单位"。加强基础建设，投入 1596 万元治理大修现场电气缺陷等隐患问题 41 项，培育 HSE 标准化站队 197 个、自主管理基层队 17 个，曙光 213 队、曙光 305 队、欢喜岭 203 队获辽河油田公司自主管理站队荣誉。开展安全生产活动，研究制定实施方案和 9 方面 29 项指导清单，组织反思讨论 70 场次，巡查 22 个基层党组织。通过巡回检查、旁站监督、区域派驻等多种方式对各基层单位进行监督检查与指导，抽查现场 5448 个，提示整改问题 5056 项，隐患问题总数、场均数同比下降 43.5% 和 35.8%。保持严抓严管态势，组织安全环保履职考核 4274 人次，进站实训 67 人次。严格落实执行《绿色发展行动计划》，推广使用清洁作业井筒控制技术，自主研制应用作业机尾气净化阻火装置，危险废物合规贮存和处置率 100%，总量同比下降 21%。投入健康专项经费 1160 余万元，完善基本健康监测设备配备，对 903 名员工开展"差异化"健康体检，提高体检质量。强化人员流动审批和重点人员管控，累计报备审批 3729 人次、风险排查 307 人次。

【井控管理】 2022 年，辽河工程技术分公司突出源头管控、过程监管，强化技术管理，规范装备管理，升级应急保障管理，实现"双及时、双杜绝"的工作目标。规范大、小修施工设计模板，对施工设计严格执行审批制度，定期开展技术交底与方案论证，强化井控风险源头管控，审批施工设计 19223 井次，提出风险识别与控制措施 21547 项，退回不合格设计 781 井次，从源头规避井控风险。完善《井下作业井控风险量化及评估管理系统》，精准辨识静态井控风险，提前判别施工动态井控风险，识别并防范海南 8-15-17 井洗井不通、双 18-46 井浅层钻灰等重大井控风险 8 次。落实升级管控措施，重点井关键工序施工实施公司级旁站监督 34 井次，实施科级领导盯井 621 井次，验收城区外一级井控风险井 212 井次，实现"全方位、全过程"风险管控。编制井控装备更新配置计划，购置内防喷工具（旋塞阀）159 套、SFZ18-21 手动防喷器 30 台，2SFZ18-21 手动双闸板防喷器 10 套，替换出厂年限满足 16 年的防喷器，实现井控装备的高效有序更新，确保施工过程井控安全。检修各类井控装置 1789 台套；强化现场防喷器试压管理，各作业单位购买手动试压泵 84 台，开展现场试压 4721 井次，保证现场防喷器试压的规范实施。组织抢险队员进行"准军事化"体能训练，并针对"井口刺漏封堵""井口重建"等应急处置内容开展实战训练 45 天，为各类突发井控险情处置提供指导及借鉴。连续 15 年被评为辽河油田公司井控管理特殊贡献单位。

【科技管理】 2022 年，辽河工程技术分公司连续油管修井技术应用推广、修井作业自动化关键技术研究等集团公司、辽河油田公司重点科研项目稳步推进，科技成果转化与特色工艺技术推广应用取得良好效果。实施高温带压作业 45 井次、大修工程小修化 223 井次、可控不压井作业 246 井次、井口密封性检测 466 井次、连续油管作业 112 井次、小修自动化作业 76 井次，科技创效能力进一步增强。新聘企业技术专家 1 名，三级工程师 5 名，以"双序列"建设为载体，充分发挥技术专家科研带头作用，有效推动修井作业技术创新进程。

【党建思想政治工作】 2022 年，辽河工程技术分公司严格落实"第一议题"学习制度，加强意识形态工作，筑牢机要保密防线，充分发挥党委领导作用，提高政治判断力、政治领悟力、政治执行力。推进基层"三基本"建设与"三基"工作有机融合，抓好新《党章》等规章制度的学习宣贯，深度推进党建联盟、"党建 +"等活动载体。围绕生产经营、安全环保、井控应急等重点难点立项攻关，探索实施党建项目化管理，鼓励党员揭榜挂帅、领衔攻关。加强党建对标管理，完善党员教育管理平台，推动基层党建全面过硬、全面进步，提升党支部在基层治理中的领导地位。深入落实"五位一体"制度，压实党委委员"一岗双责"，领导班子成员深入承包单位 170 余次，检查出问题 426 项，提出意见 45 条，解决实际困难 35 项。强化"一把手"和领导班子监督，开展"反围猎"等专项行动，对基层 11 个特殊岗位、108名员工完成跨区域、行业轮换，对10家基层单位开展党委巡察，抓好油田公司党委"整改提升"专项巡察问题销项，营造了风清气正、干事创业的良好环境。

【和谐矿区建设】2022年，辽河工程技术分公司强化石油精神和大庆精神铁人精神学习教育，加强企业文化建设，凝聚共同价值观，增强队伍战斗力。落实"管业务必须管舆情"要求，压实业务部门和属地责任，强化正向舆论主流，营造崇德向善浓厚氛围。针对企业改革重点关键环节，加强厂务公开，提升民主管理水平。开展"节日送温暖"、外部市场"五结合五提升"慰问等活动，落实各类帮扶政策；开展"我为员工群众办实事"大调研，加大投入改善生产生活条件，注重落实效果追踪；开展文体活动，丰富职工业余文化生活；创建健康企业，做好EAP帮扶和心理咨询服务。开展新阶段疫情防控工作，贯彻落实新"十条"防疫措施，将疫情防控重点从"防传染"进一步转到"保健康、防重症"，努力保障员工生命健康安全。推进平安企业建设，将保稳定作为重要政治任务，超前做好全国"两会"等敏感时期安保防恐维稳任务，快速准确掌控矛盾问题，消除不安定因素；控制网络平台负面舆情，跟进法规教育和思想疏导，有效控制负面敏感舆情。持续深入开展警示宣传教育，让员工知敬畏、存戒惧、守底线，巩固和谐稳定良好局面。

（李晓晨）

辽河油田建设有限公司（筑路工程分公司）

【概况】辽河油田建设有限公司是具有综合承包和专业施工能力的大型国有建筑安装施工企业，在油气田地面建设、管道工程建设、储气库建设、大型储罐建设、金属结构加工、防腐保温、海洋石油等方面有着施工技术优势。前身最早可追溯到1969年4月由大庆油建指挥部抽调43人组成的大庆六七三厂油建队。1970年4月，在大庆六七三厂油建队基础上，经辽河石油勘探指挥部批准成立油建团。10月，油建团更名为三二二油田建设指挥部。1973年6月，三二二油田建设指挥部更名为辽河石油勘探局油田建设处。1979年1月，辽河石油勘探局将油田建设处更名为油田建设指挥部。1982年2月，辽河石油勘探局成立第二油田建设指挥部。1984年4月，辽河石油勘探局将油田建设指挥部、第二油田建设指挥部分别更名为油田建设工程一公司、油田建设工程二公司。2008年2月，油田建设工程一公司、油田建设工程二公司划归辽河油田公司管理，列未上市业务二级单位。2015年4月，辽河油田公司将油田建设工程一公司与油田建设工程二公司重组整合为辽河油田建设工程公司，列未上市业务二级单位。2017年10月，辽河油田建设工程公司进行公司制改制，改制后机构名称为辽河油田建设有限公司，为一人有限责任公司，产权结构设置为辽河石油勘探局独资公司，占100%股权，原辽河油田建设工程公司债权债务由改制后企业承继。11月，在辽宁省盘锦市完成工商登记注册，注册地址为辽宁省盘锦市兴隆台区渤海街，注册资本为12.54亿元。2020年1月，辽河油田建设有限公司（简称油建公司）与盘锦辽河油田华油工程有限责任公司（简称华油公司）进行业务整合，华油公司主营业务为油田注汽锅炉维修改造，辅营业务为加热炉、水套炉维修改造、注汽管线连接、塔架式抽油机修理、热力自控仪表维修等。2020年5月，辽河油田分公司将辽河石油勘探局筑路工程分公司（简称筑路公司）筑路主体业务及托管矿区保险、离退休、再就业业务等相关机构、人员，整体划入油建公司。整合后成立市政分公司，保留调整新疆、南宁、路桥3个项目部，负责油区井场路、土地复垦、路桥等业务。

截至2022年底，油建公司设管理职能科室12个，直附属部门2个，下设大队级单位16个，多种经营企业1个。在册员工3717人。拥有固定资产6858项，固定资产原值123076万元，净值41671万元，拥有设备6642台/套，设备原值110143.78万元，净值37656.49万元，设备新度系数0.34。主要设备综合完好率达 97%。2022 年，油建公司新签合同额 56.87 亿元，实现收入 40.14 亿元，均创历史新高，全面完成油田公司下达的业绩指标，获辽河油田公司质量健康安全环保特殊贡献单位，员工张亮获颁"中国青年五四奖章"，面对历史罕见洪涝灾害，出色完成抗洪抢险、复产上产任务。

【生产建设】 2022 年，油建公司坚持做优做精，持续拓宽发展空间，当好油田地面建设主力军，全面承担储气库建设任务，加强外围区服务保障，承揽油区内部工作量 13.77 亿元。拓展绿色低碳领域，以 PC 模式承建欢喜岭采油厂、特种油开发公司 CCUS 项目，完成 40 兆瓦光伏产能建设。巩固传统优势市场，西部上产油气田市场实现战略性增长，重点跟踪国家石油天然气管网集团有限公司项目，西三中、西四、闽粤支干线陆续中标，全年外部市场新签合同额 43.1 亿元。中标塔里木油田 3.6 兆瓦光伏电站，承揽冀东南堡油田储气库海洋管道工程，完成公路工程、市政工程施工总承包壹级资质转接，进一步增强综合竞争力。优化生产组织，统筹调配施工资源，强化生产组织，全年实施工程建设项目 704 项。加快转变生产模式，油区内橇装设备工厂化预制率达到 70%，重点项目标准化施工覆盖率 100%。队伍联建共建、资源区域共享，全方位服务保障工程施工，持续提升生产效率和运营质量，综合进度得到改善。实施收尾项目销项管理，机组窝工和资源无效占用进一步减少，有效降低项目全周期成本。展现铁军担当。国内储气库首次使用的国产电驱高压离心式压缩机一次投产成功，承担的抗洪复产任务全部安全优质超前完成，西气东输四线焊接进度位列全线第一，中俄东线建设任务全面按进度实施，承建的 16 项国家管网重点工程全部按计划完成。

【提质增效】 2022 年，油建公司深化提质增效，靠实经营管理举措，创效能力逐步增强。坚持"先算后干"，纵深推进目标成本管理，持续优化完善考核政策，严格执行以收定支机制，实施营业收入收现率考核，项目化推进 24 项提质增效工程，全年增效 1.18 亿元。全面开展挖潜增效"四大"活动，领导干部带头开展对照检查，召开 4 场公司级业务座谈会，组织全体中层干部开展反思剖析，多层次完善改进提升措施，有效挖掘创效潜能。"两金"压控更加有力。将"两金"压降作为政治任务强力推动，刚性实施在岗、离岗清欠 82 人次，完成一系列历史遗留账目压降，资金运营状况显著改善。对标创效更加精细。综合运用信息化手段，实现主要成本数据日清月结，定期开展全领域施工成本对标分析，油料对标作为典型经验在辽河油田公司交流发布，大幅提升精准降本能力和业财融合水平。

【合规治企】 2022 年，油建公司突出风险防范，深化依法合规治企，贯彻辽河油田公司管理提升年工作部署，实施 12 类提升项目、28 项指标，管理能力有效提升。内控管理得到加强，例外事项按期整改闭合。制定完善项目策划和生产计划等十大类制度措施，健全项目全过程管理体系。强化法治意识。开展专项普法，增强员工法律意识。依法推动历史遗留问题解决，完成盘锦市辽河油田华油工程有限责任公司吸收合并；主动开展法律维权，部分历史账目结算取得实质进展。降低合规风险。组织合同条款及结算技巧等专业培训，收入类合同交底全覆盖。开展伙食费、差旅费专项检查，对 4 个基层单位进行专项审核，靠实经营成果。前置法律审查关口，纠纷案件源头防线更加牢固，领导干部法治思维和法治能力显著提升。

【质量安全环保】 2022 年，油建公司狠抓防患除险，压紧压实全员责任，质量安全平稳受控。治理突出问题，坚守"零容忍"底线，严守质量管理"六条红线"，落实"三个一批"行动方案，重点整治"低老坏"及重复性问题，制定实施"双十条"管理规定，狠抓"三废"排放管理，典型问题严肃惩戒、不合格承包商记分亮牌，质量安全环保形势总体稳定。严格规范体系建设，扎实开展安全生产"四大"主题活动，全面落实"四全""四查"和"十五条硬措施"，推行四级风险防控责任体系，风险管控能力明显增强；狠抓过程要素提升，公司 QHSE 体系保持 B2 级水平，通过国家压力管道安装资质评审。创建企业品牌，以标准化施工为基础，助力品牌塑造，创建精品工程、满意服务，中俄东线三标、雷 61 储气库获评全国优秀焊接工程,全自动焊接五机组获评集团公司质量信得过班组。精准做好疫情防控。严格落实国家防疫政策,自觉遵守属地管理要求,强化项目施工安全岛建设,严守人员流动管控要求,动态开展健康监测,坚决巩固来之不易的疫情防控成果。

【党建工作】 2022年,油建公司深入学习宣传贯彻党的二十大和习近平总书记系列重要讲话精神,组织两级中心组学习458次、专题研讨126次。全面开展喜迎党的二十大系列活动,清单化落实25项重点措施,理论源动力切实增强。坚持舆论引导与舆情监督相统一,牢牢把握意识形态工作主动权。落实上级要求,推进党的领导和油建公司治理相统一。落实"三重一大"决策制度,组织召开党委会41次,党委前置研究讨论更加规范,重大决策落地率100%。提升基层战斗力,按照"三同时"原则,持续加强外部项目党组织建设,实现党组织覆盖率100%。建强融合载体,深入推进基层党建"三基本"建设和"三基"工作有机融合,开展党内创先争优、"一赛四金"、青年突击队建设,各级党组织和群团组织全年创效1500万元以上。提升思想凝聚力,开展"转观念、勇担当、强管理、创一流"主题教育,干事创业热情有效激发。壮大主流思想舆论,报道重点工作成绩和重大工程建设成果,突出选树宣传技术工匠、抗洪复产等典型事迹,全年对外报道516篇稿件,其中14篇获中央级媒体采用。开展企业文化建设,全景展示铁军形象,营造良好文化氛围。提升纪律震慑力,完善监督体系,形成监督合力,挽回经济损失34.83万元,治理效能有效发挥。深入推进反"围猎"专项行动,制定违规吃喝"十不准"(不违规组织、参加用公款支付的宴请、高消费娱乐、健身活动;不以各种名义违规接受分包商、承包商、供应商的宴请;不向分包商、承包商、供应商转嫁违规吃喝费用;不在会议、培训、专项工作等费用中隐匿超标准接待或违规吃喝行为;不在元旦、春节、五一、端午节、中秋节、国庆节等节假期间违规吃喝;不组织或参与隐秘聚会、"一桌餐"或在内部食堂大吃大喝;不在疫情管控期间违规聚集、聚餐和饮酒;不举办个人升迁、孩子满月、乔迁等重要时段违规宴请;不违规操办婚丧喜庆事宜;不在工作日、值班执勤、公务出差、学习培训或其他工作时间违规饮酒,不酒驾、醉驾),党员干部签订承诺书,"四风"顽疾有效遏制。保持高压态势,强化执纪问责,政治生态持续向好。人才竞争力不断提升。突出重品德、重实绩、年轻化、专业化、跨系统选用导向,梯次化人才培养格局基本形成。遴选产生企业技术专家1名,获聘集团公司技能专家2人、辽河油田公司首席技师4人,考取国家执业资格11人,晋升高级职称21人,持续壮大领军人才队伍。

【抗洪抢险】 2022年,辽河油田遭遇罕见汛情,在辽河油田公司党委的组织下,油建公司在抗洪复产工作中投入各专业队伍1500余人、设备330余台套,抢运物资、抢修道路、固坝筑堤、抢堵决口、布泵排涝、抢送电力、恢复场站、改建管线、检修锅炉,出色完成一系列关键性、节点性任务,为油田快速恢复生产、保持1000万吨油气当量生产规模作出突出贡献。敢打硬仗、能打胜仗的油建铁军受到辽河油田公司上下和社会各界的高度赞扬。

(刘 敏)

中油辽河工程有限公司(辽河油田设计院)

【概况】 1974年9月,辽河石油勘探局成立的油田建设规划设计院。先后更名为辽河石油设计研究院、中国石油天然气总公司辽河设计院、辽河石油勘探局勘察设计研究院。2000年3月,辽河石油勘探局勘察设计研究院改制为辽宁辽河石油工程有限公司。5月,在辽宁省盘锦市完成工商注册,注册资本3000万元。其中辽河石油勘探局持股75%,辽宁辽河石油工程有限公司工会代表会员持股25%。改制后,辽宁辽河石油工程有限公司由原来单一功能的勘察设计研究院转变为同时具有勘察设计和工程总承包能力的工程技术公司。2002年10月，中国石油集团工程设计有限责任公司（英文机构简称为CPE）向辽宁辽河石油工程有限公司出资2000万元。增资后，辽河石油勘探局持股45%，中国石油集团工程设计有限责任公司持股40%，辽宁辽河石油工程有限公司工会代表会员持股15%。2003年3月，辽宁辽河石油工程有限公司更名为中油辽河工程有限公司，5月，在工商部门完成法人变更，股权结构不变。2008年2月，中油辽河工程有限公司划归辽河油田公司，列未上市业务二级单位，机构规格为正处级。12月，辽河石油勘探局以现金形式收购中油辽河工程有限公司工会代表会员所持股权。调整后，辽河石油勘探局持股60%（其中固定资产出资2250万元、以货币出资750万元），中国石油集团工程设计有限责任公司持股40%。2011年8月，辽河石油勘探局和中国石油集团工程设计有限责任公司按照持股比例向中油辽河工程有限公司进行增资，增资后总资本为8000万元。2022年5月，为强化油田公司勘探开发源头设计保障，加挂辽河油田设计院牌子。具有工程勘察、工程设计业务9个甲级资质、12个乙级资质和A1、A2、A3、SAD级类压力容器以及GA、GB、GC、GD类压力管道设计资格证，是油气田地面建设工程研发、咨询、勘察、设计、采购、施工和项目管理等全功能工程公司，集团公司稠油、高凝油、凝析油集输工艺指导性设计院，国家能源稠（重）油开采研发中心——稠油地面工程技术研究中心，辽宁省高新技术企业。

截至2022年底，中油辽河工程有限公司设主体设计所17个，机关职能科室8个，直属部门1个，工程管理单位5个，辅助生产单位2个，分公司1个，驻外项目部1个，员工总数658人。2022年，中油辽河工程有限公司立足新定位拼搏进取，展现新作为奋力发展，科研、生产、市场箭头向上，队伍、安全、民生总体稳定，各项工作都取得新突破新成果，超额完成年度各项任务目标，实现账面利润553万元；员工收入同比增长8.7%，达到近3年新高，增幅位居辽河油田公司前列；获评辽河油田公司先进单位和抗洪复产先进单位。

【主营业务】 2022年，中油辽河工程有限公司完成勘察设计877项，方案论证投资71.6亿元，施工图投资12.9亿元。修订完善新井地面标准化设计图集，完成标准化新井设计811口，超去年同期243口（同比增加42%）。编制曙光地区稠油300万吨稳产、宜庆地区地面开发等大型地面方案。按期完成6个油田、3个气田区块规划和146口外围产能新井施工图设计。全天24小时不间断侦测水情测绘数据，快速完成七大类200余幅专题图编绘。10余天编制各类排水方案20余项，保证快速安全排涝。精心组织编制油气集输等七大系统抗洪复产标准化设计图集，最短时间完成2000多项紧急物资采购技术文件、14套水毁管道复产可行方案、123条过堤管道整改可研，为快速有序复产提供可靠、便捷的技术指导。统筹兼顾防洪与泄洪、近期与远期，编制绕阳河分流、巡护路防洪提升、工艺优化3个方面水患根治方案。组织2轮全油田光伏建设用地大排查，完成产能新井、沈茨锦光伏工程以及盘锦、沈阳、锦州区域光伏工程等施工图，总装机容量100.6兆瓦，形成油气田分布式光伏电站标准化成果。组织全油田风机选址踏勘，反复对接先后提交4个版次14份可研报告，编制2个版次6份初步设计文件，完成风电可研62.5兆瓦。设计完成欢喜岭采油厂、特种油开发公司二氧化碳捕集工程施工图、双229区块二氧化碳驱油与埋存先导试验地面工程初步设计，形成辽河特色CCUS技术路线。坚持加油增气与投资优化和节能降耗并重，完成提质增效项目设计77项，方案实施后可回收天然气1709万米^3/年，增油1.45万吨/年（含轻烃），节约标煤3.9万吨，减排二氧化碳10.1万吨，助力辽河油田节约工程投资1.24亿元（降低工程投资7.09%），降低运行成本1.76亿元，平均内部收益率24.47%。

【技术创新】 2022年，中油辽河工程有限公司围绕科研过程管理和考核评价，制定4项管理办法，提升管理规范化水平。承担集团公司科研项目4项，辽河油田公司各类科技项目7项，总经费1620万元，形成创新成果29项，申报发明专利26件。油田地面工程减排提效关键技术助力绿色转型，揭示锦45、齐108等6种不同黏度范围区块高含水采出液的冷输界线，明确16个联合站（区块）的集油及脱水优化措施，地面系统密闭率由2.24%提升至16.4%，年节约天然气3182万立方米，二氧化碳减排5.87万吨，将支撑每日29.9万立方米伴生气达标排放。开展齐108区块稠油冷输技术攻关，115口井实现不加热集输，集输能耗降低30%，节能效果显著。高温熔盐储热技术实验开创油田谷电、绿电储能技术开发的先河，电热转化率91%以上，为新一代稠油清洁能源蒸汽发生工艺的形成奠定基础。二氧化碳捕集/注入技术助力CCUS+EOR工程建设，首创火驱伴生气碳捕集+甲烷回收处理技术，先导试验地面工程应用后，预计年捕集二氧化碳11.08万吨，回收甲烷1666万立方米，增产7万吨。"六化"（标准化设计、模块化建设、工程化预制、数字化交付、信息化管理、规模化采购）建设覆盖辽河油区、宜庆外围区块、储气库、A11工程及新能源等各领域，新井标准化设计覆盖率100%，中小型站场可成橇设备设施模块化设计率90%，重点工程工艺设备模块化设计率95%。高精度生产运行模拟仿真模型成功用于双台子储气库群，采气期工艺参数数据拟合度达到91%。

【市场开发】 2022年，中油辽河工程有限公司承揽外部勘察设计项目129项，完成外部市场新签合同额1.25亿元，实现外部市场收入1.23亿元。相继承担塔里木油田英买力气田玉东1区块开发调整地面工程勘察设计、塔里木油田塔西南区块地面工程勘察设计、泸州页岩气200亿米^3/年地面骨架工程可研等18个项目。发挥行业领先的技术优势，积极承揽并高质高效完成煤层气三交北区块提氦项目可行性研究，提升辽河设计影响力。油气储库领域，以优选的方案、专业的技术，一举在集团公司平行方案设计比拼中胜出，最终承揽新疆油田克75储气库可研。技术引领、靠前服务，成功承揽了大连石化长兴岛商储库项目可研。长输管道领域，通过局势分析、积极竞标，入选国家石油天然气管网集团有限公司评估咨询、管理咨询、工程咨询、工程勘察、工程设计等全产业链框架协议服务商名单，为深度拓展国家石油天然气管网集团有限公司勘察设计市场打下良好基础。在新能源领域，发挥地热利用关键技术优势开拓市场，先后承接曹妃甸地热供冷、武城地热供暖二期工程等4项外部市场项目，进一步巩固辽河设计在集团地热能供暖方面的领先地位。

【经营管理】 2022年，中油辽河工程有限公司深化提质增效工程，细化勘察设计成本，制定5个方面16项具体措施，挖潜增效2504万元。定人定责、一项一策，推进青海油田、广东石化等项目长期未完成的结算工作。科学研判美联储货币加息政策等国际形势影响，争取到延迟资金归集时间，实现汇兑净收益337万元。用好国家税收优惠政策，纳税筹划节税222万元。

【质量安全环保】 2022年，中油辽河工程有限公司充分发挥企业技术专家把关作用，有效控制作废标准引用等设计上的"低老坏"问题，设计本质安全水平有效提升。组织参加辽河油田公司和中油辽河工程有限公司级安全培训214人次，组织火灾等应急演练4次，提升全员安全意识能力和应急处置技能。开展安全生产大检查和"四大"活动，隐患排查整改问题428项，安全风险得到有效控制。严格员工出行返回疫情管控，开展重点风险排查430余人次；组织疫苗加强针接种628人和10轮3800人次核酸检测。开展风险人群干预服务线上487人、线下244人，中风险153人，高风险195人，重点关注18人，同比减少72人，风险人数下降率16.4%，通过辽宁省健康企业验收。通过辽河油田公司QHSE量化审核，继续保持良好B1级。

【员工队伍】 2022年，中油辽河工程有限公司提拔、交流中层干部27人，选聘主任工程师、所级总工程师20人，补选二级、三级工程师12人。整合新能源、建筑结构等5个专业所设置，推行一级工程师负责制，更加贴近发展战略需求。构建校园直聘、内部引入、社会补充的引才模式，择优吸纳高校毕业生12名、油田内优秀技术人才14名、社会高素质专业人才5名，人才梯队得到有效补充。加强新业务、新技术拓展培训，组织两级培训112期5266人次，提升员工队伍总体素质。

【党群工作】 2022年，中油辽河工程有限公司落实"第一议题"和中心组学习制度，集中学习21次，聚焦设计转型发展等专题研讨12场次。多层面、全覆盖学习贯彻党的二十大精神，深刻领悟"两个确立"的决定性意义，坚决做到"两个维护"。充分发挥党委"把方向、管大局、保落实"作用，有力推进党中央重大决策部署和辽河油田公司党委部署要求落实。增设共产党员先锋工程18项，设立共产党员示范岗25个，引领推进抗洪复产等重点任务。开展党建联盟，聚焦设计质量、技术创新等关键环节，研究推进"党建+科研"等7个课题和3个专班，党建与生产经营深度融合见实效。抓实意识形态工作，深入践行新时代辽河设计精神，贯彻"快乐设计"工作理念，着力选树宣传风光发电设计辽河杰出青年团队、辽河榜样、设计金花团队、劳动模范等先进典型50个，振奋发展士气。围绕中心任务采写刊发新闻600余篇，制发公众号117期，全面展示企业良好品牌形象。开展"反围猎"等专题教育和"爱廉说"常态化教育，全面从严治党责任落实、意识提升，绿色设计廉洁文化涵养深化。开展"公开解难题、民主促发展"主题活动，完成职代会换届选举，召开中油辽河工程有限公司和基层两级民主管理大会、恳谈会等39场次，回应解决职工代表意见建议和合理诉求102条。以"四季活动月"为载体，下拨基层活动费10万元，组织开展跳绳比赛、集体包粽子、趣味运动会等活动49场次。开展"青年科研能力提升年""青年文明号"开放日等活动，关心关注青年需求，充分发挥青年作用。

（陶文玲）

物资分公司（物资管理部）

【概况】 1967年3月，大庆六七三厂成立供应服务队。1970年4月，辽河石油勘探指挥部将供应服务队更名为供应营。10月，撤销辽河石油勘探指挥部供应营，成立三二二油田供应处。1973年6月，三二二油田供应处更名为辽河石油勘探局供应处。1976年1月，辽河石油勘探局将供应处更为供应指挥部。1984年4月，供应指挥部更名为物资供应处。1993年3月，物资供应处更名为物资公司。2000年8月，辽河石油勘探局进行物资管理体制改革，明确物资公司同时行使辽河石油勘探局物资采办、物资管理2种职能，其中物资采购实行集中采购为主、部分采购权下放各二级单位政策，同时与辽河油田公司实行物资关联交易。2008年2月，物资公司划归辽河油田公司管理。2010年12月，辽河油田公司对物资公司和油田化学工业公司实施重组整合，机构名称沿用物资公司，业务上接受辽河油田公司物资管理部的指导和管理。2018年3月，辽河石油勘探局物资公司更名为辽河石油勘探局有限公司物资分公司。2021年12月，辽河油田公司将物资管理部与物资分公司整合为物资分公司（物资管理部）（简称物资分公司），是辽河油田公司行使机关职能的二级单位，兼具管办职能。在"管"上负责采购计划、供应商、编码、电子商务、仓储及质量管理、采购价格管理、技术设备引进管理，负责采购方式的确定及管理，招标方案审核，指导监督各二级单位采购管理工作，协调解决采购运行；在"办"上负责组织物资采购、结算、验收、质量控制以及仓储配送工作。

截至2022年底，物资分公司设管理职能科室9个，直属部门3个，业务中心6个，三级生产经营单位24个，临时机构1个，1个多种经营单位盘锦辽油晨宇集团有限公司。用工总量1990人。固定资产原值3.62亿元，固定资产净值1.25亿元；占地面积187.4万平方米，库区仓储面积94.19万平方米；正式库房153栋8.65万平方米，料台9.95万平方米，料场74.25万平方米；库区内铁路专用线21条，16.11千米。2022年，采购供应物资51.75亿元，实现收入52.72亿元，账面利润3646万元。物资分公司获辽宁省用户满意企业、辽河油田公司先进单位、辽河油田公司抗洪复产先进单位、辽河油田公司质量健康安全环保先进单位称号。

【采购管理】 2022年，物资分公司坚持系统管理与考核评价统筹推进，管理能力实现升级。管理职责落实有力。组建专班对各二级单位和10个"两新两高""五自"经营单位开展物资采购和工程服务招标专项检查，累计发现各类问题111项，监督整改闭环管理，推动采购行为规范，业务合规运行。招标管理从严从紧。执行集团公司招标"六项禁令"，严格可不招标项目审批，加大指导、监督、检查和考核力度，做到依法依规、应招尽招。实行招标评审专家动态考评，清理库内专家27名，提高招标评审工作质量。加强供应商管理。完善动态管理与考核评价机制，打造"五位一体"管理模式，供应商结构更加合理，提升供给能力。从严、从重、从快处理质量问题，处置质量问题供应商15个，供应商行为得到有效规范。价格管理作用有效发挥。完善价格动态调整机制，综合运用成本测算、市场调研、历史价格比较等方式，严格限价制定、招标谈判议价，保障辽河油田公司整体利益。充分显现集中采购价值。持续扩展两级物资集中采购覆盖面，进一步提高集采结果执行率，节约资金3.2亿元。共享商城建设扎实推进。落实辽河油田公司"管理提升年"部署，物资共享商城按期上线运行，"网上点选下单+物流配送上门"模式初步建立，常规生产消耗类物资和非生产性通用物资采购更加便捷、高效。

【物资保障】 2022年，物资分公司坚持采购效率与质量管控同向发力，物资保供精准有力。重点工程物资保供及时到位。建立分层快速处理协调机制，保证3902项5.63亿元储气库建设物资质量可靠、及时到位。完成新井井场光伏项目、沈茨锦18.19兆瓦光伏项目物资保供，有序组织76.81兆瓦光伏项目物资采购，超前筹备2023年绿色低碳和新能源规划项目物资招标。跟进CCUS项目建设进度，推进欢喜岭采油厂、特种油开发公司二氧化碳捕集站建设物资供应，满足投产运行需要。高效完成二氧化碳集中采购工作，确保碳源充足，及时供应。稳步推进VOCs治理项目保供，8项物资按要求全部到达现场。抗洪复产彰显担当。开辟"绿色通道"，物资24小时随到随检随发。制定六大类51小类《复工复产物资目录》，采购5.47亿元抗洪复产物资和5.1亿元工程、服务招标。仓储管理卓有成效。规范物资收发存管理，着力改善库容库貌，大幅提升标准化水平和库区环境。坚持"零库存"目标，加大对储气库和二级单位积压、长期无动态物资处置力度，年末库存余额6540万元，对比辽河油田公司库存指标控降47%。质量管控全过程覆盖。落实产品质量"零缺陷"要求，"驻厂监造+工厂质量控制+到货检验"组合质控成效显著，监造、质控重点物资18416批次，检验、验收不合格产品184批次，避免经济损失1346万元。落实辽河油田公司质量监督抽查结果，退回产品176批，杜绝不合格物资进入生产现场。强化计量标准化管理，全年检定计量器具908台/件，检定率达100%，标准化实施率100%。

【经营业绩】 2022年，物资分公司坚持内部挖潜与外部增效双管齐下，业绩指标超额完成。"第三利润源"作用作为战略重点。落实辽河油田公司提质增效方案，细化措施落实，通过采购管理降本提效节约采购资金3.89亿元，通过进口物资降本增效节约采购资金4500万元，对比辽河油田公司下达指标分别超额完成128%和105%。内部挖潜作为着力方向。严控非生产性和"六外"支出，鼓励员工外活内干，深入挖掘降本增效潜能，项目化、分类别实施24项提质增效价值创造工程，挖潜创效2444万元。市场开发作为有力支撑。西气东输采购技术服务项目续签，中标煤层气大宁仓储服务项目、韩城仓储服务项目保持稳定，中国石油辽河石化分公司仓储物流服务、中国石油集团长城钻探工程有限公司仓储物流服务、中国石油天然气股份有限公司东北化工销售分公司销售仓储服务、盘锦北方沥青股份有限公司铁路牵引作业服务等项目持续巩固，外部业务全年实现收入2158万元。

【公司治理】 2022年，物资分坚持改革创新与合规管理齐头并进，依法治企深入落实。深化改革见到实效。完成物资采购供应业务重组整合，实现组织优化、效率提升。全面推进岗位管理，稳妥完成岗位管理首次聘任工作，促进优秀人才在"三支队伍"中合理流动。深入开展"三定"工作，压减本部三级机构8个，压减基层三级单位5个，扁平化管理基层队（站）16个，机构设置和职能配置更加优化。完善工效挂钩办法，推进全员考核，充分调动员工队伍积极性。干部选拔科学规范。坚持党管干部原则和正确的选人用人导向，提拔二级副职1人、三级正职14人，交流17人。研究制定《青年人才培养使用实施细则》《推进三级机构领导人员队伍年轻化建设工作方案》，现有80后基层领导人员19人，优秀年轻干部发现培养机制进一步完善。财务管控更加有力。执行资金管理制度，优化资金合规运营，确保资金本质安全，注重全过程全要素降本，增强预算刚性管控，推进抗洪抢险结算，提高主营业务结算效率，主营收入增幅29%运行成本不增。企业管理依法合规。坚持决策依法、管理用法、维权靠法、队伍普法，落实"依法合规年"工作要求，聚焦法制宣传教育、合同履约管理、案件纠纷治理、重点岗位监督，制定"采购人员廉洁从业八大禁令"，层层签订岗位风险承诺书，健全法律风险防控体系，持续提升依法合规治企水平。托管企业健康发展。支持盘锦辽油晨宇集团有限公司合规经营、拓展市场，清理挂靠企业、压减法人企业，推动托管企业健康、可持续发展。盘锦辽油晨宇集团有限公司实现总产值20亿元，净利润350万元。

【健康安全环保】 2022年，物资分公司坚持安全生产与员工健康并重并举，总体态势保持平稳。安全管理持续强化。落实"十五条硬措施"，细化"五个用心抓"举措，扎实开展安全生产大检查和"四大"活动，集中开展反思讨论76场次，制定措施198条，成品油库储罐、雨水收集系统、防雷装置得到规划治理，铁路道口、轨道衡、库区电路、供暖管网、料台路面得到改进修缮。常态化开展日常监督检查，加大问题通报和责任追究力度，查改销项问题273个，提升QHSE管理体系运行水平。加强仓储库房、动态作业、用电用气、火灾隐患、交通运输、承包商等重点领域、要害部位管控，投入240万元治理安全环保隐患12项，全年未发生一般C级及以上事故。关爱员工守护健康。落实健康辽河2030行动，投入264万元提升食堂、小伙房餐食标准。加强全员健康意识培育和知识普及，组织1596人"点餐式"、差异化健康体检，覆盖率达100%。联合通用技术集团辽油宝石花医院对中、高风险员工进行面访和电话随访，匹配定制个性化健康管理方案，员工健康干预率达100%。疫情防控落实有力。严格执行油田公司、地方政府疫情防控指令，建立网格化管控机制，制定完善两级防控应急预案，强化窗口服务单位、办公场所外来人员管控和到货物资、车辆消杀，疫苗接种率达98.4%，有效保护员工生命健康安全。

【党建工作】 2022年，物资分公司坚持党的建设与生产经营深度融合，政治优势充分发挥。政治建设取得新成效。坚持把迎接党的二十大、学习宣传贯彻二十大精神贯穿全年，扎实推动党史学习教育常态化长效化，刚性执行"第一议题"制度，党委班子学习36次，专题研讨48人次，专题宣讲32场次，实现"二十大"精神进机关、进基层、进岗位、全覆盖。修订"三重一大"决策制度，制定基层党组织集体议事规则，党组织发挥作用的体制机制日益完善。党建工作开创新局面。优化党建联系点，深化党建联盟，规范调整党组织机构设置，按期完成基层党组织换届，配齐配强基层党组织书记，基层党建"三基本"建设与"三基"工作有机融合成效显著。出台抗洪复产发挥党组织作用10项措施，有力提升党组织的战斗力、凝聚力、向心力。渤海储运公司器材库党支部典型做法在辽河油田公司"七一"大会交流，党建成果入选国企党建创新优秀案例，被推荐为辽宁省党支部标准化规范化建设示范点。文化引领彰显新形象。落实集团公司文化引领战略要求，梳理文化理念，编撰文化手册，塑造文化品牌，建设阳光大厅，深入开展"转观念、勇担当、强管理、创一流"主题教育，广大干部员工积极践行石油精神、辽河精神，被授予辽河油田公司"劳动模范"荣誉称号1人，被评为辽河油田公司先进个人8人，获"辽河榜样"提名奖1人，被评为辽河油田公司"十大杰出青年"1人。正风肃纪营造新风气。一体推进"三不腐"，完善全面从严治党责任清单，持续开展党委巡察，扎实开展"以案促改、以案促治"和"反围猎"专项行动，排查全业务链廉洁风险748个，制定防控措施762项，发现整改"到货验收不严、入库管理不严"等问题15项，员工队伍作风形象明显转变，信访举报件大幅减少。

（王丽 殷茵）

供水分公司（辽河油田环境工程公司）

【概况】辽河油田环境工程公司是辽河油田公司所属的唯一专业从事环保业务的二级单位，其前身为1993年成立的辽河石油勘探局供水公司。2008年7月，辽河油田公司上市业务二级单位工业用水业务划归供水公司管理后，供水公司加挂辽河油田供水公司牌子，按照"两块牌子、一个领导班子、一套机关机构、分开核算、两本账运行"的模式，实施未上市业务与上市业务专业化、一体化管理。2018年3月，供水公司更名为辽河石油勘探局有限公司供水分公司。2018年12月，供水分公司完成"三供一业"供水业务分离移交（兴隆台主城区供水业务移交盘锦水务集团，外围矿区居民用水业务移交盘锦辽河智慧城市发展集团有限公司）。2019年12月，根据"油公司"模式改革总体安排，将油田注水和生产用水的水源井站业务移交辽河油田公司所属各采油单位管理。同时，供水分公司有序接收辽河油田公司含泥砂原油回收处理、工业清洗、钻井废弃泥浆及岩屑不落地处理等业务。2020年1月，供水公司实行"五自"经营试点改革，向专业化环境工程公司转型发展。2021年6月，上市业务辽河油田供水公司更名为辽河油田环境工程公司（简称环境工程公司）。2021年12月，按照集团公司剥离企业办社会职能工作收尾要求，环境工程公司存续的民用供水业务完成彻底分离移交。2022年5月，中共辽河石油勘探局有限公司供水分公司委员会变更为中共辽河油田环境工程公司委员会。经过一系列重组整合和接收移交，在实现"五自"经营三年试点改革目标之时，环境工程公司建设成为集油泥处理、泥浆处理、地热综合利用、污水处理、工业清洗及水务服务等多元业务协同发展的专业环保企业。

截至2022年底，环境工程公司员工总数1020人。本部设职能科室10个，直属部门1个，三级单位11个（含1个勘探局下属子公司），临时机构1个，托管1个多种经营B级企业。拥有固定资产原值2.77亿元，净值1.46亿元；管理油泥处理站5座、泥浆处理站9座、地热供暖站和井热站3座、污水处理站3座；拥有机械清罐设备2套。2022年，完成减量化处理油泥7.07万吨、不落地处理泥浆64.43万立方米、处理污水364.2万立方米。实现收入4.7亿元，剔除考核因素利润为175万元，创造历史首次正效益，实现"五自"经营收官。获辽河油田公司生产组织运行管理先进集体、钻采工程工作污水油泥管理先进科室、纪检工作先进集体、青年工作先进集体、组织史资料编纂工作先进单位等荣誉称号；泥浆处理分公司曙光泥浆站获中安协安全管理标准化示范班组荣誉称号。

【生产建设】2022年，环境工程公司坚持服务油气生产为根本责任，落实"四精"工作理念，有序组织生产运行，降低生产运营成本，服务油气上游生产。油泥、泥浆、污水、地热等基层单位降低多轮疫情管控影响，精细生产管理，有效提升生产效率和运行质量。开展"凝心聚力再奋战、共克时艰保效益"劳动竞赛，制定分解指标，压实各级责任，明确工作目标，机械清洗储罐2座、人工清洗储罐260余座，欢三联地热站实现供热12.97万吉焦、节约天然气204万立方米，完成采油厂水井封井26口及水井提下泵84口。按照环保业务新版标准化班站建设考核标准，继续开展标准化创建活动，对油泥、泥浆等环保业务通过日常检查、半年集中考核等方式，坚持对标找差距，进一步提高环保业务基础工作管理水平。严格落实防汛要求，做好极端天气第一时间预警，完善应急预案，储备防汛物资，开展应急演练，杜绝污染事件发生。抗洪复产期间，组建抢险突击队支援曙光采油厂兄弟单位，完成2次固坝救援抢险及曙光采油厂油泥站抗洪防汛任务，接收油泥杂物6000余吨，完成曙光采油厂和特种油开发公司设备设施维修工作量172项，为油田上游生产建设提供坚强保障。

【科技创新】 2022年，环境工程公司以技术研发应用为导向，以降本创效为目标，坚持技术创新和科研成果转化，打造企业核心竞争力。依托股份公司及辽河油田公司科技项目，围绕地热能综合开发利用、污水低成本达标外排、含油污泥处理等方面扎实开展关键技术攻关。牵头集团公司地热重点课题，开展低孔低渗地热储层改造技术研究，在欢三联地热站复产中发挥技术保障作用。"揭榜挂帅"项目完成阶段攻关目标，通过辽河油田公司阶段性验收。组织核心技术自主攻关，地热储层精细评价和地热资源储量计算、含油污水药剂、含油污泥处理、浮渣清洗剂、热裂解残渣固化、数字化监督、环保业务QHSE风险管理系统等7项科技项目均取得良好成效，掌握处理钻井水基泥浆药剂的主要成分和机理，实现生产实践中药剂成本降低将近三成。全年申报发明专利5件，编制技术规范1项，发表论文3篇。

【经营管理】 2022年，环境工程公司将企业扭亏为盈作为第一要务，坚持效益引领，聚焦提质增效，狠抓管理提升，突出设备保障，完成企业年度业绩目标。建立全面预算管理体系，升级预算管控目标，完善利润中心体系建设，明确10项预算考核政策，材料费、修理费等重点费用压降206万元。深化提质增效，开展3个方面30项提质增效工程累计创效6514万元。规范招标管理，完善商务谈判，节约采购资金1861万元。自主维修、外活内干、人力资源调剂等内部互供共享创效707万元。通过报废资产处置、闲置土地减税、降低单耗电费、严控运费等多项措施，实现降本增效219万元。通过开拓外部市场，地热业务、检验检测、劳务服务等多点创收，实现辽河外部收入1881万元。

【企业改革】 2022年，环境工程公司持续深化企业改革，彻底移交外围矿区存续供水业务，落实辽河油田公司运输及特车业务、后勤业务、保险业务改革政策，合并压减科级机构2个，完成两级机关一般管理人员岗位竞聘96个。强化依法合规治企，健全责任体系，重新梳理"十大风险"（承包商运维监管风险；天然气泄漏爆炸风险；环保业务合规管理风险；特种设备运行风险；工艺、技术变更管理风险；工业清罐管理风险；新冠疫情管理风险；硫化氢中毒风险；冬防防汛管理风险；大型维修类、水源井钻修等作业风险）及其防范措施，开展"重规范、严监管、再提升"专项行动，开展84个合规高风险岗位认定，编制执行流程58项，规范业务领域审批流程19项，完成制度宣贯12项。严把承包商"五关"（单位资质关、QHSE业绩关、队伍素质关、施工监督关、现场管理关），实行分类管理，编制承包商手册规范12个方面管理内容，承包商管理更加规范。落实辽河油田公司"管理提升年"部署，开展4项业务标准化班站创建、四大类对标管理活动、7个重点层面管理提升、"三基"工作考核等活动，全面巩固各项基础管理工作。

【员工队伍】 2022年，环境工程公司实施人才强企战略，树牢"人才是第一资源""没有人才一切归零"理念，扎实推进选拔任用、从严管理、正向激励工作，打造坚强有力的领导班子和忠诚担当的干部队伍，进一步激励各级干部员工干事创业积极性。坚持党管干部原则，树立重实干、重实绩、重担当的鲜明用人导向，严把选拔任用程序，强化考核激励作用，打造坚强领导集体，注重优化基层班子结构，推进干部"双向进入、交叉任职"。全年提拔三级正副职干部11人，10个三级单位、9个机关部门三级正副职干部调整交流58人。加强年轻干部赋能培养，开展年轻干部公开遴选，新提拔40岁以下三级正副职干部6人，占总量54.5%。健全"生聚理用"机制，完善人才发展制度建设，制定涵盖人才竞争选拔、开发培养、激励保障的全方位制度体系，突出在生产现场和科研一线培养人才，选聘专业技术人员20名。组织开展三级正副职干部、后备干部及青年人才培训，推进党务与行政、机关与基层交流和同层级岗位序列转换，提升各级干部业务素质。建立"竞聘上岗、签约定岗、以岗定薪、岗变薪变"动态运行机制，组织一般管理岗公开选聘会，涵盖11个机关科室和11家基层单位的97个管理岗进行公开选聘。畅通人才引进渠道，面向辽河油田公司公开招聘专业技术、管理岗位员工7人。

【安全管理】 2022年，环境工程公司全面履行企业绿色低碳责任，落实"四全""四查""五个用心抓"工作要求，坚定体系思维，压实全员责任，强化风险治理，推进一体化监管，实现安全清洁可持续发展。以"安全执行年"为主线做好顶层设计，健全责任配套机制71项，修订"一岗一清单"管理内容364项，领导干部承包点活动105次检查问题163项，为基层解决安全环保难题204项；关键岗位履职能力评估127人次，通过靠实领导承诺、严格履职考评、严肃事故事件问责等举措，推动实现各层级安全生产责任全覆盖。坚持风险隐患防控，扎实开展"安全生产大检查""四大"等专项活动，发布安全环保奖惩办法，做好地方政府、上级部门环保督察迎检。积极推进危险废物贮存场所"清库"行动，深入落实"三个一批"质量管理，联合属地结成"防疫联盟"保障生产，线上线下对中、高风险人员健康干预。开展应急演练125次，发现整改隐患问题648项，安全记分58人次，处罚金额23万元，给予承包商"黄牌警告"3家，列为承包商"黑名单"人员3名。保持辽河油田公司体系评级B1水平。

【党建工作】 2022年，环境工程公司党委刚性落实"第一议题"和中心组学习制度，学习贯彻党的十九届六中全会和党的二十大精神，深刻领悟"两个确立"的决定性意义，"四个意识"有效增强，"四个自信"更加坚定，践行"两个维护"行动更加有力。发挥党委把方向、管大局、保落实的领导作用，精准把握绿色低碳大趋大势，完善建设石油行业一流环境工程公司战略体系，构建环保、地热、科研、保障"四大板块"，围绕重要决策重大事项，召开党委会43次、研究各类议题104项。推进"两个一以贯之"向基层延伸，深化基层党建"三基本"建设与"三基"工作融合，打造地热示范、"泥点子"工程等"党建+"项目。加强党风廉政建设，坚持"三不腐"一体推进，持续深化纠治"四风"，政治生态环境保持风清气正。开展党员干部"庸懒散浮拖"专项整治，常态化推进作风监督，以严格管理倒逼严实作风显著提升。

【群团工作】 2022年，环境工程公司坚持将员工队伍作为发展主体，开展"我与企业共奋进"系列活动，深入推进民生工程，持续增强员工群众获得感、幸福感、安全感。坚决维护员工参与企业管理的合法权益，规范职工代表大会、厂务公开等民主管理，召开公司级民主恳谈会3场次，回应员工诉求15项。开展员工素质提升工程，完成环保业务操作员工素质能力评估，强化业务知识学习，印发应知应会口袋书。深入推进维稳信访安保工作，开展矛盾纠纷排查和法治宣传教育，强化承包商重点人员管控，妥善处理托管多种经营企业历史遗留问题，营造和谐稳发展环境。加强党对群团工作领导，把握群团工作时代主题，打造新时期基层群团组织升级版。

【新冠肺炎疫情防控】 2022年，环境工程公司落实上级疫情防控精神和辽河油田公司疫情防控指令，全力打好疫情防控攻坚战。修订新冠肺炎疫情常态化防控等方案，组织对突发疫情防控事件应急演练。组织疫情信息沟通、生产生活准备、教育员工不和社会面接触，严格执行安全岛要求，摸清驻留人数和核酸检测等情况，组织全员参加核酸检测37轮，生产经营秩序平稳。

（翟洪江）

电力分公司

【概况】 1970年10月，三二二油田革命委员会以三二二油田油建团下属的水电营为基础组建三二二油田水电厂。1973年6月，更名为辽河石油勘探局水电厂。1976年3月，辽河石油勘探局在曙光友谊地区成立电厂筹建处。1977年7月，大庆曙光油田水电指挥部划归辽河石油勘探局管理，并更名为辽河石油勘探局曙光水电指挥部。1978年2月，曙光水电指挥部、水电厂、电厂筹建处重组整合为辽河石油勘探局水电指挥部。1984年4月，水电指挥部更名为水电厂。1985年1月，东北电业管理局直属企业盘锦热电厂划归辽河石油勘探局管理，并更名为辽河石油勘探局热电厂。1993年10月，辽河石油勘探局水电厂分设为辽河石油勘探局供电公司和辽河石油勘探局供水公司。2007年5月，辽河石油勘探局对电力业务实施集团化、专业化重组，将辽河石油勘探局供电公司和辽河石油勘探局热电厂重组整合为辽河石油勘探局电力集团公司。2008年2月，辽河石油勘探局电力集团公司划归辽河油田公司，列未上市业务二级单位管理。2014年12月，经集团公司批准，电力集团公司热电厂退出生产运行，转入供暖备用状态。2015年4月，热电厂正式关停。电力集团公司由集发电、供电、供暖、供热为一体的专业化管理单位转变为专业化供电管理单位，主要承担辽河油田矿区生产、生活用电转供任务。2018年3月，辽河石油勘探局电力集团公司更名为辽河石油勘探局有限公司电力分公司（简称电力分公司）。电力分公司所辖变电所和输配电线路形成以盘锦为中心，东至锦州采油厂，北至科尔沁，包括鞍山、沈阳等周边市区，覆盖辽河油田各生产井站和职工生活基地的供电网络。2021年，辽河油田公司电力一体化业务调整后，电力分公司接收上市企业采油配电线路361条，杆塔82050基，配电变压器8663台，总容量为1777.13兆伏安。

截至2022年底，电力分公司负责管辖辽河油田电网内变电所67座，负责运行维护变电所64座，其中66/6千伏变电所58座，66/10千伏变电所9座。负责管辖维护油田电网66千伏输电线路106条，总长度1321.27千米，运行维护油田电网内主变136台，管辖电网中6千伏配电线路540条，总长度5321.20千米。本部设管理职能科室10个，直属部门4个，三级单位15个，用工总量2198人。有未上市固定资产5149项，原值14.12亿元，净值3.44亿元。其中主要生产设备（动力设备、传导设备）3410台，原值12.23亿元，净值2.95亿元，新度系数0.24；上市固定资产12152项，原值16.51亿元，净值1.67亿元，其中主要生产设备（动力设备、传导设备）台数11741台，原值15.88亿元，净值1.61亿元，新度系数0.1。2022年，电力分公司供电29.84亿千瓦·时，平均日供电量806万千瓦·时，销售电量29.18亿千瓦·时（表19）。电力分公司获辽河油田公司抗洪复产先进单位和质量健康安全环保先进单位荣誉称号。

表19　电力分公司主要生产经营指标

指标	2022年	2021年	同比增减
年供电量（亿千瓦·时）	29.84	31.21	减少1.37
年销售电量（亿千瓦·时）	29.18	30.68	减少1.50
成本支出（亿元）	22.42	21.11	增加1.31
实现收入（亿元）	26.21	24.41	增加1.80
上缴利润（亿元）	3.79	2.56	增加1.23
超额利润（万元）		3597	

【供电服务】　2022年，电力分公司围绕辽河油田公司"加油增气""三篇文章"目标任务，在压力和困难面前，科学应对、负重前行，落实辽河油田公司决策部署，倾力履行保电使命，供电可靠率保持在99.98%以上。突出强化电力设备设施日常运维，优化检修组织方式，采取现场调度、带电检查等方式，摸排输配电线路、变电所等缺陷隐患，累计巡线2.9万千米，优质完成30余座变电所、2700余千米输配电线路检修，减少计划停电次数和时间，输电、变电、配电事故率控制在指标范围内。突出加强隐患治理，集中整治六氟化硫开关超周期运行、塔件锈蚀、电杆裂纹等严重缺陷隐患，及时修剪、砍伐影响线路安全运行树木1.7万余棵，为油田生产提供优质保障用电。抓好工程项目建设，克服各方关系协调复杂、征地难、施工窗口期短、疫情限制材料进场速度等困难挑战，优质完成曙双储线和580余口产能井配套电力线路建设、储气库电力代建等工程任务。全面开展"两降一控"（降低6千伏配电网

故障率、降低6千伏配电网损耗、控制6千伏配电网停电时间）专项行动，做好历时3个月的抗洪抢险、复产上产，守好油气稳产动力保障线。始终强化用户诉求快速响应处置，高效优质处理电网故障400余次，面对沈阳"6.25"极端天气和绕阳河1951年有水文记录以来最大洪水严重侵袭时，创新采取涉水架线、无人机巡检、船运变压器、移动橇装变电站等措施，确保所有停电区域复产任务全部提前完成，用实际行动诠释"为油保电"的企业宗旨，供电服务保障赢得各级领导和广大用户的高度评价、充分肯定。

【安全环保】 2022年，电力分公司持续深化风险防控，深刻领会政治大年安全生产和疫情防控"双升级"管理要求，落实"四全"（全员、全过程、全天候、全方位）"四查"（查思想、查管理、查技术、查纪律）等工作要求，狠抓风险防控和源头治理，推动"三管三必须"（管行业必须管安全、管业务必须管安全、管生产经营必须管安全）落地落实，安全环保态势平稳向好。推进QHSE体系建设，强化分委会运行，举一反三整改体系审核发现的问题。重视风险隐患治理，"主变顶部高处作业安全风险管控"研究成果，有效弥补国家电网有限公司辽宁省电力有限公司盘锦供电公司、辽河油田电力企业安全措施空白。推动安全生产大检查以及"大反思、大讨论、大排查、大整治"活动，系统整改封闭燃气、办公场所电气、现场消防、疫情防控等领域隐患问题215个。组织"安全运行风险及控制措施"交流11场次，常态化开展历史典型事故案例分享5场次，推动"查思想、查管理、查技术、查纪律"要求落地生根。围绕电网检修、工程改造、抗洪复产、承包商管理、特种作业许可等重点领域和关键环节，监督检查施工现场180余场次、曝光典型问题52项、安全生产记分46分、黄牌警告2家承包商队伍，遏制工作中存在的重复性和"低老坏"问题。抗洪复产期间，全面统筹全局高、低压用电安全管理，坚决落实"挂图作战""网格化"管理等升级措施，实现抗洪复产全过程风险受控、安全稳定。坚决落实地方政府和辽河油田公司防疫要求，有效落实各项防控措施，妥善应对年底的新冠感染高峰，最大限度地保护员工群众的身体健康和安全。

【精细管理】 2022年，电力分公司推行精细管理，企业治理能力稳步提高。践行"四精"管理要求，进一步压减年度预算，科学减少外委工作量，实现各项成本硬下降。推动电网系统降损，采取加装无功补偿装置等措施，电网损耗降低1000余万千瓦·时，节约成本支出930余万元。主动承担电网运行可靠性降低风险，全面优化主变故障、6千伏母线故障预案，有效实施15台主变停运2年和10台主变季节性停运6个月计划，精细管控42条66千伏线路功率因数，节约容量电费2880万元、获得力率奖励1079万元。持续深化"大用户"直购，促成直购电增加风电、核电配额，降低购电成本6000余万元。强化营销管理，开展用电监察52次，确保供电商品率保持在行业较高水平。深化全要素、全流程、全方位对标管理，推进4类10项管理提升项目，全方位查找生产运行、物资管理、用电监察等10个管理环节存在的漏洞或不足，实现管理提升精准发力。全面强化依法合规工作，梳理完成一级制度121个、建立转化执行流程85个、操作流程75个，举一反三整改巡察、审计反馈问题，邀请辽河公安系统专家讲授员工违法典型案例，全面提升全员法治意识和电力核心业务依法合规管理水平，电力分公司获评辽河油田公司法治建设先进单位。

【经营管理】 2022年，电力分公司开展"管理提升年"各项工作，深化提质增效专项行动，再次超额完成经营利润指标。强化预算导向，促进财务工作"受控、有序、合理、高效"，全力保障电力分公司效益和职工收入双增长。构建以业务为主导的预算机制，合理统筹规划，细化核算单元，运用对标配置法，科学合理编制内部预算指标。全员联动，业财融合，深化月度财务分析和预算过程管控，重点关注供电量变化、主变减容、购电结构、价格调整等影响利润的关键动因，实施动态管控，优化预算资金结构。严格考核，新增两金压控和资产负债率内部指标，引导加速资金回流，降低资金使用成本，实现奋斗目标利润、自由现金流、资产负债率、变动成本率等各项考核指标均超额完成。把握主责主业，聚焦四项专业化持续发力，围绕"以提升经济型电网创效能力为主线，突出重点领域管理提升，强化实现电网'两降一控'"目标，推进新能源、外部市场等新业务发展战略，确立4个方面12项提质增效工程，完善全员参与、全业务协同、全过程管控的提质增效新格局，高效推进项目成果落地，完善激励约束，持续打造提质增效再升级。实现创效1.44亿元，优化投资177万元，为完成利润指标提供有力支撑。向辽河油田公司推荐报送"开展电力市场化交易""提高电网经济性""开展电网自维增效活动"3项典型工程。优化资金运营管理，强化资金紧平衡管理，深化两金压控专项治理，强化民企欠款清理，资金使用效率明显提升。合理安排付款资金支出，持续优化承兑汇票和现金支付比例，最大限度开具商业承兑汇票，有效获得资金利息收入1510万元，提高资金使用效率。突出资产结构调整，加大资产修旧利废、内部调剂、对外出租、盘活房屋等闲置资产利用，挖掘存量资产潜力。组织开展资产分类评价管理工作，制定低负效资产盘活清理方案，批复报废资产1108项，完成报废资产评估处置3批，实现收入186万元。完成闲置办公楼专业化改革及运输业务改革，涉及资产调拨房屋9处、车辆1台。完成闲置设备及房屋出租31项，实现收入156万元。完成高能耗变压器替换152台，节约运行损耗46万元。通过配电变压器再制造和修旧利旧，节约投资177万元。

【科技创新】2022年，电力分公司以"精心做为油保电、切实降低电网损耗"为工作方针，始终秉持"油气上产，电力先行"价值导向，为企业进一步提升"为油保电、为企创效"能力提供技术支撑。提升电网技术标准，对《电力设备预防性试验规程》《电力变压器能效限定值及能效等级》《交流无间隙金属氧化锌避雷器》《电力变压器检修导则》《电力变压器运行规程》等32项标准进行收集、更新、梳理在用标准体系表，更新、替换、删减各类标准目录66项、新增标准33项，编制《分布式光伏发电并网技术规范》《无人值守变电站运维管理规范》标准2项。提高电网检修隐患处理标准，合理安排实施方案和计划批次，完成电气设计方案246份（上产井61份）、土建设计方案63份，消除电网安全隐患28项、处理缺陷53项。做好双台子储气库项目、马19变电站、曙五变改造、曙九变改造、沈九变改造、孙兴线改造、欢五变改造、42站线改造等重大项目的技术支持工作。为确保双台子储气库配套供电工程项目按时高质量投运，从变电设备选型、线路路径调整、铁塔及电气设备订货协议上狠下功夫，确保油田电网利益最大化，促进项目稳步落地。加强技术革新，组织上报科技立项17项，其中5项确定为科研项目。开展6千伏配电网数字化的研制与应用等研究，申报处级科技进步成果17项，评选出科技进步奖10项。《输电线路故障定位的研究》《配电线路智能操控装置研究》《便携式吊车防误触高压线报警装置的探究》《油田用绝缘棘轮套筒扳手研究》等科研项目解决生产实际问题。《输电线路故障定位的研究》项目，实现输电线路异常状态全方位监测，解决突发性故障的故障点精准定位问题，提高故障处置效率和故障类型辨识准确率。面对50年来最大洪涝灾害的侵袭，电力分公司以科技为引领，为抗洪复产提供强大技术支持。抗洪前期，组织科技攻关，精心设计计算，合理匹配电缆型号、变压器容量、动力电源开关等设备，制定科学、精准排涝供电方案，高效完成排"泵"布阵准备工作，为洪涝区原油复产争取宝贵时间。抗洪复产中期，科学评估变电所、线路设备水淹状况以及受损程度，统计需要更换的设备和材料，为电力分公司制定抗洪复产工作计划提供技术支持和理论依据。抗洪复产后期，根据现场实际情况，科学动态调整排涝、复产工作方案，先后完成《电力公司2022年防汛复产供电方案》《电力公司曙四变、曙八变防汛复产方案》《百孔闸堤区域排涝电源方案》等一系列技术方案，为防汛复产的实施奠定基础。

【企业改革】2022年，电力分公司着力破解体制束缚，改革创新迈出崭新步伐。坚持不懈抓改革、谋创新，释放高质量发展潜能。推进"三定"工作，持续压缩科级机构3个、压缩管理人员编制27人，妥善分流安置38人，实现身份管理向岗位管理的历史性转变。打开专业技术序列，2名领导人员分别被聘任为企业技术专家和一级工程师，进一步畅通人才晋升通道、激发员工队伍活力。结合辽河油田公司新修订的薪酬分配制度，优化调整薪酬结构2113人次，修订工效挂钩办法，明确5项专项奖励和4项精准激励政策，构建"岗位靠竞争、收入凭贡献"良性运行机制。落实业务剥离和重组整合部署，高质量推进运输和特车、后勤业务改革，提前研究谋划后勤服务、车辆改革等人员划转、分流转岗安置方案和问题预案，确保改革期间业务衔接顺畅、员工队伍稳定。围绕改善油田电网结构性矛盾等内容，主动加强科技创新，应用输电线路故障定位等一批创新型、实用型成果，有效提升生产经营管理水平。与盘锦辽河油田宏泰电力有限公司持续优化外闯市场模式，确保外部市场管理更加顺畅。

【员工队伍】 2022年，电力分公司依据企业改革发展需要选配干部，推动形成崇尚实干、注重实绩、担当作为的用人导向。加强班子建设顶层设计，在公司党委推荐下，2人晋升二级副职领导岗位。统筹规划干部队伍建设，科学规划基层领导人员职数，按照老中青梯次配备要求，选强配优领导班子，提拔重用领导人员11人（选拔任用安全副总监1人，提拔三级正职5人、三级副职5人），其中80后6人，退出领导岗位11人，交流调整科级干部23人，在职三级领导人员总量同比压减11人。优化年度考核指标和权重设置，推进形成结果考核和过程评价相统一、考核结果与奖惩任免相挂钩的考核体系。组织开展领导班子和领导人员综合考核测评工作，考核测评领导班子32个、领导人员104人，召开测评会34场次，参加考核测评员工770余人，领导人员综合测评平均信任率为99.17%。强化后备干部储备，35周岁以下年轻干部6人，占后备干部总数11.1%，较往年有所提升。坚持提素赋能，制定"人才价值提升工程"提质增效专项实施方案，落实导师带徒、业务培训、挂职培养"三项举措"，制定订单式培训计划85人次，培养储备65名新能源运维技术、技能人才，选拔推荐46名青年技能人才入选油田公司青年技能骨干人才库。全面开展技术技能人才选拔，1人申报为集团公司技术能手；推荐12人参加技师考评，9人参加高级技师考评，4人参加首席技师评选。完成24名聘期届满及新晋技师、高级技师的聘任工作。组织技术技能专家完成难题认领及攻关工作，共征集技能专家、首席技师一线生产难题17项，审核推荐辽河油田公司9项，其中2项评定为辽河油田公司企业级生产难题，7项评定为厂处级生产难题。开展年度职称评审工作，推荐参加辽河油田公司高级专业技术职务评审4人，推荐晋升中级专业技术职务4人，促进专业技术人才队伍建设。

【党建工作】 2022年，电力分公司党委纵深推进管党治党，党的建设质量全面提升。突出全面从严总基调，深入贯彻落实新时代党的建设总要求，切实把政治优势转化为应对挑战、攻坚克难的发展优势。学习宣传贯彻党的二十大精神，两级班子集中宣贯30余场次。严格落实"第一议题"制度，围绕习近平总书记重要指示批示精神等内容，中心组学习18场次、研讨交流102人次。严格执行请示报告制度，及时报告党委工作20余项。坚持民主集中制，召开44次党委会，研究讨论66个"三重一大"事项。坚持抓基层打基础，推进党建"三基本"建设，推进4个"红旗党支部"创建和58个党支部对标查改、对标提升。严格落实"三会一课"、谈心谈话、民主评议党员等基本制度。深入开展电力"党建+"先锋工程34项，组建党建联盟8个、"电力抢修党员突击队"18个，党员队伍在抗洪复产等急难险重任务中发挥至关重要的作用。坚持党要管党、从严治党，推动党风廉政建设责任落实，加强党规党纪教育、典型案例警示教育，系统解析《辽河油田公司党委关于贯彻落实中央八项规定精神的实施细则（2022年修订）》，层层签订党风廉政建设责任书和《关键岗位员工廉洁从业承诺书》，持续规范婚丧嫁娶等重大事项报告制度执行，开展"反围猎"专项行动，高质量完成党委首轮内部巡察，配套启动"以察促改、以察促治"工作，有针对性地开展抗洪复产及物资管理、维修业务、差旅费核销等领域专项监督，精准运用监督执纪"四种形态"，持续加大监督执纪问责力度，党员干部遵规守纪意识不断增强、重点领域合规管理不断深化、公司风清气正的政治生态和干事创业的良好氛围日趋浓厚。全面打响"管理提升"进攻战，推进4个方面12项提质增效工程和4类10项管理提升项目，深度整改近3年巡察、审计反馈问题，实现基础管理水平和发展质量效益"双提升"。深度开展"转观念、勇担当、强管理、创一流"主题教育活动，按照"公司领导带头讲+机关科室重点讲+基层单位特色讲"方式，集中宣讲20余场、受众1000余人次。及时宣传和向辽河油田公司报送供电保障、提质增效等工作经验和典型做法，在《辽河石油报》等媒介上发稿500余篇。强化党建带工建、带团建，深入推进全员挖潜创效、"金点子"征集等群众性经济工作，营造合力推动高质量发展的浓厚氛围。

【新能源业务】 2022年，电力分公司站位辽河油田公司大局，紧跟双碳行动，新能源业务加速推进。从项目论证、工程建设、并网运行管理等重点工作环节主动担当、敢于挑战，确保新能源运维管理体系有效构建、项目并网有序推进和稳定发电运行。对标国内外风光发电行业运维管理模式，专门成立工作专班和4个子系统研究工作专班，带领10个工区、30余名精兵强将推进新能源工作。综合考虑电网运行方式、用电负荷等情况，优质完成油田电网负荷分布分析和可消纳绿电容量分析，有效奠定新能源早日替代、电网安全稳定运行的坚实基础。全过程考虑项目运维需要，严格把好接网方案审核、并网验收调试等关口，系统培训运维管理专业人员87名。充分依据行业标准规范，严谨编制《辽河油田分布式光伏发电并网技术规范》等管理制度和技术规程6项，为后续运维管理提供指导、依据和保障。始终站在油田利益最大化的角度，专门就光伏BOO项目上网电价，与中核能源发展有限公司展开多轮次谈判、达成一致意见，确保油田首个光伏BOO项目电价科学、运行合规。

【惠民共享】 2022年，电力分公司增进员工福祉，和谐稳定局面持续巩固。深入贯彻以人民为中心的发展思想，用实际行动响应电力员工对美好生活的向往。合力应对指标大幅调增等多重困难挑战，优质完成年度生产经营业绩指标，人均薪酬收入保持稳步增长。深化实践"我为员工群众办实事"，推进4个方面20项民生工程，较好地解决员工群众关心关切的难事和暖心事，切实提升员工群众生活品质。构建立体式精准帮扶格局，亲情慰问困难群体30余人，累计发放帮扶和送温暖资金21万元，让不同群体始终感受到组织的关怀和温暖。高度关注员工健康，落实"低糖、低盐、低油"健康饮食理念，再次优化员工体检套餐，全新配备健康背包等健康器材，洪水消退后，第一时间进行防疫消杀，第一时间组织灾后重建，全心全意保障员工身体健康。全面贯彻落实《信访工作条例》，依法依规开展维稳信访工作，开展教育引导和调解疏导，切实守住政治大年没有发生群体访和进京访的底线。强化治安综合治理，全面强化法治宣教，系统开展"反内盗"、整治生产秩序打击涉电力物资犯罪等专项行动，为生产经营创造平安和谐的良好环境。档案史志、机要保密、民兵武装等工作都取得新进展。

（张荣平）

信息工程分公司

【概况】 1990年4月，辽河石油勘探局将水电厂通讯总站业务划出，成立通讯总站。列为处级单位，主要承担为辽河油田矿区生活提供通信和网络信息服务。1991年12月，通讯总站更名为通信公司。2008年2月，通信公司划归辽河油田公司管理，列未上市业务二级单位。2015年8月，辽河油田公司将通信公司、信息管理部（数据管理中心）、辽河油田有线广播电视台的传输网络业务合并，重组整合为辽河油田信息工程公司（辽河油田公司信息管理部），保留辽河油田公司信息管理部牌子，是从事通信、信息、数据业务的辽河油田公司所属二级单位。2018年3月，辽河石油勘探局信息工程公司更名为辽河石油勘探局有限公司信息工程分公司（简称信息工程分公司）。2022年4月，辽河油田公司党委决定将信息管理部更名为数字和信息化管理部，列为油田公司本部直属机构管理，统筹油田公司数字化、信息化工作。信息工程分公司作为信息化管理和专业技术队伍，是辽河油田业务信息化发展的重要骨干力量。

截至2022年底，信息工程分公司设管理职能科室9个，临时机构1个，生产及辅助单位13个。用工总量889人。有固定资产4055项，固定资产原值4.0399亿元，固定资产净值5537.87万元，新度系数0.137，新度系数比上年下降0.013；无形资产33项，原值1665.30万元、净值12.02万元。2022年，信息工程分公司完成物联网建设任务。助力D1项目通过国内权威院士及国家部委验收。获辽河油田公司先进集体1个，辽河油田公司劳模1人、先进5人。

【生产运行】2022年，信息工程分公司全方位推进油田数字化市场，全面退出民用市场。信息化运维63779次，智能设备运维119427次，物联网运维4990次，完成4639口井、站物联网建设319座；网络主干链路连通率98%，光缆芯线完好率由年初的90.5%提升至96.1%，GIS主干光缆资料完整率100%，准确率98.1%，专线用户资料（业务、链路）完整率100%，准确率98.18%；故障维修响应平均时长16.75分钟，故障处理与生产应急抢修平均时长18.83小时，全面完成年初制定的各项生产指标，未发生工业生产安全轻伤以上责任事故和环境污染事件。强化项目管理，统筹建设数字油田，切实提升工程建设速度。发挥主承包责任，全程跟进踏勘设计，缩短设计周期，提升设计精度。强化组织调度，实行每周"双例会"制度，对施工中的问题即提即答即解决，协调解决各类问题203项，保证一线施工持续、快节奏推进。做细过程监管，旁站监督和安全管理日报制度持续落实，施工质量安全有效受控。扎实完成5家采油单位，4639口井、319座站场建设，实现油田井、站53%、57%数字化覆盖率目标。协调推进高效高质，平台运维等50类工序实现标准化，竣工图纸绘制等5类制图实现预制化，PLC接线等5项操作实现可视化。打造辽河油田首个数字化转型示范基地并正式开放，承载数字化培训实践基地、软件开发者联盟、数字化体验示范岗、课题孵化室等核心业务，推动数字油田建设领域的技术创新及应用持续落地，11个手机App连续上线，服务涵盖油田各类生产经营管理业务，形成一套完整的开发技术体系。稳步进入去中心化、标准化运营阶段，接待辽河油田公司级、厂处级调研参观16次350人，发布制度8个、流程8个、工作模板23个，积极构建数字化技术成果共享生态。提升服务意识，主要领导带队赴西安提供视频建设方案。抗洪复产期间，运维人员连续2个月7×24小时保通信网络畅通。完成油田公司机关电脑操作系统Win10部署升级707台，门户2.0升级完成880个信息门户迁移。完成无纸化会议服务150场，视频会议联调保障587次。完成电脑桌面业务2682项、统自建系统运维业务等。攻关数据标准化接口3类，实现个人电脑数据实时录入，畅联各类数据源，数据中台化。运行513个管理流程，在线月活人数624人，累计单据量103258条。深耕集团业务。完成D1DQ项目在系统并行运行、单轨运行等关键阶段的主要任务，助力国产ERP产品正式进入企业应用新阶段。参与集团公司昆仑ERP的推广实施项目、昆仑ERP2.0系统升级研发项目，持续跟踪后续服务需求，开拓外闯市场新局面。

【经营管理】2022年，信息工程分公司经营业绩上取得新成效。连续7年实现正利润，总收入34202万元，人均产值42.2万元（表20）。民用市场全面退出，物联网建设与运维、视频会议等机关运维、统自建系统运维等数字化收益占比46%。聚焦信息化建设、数字化运营、安全生产、经营业绩、党建管理5个维度的管理提升。实行复盘—分析—总结—整改的工作闭环管理模式，15类量化指标全面改善，项目结算核减率、流程信息化建设率、合同一次审核通过率、信息化工程利润率同比分别提升2.04%、9%、12.2%、26.3%，管理效率大幅提升，提高治理体系和治理能力建设水平，催生高质量发展新动能、转型发展新优势。各责任部门积极主动担当，按照"五个一"工作机制，细化方案、加快推进，经营平稳受控运行，财务状况总体稳健，自由现金流持续为正。实现账面利润1058万元，全面完成年度业绩指标，民用业务稳步退出。

表20 信息工程分公司主要生产指标

指标	2022年	2021年	同比增减
总收入（亿元）	3.42	2.53	0.89
人均产值（万元）	42.2	28.8	13.4
利润（万元）	1058	2348	-1290

【安全环保】 2022年，信息工程分公司安全生产上适应新常态。面对物联网大范围建设的生产任务，以及疫情下原来的应急技术变成日常工作的新常态，全面完成油田通信、网络、视频会议、信息系统建设与运维等数字化保卫任务。主干链路连通率98%，旁站监督、安全隐患问题整治、职业健康体检、产品监督抽检五个100%。实现生产、环保、质量等事故事件为零的目标。强化管理提升，严格管控安全生产，切实提升风险防控水平。落实管理提升行动。领导班子亲自挂帅、靠前指挥，以提升管理效率、盘活人力资源、提升经营管理质效、推进市场化运营、严格管控安全生产、加强党的建设工作等六大类15项关键指标为核心要素，明确定性指标2个、定量指标13个，以项目化管理助推管理提升走深走实。保障生产运行畅通。强化预检预修，组织开展春季、秋季预检预修。加强班组应急处置卡演练及培训，对36项操作规程开展循环分析，完善形成十六大类60项操作规程体系；成立抗洪复产专项小组，全力配合坝上杆路迁移，支援排水设备，紧跟采油厂进度，第一时间踏勘复产现场，组织复产施工，恢复信息业务。开展设备完整性大检查，铁塔巡检、空调巡检、柴油发电机保养，形成设备定时性管理清单，设备周期性管理落实到人、体现到账。对标良好B1级标准。狠抓安全风险防控，严格落实疫情防控各项措施。QHSE管理体系量化审核提升1.99分，QHSE体系运行处于稳步上升阶段。各级领导"纵向"直控，开展安全生产承包点检查55次，整改问题53个，对58人实施安全生产记分处理，根治各类违章332项，解决现场"低老坏"问题58项；建立14类安全风险包保责任清单，制定两级重点管控风险清单38项。组织员工健康体检770人，对438名中高风险员工复查，重点关注人群干预有效率达43.3%，以科学之治筑牢安全屏障。

【党群工作】 2022年，信息工程分公司强化政治引领，集智融合服务发展，切实提升转型升级活力。强化党建引领，落实"第一议题"制度，信息工程分公司党委中心组集体学习23次，党组织健全率和党员受教育率均达100%。以"建功新时代、喜迎二十大"为主题，组织开展"七一"专题党课、情景展演、微视频讲述等系列活动。注重领导干部"表率学"、公司全员"覆盖学"、多种形式"反复学"，持续深入学习宣贯党的二十大精神。围绕生产经营15项工程、项目化管理9个项目、党建基础工作督导，通过35个党员示范岗、党支部书记挂帅攻坚，取得项目全面完成，12家督导率100%的成果。聚焦重点工作，突出党建引领重大项目，党委成员分任组长全面统筹，以"内外协调、主动对接、超前准备、主动作为、合理安排、严格监管、驻扎一线"7项创新举措提升物联网建设质量，为冲刺数字油田建设注入"红色动力"。推行"党建+安全"工作体系，深入开展"四大"（大反思、大讨论、大排查、大整治）活动，组织科级以上干部手写"大反思"报告85份，查摆、整治安全生产问题94项。护航和谐稳定，抓实党建带群建，群众性技术创新、安全监督、班组成本分析和"青智汇"科技创新论坛等活动均取得新成绩。常态化开展"送温暖、送清凉、送健康、送关爱"活动，累计投入150余万元，惠及160余人次。提升党的二十大维稳政治敏感性，扎实开展安保防恐风险隐患"大排查、大督查、大整改"活动，确保政治、治安、队伍"三个稳定"。狠抓廉洁作风建设，加强党风廉政和形象作风建设，注重监督执纪和巡视巡察成果应用，开展"反围猎""以案促改""违规吃喝"等系列党风廉政建设专项督导检查，持续优化政治生态，信访举报量同比下降91%。完成对基层2个直属党支部的内部巡察工作，就巡察发现的13类57个问题进行汇总分析，形成巡察报告，提出整改建议，进一步夯实党建基础工作、规范企业合规经营。以战略之策统筹转型发展。信息工程分公司党委落实辽河油田公司"三定"工作部署，优化调整组织机构，压减职能科室1个、基层单位1个。对5名三级正职干部、3名三级副职干部进行交流。干部专项职数持续减少，总职数控制在辽河油田公司下达的职数范围内。

（冯　旗）

石油化工技术服务分公司（石油技术服务分公司）

【概况】　2020年8月，辽河油田公司对辽河石油勘探局有限公司石油炼化工程分公司和辽河石油勘探局有限公司石油技术服务分公司进行重组整合，成立辽河石油勘探局有限公司石油化工技术服务分公司（简称石油化工技术服务分公司）。按照"一个机构、一个领导班子、一本财务账套"模式，石油化工技术服务分公司主要从事油田化工助剂、天然气回收综合利用、采油技术服务、注氮等业务，列为未上市二级单位管理。

截至2022年底，石油化工技术服务分公司拥有固定资产近3.85亿元，在册员工2599人。本部设管理职能科室12个，所属三级单位10个，托管全资子公司1个，托管多种经营母公司2个2022年，石油化工技术服务分公司以"化工助剂、天然气回收综合利用、采油技术服务"三大主营业务+"外部市场"主要平台的"3+1"业务发展格局，实现账面收入5.08亿元（含子公司），完成辽河油田公司下达的预算考核指标。获中国能源化学地质工会委员会、中国职工发展基金会主办的第一届全国产业行业职工微电影节微电影二等奖。

【经营管理】　2022年，石油化工技术服务分公司坚持市场导向，扩展主业规模，主营业务收入能力和规模保持稳定。做大做强助剂业务。新增辽河油田公司级标准13项，化工助剂产品标准扩充至88项。39种产品完成集团公司质量认证，其中29项二类物资完成辽河油田公司物资准入，10项一类物资完成集团物资采购系统上报。做精做优技术服务。天然气回收业务适应生产政策变化，面对疫情封控，合理调整CNG运输路线，提高生产效率，回收天然气3443万立方米。注氮业务积极调整工作重心，确立"曙特锦为基础，储气库上台阶，电驱协调发展"的市场发展方向。完成与钻采工艺研究院油井测试业务的整合，构建工程技术施工支持和成果转化联合机制，完成油水井测试438井次。捞油业务在稳定原冷家油田开发公司、辽兴油气开发公司市场的基础上，拓展锦州采油厂、欢喜岭采油厂和荣兴油气开发公司市场，实施捞油1.18万井次。特管业务试行生产经营模式改革，实施订单生产，匹配生产要素，内衬油管在冷家油田开发公司、辽兴油气开发公司获得2.9万米工作量，割缝筛管业务进军新疆油田市场，整体收入同比增加672万元。东风燃料油分厂储运库油品储罐底油清理工作稳步推进，完成阶段工作目标。做好做专外部市场。天然气措施增产业务稳步推进，拓展大庆油田重庆分公司合川—潼南流转区块合深5井净化处理等多个新项目，同比增收916万元。钻井业务在稳步占领通辽铀业市场的基础上，新增新疆新能源地质勘查8口探井工作量，累计完井165口。广东石化项目部硫黄成型、煤焦储运和灰渣处理2个项目克服多单位人员组建、疫情管控、甲方延期等多重困难，一次性开车投运。

【企业改革】　2022年，石油化工技术服务分公司全面落实辽河油田公司深化改革实施方案，推进业务归核改革，完成6项业务改革重组。划入钻采工艺研究院测试业务，扩大测试业务规模，初步形成科研与生产相互支持、相互促进的良性循环。持续改进专业化的组织架构。压缩合并市场部、概预算中心和保卫科，成立工程技术科和生产运行科中心调度室，强化专业公司的技术管理和生产运行。压缩两级机关管理编制，推进管理岗位人员向技术岗位流动，壮大技术人员队伍，管理与技术岗位比例由1∶0.1提升至1∶0.32。在重组整合大幅精简的基础上，进一步压减三级机构8个。按照"三定"批复意见，双向选择、竞聘上岗，压缩管理人员168人。多渠道新增工作岗位，举办内部招聘会15场，人力资源结构得到进一步优化。牢固树立价值引领的考核导向。突出主营业务发展，按照创效类和保障类业务定位，在设立托底机制，保障员工基础业绩奖金的基础上，强化对标管理，建立差异化指标体系和激励约束政策。实行滚动兑现，通过贡献系数和岗位艰苦程度系数，拉大绩效考核差距，上岗员工业绩兑现最大差距20876元，形成强对标、重考核、硬兑现、促提升的价值贡献考核导向。

【科技创新】 2022年，石油化工技术服务分公司以"需求导向、顶层设计、分类管理"为原则，加大人才培养力度，加强科技攻关，增强企业内生动力。逐步完善技术人才培育机制。制定《专业技术岗位序列实施方案》，与"三定"工作同步开展"双序列"聘任相关工作，激活技术人员发展动力。持续推进"揭榜挂帅"项目，选聘挂帅技术带头人4名，在提高采收率等关键技术领域开展课题研究。推进高层次人才队伍建设，举荐2名产业高端人才和1名优秀工程师参选"兴辽英才计划"，有效发挥科技支撑作用。探索开展技术成果联合申报工作，《页岩气压裂液体系及压裂返排液处理新技术研究进展》获中国油田化学技术交流会论文一等奖，《储气库注采井化学增注技术》获辽河油田公司科技进步奖二等奖，《潜入式高粘液体剪切搅拌一体机泵改造与应用》获辽河油田公司职工技术创新成果奖一等奖。锦99化学驱、吉38多组合深部调驱两个重大技术攻关项目，在内外2个市场全面进入现场实施阶段。聚合物降解剂技术成功在锦16区块实施，较比常规的氧化降解剂大幅提升了效率，全年科技创新实现创效346万元。

【安全环保】 2022年，石油化工技术服务分公司深入贯彻"五个用心抓"安全理念，统筹推进"四大"活动、安全生产大检查和专项整治，及时化解信访矛盾，安全环保信访形势总体稳定。QHSE管理体系更加完善。适时调整QHSE委员会、安全生产重点任务清单、安全承包点，修订安全生产职责、岗位责任清单及履职承诺卡，责任目标传导更加精准。明确危化品、防爆电气安全管理的责任界面，进一步明晰直线职能。按照量化审核标准，开展全要素体系内审，顺利通过体系认证监督审核。安全监督格局不断向好。开展专项检查，查改隐患问题551个，治理"低老坏"及重复性问题213项。严格提级问责，安全生产记分33人次。开展全员QHSE履职能力考核评估，员工安全履职意识进一步提升。严格承包商资质审查，重点整治承包商管理"宽松软"现象，1家企业列入"黑名单"。综合处置能力显著提升。修订应急预案及演练计划，投入14万元增强应急物资的保障能力。组建"百人应急抢险突击队"，先后参加辽河油田公司及公司内部抗洪抢险12次。充分利用"网格化"疫情管控优势，开展涉疫食品排查、外出人员审批和行程轨迹排查，督促员工参与全员区域核酸检测，参与员工8265人次。

【党建引领】 2022年，石油化工技术服务分公司践行党政融合谋发展、主题教育促转变、基层建设夯基础、队伍建设提素质、从严治党正风纪的党建工作思路，党委核心引领作用显著提升。开展理论中心组学习43期，专题研讨12期，解决重点难点问题26项。修订"三重一大"事项决策权责清单和执行流程，决策事项过百项。深入学习宣传贯彻党的二十大精神，将"转观念、勇担当、强管理、创一流"主题教育贯穿全年。班子成员通过报告会、座谈会、视频录制等形式，开展各类宣讲26次。落实辽河油田公司党代会精神，开展"为创建一流专业化技术服务公司做好思想准备"主题大讨论、开展庆祝建党101周年系列活动，党委主要领导讲授《用历史星火映照公司改革·树坚定信心投身转型发展》"七一"专题党课，党委引领全面工作的主动性显著增强。加速推进基层党建"三基本"建设和三基工作相融互促，实施六大类26个子项目党建重点工程，细化"共产党员先锋工程"和"党员突击队"示范工作，实现挖潜创效236万元。将安全生产

"大反思、大讨论、大排查、大整治"活动作为"党建+安全"重要载体,开展2轮专题巡察,谈话45人次,调阅资料130余份,发现问题74项,形成10个方面26条合理化建议,实现党建管理与安全生产"互学、同促、共建"。提拔三级正职5人,三级副职5人,进一步使用3人,80后科级干部比例提升3.74%,干部年龄结构持续优化。组织开展反"围猎"专项行动,通报典型案例60个,排查出"围猎"风险57条,形成预防措施69项。强化监督结果运用,加大追责问责力度,党纪政纪处分4人,组织处理23人,各级党员干部政治定力、纪律意识持续增强。高效组织开展两轮内部巡察,发现并全面整改问题94个。把落实辽河油田公司党委巡察反馈问题整改作为重要政治任务,成立巡察整改工作领导小组,坚持统筹协调,注重标本兼治,针对4个方面31个问题,制定整改措施121项,逐项明确责任领导、责任单位及完成时限。整改措施完成102项,挽回经济损失84万元;对16人进行问责追责,对10人进行工作提醒。

(高 英)

石油化工分公司

【概况】 石油化工分公司前身是1970年3月成立的盘锦炼油厂。1984年4月,盘锦炼油厂划归辽河石油勘探局。1985年4月,盘锦炼油厂更名为辽河石油勘探局沥青厂。1993年,沥青厂更名为石油化工总厂。1999年8月,辽河石油勘探局对石油化工总厂进行重组改制、分开分立,将公用事业公司、保险管理中心、离退休职工管理中心等非核心业务划出,并与辽河油田大力实业总公司进行重组整合,成立辽河石油勘探局石化工程服务公司。2000年3月,石化工程服务公司更名为石化工程技术处。2002年8月,大力实业总公司完成企业股份制改造,更名为盘锦辽河油田大力集团有限公司,仍为辽河石油勘探局多种经营企业,与石化工程技术处管理模式不变。2005年6月,石化工程技术处更名为石油化工总厂。2008年2月,石油化工总厂划归辽河油田公司管理,列为所属未上市二级单位管理。2018年3月,辽河石油勘探局石油化工总厂更名为辽河石油勘探局有限公司石油化工分公司(简称石油化工公司)。截至2022年底,石油化工分公司设机关管理职能科室9个、直属部门4个,所属三级单位2个,临时机构1个。在册员工358人。拥有15万吨/年煅烧焦装置、16000标准立方米每小时烟气脱硫脱硝除尘装置、3万吨/年二氧化碳装置、450米³/时污水回用装置,现有运转设备1451台。2022年,石油化工公司实现收入9.33亿元,利润810万元,盘锦辽河油田大力集团有限公司经营业绩持续好转,实现收入45亿元,利润1683万元。石油化工分公司获辽河油田公司先进单位。

【生产管理】 2022年,石油化工分公司按照"聚焦一个主题、把握3条工作主线,实施4项战略举措,打赢三场战役、做实一个保障"的"13431"工作思路,落实生产目标,全方面优化生产运行状态,强化特殊敏感时段生产组织,严格执行生产装置操作变动及工艺纪律管理,强化能力意识培养,不断提升全员操作水平,以"党员干部驻班工作法"为载体,开展实时考核记录,做到一人一表,对照记录对员工存在问题查缺补漏。开展"争创学习型红旗班组、争做知识型先进职工"评选,增加班组执行力,提升员工技术技能水平,真正做到以考核促责任落实、以责任落实促规范履职、以规范履职促效率提升的良性循环。装置平稳运行率达98.5%以上,实现全过程生产平稳受控。煅烧焦车间面对煅烧焦下游市场萎靡、冬奥会和冬残奥会特殊敏感时期环保要求、烟气脱硫脱硝项目高成本运行、中国石油辽河石化公司4年一次的大检修被迫停产、设备老化问题加剧、疫情复杂形势下的人员管控困难等不利因素,着力强化生产、财务和销售部门三方联动,加强成本、利润测算,用测算结果指导生产,及时调整生产方案,制定以蒸汽供应来确定煅烧焦产量的调整措施。紧密结合中国石油辽河石化公司生产需求，尽最大努力提高蒸汽、软化水外供能力，进一步提高冷焦机出水温度，节约锅炉除氧蒸汽用量，有效确保主要生产装置创效能力。在扩大装置产能高效的同时，产品质量稳步提高，煅烧焦真密度稳定在2.03左右，基本达到负极材料、铝用阳极及部分出口业务的质量要求，高效完成从设备改造、生产加工、质量控制到交货的全过程优化。水气车间克服设备老化、工艺落后和罕见的多雨季带来的困难，科学组织生产运行，通过优化工艺流程，提升装置反洗外排处理能力等措施，节约成本30余万元。车间党支部组织党员骨干主动承担生产难题，以半人工方式清理曝气和斜板沉降池污泥2600余吨，在节约费用的同时保证生产的稳定运行，开拓用水市场，全力遏制产品下滑。煅烧焦成品超产9100吨，达额完成全部订单提货，煅烧焦库存降至2215吨，真正实现"颗粒归仓"；蒸汽超产3.54万吨；软化水超产5400吨，各项产品均创历史最高水平。

【经营管理】 2022年，石油化工分公司根据"管理提升年"相关要求，落实"管理提升年"行动方案。以依法合规管理为主线，在做好疫情防控工作的同时，扎实、有效推进法治法规建设，健全完善管理制度，深入推动合规经营、内控与风险管理、合同管理质量进一步提高，充分发挥企管法规在防控风险、规范管理、保障改革、促进发展中的积极作用，为发展提供坚实保障。加强对重大经营决策的法律论证和合规审查，梳理排查各领域的关键控制点和风险源，发现短板问题8类23个，制定改进措施33个，持续规范企业管理。深化提质增效，夯实基础管理，经营业绩见到新成效。项目化实施7项提质增效工程，强化业财融合，打造提质增效"升级版"，实现创效1162万元。开展"管理、技术、费用、指标"对标，煅烧焦车间从成品筛分优选、生产能耗对比、生产操作优化等20余个节点开展成本核算，节能创效60余万元；水气车间通过优化工艺流程，提升装置反洗外排处理能力等指标，节约成本30余万元。

【设备管理】 2022年，石油化工分公司以设备安全、质量保证为核心，严控维修成本为根本，不断完善管理流程。根据岗位人员调整和业务创新实际，重新划定工作职责，细化岗位分工，修订HSE职责和安全环保责任清单，开展管理提升活动，实施8项举措，保障装置稳定运行。在评估设备完整性管理现状的基础上，编制设备管理手册和设备管理程序文件，进一步促进设备管理水平提升。牢固树立"设备全生命周期管理"理念，持续打好精益管理、降本增效、创新提升三大攻坚战。加强装置设备运行保障，强化日常巡回检查，加大设备隐患排查治理力度，持续提高设备运行可靠度。把重点设备精益管理放在突出位置，强化特护管理，定期开展特种设备专项检查，针对中压给水泵、锅炉引风机等关键生产设备，制定特护管理实施细则，强化特护设备状态监测和巡回检查，保证润滑五定落实到位，通过推行设备润滑精细管理，重点设备运行效率大幅度提高，故障率显著降低。将起重设备、压力容器的检验检测和隐患排查治理放在突出位置，查改隐患14项，全部进行妥善处理。完成双齿辊破碎机、称重给料机等36台设备的更新换代，提高设备的新度系数，保证生产装置的稳定运行。

【安全环保】 2022年，石油化工分公司严格落实辽河油田公司质量健康安全环保工作要求，牢固树立"以人为本、质量至上、安全第一、环保优先"理念，坚持"严监管、零容忍、全覆盖"总基调，持续巩固和深化"五个用心抓"总体布局，严格落实"管理提升年"要求，真正做好"三篇文章"、实现高质量发展。坚守红线底线，抓实风险管控，安全环保踏上新台阶。坚持从严监管，严抓责任制建设，持续开展三年专项整治行动，严控"四条红线"，治理"低老坏"及重复性问题273个。实行安全生产记分制，累计59人次51.5分。对9家承包商236人进行安全资质审查，发现问题11项并督促整改。投入资金62.46万元，完成煅烧焦装置照明系统隐患整治、沉降池改造等24项重点隐患治理项目，进一步消除安全风险。强化质量管控，组织物资抽检13批次，挽损金额6.97万元。开展安全生产"四大"活动，梳理管理短板，提出改进措施。对装置从原料入口到产品出厂，全链条排查识别新风险45项，堵塞管理漏洞。开展两轮安全知识竞赛，提升全员安全履职能力。QHSE管理体系运行保持良好B2级，得分较2021年有所提升。践行绿色低碳，增强烟气、污水排放在线监测力度，完成排污许可证变更，及时处置工业固废，推进建设项目环保验收，主要排放口二氧化硫、氮氧化物、颗粒物排放量分别较排污许可总量减排69.63吨、5.39吨和32.87吨，实现清洁生产。争取到辽河油田公司投资173万元，用于煅烧焦车间煅前给料系统粉尘治理项目，项目建成后，将有效减少粉尘逸散，明显改善员工工作环境。全力推进热电联产项目建设，项目可研通过集团公司批复。投入139.85万元用于职业卫生防护及员工健康管理，对142名中高风险员工进行健康干预，完成职业健康体检128人次，开展职业危害场所检测。压紧压实疫情防控责任，抓好常态化精准防控，设置内部检测点，完成50余轮次全员核酸检测，守牢员工健康底线。

【市场营销】 2022年，面对市场结构变化，市场营销中心在石油化工分公司党委指导下，确定"四增一稳"（增加终端、增加化工、增加出口、增加负极、稳定增碳剂）市场开发思路。准确识变、科学应变、主动求变，在破解难题中开创市场营销工作新局面。转变营销观念，打破"守株待兔"的营销方式。销售人员克服疫情影响，通过电话、网络、实地走访等形式，与近100家下游企业洽谈业务3300余次，实地走访8个省市15家关联企业。新开发盘锦知利新材料有限公司、太谷县腾飞炭素有限公司等11家新客户，新开发河北临港化工有限公司、中信钛业股份有限公司等7家终端客户，其中3家为长期合作，年可稳定销售煅烧焦15000余吨。先后与中国石油、中国海洋石油集团有限公司6家炼油厂及地方炼油厂销售部门建立日常信息沟通机制，捕捉市场信息，洞察煅烧焦市场走向。客户观望阶段，主动发放询量询价单，依客户需求筛分7种新粒径产品，增销煅烧焦44486吨。客户购买意愿增强阶段，依托大连石油交易所有限公司平台进行竞价、竞拍销售，销售煅烧焦23470吨，溢价增收254万元，在大连石油交易所有限公司竞拍煅烧焦尚属国内首次。每月进行产品流向分析，找准时机与具有出口资质贸易商合作，销售海外20000吨煅烧焦。此外，采取定价方式销售35600吨、比价方式销售11380吨煅烧焦。10月，根据煅烧焦原料石油焦市场出现波动，预判煅烧焦价格会有下行走势，提前落实11月、12月45000吨销售量，确保年底存货量满足两金压控要求及经营指标的完成。

【财务管理】 2022年，石油化工分公司坚持严格预算管理，以年度目标为指引，持续推进业财融合，强化业务主导，从市场端入手，以收定支，以价定产，全面覆盖经济业务，靠实收入、价格、产量、成本，拓展预算方案的广度和深度。坚持多元预算管控，强化预算的引领职能、运行管理和促进作用，发挥其价值引领、决策服务、效益监督、风险防控职能。坚持动态预测，结合实际生产经营情况，实时开展预测分析，及时揭示存在的主要问题，为市场开发和生产运行提供决策依据。依据效益导向原则，坚持"事前算赢"，加大预算管控力度，从源头压缩控制成本，从过程把控业务进度，通过预算会前、会中、会后多次调整，压缩年度预算173万元。践行低成本战略，深挖内部潜力，从"营销增效、提产增效、降本增效、技改增效、青年突击队增效、活动助效和考核助效"7个方面入手，深入打造业财融合，确定提质增效1211.49万元奋斗目标。开展效益测算及经营分析。按月对全年预算重新开展实时预测和分析，主动将数据提供给主要领导和各生产经营部门，实时提示预算进展，揭示存在的主要问题，为各级决策提供有力的参考和依据。开展定期和不定期测算，跟踪经营数据，力保全年奋斗目标得以实现。强化资金管理降本的理念，外部市场始终坚持先款后货的原则，杜绝产生应收账款，及时办理关联交易资金结算，确保每月的内部资金及时到账。确保内部存款为正数，获得财务资产部返还内部存款利息300万元。

【党建管理】 2022年，石油化工分公司党委以提高政治站位，落实治党责任为首要目标，党的建设展现出崭新气象。党委领导学习宣传贯彻党的二十大精神,贯彻"第一议题"制度,领导干部政治判断力、政治领悟力、政治执行力持续提高。严格执行"三重一大"事项决策制度,经营管理规范高效。注重对年轻干部的培养,夯实基层党建,畅通机关与基层、党务与生产经营管理双向交流的渠道。推进基层党建"三基本"建设与"三基"工作有机融合,提升党建价值创造力。通过开展对"一把手"和领导班子监督、开辟"石化清音"有声栏目、弘扬石油精神以及内部巡察监督,使党风廉政建设、战斗堡垒作用和依法合规治企能力持续增强。落实"第一议题"和中心组学习制度,服务党委中心组理论学习19次,专题研讨8次。第一时间组织学习宣传贯彻党的二十大精神,制定工作方案,推进党的二十大精神宣讲、专题研讨等工作任务,迅速掀起学习党的二十大精神热潮。发挥宣传工作小组和机关业务部门资源,跟进发展思路及各阶段重点工作,开辟《形势任务教育大家谈》《同心检修》等专栏,分析形势与机遇、讲清责任与任务、讲明思路与措施,进一步统一思想、凝聚共识。以"晨学三分钟"为载体,推送辽河油田公司新形势新部署,安全环保要求、法律法规、党规党纪等内容375期,引导全员认清内外部形势,立足岗位履职责。及时总结党建工作、生产经营、提质增效工作成果,挖掘宣传先进个人典型,让员工对企业有信心、干工作有劲头。在辽河油田公司门户主页、《辽河石油报》等外部媒体发稿45篇。石油化工分公司门户主页、"石化在线"公众号发布稿件416篇,向《党建政工研究》杂志投稿3篇。油田电视台录播石油化工分公司"党建+销售"联盟新闻时长5分钟,展示企业的担当作为。加大对先进典型的选树和宣传,煅烧焦车间主任方力、水气车间技术员李建伟入围辽河油田公司"辽河榜样"网络评选。

【党风廉政建设】 2022年,石油化工分公司紧扣"三个聚焦"监督重点,对物资管理中心开展内部巡察,对发现的3个方面的11个问题,提出整改建议,督促落实。推进重要业务开展前廉洁风险提示工作,对市场销售、物资采购等12个单位的37项重点工作进行分层级提示约谈,针对廉洁纪律、商企关系、"反围猎"风险等内容提示216条。开展深化领导干部经商办企专项治理,组织4次补充申报,各层级领导干部补充申报相关信息50余条。更新监察对象信息,石油化工分公司79人,盘锦辽河油田大力集团有限公司59人纳入监察对象。开展资产设备管理等专项监督,将发现的问题向主管部门和领导进行反馈,提出改进工作的建议。开展疫情防控监督,针对发现的3个方面问题,提出管理建议4项,压实各专业科室党风廉政建设"一岗双责"。创新警示教育新模式,争取廉政建设新成效。开设"石化清音"有声专栏。通过录制廉洁故事、规章制度、家风建设和典型案例等60余份音频,"石化清音"公众号推出5期专刊,开设教育专栏,其中部分作品被辽河油田公司纪委作为典型经验在系统内交流分享。举办廉洁文化集邮展、漫画展,将廉洁文化与漫画、集邮文化有机结合,采用雅俗共赏的方式开展警示教育,有力促进干部队伍廉洁风气的蓬勃发展。

(王卉)

新能源事业部

【概况】 2010年7月,为加强特种矿藏、油页岩、煤层气、页岩气等新能源勘探开发管理,辽河油田公司成立辽河油田新能源开发公司,2021年8月正式更名为新能源事业部,是辽河油田公司下辖的二级单位,负责辽河油田公司新能源项目的具体组织实施。2022年12月,辽河油田公司党委研究决定成立新能源事业部党委。截至2022年底,新能源事业部设管理职能科室4个,所属三级单位4个,有员工53人,有科级以上干部26人,具有专业技术职称49人,有党员42人。2022年,新能源事业部全面实施"绿色低碳613工程",完成备案和签订风光并网指标合作框架协议65.6万千瓦;沈茨锦18.19

兆瓦光伏发电工程全面完工并网发电；辽河油田76.81兆瓦光伏发电工程施工建设取得突破性进展；新增并网发电36.88兆瓦，形成发电能力0.43亿度；欢三联地热利用示范项目运行平稳；依托盘锦广田热电有限公司供暖工程成功签订开发合作协议项目130万平方米；有序开展BSK1战略资源工程，天然碱勘探取得新突破。新能源事业部地热资源项目部获辽河油田公司青年节能降耗示范岗。

【铀矿勘探】 2022年，新能源事业部铀矿资源项目部紧密围绕"勘探增储、储量申报、外闯市场"中心工作，通过超前研究部署、超前生产组织、动态精细调整，完成80口探井施工任务，总进尺3.15万米。共部署探井井位169口，制定钻井动态运行表12张，获得工业矿井30口，矿化井46口，异常井4口，工业见矿率37.5%。详查方面，完成钱Ⅲ块整体详查，对照国家储委储量评审备案要求，外协开展区块储量估算及开采经济技术可行性研究。普查方面，在钱Ⅴ块南部发现一个储量增长新区块，在钱家店北部宝德勒地区查明一个成矿新领域。全面落实各项承包商管理制度要求，签订工程合同10项、配套研究项目合同4项，健全承包商开工审批前置清单9项。承担股份公司"含油气盆地铀矿勘查评价与高效开采技术研究"课题1项，研究周期2021年10月至2023年12月，金额231万元。全面完成项目中期研究内容及年度考核指标，取得"钱家店地区铀、铼成矿受氧化还原环境控制"等三项成果认识。

【风光发电工程】 2022年，新能源事业部争取风光发电并网指标，组建指标获取工作专班，与辽宁省辽阳市辽阳县、辽宁省凌海市等地方政府沟通，逐一协调解决节点问题，完成备案和签订风光并网指标开发协议65.6万千瓦。8月21日，沈茨锦18.19兆瓦光伏项目开始建设，从设计到施工全流程跟进监督，12月10日，实现沈阳、茨榆坨、锦州油区167座光伏电站并网发电，累计发电量突破200万千瓦·时。全力推进辽河油田76.81兆瓦光伏项目建设，组织开展前期土地资源排查，组织完成43.3兆瓦光伏基础施工，30.7兆瓦光伏组件安装，及18.17兆瓦并网调试；项目剩余部分与13家油气生产单位完成项目实物移交，持续履行监督指导职能。按照"实施一批、规划一批、储备一批"要求，先后完成沈阳采油厂前进—静安堡、静北风力发电工程、友谊库（木材厂）5.9兆瓦全额上网光伏发电工程现场踏勘、可研编制及部分前期手续办理，积极推进风光发电项目前期工作，为2023年实施建设打下坚实基础。

【地热技术开发】 2022年，新能源事业部协调组织欢三联地热系统复产运行，针对原欢三联地热系统采灌困难的瓶颈问题，重新布置6采10灌井网方案，组织改井作业及工艺安装，历时17天完成复产施工。通过开展资源精细评价，制定采灌工艺方案，深入开展项目可行性研究，进一步优化热价体系，与盘锦广田热电有限公司签订《辽河油田杜306井区中深层地热供暖合作框架协议》。通过科学组织论证，与沈阳惠涌供热有限责任公司座谈对接供暖合作，完成沈阳采油厂矿区地热供暖工程可行性研究。与辽宁省地质勘探矿业集团有限责任公司座谈交流，就沈阳市地热勘查方面达成较强合作意向，探索供暖项目对外合作。

【科技攻关】 2022年，新能源事业部开展科技项目攻关。承接股份公司级BSK1勘查科技项目及地热项目2项，集团公司级地热及煤气化科技项目2项，辽河油田公司级天然碱矿科技项目1项。以2021年中国石油和化工自动化应用协会科技进步奖特等奖为基础，启动《钱家店砂岩型铀铼矿勘探理论技术创新及找矿重大突破》国家科技进步奖一等奖申报工作，与科技部、勘探开发研究院、中国地质大学、辽宁大学等单位组织多学科、多技术、多方法联合攻关，开辟以"油铀兼探、多矿并举"的创新思维和管理模式，创新性建立一套含油气盆地铀矿勘探的工作程序及方法技术，集成一套铀层地震追踪技术。完成发明专利申报10项（铀矿资源项目部6项、地热资源项目部4项），全部通过辽河油田公司科技部审核，其中5项专利获代理机构受理，为辽河油田公司绿色低碳转型发展提供有力技术支撑。

【生产经营一体化】 2022年，新能源事业部着力于合规经营管理，夯实新能源业务高质量发展基础，持续提升依法合规管理水平。以"管理提升年"为契机，制定《新能源事业部"管理提升年"行动方案》，开展管理提升进度总结，查找薄弱环节和管理漏洞。全面梳理招标投标、合同签订、财务管理、采购管理等业务领域，修订执行流程28项，进一步明确业务管理界面。实施预算动态管理。通过做细预算事前编制，做实预算事中控制，完善预算考核机制，进一步明确责任主体、责任目标。制定《新能源事业部绩效考核暂行管理办法》，组织各部门签署业绩任务书7份，进一步明确目标责任，为全面激发员工干事创业热情提供有效支撑。深化提质增效专项行动。深挖内外部潜力，制定5个方面12项具体措施，实现挖潜增效130万元，优化投资352万元。

【质量安全环保管理】 2022年，新能源事业部强化质量安全环保工作力度，有序组织重点项目高效运行。组织开展油区内光伏项目现场踏勘、施工图审查、前期手续办理、施工管理等生产协调工作，持续与中油辽河工程有限公司、辽河油田建设有限公司、电力分公司等相关单位对接，完成沈茨锦18.19兆瓦光伏发电项目建设，全速推进辽河油田76.81兆瓦光伏发电工程施工建设。夯实全员QHSE管理责任。深入学习贯彻习近平总书记关于安全生产重要论述，使全员安全生产理念入脑入心。以"专项反违章"活动和"四大"活动为载体，查找并整改"低老坏"等问题隐患27项。修订完成QHSE岗位责任清单39份，部门QHSE职责清单7份。制定风险防控机制。结合风电、光伏、地热等业务实际，分级制定风险防控清单，评估各类风险107项。

【党的建设】 2022年，新能源事业部着力于政治思想引领，深入开展党的二十大精神学习宣贯。以支部党员大会为载体，多维度、分层次、全覆盖对党的二十大报告进行解读和宣贯，切实把全员思想和行动统一到党的二十大会议精神上来。深入开展主题教育。组织开展"转观念、勇担当、强管理、创一流"主题教育，学习领会习近平总书记关于"双碳"目标的重要讲话和重要指示批示精神，及时掌握集团公司关于新能源工作的新要求、新部署、新安排，引导干部员工进一步转变思想、主动作为、敢于担当，筑牢新能源业务高质量发展的思想根基。抓实党风廉政建设工作。贯彻传达辽河油田公司党风廉政建设和反腐败工作要求，组织签订党风廉政建设责任书32份、廉洁从业承诺书35份，重点加强敏感时段监督管理，组织开展公车使用、年轻干部教育、疫情防控等内容的党风廉政建设专题党课，营造风清气正的干事创业环境。

【新冠肺炎疫情防控】 2022年，新能源事业部持续抓好疫情防控工作，建立疫情防控与安全生产"双升级"制度，紧跟疫情变化形势，改进工作方式，因时因势优化防控措施，做好退烧消炎药品和自测试剂盒等物资采购储备，保障员工身体健康和生产经营秩序平稳。

（齐思慧）

能源管理分公司

【概况】 2012年5月，为完成昆仑能源有限公司委托的LNG（液化天然气）运销、新能源技术研发及相关技术咨询服务等工作任务，成立辽河油田能源管理公司，列为辽河油田公司未上市业务二级单位机构序列，机构规格为正处级。2018年3月，辽河油田能源管理公司更名为辽河石油勘探局有限公司能源管理分公司（简称能源管理分公司）。截至2022年底，能源管理分公司设管理职能科室9个、所属生产经营单位10个，在册员工78人。2022年，能源管理分公司围绕各项工作目标，在市场逆境中谋发展，保持生产经营管理工作平稳运行，销售天然气1亿立方米，收入4.26亿元，利润控亏1716万元。

【天然气业务】 2022年，能源管理分公司聚焦提质增效业务稳中有进，主动开辟液源渠道，开发河北华油天然气有限责任公司等5家上游供应商，逐步构建低成本、多元化、高弹性的资源池，保证自有终端加气站稳定气源供应。针对LNG价格高位、CNG优势明显的市场形势，持续加大盘山盛泰燃气有限公司合作力度，实施CNG代加工业务，及时掌握用户需求，提升客户用气各环节体验，新开发CNG客户7家、管道气客户1家。深耕油田井口收卸气市场，逐步扩大业务布局，投产运行双北收气站和气二卸气站，完成大平房、小47设备改造，收卸气量稳定5万米³/日以上。

【经营管理】 2022年，能源管理分公司牢牢把握营销方针，充分发挥昆仑能源液化天然气有限公司产供销一体化优势，精准定位市场，实现满产尽销，年销售额首次突破1亿元。合理安排检修计划，依托自有技术队伍开展检维修工作，减少外委费用80余万。克服高含氮原料气影响，严控BOG损耗，根据季节因素细致优化运行参数，利用地方峰谷平电价政策，实现LNG加工成本下降，优化低成本发展思路和举措，强化预算管控和刚性执行，通过多气源对比降低天然气采购成本、压缩非生产性支出、争取税费政策、清理处理低效闲置资产等方式，对比进度预算增效666万元，同比增效597万元。推进车用终端整合划转工作，制定划转工作方案，明确终端划转站点，及时反馈。细化分解"管理提升年"工作措施，组织开展合规专项检查及实施证据大检查，加强合同管理，进一步提升合规管理水平。修订完善所属单位公司章程，完成董监事会换届选举，基层单位董监事职能进一步强化。开展锦州盈港油品经营有限公司、昆仑宇卓石油天然气（阜新）有限公司股权处置，完成盘锦新能源公司处置前期准备工作，有序推进法人压减工作。

【安全环保】 2022年，能源管理分公司细化落实"四全""四查"和"五个用心抓"工作举措，开展HSE技能水平考试，抓实领导干部管安全责任，加速形成员工想安全、懂安全氛围。常态化开展"四不两直"检查、安全承包点活动，固化操作规程"步步确认"工作机制，落实"安全大讲堂""入教基层"活动，开展安全生产大检查和"四大"活动，抓实安全生产重点环节。严格落实辽河油田公司疫情防控工作要求，层层压实疫情防控与安全生产"双升级"责任。

【党建工作】 2022年，能源管理分公司严格落实"第一议题"和中心组学习制度，深入学习贯彻习近平总书记重要讲话和党的二十大精神，组织学习研讨30次，领导干部政治站位进一步提高。修订完善"三重一大"决策制度，组织召开党委会51次，班子科学、民主、依法决策水平逐步提升。严格落实巡察反馈问题整改要求，在规定时间内完成所有问题整改销项，巡察政治监督作用充分发挥。推进"党建+安全"互融互促，深化"三基本"建设与"三基"工作有机融合，建立党建一对一联系包保制度，实施"共产党员先锋工程"，创建党员示范岗15个、责任区8个，突击队6个，工程立项6项。严格落实意识形态工作责任制，持续强化正面舆论引导和舆情风险管控。深化党史学习教育常态化长效化若干措施，制发"转、勇、强、创"主题教育安排意见、文化引领专项工作实施方案，王志刚获第四届"辽河榜样"提名奖，"西外环救火事件"事迹荣登中央政法委2022年第三季度"见义勇为勇士季度榜"榜单。

【员工帮扶】 2022年，能源管理分公司开展自招市场化员工生日节日慰问活动，为员工安装家用燃气紧急切断阀和可燃气体报警器，为基层单位修建篮球场地、一线场站配发生活用品，坚持做好一线关心慰问和服务保障工作，着力解决员工"急难愁盼"问题。员工权益得到保障。推进春节慰问、夏送清凉、金秋助学等工作，为有实际困难的市场化员工申请专项帮扶资金10万元；为员工购买大米、金丝皇菊、木耳、五谷杂粮等产品，全年员工人均收入实现增长4000元，发展成果更多惠及员工，进一步传递企业关怀和组织关爱。持续推进员工健康管理，组织全员开展个性化健康体检，建立员工健康档案，制定干预方案，下发健康教育材料21份，实现健康干预有效率100%，员工自我健康管理的意识和能力不断提升。落实国家防疫"新10条"和地方最新防疫政策，全力以赴保健康、防重症。

（齐晗彤）

辽河油田（盘锦）储气库有限公司

【概况】 2009年3月，辽河油田成立储气库项目管理部，列入直属部门管理。2010年5月，更名为天然气储供中心，列入直属公司管理。2014年9月，经辽河油田公司党委决定，成立中共辽河油田分公司天然气储供中心委员会，同年10月，天然气储供中心正式列为辽河油田公司二级单位管理。2018年7月，更名为储气库公司，天然气储供中心委员会更名为中共储气库公司委员会。2019年6月，辽河油田成立储气库项目部，列入直属部门管理。2019年12月，成立辽宁辽河储气有限公司。2020年4月，辽河油田对储气库项目部、储气库公司进行重组整合，成立储气库公司（储气库项目部），行政级格为正处级，列为辽河油田公司二级单位管理，保留"储气库项目部"牌子，履行公司机关储气库管理职能。2021年1月，撤销储气库公司的"储气库项目部"牌子，将油藏及方案设计等管理职能划入开发事业部（开发部）归口管理，将井筒及地面管理职能划入采油工程技术部管理。2021年"辽河储气库群"被纳入国家"十四五"规划重点建设工程。2022年7月，经辽河油田公司党委会议研究，决定成立辽河油田（盘锦）储气库有限公司，列为未上市业务二级单位管理。同时，撤销辽河油田分公司储气库公司。辽河储气库群作为中国石油东北储气中心和国家"十四五"规划工程，主要承担着中俄、秦沈、大沈3条国家级天然气管线调峰任务，具有国家战略储备、季节调峰、应急调峰三大功能，调峰保供区域为东北及京津冀地区。

截至2022年底，辽河油田（盘锦）储气库有限公司累计注气130.3亿立方米，累计采气83.75亿立方米。本部设管理职能科室14个，直属部门1个，所属三级单位9个，在册员工556人。2022年，注气32.06亿立方米，占集团公司储气库五分之一，同比提高62%，注气增量、注气能力全国第一。采气能力达到3530万立方米，全年采气24.39亿立方米，超计划22%。生产原油5.0万吨。辽河油田（盘锦）储气库有限公司获全国五一劳动奖状、全国五四红旗团支部等荣誉，获辽河油田公司级先进单位3项、先进集体11项、先进个人55项。

【气库建设】 2022年，辽河油田（盘锦）储气库有限公司双台子储气库群建设全面提速，国内首座储气库国产电驱离心式压缩机一次投运成功，大尺寸井钻完井技术取得突破，双台子储气库群采气二区、三区建设主体完工，新增库容量41.04亿立方米，建成总库容达到103.8亿立方米，新增工作气量1.4亿立方米，总工作气量26.4亿立方米。完成双51、双31储气库及大尺寸井7个新建井场采气工艺施工，20口注采井投产。马19储气库先导试验开工建设。储气库钻完井工程全速推进，完钻新井16口，新井井身质量、固井质量、盖层连续优质井段长度等多项关键指标远超质量验收标准。注采完井33口，平均完井时间21天，老井处理31口，解决了马215、双49、高33井等老井处理问题。龙气5通过辽河油田公司审查，双台子储气库群二期初设全面启动，储气库建设迈入"快车道"。

【调峰保供】 2022年，辽河油田（盘锦）储气库有限公司辽河储气库群实现"九采七注"。通过精细地质研究，科学配产配注，双51、双31储气库超前注气、双6储气库平稳增压，双台子储气库群日注气能力翻一番，雷61储气库单井注采能力同比提升17%。日采气量连接迈过1500万立方米、2200万立方米、2800万立方米等几个重要关口，最终一举突破3000万立方米。最终全年完成注气32.06亿立方米，超注2600万立方米，累计注气量突破"百亿"。全年采气24.39亿立方米，超采4.39亿立方米，成为国内首个注采能力均超过3000万立方米的储气库，同时刷新库存气量历史最高、高强度注气天数最多、注气量全国最大等多项纪录。完成北京冬奥会、冬残奥会、全国"两会"等天然气调峰保供任务。

【安全管理】 2022年，辽河油田（盘锦）储气库有限公司全面实施岗位责任清单化管理，深化安全环保履职能力评估、安全生产特定任期述职、安全生产记分等问责手段，成立安全环保技术监督站充实监管力量，从严监管、提级问责的目标更清、措施更多、抓手更实。完善四级风险网络管理机制，集中整治天然气、危化品等9大重点领域风险，深入开展安全环保诊断评估，升级绿色修井作业、钻井泥浆不落地等清洁生产技术，全年7190项动态施工安全平稳实施，污染物排放总量控制在年度计划之内，持续提升安全水平、清洁生产能力。持续推进油气水井质量、地面工程三年集中整治行动，加强供应链全过程产品质量管控，固井质量合格率99%，同比提高1.6%，高于辽河油田公司指标5%。为机关、基层配备健康小屋、健康背包，策划实施"3+3+X"（按年龄分3段，每个年龄段有至少有3个套餐，X根据自身情况除规定的必选项外，自己选择体检项目。）个性化健康体检方案，探索"一人一档"精准健康干预，开展健康达人、食堂"三减""送健康到一线"等特色活动，员工血糖、血压等4类健康指标实现"硬下降"，以辽河油田公司第一名的成绩通过盘锦市健康企业创建验收。全年投入安全环保治理资金308元，设备设施完好率由95.6%提升到98.5%，未发生管道失效事件。组织QHSE能力提升、安全管理人员等培训班28期，精心组织"安全生产月""6·5世界环境日"等主题活动，组织制作吊装作业、受限空间作业、安全生产班前会等7个教学视频。健全完善储气库标准化站队建设指导手册，邀请辽河油田公司专家对基层单位开展指导评估，雷61作业区通过辽河油田公司"百千示范"站队验收。QHSE管理体系量化审核保持B1级，获评辽河油田公司QHSE先进单位荣誉称号，完成零伤害、零污染、零事故管理目标。

【经营管理】 2022年，辽河油田（盘锦）储气库有限公司围绕辽河油田公司"管理提升年"工作部署，落实"四精"要求、低成本发展战略，全面推进控投资、提效益，超额完成生产经营任务。按照集团公司要求，探索合资合作运营模式，高效组织资产清理、银行借贷，注重合同执行，防范法律风险，完成辽河油田全资子公司改制。按照"一级制度、两级流程"工作要求，废止规章制度14项，依据科室职能调整，修订规章制度及管理流程24项，以适应全资子公司管理要求。树立"今年的投资就是明年的成本"概念，自主检维修设备2830台（套），自主维保创效1105万元。项目化实施8项提质增效工程，严控物资采购、工程建设等方面投资额度，优化投资1.38亿元，管理挖潜6907万元。深入推进依法依规治企，针对用地审批、安全环保、市场竞争、采购招投标、工程建设等重点领域，深入开展风险排查，新识别出合规风险14项，制定针对性风险防控包保实施方案。坚持全面清查和重点清理相结合的原则，压降存量，严格控制增量，倒排物料消耗计划，两金占用规模得到有效控制。

【科技创新】 2022年，辽河油田（盘锦）储气库有限公司申报辽河油田公司科技成果一项，并获辽河油田公司基础研究奖三等奖。持续开展复杂地质条件建库技术攻关，在储气库密封性评价、气藏动态监测、提压扩容、排液增容等方面认识更加深入。形成一系列大尺寸井建井关键技术，平均钻井周期94天，建井速度、完井质量刷新国内纪录。推广工程配套技术，钻井承压堵漏、无源磁导向找井、注采一体化、小井眼打捞、复杂井封堵、环空带压治理等技术并成功应用。组织开展"生产管理百日提升"活动，对标先进单位，完善管理制度、优化管理流程，形成"日跟踪、周分析、月总结"特色管理方法，有效提升生产管理水平。探索压缩机降耗办法，提高压缩机入口压力，采用往复压缩机二级、三级并联模式，离心式压缩机组投运，压缩机利用率和注气效率显著提高，注气单耗同比降低7.1%，单位采气成本下降0.69%。成立智能化储气库建设小组，按照分步实施、突出重点、边建边用、以用促建的建设思路，初步形成智能化储气库建设方案，完成A8系统改造、压力远程监测、液控装置改造及单井出砂监测，开启调控中心建设，实现智能化储气库建设的全面启航。

【企业改革】 2022年，辽河油田（盘锦）储气库有限公司新增基层单位2个。通过优化人力资源配置，调整交流三级正职12名，三级副职8名，新选拔任用三级正职4名，三级副职4名，恢复三级副职3名，挂职锻炼3名。63名三级正副职干部平均年龄41.8岁，80后人数33名，90后人数6名，是一支比较年轻的干部队伍。

【党建工作】 2022年，辽河油田（盘锦）储气库有限公司深化"166545"（"1"是坚持党的领导这一政治原则，将党建工作贯穿始终到储气库群建设；"6"是明确以联盟促质量、促安全、促效益、促进度、促廉洁、促服务的"六促"工作目标；第二个"6"是采取理论联学、事务联商、工作联动、活动联办、队伍联建、品牌联创的"六联"工作法；"5"是建立项目、区域、油地、专业系统、兄弟储气库"五种联盟模式"；"4"是联盟要突出把关定向、教育引导、监督考核、沟通协调"四个作用"；第二个"5"是建立"一体化"运行、"互帮化"共享、"整合式"联动、"标准化"管理、"关联式"考核"五项保障机制"）工作体系，扩大党建联盟"朋友圈"，精心打造"五聚"（聚能、聚情、聚智、聚力、聚优）工程，开展联盟座谈、科技交流等"十个一"系列活动331场次，打造管理积分制等品牌载体，成为重点项目的聚力工程、油地融合的典范工程。"党建联盟"课题获辽宁省优秀思想政治研究成果奖二等奖。制定"庆祝七一、喜迎二十大"活动方案，组织讲授专题党课、向全体党员发送慰问信、红色观影等系列活动，增强党性意识、激发干事热情。打造"一支部一品牌"模式，雷61储气库管理提升"我"先行、地质工艺研究所"三心"（初心担使命、同心聚合力、潜心攻难题）等特色品牌应运而生，持续提升基层党组织凝聚力战斗力。新成立马19储气库作业区、安全环保技术监督站2个党支部，投入近40万元升级基层党建阵地，雷61储气库作业区党支部参评辽宁省标准化建设示范党支部。设立共产党员先锋岗41个，先锋工程项目28个，解决难题243项。抓好"党建+培训""党建+安全"等活动，举办"护航百亿方"安全知识竞赛，落实推进党建工作与生产经营深度融合。

【组织人事】 2022年，辽河油田（盘锦）储气库有限公司深入开展"管理提升年"活动，以"四项引领""四项举措""四项管理"（"四项引领"：政治引领、责任引领、组织引领、创新引领；"四项举措"：宏观谋划重历练、严把关口保质量、强化培训提素质、从严从实强监督；"四项管理"：精准绩效管理、精细薪酬管理、精确人事管理、精益基础管理）为抓手，进一步提高干部执行力、人事管理水平。继续坚持做好跨岗位、跨专业交叉使用，机关和基层交流使用科级干部10人。选派优秀年轻干部参与到项目组跟踪培养3人。优化竞聘流程，补强关键岗位素质能力，组织招聘安全组长4人、井控业务助理1人、调控中心管理干部10人、安全监督站管理干部4人，加强复合型干部的培养。采取"走出去、请进来"方式，对科级干部进行培训、学术指导，组织14名优秀人才赴相国寺储气库实地考察学习，7名管理技术干部在党员讲习所授课锻炼，不断提升各级干部综合素质。在雷61作业区试点推行"八岗两能力"奖金分配，鼓励引导员工主动学习掌握更多岗位技能，实现"以岗定薪、薪岗匹配"，完善后，同基层做好岗位系数的合理设置工作，在各基层单位推广实施。严格执行档案管理制度，收集归档材料1526份，做到收集齐全、分类合理、组卷科学、归档及时、安全保密，为下一步档案数字化奠定工作基础。针对"人员新、设备多"的实际情况，出版国内第一本储气库知识百科全书——《辽河油田储气库运行知识培训教程》。自主编制《储气库公司采气综合素质题库》，并配套微信题库，为员工提供自主学习条件。强化关键岗位注采气前、设备操作培训、履职能力培训、技能认定培训，安全考试和技能等级认定考试通过率均位列辽河油田公司第一，举办"公司首届员工职业技能竞赛"，选派业务骨干参加集团公司培训5项11人次，参加辽河油田公司培训132项330人次，开展内部两级培训233项6788人次，转岗培训190人次，在辽河油田公司职业技能竞赛中取得一金一银。

【群团工作】 2022年，辽河油田（盘锦）储气库有限公司推进"外部媒体走进百亿方气库"，登录央视新闻联播2次，在《辽宁日报》《中国石油报》、新华社、《人民日报》等媒体平台近10次。发表公司级新闻动态72篇，公众号推文91篇，累计阅读6580人次。在《辽河石油报》发稿60余篇。开展"建立自动团队"创建，累计培训152人次。升级改造辽河储气库群展厅，接待集团公司、辽宁省等各级参观1108人次。辽河储气库群展厅成为辽河油田企业文化示范基地。拍摄《储气库人的24小时》纪录片，真实反映辽河储气库群建设动人时刻，在辽河油田官微播发。开播《陆陆有为》真人访谈专栏，用网络热点、诙谐语言挖掘储气库故事。《"灰昌·布考普"公司的故事》获辽河油田公司厂务公开民主管理微视频大赛二等奖。王军飞、李俊杞被推选为2022年油田公司"抗洪复产先进个人"。辽河油田（盘锦）储气库有限公司获储气库行业唯一、集团公司唯一的全国五一劳动奖状称号。《EAP在储气库公司团队文化建设中的探索与应用》获辽河油田公司二等奖，潘彤彤获油田女职工技术比赛一等奖。油水井分析大赛获评最佳进步单位。获辽河油田公司职工技术创新立项9个，优秀安全监督案例7个，建成以田丽、王春禄命名的2个省级创新工作室。以共青团成立100周年为契机，深入学习习近平总书记重要讲话精神，开展学习交流10场次，宣传照片被共青团中央公众号收录。广泛开展"喜迎二十大、永远跟党走、奋进新征程"主题教育活动，实施青年精神素养提升工程，制作"百家讲团"系列视频，推出原创微团课5期，组织"青春向党·奋斗强企"主题团日5场次。在辽河油田公司团委"青春辽河"发布消息9期，"大气辽河"发布18期，阅读量超8000人次，关注人数、发稿总数创历史新高。直属团支部获"全国五四红旗团支部"，冯东旭获评辽河油田公司"十大杰出青年"和"盘锦青年五四奖章"。双6储气库作业区生产技术组获评辽河油田公司青年节能降耗示范岗，雷61储气库作业区生产协调组获评辽河油田公司青年安全生产示范岗。发挥"十大协会"作用，举办"百亿方气库杯"毽球、棋牌、乒乓球等比赛30余场，有效强健员工体魄。创新"大气书香"书吧建设，设立樊登读书专柜，"菜单式"购书3000余册，配备"漂流图书"10箱。扩大"阅荐"导读影响力，发布巾帼颂、安全生产等特辑10期，引导全员爱读书、好读书。

（杨蕙宇）

辽河油田培训中心（辽河油田党校）

【概况】 辽河油田培训中心（简称培训中心）历经49年的发展历史，是在辽宁辽河石油高级技工学校、辽河石油勘探局职工大学、辽河油田党校（管理干部学院）、辽河石油学校等13家油田职业学校的基础上，历经多次重组整合成立，是辽河油田唯一综合性培训基地和辽宁省3家企业党校之一。按地域划分为机关校区、渤海校区2个校区。机关校区主要承担党务政工、经营管理人员、专业技术人员培训任务；渤海校区主要承担QHSE培训、井控培训、电气焊、汽车驾驶等操作技能员工培训、交通运输和工程施工2个技能鉴定站工作。建有井控、采集输、装备制造、VR安全、特种设备考试、电气焊和热能动力实训基地和拓展训练基地，拥有国际IADC井控培训资质，集团公司甲级井控培训资质、国家安全生产培训机构等专项培训资质8项，辽河油田工程施工技能鉴定站和辽河油田交通运输职业技能鉴定站等技能鉴定资质2项。截至2022年底，培训中心下设三级机构16个，有员工383人。

【职业培训】 2022年，培训中心培训工作紧跟辽河油田公司"三篇文章""六项战略工程"总体布局，加强和改进信息化保障和后勤服务，各项服务质量和水平稳步提升，确保教学培训工作顺利开展。完成各级各类培训941期，培训量达21.45万人天。坚持理论宣传，将宣贯党的二十大精神作为首要政治任务，精挑细选6名优秀教师组成党的二十大精神宣讲团，以最高水平把党的二十大精神讲全、讲准、讲深、讲透。设计完成各层级党的二十大精神培训方案，为全面开展培训做好充足准备。坚持培训组织高水平、培训效果高质量原则，推进集团公司新员工入职培训、培训管理者培训等一系列重点项目实施落地。开发新型培训项目，开展领导力提升、新能源、"三新"（新材料、新工艺、新技术）"双碳"（碳达峰、碳中和）技能人才等培训，创造出实实在在的辽河培训价值。推进数字平台建设，搭建辽油E学、"辽河油田网络党校"平台，培训转型升级蹄疾步稳。创新"夜校""1+N""送教上门"培训模式，多次派教师到生产现场积极接受新理念，感受新变化，体验新方法，切实提高在教学实践中解决问题的能力，提升培训品质。

【教学科研】 2022年，培训中心在精进教学专题中加快课程体系建设，健全完善《辽河油田培训中心课程库》，完善党建课程体系、管理类课程体系、技术创新类课程体系、标准化操作课程体系以及取换证课程体系，入库课程597门。对接辽河油田公司人才强企工程培训行动计划，将课程和师资精准入库，推进5个类别50个项目培训资源设计开发。完善教学新方法，优化课程新流程，培训理念、培训方式实现更新迭代，形成"案例教学、研讨教学、行动教学"等一系列"训战结合"培训新模式。组织领导干部和政治理论教师撰写党的二十大精神理论文章，开发马克思主义教研专题课程，营造浓厚的学术氛围。引用催化教学方式，组建课程催化团队，对核心课程采取"一课一催化"方式，培训参与度大幅提升。扩展"课堂＋基地"培训模式，挖掘延安、西柏坡、抗美援朝等省内外红色资源，打造精品党性教育基地。制定科研管理办法，完善制度流程，加强力量配置，完成科研课题12项。强化"教研咨"一体化融合，形成一系列有价值的研究成果，转化形成26门新课程。

【企业管理】 2022年，培训中心科学调配提质增效目标和措施，实现提质增效1035万元。落实辽河油田公司党委对培训中心全面解困扭亏的要求，通过大预算全过程管理，从财务预算到项目设计实施、从管理经费管控到后勤物业，综合施策控降成本，"两金压控"指标和财务考核始终位于未上市业务前列。结合培训中心新的发展需要，全面完成新一轮改革任务，进一步优化机构职能与岗位设置。开展"管理提升年"活动，精简完善规章制度流程，加强内控合规管理，提升机关部门服务意识、服务质量、服务效率，增强基层队伍凝聚力、战斗力、执行力。围绕培训中心工作大局，完成集团公司培训机构评估、辽宁省应急管理厅安全"走过场"检查等上级重要工作，得到集团公司相关部门的高度评价。在疫情特殊时期，开展"封闭式培训"，施行"差异化办公"。在面对洪灾和疫情静态管控中，搭建服务生产"安全岛"，主动提供优质服务，为辽河油田公司提供后勤保障。

【员工队伍】 2022年，培训中心按照辽河油田公司党委干部选拔任用"一报告两评议"有关要求，坚持党管干部原则，强化领导班子建设，加大三级领导人员、青年干部和重要岗位人员交流调整力度，交流三级领导人员9人次，规范合规选拔三级正领导3人和三级副领导3人，改做具体工作7人，进一步使用1人。新提拔人员中4人为80后，干部队伍进一步年轻化，梯队建设更趋合理，青年骨干作用更为凸显。建立干部四级考核评价体系，实现测评结果与所在单位和本人的绩效双向联动挂钩。加强师资队伍建设，启动"名师办校"工程，创新评聘7名二级培训师和二级培训管理师。加大教师内培转型力度，2名管理学教师成功转型到党建政治理论学科。

【安全管理】 2022年，培训中心以签订安全责任状为载体，进一步明确分管领导、机关各部门、基层科室的安全责任，形成以党政主要负责人为核心、覆盖全员的安全生产责任体系。严格执行"十五条硬性措施",结合安全生产实际,实施精准化、差异化落实举措。加强监督检查和问责,强化检查力度,增加检查频次,深入防范化解安全风险。以安全生产三年专项整治行动为抓手,巩固安全成果,深化"五个用心抓"布局,统筹开展安全生产大检查和"大反思、大讨论、大排查、大整治"活动,安全形势总体平稳。严格落实疫情防控与安全生产"双重预防"机制,守住"零疫情、零扩散"底线。持续开展"百岗千哨""慧眼杯"等群众性岗位安全活动,进一步提升全员安全意识和风险识别能力。高度重视员工健康,建立员工健康监测及报告制度,推进"健康辽河 2030 行动",实施健康干预,提高全员健康素养水平。

【校园建设】 2022 年,培训中心推进办公教学基础设施维护和安全隐患治理,完成渤海校区 1 号教学楼改造、2 个校区采暖改造、培训设施设备更新,建成现代化的视频会议室和系列文化休闲空间,校园绿化环境更优美,文化氛围更浓厚。

【党委工作】 2022 年,培训中心严格落实"三重一大"决策制度,增加除重要人事任免外合规意见审查,召开党委会 26 次,研究议题 57 项。党委班子成员履行"一岗双责"、党建联系点、安全联系点等制度,配合辽河油田公司党委第二巡察组完成对培训中心开展的专项巡察。严格执行"第一议题"制度,开展教师进班子解读学、集中大党课讲授学、学术研讨交流学,学习习近平新时代中国特色社会主义思想、习近平法治思想、习近平总书记对中国石油的重要指示批示精神、集团公司和辽河油田公司重要会议精神和领导讲话,理论水平和理论素养明显提高。特别是加大对党的二十大精神的学习宣贯,使党的二十大精神和新的理论思想入脑入心。开展主题教育,牢牢守住意识形态,舆情管控成果卓然。推进富含基层智慧的 28 个党建项目落地转化,促进基层党建"三基本"建设与"三基"工作融精融深。深入开展 14 项专项合规监督,促进依法依规治企。加强重点时段维稳管控,全面完成二十大等敏感特殊时期的维稳任务。

【民生工程】 2022 年,培训中心实施劳动竞赛与提质增效联动、民主监督与管理提升联动、服务保障与推进民生工程联动工作目标,制定民生工程方案,慰问在岗职工 11 名,暑期送清凉慰问加班工作同志,安排员工健康疗养,组织职工健康体检,与盘锦辽油宝石花医院协商增加员工自选体检内容,要求应检尽检。在基层工会中打造特色小"家"。油田党校培训部、油田开发培训部的"联合赋能小家"和 QHSE 培训部的"健康安全小家"在辽河油田公司特色小家建设评比中均获好评。组织先进女职工恳谈会、巾帼荐读等活动,重新修订协会章程,成立羽毛球协会和公文写作协会,组织各文体协会常态化开展活动,组织开展做广播操,举办职工男女混合排球赛、全员健步走等活动,民生保障更加务实。

(邱 晨)

辽河油田招标中心

【概况】 辽河油田招标中心成立于 2015 年 11 月,是集团公司认定的内部甲级专业机构,承担辽河油田工程、物资、服务招标及招标改谈判工作和集团公司物资协采、社会委托招标项目。截至 2022 年底,辽河油田招标中心设管理职能科室 7 个,在册员工 54 人,平均年龄 43.6 岁。2022 年,辽河油田招标中心实现收入 7762 万元,同比增加 2050 万元。盈利 5690 万元,对比底线目标 3192 万元超额完成 2498 万元;对比奋斗目标 3692 万元超额完成 1998 万元。

【招标工作】 2022 年,辽河油田招标中心完成招标、谈判 1552 包/标段(同比增加 311 包/标段),估算金额 62.48 亿元,中标金额 53.17 亿元,节约金额 3.23 亿元,资金节约率 7%,招标成功率 83%。

【外部市场】 2022 年,辽河油田招标中心依靠优质的服务、专业的队伍，在逐步提升油区内部市场占有率的基础上，利用专业服务优势走出油区，外部市场实现跨越式发展，服务外部单位涵盖中国石油辽河石化公司、中国石油锦西石化公司、天时集团能源有限公司、中国石油大连储备库等15家单位，已经在辽河油区形成小范围的"区域招标中心"。承揽外部市场项目105个，招标金额4亿元，外部市场创收332万元。

【监管机制】 2022年，辽河油田招标中心为有效破解市场主体反映强烈的围标串标、资质造假问题，常态化开展"内防泄密，外查造假"工作，助力推进招标领域治理体系和治理能力现代化。加强对评标现场管控，制定《评标专家现场签到制度》，对入场评委身份核验的同时收交手机等通信工具，评委在评标结束前严禁随意进出，形成井然的评标秩序。制定评标工作纪律，公开上墙，用统一的尺度，规范参与评标人员行为。完善现场视频监控系统，更新屏蔽装置、配备录音笔，对评标现场评委、监委、工作人员进行全程监控并录音录像、存档备案，有效防止现场泄密。

【安全管理】 2022年，辽河油田招标中心学习贯彻新《安全生产法》，全面落实"三个必须"要求，每季度组织召开例会，排查风险隐患，进一步落实安全生产责任。制定切实可行的《招标中心安全生产大检查工作方案》，签订质量安全环保责任书9份，制定岗位责任清单30个。推进辽河油田公司"大反思、大讨论、大排查、大整治"活动，排查出风险隐患2项，逐项制定针对性的整治措施。全面做好疫情防控工作，制定并印发防疫重点工作要求8份，动态调整防控策略。实现安全生产无事故。

【党群工作】 2022年，辽河油田招标中心党支部坚持把学习宣传贯彻党的二十大精神作为首要政治任务，严格落实"第一议题"制度，及时跟进习近平总书记最新发表的重要讲话、重要指示批示精神，组织专题学习研讨，深刻领会讲话的精神实质、核心要义，开展理论集中学习、专题研讨会35次、撰写学习心得71篇，讲授党课4次，组织主题党日活动12次。全面落实党风廉政建设责任，常态化开展警示教育，聚焦招标业务实际，组织签订党风廉政建设责任书36份、廉洁自律承诺书48份，开展廉洁从业教育20次、制度学习宣贯21次，按管理权限约谈提醒59人次，强化监管责任意识。牢固树立"发展是最大民生"理念，将全面完成业绩指标作为改善工作条件、提升生活品质的先决条件。开展"我为员工群众办实事"实践活动，重点抓好员工福利提升及健康管理，为员工配备洗护、劳保用品，定期发放节日慰问福利，完善职工食堂建设，改善伙食标准，提高幸福指数。落实"健康辽河2030行动"，倡导健康生活方式，加大运动健身的引导力度，新建乒乓球室2个，丰富业余文化生活，最大限度为员工舒心劳动与工作创造条件。

【队伍建设】 2022年，辽河油田招标中心始终将打造政治合格、业务精湛的高素质人才队伍建设作为重要抓手，制定全员培训计划，举办两期"能力提升"培训班，对政治能力、纪律作风、业务水平等进行集中培训，全员参与、全员覆盖。树立正确选人用人导向，执行《招标中心岗位轮换管理办法》，推进科级干部跨岗位交流，交流调整干部2人，员工1人。加大年轻干部培养力度，组织1名年轻干部参加青年马克思主义培养工程培训班，为高质量发展提供人力支撑。加大专业技术人员培养力度，通过国家高级经济师考试3人，晋升高级专业技术职务1人。

【抗洪复产】 2022年，面对突如其来的洪涝灾害，辽河油田招标中心坚定不移扛起招标采购保供责任，针对每个抗洪复产项目采取精细化管理，制定"甘特图"任务时限表，实行挂图作战，要求节假日期间不休息，"以小时计"靠前服务完成招标流程节点，优质高效完成招标采购任务，全力保障辽河油田公司复工复产。8月，辽河油田招标中心接收抗洪复产项目108包/标段，组织复产评标会议105场次，其中节假日评标41场次，切实做到招标节约率不低于6%，招标成功率100%，专家抽取成功率100%。

（董 宇）

国际事业部

【概况】 2016年，国际事业部由工程技术部、进出口公司、华油公司国际项目合并而成，按照辽河油田公司未上市二级单位进行管理。并对托管的辽河油田国际油气技术有限公司、辽油国际（哈萨克斯坦）有限责任公司、加拿大乐迪公司3家子公司实施统一管理。国际事业部是集团公司一级物资贸易商和物流服务商，是集团内部最早从事国际业务的单位之一。作为辽河油田公司走向海外的实施组织单位，主要负责参与编制并组织实施海外市场开发战略、中长期规划和年度计划；负责海外市场开发相关信息的搜集、整理、传递工作；负责海外市场前期研究分析、评估论证、风险预防及项目的组织协调工作；负责组织海外项目开发和管理，项目备案登记前期工作；负责对海外市场营销推广、技术交流的组织实施工作；负责海外先进技术的引进和组织推广；负责事业部所属境外机构的管理；负责海外油气勘探开发、油气工程服务、产品进出口贸易、国际物流服务、知识产权、劳务输出等业务的合同管理工作；负责稠重油技术中心的日常工作；负责海外技术支持人员日常管理。国际事业部成立以来，累计实现收入15.01亿元。

截至2022年底，国际事业部设管理职能科室4个，生产经营单位6个（包含境外注册公司2个），在册员工180人。资产总计22501.04万元，净值22501.04万元，实现总收入13841万元，同比增加2391万元。总支出15203万元，同比减少1597万元，整体亏损1362万元，同比减亏3988万元。2022年，国际事业部考核指标比全年奋斗目标-1371万元超交9万元，完成年度业绩指标。国际业务社会安全与HSE实现"零伤害""零污染""零事故"。

【市场开发及项目运行】 2022年，国际事业部持续加大工作力度，市场开发取得新进展。挖潜增效立头功。中国石油国际勘探开发有限公司中亚公司自2015年起一直未支付油田公司管理费，累计1304.75万元。国际事业部先后与中国石油国际勘探开发有限公司中亚公司就7年间19人次费用反复对账，并与集团公司、中国石油国际勘探开发有限公司及地区公司持续沟通，问题得以解决，为国际事业部完成当期经营任务作出巨大贡献。技术服务新探路。签约中国石油化工集团有限公司哈萨克斯坦萨基斯公司2个区块稠油热采技术服务合同，实现了从"单井注汽"服务向"工程设计+注汽"服务的市场升级。完成注汽12044小时，总注汽量72575吨，分别同比增加23%和24%；锅炉运行时率由41%提高至59%。注汽服务收入合同额490万元，同比增加125%；实现利润56万元，同比上升82%。国际物流开新局。以中国石油集团长城钻探工程有限公司为主战场，实现横向拓展。新签订物流服务合同34项，累计发运货物总量70000余吨，实现项目收入5064万元，项目利润134万元，分别同比增加133.3%、92.2%、135.09%。传统贸易获大单。在巩固市场的同时，紧密跟进中国石油集团西部钻探工程有限公司俄罗斯氯化钾招标项目，实现8668万元项目中标。项目执行阶段，充分体现国有企业的责任担当，在新疆疫情最为严峻的时段调整运输方式，克服一切困难及时将5100吨氯化钾运抵现场，保障中国石油集团西部钻探工程有限公司的生产需求。项目实现收入467万元，利润9万元，余额转入2023年实施。

【提质增效】 2022年，国际事业部持续提升管理水平，提质增效再上新台阶。加强项目经营分析。定期召开经营分析会，对经营管理现状和项目阶段进展中发现的问题及时纠正、及时解决。开展项目分类评价、分级管理，依据项目利润率、合同额、社会效益对在运55个项目进行分类梳理，集中力量推进重点项目。加强项目评估论证。成立项目论证委员会，对新开发项目从资金、利润、技术、安全、法律等角度进行风险评估，为业务部门规避风险提供技术及商务支持，为实施"三重一大"决策提供参考。论证项目13个，项目金额74313.61万元。签约渤海石油装备钻井装备公司尼日尔国际运输服务代理项目、中油管道物资装备有限公司尼日利亚AKK天然气管道工程项目海运物流服务、中国石油集团长城钻探工程有限公司物资分公司墨西哥钻机及配套设备散货海运服务项目等5项，项目金额16678万元，实现利润233.79万元。加强项目管控能力。两金压降成果显著，完成中油国际（伊朗）北阿扎得甘油田开发项目和中油国际（伊朗）MIS油田开发项目项目2500万元的全部资金回笼，年终实现资金抹账6722万元。加强对50名海外派出人员的规范化管理，详细测算成本费用，实现经济效益与品牌形象"双丰收"。加强绩效考核作用。树立"收入凭业绩、奖金靠贡献"导向，完善《国际事业部科级干部绩效考核管理办法》《国际事业部绩效考核暂行办法》，优化绩效考核参数，突出精准激励和利润导向，对业务部门的利润考核权重提高至60%。设计全员保底绩效奖励和科级干部差异化绩效奖励，既坚持共同富裕，又充分体现按劳分配。优化员工队伍结构。落实"三定"要求，缩减机关科室2个，压缩党支部1个，精减机关人员12人，充实到各项目部直接参与创效。加强管理、技术和操作3支队伍建设，12名技能操作人员跨序列转为一般管理干部，实现员工身份管理向岗位管理的转变；一般管理干部跨序列转为专业技术人员10名，确保人尽其才。申请到自有办公场所，完成办公楼搬迁，节省租金，提升全体干部员工的幸福感、安全感和归属感。

【安全管理】 2022年，国际事业部持续加强风险管控，安全管理取得新成效。完善体系建设。持续改进国际业务社会安全管理体系，为集团公司"五维绩效"考核奠定坚实基础。提升履职能力。结合全员QHSSE责任清单及个人安全行动计划，对标对表落实执行情况，确保全员全过程安全管理。开展"四大"学习研讨，将大反思大讨论结果落实到大排查具体实践中、体现在大整治效果上。开展全员安全履职能力测试，全员安全知识得到有效普及。关注员工健康。制定健康企业实施方案，持续推进员工身心健康监管，持续推进"三减"和"无烟"办公区域建设，保障员工健康，提升企业形象。

【党群工作】 2022年，国际事业部持续深化党建引领，事业发展提供新保障。强化理论武装，领导学思践悟党的二十大精神，带头宣讲专题党课，带头落实"第一议题"制度，开展中心组学习29次，专题研讨2次，宣讲4次。各党支部学习党的二十大报告，通过原原本本研读、深入思考研究、联系实际感悟，累计学习72次，党员干部政治能力持续增强。抓牢主体责任。从严从实落实治党主体责任，开展"三重一大"集体决策35次，有效把牢发展方向，从细从紧抓好党员干部廉洁从业教育，签订党风廉政建设责任书84份，组织观看专题纪录片等反腐案例，营造"三不腐"的工作氛围。推进党政融合，深入开展主题教育宣讲，聚焦实现海外业务高质量发展开展全员大讨论。以"党建+市场开发"为载体，与沈阳采油厂开展党建互联共建，推动重大项目、重点任务落地落实。以党建赋能推动业财融合，财务人员全程参与海外项目运作，确保完成年度业绩指标。加强文化引领。坚持党建引领群建，开展"月饼DIY、喜迎二十大飞盘赛"及女职工读书会等活动，丰富员工文化生活；推选职工代表参与重大决策、涉及职工利益事项及日常经营管理，引领民主管理促和谐。组织为外闯市场职工家属献血，推选员工参加辽宁省"青年说"，打造辽河油田公司"特色小家""模范职工小家"。

（金文华）

辽宁恒鑫源工程项目管理有限公司

【概况】 2020年5月，辽宁恒鑫源工程项目管理有限公司（简称恒鑫源公司）列为正处级二级单位管理，主要业务涵盖建设工程监理、项目管理、招投标咨询、工程技术咨询，人防工程监理、设备监理、油田钻井、测井、物探、井下、录井监理技术服务、信息系统工程监理。同时将筑路工程分公司机关机构及人员（不含托管矿区机构、人员）整体划入恒鑫源公司。根据对外开展业务需要，恒鑫源公司保留盘锦辽河油田无损检测有限公司（简称无损检测公司）、盘锦辽河油田恒维工程质量检测有限公司两块牌子。2021年9月，无损检测公司完成对盘锦辽河油田恒维工程质量检测有限公司吸收合并事宜，10月，注销盘锦辽河油田恒维工程质量检测有限公司。截至2022年底，恒鑫源公司在册员工198人。拥有国家注册造价师4人、一级建造师13人持证24个；国家注册造价师3人、一级建造师12人持证23个；国家注册监理工程师46人，国家安全工程师3人，中国石油监理工程师27人。本部设机关职能科室5个、所属三级单位5个，托管单位1个。2022年，恒鑫源公司实现收入10975万元，同比增加1634万元，同比增幅17.5%。利润778万元，对比预算奋斗目标435万元，超交343万元，完成奋斗目标的178.9%。重组以来连续3年盈利，经营业绩创6年来最好水平，首次获辽河油田公司先进单位称号。

【生产建设】 2022年，恒鑫源公司储气库项目管理部严格审查材料进场报验，加大巡检频次，升级过程管控，优质高效服务储气库群建设，确保双台子储气库注气系统顺利投产，助力辽河储气库群荣登注气能力全国之冠。恒鑫源公司庆阳项目部高效服务外围区块上产建设，协调督促施工单位提前预制生产组件，及时下达检测和试压指令，保证各井场按期投产。西南油气田各项目克服项目部零散、距离较远、地点偏僻、疫情严峻等困难，科学调配项目人员、车辆，争取资源利用最大化。恒鑫源公司济南油库项目部一人承担现场质量安全监督检查、组织协调、资料编制整理等多项工作，获甲方好评。

【市场开发】 2022年，恒鑫源公司在中国石油华北油田公司、中国石油长庆油田公司、中国石油西部钻探工程公司、中石油煤层气有限责任公司等单位投标87项，累计中标55项，金额4500万元，同比增长114.3%。办理长庆油田、辽河石化等公司市场准入，近年来首次承揽辽河石化项目。拓展西南油气田市场，分别与川中和川东北气矿签订监理服务合同210万元。打开西南油田PMC业务市场，签订项目管理合同2个。无损检测在国家重点工程领域取得突破，中标西气东输四线项目，金额1743万元。承揽中石油煤层气有限责任公司勘探开发建设分公司临汾区域地面工程无损检测服务，金额572万元。稳步推进抽油机再制造驻厂监造，创收80万元。

【技术应用】 2022年，恒鑫源公司无损检测DR、PAUT、管线罐体不停输、不剥离脉冲涡流、磁性导波、爬壁机器人DR检测等技术广泛应用，新技术创效2000万元。数字化应用取得新进展，"智慧工地"测试、"安眼工程"设备调试全部完成，实现高危施工全过程动态监控跟踪，为辽河油田抗洪抢险科学决策提供第一手汛情信息。

【提质增效】 2022年，恒鑫源公司实施"优化人力资源配置、优化资产及物资调剂、优化数字化投资、优化党建经营融合、优化税收成本降低"5项工程，综合创效108万元，完成目标的101%。加强托管单位管理，助力无损检测公司收入增长1700万元，效益增长400万元。强化"两金"压控，全年控制在160万元之内，完成辽河油田公司下达指标。报废破损严重无修复价值的低效固定资产198台套，申请处置盘亏资产4台套。优先盘活利用自有资源，采购大件低值易耗品旧物78件。严格按照物资计划实施采购，除急需物资外，全部通过京东平台采购物资2486项，实现质优价廉高效。检测仪器设备101台，满足生产需求。

【组织人事】 2022年，恒鑫源公司推动组织变革，优化组织结构，精简缩编管理机构，减少管理层级，部分管理人员充实到生产一线。机关人员减至23人，机关职能科室缩减至5个。两级机关人员一人多岗，编组进行生产保障值班及疫情防控值班，兼职工程项目监理、文控等相关岗位达22%以上，保证生产建设需要。举行公开竞聘，选拔任用三级正副职干部9人，充实到生产一线5人。采取自学提升、考训结合、专兼结合等方式，实施全员培训。组织参加国家注册监理工程师、无损检测渗透与磁粉检测培训班，累计培训300余人次。

【党建工作】 2022年，恒鑫源公司严格落实"第一议题"制度，组织中心组学习20次，深入学习贯彻习近平新时代中国特色社会主义思想，认真学习贯彻党的二十大精神，推进"两学一做"、党史学习教育常态化、制度化。组织开展"转观念、勇担当、强管理、创一流"主题教育，各层面宣讲20场，参与400人次。开展安全生产"四大"活动，组织大反思20场次、大讨论55场次，整改问题45个。坚持民主集中制和"三重一大"决策制度，党委决策重大事项44个。深化"党建联盟""党建+"活动，基层党建"三基本"建设与"三基"工作有机融合。创建党员先锋工程，设立"书记工程"3项，"委员项目"5项，党员责任区7个、党员示范岗17个。各基层党支部书记讲授"发挥党员作用，扛起安全生产责任"专题党课12场，参加党员196人次。

【群团工作】 2022年，恒鑫源公司深化党建融合创效工程，助力提质增效20万元。深化"我为员工群众办实事"，民生工程落实落地8项，扎实推进"健康辽河2030"行动、办公场所禁烟专项行动。开展巾帼建业立功活动，获辽河油田公司巾帼管理提升课题三等奖及宝石花杯油田家庭营养健康美食大赛一等奖。做实困难帮扶、深化普惠服务，探视慰问会员15人，慰问外部市场员工39名，办理团体安康保险33份，送清凉118人，扶贫消费193人，发放大米、电影票。为基层和项目部配备洗衣机、电饭锅、空调冰箱，更换净水器滤芯9套，改善员工饮水和就餐质量。

（范 莹）

资本运营事业部

【概况】 1993年3月，辽河油田设立多种经营处，行使多种经营业务的机关管理职能。2008年5月，成立多种经营事业部，设立二级党委，与多种经营处合署办公，承担原钻探重组等分离单位相应职能。2017年9月，多种经营事业部（多种经营处）列为二级单位建制，行使机关管理职能。2019年5月，更名为多种经营事业部（多种经营部），列为未上市业务二级单位管理。2021年1月，按照辽河油田公司《关于财务资产部资本运营管理职能与多种经营部职能整合的通知》要求，资本运营管理职能从财务资产部剥离，与多种经营部职能整合，组建资本运营事业部，列为辽河油田公司未上市二级单位管理，行使辽河油田公司资本运营管理职能（机关职能），多种经营事业部原有职能并入资本运营事业部。2021年3月，按照辽河油田公司党委《关于成立中共辽河石油勘探局有限公司资本运营事业部委员会的通知》要求，成立中共辽河石油勘探局有限公司资本运营事业部委员会，隶属辽河油田公司党委管理。

截至2022年底，资本运营事业部设职能科室12个，在职员工44人。主要负责归口管理本系统中长期规划、年度工作计划、股权投资、股权行权、股权收益、股权处理等；负责依法建立健全完善股权公司"财务核算、资金管理、债务管理"的集中共享管理模式；负责股权公司法人压减、重组整合、高管人员业绩考核、薪酬管控、油田派出员工权益维护、人员调剂、信访维稳等；负责配合辽河油田公司对股权公司开展人员管理、党委巡察、纪律检查、党风廉政、财务审计、质量安全环保等工作。2022年，股权公司实现收入26.5亿元，实现净利润12512万元，投资收益8448万元，比年初预算奋斗目标4175万元超出4273万元，同比增加3065万元；改制企业实现收入104.6亿元，同比减少9.9亿元，利润总额87万元，同比减少0.2亿元。

【提质增效】 2022年，资本运营事业部围绕管理提升年活动，加强股权公司预算管控，按照《辽河油田股权业务管理提升方案》，推动股权业务提质增效。股权公司完成投资收益8448万元，比辽河油田公司底线目标2754万元超出5694万元，比体质增效指标3754万元超出4694万元，投资收益率创历年最高。设立公司级"股权管理提质增效工程"，强化预算管控，完成"双千万"工作目标。深化亏损企业治理，亏损企业从8个到年末全部盈利。

【股权管理】 2022年，资本运营事业部严格按照集团公司要求，扎实做好各项股权管理工作。按时完成股权公司2021年股利分配。符合分红条件的13家股权公司分红额1710万元，比集团公司和股份公司要求最低分红额多213万元。启动红海滩工程建设与技术服务有限公司清算注销工作，5月，辽河油田公司党委审议通过红海滩工程建设与技术服务有限公司清算注销，聘请伊朗当地律师办理注销事宜，选定清欠责任人，签订委托咨询合同，启动清算流程。做好参股企业自查整改，中国石油辽河油田（朝阳）燃气有限公司更名为朝阳兴诺燃气有限公司。开展国有产权管理问题专项治理工作，制定《辽河油田公司国有产权管理问题自查自纠工作方案》。8月，集团公司国有产权管理问题专项治理检查工作组到辽河油田检查，评价辽河油田汇报材料和工作台账可作为集团公司资料模板。开展"控股不控权"问题专项整治工作，完成"控股不控权"问题专项整治自查报告及相应附件，上报集团公司财务部。

【股权投资】 2022年，资本运营事业部秉持"战略性资本运营、价值性股权管理"理念，围绕辽河油田公司发展战略，聚焦主责主业及战略新兴产业，开展合资合作。储气库业务合资合作。6月，股份公司将持有辽河油田（盘锦）储气库有限公司100%股权协议转让至辽河石油勘探局有限公司，完成工商变更登记。7月，辽河石油勘探局有限公司储气库公司资产划转至辽河油田（盘锦）储气库有限公司。新能源合资合作。12月，辽河油田公司党委会审议通过组建辽阳新能源全资子公司方案，向油气和新能源分公司上报组建请示。大连石油交易所混合所有制改革。5月，完成奥克控股集团股份公司、静云科技（辽宁）有限公司、上海芯化和云数据科技有限公司3个意向合资方尽职调查工作。辽河油田资源利用有限公司增资扩股，10月，鉴于增加未上市二级单位组织机构存在的障碍，不再对辽河油田资源利用有限公司进行增资。组织编制股权公司非安装设备投资计划，规划计划部为7家股权公司下达投资计划257项，投资金额1544万元。组织辽宁中油产业发展有限公司编制、上报本部及其下属全资子公司等9个公司四批投资计划370项，投资金额3788万元。编制股权公司未上市中长期规划。

【董监事管理】 2022年，资本运营事业部准确把握新定位新使命，从管企业向管资本转变，加快构建以国有股权为纽带的集中统一管理体制，制定《油田公司子企业董事会运作评价管理办法》《油田公司子企业外部董事履职评价管理办法》《辽河油田公司独立董监事管理细则》，修订《辽河油田专职董监事管理细则》《辽河油田所投资公司股东会、董事会和监事会议案管理细则》。制定《调整董监事委派的工作方案》，全年组织8个公司董事会、监事会换届，调整委派董事74人次，监事44人次，委派股东代

表 14 人次。组织股权公司召开股东会 11 次、董事会 16 次、监事会 11 次。审查股东会议案 127 项、董事会议案 77 项、监事会议案 14 项，提出修改意见 25 项，驳回 14 项。强化辽宁中油产业发展有限公司议案管理，理清管理界面，完成《辽宁中油产业发展有限公司股东会、董事会议案决策程序及各决策主体权利清单》。

【协调服务】 2022 年，资本运营事业部多次到集团公司争取政策支持，组织专业部门，考察核实采油用解堵剂、压裂用注排剂和油管接箍等项目，3 个改制企业成为集团公司相应一级物资库内供应商。依据相关政策，协助改制企业未中标物资项目在一个招标采购周期内增补市场资格，帮助企业增加收入约 1.5 亿元。协助辽宁中油产业发展有限公司的 7 个全资企业的 29 个项目进入辽河油田市场的产品和服务业务名录，给予相关政策。

【监督管理】 2022 年，资本运营事业部重点监督对党的二十大精神的学习贯彻落实情况，开展对民主生活会、民主评议党员、"三会一课"的监督。开展 5 个改制企业"嵌入式"常规巡察，发现问题 8 项，移交线索 1 项。组织中介机构对 4 个改制企业专项审计。对辽宁中油产业发展有限公司开展合规管理监察。开展治理违规吃喝和反围猎专项工作，集中约谈企业主要负责人。对 18 个股权公司配合开展风险管理审计。对 23 个股权公司开展内控测试，发现问题 90 项并完成整改。落实专职董监事制度，形成党委巡察、纪检监察、审计监督和董监事检查协同配合的大监督格局。

【安全环保】 2022 年，资本运营事业部统筹发展和安全，层层压实主体责任，履行 QHSE 经营专业分委会办公室职责，定期召开分委会工作会议，强化钻修井作业、危化品运输、火灾爆炸、出租场所等风险管控，严格监督检查和隐患排查治理，开展"百日护航"专项行动，查改问题 286 项，全部销项整改。开展安全生产"大反思、大讨论、大排查、大整治"，形成反思书面材料 46 份，提出安全风险管控整改和完善措施 15 条，整改排查问题 135 项。提升井控管理力度，落实主体责任，改制企业作业队伍在集团公司井控检查中成绩突出。全系统未发生一般 C 级以上生产安全事故和一般以上环境事件。

【党建工作】 2022 年，资本运营事业部党委坚持以习近平新时代中国特色社会主义思想为指导，深入学习贯彻党的二十大精神，坚持"两个一以贯之"，规范党建工作纳入章程，明确党组织在治理中的法定地位。推进党建"三基本"与"三基"工作有机融合，优化调整基层党组织机构，规范"三会一课"等党内组织生活，对 11 个党支部开展"六位一体"考核评价。有效利用铁人先锋党建平台，实现党建业务和党员教育线上线下融合发力。以"党建+"引领急难险重任务，组建改革攻坚、提质增效、抗洪复产等共产党员先锋工程 25 项，促进资源共享、优势互补、联动共赢。在抗洪抢险中，充分发挥各级党组织和广大党员作用，全力以赴打赢抗洪抢险攻坚战。优化队伍结构，青年干部成长加速，2 人走上中层领导干部岗位，9 人走上副总师、三级正副职工作岗位。

【深化改革】 2022 年，资本运营事业部持续深化改革，加强顶层设计，全面完成年度集团公司和辽河油田公司考核任务。组织推进股权公司管理体制优化改革，编制完成股权公司依法管控方案。7 月 15 日，潍坊中鲁燃料油供应有限公司完成工商注销，9 月 30 日，海南辽海房地产开发总公司完成工商注销，提前 1 年完成集团公司"两非"剥离任务。11 月底，盘锦辽河油田华油工程有限责任公司被辽河油田建设有限公司吸收合并，完成集团公司 2022 年法人压减工作任务。提前完成海南银光公司、海口南州公司和海南辽海房地产开发总公司 3 家全民所有制企业实质性注销。继续推进厂办大集体改革收尾工作，18 个集体企业全部完成实质性注销。全面完成油田三年改革行动任务分工，5 项油田任务和 4 项集团任务 100% 考核通过，超额完成集团公司任务。

【队伍稳定】 2022 年，资本运营事业部高度重视信访维稳工作，坚持员工至上，着力破解事关员工利益的矛盾问题。会同辽河油田公司财务资产部，采取主业代扣代发方式，保障员工薪酬2.4亿元。妥善安置5个困难企业124名油田派出员工。印发《二十大维稳信访特别重点阶段责任令》，约谈6个维稳重点企业负责人，督导开展稳控工作12次，约谈重点人15人次，解决热点信访问题10个，做好政策解释和情绪疏导工作，员工队伍总体稳定，为党的二十大等重点时段油区和谐稳定作出重要贡献。

（牟韬锋）

辽河油田公共事务管理部

【概况】 2020年10月，辽河油田公司将矿区工作管理部附属机构劳务管理中心从矿区工作管理部划出，并将矿区工作管理部、社会保险管理中心、离退休管理中心（老干部处）3家单位重组，将曙采工程技术处、兴采工程技术处、特种油工程技术处、欢采工程技术处、沈采工程技术处、锦采工程技术处、高采工程技术处、茨采工程技术处、金海工程技术处9家工程处托管的社会保险、离退休（再就业）机构及人员整体划入，整合为辽河石油勘探局有限公司公共事务管理部（简称公共事务管理部），机构规格为正处级，列为未上市业务二级单位序列。成立中共辽河石油勘探局有限公司公共事务管理部委员会，党组织关系隶属于辽河油田公司党委。公共事务管理部行使机关相应管理职能，归口管理后勤服务业务。主要负责社保、离退休、房产、公积金服务管理；油田后勤专业市场归口管理；油田房屋维修改造、租赁、报废审批管理；油田职工食堂及机关行政事务管理；辽河宾馆经营管理；剥离企业办社会职能移交业务协调和服务质量监督；油田住房维修资金管理；油田绿化委员会、计划生育委员会、爱国卫生运动委员会日常管理。负责牵头联系振兴服务分公司。

截至2022年底，公共事务管理部设职能科室8个，专业板块5个，基层区域分中心（活动站）16个，在册人员538人。2022年，按照"油公司"模式改革部署，公共服务系统持续深化改革，推进业务和机构重组，分别整合全油田社保、辽河工程技术分公司离退休再就业、辽河宾馆业务，统筹办公和生活类房屋管理，推进"事务部—区域分中心"机构改革，用工总量新增55%，科级机构压减20个。

【经营管理】 2022年，公共事务管理部紧扣"管理提升年"工作主线，强化系统思维、超前思维、法制观念，有效破解制约公共服务、后勤服务发展的难题。稳步实施"一体化管理、管办分离、归口运行"管理体系，实现集团公司首批社保业务"管办分离、业务下沉"。制修订行业内规范16个、考核办法2个，在公建服务、餐饮服务、社保服务等行业实现对标全覆盖，全局业务、本部管控职能不断优化提升。扎实开展"强化合规、提升管理"专项行动，提升法制治企水平，厘清机关职能，完善计划、合同、宾馆经营、重大事项法律审查等流程33个，强化内控管理，全年无重大例外事项和法律风险事件发生。强化公建、民用物业管理，在集团公司率先推进并完成外围办公庭院业务社会化运营。完成审计署发现问题整改，原辽河油田三泰实业有限公司欠款一次性归还，出售存货14项，回收住宅专项维修资金2829万元。把握社会保险缴费政策，助力辽河油田公司提质增效创效5172万元。克服改革影响，挖掘本部潜能，强化预算刚性执行和成本倒逼机制，超额完成年度利润奋斗目标。

【后勤服务】 2022年，公共事务管理部实施外围采油厂工业采暖、供水专业化管理，推进文体场馆、食堂餐饮等资源共享，指导振兴服务分公司完成民用物业劳务人员1916人平稳划转，全面完成油田上市、未上市单位后勤服务业务归口管理。强化公建、民用物业管理，在集团公司率先推进并完成外围办公庭院业务社会化运营。厘清政府、企业、单位间的责任界面，有序应对外围矿区突发疫情。抗洪复产期间，统筹振兴服务分公司餐饮服务资源，辽河宾馆全力支援，系统员工坚守岗位，累计供餐42.4万份，保证抗洪复产员工每天、每顿都吃上热乎可口、营养放心的饭菜。与振兴服务分公司共担发展责任，多次调研座谈，研讨公建服务提升、后勤服务发展、系统挖潜增效的有效举措，公共服务系统全面完成辽河油田公司下达的经营业绩指标。建立区域共管机制，成立区域管理委员会6个，推行矿区管理公约，有效解决欢喜岭矿区供暖、茨榆坨矿区综合治理等民生关注问题。深化与宝石花物业管理有限公司盘锦分公司党建联盟，物业服务投诉率同比下降17%。厘清政府、企业、单位间的责任界面，协调退出离退休人员活动场所，退出率达75%。

【民生保障】 2022年，公共事务管理部精准研究把握政策，帮助群众在重病保障、乙类先行支付药费报销等惠民项目方面直接获益4669万元。统筹油田、油区资源，推进的创建健康食堂试点、分类实施住宅专项维修改造、妥善解决托幼费价格较高、倡导全民控烟等工作均获得群众点赞。组织"我为碳中和种棵树"活动在集团公司排名第二，油田计划生育工作获全国计生协先进单位荣誉称号。直面征缴系统升级和社保统筹体制变化，在多个信息系统完成辽河油区参保人员转移及保费征缴业务。打破单位隶属关系，组建兴隆台区域分中心5个、外围区域分中心6个，面向辖区提供社保、离退休等一站式服务，结束老人办事"两头跑"、子女代劳"两边忙"的时代。克服疫情复杂形势，采取"集中赴沈+专家来盘"方式，加速退休人员档案审核，保证群体如期享受退休待遇。推出企补联网结算，社保、离退休待遇"一卡"通发等20项便民举措，广大员工群众真切地感受到待遇"短信可知"、业务"网上可办"、操作"掌上可行"、办事"就跑一次"，有力彰显公共服务品质。

【安全环保】 2022年，公共事务管理部编制《闲置办公楼专业化管理实施方案》，制订《辽河油田办公及生活类房屋管理办法》，启动房屋建筑物安全专项整治百日行动、办公及生活类房屋消防检查，销项整改问题420项。提前完成服务业小微企业和个体工商户房租减免，退还租金1637.17万元，得到集团公司、辽河油田公司的充分肯定。紧盯消防、电气、燃气等重点，加密食堂餐饮、公共消防、出租房屋等安全督导检查，销项整改问题298个。建立安全例会制度，丰富"管理+安全""安全生产月"等活动载体，增强全员重健康、保安全、防风险、除隐患意识。调整疫情防控举措，保障员工健康和工作秩序平稳。

【党建工作】 2022年，公共事务管理部学习贯彻党的二十大及十九届历次全会精神，落实"一年抓短板强弱项、两年抓巩固促提升、三年抓深化上水平"工作目标，党建各项工作统筹推进。严格执行"第一议题"、两级中心组学习、周例会、重点工作督办等制度，完善"三重一大"决策事项权责清单，党风廉政建设、意识形态、保密等履责清单，开展作风建设调查、意识形态检查、保密工作清查、经商办企业排查。整改党委巡察、审计合规检查发现问题，深刻吸取电梯更新缓慢等问题教训，积极建章立制、防范风险、提升效率。开展"以案改、以案促治""反围猎"、干部作风调研等专项行动7次，党风政风带动作风向上向善。整改问责，整改销项党委巡察问题20个，专项审计问题7个，党政纪处分6人，诫勉谈话等组织处理35人次。与改革同步建立党组织20个，以党建融合为引领，推动基层在思想、文化、队伍、情感等方面全面融合，人员平稳转岗，新队伍融入一家，全面打造凝心聚力、服务群众的坚实堡垒。统筹推进党史学习教育、喜迎党的二十大、岗位建功等系列活动，组织开展"转观念、勇担当、强管理、创一流"主题教育活动，克难奋进的发展合力有效凝聚。深化"党建带群建"，党员先锋队、青年突击队等成为抗洪复产、岗位创效等工作的重要力量。

【队伍建设】 2022年，公共事务管理部推进人才强企工程，把牢标准选配好干部，全年提拔使用12人，交流59人，副科级后备10人。以"三定"、岗位管理为抓手，理顺机关职能105项，聘任管理岗位人员38人，实现身份管理向岗位管理的转变；为青年成才拓宽渠道，实施青年岗位轮训8人次。

【信访维稳】 2022年，公共事务管理部落实新官理旧账工作要求，理清思路、找准矛盾，有效化解拉锯9年的前进小区征收难，解决个人、企业诸如养老保险转移、社会保险缴纳，以及退休人员学习调研费等问题，全面提振员工群众对辽河油田公司高质量发展的信心和决心。升级管控重点时段维稳工作，未发生越级访、进京访事件，完成党的二十大等系列安全维稳任务。

（魏 慰）

振兴服务分公司

【概况】 振兴服务分公司前身为振兴公用事业公司，成立于1994年7月。2017年6月，与渤海公用事业处部分业务重组整合。2018年3月，更名为辽河石油勘探局有限公司振兴公用事业处。2020年10月，更名为辽河石油勘探局有限公司振兴服务分公司（简称振兴服务分公司）。主营业务包括餐饮服务、物业管理、家政服务、礼品花卉销售、非居住房地产租赁、房屋租赁、园林绿化工程施工、办公用品销售、计量服务、谷物种植等业务。2021年，振兴服务分公司接管6家辽河油田生产区办公庭院业务。形成"公建楼宇、职工食堂、生活保障、农产基地、外闯市场、综合后勤、办公庭院"七大业务板块。2022年4月，接收外围采油厂转供水业务及5个未上市单位后勤服务业务。持续推进文体场馆共享和公用服务市场化改革工作。

截至2022年底，振兴服务分公司设管理职能科室10个，直属部门1个，所属三级单位21个，委托管理盘锦辽河油田圣泰实业集团有限公司。有员工4198人。2022年，振兴服务分公司获辽河油田公司2022年度质量健康安全环保先进单位。

【后勤服务】 2022年，振兴服务分公司以"服务大提升"活动为载体，12类30项重点举措打造"服务品质提升工程"，整体服务管理水平明显提升。服务规范管理进一步增强。成立公建服务、食堂餐饮创新工作室，规范业务流程20项，制作履职视频、标准化手册，完成区域目视化设计，服务管理、服务形象规范统一。精准对标中国华油集团有限公司等行业先进做法，组织对标提升工作交流10次，制定对标改进举措，"争创一流、赶超先进"氛围更加浓厚。总结梳理服务"低老坏"问题，建立"三个层面"监督检查清单，开展群众性"服务随手拍"活动，发现整改问题457项。服务创新管理进一步延伸。打造健康食堂，设立明档窗口、现场制作台、"健康角"，适时推出特色美食，制作营养菜谱，"吃出健康、吃得放心"餐饮文化理念暖入人心。着力打造服务品牌、拓展增值业务，主动走访服务单位，及时跟进服务需求及建议42项，开展延伸服务598次。创新工作方法，目视化管理"六步法"（制定区分必须和非必需的标准；找出工作必需品；处理非必需品；规划放置场所；确定放置方式；贴标识）等举措试点先行取得实效。服务应急管理进一步提升。健全应急预案体系，开展各层级应急演练453次。组建后勤服务、抗洪抢险应急保障队伍，最大限度满足一线服务需求，抗洪复产期间累计上岗人数1.7万人次、供应盒餐50万份、服务堂餐10万人次。强化食材物资应急保供，有力保障静态管控、中国石油辽河石化分公司大检修期间的正常生产生活，彰显专业化后勤服务保障的优势和价值，得到了油田公司和服务单位的认可好评。

【经营管理】 2022年，振兴服务分公司坚持以改革创新为根本动力，推动经营理念、组织模式、管理方式变革，提高资源配置效率，释放发展潜能。精益管理水平持续增强。制定下发班组核算管理办法，实施全要素对标管控，靶向纠偏促进班组经营管理能力提升。将提质增效作为战略举措，超额完成13个方面提质增效项目目标733万元。创效板块业务持续发展,规范房屋资产管理,加大清查盘活力度,实现收入 2000 余万元。开拓外部市场,新增昆仑能源天然气有限公司江苏分公司(厂站运维、巡线及入户安检)、昆仑能源天然气有限公司重庆分公司(厂站运维)、长庆油田(劳务采油工)等 7 个项目,输出劳务人员近百余人。聚焦管理增效,通过压减计划项目、规范价格管理、优化采购策略等措施,累计挖潜降本 120 万元。创新管理机制取得实效。强化绩效考核和薪酬分配,调整员工岗位工资 700 余人次,"凭贡献挣工资"理念不断深化。完善人才成长机制,着力培养厨师、井站维护等岗位技能人才,开展各类培训 320 期,参与培训 5000 余人次。以辽河油田建设有限公司室外保洁项目为试点开展项目承包,压缩用工比例,提高工作效率,服务项目实现管理和效益"双提升"。梳理完善农业生产业务流程,探索经营管理模式改革,以审计发现问题整改推动业务规范运行。

【企业改革】 2022 年,振兴服务分公司改革管理举措稳准推进。成立改革工作专班,制定专项改革方案,先后完成 1906 名主业员工划转、外围地区转供暖/供水业务和 5 个未上市单位后勤业务接收,文体场馆共享、办公庭院业务移交等改革部署有序推进。高质量完成"三定"工作,优化业务板块人力资源配置,清退外部用工 50 人,108 名员工竞争上岗。推行项目制管理,压减职能部门 3 个,撤销基层单位 2 个,管理人员职数压减 52 人,基层管理链条更加清晰。

【基础管理】 2022 年,振兴服务分公司深入落实"合规管理强化年""管理提升年"活动,突出日常严格管理与敏感时段升级管控相结合,全面防范化解重大风险,营造良好发展环境。合规风险持续受控。强化制度流程管理,再造二级流程 17 项。梳理总结合规管理问题,形成问题清单和整改任务清单,深化成果运用,基础管理得到夯实。加强合规管控,排查合规风险 31 项,形成 6 项专题合规风险分析报告,落实执行措施 46 项。加强重点领域法律风险防控,严格重大项目事前审查,加强法律案件全过程跟踪管理,提高依法合规治企水平。安全风险持续受控。严格落实"十五条硬措施",建立安全生产重点任务和风险包保责任清单,实施安全约谈、问题安全述职和履职能力评估,对 89 人安全生产记分 107 分,推动责任落实全覆盖、零缺位、严追责。组织安全大检查及专项整治行动,扎实开展"四大"活动,实施"安眼工程"(在食堂内安装视频摄像头,通过视频监督方式,对试点食堂进行远程随机监督检查。利用信息化、智能化手段打造"明厨亮灶",保障食品安全,提升餐饮服务质量,运用大数据分析增强风险防范的靶向性,将"明厨亮灶"与餐饮管理风险分级防控等进行有效对接,构建"严管+巧管"的监管机制,提升安全监管的工作效能),重点领域监督查改问题 1000 余项,QHSE 体系运行水平保持良好 B1 级。推进精准防疫和健康企业建设,强化重点人群健康干预,员工非生产亡人事件有所下降。稳定风险持续受控。加强维稳信访和综治管理,梳理重点人群,提前预判不稳定因素,集中攻坚历史信访积案,完成全国"两会"、党的二十大、重大改革部署等敏感时段的安保维稳任务,队伍大局保持稳定。

【队伍建设】 2022 年,振兴服务分公司坚持全心全意依靠员工办企业,倾心抓好员工利益保障,广大干部员工干事创业的积极性、主动性和创造性有效激发。统一思想凝共识。多形式组织"喜迎党的二十大"系列活动,开展"转观念、勇担当、强管理、创一流"主题教育宣讲 160 余次,"我为油田公司加油增气贡献力量"的思想共识逐步统一。持续巩固主流意识形态主导地位,正确把握舆论导向,组建新媒体团队,展示振兴人良好形象。文化引领增信心。总结发展历程,精心构建以"追求卓越、持续创新、行业领先、做优做精"为核心的振兴文化体系。开展"出彩振兴人""十佳青年"典型选树,传播振兴文化,讲述振兴故事,广大员工立足岗位作贡献、砥砺奋进新时代的使命感自豪感不断增强。全员参与聚合力。开展群众性创新创效活动,征集技术创新项目 3 个、先进操作法 14 个,群众性安全隐患案例74项，节约挖潜85万元。推动民生改善工程，实施暖心食堂建设、优化体检项目、外部市场关心关爱等举措，为员工解决"急难愁盼"问题7项，广大干部员工企业认同感归属感更加强烈，在一次次全员合力攻坚、战胜困难挑战中展现振兴担当。

【党的建设】 2022年，振兴服务分公司聚焦深度融合，发挥政治优势，党的领导作用充分发挥。强化政治建设。刚性执行"第一议题"制度，两级学习研讨重要讲话879次，全面开展党的二十大精神学习宣讲225次，干部员工捍卫"两个确立"、做到"两个维护"的坚定性自觉性不断增强。分解落实重点任务68类173项，规范"三重一大"决策、一把手监督及"一岗双责"工作清单，集中议事54项，党委"把方向、管大局、保落实"领导作用充分发挥。强化基层基础。落实"四责"联动机制，建立党建责任清单，规范党务工作模板，指导监督多种经营单位党建工作落实落地，打造规范化标准化党支部示范点2个。深度融合多点突破，39个班组实现"两组"融合。25项"共产党员先锋工程"挖潜创效223万元。"双包双促""五个一"推动"党建＋安全"。23个党建联盟、9个互助联盟、112个示范岗/责任区/志愿服务队助力抗洪复产、疫情防控、服务保障展现新成效。建强领导班子和干部队伍，交流三级领导人员54人次，80后年轻干部占比有所增长。强化作风建设。以高度政治自觉抓实油田公司党委巡察问题整改，固化长效管理机制10个。开展内部首次政治巡察，揭示突出问题62项。开展"反围猎"专项行动及"违规吃喝"自查自纠，常态化组织合规监督25次，开展廉洁警示教育300余次，持续巩固风清气正良好政治生态。

（刘立鑫）

辽河油田新闻中心

【概况】 2016年3月，为进一步理顺辽河石油报社和电视台管理体制，推进报纸、电视优势互补，发挥规模效应，辽河油田公司决定对辽河石油报社、辽河油田有线广播电视台进行重组整合，成立辽河油田新闻中心（简称新闻中心）。对外继续保留"辽河石油报社""辽河油田有线广播电视台"牌子，对内保留"辽河油田有线广播电视管理处"牌子，按照"一个机构、一套领导班子、一体化管理"的管理模式运行。辽河石油报社前身最早可追溯到1970年6月三二二油田筹建的三二二战报社。1973年，辽河石油勘探局将三二二战报社更名为辽河石油战报社。1982年，辽河石油勘探局将辽河石油战报社更名为辽河石油报社。创刊发行《辽河石油报》，是辽河油田公司党委机关报，国内统一刊号CN21-0033。辽河油田电视台始建于1984年8月，1986年正式建台试播自办节目，是我国最早形成规模的有线电视台之一。新闻中心主要职责是负责辽河油田新闻宣传工作；承担《辽河石油报》编辑、出版、印刷、发行任务；承担辽河油田有线广播电视台新闻采、编、制、播任务；承担辽河油田有线电视网络的运行管理。同时承揽《中国石油报》辽宁地区印刷工作；油田和社会印刷品印刷；报纸、电视广告承揽发布。主要业务范围包括报纸出版发行、有线电视节目播出、有线电视收费、广告及广告制作、图片制作、印刷品印刷、房屋租赁等业务。

截至2022年底，新闻中心设管理职能科室6个，直属机构13个，三级单位2个。有员工357人。资产总额为2577万元，主要资产有房屋、印刷设备、通信设备、传导及动力设备等，共计1853项。固定资产原值11201万元，累计折旧8111万元，净值3090万元，减值准备620万元，净额2470万元。新旧系数0.28，设备运行状况良好。成本费用总额9804万元，其中人工成本6680万元、变动成本2555万元、折旧及财务费用等569万元。2022年，新闻中心坚持围绕油田生产经营中心任务，聚焦企业大事要情，加强新闻策划，有序组织采访报道，完成多项重大报道任务。采写报纸稿件600多篇，制作油田新闻350期，《辽河论坛》52期，《讲述》37期。完成报纸、电视各类宣传稿件、视频1300多件次，近20件文字报道、电视新闻和专题受到辽河油田公司主要领导的点名表扬。承办的辽河油田新媒体矩阵合计推送图文、视频9200余条，油区内外受众浏览量超过2800万人次，点赞量超过31.6万人次。自主运营的掌上辽河App推送图文、视频、音频信息合计7600余条；辽油观察公众号累计推送306条。承办运营的团委公众号、工会公众号共推出508条。全面完成各项业绩指标，全年实现收入3489万元，利润-6315万元，超额完成上级下达的利润奋斗目标。

【新闻宣传】 2022年，新闻中心紧密围绕辽河油田公司各阶段重点工作和党委各项部署，突出政治属性，紧跟热点追踪，强化新闻策划，有效提升报纸宣传的时度效。始终彰显企业媒体权威性和影响力，高扬主旋律，打好主动仗，全力服务油田改革发展，巩固主流媒体地位。围绕油田阶段性重点工作，策划系列报道、重点报道以及专题专栏，体现报道的及时性和引领性，明确新闻读物方向和重点，提升服务水平。全年重点关注针对学习习近平重要讲话指示批示精神落实方面的报道，比如贯彻落实习近平从严抓好疫情防控工作指示，策划时评、油田防疫工作亮点和防疫知识报道，"讲政治"方面多次受到辽河油田公司领导表扬。优质高效完成各类会议和领导活动报道，做到零误差、无延时。特别是职代会、党代会等重要会议报道，对会议消息、报告分解、视觉等进行提前策划组织，确保报道及时准确全面。每天坚持更新辽河油田公司网页头条、要闻以及微动态等，得到各有关部门和单位领导的肯定。充分发挥辽河油区主流媒体平台职能，跟进辽河油田公司学习贯彻党的二十大精神、加油增气、提质增效、抗洪抢险、复产上产等重大事件和热点新闻报道。紧跟媒体传播时代特点，牢固树立全媒体思维，促进各平台统筹联动，进一步实现资源共享、协调发展，牢牢站稳辽河油田新闻宣传阵地。

【经营管理】 2022年，新闻中心全面加强党的领导，深入推动党的建设与中心发展融合共进，有力推动工作水平再提升，在依法合规治企、管理提升等各方面取得明显进步。强化依法合规治企，将法治建设与业务管理同部署共推进。通过广泛开展各类法治宣传教育，进一步增强全员依法合规治企意识。坚持问题导向，扎实梳理经营管理中存在的问题，杜绝效益流失。全面梳理并完善5项管理制度及流程，确保管理工作依法合规、规范执行。坚持问题导向和底线思维。着力夯实基础工作，抓重点补短板，堵塞管理漏洞，提升管理水平，"管理提升"活动量效齐升。持续优化流程，提高运行效率，实现制度流程业务覆盖率100%，重大风险事件零发生的目标。实现经营发展空间新拓展。以提质增效为重点，以优化运行效率为抓手，全力拓展生存发展空间。印刷业务注重提升印刷产品质量和服务质量，有线电视业务拓宽营销手段，有效增强服务质量和客户体验。

【提质增效】 2022年，新闻中心成立以党政主要领导为组长的提质增效工作领导小组，经过细心研究规划，制定《新闻中心提质增效行动方案》，明确9条措施、315万元挖潜增效目标。在实际运行过程中，全体干部职工认清当前形势，坚持"一切成本皆可降"和"挣工资"理念，全力压缩成本费用及创效增收，主要领导亲自抓、分管领导具体抓、科室部门主动抓，层层分解指标，传导压力，激发动力，做到新闻宣传不放松，生产经营加压力，管理水平再提升。各项措施实行项目化管理，按照"五个一"（要加强组织领导，落实"一个项目、一个团队、一名领导、一张图表、一抓到底"工作要求，分解目标任务，细化工作措施，推行专项负责工作报告等工作机制，确保工作抓细抓实，抓出成效）机制推进，确保工作取得实效，实现提质增效361万元，完成全年目标的115%。

【安全管理】 2022年，新闻中心紧紧围绕着辽河油田公司关于质量健康安全环保的各项工作要求和部署，认真组织贯彻和执行各项重点工作。领导班子高度重视QHSE管理工作，带头制订并组织落实质量安全环保工作计划，组织召开QHSE委员会会议5次，形成决议5条，及时解决工作中存在的难点问题。细致组织开展"安全生产大检查"活动、"四大"等各项重点工作，取得了良好的工作成效。加强重点领域、要害部位、关键环节和特殊时段的管理，优化QHSE体系建设，强化直线责任落实、现场风险防控、夯实基层基础工作，加大监督检查力度，完成各项任务指标，进一步提升管理能力。经过辽河油田公司QHSE管理体系审核组审核，新闻中心由原C1基础级晋升为B2良好级，获辽河油田公司质量安全环保先进单位称号。

【党建工作】 2022年，新闻中心增强党支部政治功能和组织功能。提升党支部在基层治理中的领导地位，赋予适度的重大事项决策权、生产经营建议权、落实部署监督权、人力资源管理权、评先选优推荐权、服务群众主导权。坚持"四力"标准优化党建责任制考核，促进各级党组织履责担当。选好配强基层党支部书记，组织党支部书记轮训、述职评议、支部委员轮流讲党课，增强支委班子履职尽责能力。推进"三基本"与"三基"有机融合。持续深化党支部建设标准化、党建工作信息化和"152"重点措施，统筹推进基层党组织"三基本"建设和"三基"工作，对照《辽河油田基层党支部工作实用手册》《新闻中心党支部规范化建设指导手册》，规范落实组织生活制度，以支部建设的实际提升推动党建工作取得扎实成效。打造党建特色品牌。深化推动基层党建与基层管理"五个融合"工作模式，深入开展"党建+"活动，激发党建工作活力。继续开展"共产党员先锋工程"活动，把拓业务的难点、求发展的重点作为工程创建的着力点。精心组织策划党建活动载体，强化党支部作用发挥，提高基层党组织的影响力。

（文莉娜）

辽河油田人力资源调剂中心

【概况】 2020年10月，辽河油田公司将原矿区工作管理部劳务管理中心与兴隆台公用事业处整合，将曙采工程技术处、兴采工程技术处、特种油工程技术处、欢采工程技术处、沈采工程技术处、锦采工程技术处、高采工程技术处、茨采工程技术处、金海工程技术处托管的多种经营人员，以及没有托管单位的厂办大集体改革中办理"十一条"分流人员划入，成立辽河石油勘探局有限公司劳务管理中心（简称劳务管理中心），列未上市业务二级单位机构序列，纳入矿区服务系统组织机构。2022年3月，以原劳务管理中心为平台，组建辽河油田人力资源调剂中心（简称人力资源调剂中心），列为辽河油田公司二级单位，同时接受油田公司党委组织部（人事部）直接管理。主要职责是负责储备人力资源的统计与培训，负责人员的岗位调剂与安置，负责内外部市场信息的收集与筛选，负责内部劳务市场监管与协调，负责剩余群体的管理，包括内部劳务人员、外部市场人员、调研员、改做具体工作人员、分流人员等，以及托管的多种经营人员人事档案管理与分流人员管理。截至2022年底，人力资源调剂中心设管理职能部室8个，直属部门1个，下设项目部2个、临时机构1个。在编管理人员152人，各类性质员工4906人（表21）。2022年，完成油田外闯市场转岗储备培训1项373人次，开展内部培训11项337人次，组织技能等级评价7项238人次。

表21　2022年人力资源调剂中心管理人员在编情况

内容	人数
二级领导	7
三级干部	44
一般管理人员	83

【改革发展】 2022年，人力资源调剂中心严格按照"三定"批复文件要求压缩机构精简人员。在压缩管理机构方面，撤销原运行协调部、市场项目管理部，合并成立经营管理部；撤销保卫部（维稳信访工作办公室）；新成立市场开发部、综合培训部；离退休管理中心（再就业管理办公室）列为临时机构。成立内外部劳务项目部和综合服务项目部，综合服务项目部下设6个服务站，机构从28个压缩至12个。精简管理人员通过制定竞聘方案、公平公正的竞聘组织、严格的纪律监督保障、耐心细致的思想政治工作，管理岗位编制定员从224人压减至129人，压减95人，压减率42%。对于精简人员多管齐下全面动员，有序推动人员参加选聘。按照外闯市场优先安置一批、办理"十二条"政策分流一批、公开竞聘选拔一批的总体策略，人力资源部加强与油田公司17家二级单位的沟通对接，掌握了解用工要求，鼓励有能力、有技术的员工率先外闯市场、深入基层一线，为辽河油田公司油气开采、提质增效贡献力量。

【经营管理】 2022年，人力资源调剂中心完成收入9723万元，成本39627万元，实现账面利润–29904万元，与辽河油田公司下达的奋斗考核指标–31497万元相比，超额完成1593万元。严格执行五项费用管理规定，在外出劳务人员增多，差旅费负担较重情况下，五项费用节约27.73万元。配合资产移交工作，降低资产使用成本，折旧折耗摊销减少30.7万元。按照当前主要业务，突出重点，依托主业及非主业人员两大类别，以管理人员、劳务人员、主业及非主业"十二条"分流措施人员、托管中止协议人员等9类进行细分，将预算指标以收支两条路径，分解至150余项明细指标，逐步实现预算工作与实际业务的有机融合。通过门户2.0平台搭建"辽河油田公司人力资源调剂平台"，辽河油田调剂实体平台的"三大功能""四大模块""五大栏目"均达到设计需求，为辽河油田人力调剂工作有序开展提供有力保障。

【市场开发】 2022年，人力资源调剂中心拓展外部市场渠道，发挥岗位挖掘职能，加强与外部市场项目管理部、宜庆勘探开发指挥部等油田外闯市场单位联系，利用集团公司员工招聘与配置平台、劳务招聘网站、个人关系等信息渠道，在油田内部挖掘、外部寻找劳务用工岗位，针对"疫情"原因无法走出去的特殊情况，与盘锦本地的中国石油长城钻探工程公司、中国石油天然气销售公司辽宁分公司盘锦昆仑祥泰等集团公司内部有用工需求的企业对接，增加劳务市场用工信息储备，对具备承揽能力的项目上报油田公司党委组织部（人事部）员工管理科。获取盘锦金盾保安服务有限公司、中国石油广东石化公司、中国石油呼和浩特石化公司油品分析、销售公司日兴燃料场、中国石油长庆石化公司物资仓储服务、中国石油长城钻探工程公司钻井一公司专业技术岗、中国石油浙江油田公司巡检员7个项目260个岗位的劳务信息。

【安全维稳】 2022年，人力资源调剂中心坚持把抓好安全环保、疫情防控、队伍稳定当作工作开展的底线红线，树立"安全就是民生、健康是首要民生工程"理念。推进树立"一级制度、两级流程"管理模式。推进制度修订，组织各部门结合实际，开展辨识，确定适用制度，制定各岗位重点业务的执行流程58项。强化员工健康干预，组织实施进行重点关注人员随访220人次，完成中高风险人群线上健康干预服务1230人次，低风险及亚健康人群随访服务1423人次，组织17名员工参与辽河油田公司员工健康素养监测。密切关注党的二十大等重点敏感时期员工思想动态，落实包保责任，及时协调解决员工反映的民生问题，接待员工家属来访和电话询访60余人次，耐心解答各种诉求，化解各种矛盾，提升员工获得感、认同感。将疫情防控常态化作为安全工作中的重点任务，加强防疫有关政策宣传引导，落实领导责任、员工属地责任以及家庭防护责任，及时传达上级防疫部门下发的各类通知要求，按时参与核酸检测和风险排查，严格执行特殊时期"两点一线"上下班模式，切实做到疫情防控期间工作全覆盖、防控环节无缺失。

【党的建设】 2022年,人力资源调剂中心全面加强党的建设,发挥党委把方向、管大局、保落实作用,打造一个科室一个优化平台、一名管理人员一份责任担当的"党建+"联动模式,发挥基层党组织积极性、主动性和创造性,紧扣外树形象,抓实"三支党员队伍"(外闯市场、"十二条"、离退休),打造一个党组织一个品牌、一名党员一面旗帜的"党建+"长效模式,一体化推进共产党员工程,持续推动党建"三基本"建设与"三基"工作融出新境界、提上新高度。推进"党建+"项目16项,设立共产党员工程16项,示范岗22个,责任区16个。以"学习二十大,奋进新征程"为主题,组织党员干部及基层党组织开展以"书写一份优秀笔记""说出一句岗位感悟""拍摄一张学习图片"为主要内容,贯彻落实二十大"三个一"活动。采用"线上"+"线下"结合的方式,持续有效宣传贯彻落实党的二十大精神,采用原汁原味学习、工作写实、主题宣贯等方式,做好党员干部学习党的二十大的岗位实践工作,推动党的二十大精神进机关、进基层,以新气象新作为展现共产党员新面貌。

【宣传思想】 2022年,人力资源调剂中心紧跟上级党委深化拓展党史学习教育要求,建立党史学习教育常态化机制,深入开展党史、新中国史、改革开放史和社会主义发展史学习教育,采取线上与线下相结合的方式,利用"铁人先锋""学习强国"等手机App平台,通过"三会一课"、主题党日、重温红色故事、录制党史诵读小视频等形式,进一步巩固拓展党史学习教育成果。结合当前企业改革发展实际,开展专题理论研讨,深刻剖析自我问题,积极畅谈工作设想,有效增强广大党员干部"勇于担当善作为,练好内功强本领"的思想意识。扎实开展"知史爱党、知史爱国"读书学史主题活动,广泛征集党史诵读微视频,全面总结活动开展情况,并挑选优秀专题微视频作品向辽河油田公司上级部门报送。在辽河油田公司门户网站、官微、人力资源调剂中心门户网站等媒体刊发报道68篇。

【群团工作】 2022年,人力资源调剂中心深化"三个服务"(服务一线、服务基层、服务职工),履行"四项职能"(教育、维护、宣传、建设)。会员生日节日慰问等7类普惠性政策,慰问3754人次,发放各类慰问金251万元。扎实推进"民生改善工程",精准运用五项帮扶政策,累计帮扶206户次,下发帮扶资金117万余元。热心公益事业,组织110名员工无偿献血,76名员工献血2.68万毫升,全面履行社会责任。开展"猜灯谜·闹元宵""劳动最光荣·答题赢好礼""浓情端午·粽香安康"集体包粽子、"喜迎二十大·奋进新征程"职工健步走等员工喜闻乐见的线上线下文体活动,参与活动人数累计达6000人次。在辽河油田公司喜迎党的"二十大"《辽河壮歌》美术、书法、摄影作品展中3名员工分获各类别二、三等奖。综合服务项目部分会获辽河油田公司首批"特色职工小家"。

【档案工作】 2022年,人力资源调剂中心档案管理工作坚持"凡提必审""凡进必审""凡转必审"人事档案转进出原则,完成1906卷人事档案的审核、整理、装订工作,总计装订零散材料6500余份。向振兴服务分公司、资本运营事业部、消防支队、销售公司等单位转出人事档案2085卷,转入人事档案265卷。在辽河油田公司党委组织部支持和专业指导下保质保量地完成1156卷干部人事档案的专项审核工作。在完成干部专项审核的基础上,开展专业技术人员人事档案审核工作,初审、复审227卷;干部人事档案审核补充材料1170份;审核补充学籍、职称、录用等材料450份,姓名、出生时间、工作时间不一致证明材料276份;核对、确认、系统维护人事档案专项审核148卷。全年预审2023—2024年退休职工人事档案914卷;审核完成2022年退休人事档案443卷,复议21卷,审核补充材料17份。完成2021年退休人事档案数字化扫描446卷,库房有714卷退休档案等待向盘锦市移交。全年服务电子退休档案查档149人次,提供500多页复印件(表22)。

表22　2022年人事档案和综合档案工作情况统计表

内容＼项目	人事档案	会计档案	文书档案
接收档案（卷）	265	262	439
转出档案（卷）	2085	—	—
审核退休档案（卷）	464	—	—
人事档案数字化（卷）	446	—	—
提供利用（人/次）	456	45	30

（张春艳）

机构、人物与荣誉

辽河油田公司组织机构

2022年辽河油田公司组织机构名录

序号	单位	地址
一、机关职能部室（15个）		
1	党委办公室（总经理办公室、党委安全环保巡查办公室）	辽宁省盘锦市兴隆台区石油大街98-2号机关综合楼
2	生产运行部（生产运行指挥中心、应急管理中心）	辽宁省盘锦市兴隆台区石油大街98-2号机关综合楼
3	钻采工程技术部（井控应急办公室）	辽宁省盘锦市兴隆台区石油大街98-2号机关综合楼
4	科技部	辽宁省盘锦市兴隆台区石油大街98-2号机关综合楼
5	基建工程部	辽宁省盘锦市兴隆台区石油大街98-2号机关综合楼
6	设备管理部	辽宁省盘锦市兴隆台区石油大街92号勘探开发研究院院内
7	质量安全环保部（海洋石油安全生产监督管理办公室中油分部辽河监督处、集团公司健康安全环保专业标准化技术委员会油气田及管道分标准化技术委员会秘书处、技术监督部、环境保护部）	辽宁省盘锦市兴隆台区石油大街75号工会大厦
8	规划计划部	辽宁省盘锦市兴隆台区石油大街98-2号机关综合楼
9	财务资产部	辽宁省盘锦市兴隆台区石油大街98-2号机关综合楼
10	企管法规部	辽宁省盘锦市兴隆台区石油大街98-2号机关综合楼
11	审计部	辽宁省盘锦市兴隆台区石油大街98-1号原芳华宾馆B座
12	党委组织部（人事部）	辽宁省盘锦市兴隆台区石油大街98-2号机关综合楼
13	党委宣传部（企业文化部、新闻办公室、机关党委）	辽宁省盘锦市兴隆台区石油大街98-2号机关综合楼
14	纪委办公室（党委巡察工作领导小组办公室）	辽宁省盘锦市兴隆台区石油大街98-2号机关综合楼
15	群团工作部［工会团委（青年工作部）］	辽宁省盘锦市兴隆台区石油大街75号工会大楼
二、机关直属机构（5个）		
1	土地公路管理部（油地协调办公室）	辽宁省盘锦市兴隆台区石油大街98-2号机关综合楼
2	数字和信息化管理部	辽宁省盘锦市兴隆台区石油大街78号
3	国际合作部	辽宁省盘锦市兴隆台区石油大街98-2号机关综合楼
4	维稳信访工作办公室（政法委办公室、综合治理办公室、防范和处理邪教问题办公室、武装部、保卫部）	辽宁省盘锦市兴隆台区石油大街75号工会大厦
5	纪检中心	辽宁省盘锦市兴隆台区石油大街98-2号机关综合楼
三、机关附属机构（2个）		
1	档案馆	辽宁省盘锦市兴隆台区惠宾街90号
2	技能人才评价中心	辽宁省盘锦市兴隆台区石油大街89号

续表

序号	单位	地址
四、上市业务二级单位（29个）		
1	曙光采油厂	辽宁省盘锦市兴隆台区曙光街
2	兴隆台采油厂	辽宁省盘锦市青年路102—8号
3	特种油开发公司	辽宁省盘锦市兴隆台区石油大街86号
4	欢喜岭采油厂	辽宁省盘锦市兴隆台区欢喜街
5	锦州采油厂	盘锦市兴隆台区锦采街道
6	沈阳采油厂	盘锦市兴隆台区沈采街道花园路
7	茨榆坨采油厂	辽宁省沈阳市辽中区茨榆坨街道内
8	高升采油厂	辽宁省盘锦市兴隆台区高升街
9	金海采油厂	辽宁省盘锦市兴隆台区香稻路91号
10	冷家油田开发公司	辽宁省盘锦市兴隆台区石油大街83号
11	辽兴油气开发公司	盘锦市大洼区生态城总部花园A1-1
12	荣兴油气开发公司	辽宁省盘锦市兴隆台区石油大街180号
13	庆阳勘探开发分公司（宜庆勘探开发指挥部）	甘肃省庆阳市宁县新宁镇马莲路6号
14	油气集输公司（油气工程技术处）	辽宁省盘锦市兴隆台区泰山路168号
15	勘探事业部（勘探部）	辽宁省盘锦市兴隆台区石油大街100号
16	开发事业部（开发部）	辽宁省盘锦市兴隆台区石油大街96号A座
17	勘探开发研究院	辽宁省盘锦市兴隆台区石油大街95号
18	钻采工艺研究院	辽宁省盘锦市兴隆台区惠宾街91号
19	经济技术研究院	辽宁省盘锦市兴隆台区石油大街96号
20	燃气集团公司	辽宁省盘锦市兴隆台区石油大街85号
21	新能源事业部	辽宁省盘锦市大洼区总部花园A区1号楼
22	外部市场项目管理部（塔里木项目管理部）	辽宁省盘锦市兴隆台区石油大街88号
23	消防支队（中国石油消防应急救援辽河油田支队）	辽宁省盘锦市兴隆台区兴油街74号东70米
24	销售公司	辽宁省盘锦市兴隆台区石油大街94号油田报社办公楼
25	东北原油销售中心	辽宁省沈阳市皇姑区金沙江街5号
26	安全环保技术监督中心（中国石油天然气集团有限公司辽河特种设备检验中心、中国石油天然气股份有限公司辽河特种设备检验中心、勘探与生产分公司HSE东北工作站、中国石油天然气集团公司东北油田节能监测中心、中国石油天然气股份有限公司油田节能监测中心、石油天然气辽河工程质量监督站）	辽宁省盘锦市兴隆台区惠宾街91号
27	审计中心	辽宁省盘锦市兴隆台区石油大街98-1号原芳华宾馆B座
28	车辆服务中心	辽宁省盘锦市兴隆台区石油大街80号
29	辽宁恒鑫源工程项目管理有限公司（盘锦辽河油田无损检测有限公司）	辽宁省盘锦市兴隆台区迎宾路111号

续表

序号	单位	地址
五、未上市业务二级单位（22个）		
1	辽河工程技术分公司	辽宁省盘锦市兴隆台区兴隆街141号
2	辽河油田建设有限公司（筑路工程公司）	辽宁省盘锦市兴隆台区兴隆大街130号
3	中油辽河工程有限公司（辽河油田设计院）	辽宁省盘锦市兴隆台区石油大街93号
4	辽河油田（盘锦）储气库有限公司	辽宁省盘锦市大洼区田家街道总部花园A1-2
5	物资分公司（物资管理部）	辽宁省盘锦市兴隆台区芳草路172号
6	供水分公司（辽河油田环境工程公司）	辽宁省盘锦市兴隆台区兴隆台街140号
7	电力分公司	辽宁省盘锦市兴隆台区迎宾路30号
8	信息工程分公司	辽宁省盘锦市兴隆台区石油大街78号
9	石油化工技术服务分公司（石油技术服务分公司）	辽宁省盘锦市兴隆台街84号
10	石油化工分公司	盘锦市兴隆台区新工街道135号
11	能源管理分公司	辽宁省盘锦市兴隆台区迎宾路31号
12	国际事业部［辽河油田国际油气技术有限公司、中国石油海外稠(重)油技术支持中心］	盘锦市兴隆台区迎宾路111号
13	辽河油田培训中心（辽河油田党校）	辽宁省盘锦市兴隆台区泰山路107号
14	辽河油田招标中心	辽宁省盘锦市兴隆台区芳草路172号东80米
15	土地资源开发分公司	辽宁省盘锦市兴隆台区石油大街98-2号机关综合楼
16	辽宁恒鑫源工程项目管理有限公司	辽宁省盘锦市兴隆台区迎宾路111号
17	能源管理分公司	辽宁省盘锦市兴隆台区石油大街180号东楼
18	资本运营事业部	辽宁省盘锦市兴隆台区石油大街98-2号机关综合楼
19	辽河油田人力资源调剂中心	辽宁省盘锦市兴隆台区科研北街52号
20	辽河油田公共事务管理部［社会保险管理中心、离退休管理中心（老干部处）、矿区维修改造监督协调办公室、住房公积金管理中心、房产交易中心］	辽宁省盘锦市兴隆台区石油大街96号E座
21	振兴服务分公司	辽宁省盘锦市兴隆台区石油大街人民路186号
22	辽河油田新闻中心	盘锦市兴隆台区石油大街94号

注：本篇资料为2022年12月31日辽河油田公司组织机构设置情况

2022年辽河油田公司组织机构图

中国石油辽河油田公司

领导机构
- 中共辽河油田公司委员会
- 辽河油田公司行政领导机构
- 中共辽河油田公司纪律检查委员会
- 辽河油田公司工会委员会

机关职能部门
- 党委办公室（安全总经理办公室、安全环保应急办公室、安全环保督查办公室）
- 生产运行指挥部（应急指挥中心）
- 钻井采油工程部（新能源技术办公室）
- 质量健康安全环保部（海洋石油安全生产监督管理办公室、辽河油田公司集团公司安全环保分委员会秘书处、辽河化工健康环保技术监督站）
- 党委组织部（人事部、党委机构编制委员会办公室）
- 党委宣传部（企业文化部、党委新闻办公室）
- 纪委办公室（纪检组办公室、巡察工作领导小组办公室）
- 群团工作部（工会、团委、青年工作部）
- 科技部
- 基建工程部
- 设备管理部
- 规划计划部
- 财务资产部
- 企管法规部
- 审计部

机关直属机构
- 维稳办公室（政法委办公室、信访办公室、保卫处、人民武装部综合处）
- 纪检中心
- 国际合作部
- 土地公路协调管理办公室（油地协调管理办公室）
- 数字和信息化管理部

机关附属单位
- 辽河油田公司档案馆
- 技能人才评价中心

所属二级单位

上市业务二级单位
- 兴隆台采油厂
- 曙光采油厂
- 欢喜岭采油厂
- 高升采油厂
- 茨榆坨采油厂
- 沈阳采油厂
- 锦州采油厂
- 金海采油厂
- 特种油开发公司
- 冷家油田开发公司
- 兴油田开发公司（中油辽通天然气有限公司辽河分公司）
- 荣兴油田开发公司
- 宜庆阳勘探开发分公司
- 油气集输公司（油气工程技术处）
- 勘探事业部（勘探开发研究院）
- 开发事业部（钻采工艺研究院）
- 经济技术研究院（盘锦经济咨询有限公司）
- 燃气集团有限公司
- 辽河油田消防支队（中国石油消防应急救援辽河消防支队）
- 外部市场项目管理部（塔里木项目管理部）
- 中国石油天然气集团公司安全环保院辽河分公司（中国石油天然气股份有限公司辽河油田分公司质量监督检测中心、中国石油天然气集团公司特种设备检验中心辽河分中心、中国石油辽河油田工程质量监督站、中国石油辽河天然气节能监测站、中国石油天然气股份有限公司计量检定中心辽河计量检定站）

未上市业务二级单位
- 中国石油天然气股份有限公司辽河油田销售分公司
- 审计中心
- 车辆服务中心
- 辽河油田新闻中心
- 振兴服务分公司
- 辽河油田人力资源调配中心
- 公司离退休事务部（矿区管理中心、"三供一业"维修改造中心、老旧住房公产监管办公室）
- 共享服务管理部（公积金易地贷款协管中心）
- 能源管理部
- 资本运营事业部
- 新能源事业部
- 辽有无损检测有限公司
- 辽宁恒鑫源工程项目管理有限公司
- 辽河油田（盘锦）储气库有限公司
- 辽河油田国际石油工程技术支持中心（重庆）辽河海外事业部国际油气有限公司
- 辽河油田招标中心
- 辽河油田培训中心
- 石油化工分公司
- 石油化工技术服务分公司
- 土地资源开发分公司①
- 信息工程公司
- 电力分公司
- 供水分公司（辽河油田环境工程有限公司）
- 物资分公司（辽河油田设计院）
- 中油辽河工程有限公司
- 辽筑路工程建设有限公司
- 辽河工程技术分公司

注：① 2022年，土地资源开发分公司与土地公路管理部合署办公，一套人马两块牌子。

辽河油田公司领导干部

辽河油田公司领导成员

李忠兴　辽河油田公司执行董事、党委书记，辽河石油勘探局有限公司执行董事、总经理，中国石油驻辽西地区企业协调组组长

任文军　辽河油田公司总经理、党委副书记，中共盘锦市委常委

张金利　辽河油田公司党委副书记、工会主席

卢时林　辽河油田公司党委委员、常务副总经理（一级副）

孙义新　辽河油田公司党委委员、总会计师

卢增龙　辽河油田公司党委委员、纪委书记

于天忠　辽河油田公司党委委员、副总经理

刘建峰　辽河油田公司党委委员、副总经理、安全总监

杨立龙　辽河油田公司党委委员、总工程师

胡英杰　辽河油田公司党委委员、总地质师

宫卫东　辽河油田公司党委委员（挂职），辽河公安局党委书记、局长

毛宏伟　辽河油田公司总经理助理

孟　平　辽河油田公司副总经济师

李忠诚　辽河油田公司总经理助理

潘良革　辽河油田公司副总经济师，冷家堡项目联管会中方首席代表

赵万辉　辽河油田公司副总经济师，党委组织部部长、人事部主任

王宝峰　辽河油田公司副总工程师，钻采工程技术部主任

张国龙　辽河油田公司总经理助理

辽河油田公司中层领导干部

机关职能部门			
序　号	部门/单位	职　务	姓　名
1	党委办公室（总经理办公室）	主任	滕立勇
2	生产运行部（生产运行指挥中心、应急管理中心）	主任	周洪义
3	钻采工程技术部（井控应急办公室）	主任	王宝峰（兼任）
4	科技部	主任	周大胜
5	基建工程部	主任	张国军
6	设备管理部	主任	尹长海
7	质量安全环保部（海洋石油安全生产监督管理办公室中油分部辽河监督处、集团公司健康安全环保专业标准化技术委员会油气田及管道分标准化技术委员会秘书处、技术监督部、环境保护部）	主任	卢　敏
8	规划计划部	主任	冉　杰

注：本篇统计辽河油田公司中层以上领导干部任职情况时间节点为2022年12月31日。

续表

9	财务资产部	主任	郭俊鹏
10	企管法规部	主任	赵明波
11	审计部	主任	马洪涛
12	党委组织部（人事部）	部长（主任）	赵万辉（兼任）
13	党委宣传部（企业文化部、新闻办公室、机关党委）	部长	邹 君
14	纪委办公室（党委巡察工作领导小组办公室）	纪委书记	李海彬
15	群团工作部［工会、团委（青年工作部）］	部长	陈永和
附属机构			
1	档案馆	馆长	刘长江
2	技能人才评价中心	主任	朱立明
直属机构			
1	土地公路管理部（土地资源开发分公司）	主任	滕立勇
2	数字和信息化管理部	主任	李洪海
3	国际合作部	主任	宋天辉
4	维稳信访工作办公室（政法委办公室、综合治理办公室、防范和处理邪教问题办公室、武装部、保卫部）	主任	甄占彪
5	纪检中心	主任	李海彬
上市业务二级单位			
1	曙光采油厂	厂长	周 鹰
		党委书记	安晓峰
2	兴隆台采油厂	厂长	张继平
		党委书记	尤洪军
3	特种油开发公司	经理	吕树新
		党委书记	王晓达
4	欢喜岭采油厂	厂长	孙学本
		党委书记	黄耀华
5	锦州采油厂	厂长	陈庆凯
		党委书记	李 湃
6	沈阳采油厂	厂长	姜 伟
		党委书记	纪明云
7	茨榆坨采油厂	厂长	王耀贵
		党委书记	姚文涛
8	高升采油厂	厂长	王伟林
		党委书记	陈 琨
9	金海采油厂	厂长	宋福军
		党委书记	刘 璋
10	冷家油田开发公司	经理	王 振
		党委书记	李玉庆

续表

序号	单位	职务	姓名
11	辽兴油气开发公司	执行董事	周立国
		经理	庄鸿玉
12	荣兴油气开发公司	执行董事、党委书记	王佩虎
		经理	赵 汉
13	庆阳勘探开发分公司（宜庆勘探开发指挥部）	执行董事、党委书记	李春宝
		经理	范世通
14	油气集输公司（油气工程技术处）	党委书记、执行董事	李守东
		经理	孙 凯
15	勘探事业部（勘探部）	经理	张 斌
		党委书记	刘 岩
16	开发事业部（开发部）	经理	赵志彬
		党委书记	马宏斌
17	勘探开发研究院	院长	户昶昊
		党委书记	季东民
18	钻采工艺研究院	厂长	孙守国
		党委书记	辛向忠
19	经济技术研究院（工程造价中心、盘锦辽河油田技术经济咨询有限公司）	院长	苏 超
		党委书记	安家忠
20	燃气集团公司	总经理	张永昌
		党委书记	李 威
21	外部市场项目管理部（塔里木项目管理部）	经理	王锦生
		党委书记	贺传强
22	消防支队（中国石油消防应急救援辽河油田支队）	支队长	潘建华
		党委书记	常宝新
23	销售公司	经理	张洪军
		党委书记	周志军
24	东北原油销售中心	经理	刘洪涛
25	安全环保技术监督中心（中国石油天然气集团有限公司辽河特种设备检验中心、中国石油天然气股份有限公司辽河特种设备检验中心、勘探与生产分公司HSE东北工作站、中国石油天然气集团有限公司东北油田节能监测中心、中国石油天然气股份有限公司油田节能监测中心）	主任	武俊宪
		党委书记	霍长军
26	审计中心	主任	付新增
		党委书记	任 茬
27	车辆服务中心	主任	徐宪胜
		党委书记	张文武

续表

	未上市业务二级单位		
1	辽河工程技术分公司	执行董事、书记	刘胜杰
		经理	李士成
2	辽河油田建设有限公司（筑路工程分公司）	党委书记	梁永宏
3	中油辽河工程有限公司（辽河油田设计院）	经理	孙雁伯
		党委书记	崔德忠
4	辽河油田（盘锦）储气库有限公司	经理	赵　春
		党委书记	沈　冰
5	物资分公司（物资管理部）	经理（主任）	赵宇光
		党委书记	王英宇
6	供水分公司（辽河油田环境工程公司）	经理	郎宝山
		执行董事、党委书记	丛淑飞
7	电力分公司	经理	黄东维
		党委书记	高文全
8	信息工程分公司	经理	薛瑞新
		执行董事、党委书记	景耀军
9	石油化工技术服务公司（石油技术服务分公司）	经理	江汉军
		党委书记	陈　琨
10	石油化工分公司	经理	张志江
		党委书记	包良勇
11	能源管理分公司	经理	胡春满
		党委书记	刘春刚
12	国际事业部［辽河油田国际油气技术有限公司、中国石油海外稠（重）油技术支持中心］	经理	冯　昕
		党委书记	张吉昌
13	辽河油田培训中心（辽河油田党校）	主任	索长生
		党委书记	索长生
14	辽河油田招标中心	部长（主任）	孙德群
15	土地资源开发分公司	经理	滕立勇
16	辽宁恒鑫源工程项目管理有限公司（盘锦辽河油田无损检测有限公司）	董事长、党委书记	李建民
		总经理	苑晓龙
17	新能源事业部（通辽铀业分公司）	经理	刘　军
		党委书记	杨立龙
18	资本运营事业部	主任	巩建忠
		党委书记	张广台
19	辽河油田人力资源调剂中心	主任	李红伟
		党委书记	贺传强

续表

	未上市业务二级单位		
20	公共事务管理部	执行董事、党委书记	杨忠军
		主任	张　明
21	振兴服务分公司	经理	赵国龙
		党委书记	吴涵斌
22	辽河油田新闻中心	主任	张建凯
		党委书记	吴彩云

2022年辽河油田公司中层以上干部退休名单

二级正退休人员	刘晓龙　戴长生　田锡君　龚姚进　杨长林　陈凤军　李　智　蓝子天　于文洋　董昌生　王品毅　于鸿春 李文轩　陈韶生　刘　斌　颜泽云　卢诗浩　马凤林　崔　宁　柳文国　李同发　陈坚红　常荣华
二级副退休人员	杨　冰　齐海鹰　田　明　王永刚　阎相孟　朴永红　李剑平　杨忠培　刘占广　梁振民　弥　忠　张建英 杨　明　郭百智　孟庆海　蔡文双　李维金　高歌军　井龙云　曲士军　王晓民　王心章　吴连玉　孟祥君 郑吉来　王越卿　蔡世龙　罗于凯　宋崇志　穆尔恒　赵立新　曹　婧　王素芬　李雪梅　徐　卓　田立新 李　倩　毕淑荣　李　虹
企业首席技术专家	尹继红　孙厚利　王立军　刘德铸　祝永军

议事协调机构

2022年辽河油田公司非常设机构

1. 辽河油田公司战略规划委员会

2022年5月机构及人员设置情况：

主　任：李忠兴

副主任：任文军　张金利　卢时林　孙义新
　　　　裴　勇　于天忠　刘建峰

成　员：党委办公室（总经理办公室）、规划计划部、财务资产部、党委组织部（人事部）、生产运营部、质量安全环保部、科技部、钻采工程技术部、基建工程部、设备管理部、企管法规部、党委宣传部、纪委办公室、数字和信息化管理部、国际合作部、储气库公司、勘探事业部（勘探部）、开发事业部（开发部）、勘探开发研究院、钻采工艺研究院、经济技术研究院、中油辽河工程有限公司、资本运营事业部、公共事务管理部主要负责人

委员会办公室设在规划计划部，日常工作由任文军同志负责。

2022年10月机构及人员调整情况：

副主任：任文军　张金利　卢时林　孙义新
　　　　卢增龙　于天忠　刘建峰　杨立龙
　　　　胡英杰

2. 辽河油田公司预算管理委员会

2022年5月机构及人员设置情况：

主　任：李忠兴

副主任：任文军　张金利　卢时林　孙义新
　　　　裴　勇　于天忠　刘建峰
成　员：总经理助理、副总经济师、总法律顾问，党委办公室（总经理办公室）、规划计划部、财务资产部、党委组织部（人事部）、生产运营部、质量安全环保部、科技部、钻采工程技术部、基建工程部、设备管理部、审计部、企管法规部、党委宣传部、纪委办公室、群团工作部、土地公路管理部、物资分公司（物资管理部）、数字和信息化管理部、国际合作部、勘探事业部（勘探部）、开发事业部（开发部）、资本运营事业部主要负责人

委员会办公室设在财务资产部，孙义新兼任办公室主任、负责日常工作，财务资产部主要负责人任办公室副主任。

2022年10月机构及人员调整情况：
副主任：任文军　张金利　卢时林　孙义新
　　　　卢增龙　于天忠　刘建峰　杨立龙
　　　　胡英杰

3.辽河油田公司科学技术委员会
2022年5月机构及人员设置情况：
主　任：李忠兴
副主任：任文军　张金利　卢时林　孙义新
　　　　裴　勇　于天忠　刘建峰
成　员：首席技术专家、总经理助理、总法律顾问，党委办公室（总经理办公室）、规划计划部、财务资产部、党委组织部（人事部）、生产运营部、质量安全环保部、科技部、钻采工程技术部、基建工程部、设备管理部、审计部、企管法规部、党委宣传部、纪委办公室、群团工作部、土地公路管理部、数字和信息化管理部、国际合作部、储气库公司、勘探事业部（勘探部）、开发事业部（开发部）、勘探开发研究院、钻采工艺研究院、经济技术研究院、新能源事业部、中油辽河工程有限公司主要负责人

委员会办公室设在科技部，日常工作由于天忠负责。

2022年10月机构及人员调整情况：
主　任：任文军
常务副主任：胡英杰
副主任：张金利　卢时林　孙义新　于天忠
　　　　刘建峰　杨立龙
委　员：首席技术专家，规划计划部、财务资产部、党委组织部（人事部）、质量健康安全环保部、科技部、钻采工程技术部、基建工程部、数字和信息化管理部、勘探事业部（勘探部）、开发事业部（开发部）、新能源事业部、勘探开发研究院、钻采工艺研究院、经济技术研究院、中油辽河工程有限公司、辽河油田（盘锦）储气库有限公司主要负责人；根据工作需要邀请外部专家

委员会办公室设在科技部，日常工作由胡英杰负责。

4.辽河油田公司QHSE管理委员会
2022年5月机构及人员设置情况：
主　任：李忠兴
副主任：任文军　张金利　卢时林　孙义新
　　　　裴　勇　于天忠　刘建峰
成　员：党委办公室（总经理办公室）、规划计划部、财务资产部、党委组织部（人事部）、生产运营部、质量安全环保部、科技部、钻采工程技术部、基建工程部、设备管理部、审计部、企管法规部、党委宣传部、纪委办公室、群团工作部、土地公路管理部、物资分公司（物资管理部）、数字和信息化管理部、国际合作部、维稳信访工作办公室、机关党委、勘探事业部（勘探部）、开发事业部（开发部）、燃气

集团公司、消防支队、安全环保技术监督中心、经济技术研究院、资本运营事业部、公共事务管理部、新闻中心主要负责人

委员会办公室设在质量安全环保部，日常工作由刘建峰负责。

2022年10月机构及人员调整情况：

副主任：任文军　张金利　卢时林　孙义新
　　　　卢增龙　于天忠　刘建峰　杨立龙
　　　　胡英杰

成　员：总经理助理、副总经济师、总法律顾问，党委办公室（总经理办公室）、规划计划部、财务资产部、党委组织部（人事部）、生产运营部、质量健康安全环保部、科技部、钻采工程技术部、基建工程部、设备管理部、审计部、企管法规部、党委宣传部（机关党委）、纪委办公室、群团工作部（工会、团委）、土地公路管理部、数字和信息化管理部、国际合作部、维稳信访工作办公室、勘探事业部（勘探部）、开发事业部（开发部）、经济技术研究院、物资分公司（物资管理部）、消防支队、安全环保技术监督中心、新闻中心、资本运营事业部、公共事务管理部主要负责人

委员会办公室设在质量健康安全环保部，日常工作由刘建峰负责。

5. 辽河油田公司内控与风险管理委员会

2022年5月机构及人员设置情况：

主　任：李忠兴

副主任：任文军　张金利　卢时林　孙义新
　　　　裴　勇　于天忠　刘建峰

成　员：党委办公室（总经理办公室）、规划计划部、财务资产部、党委组织部（人事部）、生产运营部、质量安全环保部、科技部、钻采工程技术部、基建工程部、设备管理部、数字和信息化管理部、审计部、企管法规部、党委宣传部、纪委办公室、群团工作部、土地公路管理部、物资分公司（物资管理部）、国际合作部、维稳信访工作办公室、勘探事业部（勘探部）、开发事业部（开发部）、经济技术研究院、公共事务管理部主要负责人

委员会办公室设在企管法规部，日常工作由孙义新负责。

2022年10月机构及人员调整情况：

副主任：任文军　张金利　卢时林　孙义新
　　　　卢增龙　于天忠　刘建峰　杨立龙
　　　　胡英杰

6. 辽河油田公司法治建设领导小组（合规委员会）

2022年5月机构及人员设置情况：

组　长（主　任）：李忠兴

副组长（副主任）：任文军　张金利　卢时林
　　　　　　　　孙义新　裴　勇　于天忠
　　　　　　　　刘建峰

成　员：党委办公室（总经理办公室）、规划计划部、财务资产部、党委组织部（人事部）、生产运营部、质量安全环保部、科技部、钻采工程技术部、基建工程部、设备管理部、数字和信息化管理部、审计部、企管法规部、党委宣传部、纪委办公室、群团工作部、土地公路管理部、物资分公司（物资管理部）、国际合作部、维稳信访工作办公室、勘探事业部（勘探部）、开发事业部（开发部）、经济技术研究院、公共事务管理部主要负责人

领导小组（委员会）办公室设在企管法规部，日常工作由卢时林负责。

2022年10月机构及人员调整情况：

副组长（副主任）：任文军　张金利　卢时林
　　　　　　　　孙义新　卢增龙　于天忠
　　　　　　　　刘建峰　杨立龙　胡英杰

7. 辽河油田公司人才强企工作领导小组

2022年5月机构及人员设置情况：

组　　长：李忠兴

副组长：任文军　张金利　卢时林　孙义新
　　　　　裴　勇　于天忠　刘建峰

成　　员：党委办公室（总经理办公室）、党委组织部（人事部）、规划计划部、财务资产部、科技部、钻采工程技术部、企管法规部、党委宣传部、纪委办公室、群团工作部、国际合作部、勘探事业部（勘探部）、开发事业部（开发部）、数字和信息化管理部、新能源事业部主要负责人

领导小组下设工作专班，张金利兼任主任、负责日常工作，党委组织部（人事部）主要负责人任副主任，成员由党委组织部（人事部）相关人员组成。

2022年10月机构及人员调整情况：

副组长：任文军　张金利　卢时林　孙义新
　　　　　卢增龙　于天忠　刘建峰　杨立龙
　　　　　胡英杰

8. 辽河油田新能源业务发展领导小组

2022年5月机构及人员设置情况：

组　　长：李忠兴

副组长：任文军　卢时林　于天忠　刘建峰

成　　员：李明辉、潘良革，规划计划部、财务资产部、党委组织部（人事部）、生产运营部、质量安全环保部、科技部、钻采工程技术部、基建工程部、党委宣传部、设备管理部、土地公路管理部、勘探事业部（勘探部）、开发事业部（开发部）、勘探开发研究院、钻采工艺研究院、经济技术研究院、新能源事业部、中油辽河工程有限公司主要负责人

领导小组办公室设在规划计划部，卢时林兼任办公室主任、负责日常工作，规划计划部主要负责人兼任办公室副主任。

2022年10月机构及人员调整情况：

副组长：任文军　卢时林　于天忠　刘建峰
　　　　　杨立龙　胡英杰

领导小组办公室设在规划计划部，杨立龙兼任办公室主任、负责日常工作，规划计划部主要负责人兼任办公室副主任。

9. 辽河油田公司全面深化改革领导小组（对标世界一流管理提升行动领导小组）

2022年5月机构及人员设置情况：

组　　长：李忠兴

副组长：任文军

成　　员：张金利　卢时林　孙义新　裴　勇
　　　　　于天忠　刘建峰

领导小组办公室设在企管法规部，企管法规部主要负责人任办公室主任。办公室成员由党委办公室（总经理办公室）、规划计划部、财务资产部、党委组织部（人事部）、生产运营部、质量安全环保部、科技部、钻采工程技术部、基建工程部、设备管理部、数字和信息化管理部、审计部、党委宣传部、纪委办公室、群团工作部、土地公路管理部、物资分公司（物资管理部）、国际合作部、维稳信访工作办公室、勘探事业部（勘探部）、开发事业部（开发部）、经济技术研究院、公共事务管理部主要负责人组成。

2022年10月机构及人员调整情况：

成　　员：张金利　卢时林　孙义新　卢增龙
　　　　　于天忠　刘建峰　杨立龙　胡英杰

10. 辽河油田公司"油公司"模式改革领导小组

2022年5月机构及人员设置情况：

组　　长：李忠兴

副组长：任文军　张金利　卢时林　孙义新
　　　　　裴　勇　于天忠　刘建峰

成　　员：机关部室、直属部门主要负责人

领导小组办公室设在党委组织部（人事部），张金利负责日常工作。

2022年10月机构及人员调整情况：

副组长：任文军　张金利　卢时林　孙义新
　　　　　卢增龙　于天忠　刘建峰　杨立龙

胡英杰

11. 辽河油田公司网络安全与信息化工作领导小组

2022年5月机构及人员设置情况：

组　　长：李忠兴

副组长：任文军　张金利　卢时林　孙义新
　　　　裴　勇　于天忠　刘建峰

成　　员：党委办公室（总经理办公室）、规划计划部、财务资产部、党委组织部（人事部）、生产运营部、质量安全环保部、科技部、钻采工程技术部、基建工程部、设备管理部、企管法规部、党委宣传部、纪委办公室、勘探事业部（勘探部）、开发事业部（开发部）、数字和信息化管理部主要负责人

领导小组办公室设在数字和信息化管理部，日常工作由张金利负责。

2022年10月机构及人员调整情况：

副组长：任文军　张金利　卢时林　孙义新
　　　　卢增龙　于天忠　刘建峰　杨立龙
　　　　胡英杰

领导小组办公室设在数字和信息化管理部，日常工作由杨立龙负责。

12. 辽河油田公司新型冠状病毒感染的肺炎疫情防控工作领导小组

2022年5月机构及人员设置情况：

组　　长：李忠兴

副组长：任文军　张金利　卢时林　孙义新
　　　　裴　勇　于天忠　刘建峰　宫卫东

成　　员：党委办公室（总经理办公室）、规划计划部、财务资产部、党委组织部（人事部）、生产运营部、质量安全环保部、党委宣传部、机关党委、纪委办公室、群团工作部、土地公路管理部、国际合作部、维稳信访工作办公室、物资分公司（物资管理部）、本运营事业部、振兴服务分公司、盘锦辽油宝石花医院主要负责人

领导小组办公室设在质量安全环保部，日常工作由刘建峰负责。

2022年10月机构及人员调整情况：

副组长：任文军　张金利　卢时林　孙义新
　　　　卢增龙　于天忠　刘建峰　杨立龙
　　　　胡英杰　宫卫东

成　　员：党委办公室（总经理办公室）、规划计划部、财务资产部、党委组织部（人事部）、生产运营部、质量健康安全环保部、党委宣传部（机关党委）、纪委办公室、群团工作部（工会、团委）、土地公路管理部、国际合作部、维稳信访工作办公室、物资分公司（物资管理部）、辽油宝石花医院、资本运营事业部、公共事务管理部、振兴服务分公司主要负责人

13. 辽河油田公司深化人事劳动分配制度改革工作领导小组

2022年5月机构及人员设置情况：

组　　长：李忠兴

副组长：任文军　张金利

成　　员：卢时林　孙义新　裴　勇　于天忠
　　　　刘建峰

领导小组办公室设在党委组织部（人事部），日常工作由张金利负责。

2022年10月机构及人员调整情况：

成　　员：卢时林　孙义新　卢增龙　于天忠
　　　　刘建峰　杨立龙　胡英杰

14. 辽河油田公司提质增效及亏损治理专项行动领导小组

2022年5月机构及人员设置情况：

组　　长：李忠兴

副组长：任文军　孙义新　张金利　卢时林
　　　　裴　勇　于天忠　刘建峰

成　　员：总经理助理、副总经济师、总法律顾问，党委办公室（总经理办公室）、规划计划部、财务资产部、党委组织部（人事部）、生产运营部、质量安全环

保部、科技部、钻采工程技术部、基建工程部、设备管理部、审计部、企管法规部、党委宣传部、纪委办公室、群团工作部、土地公路管理部、国际合作部、维稳信访工作办公室、物资分公司（物资管理部）、数字和信息化管理部、勘探事业部（勘探部）、开发事业部（开发部）、资本运营事业部主要负责人

领导小组办公室设在财务资产部，孙义新兼任办公室主任、负责日常工作，财务资产部主要负责人任办公室副主任。

2022年10月机构及人员调整情况：

副组长：任文军　孙义新　张金利　卢时林
　　　　卢增龙　于天忠　刘建峰　杨立龙
　　　　胡英杰

15.辽河油田公司乡村振兴和对口支援工作领导小组

2022年5月机构及人员设置情况：

组　长：李忠兴

副组长：张金利

成　员：党委办公室（总经理办公室）、财务资产部、党委组织部（人事部）、党委宣传部、审计部、工会、团委主要负责人，群团工作部分管乡村振兴和对口支援工作负责人

领导小组办公室设在群团工作部。

2022年10月机构及人员调整情况：

无调整

16.辽河油田公司维护稳定工作领导小组

2022年5月机构及人员设置情况：

组　长：李忠兴　任文军

副组长：张金利　卢时林　孙义新　裴　勇
　　　　于天忠　刘建峰　宫卫东

成　员：党委办公室（总经理办公室）、规划计划部、财务资产部、党委组织部（人事部）、生产运营部、质量安全环保部、钻采工程技术部、企管法规部、党委宣传部、纪委办公室、群团工作部、维稳信访工作办公室、资本运营事业部、公共事务管理部、辽河检察院、辽河法院主要负责人

领导小组办公室设在维稳信访工作办公室，日常工作由张金利负责，维稳信访工作办公室主要负责人任办公室主任。

2022年10月机构及人员调整情况：

副组长：张金利　卢时林　孙义新　卢增龙
　　　　于天忠　刘建峰　杨立龙　胡英杰
　　　　宫卫东

17.辽河油田公司应急领导小组

2022年5月机构及人员设置情况：

组　长：李忠兴

副组长：任文军　张金利　卢时林　孙义新
　　　　裴　勇　于天忠　刘建峰

成　员：机关部室、直属部门主要负责人

领导小组办公室设在生产运营部，日常工作由刘建峰负责。

主　任：生产运营部主要负责人

副主任：质量安全环保部、党委宣传部、钻采工程技术部主要负责人

成　员：设备管理部、土地公路管理部、维稳信访工作办公室、勘探事业部（勘探部）、开发事业部（开发部）主要负责人

突发事件应对与处置时由业务主管部室（部门）、生产运营部、质量安全环保部及机关人员组成。公司专项应急领导小组办公室设在具体业务主管部室（部门）。

2022年10月机构及人员调整情况：

副组长：任文军　张金利　卢时林　孙义新
　　　　卢增龙　于天忠　刘建峰　杨立龙
　　　　胡英杰

18.辽河油田公司企业年金管理委员会

2022年5月机构及人员设置情况：

主　任：李忠兴　任文军

副主任：张金利

成　　员：财务资产部、党委组织部（人事部）、群团工作部、审计中心主要负责人，公共事务管理部相关业务负责人

领导小组办公室设在党委组织部（人事部）。

2022年10月机构及人员调整情况：

无调整

19.辽河油田公司职称改革工作领导小组

2022年5月机构及人员设置情况：

组　　长：李忠兴

副组长：任文军　张金利　卢时林　孙义新
　　　　 裴　勇　于天忠　刘建峰

领导小组办公室设在党委组织部（人事部），日常工作由张金利负责，党委组织部（人事部）主要负责人任办公室主任。

2022年10月机构及人员调整情况：

副组长：任文军　张金利　卢时林　孙义新
　　　　 卢增龙　于天忠　刘建峰　杨立龙
　　　　 胡英杰

20.辽河油田公司储量管理委员会

2022年5月机构及人员设置情况：

组　　长：任文军

副组长：于天忠

成　　员：祝永军　刘德铸　李晓光　武　毅
　　　　 胡英杰　王宝峰　刘春刚　户昶昊
　　　　 程仲平　孙　肖　孙　卉　田　鑫
　　　　 孙洪军　刘兴周　李铁军　孔令福

委员会办公室设在开发事业部（开发部）。

2022年10月机构及人员调整情况：

副组长：于天忠　杨立龙　胡英杰

成　　员：祝永军、李晓光、武毅，开发事业部（开发部）、勘探事业部（勘探部）、钻采工程技术部、财务资产部、规划计划部、勘探开发研究院、钻采工艺研究院、经济技术研究院有关负责人

21.辽河油田公司天然气保供领导小组

2022年5月机构及人员设置情况：

组　　长：任文军

副组长：于天忠　刘建峰

成　　员：李明辉、李忠诚、潘良革，党委办公室（总经理办公室）、规划计划部、生产运营部、财务资产部、党委组织部（人事部）、钻采工程技术部、质量安全环保部、基建工程部、设备管理部、党委宣传部、纪委办公室、土地公路管理部、维稳信访工作办公室、储气库公司、勘探事业部（勘探部）、开发事业部（开发部）、勘探开发研究院、钻采工艺研究院、经济技术研究院、中油辽河工程有限公司、燃气集团公司、物资分公司（物资管理部）、兴隆台采油厂主要负责人

领导小组办公室设在生产运营部，刘建峰兼任办公室主任，生产运营部主要负责人任办公室副主任。

2022年10月机构及人员调整情况：

成　　员：李明辉、檀德库、李忠诚，党委办公室（总经理办公室）、规划计划部、生产运营部、财务资产部、党委组织部（人事部）、钻采工程技术部、质量健康安全环保部、基建工程部、设备管理部、党委宣传部、纪委办公室、土地公路管理部、维稳信访工作办公室、辽河油田（盘锦）储气库有限公司、勘探事业部（勘探部）、开发事业部（开发部）、勘探开发研究院、钻采工艺研究院、经济技术研究院、中油辽河工程有限公司、燃气集团公司、物资分公司（物资管理部）、兴隆台采油厂主要负责人

22.辽河油田公司井控管理领导小组

2022年5月机构及人员设置情况：

组　　长：任文军

副组长：于天忠　刘建峰

成　　员：钻采工程技术部、勘探事业部（勘探部）、开发事业部（开发部）、党委办公室（总经理办公室）、规划计划部、

财务资产部、生产运营部、党委组织部（人事部）、质量安全环保部、科技部、设备管理部、企管法规部、国际合作部、经济技术研究院、物资分公司（物资管理部）、安全环保技术监督中心、资本运营事业部主要负责人

领导小组办公室设在钻采工程技术部。

2022年10月机构及人员调整情况：

副组长：于天忠　刘建峰　杨立龙　胡英杰

23.辽河油田公司油气产品营销工作领导小组

2022年5月机构及人员设置情况：

组　长：任文军

副组长：孙义新　刘建峰

成　员：潘良革，规划计划部、财务资产部、生产运营部、质量安全环保部、钻采工程技术部、审计部、企管法规部、储气库公司、燃气集团公司、油气集输公司、安全环保技术监督中心、招标中心、销售公司、大连分公司主要负责人

领导小组办公室设在生产运营部，生产运营部主要负责人任办公室主任，办公室人员由成员部门主管领导组成，承担领导小组日常工作。

2022年10月机构及人员调整情况：

成　员：潘良革，规划计划部、财务资产部、生产运营部、质量健康安全环保部、钻采工程技术部、审计部、企管法规部、辽河油田（盘锦）储气库有限公司、燃气集团公司、油气集输公司、安全环保技术监督中心、销售公司主要负责人

24.辽河油田公司高升对外合作项目遗留事项处理工作领导小组

2022年5月机构及人员设置情况：

组　长：任文军

副组长：孙义新　于天忠

成　员：财务资产部、设备管理部、企管法规部、国际合作部、高升采油厂主要负责人

领导小组办公室设在国际合作部。

2022年10月机构及人员调整情况：

无调整

25.辽河油田公司承包（服务）商管理委员会

2022年5月机构及人员设置情况：

主　任：任文军

副主任：卢时林

成　员：党委办公室（总经理办公室）、规划计划部、财务资产部、党委组织部（人事部）、生产运营部、质量安全环保部、科技部、钻采工程技术部、基建工程部、设备管理部、数字和信息化管理部、审计部、企管法规部、党委宣传部、纪委办公室、群团工作部、土地公路管理部、物资分公司（物资管理部）、国际合作部、维稳信访工作办公室、勘探事业部（勘探部）、开发事业部（开发部）、经济技术研究院、公共事务管理部主要负责人

委员会办公室设在企管法规部。

2022年10月机构及人员调整情况：

副主任：刘建峰

26.辽河油田公司厂务公开领导小组

2022年5月机构及人员设置情况：

组　长：张金利

成　员：党委办公室（总经理办公室）、规划计划部、财务资产部、党委组织部（人事部）、生产运营部、质量安全环保部、设备管理部、纪委办公室、工会、维稳信访工作办公室、物资分公司（物资管理部）、公共事务管理部主要负责人

领导小组办公室设在工会。

2022年10月机构及人员调整情况：

无调整

27.辽河油田公司人事档案专项审核领导小组

2022年5月机构及人员设置情况：

组　　长：张金利

副组长：赵万辉

成　　员：党委组织部（人事部）相关业务负责人

办公室设在党委组织部（人事部）。

2022年10月机构及人员调整情况：

无调整

28. 辽河油田公司组织史资料编审委员会

2022年5月机构及人员设置情况：

主　　任：张金利

副主任：赵万辉

成　　员：党委组织部（人事部）、党委办公室（总经理办公室）相关业务负责人，档案馆主要负责人，机关部室、直属部门及所属单位主要负责人

委员会下设办公室和编辑部，分别设在党委组织部（人事部）和档案馆，编辑部日常工作接受编审委员会办公室领导。

2022年10月机构及人员调整情况：

无调整

29. 辽河油田公司史志编纂委员会

2022年5月机构及人员设置情况：

主　　任：张金利

副主任：李忠诚

成　　员：辽河油田公司所属单位主要负责人，机关部室、直属部门主要负责人

委员会办公室设在档案馆。

2022年10月机构及人员调整情况：

主　　任：李忠兴

副主任：任文军　胡英杰

30. 辽河油田公司未上市业务解困扭亏工作小组

2022年5月机构及人员设置情况：

组　　长：卢时林

副组长：孙义新　刘建峰

成　　员：财务资产部、企管法规部、规划计划部、党委组织部（人事部）、生产运营部、钻采工程技术部、基建工程部、设备管理部、物资分公司（物资管理部）、国际合作部、开发事业部（开发部）、数字和信息化管理部、资本运营事业部主要负责人

工作小组办公室设在财务资产部，财务资产部主要负责人任办公室主任。

2022年10月机构及人员调整情况：

无调整

31. 辽河油田剥离移交业务服务保障工作沟通协调领导小组

2022年5月机构及人员设置情况：

组　　长：卢时林

副组长：孟　平

成　　员：财务资产部、党委组织部（人事部）、生产运营部、质量安全环保部、党委宣传部、企管法规部、维稳信访工作办公室、公共事务管理部、振兴服务分公司、电力分公司、供水分公司、人力资源调剂中心主要负责人

领导小组办公室设在公共事务管理部。

2022年10月机构及人员调整情况：

无调整

32. 辽河油田公司管理体系融合工作领导小组

2022年5月机构及人员设置情况：

组　　长：卢时林

副组长：袁广平

成　　员：党委办公室（总经理办公室）、规划计划部、财务资产部、党委组织部（人事部）、生产运营部、质量安全环保部、科技部、钻采工程技术部、基建工程部、设备管理部、审计部、党委宣传部、纪委办公室、群团工作部、土地公路管理部、物资分公司（物资管理部）、数字和信息化管理部、国际合作部、维稳信访工作办公室、勘探事业部（勘探部）、开发事业部（开发部）、经济技术研究院、公共事务管理部主要负责人领导小组办公室设在企管法规部。

2022年10月机构及人员调整情况：

无调整

33. 辽河油田公司内部市场管理委员会

2022年5月机构及人员设置情况：

主　任：卢时林

副主任：袁广平

成　员：党委办公室（总经理办公室）、规划计划部、财务资产部、党委组织部（人事部）、生产运营部、质量安全环保部、科技部、钻采工程技术部、基建工程部、设备管理部、审计部、党委宣传部、纪委办公室、群团工作部、土地公路管理部、物资分公司（物资管理部）、数字和信息化管理部、国际合作部、维稳信访工作办公室、勘探事业部（勘探部）、开发事业部（开发部）、经济技术研究院、公共事务管理部主要负责人

委员会办公室设在企管法规部。

2022年10月机构及人员调整情况：

主　任：刘建峰

副主任：赵明波

34. 辽河油田公司招标管理领导小组

2022年5月机构及人员设置情况：

组　长：卢时林

成　员：党委办公室（总经理办公室）、规划计划部、财务资产部、党委组织部（人事部）、生产运营部、质量安全环保部、科技部、钻采工程技术部、基建工程部、设备管理部、审计部、纪委办公室、土地公路管理部、物资分公司（物资管理部）、数字和信息化管理部、勘探事业部（勘探部）、开发事业部（开发部）、经济技术研究院、资本运营事业部、招标中心主要负责人

领导小组办公室设在物资分公司（物资管理部）。

2022年10月机构及人员调整情况：

组　长：刘建峰

35. 辽河油田公司厂办大集体改革领导小组

2022年5月机构及人员设置情况：

组　长：孙义新

副组长：毛宏伟　袁广平

成　员：党委组织部（人事部）、财务资产部、党委宣传部、群团工作部、土地公路管理部、维稳信访工作办公室、物资分公司（物资管理部）、资本运营事业部、公共事务管理部主要负责人

领导小组办公室设在资本运营事业部。

2022年10月机构及人员调整情况：

无调整

36. 辽河油田公司"两金"压控领导小组

2022年5月机构及人员设置情况：

组　长：孙义新

副组长：财务资产部主要负责人

成　员：党委办公室（总经理办公室）、规划计划部、财务资产部、党委组织部（人事部）、生产运营部、钻采工程技术部、基建工程部、设备管理部、审计部、企管法规部、纪委办公室、土地公路管理部、物资分公司（物资管理部）、资本运营事业部主要负责人

领导小组办公室设在财务资产部，财务资产部主要负责人兼任办公室主任。

2022年10月机构及人员调整情况：

无调整

37. 辽河油田公司股权处置工作领导小组

2022年5月机构及人员设置情况：

组　长：孙义新

副组长：毛宏伟

成　员：财务资产部、党委组织部（人事部）、审计部、企管法规部、土地公路管理部、维稳信访工作办公室、资本运营事业部主要负责人

领导小组办公室设在资本运营事业部。

2022年10月机构及人员调整情况：

无调整

38. 辽河油田公司软科学研究管理领导小组

2022年5月机构及人员设置情况：

组　　长：孙义新

副组长：毛宏伟

成　　员：经济技术研究院、科技部、规划计划部、财务资产部、党委组织部（人事部）、企管法规部、党委宣传部主要负责人

领导小组办公室设在经济技术研究院。

2022年10月机构及人员调整情况：

无调整

39. 辽河油田公司价格管理委员会

2022年5月机构及人员设置情况：

主　　任：孙义新

成　　员：规划计划部、财务资产部、生产运营部、设备管理部、审计部、企管法规部、纪委办公室、经济技术研究院、燃气集团公司、物资分公司（物资管理部）、公共事务管理部、销售公司主要负责人

委员会办公室设在财务资产部，财务资产部主要负责人任办公室主任。

2022年10月机构及人员调整情况：

无调整

40. 辽河油田公司标准化技术委员会

2022年5月机构及人员设置情况：

主　　任：于天忠

副主任：周大胜

成　　员：党委办公室（总经理办公室）、规划计划部、财务资产部、党委组织部（人事部）、生产运营部、质量安全环保部、钻采工程技术部、基建工程部、设备管理部、审计部、企管法规部、党委宣传部、纪委办公室、群团工作部、国际合作部、维稳信访工作办公室、土地公路管理部、数字和信息化管理部、勘探事业部（勘探部）、开发事业部（开发部）、勘探开发研究院、钻采工艺研究院、中油辽河工程有限公司、经济技术研究院、安全环保技术监督中心、储气库公司、新能源事业部主要负责人，科技部相关业务负责人

委员会办公室设在科技部。

2022年10月机构及人员调整情况：

成　　员：李晓光、李明辉、武毅、檀德库、总经理助理、总法律顾问，党委办公室（总经理办公室）、规划计划部、财务资产部、党委组织部（人事部）、生产运营部、质量健康安全环保部、钻采工程技术部、基建工程部、设备管理部、审计部、企管法规部、党委宣传部、纪委办公室、群团工作部（工会、团委）、国际合作部、维稳信访工作办公室、土地公路管理部、数字和信息化管理部、勘探事业部（勘探部）、开发事业部（开发部）、勘探开发研究院、钻采工艺研究院、中油辽河工程有限公司、经济技术研究院、安全环保技术监督中心、新能源事业部、物资分公司（物资管理部）主要负责人，科技部相关业务负责人

41. 辽河油田公司国际业务社会安全委员会

2022年5月机构及人员设置情况：

主　　任：于天忠

成　　员：党委办公室（总经理办公室）、规划计划部、财务资产部、党委组织部（人事部）、生产运营部、质量安全环保部、基建工程部、设备管理部、审计部、企管法规部、党委宣传部、纪委办公室、群团工作部、国际合作部、维稳信访工作办公室、国际事业部主要负责人

委员会办公室设在国际合作部。

2022年10月机构及人员调整情况：

无调整

42.辽河油田公司博士后科研工作站管理委员会

2022年5月机构及人员设置情况：

主　　任：于天忠

成　　员：党委组织部（人事部）、科技部、财务资产部主要负责人

委员会办公室设在党委组织部（人事部）。

2022年10月机构及人员调整情况：

主　　任：胡英杰

43.辽河油田公司石油工程技术服务企业及施工作业队伍资质初审领导小组

2022年5月机构及人员设置情况：

组　　长：刘建峰

成　　员：钻采工程技术部、勘探事业部（勘探部）、开发事业部（开发部）、党委组织部（人事部）、设备管理部、质量安全环保部、企管法规部、财务资产部、生产运营部主要负责人

领导小组办公室设在钻采工程技术部。

2022年10月机构及人员调整情况：

组　　长：杨立龙

44.辽河油田公司工程监督领导小组

2022年5月机构及人员设置情况：

组　　长：刘建峰

副组长：钻采工程技术部、勘探事业部（勘探部）、开发事业部（开发部）主要负责人

成　　员：财务资产部、党委组织部（人事部）、企管法规部主要负责人，钻采工程技术部、经济技术研究院相关业务负责人

领导小组办公室设在钻采工程技术部。

2022年10月机构及人员调整情况：

组　　长：杨立龙

成　　员：财务资产部、党委组织部（人事部）、企管法规部主要负责人，钻采工程技术部、经济技术研究院、安全环保技术监督中心相关业务负责人

45.辽河油田公司防汛工作领导小组

2022年5月机构及人员设置情况：

组　　长：刘建峰

成　　员：机关部室、直属部门主要负责人

领导小组办公室设在生产运营部。

2022年10月机构及人员调整情况：

组　　长：任文军

副组长：于天忠　刘建峰

46.辽河油田公司油地协调工作小组

2022年5月机构及人员设置情况：

组　　长：刘建峰

副组长：孟　平　潘良革

成　　员：规划计划部、财务资产部、党委组织部（人事部）、生产运营部、质量安全环保部、钻采工程技术部、科技部、审计部、企管法规部、土地公路管理部（油地办）、维稳信访工作办公室、储气库公司、数字和信息化管理部、经济技术研究院、资本运营事业部、公共事务管理部、招标中心主要负责人

工作小组办公室设在土地公路管理部（油地办），土地公路管理部（油地办）主要负责人任办公室主任。

2022年10月机构及人员调整情况：

无调整

47.辽河油田公司科技工作领导小组

2022年10月机构及人员设置情况：

组　　长：李忠兴

常务副组长：任文军

副组长：张金利　卢时林　孙义新　卢增龙
　　　　于天忠　刘建峰　杨立龙　胡英杰

成　　员：总经理助理、副总经济师、总法律顾问，党委办公室（总经理办公室）、规划计划部、财务资产部、党委组织部（人事部）、生产运营部、质量健康安全环保部、科技部、钻采工程技术部、基建工程部、设备管理部、审计部、

企管法规部、党委宣传部、纪委办公室、群团工作部（工会、团委）、土地公路管理部、数字和信息化管理部、国际合作部、勘探事业部（勘探部）、开发事业部（开发部）、物资分公司（物资管理部）主要负责人

领导小组办公室设在科技部，胡英杰兼任办公室主任、负责日常工作，科技部主要负责人任办公室副主任。

48. 辽河油田公司法治建设领导小组（合规委员会）

2022年10月机构及人员设置情况：

组　　长（主　任）：李忠兴

副组长（副主任）：任文军　张金利　卢时林
　　　　　　　　孙义新　卢增龙　于天忠
　　　　　　　　刘建峰　杨立龙　胡英杰

成　　员：总法律顾问，党委办公室（总经理办公室）、规划计划部、财务资产部、党委组织部（人事部）、生产运营部、质量健康安全环保部、科技部、钻采工程技术部、基建工程部、设备管理部、数字和信息化管理部、审计部、企管法规部、党委宣传部、纪委办公室、群团工作部（工会、团委）、土地公路管理部、国际合作部、维稳信访工作办公室、勘探事业部（勘探部）、开发事业部（开发部）、经济技术研究院、物资分公司（物资管理部）、公共事务管理部主要负责人

领导小组（委员会）办公室设在企管法规部，日常工作由卢时林同志负责。

49. 冷家堡对外合作项目合同终止工作领导小组

2022年10月机构及人员设置情况：

组　　长：于天忠

副组长：潘良革　宋天辉　王　振　孙海东

成　　员：国际合作部、规划计划部、财务资产部、党委组织部（人事部）、质量健康安全环保部、数字和信息化管理部、审计部、冷家油田开发公司、开发事业部（开发部）主要负责人

领导小组办公室设在国际合作部，下设协调配合组、作业权接收组、财务资产接收组三个专业工作组。

50. 辽河油田公司档案鉴定委员会

主　　任：胡英杰

副主任：李忠诚　刘长江

委　　员：党委办公室（总经理办公室）、财务资产部、审计部、企管法规部、纪委办公室等部门业务主管领导

委员会办公室设在档案馆。

2022年辽河油田公司党的非常设机构

1. 辽河油田公司党的建设工作领导小组

2022年5月党的非常设机构设置情况：

组　　长：李忠兴

副组长：任文军　张金利　裴　勇

成　　员：党委办公室、党委组织部、党委宣传部、纪委办公室、工会、团委、维稳信访工作办公室、机关党委主要负责人，党委组织部相关业务负责人

领导小组办公室设在党委组织部。

2022年10月党的非常设机构调整情况：

副组长：任文军　张金利　卢增龙

2. 辽河油田公司国家安全人民防线建设小组

2022年5月党的非常设机构设置情况：

组　　长：李忠兴

副组长：张金利

成　　员：党委办公室、党委组织部、科技部、党委宣传部、纪委办公室、群团工作部、数字和信息化管理部、维稳信访工作办公室、国际合作部、机关党委主要负责人

小组办公室设在党委办公室。

2022年10月党的非常设机构调整情况：

副组长：张金利　胡英杰

3. 辽河油田公司党委党风廉政建设和反腐败工作领导小组

2022年5月党的非常设机构设置情况：

组　长：李忠兴

副组长：任文军　张金利　裴勇

成　员：卢时林、孙义新、于天忠、刘建峰，党委办公室、党委组织部、党委宣传部、纪委办公室、维稳信访工作办公室主要负责人

领导小组办公室设在党委巡察工作领导小组办公室，日常工作由裴勇负责。

2022年10月党的非常设机构调整情况：

副组长：任文军　张金利　卢增龙

成　员：卢时林　孙义新　于天忠　刘建峰　杨立龙　胡英杰

领导小组办公室设在党委巡察工作领导小组办公室。日常工作由卢增龙负责。

4. 辽河油田公司党委巡察工作领导小组

2022年5月党的非常设机构设置情况：

组　长：李忠兴

副组长：任文军　张金利　裴勇

成　员：党委组织部、纪委办公室主要负责人

领导小组办公室设在党委巡察工作领导小组办公室。

2022年10月党的非常设机构调整情况：

副组长：任文军　张金利　卢增龙

5. 辽河油田公司党委机构编制管理委员会

2022年5月党的非常设机构设置情况：

主　任：李忠兴

副主任：任文军　张金利　卢时林　孙义新　裴勇　于天忠　刘建峰

委员会办公室设在党委组织部（人事部），日常工作由张金利负责。

2022年10月党的非常设机构调整情况：

副主任：任文军　张金利

成　员：袁广平　赵万辉　冉杰　郭俊鹏　赵明波　李红伟

办公室设在党委组织部（人事部），赵万辉兼任办公室主任。日常工作由张金利负责。

6. 辽河油田公司党委青年工作领导小组

2022年5月党的非常设机构设置情况：

组　长：李忠兴

副组长：任文军　张金利

成　员：党委办公室、规划计划部、财务资产部、党委组织部、质量安全环保部、科技部、钻采工程技术部、党委宣传部、纪委办公室、工会、团委、维稳信访工作办公室、勘探事业部（勘探部）、开发事业部（开发部）主要负责人

领导小组办公室设在党委青年工作部，团委主要负责人兼任办公室主任。

2022年10月党的非常设机构调整情况：

无调整

7. 辽河油田公司主题教育活动领导小组

2022年5月党的非常设机构设置情况：

组　长：李忠兴

副组长：任文军　张金利　卢时林　孙义新　裴勇　于天忠　刘建峰

成　员：党委办公室、规划计划部、财务资产部、党委组织部、生产运营部、质量安全环保部、科技部、钻采工程技术部、基建工程部、设备管理部、审计部、企管法规部、党委宣传部、纪委办公室、群团工作部、土地公路管理部、国际合作部、维稳信访工作办公室、机关党委、勘探事业部（勘探部）、开发事业部（开发部）、数字和信息化管理部主要负责人

领导小组办公室设在党委宣传部，日常工作由张金利负责。

2022年10月党的非常设机构调整情况：

副组长：任文军　张金利　卢时林　孙义新

卢增龙　于天忠　刘建峰　杨立龙
胡英杰

8.辽河油田公司党委新闻宣传工作领导小组

2022年5月党的非常设机构设置情况：

组　　长：张金利

成　　员：党委办公室、规划计划部、财务资产部、党委组织部、生产运营部、质量安全环保部、科技部、钻采工程技术部、基建工程部、设备管理部、审计部、企管法规部、党委宣传部、纪委办公室、群团工作部、土地公路管理部、国际合作部、维稳信访工作办公室、勘探事业部（勘探部）、开发事业部（开发部）、数字和信息化管理部、资本运营事业部、新闻中心主要负责人，党委宣传部相关业务负责人

领导小组办公室设在党委宣传部。

2022年10月党的非常设机构调整情况：

无调整

9.辽河油田公司保密委员会（密码工作领导小组）

2022年5月党的非常设机构设置情况：

主　任（组　长）：张金利

副主任（副组长）：李忠诚

委　员（成　员）：党委办公室、规划计划部、财务资产部、党委组织部、生产运营部、质量安全环保部、科技部、钻采工程技术部、基建工程部、设备管理部、审计部、企管法规部、党委宣传部、纪委办公室、工会、团委、土地公路管理部、维稳信访工作办公室、数字和信息化管理部、国际合作部、机关党委、档案馆、储气库公司、勘探事业部（勘探部）、开发事业部（开发部）、勘探开发研究院、新能源事业部主要负责人

委员会（领导小组）办公室设在党委办公室。

2022年10月党的非常设机构调整情况：

主　任（组　长）：胡英杰

10.辽河油田公司党委青年工作委员会

2022年5月党的非常设机构设置情况：

主　　任：张金利

第一副主任：刘建峰

副 主 任：岳英迪

成　　员：党委办公室、规划计划部、党委组织部、质量安全环保部、科技部、钻采工程技术部、党委宣传部、纪委办公室、群团工作部、勘探事业部（勘探部）、开发事业部（开发部）主要负责人

委员会办公室设在团委（青年工作部）。

2022年10月党的非常设机构调整情况：

无调整

11.辽河油田公司党委党风廉政建设和反腐败工作协调小组

2022年5月党的非常设机构设置情况：

组　长：裴　勇

副组长：党委办公室、企管法规部、纪委办公室主要负责人

成　员：党委组织部、质量安全环保部、审计部、党委宣传部、群团工作部、维稳信访工作办公室主要负责人，纪委办公室、党委巡察办、公司纪委派驻机关党委纪检组、公司纪委派驻资本运营事业部纪检组相关业务负责人

协调小组办公室设在纪委办公室，纪委办公室相关业务负责人兼任办公室主任。

2022年10月党的非常设机构调整情况：

组　长：卢增龙

12.辽河油田公司民生改善工程领导小组

2022年10月党的非常设机构设置情况：

组　长：李忠兴　任文军

副组长：张金利　卢时林　孙义新　卢增龙

于天忠　刘建峰　杨立龙　胡英杰

成　员：党委办公室、规划计划部、财务资产部、党委组织部（人事部）、生产运营部、质量健康安全环保部、钻采工程技术部、党委宣传部（机关党委）、群团工作部（工会）、安全环保技术监督中心、信息工程分公司、环境工程公司、辽河油田培训中心、资本运营事业部、公共事务管理部、振兴服务分公司、辽油宝石花医院、辽油宝石花物业、辽河油田关心下一代工作委员会主要负责人

领导小组办公室设在群团工作部（工会）。

13. 辽河油田公司扶贫帮困工作委员会

2022年10月党的非常设机构设置情况：

主　任：李忠兴　任文军

副主任：张金利　孙义新

成　员：党委办公室、财务资产部、党委组织部（人事部）、质量健康安全环保部、审计部、企管法规部、纪委办公室、群团工作部（工会）、维稳信访工作办公室、公共事务管理部主要负责人

领导小组办公室设在群团工作部（工会）。

14. 辽河油田公司劳动模范评审委员会

2022年10月党的非常设机构设置情况：

主　任：张金利

成　员：党委办公室、规划计划部、财务资产部、党委组织部、生产运营部、质量健康安全环保部、科技部、钻采工程技术部、基建工程部、设备管理部、审计部、企管法规部、党委宣传部（机关党委）、纪委办公室、群团工作部（工会）主要负责人

领导小组办公室设在群团工作部（工会）。

15. 辽河党建信息化工作领导小组

组　长：张金利

副组长：赵万辉　李洪海

成　员：党委办公室、财务资产部、党委组织部、党委宣传部、纪委办公室、群团工作部（工会、团委）、数字和信息化管理部、维稳信访工作办公室、辽河油田培训中心、新闻中心相关业务负责人

领导小组办公室设在党委组织部。

专家队伍

享受国务院政府特殊津贴人员

李晓光　赵奇峰　温　静

企业首席专家

李晓光　李明辉　武　毅　檀德库　周　鹰　单俊峰　温　静　刘宝鸿

企业高级专家

蔡国钢　郭彦民　李铁军　刘其成　许　宁　赵洪岩　张子明　张福兴

刘广东　刘贵满　许国民　王　强　荐　鹏
孟庆学　王家暖　韩树柏　陈永恒　邱衍辉
李海龙　李　爽　雷　刚　孙绳昆

一级工程师

高树生　金　科　冉　波　吴炳伟　鞠俊成
雷安贵　张瑞斌　江　明　高　源　卢明德
裴家学　韩宏伟　王奎斌　赵庆辉　司　勇
王中元　史际忠　于　军　程建平　李　蔓
杨彦东　闵忠顺　肖传敏　梁　飞　闫　峰
梁　兴　吕　民　马昌明　王智博　袁爱武

魏　凯　许宝燕　于　雷　朱　静　苏　建
杜新军　寇　微　何金宝　高富成　孙　卉
李清春　边少之　戴　民　项　忱　阴艳芳
吴　爽　高忠敏　张崇刚　高荣杰　王庆文
支印民　潘　庆　郑晓松　李玉君　田永庆
丰先艳　王德伟　管恩东　刘　涛　孟　强
袁　武　吴　非　汪小平　周庆林　李泽勤
窦玉明　崔　欣　郭廷顺　姚　磊　刘志刚
王　勇　郭大成　王　玲　周　宏

2022年度辽河油田公司晋升高级专业技术职称人员

高级工程师（308人）

孔祥一　蒋　明　冯兆国　单祥斌　付　尧
马　佳　张升峰　肖　程　庞力源　何远哲
秦洪岩　焦明明　董鹏毅　杨也波　谭宏亮
李　巍　胡庆榆　梅东风　刁振国　姜筠也
柴　标　温秋梅　齐庆鹏　刘　鹏　麻鹏宇
陈　艳　张　玲　向　峥　孙凤艳　包丽影
刘向斌　李　正　蹇晓云　徐晓东　孙浩清
胡鹏程　张　倩　于靖民　宿晶鑫　唐　磊
马梦玉　张　莹　胡　博　姜国庆　孟　鑫
郑艳梅　公　克　商永刚　路　朋　李可寒
沈　群　王彦卫　王　敏　燕云翔　仲　超
艾　兵　郭　鸣　李宜森　胡海轩　韩士军
王清萍　张连梅　聂凯杰　裴　磊　王　威
王永娜　李丽丽　尹金伟　高　亮　唐　平
陈学亮　张少波　李春龙　杨美萍　王　红
骆　杨　门正国　祁　涛　高　航　黄海礁
金　龙　张　巍　李春辉　刘祎阳　孙洪霞
甄　雪　张虎虎　孙英春　姜元元　齐雯璐
郑雅各　刘　辉　张　挺　栾益彬　张　硕
马志坚　石　磊　王远红　全聪聪　孙　娜
周禹男　卜祥福　杜鹏飞　张佩佩　项鹏心
李晗丽　马　开　孙　凯　王孝磊　丁一铭
马广刚　杜　健　陈智军　景　越　宗丽娟
张　淼　于　洋　黄军燕　赵艳秋　迟淑梅

毕远智　侯庆波　王鹏飞　方宗元　刘子辉
仲维一　刘熔冰　胡玲玲　代圣超　张　磊
杨　洁　刘　威　赵绘青　钱　玲　李燕敏
徐晓辉　董奇玮　王　乾　朱卫民　秦　震
王梓吉　关云浩　王　月　孙立超　朱　涛
冯　冠　侯铁锋　李纯军　赵长江　姜锦涛
刘　康　李之旭　王栋明　肖　雄　付　强
宫　臣　蔡　超　李　龙　焦春宇　易文博
张甜甜　李　滨　蔡洪波　冯　天　赵国光
樊　涛　许　卉　张潇月　荆　涛　孙安培
张兴文　徐春阳　王菲菲　余秋均　杨志强
唐洁云　刘　亮　战常武　吕宏伟　王继春
白鲁山　周晓龙　巩伟明　崔广智　郭　峰
杨　璐　杜庆国　王　新　魏　达　崔宇晶
钱丽欣　郭军敏　张瑞雪　雷文文　周约如
罗　林　郭兴生　于洪雪　赵　超　陈　平
李立超　戴倩倩　张西子　蔡龙浩　肖　昌
戴双宁　施　玉　李红爽　董　亮　王　鸿
亢思丹　龚润民　杨连行　闫立朋　郭定雄
赵　越　田红山　余立军　王　峰　陈国泉
崔　彪　濮孟蕾　李海权　司昊亮　王运峰
马　雷　穆明英　王孝通　郑　雷　李艳钰
戴　琳　张　强　梁　钊　徐　飞　赵　越
王文旭　金　山　刘洪凯　张　馨　吴庆晖
陈　达　康佳祺　姜久强　王　建　姚　博

裴 格	侯 玉	吕长达	柴京伟	袁兴海
孙霄飞	赵 辉	薛文礼	李璐安	黄 平
孟 刚	龚小兵	王四明	罗亚魁	高秋华
沈万奎	徐明越	吴重江	赵元奇	张 旭
刘 超	王腾飞	王霄鹏	金 龙	谭永亮
张 岩	张 强	董芳芳	梁 佳	章 洋
刘建鹏	代洪波	金作相	张书彬	包晓航
李建梅	孙井波	代 金	方 力	王永江
鞠春阳	王延平	秦建兵	何 浩	谈振环
潘 青	黄松磊	修士今	郑赛男	陈允龙
刘 哲	林 琳	陈永生	纪晓辉	靳 军
刘二平	刘铁健	吕 程	汪生有	张德庆
张秀慧	田性刚	蒋 微		

高级经济师（18人）

田润丽	吴 琼	徐炜炜	李丽凤	杨 波
刘凤霞	李 涛	王 飞	王志文	杨 敏
王炳哲	任艳子	姜 波	李 菲	吴 霜
单芳芳	刘恒新	王 苗		

高级会计师（11人）

郝秋娟	陈少娟	董 丹	陈洪涛	于丽媛
吕 阳	杨 勇	牛凤新	柳海龙	瞿学臣
王元利				

高级审计师（1人）

陈连方

高级政工师（38人）

李红伟	陈 伟	李 衡	王国天	林忠宇
邵恒玉	姜 山	朱晓晨	孙振禄	张舒宁
秦 雪	岳 滨	魏洪立	赵 丹	陈 钰
江隆拯	刘心宇	宋茂元	岳清华	孙晓霞
王丽娜	郭丽丽	刘宝庆	吴 丹	田 东
宋广宇	李俊亚	訾绍凯	郑立华	曾君玲
李 晶	谢桂森	杨德发	张 萍	雷凤颖
张 蔓	姚 爽	王 霞		

高级讲师（5人）

| 马璐璐 | 陈 宏 | 李加旭 | 王 超 | 刘 冰 |

二级建造师（4人）

| 谢 晖 | 陈香琴 | 刘显峰 | 闫 明 |

先进集体

国家级先进集体

荣誉名称	获奖单位	荣誉级别	颁发单位	获奖时间
全国五一劳动奖状	辽河油田（盘锦）储气库有限公司	国家级	中华全国总工会	2022
全国五四红旗团支部	辽河油田储气库公司党群工作部	国家级	共青团中央	2022.5
一星级全国青年文明号	金海采油厂集输大队洼一联合站	国家级	共青团中央	2022.8.
一星级全国青年文明号	高升采油厂集输大队高一联合站	国家级	共青团中央	2022
一星级全国青年文明号	曙光采油厂采油作业六区605号采油站	国家级	共青团中央	2022
国家健康企业建设优秀案例	特种油开发公司	国家级	国家卫生健康委	2022.6
全国健康企业建设特色案例	特种油开发公司	国家级	中国企业联合会 中国企业家协会	2022
2020—2021年度全国"安康杯"竞赛活动优胜班组	兴隆台采油厂采油作业一区热五站	国家级	中华全国总工会	2022.9

续表

荣誉名称	获奖单位	荣誉级别	颁发单位	获奖时间
全国企业电视优秀团队	曙光采油厂电视台	国家级	中国电视艺术家协会企业电视分会	2022.10
优秀焊接工程一等奖	辽河油田建设有限公司辽河雷61储气库地面工程	国家级	中国工程建设焊接协会	2022.11
优秀焊接工程一等奖	辽河油田建设有限公司中俄东线天然气管道工程（长岭—永清）第三标段管道线路	国家级	中国工程建设焊接协会	2022.11
柳转阳采油技能专家工作室	柳转阳采油技能专家工作室	国家级	中华人民共和国人力资源和社会保障部	2022
第十一届中国技术市场协会金桥奖优秀项目	锦州采油厂	国家级	中国技术市场协会	2022
先进企事业专职队	消防支队	国家级	应急管理部消防救援局	2022
"企业文化与生产经营管理深度融合"典型经验	曙光采油厂	国家级	中国企业文化研究会	2022.11

省部级先进集体

荣誉名称	获奖单位	荣誉级别	颁发单位	获奖时间
2021年度辽宁省五四红旗团支部	兴隆台采油厂采油作业二区团支部	省级	共青团辽宁省委员会	2022
2022年度辽宁省青年安全生产示范岗	辽河油田（盘锦）储气库有限公司雷61储气库作业区生产协调组	省级	共青团辽宁省委员会 辽宁省应急管理厅	2022.12
2021—2022年度辽宁省青年文明号	物资分公司产品检验中心金属材料检验室	省级	中国共产主义青年团辽宁省委员会	2022
	勘探开发研究院东部勘探所中段项目组	省级		2022
	辽兴油气开发公司地质工艺研究所工艺室	省级		2022
	消防支队综合救援大队	省级		2022
辽宁省模范职工之家	锦州采油厂工会委员会	省级	辽宁省总工会	2022
	辽河油田建设有限公司工会金属结构分公司分会	省级	辽宁省总工会	2022
2021年度辽宁省先进团委	欢喜岭采油厂团委	省级	共青团辽宁省委员会	2022.4
2022年度全省企业事业单位安全保卫工作暨二十大安全保卫工作集体二等功	沈阳采油厂	省级	辽宁省公安厅	2022.12
辽宁省用户满意单位	辽河油田建设有限公司	省级	辽宁省质量协会	2022.12
辽宁省用户满意建筑工程	粤北项目线路工程第五B标段	省级	辽宁省质量协会	2022.12
	双6储气库扩容上产10口注采井配套地面工程（1800万方采气处理装置）	省级	辽宁省质量协会	2022.12
辽宁省标准化党支部建设示范点	特种油开发公司采油作业三区第一党支部	省级	中共辽宁省委组织部	2022.12
争创新时代辽宁省青年志愿者组织	特种油开发公司"宝石花"青年志愿者服务分队	省级	共青团辽宁省委员会 辽宁省青年志愿者协会	2022.12
辽宁省"安康杯"竞赛活动优胜班组	兴隆台采油厂采油作业一区热五站	省级	辽宁省总工会	2022.2

续表

荣誉名称	获奖单位	荣誉级别	颁发单位	获奖时间
辽宁省技能大赛采油工团体第三名	兴隆台采油厂	省级	辽宁省总工会	2022
2021年度全省企业事业单位治安保卫工作集体二等功	燃气集团公司	省级	辽宁省公安厅	2022.1
2022年热注运行工职业技能竞赛团体二等奖	金海采油厂	省级	辽宁省职工技能大赛组委会	2022.11
2022年集输工工职业技能竞赛团体一等奖	金海采油厂	省级	辽宁省职工技能大赛组委会	2022.11
2022年职业技能竞赛优秀组织奖	金海采油厂	省级	辽宁省职工技能大赛组委会	2022.11
辽宁省优秀质量管理小组	金海采油厂黄沙坨区块QC小组	省级	辽宁省质量协会 辽宁省总工会 共青团辽宁省委员会 辽宁省科学技术协会	2022.7
辽宁省思想政治工作研究优秀单位	曙光采油厂	省级	中共辽宁省委宣传部 辽宁省思想政治工作研究会	2022.6
2020—2021年度辽宁省"安康杯"竞赛活动优胜单位	曙光采油厂	省级	辽宁省总工会 辽宁省应急管理厅 辽宁省卫生健康委员会	2022.2
2020—2021年度辽宁省"安康杯"竞赛优秀组织单位	高升采油厂工会	省级	辽宁省总工会 辽宁省应急管理厅 辽宁省卫生健康委员会	2022.2
二〇二二年辽宁省优秀质量管理小组	辽河油田（盘锦）储气库有限公司双6储气库集注保供QC小组	省级	辽宁省质量协会 辽宁省总工会 共青团辽宁省委员会 辽宁省科技技术协会	2022.7
2022年辽宁省党支部标准化规范化建设示范单位	辽河油田（盘锦）储气库有限公司雷61储气库作业区	省级	辽宁省委组织部	2022
2022年辽宁省职工创新工作室（王春禄退役军人职工创新工作室）	辽河油田（盘锦）储气库有限公司雷61储气库作业区	省级	辽宁省总工会办公室	2022.11
辽宁省职工创新工作室	沈阳采油厂张明凡职工创新工作室	省级	辽宁省总工会办公室	2022
辽宁省健康企业	振兴服务分公司	省级	辽宁省健康企业协会	2022.9
辽宁省职工技能大赛暨油气开采工技能大赛集输工团体第二名	锦州采油厂	省级	辽宁省职工技能大赛组委会	2022
辽宁省2021年度企业管理创新成果二等奖	辽河油田分公司	省级	辽宁省企业管理创新成果评审委员会	2022
2021年辽宁省党支部标准化规范化建设示范点	辽河工程技术分公司沈阳作业一大队113队党支部	省级	中共辽宁省委组织部	2022
2021年度辽宁省学雷锋活动示范点	兴隆台采油厂采油作业五区欧六站	省级	辽宁省委宣传部	2022

续表

荣誉名称	获奖单位	荣誉级别	颁发单位	获奖时间
2021年度辽宁省保卫系统"安防先进单位"	兴隆台采油厂	省级	辽宁省企业事业单位内部治安保卫协会	2022
2022年度辽宁省学雷锋活动示范点	燃气集团公司天然气压缩分公司盘锦CNG母站	省级	中共辽宁省委宣传部	2023.3
2022年度辽宁省物业服务企业住宅项目管理面积TOP30	盘锦振兴物业管理有限公司	省级	辽宁省房地产行业协会	2023.4
辽宁省党支部标准化规范化建设示范点	物资分公司渤海储运公司器材库党支部	省级	中共辽宁省委组织部	2022.12
辽宁省省纪检监察系统先进集体	纪委办公室	省级	中共辽宁省纪委机关辽宁省监察委员会、辽宁省人力资源和社会保障厅	2022

集团公司级先进集体

荣誉名称	获奖单位	荣誉级别	颁发单位	获奖时间
集团公司五四红旗团支部	辽河工程技术分公司带压作业大队团支部	集团公司级	共青团中国石油天然气集团有限公司委员会	2022.5
集团公司五四红旗团委	曙光采油厂团委	集团公司级	中国石油天然气集团有限公司团委	2022
2020—2021年度集团公司五四红旗团委	曙光采油厂	集团公司级	中国共产主义青年团中国石油天然气集团有限公司委员会	2022.5
	沈阳采油厂团委	集团公司级	共青团中国石油天然气集团有限公司委员会	2022.5
集团公司青年文明号	锦州采油厂采油作业二区33号站	集团公司级	中国石油天然气集团有限公司	2022.1
2022年度集团公司青年安全示范岗	欢喜岭采油厂热注作业一区25站	集团公司级	中国石油集团公司团委	2022.5
集团公司"十三五"财务工作先进集体	辽河油田（盘锦）储气库有限公司财务资产科	集团公司级	中国石油天然气集团有限公司	2022.9
	兴隆台采油厂财务资产科	集团公司级		2022.9
	特种油开发公司财务资产科	集团公司级		2022.9
	辽河油田分公司储气库公司财务资产科	集团公司级		2022.9
	辽河油田公司财务资产部	集团公司级		2022.9
	沈阳采油厂财务资产科	集团公司级		2022.9
中国石油天然气集团有限公司工程技术金牌队	辽河油田分公司X07232小修队（辽河工程技术分公司曙光作业二大队208队）	集团公司级	中国石油集团有限公司工程技术分公司	2022.5

续表

荣誉名称	获奖单位	荣誉级别	颁发单位	获奖时间
2021—2022年度集团公司质量信得过班组	欢喜岭采油厂热注作业一区25号站	集团公司级	中国石油天然气集团公司有限公司质量健康安全环保部	2022.10
	金海采油厂热注作业区注汽七站	集团公司级		2022.10
	曙光采油厂生产保障大队井口修复班	集团公司级		2022.10
	辽河油田建设有限公司枣阳-仙桃段全自动焊接五机组	集团公司级		2022.10
中国石油天然气集团有限公司质量管理小组优秀成果二等奖	金海采油厂工艺QC小组	集团公司级	中国石油天然气集团有限公司质量健康安全环保部	2022.9
集团公司维稳信访安保防恐工作特别贡献集体	特种油开发公司	集团公司级	中国石油天然气集团有限公司	2022.12
中国石油天然气集团有限公司第一届审计数据仓库建模大赛团体组三等奖	辽河油田公司审计中心	集团公司级	中国石油天然气集团有限公司审计部	2022.11
中国石油天然气集团有限公司第一届审计数据仓库建模大赛团体组创新奖	辽河油田公司审计中心	集团公司级	中国石油天然气集团有限公司审计部	2022.11
第四届全国油气开发专业职业技能竞赛暨中国石油首届技术技能大赛团体成绩三等奖（消防战斗员）	辽河油田分公司	集团公司级	中国石油天然气集团有限公司人力资源部	2022
第四届全国油气开发专业职业技能竞赛暨中国石油首届技术技能大赛消防战斗员优秀组织奖	辽河油田分公司	集团公司级	中国石油天然气集团有限公司人力资源部	2022
第四届全国油气开发专业职业技能竞赛暨中国石油首届技术技能大赛消防战斗员项目铜奖	辽河油田分公司	集团公司级	中国石油天然气集团有限公司人力资源部	2022
第四届全国油气开发专业职业技能竞赛暨中国石油首届技术技能大赛油藏动态分析项目银奖	辽河油田分公司	集团公司级	中国石油天然气集团有限公司人力资源部	2022
第四届全国油气开发专业职业技能竞赛暨中国石油首届技术技能大赛团体成绩二等奖（油藏动态分析）	辽河油田分公司	集团公司级	中国石油天然气集团有限公司人力资源部	2022
第四届全国油气开发专业职业技能竞赛暨中国石油首届技术技能大赛油藏动态分析项目金奖	辽河油田分公司	集团公司级	中国石油天然气集团有限公司人力资源部	2022
中国石油天然气集团有限公司人事档案专项审核工作先进单位	辽河油田分公司	集团公司级	中国石油天然气集团有限公司党组组织部	2022
2021年度组织人事信息报送工作先进单位	辽河油田党委组织部（人事部）	集团公司级	中国石油天然气集团有限公司人力资源部	2022
2021年度集团有限公司组织史资料编纂工作先进单位	辽河油田分公司	集团公司级	中国石油天然气集团有限公司党组组织部	2022
集团公司党建信息化平台2.0建设应用优秀单位	辽河油田分公司	集团公司级	中国石油天然气集团有限公司党群工作部	2022

续表

荣誉名称	获奖单位	荣誉级别	颁发单位	获奖时间
集团公司2021优秀党建研究成果三等奖	辽河油田分公司	集团公司级	中国石油天然气集团有限公司党群工作部	2022
石油石化企业2022年度管理现代化创新优秀成果一等奖	辽河油田分公司	集团公司级	中国石油天然气集团有限公司党群工作部	2022
集团公司"十四五"规划优秀成果	辽河油田分公司	集团公司级	中国石油天然气集团有限公司	2022
集团公司2003—2022年度统计工作先进单位	辽河油田分公司	集团公司级	中国石油天然气集团有限公司	2022
集团公司"三重一大"决策和运行监管系统应用优秀单位	辽河油田分公司	集团公司级	中石油天然气集团有限公司党组办公室	2022
集团公司2021年度QHSE标准化先进基层单位	辽河油田分公司	集团公司级	中国石油天然气集团有限公司HSE（安全生产）委员会办公室	2022
2021年度集团公司井控工作先进企业	辽河油田分公司	集团公司级	中国石油天然气集团有限公司	2022
集团公司生产经营先进单位	东北原油销售中心	集团公司级	中国石油天然气集团有限公司生产经营管理部	2022
集团公司2021年度环保先进基层单位	冷家油田开发公司采油作业三区	集团公司级	中国石油天然气集团有限公司HSE（安全生产）委员会办公室	2022
集团公司2022年度油气勘探重大发现成果一等奖	渤海湾盆地辽河滩海葵花岛构造带葵探1井油气勘探取得重要发现	集团公司级	中国石油天然气集团有限公司	2022
2021年度信息工作先进单位	辽河油田分公司	集团公司级	中国石油天然气集团有限公司综合管理部	2022
2021年度巾帼建功先进集体	锦州采油厂采油作业一区第四党支部女子采油站	集团公司级	中国石油天然气集团有限公司	2022
2021年度QHSE先进基层单位	安全环保技术监督中心集团公司东北油田节能监测中心	集团公司级	中国石油天然气集团有限公司HSE（安全生产）委员会	2022
2022年度HSE标准化先进基层单位	辽河油田（盘锦）储气库有限公司雷61储气库作业区	集团公司级	中国石油天然气集团有限公司	2023.1
2022年度集团公司青年安全生产示范岗	辽河工程技术分公司曙光作业二大队213队	集团公司级	中国石油天然气集团有限公司团委	2023.1
2022年度井筒质量监督工作先进单位	辽河油田油气井工程质量监督站	集团公司级	集团公司油井工程质量监督总站	2023.1
2022年度质量先进基层单位	辽河油田油气井工程质量监督站	集团公司级	集团公司质量健康安全环保部	2023.1
2022年度QHSE先进基层单位	中国石油天然气股份有限公司油田节能监测中心	集团公司级	集团公司质量健康安全环保部	2023.1
党的二十大维稳信访安保防恐工作特别贡献集体	辽河油田油气集输公司	集团公司级	中共中国石油天然气集团有限公司信访维稳安保工作领导小组	2023.1

2022年度获地市级政府表彰或行业荣誉的先进集体

荣誉名称	获奖单位	荣誉级别	颁发单位	获奖时间
盘锦工人先锋号	勘探开发研究院外围盆地勘探研究所	地市级	盘锦市总工会	2022.6
盘锦五一劳动奖状	燃气集团公司	地市级	盘锦市总工会	2022.5.
盘锦工人先锋号	辽河石油勘探局石油化工分公司煅烧焦车间	地市级	盘锦市总工会	2022
安全管理标准化示范班组	辽河油田环境工程公司泥浆处理分公司曙光泥浆站	行业级	中国安全生产协会	2022.12
全国先进企业电视台	辽河油田新闻中心	行业级	中国电视艺术家协会企业电视分会	2022
全国企业电视优秀团队	辽河油田电视台要闻部	行业级	中国电视艺术家协会企业电视分会	2022
	辽河油田电视台新媒体部	行业级	中国电视艺术家协会企业电视分会	2022

2022年度辽河油田公司级先进集体和技术、管理创新成果

荣誉名称	获奖单位	获奖时间
先进单位（16个）	曙光采油厂　欢喜岭采油厂　锦州采油厂　冷家油田开发公司　辽兴油气开发公司　油气集输公司　辽河油田（盘锦）储气库有限公司　勘探事业部　开发事业部　勘探开发研究院　安全环保技术监督中心　辽河工程技术分公司　辽宁恒鑫源工程项目管理有限公司　物资分公司　中油辽河工程有限公司　石油化工分公司	2023.1
先进集体（80个）	曙光采油厂　采油作业二区　采油作业三区　采油作业七区　地质研究所　安全环保技术监督站　概预算管理中心	2023.1
	兴隆台采油厂　采油作业四区　地质研究所　工艺研究所　机动采油大队	2023.1
	特种油开发公司　采油作业二区　热注作业一区　地质研究所　企管法规科	2023.1
	欢喜岭采油厂　采油作业一区地质研究所生产运行科企管法规科	2023.1
	沈阳采油厂　采油作业二区采油作业一区党委组织部（人事科）生产运行科	2023.1
	锦州采油厂　采油作业一区采油作业三区地质研究所工艺研究所	2023.1
	高升采油厂　采油作业二区采油作业一区地质研究所	2023.1
	冷家油田开发公司　采油作业一区采油作业三区	2023.1
	金海采油厂　采油作业三区热注作业区集输大队	2023.1
	茨榆坨采油厂　地质研究所生产运行科	2023.1
	辽兴油气开发公司　地质工艺研究所	2023.1
	荣兴油气开发公司　运行维护中心	2023.1

续表

荣誉名称	获奖单位	获奖时间
先进集体 （80个）	庆阳勘探开发分公司　宜川项目部	2023.1
	辽河油田（盘锦）储气库有限公司　双台子储气库群作业区	2023.1
	油气集输公司　兴隆台输气分公司　轻烃厂	2023.1
	勘探开发研究院　外围盆地勘探所	2023.1
	钻采工艺研究院　压裂酸化技术中心	2023.1
	经济技术研究院　综合管理科	2023.1
	燃气集团公司　中石油辽河油田辽阳瑞兴燃气有限公司8071区	2023.1
	外部市场项目管理部　浙油项目部	2023.1
	消防支队　广东消防大队	2023.1
	安全环保技术监督中心　盘锦科力安石油科技有限责任公司	2023.1
	车辆服务中心　欢喜岭大队　客车大队	2023.1
	销售公司　油品销售中心	2023.1
	信息工程分公司　机关运维中心	2023.1
	中油辽河工程有限公司　新能源工程所	2023.1
	辽河工程技术分公司　物资装备科　工程技术科　企管法规科 兴隆台作业二大队试油大队　锦州作业大队	2023.1
	辽河油田建设有限公司　管道工程第一项目部　新疆分公司　管道工程第三项目部 工程安装第三项目部（储气库项目部）	2023.1
	石油化工技术服务分公司　钻采工程公司技术开发中心	2023.1
	环境工程公司　泥浆处理分公司	2023.1
	电力分公司　沈阳供电工区曙光供电工区	2023.1
	石油化工分公司　煅烧焦车间	2023.1
	物资分公司　曙光物资供应中心	2023.1
	能源管理分公司　油气服务公司	2023.1
	辽河油田培训中心　QHSE培训部	2023.1
	新闻中心　要闻采访部	2023.1
	公共事务管理部　社会保险管理中心企业补充医疗保险科	2023.1
	振兴服务分公司　公建服务七公司　特油公建服务公司	2023.1
	人力资源调剂中心　党委组织部（人力资源部）	2023.1
	生产运营部　综合管理科	2023.1
	基建工程部　设计管理科	2023.1

2022年度辽河油田公司职业技能竞赛获奖名单（一）

荣誉名称	获奖单位	工种	获奖时间
团体一等奖	曙光采油厂	热注运行工	2022.12
团体二等奖	金海采油厂		
团体三等奖	欢喜岭采油厂		
团体一等奖	金海采油厂	集输工	2022.12
团体二等奖	锦州采油厂　沈阳采油厂		
团体三等奖	特种油开发公司　兴隆台采油厂		
团体一等奖	锦州采油厂	维修电工	2022.12
团体二等奖	曙光采油厂　欢喜岭采油厂		
团体三等奖	特种油开发公司　沈阳采油厂		

2022年度辽河油田公司职业技能竞赛团队项目奖（二）

荣誉名称	获奖单位	工种	获奖时间
金奖	曙光采油厂	热注运行工	2022.12
银奖	特种油开发公司		
铜奖	锦州采油厂		
金奖	金海采油厂	集输工	2022.12
银奖	沈阳采油厂　锦州采油厂		
铜奖	欢喜岭采油厂　曙光采油厂		
金奖	曙光采油厂	维修电工	2022.12
银奖	欢喜岭采油厂　锦州采油厂		
铜奖	沈阳采油厂　特种油开发公司		

2022年度辽河油田公司职业技能竞赛优秀组织奖（三）

荣誉名称	获奖单位	获奖时间
优秀组织奖	曙光采油厂　金海采油厂　沈阳采油厂 高升采油厂　特种油开发公司　冷家油田开发公司	2022.12

2020—2021年度辽河油田公司五四红旗团支部

荣誉名称	获奖单位	获奖时间
五四红旗团支部 （9个）	兴隆台采油厂采油作业二区团支部 欢喜岭采油厂采油作业二区团支部 锦州采油厂采油作业四区团支部 消防支队二大队首战中队团支部 辽河工程技术分公司带压作业大队团支部 辽河工程技术分公司兴隆台作业三大队团支部 石油化工分公司机关团支部 辽河油田建设有限公司施工作业管理中心安装中队团支部 辽宁省辽河公安局渤海分局团支部	2022.4

2022 年度辽河油田公司巡查工作先进单位

荣誉名称	单位名称	获奖时间
巡查工作先进单位	曙光采油厂	2022.1
	高升采油厂	
	车辆服务中心	
	燃气集团公司	
	锦州采油厂	
	油田公司机关党委	

2022 年度辽河油田公司天然气保供先进单位

荣誉名称	单位名称	获奖时间
先进单位	储气库公司	2022.4
	燃气集团公司	
	兴隆台采油厂	
	辽河工程技术分公司	
	油田建设有限公司	
	中油辽河工程有限公司	
	生产运营部	
	开发事业部	
	钻采工程技术部	
	基建工程部	

2022 年度辽河油田公司第九届"十大杰出青年团队""十大优秀青年团队"

荣誉名称	获奖单位	获奖时间
十大杰出青年团队	沈阳采油厂采油管理科	2022.4
	中石油辽河油田（葫芦岛）燃气有限公司魏家岭 CNG 母站	
	公司机关钻采工程对标管理团队	
	消防支队综合救援大队	
	辽河油田建设有限公司管道工程第三项目部	
	勘探事业部勘探先锋青年突击队	
	盘锦辽油宝石花医院"健康辽河守护者""青年志愿者服务队"	
	中油辽河工程有限公司风光发电青年设计团队	
	高升采油厂郑利辉技术创新工作室	
	电力分公司沈阳供电工区配电班	
十大优秀青年团队	曙光采油厂工艺研究所采油工艺室	2022.4
	勘探开发研究院稀油开发所西区室	
	外部市场项目管理部青海项目部	
	特种油开发公司地质研究所馆陶油藏综合治理团队	
	安全环保技术监督中心安全环保技术研究所环评中心	
	冷家油田开发公司地质研究所开发一室	
	信息工程分公司大数据专家团队	
	石油化工技术服务分公司技术开发中心提高采收率实验室	
	经济技术研究院开发评价部	
	石油化工分公司经营计划科	

辽河油田公司 2022 年度职工技术创新成果

荣誉级别	成果名称	完成单位	完成人	获奖时间
一等奖 （10项）	原油物性预测技术的改进与研究	勘探开发研究院	闫红星 秦 敏 姜文瑞 卢晓英 于 帅	2022.7
	新型液压钳尾绳的研制	辽河工程技术分公司	高志文 李桂库 张 明 熊 瑾 姜 全	
	抽油机减速箱润滑油高效净化装置的研究与应用	兴隆台采油厂	韩柏东 聂 新 孙保东 李 鹏 陈建民	
	6kV 配电变压器吊装作业防触电绝缘限位杆研制与使用	电力分公司	王鹏程 龚长春 马立凯 关景魁 刘鸿阳	
	注一联水源井无人值守调控系统的研制	金海采油厂	杨 琦 孙 洁	
	杆式泵注采一体化管柱悬挂装置的研制与应用	锦州采油厂	单井华 郑明杰 郑雅各 霍明明 李志龙	
	变频柜节能新措施的技术研究	欢喜岭采油厂	李晓东 赵奇峰 夏洪刚 陈树勇 凤 斌	
	精准调偏悬挂器的研制	欢喜岭采油厂	赵奇峰 邵本壮 郭发德 梁俊祥 夏洪刚	
	潜入式高粘液体剪切搅拌一体机泵改造与应用	石油化工技术服务分公司	王 磊 王文晶 代超奇 杨 帅 邓 旭	
	安全高效取样器的研制	曙光采油厂	柳转阳 饶德林 杨立华 赵 伟 武连永	
二等奖 （20项）	捞油配重防掉落装置的研制	曙光采油厂	柳转阳 杨 波 杨金升 苏军辉 耿长亮	2022.7
	双溢流防喷头的研发与应用	沈阳采油厂	冷东阳 侯喜建 田 斌 张涛涛 刘东伟	
	冬季泥浆泵使用前后水处理装置的研制	辽河工程技术分公司	祖振辉 姜 全 周 渝 朱成龙 于 欢	
	化学驱用水快速检测技术研究与应用	勘探开发研究院	杨 灿 郭 斐 马 静 侯力嘉 韩佚仙	
	燃气锅炉燃烧器点火针的改进与应用	石油化工技术服务分公司	代超奇 蒋 旭 王 磊 王 寅 苏 醒	
	一种抽油杆精确倒扣装置的研制	辽河工程技术分公司	姜 全 李桂库 刘 岩 朱成龙 高志文	
	配电线路水泥杆正杆装置的研制与应用	电力分公司	张永迪 王洪鹏 谭 明 王 浩 李建华	
	便携式油气分离取样装置研发	金海采油厂	单忠利 高文斌 孙 洁 张孝宁 吴英华	
	内衬油管内衬抽取装置的设计与应用	锦州采油厂	单井华 张 波 贾财华 郑雅各 刘 洋	
	"三防"一体化取样装置的研发与应用	兴隆台采油厂	刘江琴 汪 宁 韩柏东 张鸿峰 张育新	
	夸克称重计量系统的数据联网研究	信息工程分公司	李海龙 李艳钰 艾 岩 张俊义 王孝通	
	平衡块螺旋推动器的研制	欢喜岭采油厂	郭发德 赵奇峰 林平平 邵本壮 李 军	
	消除光杆环向应力装置的研制与应用	兴隆台采油厂	周 鑫 胡小龙 王月萍 黄 鹏 石雪梅	
	光杆对中防断压铁的研制	欢喜岭采油厂	郭发德 赵奇峰 林平平 夏洪刚 邵本壮	
	抽油机"峰谷平"自动控制装置的设计与应用	锦州采油厂	唐泽军 王庆东 刘云涌 宋 睿 应 亮	
	资源勘查井钻井泥浆水简易过滤装置的研制	石油化工技术服务分公司	王 寅 王 男 张明宇 王 磊 代超奇	
	便携式硫化氢自动检测仪的应用	曙光采油厂	李 帅 贾德方 赵 伟 王 刚 张庆明	
	注汽管线搬运车的研制	锦州采油厂	刘 哲 韩 锁 王海涛 刘智慧 徐 伟	
	地面套管防护装置的研制	欢喜岭采油厂	王铁强 常蓓锋 蒋 硕	
	超大口径管道自动焊接工艺改进技术研究	辽河油田建设有限公司	张 亮 吴 迪 董芳芳 高 山 甄云峰	

续表

荣誉级别	成果名称	完成单位	完成人					获奖时间
三等奖 （30项）	数字化罐位无线监测装置研制与应用	高升采油厂	郑利辉	刘海林	樊泽辉	高志文	杨伟东	2022.7
	循环水罐自动补水装置的研制	曙光采油厂	毕海昌	顾百峰	朱政艳	唐小军	杨金升	
	空心转子螺杆泵研究与试验	锦州采油厂	梁海波	贾财华	李 畅	杨友田	林 燕	
	热水循环井双空心杆试压工具的研制	高升采油厂	赵志辉	郑 健	李 蒙	马婉玉	高寿生	
	注一联合站过滤罐自动化变强度反洗设计应用	金海采油厂	杨 琦	孙 洁				
	多功能三抓卡瓦抽油杆打捞器的研制	辽河工程技术分公司	罗亚魁	姜 全	刘 洋	张喜闻	钟灿伟	
	管材账务生产管理系统开发与应用	兴隆台采油厂	苏成铎	聂 新	王建多	刘文石	陈建民	
	地质数据云端服务器架设与改进	欢喜岭采油厂	聂凯杰	陈晓东	张伟楠			
	一种放喷调偏油井井口密封装置的研制与应用	曙光采油厂	刘 伟	刘宏雷	王琛霖	刘柏嘉	廉福威	
	多功能防脱卡悬绳器的研发	曙光采油厂	饶德林	柳转阳	唐小军	武连永	杨金升	
	抽油杆短节与光杆端头连接工具的研制	高升采油厂	栾益彬	崔延鹏	郝美微	庞 博	郝长吉	
	大修冬季施工司钻脚下伴热及钻台解冻装置的研制	辽河工程技术分公司	祖振辉	姜 全	周 渝	刘 岩	李旭升	
	井下碎块翻板打捞筒的研制与应用	辽河工程技术分公司	熊 瑾	吴 迪	郭福增	张 明	高志文	
	紧固件拉伸试验工装的研制与应用	物资分公司	王 晶	丁 宇	王丹阳	姜 博	徐含冰	
	导流式防堵过滤油嘴的研制	沈阳采油厂	刘世英	同鸿文	朱明哲	宋林峰	赵明光	
	空心光杆疏通组合装置研制与应用	特种油开发公司	邹洪超	杨振东	靳庆凯	黄玉晶	秦 恒	
	手动、电动一体清管器推进、牵引装置的研制	油气集输公司	王 浩	赵长江	孙 超	赵 新	徐梦潆	
	修井机液压系统监测控制装置的研制	辽河工程技术分公司	熊 瑾	王志军	张 明	高志文	吴 迪	
	捞油车钢丝绳卡子研制与应用	兴隆台采油厂	何 涛	石雪梅	刘 帅	丛 丹	刘湘子	
	耐高温烟道闸板密封结构的研究与应用	石油化工分公司	方 力	纪 刚	刘明浩	张嘉鑫	刘九言	
	可调式油水界面测量装置研制与应用	高升采油厂	郑利辉	屈丰继	武伟启	常 承	高志文	
	热载体锅炉导热油过滤研究与应用	特种油开发公司	靳庆凯	杨振东	邹洪超	黄玉晶	吴 涛	
	高架罐呼吸阀防溢装置的研制与应用	兴隆台采油厂	胡小龙	王美大	汪 宁	高 翔	韩 刚	
	电加热井中频电源软启停装置的研究	沈阳采油厂	邹振涛	杨 威	张涛涛	刘祥会	陈云萍	
	电动偏心堵塞器可视化水嘴开度的研究与应用	沈阳采油厂	张涛涛	王 杰	陈晓波	冷东阳	邹振涛	
	水泥车柱塞润滑电动机油泵的应用	车辆服务中心	陈 勇	何 鹏	朱洪林	马佳平	庄鑫秋	
	可调式电加热井电缆悬挂装置的研制	曙光采油厂	武连永	柳转阳	饶德林	黄 建	苏军辉	
	缓冲罐液位计协议接口的开发	信息工程分公司	李海龙	李艳钰	张俊义	王学松	金 旭	
	油井碰泵防砸手辅助工具的研制	锦州采油厂	刘 哲	韩 锁	徐 伟	卢红军	李宗霖	
	抽油杆接箍拆卸装置优化改进与现场应用	金海采油厂	刘 迪	高文斌	单忠利	郑 波		

辽河油田公司 2022 年度合理化建议成果

荣誉级别	成果名称	完成单位	完成人	获奖时间
金点子（20项）	一体化作业管柱技术的建议	钻采工艺研究院	肖昌	2023.7
	建议及时调整锅炉风门及含氧大小降低燃料单耗	欢喜岭采油厂	杨玉东　何亚玲	
	建议奈曼凹陷开展井位部署工作	勘探开发研究院	刘晓丽　郝亮　田涯	
	关于采用大修小修化的建议	锦州采油厂	郑雅各　李志龙　武化军	
	关于停产井海22—20C井调层转采增油的建议	金海采油厂	高蓉	
	精简作业工序的建议	冷家油田开发公司	刘燕　徐爽　张佩佩	
	建议集油站场"关停并转减"降低能耗	高升采油厂	张景鑫　彭振祥　于光亮	
	游梁式抽油机驴头销孔修复工艺的建议	曙光采油厂	刁振国　王洪颖　蓝宗军	
	浮选机内部结构改造的建议	锦州采油厂	孙俊　张虎虎　唐庆华	
	优化设计高效热洗清蜡管柱的建议	欢喜岭采油厂	王铁强　蒋勇	
	复产长停井的建议	兴隆台采油厂	霍东野　李国华　张鸿峰	
	龙一联分压注水的建议	茨榆坨采油厂	潘麒　乔伟雄　韩华军	
	实施投球暂堵分段压裂的建议	兴隆台采油厂	孙凤艳　段晓旭　樊夕铭	
	关于优化实施侧钻水平井高效挖潜新海27块二次开发后期剩余油的建议	金海采油厂	刘雪雪　姜闻达　白杨	
	优化超稠油伴热系统的建议	特种油开发公司	靳庆凯　杨振东　邹洪超	
	天然气挖潜增效的建议	冷家油田开发公司	李克亮　王诗灏　李飞	
	取样器冷却水循环改造的建议	特种油开发公司	吕洪超　靳庆凯　任志华	
	关于站内采暖炉优化改造的建议	锦州采油厂	刘哲　韩锁　徐伟	
	优化有机热载体锅炉氮封系统的建议	石油化工技术服务分公司	代超奇　蒋旭　王磊	
	洼9 16块井震增储上产的建议	兴隆台采油厂	张阳阳　刘帅　龙常海	
银点子（30项）	关于井场工艺流程改造的建议	锦州采油厂	刘哲　李宗霖　卢红军	2023.7
	建议研制气回收防倒流装置	曙光采油厂	柳转阳　黄建　廉福威	
	推行管道智能GIS巡检管理系统的建议	燃气集团公司	陈健　姜军　张鑫	
	建议改造注水流程	辽兴油气开发公司	李爱忠　高永辉　刘志凯	
	建议单体增注泵盘根滴漏治理及躲峰节电注水	沈阳采油厂	汪建夫　程斌　张景志	
	研究实验室用轻质溶剂回收装置的建议	石油化工技术服务分公司	周飞　孙奕　王艳梅	
	建议组建野外移动式集装箱预制工厂	辽河油田建设有限公司	任志勇　吴帅　苌晓东	
	井下电伴热替代技术的建议	沈阳采油厂	汪建夫　张景志　李向晖	
	采油站伴热系统节电措施的建议	曙光采油厂	唐小军　毕海昌　杨金升	
	一电双用节能技术的建议	石油化工技术服务分公司	王磊　许东宇　周飞	

续表

荣誉级别	成果名称	完成单位	完成人	获奖时间
银点子 （30项）	精确控制燃烧过剩空气系数的建议	曙光采油厂	杨立华　张　伟　杨　波	2023.7
	建议马7区实施定向井侧钻技术	兴隆台采油厂	任之荃　高怀玺　郝　爽	
	建议采暖泵替代污水泵实现污水回收	欢喜岭采油厂	梁俊祥　孙　宁　郭　健	
	建议蒸汽外溢综合研究指导馆陶SAGD科学调控	特种油开发公司	孙明阳　沈　群　肖崇昕	
	提高兴三兴四联络线灵活性的建议	电力分公司	刘洪波　赵　锐　唐春健	
	井场电参箱标准化施工的建议	信息工程分公司	罗建涛　李艳钰　张俊义	
	提高锦25块生产效果的建议	锦州采油厂	李　想　王晓东　余建胜	
	超稠油冷输的建议	特种油开发公司	靳庆凯　杨振东　邹洪超	
	改变热流体循环方式的建议	曙光采油厂	黄　建　李峻宇　柳盛森	
	电加热水套炉改气的建议	高升采油厂	周晓明　吴　宁　杨天龙	
	建议推进套管气利用	辽兴油气开发公司	肖明志	
	建议在深井中应用长冲程高效举升技术	兴隆台采油厂	喻　波　杨军峰　徐　静	
	建议优化倒换井口装置	辽河工程技术分公司	刘　岩　姜　全　李桂库	
	建议应用双向防溢阀减少施工污染	辽河工程技术分公司	高志文　李桂库　张　明	
	建议研制SAGD1#空冷器电机提放装置	曙光采油厂	顾百峰　毕海昌　李　宁	
	循环水冷却塔补水执行机构改造的建议	石油化工公司	刘九言　方　力　金盟贺	
	建议研制热流体解卡装置	曙光采油厂	黄　建　李峻宇　秦洪岩	
	变频器回馈单元维修的建议	曙光采油厂	张华明　董晓斌　张　彬	
	破乳剂密闭加药流程改造的建议	曙光采油厂	王　莲　王吉喆　白　涛	
	微差井温测试仪改进的建议	石油化工技术服务分公司	杨　峰　张　涛　杜蜀辉	

辽河油田公司2020—2021年度成果转化优秀项目

荣誉级别	成果名称	完成单位	完成人	获奖时间
成果转化 优秀项目	掌控管理平台的开发	欢喜岭采油厂	赵奇峰　郑庆文　梁俊祥　夏洪刚　林平平	2022.7
	高压测试堵头防污染装置	曙光采油厂	柳转阳　饶德林　武连永　赵　伟　张涛涛	
	防喷自封刮油装置的研究与应用	锦州采油厂	郑明杰　单井华　郑雅各　李志龙　霍明明	
	过滤器的研发应用	欢喜岭采油厂	郭发德　赵奇峰　林平平　邵本壮　袁　峰	
	低产低效井井口盘根防干磨装置	兴隆台采油厂	韩柏东　刘江琴　周　鑫　高　翔　张育新	
	油管修复自动传送装置的应用	欢喜岭采油厂	杨志涛　王建彬　夏洪刚　邵本壮　郭　龙	
	光杆密封器新型组合铜套研究与应用	特种油开发公司	邹洪超　杨振东　靳庆凯　黄玉晶　黄　宇	
	浮动式刮油装置的研究与应用	高升采油厂	郑利辉　杨勇强　高志文　刘海林　樊泽辉	
	捞油井放气消音环保装置的研制	高升采油厂	白伏龙　李　博　顾国斌　王音严　周　平	
	全封闭捞油井口总成改造	石油化工技术服务分公司	王　寅　王　磊　代超奇　罗　超　周　飞	

辽河油田公司 2022 年度职工技术创新成果

荣誉等级	成果名称	完成单位	完成人					获奖时间
一等奖 （10项）	稠油分注分采一体化装置研究与应用	锦州采油厂	单井华	郑明杰	郑雅各	吕 敏	霍明明	2023.7
	联合站三维仿真系统开发	欢喜岭采油厂	赵奇峰	鲜林祥	梁俊祥	付 冬	许 凯	
	易溶盐类岩石制片技术的研发与应用	勘探开发研究院	宋一鸣	赵永新	刘玉婷	李学万	王 杨	
	杆式泵管柱联动控压技术研究与应用	锦州采油厂	单井华	郑明杰	郑雅各	吕 敏	霍明明	
	高温蒸汽驱注汽结垢井水力钻塞技术研究	钻采工艺研究院	孔凡楠	姜 雷	刘天琦	江雪芹	张沂轩	
	捞油车自动盘绳器的研制	曙光采油厂	柳转阳	杨 波	饶德林	苏军辉	耿长亮	
	工业用恒温水浴锅的研制与应用	石油化工技术服务分公司	王 磊	李忠森	吴 宁	杨 帅	苏 醒	
	机械式稳压控套装置的研究与应用	兴隆台采油厂	韩柏东	李维祎	王明龙	张海南	王媛媛	
	阀室远程监控技术研究	燃气集团公司	吴佳明	姜 军	罗慧玉	崔高祥	吴建业	
	降低井口载荷冲击装置的研究与应用	兴隆台采油厂	胡小龙	孙保东	汪 宁	穆太吉	张育新	
二等奖 （20项）	射流喷孔+强负压解堵一体化技术研究与应用	锦州采油厂	单井华	郑明杰	郑雅各	吕 敏	霍明明	2023.7
	致密储层岩石敏感性评价技术研究与应用	勘探开发研究院	鲁印龙	张向宇	张 宏	唐洁云	蒋美忠	
	防止套管上窜伸缩伞装置的研制	欢喜岭采油厂	赵奇峰	鲜林祥	陈树勇	李子华	许 凯	
	数字采油站平台建设与应用	欢喜岭采油厂	林平平	佟青海	付 冬	余 攀	常 亮	
	密封性检测装置的研制与应用	辽河工程技术分公司	时宏元	姜 全	刘 岩	周 瑜	杨金龙	
	螺杆泵试压装置的研制与应用	兴隆台采油厂	赵德志	周 鑫	胡学宝	王盛宇	张育新	
	新型污水池浮渣清理装置研制与应用	高升采油厂	郑利辉	刘 明	屈丰继	杨勇强	武伟启	
	捞油井口密封装置的研制	锦州采油厂	郑雅各	单井华	郑明杰	李志龙	刘 洋	
	料仓清堵助流装置的研究	石油化工分公司	方 力	罗 宇	刘金东	纪 刚	刘九言	
	拉油罐车精准取样装置的研制与应用	兴隆台采油厂	刘江琴	聂 新	汪 宁	张鸿峰	吴静默	
	天然气取样净化器的研制和应用	安全环保技术监督中心	李 青	马 强	赵 刚	马德良	赵宝月	
	自喷井电动钻清蜡装置的研究与应用	兴隆台采油厂	胡小龙	汪 宁	丛 丹	梁耀文	王媛媛	
	智能排涝站控系统的研发与应用	金海采油厂	杨 琦	何 英	李峻峰	孙 洁		
	小尺寸样品光谱分析枪头的研制与应用	物资分公司	鞠春阳	张子瑜	由修文	刘 洋	李志鹏	
	热水循环采油工艺配套工具的研制与应用	高升采油厂	赵志辉	郑 健	李 蒙	高寿生	李 雪	
	环形电火花检漏仪在长输管道沉管下沟施工的应用	辽河油田建设有限公司	刘建鹏	历 明	芦宏星	程恩博	赵 亮	
	化学驱配注数据传输系统优化升级	锦州采油厂	王奕衡	崔洪志	保国泰	李学勇	吕永宁	
	隔离变压器检测仪研制与应用	兴隆台采油厂	王建多	韩柏东	王月萍	王美大	刘继宇	
	防止套管气回收单流阀失灵的研发与应用	金海采油厂	张孝宁	单忠利	高文斌	刘 伟	吴英华	
	捞油井沙漏型放压消音装置研究与应用	兴隆台采油厂	刘湘子	胡小龙	聂 新	马洪涛	吴静默	

续表

荣誉等级	成果名称	完成单位	完成人					获奖时间
三等奖 （30项）	水套炉电容传感器式液位温度监控装置的应用	兴隆台采油厂	孙保东	刘湘子	汪 宁	徐龙吟	刘翠翠	2023.7
	页岩油干酪根光片抛光技术的改进	勘探开发研究院	秦 敏	闫红星	杨鹏成	于 帅	郑成玉	
	定向钻复杂地质清孔方法的研究	辽河油田建设有限公司	李 宁	焦永红	梁 佳	历 宁	计 雪	
	光杆密封器调偏装置的研制	曙光采油厂	饶德林	柳转阳	武连永	唐小军	苏军辉	
	井口阀门阀盖拆卸装置的研制	曙光采油厂	柳转阳	唐小军	饶德林	武连永	赵 伟	
	联合站污水处理单元的撬装化改造与应用	石油化工技术服务分公司	代超奇	苏 醒	王 磊			
	多功能抽油泵扩展底座的研究与应用	兴隆台采油厂	胡小龙	周 鑫	马洪涛	王 刚	石雪梅	
	注水井洗井车改造的应用	车辆服务中心	郑新华	佟 霖	王友贺			
	调平衡简化组合工具的研制	欢喜岭采油厂	郭发德	林平平	付 冬	梁俊祥	邵本壮	
	地面拆卸方卡子装置的研制	锦州采油厂	韩 锁	刘 哲	王海涛	李宗霖	康树清	
	变频器防过热温控装置的研制	欢喜岭采油厂	鲜林祥	庞瑞博	王 涛	汪俊义	马向明	
	水源井定时自动启停装置的研制	沈阳采油厂	刘 辉	贾 毅	杨 威	刘光辉	陈 冲	
	柱塞泵配件高能效改造项目的研究	特种油开发公司	吕洪超	杨振东	靳庆凯	陈 亮	王 钢	
	聚合物潮解防治技术研究与试验	锦州采油厂	崔洪志	张 敏	李学勇	王奕衡	朱 艳	
	6kV配电线路多用途移动拉线成套装置研制与应用	电力分公司	王洪鹏	王忠俭	张永迪	赵 键	郑金明	
	捞油井套管刮蜡器的研制与应用	茨榆坨采油厂	袁 勇	曹建新	赵彦辉	刘继彪		
	抽油机刹车带快速更换装置的应用	金海采油厂	高文斌	单忠利	吴英华	刘 伟	孔祥宇	
	新型碰泵装置的研发与应用	兴隆台采油厂	姜明强	刘江琴	孙保东	李 鹏	丛 丹	
	变电所主变压器顶部作业防止高处坠落装置研制与应用	电力分公司	王鹏程	龚长春	马立凯	车延伟	刘鸿阳	
	防喷器闸板拆解装置研制	辽河工程技术分公司	张子健	刘 岩	姜 全	张海龙	孙建锋	
	钢制管道封堵带压吹扫装置的设计与应用	油气集输公司	吴晓陆	赵长江	王 浩	朴 雷	尹 鹏	
	柱塞泵润滑油防乳化呼吸罩设计与应用	曙光采油厂	张 伟	杨立华	马向波	朱春红	王 泉	
	抽油杆绿色防喷刮油装置的研究	兴隆台采油厂	汪 宁	丛 丹	胡小龙	王 刚	韩 刚	
	新型维修机泵工具的研制	特种油开发公司	吕洪超	杨振东	邹洪超	靳庆凯	侯玉婷	
	井口操作平台的研制与应用	茨榆坨采油厂	曹建新	袁 勇	宁晓飞	张士勇	刘 利	
	防跳槽新型绳辫子的研发与应用	兴隆台采油厂	聂 新	高 翔	崔文革	刘翠翠	黄 鹏	
	ESD紧急切断阀屏蔽器装置的应用	辽河油田（盘锦）储气库有限公司	赵国强	田 丽				
	中频热线控制柜故障远传报警装置的研究与应用	沈阳采油厂	杨 威	邹振涛	刘祥会	刘 辉	同鸿文	
	防污染量油尺的研发与应用	金海采油厂	郝振洲	孙 洁	王莹莹	李峻峰	高亚军	
	离心泵叶轮无损拆卸工具的应用	特种油开发公司	吕洪超	杨振东	吴海胜	靳庆凯	侯玉婷	

先进个人

国家级先进个人

荣誉名称	获奖者	单位及职务	荣誉级别	颁发单位	获奖时间
全国青年职业技能大赛铜奖	赵国光	勘探开发研究院天然气研究所储气库室副（主任）	国家级	共青团中央青年发展部	2022.11
中国教育学会"十四五"规划全国重点课题一等奖	常国岗	辽河油田培训中心	国家级	中国教育学会"十四五"规划全国重点课题《教学改革与创新教育研究》总课题组	2022.3
	刘 东				
	王德举				
见义勇为勇士季度榜	张 建	能源管理分公司大连分公司副经理	国家级	中央政法委	2022
	滕 飞	能源管理分公司盘锦公司加气站站长	国家级	中央政法委	2022
	侯 超	能源管理分公司盘锦公司安全员	国家级	中央政法委	2022
	方守坤	能源管理分公司盘锦公司加气站站长	国家级	中央政法委	2022
	王 鹏	能源管理分公司盘锦公司工人	国家级	中央政法委	2022
2022"嘉克杯"国际焊接大赛－第六届焊接技术远程国际大赛三等奖	张 亮	辽河油田建设有限公司考试认证中心电焊教师	国家级	金砖国家技能发展与技术创新大赛组委会	2022
	吴 迪	辽河油田建设有限公司考试认证中心副主任	国家级	金砖国家技能发展与技术创新大赛组委会	2022
优秀焊接工程一等奖项目负责人	段占军	辽河油田建设有限公司副经理	国家级	中国工程建设焊接协会	2022
	李 伟	辽河油田建设有限公司副经理	国家级	中国工程建设焊接协会	2022
第四届全国油气开发专业职业技能竞赛采油工竞赛铜牌	党福明	特种油开发公司采油作业一区2站采油工	国家级	全国油气开发专业职业技能竞赛组委会	2022
第四届全国油气开发专业职业技能竞赛采油工竞赛优秀教练	杨 浩	特种油开发公司采油作业一区1站采油工	国家级	全国油气开发专业职业技能竞赛组委会	2022

省部级先进个人

荣誉名称	获奖者	单位及职务	荣誉级别	颁发单位	获奖时间
2020—2021年度辽宁省思想政治工作优秀研究成果二等奖	沈冰	辽河油田储气库公司党委书记	省级	中共辽宁省委宣传部、辽宁省国资委、辽宁省总工会、辽宁省思想政治工作研究会	2022.1
	田国涛	辽河油田储气库公司副总师兼党委组织部部长	省级	中共辽宁省委宣传部 辽宁省国资委、辽宁省总工会、辽宁省思想政治工作研究会	2022.1
	冯东旭	辽河油田储气库公司雷61储气库作业区区长兼支部书记	省级	中共辽宁省委宣传部 辽宁省国资委、辽宁省总工会、辽宁省思想政治工作研究会	2022.1
辽宁省优秀工会工作者	孙丽	特种油开发公司群团工作部（工会、团委）	省级	辽宁省总工会	2022.12
辽宁省"安康杯"竞赛先进个人	李杰	特种油开发公司采油作业一区	省级	辽宁省总工会、辽宁省应急管理厅、辽宁省卫生健康委员会	2022.2
辽宁省劳动模范	闫忠顺	勘探开发研究院天然气研究所所长、一级工程师	省级	中共辽宁省委 辽宁省人民政府	2022.8
辽宁省职工技能大赛暨油气开采工技能大赛采油工优秀选手	秦恒	特种油开发公司采油作业二区	省级	辽宁省职工技能大赛组委会	2022.11
2022年度"辽宁技术能手"称号	刘国庆	辽河工程技术分公司欢喜岭作业一大队作业109队井下作业工	省级	辽宁省职工技能大赛组委会	2022.11
辽宁省职业技能大赛井下作业工第一名	刘国庆	辽河工程技术分公司欢喜岭作业一大队作业109队井下作业工	省级	辽宁省职工技能大赛组委会	2022.11
辽宁省职业技能大赛井下作业工第二名	张超	辽河工程技术分公司沈阳作业一大队106队井下作业工班长	省级	辽宁省职工技能大赛组委会	2022.11
辽宁省职业技能大赛井下作业工第三名	郑发	辽河工程技术分公司锦州作业大队111队井下作业工	省级	辽宁省职工技能大赛组委会	2022.11
辽宁省职业技能大赛井下作业工"第四名"	刘冬冬	辽河工程技术分公司兴隆台作业一大队104队井下作业工班长	省级	辽宁省职工技能大赛组委会	2022.11
辽宁省职业技能大赛井下作业工"第五名"	孙岳	辽河工程技术分公司沈阳作业一大队112队井下作业工班长	省级	辽宁省职工技能大赛组委会	2022.11
2021年度辽宁省优秀共青团员	高鑫	曙光采油厂采油作业一区	省级	共青团辽宁省委员会	2022.4
新时代辽宁省优秀青年志愿者	刘广旭	车辆服务中心党群工作部科员	省级	共青团辽宁省委员会 辽宁省青年志愿者协会	2022.12
辽宁省2021年度企业管理创新成果二等奖	刘铁健	安全环保技术监督中心环境监督站副站长	省级	辽宁省企业管理创新成果评审委员会	2022.12
	董峰	安全环保技术监督中心环境监督站科员	省级	辽宁省企业管理创新成果评审委员会	2022.12
	金英杰	安全环保技术监督中心环境监督站科员	省级	辽宁省企业管理创新成果评审委员会	2022.12

续表

荣誉名称	获奖者	单位及职务	荣誉级别	颁发单位	获奖时间
辽宁省争做新时代辽宁省优秀青年志愿者	徐欣然	金海采油厂青年工作部负责人	省级	团辽宁省委	2022.12
《教育与研究》杂志2022年第18期发表并获一等奖	李铁男	辽河油田培训中心	省级	《教学与研究》编辑部	2022.6
《教育学文摘》2022年第18期发表并获一等奖	李铁男	辽河油田培训中心	省级	《教育学文摘》编辑部	2022.6
辽宁省法学会犯罪学研究会2022年年会暨第15届学术研讨会论文二等奖	许莺歌	辽河油田培训中心	省级	辽宁省法学会犯罪学研究会	2022.11
二〇二二年省质量科技成果三等奖	商绍程	辽河油田（盘锦）储气库有限公司雷61储气库作业区副区长	省级	辽宁省质量协会、辽宁省总工会、共青团辽宁省委员会、辽宁省科技技术协会	2022.7
二〇二二年省质量科技成果三等奖	刘东洋	辽河油田（盘锦）储气库有限公司双6储气库作业区副区长	省级	辽宁省质量协会、辽宁省总工会、共青团辽宁省委员会、辽宁省科技技术协会	2022.7
二〇二二年省质量科技成果三等奖	何建林	辽河油田（盘锦）储气库有限公司双6储气库作业区安全管理组组长	省级	辽宁省质量协会、辽宁省总工会、共青团辽宁省委员会、辽宁省科技技术协会	2022.7
二〇二二年省质量科技成果三等奖	靳利强	辽河油田（盘锦）储气库有限公司双6储气库作业区班组副班长	省级	辽宁省质量协会、辽宁省总工会、共青团辽宁省委员会、辽宁省科技技术协会	2022.7
二〇二二年省质量科技成果三等奖	李海洋	辽河油田（盘锦）储气库有限公司双6储气库作业区采气工	省级	辽宁省质量协会、辽宁省总工会、共青团辽宁省委员会、辽宁省科技技术协会	2022.7
2022辽宁省职工技能大赛暨油气开采工技能大赛采油工赛项第一名	王延明	沈阳采油厂采油作业三区11号站	省级	辽宁省总工会、辽宁省人力资源和社会保障厅	2022.11
2022辽宁省职工技能人赛暨油气开采工技能大赛集输工赛项优秀选手	韩亚东	沈阳采油厂采油作业三区3号站	省级	辽宁省职工技能大赛组委会	2022.11
2022辽宁省职工技能大赛暨油气开采工技能大赛集输工赛项优秀选手	李 锐	沈阳采油厂采油作业三区3号站	省级	辽宁省职工技能大赛组委会	2022.11
全省纪检监察系统嘉奖	李 萍	振兴服务分公司纪委办公室（党委巡察办公室）主任	省级	中共辽宁省纪律检查委员会、辽宁省监察委员会	2022.6
辽宁省职工技能大赛暨油气开采工大赛热注运行工优秀选手	王莉芳	欢喜岭采油厂热注作业一区25号站运行工	省级	辽宁省职工技能大赛组委会	2022
辽宁省职工技能大赛暨油气开采工大赛热注运行工优秀选手	杨晓强 张 哲	欢喜岭采油厂热注作业一区新2号站	省级	辽宁省职工技能大赛组委会	2022
辽宁省职工技能大赛暨油气开采工大赛热注运行工优秀选手	黄 鑫	欢喜岭采油厂热注作业一区22号站	省级	辽宁省职工技能大赛组委会	2022
辽宁省职工技能大赛暨油气开采工大赛热注运行工优秀选手	李 洋	欢喜岭采油厂热注作业一区4号站仪表工	省级	辽宁省职工技能大赛组委会	2022
辽宁省职工技能大赛暨油气开采工大赛热注运行工优秀选手	吴 伟	欢喜岭采油厂热注作业一区22号站	省级	辽宁省职工技能大赛组委会	2022

续表

荣誉名称	获奖者	单位及职务	荣誉级别	颁发单位	获奖时间
辽宁省五一劳动奖章	闵忠顺	勘探开发研究院天然气研究所所长一级工程师	省级	中共辽宁省委 辽宁省人民政府	2022
2021年度安全保卫先进个人	韩艳梅	兴隆台采油厂保卫科科员	省级	辽宁省企业事业单位内部治安保卫协会	2022
辽宁省纪委监委嘉奖	邢哲	党委巡察办公室副主任兼巡察专员（正处级）	省级	中共辽宁省纪委 辽宁省监委	2022
辽宁五四荣誉奖章	邓江红	财务资产部主任	省级	中国共产主义青年团辽宁省委员会、辽宁省青年联合会	2022
辽宁省青年讲师团讲师	张亮	辽河油田建设有限公司施工作业管理中心（职工培训学校）电焊教师	省级	共青团辽宁省委员会	2022
辽宁向上向善好青年	张亮	辽河油田建设有限公司施工作业管理中心（职工培训学校）电焊教师	省级	共青团辽宁省委员会	2022
辽宁省三八红旗手	骆建宁	辽河油田建设有限公司人力资源调剂中心电焊工	省级	辽宁省人力资源和社会保障厅 辽宁省妇联	2022
2022年"争做新时代辽宁省优秀青年志愿者"	高月明	消防支队党群工作部副部长、团委书记	省级	共青团辽宁省委员会 辽宁省青年志愿者协会	2022
辽宁省职工技能大赛暨油气开采工技能大赛集输工赛项第一名	贾林	金海采油厂集输大队洼一联合站集输工	省级	辽宁省总工会 辽宁省人力资源和社会保障厅	2022
辽宁省职工技能大赛"优秀选手"	何银	特种油开发公司热注作业一区104站仪表工	省级	辽宁省职工技能大赛组委会	2022
	王滔	特种油开发公司热注作业二区202站技术员	省级		2022
	薛晓镝	特种油开发公司热注作业二区特15、29站热注运行工	省级		2022
	付涛	特种油开发公司热注作业二区204站仪表	省级		2022
	李永旭	特种油开发公司热注作业二区203站技术员	省级		2022
	杜攀	特种油开发公司热注作业二区华35站站长	省级		2022
	秦恒	特种油开发公司采油作业二区五站	省级		2022

续表

荣誉名称	获奖者	单位及职务	荣誉级别	颁发单位	获奖时间
辽宁省职工技能大赛暨油气开采工技能大赛热注运行工"优秀选手"	刘红军	冷家油田开发公司热注作业区第三党支部书记	省级	辽宁省职工技能大赛组委会	2022
	王 楠	冷家油田开发公司热注作业区热注2站冷活4#炉长	省级		2022
	刘 浩	冷家油田开发公司热注作业区第二党支部书记	省级		2022
	于肖兵	冷家油田开发公司热注作业区热注1站热注运行工	省级		2022
	周东方	冷家油田开发公司热注作业区热注3站副站长	省级		2022
	郭 健	欢喜岭采油厂热注作业二区齐33站员工	省级		2022
辽宁省职工技能大赛暨油气开采工技能大赛采油工优秀选手	姜利广	锦州采油厂采油作业一区化学驱注入站主管技师	省级	辽宁省职工技能大赛组委会	2022
	刘慧云	锦州采油厂采油作业四区巡检维护一班工程技术员	省级		2022
	王雯雯	锦州采油厂采油作业二区巡检维护二班采油工	省级		2022
	白 涛	锦州采油厂采油作业二区综合保障班副班长	省级		2022
	商雪娇	锦州采油厂热注作业二区热注运行二班主管技师	省级		2022
	刘 超	锦州采油厂热注作业二区热注运行二班主管技师	省级		2022
	李薇薇	锦州采油厂热注作业一区热注运行三班主管技师	省级		2022
	林 超	锦州采油厂采油作业一区生产运行中心生产运行管理	省级		2022
	卢 丁	锦州采油厂热注作业一区热注运行二班热注运行工	省级		2022
	陈森霖	锦州采油厂热注作业二区32号热注站热注运行工	省级		2022
	艾芃芃	锦州采油厂集输大队深度污水岗主任技师	省级		2022
	白光源	锦州采油厂集输大队稠油脱水岗主管技师	省级		2022
	房 英	锦州采油厂集输大队稀油脱水岗主管技师	省级		2022
2022年辽宁省劳动模范	张 亮	辽宁泰利达信息技术有限公司副总经理、技术总监	省级	中共辽宁省委 辽宁省人民政府	2022
辽宁省巾帼建功标兵	杜 梅	金海采油厂采油作业二区地质工艺室主任	省级	辽宁省妇女联合会	2022

续表

荣誉名称	获奖者	单位及职务	荣誉级别	颁发单位	获奖时间
辽宁省巾帼建功标兵	姜芳	欢喜岭采油厂采油作业三区齐21站采油工	省级	辽宁省妇女联合会	2022
2022年辽宁省创新方法大赛企业组"三等奖"	朱闯	欢喜岭采油厂采油作业三区齐15站采油工	省级	辽宁省科学技术协会 辽宁省教育厅	2022
	王涛	欢喜岭采油厂热注作业一区25号站运行工	省级		2022
	孙宁	欢喜岭采油厂热注作业二区13号站运行工	省级		2022
	杨健	辽河工程技术分公司欢喜岭作业一大队105队井下作业工	省级		2022
	禹亮	辽河工程技术分公司应急救援大队1队作业机司机	省级		2022
	王群	辽河工程技术分公司茨榆坨作业大队108队井下作业工	省级		2022
	宝满	辽河工程技术分公司欢喜岭作业一大队113队井下作业工	省级		2022
	张永鹏	辽河工程技术分公司兴隆台作业三大队309队井下作业工	省级		2022
	张宁	辽河工程技术分公司兴隆台作业三大队306队井下作业工	省级		2022
	李旭升	辽河工程技术分公司带压作业大队2队井下作业工	省级		2022
	杨海超	辽河工程技术分公司茨榆坨作业大队101队井下作业工班长	省级		2022
	唐辉	辽河工程技术分公司应急救援大队2队井下作业工	省级		2022
	李明明	辽河工程技术分公司欢喜岭作业二大队206队井下作业工	省级		2022
	魏峰	辽河工程技术分公司沈阳作业一大队110队井下作业工	省级		2022
	孙鑫	辽河工程技术分公司应急救援大队1队井下作业工	省级		2022
	杨嘉宁	辽河工程技术分公司高升作业大队106队井下作业工	省级		2022
	杨晓亮	辽河工程技术分公司高升作业大队111队井下作业工	省级		2022
	王伟	辽河工程技术分公司茨榆坨作业大队106队井下作业工	省级		2022
	李松哲	辽河工程技术分公司欢喜岭作业一大队110队井下作业工	省级		2022
	李春祺	辽河工程技术分公司兴隆台作业一大队105队井下作业工	省级		2022

续表

荣誉名称	获奖者	单位及职务	荣誉级别	颁发单位	获奖时间
2022年辽宁省创新方法大赛企业组"三等奖"	利壮	辽河工程技术分公司高升作业大队111队井下作业工	省级	辽宁省科学技术协会 辽宁省教育厅	2022
	刘绍奎	辽河工程技术分公司曙光作业一大队105队井下作业工	省级		2022
	朱宝剑	辽河工程技术分公司锦州作业大队103队井下作业工	省级		2022
	陶鹏	辽河工程技术分公司锦州作业大队105队井下作业工	省级		2022
	李振华	辽河工程技术分公司沈阳作业一大队103队井下作业工	省级		2022
	霍海龙	辽河工程技术分公司茨榆坨作业大队108队井下作业工	省级		2022
	胡潮	辽河工程技术分公司茨榆坨作业大队101队井下作业工	省级		2022
	孙英龙	辽河工程技术分公司曙光作业三大队304队井下作业工班长	省级		2022
	杨祥成	辽河工程技术分公司兴隆台作业二大队201队井下作业工	省级		2022
	康亚刚	辽河工程技术分公司锦州作业大队109队井下作业工	省级		2022
	耿亮	辽河工程技术分公司兴隆台作业三大队304队井下作业工	省级		2022
2021—2022年度辽宁省思想政治工作优秀研究成果二等奖	张光誉	辽河油田（盘锦）储气库有限公司党群工作部科员	省级	辽宁省总工会	2023.2
《辽宁年鉴2021》优秀撰稿人	沈明军	辽河油田公司档案馆副馆长	省级	辽宁省档案馆地方志编纂中心	2022.8
	石坚	辽河油田公司档案馆史志办公室副主任	省级		

集团公司级先进个人

荣誉名称	获奖者	单位及职务	荣誉级别	颁发单位	获奖时间
集团公司2022年度统计工作先进个人	陆军	辽河油田（盘锦）储气库有限公司副总师兼经营计划科科长	集团公司级	中国石油天然气集团有限公司	2023.2
集团公司党的二十大维稳信访安保防控工作特别贡献个人	李斌	辽河油田资本运营事业部党群工作部部长	集团公司级	集团公司维护稳定领导小组	2022.12
股份公司青年科技人才	马成龙	勘探开发研究院油藏评价研究所二级工程师	集团公司级	中国石油天然气集团有限公司	2022.7
中国石油首届油藏动态分析大赛团队赛银奖、个人赛金奖	蔡超	勘探开发研究院油田地质研究所副所长、二级工程师	集团公司级	中国石油天然气集团有限公司	2022.8
中国石油首届油藏动态分析大赛团队赛金奖、个人赛银奖	张明君	勘探开发研究院油田地质研究所二级工程师	集团公司级	中国石油天然气集团有限公司	2022.8

续表

荣誉名称	获奖者	单位及职务	荣誉级别	颁发单位	获奖时间
中国石油首届油藏动态分析大赛团队赛金奖、个人赛铜奖	易文博	勘探开发研究院稀油开发研究所副所长、二级工程师	集团公司级	中国石油天然气集团有限公司	2022.8
中国石油首届油藏动态分析大赛团队赛银奖、个人赛铜奖	王楠	勘探开发研究院稀油开发研究所东区室副主任	集团公司级	中国石油天然气集团有限公司	2022.8
集团公司创新大赛青年科技创意比赛一等奖	赵国光	勘探开发研究院天然气研究所储气库室副主任	集团公司级	中国石油天然气集团有限公司	2022.12
集团公司党的二十大维稳信访安保防恐工作特别贡献个人	王立新	辽河油田公司兴隆台采油厂保卫科（维稳办）科长	集团公司级	中国石油天然气集团有限公司维稳信访安保工作领导小组	2023.1
健康管理先进工作者	阎国明	辽河油田公司国际事业部三级正	集团公司级	中国石油天然气股份有限公司油气和新能源分公司	2022.9
中国石油天然气集团有限公司第一届审计数据仓库建模大赛个人组创新奖	刘通	辽河油田公司审计中心信息技术审计科科员	集体公司级	中国石油天然气集团有限公司审计部	2022.11
2021年度中国石油天然气集团有限公司先进工作者	郭坤	高升采油厂采油作业一区雷一计站长	集体公司级	中国石油天然气集团有限公司	2022.1
2022年度集团公司党的二十大维稳信访安保防恐工作特别贡献个人	陈晓东	车辆服务中心保卫科科长	集团公司级	中国石油天然气集团有限公司	2022.11
2022年度集团公司先进工作者	徐梓艺	曙光采油厂采油作业六区	集团公司级	中国石油天然气集团有限公司	2022.12
2021年度集团公司先进工作者	熊健	燃气集团公司压缩分公司盘锦CNG母站站长	集团公司级	中国石油天然气股份有限公司	2022.1
集团公司先进工作者	王晓达	特种油开发公司领导	集团公司级	中国石油天然气集团有限公司	2022.12
集团公司油气和新能源分公司安全生产先进工作者	石小枫	特种油开发公司采油管理科	集团公司级	中国石油天然气集团有限公司	2022.12
集团公司油气和新能源分公司健康管理先进工作者	赵春雷	特种油开发公司质量安全环保科	集团公司级	中国石油天然气集团有限公司	2022.12
集团公司科技进步奖三等奖	张勇 王鸽	特种油开发公司工艺研究所	集团公司级	中国石油天然气集团有限公司	2022.12
第四届全国油气开发专业职业技能竞赛采油工竞赛铜牌	党福明	特种油开发公司采油作业一区	集团公司级	中国石油天然气集团有限公司	2022.7
第四届全国油气开发专业职业技能竞赛采油工竞赛优秀教练组金牌教练员	杨浩	特种油开发公司采油作业一区	集团公司级	中国石油天然气集团有限公司	2022.7
集团公司井控工作先进个人	王宁	辽河工程技术分公司兴隆台作业一大队大队长	集团公司级	中国石油天然气集团有限公司	2022.1
中国石油天然气集团有限公司2021年一线创新成果奖	陈政	辽河工程技术分公司修井技术服务大队连续油管2队操作手	集团公司级	中国石油天然气集团有限公司	2022.1
集团公司2021年度先进工作者	白玉飞	辽河工程技术分公司应急救援大队应急一队队长	集团公司级	中国石油天然气集团有限公司	2022.1
油气和新能源分公司2022年度QHSE先进工作者	钟治国	辽河工程技术分公司安全副总监兼质量安全环保科科长	集团公司级	中国石油天然气股份有限公司油气和新能源分公司	2023.1

续表

荣誉名称	获奖者	单位及职务	荣誉级别	颁发单位	获奖时间
油气和新能源分公司2022年度优秀审核员	叶连育	辽河工程技术分公司质量安全环保科科员	集团公司级	中国石油天然气股份有限公司油气和新能源分公司	2023.1
第四届全国油气开发专业职业技能竞赛暨集团公司首届技术技能大赛金牌	孔祥宇	金海采油厂采油作业一区采油工	集团公司级	中国石油天然气集团有限公司	2022.7
集团公司先进工作者	韩锁	辽河油田锦州采油厂采油作业四区	集团公司级	中国石油天然气集团有限公司	2022.1
中国石油天然气集团有限公司人事档案专项审核工作先进工作者	崔刚	党委组织部（人事部）人事监督与档案科科长	集团公司级	中国石油天然气集团有限公司党组组织部	2022
中国石油天然气集团有限公司人事档案专项审核工作先进工作者	李衡	党委组织部（人事部）领导人员管理科科长	集团公司级	中国石油天然气集团有限公司党组组织部	2022
中国石油天然气集团有限公司人事档案专项审核工作先进工作者	周新宇	党委组织部（人事部）机关人事科科副科长	集团公司级	中国石油天然气集团有限公司党组组织部	2022
中国石油天然气集团有限公司人事档案专项审核工作先进工作者	崔聚金	曙光采油厂党委组织部（人事科）干部管理主管	集团公司级	中国石油天然气集团有限公司党组组织部	2022
中国石油天然气集团有限公司人事档案专项审核工作先进工作者	肖忠哲	沈阳采油厂党委组织部（人事科）员工管理主管	集团公司级	中国石油天然气集团有限公司党组组织部	2022
集团公司2021年度组织人事信息报送工作先进个人	史凤立	党委组织部（人事部）综合管理科综合管理主管	集团公司级	中国石油天然气集团有限公司人力资源部	2022
2020—2021年度集团公司优秀共青团员	李发	茨榆坨采油厂采油作业一区牛12计量站采油工	集团公司级	中国石油天然气集团有限公司团委	2022
2020—2021年度集团公司优秀共青团干部	李鑫妍	兴隆台采油厂群团工作部副部长兼团委书记	集团公司级	中国石油天然气集团有限公司团委	2022
集团公司井控工作先进个人	巩永丰	钻采工程技术部副主任	集团公司级	中国石油天然气集团有限公司井控和工程技术资质管理领导小组	2022
集团公司井控工作先进个人	付尧	钻采工程技术部井控管理科主管	集团公司级	中国石油天然气集团有限公司井控和工程技术资质管理领导小组	2022
2021年集团公司先进工作者	檀德库	辽河油田公司企业首席技术专家	集团公司级	中国石油天然气集团有限公司	2022
2021年油气田管道和站场完整性管理先进个人	汪生平	辽河油田（盘锦）储气库有限公司常务副经理	集团公司级	中国石油天然气股份有限公司勘探与生产分公司	2022
2021—2022年天然气冬季保供工作先进个人	汪生平	辽河油田（盘锦）储气库有限公司常务副经理	集团公司级	中国石油天然气集团有限公司	2022
集团公司2022年度QHSE先进个人	杨晓巍	安全环保技术监督中心QHSE监督第一党支部书记兼安全监督一站站长	集团公司级	集团公司质量健康安全环保部	2023.1
集团公司2022年度QHSE先进个人	李冬毅	安全环保技术监督中心外部市场监督站副站长	集团公司级	集团公司质量健康安全环保部	2023.1
集团公司2022年度QHSE先进个人	周舒	安全环保技术监督中心HSE东北工作站科员	集团公司级	集团公司质量健康安全环保部	2023.1

续表

荣誉名称	获奖者	单位及职务	荣誉级别	颁发单位	获奖时间
集团公司2022年度QHSE先进个人	蒋阔	安全环保技术监督中心技术监督站副站长	集团公司级	集团公司质量健康安全环保部	2023.1
	毕研斌	盘锦科力安石油科技有限责任公司副经理	集团公司级	集团公司质量健康安全环保部	2023.1
	刘明	安全环保技术监督中心建设工程质量监督站科员	集团公司级	集团公司质量健康安全环保部	2023.1
2022年度井筒质量监督工作先进个人	李途	安全环保技术监督中心井筒工程质量监督站科员	集团公司级	集团公司油井工程质量监督总站	2023.1
2022年度优秀审核员	万猛	安全环保技术监督中心安全监督二站副站长	专业公司级	股份公司油气和新能源分公司	2023.1
2022年度优秀审核员	靳军	安全环保技术监督中心安全监督一站科员	专业公司级	股份公司油气和新能源分公司	2023.1
2022年度优秀审核员	高一蓉	安全环保技术监督中心HSE东北工作站科员	专业公司级	股份公司油气和新能源分公司	2023.1
中国石油天然气集团有限公司2021年度QHSE先进个人	陈勇	欢喜岭采油厂质量安全环保科科员	集团公司级	中国石油天然气集团有限公司质量健康安全环保部	2022.3
辽河油田QC成果奖	胡良伟	欢喜岭采油厂质量安全环保科科员	集团公司级	中国石油天然气集团有限公司质量健康安全环保部	2022.9
中国石油集团公司先进工作者	崔占东	欢喜岭采油厂采油作业二区80站站长	集团公司级	中国石油天然气集团有限公司	2022.3
2020—2021年度集团公司优秀共青团干部	张蔓	新闻中心青年工作部部长	集团公司级	中国石油天然气集团有限公司团委	2022
生产经营先进个人	刘洪涛	东北原油销售中经理	集团公司级	中国石油天然气集团有限公司生产经营管理部	2022
2021年度集团公司优秀外事专办员	金祥祥	国际合作部外事管理科外事专办员	集团公司级	中国石油天然气集团有限公司国际部	2022
集团公司《企业年度工作报告》（2020）编报突出贡献者	刘金才	财务资产部分析报告科副科长	集团公司级	中国石油天然气集团有限公司财务部	2022
集团公司"十三五"财务工作先进个人	杨金胜	财务资产部副主任	集团公司级	中国石油天然气集团有限公司财务部	2022
	华志勇	财务资产部副主任	集团公司级	中国石油天然气集团有限公司财务部	2022
	项楠	财务资产部会计一科副科长	集团公司级	中国石油天然气集团有限公司财务部	2022
	王丽萍	财务资产部综合管理科副科长	集团公司级	中国石油天然气集团有限公司财务部	2022
集团公司先进工作者	韩金旭	管道工程第三项目部经理兼党支部书记	集团公司级	中国石油天然气集团有限公司	2022
集团公司2021年度QHSE先进个人	林琳	消防支队防火科科长	集团公司级	中国石油天然气股份有限公司勘探与生存分公司	2022
2022年度中共石油首届技术技能大赛银牌	林琳	消防支队防火科科长	集团公司级	中国石油天然气集团有限公司质量健康安全环保部	2022

续表

荣誉名称	获奖者	单位及职务	荣誉级别	颁发单位	获奖时间
2022年度中共石油首届技术技能大赛银牌	周亮	消防支队综合救援大队党总支书记	集团公司级	中国石油天然气集团有限公司	2022
2022年度中共石油首届技术技能大赛银牌	栾迪	消防支队消防二大队锦采中队中队长	集团公司级	中国石油天然气集团有限公司	2022
2021年度集团公司先进工作者	桂烈亭	冷家油田开发公司地质研究所所长、党支部副书记	集团公司级	中国石油天然气集团有限公司	2022
集团公司先进工作者	洪希志	沈阳采油厂信息档案科副科长	集团公司级	中国石油天然气集团有限公司	2022
集团公司先进工作者	单忠利	金海采油厂采油作业二区采油21站采油工	集团公司级	中国石油天然气集团有限公司	2022
集团公司技术能手	孔祥宇	金海采油厂采油作业一区海1站采油工	集团公司级	中国石油天然气集团有限公司	2022
第三届全国油气开发专业电工职业技能竞赛优秀教练	李晓东	欢喜岭采油厂采油作业一区30站采油工	集团公司级	全国油气开发专业职业技能竞赛组委会 中国石油天然气集团有限公司	2022
集团公司技能专家	鲜林祥	欢喜岭采油厂热注作业一区22号站运行工	集团公司级	中国石油天然气集团有限公司	2022
2022年度中国石油天然气集团有限公司先进工作者	张超	辽河油田公司外部市场项目管理部吐哈项目部鲁克沁区块项目长	集团公司级	中国石油天然气集团有限公司	2022
集团公司2021年度综合统计工作先进个人	成家金	辽河油田公司规划计划部副科长	集团公司级	中国石油天然气集团有限公司发展计划部	2022
集团公司2021年度综合统计工作先进个人	张晓航	辽河油田公司规划计划部主管	集团公司级	中国石油天然气集团有限公司发展计划部	2022
集团公司生产经营管理先进个人	成家金	辽河油田公司规划计划部发展规划科副科长	集团公司级	中国石油天然气集团有限公司生产经营管理部	2022
2021年度信息工作先进个人	李庆乐	党委办公室秘书一科科员	集团公司级	中国石油天然气集团有限公司综合管理部	2022
2021年度信息工作先进个人	张平安	党委办公室信息科科长	集团公司级	中国石油天然气集团有限公司综合管理部	2022
集团公司优秀共青团员	张庆瑶	锦州采油厂采油作业三区巡检维护三班实习技术员	集团公司级	中国石油天然气集团有限公司团委	2022
集团公司2022年度统计先进个人	戚文	锦州采油厂经营计划科统计管理	集团公司级	中国石油天然气集团有限公司	2022
2021年度集团公司先进工作者	曹超	开发事业部开发规划科	集团公司级	中国石油天然气集团有限公司	2022
2021年度井筒质量监督工作先进工作者	王玄	井筒工程质量监督站副站长	集团公司级	中国石油天然气集团有限公司油井工程质量监督总站	2022
2021年度井筒质量监督工作先进工作者	王志刚	井筒工程质量监督站井筒工程质量监督	集团公司级	中国石油天然气集团有限公司油井工程质量监督总站	2022
集团公司先进工作者	王珏	电力分公司送电工区第一党支部书记	集团公司级	中国石油天然气集团有限公司	2022

续表

荣誉名称	获奖者	单位及职务	荣誉级别	颁发单位	获奖时间
集团公司优秀共青团干部	张利阳	物资公司党群工作部副部长兼青年工作部部长	集团公司级	中国共产主义青年团中国石油天然气集团有限公司委员会	2022
集团公司技能专家	赵奇峰	欢喜岭采油厂采油工	集团公司级	中国石油天然气集团有限公司	2022
	柳转阳	曙光采油厂采油工	集团公司级	中国石油天然气集团有限公司	2022
	杨振东	特种油开发公司采油工	集团公司级	中国石油天然气集团有限公司	2022
	高文斌	金海采油厂采油工	集团公司级	中国石油天然气集团有限公司	2022
	郭发德	欢喜岭采油厂采油工	集团公司级	中国石油天然气集团有限公司	2022
	杨立华	曙光采油厂热注运行工	集团公司级	中国石油天然气集团有限公司	2022
	鲜林祥	欢喜岭采油厂热注运行工	集团公司级	中国石油天然气集团有限公司	2022
	李桂库	辽工处井下作业工	集团公司级	中国石油天然气集团有限公司	2022
	姜全	辽工处井下作业机司机	集团公司级	中国石油天然气集团有限公司	2022
	孙洁	金海采油厂集输工	集团公司级	中国石油天然气集团有限公司	2022
	张金平	辽河油田建设有限公司电焊工	集团公司级	中国石油天然气集团有限公司	2022
	张亮	辽河油田建设有限公司电焊工	集团公司级	中国石油天然气集团有限公司	2022
	于占勇	电力分公司配电线路工	集团公司级	中国石油天然气集团有限公司	2022
	李晓东	欢喜岭采油厂维修电工	集团公司级	中国石油天然气集团有限公司	2022
中国石油天然气集团有限公司技术能手称号	孔祥宇	金海采油厂采油工	集团公司级	中国石油天然气集团有限公司	2022
集团公司技能人才奖	赵奇峰	欢喜岭采油厂采油工	集团公司级	中国石油天然气集团有限公司	2022

2022年度获地市级政府表彰或行业荣誉的先进个人

荣誉名称	获奖者	单位及职务	荣誉级别	颁发单位	获奖时间
盘锦市五一劳动奖章	刘旭龙	金海采油厂	地市级	盘锦市总工会	2022.4
	张丽	辽河油田公司石油化工技术服务公司	地市级	盘锦市总工会	2022.6
	赵志辉	高升采油厂	地市级	盘锦市总工会	2022.5
盘锦市三八红旗手	王雪	高升采油厂	地市级	盘锦市妇女联合会	2022.3
巾帼文明岗	常鑫	辽河油田培训中心	地市级	盘锦市妇女联合会	2022.3
2022年盘锦青年五四奖章	冯东旭	辽河油田储气库公司雷61储气库作业区区长兼支部书记	地市级	共青团盘锦市委员会 盘锦市青年联合会	2022.5
盘锦市五一劳动奖章	周世彬	辽兴油气开发公司运行维护二中心主任	地市级	盘锦市总工会	2022.5
二〇二二石油石化企业管理现代化创新优秀成果三等奖	王远	辽兴油气开发公司运行维护二中心主任	地市级	盘锦市总工会	2022.5
	邓红涛	安全环保技术监督中心钻井监督党支部书记兼钻井工程质量监督站副站长	行业级	中国石油企业协会	2022.12
全国企业电视庆祝党的二十大胜利召开宣传报道先进个人	武文慧	安全环保技术监督中心钻井工程质量监督站科员	行业级	中国石油企业协会	2022.12
全国先进企业电视台台长	张建凯	辽河油田新闻中心	行业级	中国电视艺术家协会 企业电视分会	2022
全国企业电视优秀记者	陈奕中	辽河油田新闻中心	行业级	中国电视艺术家协会 企业电视分会	2022
全国企业电视优秀编辑	王凡	辽河油田新闻中心	行业级	中国电视艺术家协会 企业电视分会	2022
全国企业电视优秀工作者	宫晨皓	辽河油田新闻中心	行业级	中国电视艺术家协会 企业电视分会	2022
全国企业电视优秀融媒体工作者	张福伟	辽河油田新闻中心	行业级	中国电视艺术家协会 企业电视分会	2022
2021年度辽宁省广播电视安全播出先进个人	马可心	辽河油田新闻中心	行业级	中国电视艺术家协会 企业电视分会	2022

2022年度辽河油田公司级先进个人和技术、技能人才

劳动模范（50人）

门福信	曙光采油厂采油作业六区主任	王利新	曙光采油厂采油作业一区103采油站
叶飞	兴隆台采油厂采油作业六区兴31站站长	吴超	兴隆台采油厂工艺研究所所长
黄建平	特种油开发公司生产保障大队清洗队队长	于金刚	欢喜岭采油厂采油作业四区16#站副站长
王刚	欢喜岭采油厂采油作业二区07#站站长	陈雁冰	沈阳采油厂采油管理科科长
林景	锦州采油厂财务资产科科长	王雪（女）	高升采油厂采油作业一区地质工艺队队长
张哲洋	冷家油田开发公司采油作业一区区长	赵吉祥	金海采油八月海项目部经理
逢元春	茨榆坨采油厂安全环保技术监督站疫情防控主管	黄蓓蕾	辽兴油气开发公司奈曼采油作业区区长、党总支副书记

续表

刘 岩	荣兴油气开发公司协同研究和信息中心主任兼党支部书记	孔范帅	庆阳勘探开发分公司勘探开发科科长
王军飞	辽河油田（盘锦）储气库有限公司生产运行科科长	邱履彪	油气集输公司轻经厂厂长
李宗刚	勘探事业部外围勘探项目科科长	赵志彬	开发事业部主任
侯国儒	开发事业部开发试验科科长	樊佐春	勘探开发研究院油田地质所副所长
官宇宁	勘探开发研究院院级专家	张 俊	钻采工艺研究院压裂酸化技术中心主任
王维仁	中石油辽河油田（营口）燃气有限公司董事长支部书记	赵士军	内蒙古中油汽车燃气有限公司综合部主任
谢诗宇	外部市场项目管理部塔里木项目部经理	周 亮	消防支队综合救援大队一中队中队长
马自力	安全环保技术监督中心安全监督工站站长兼支部书记	佟兴哲	审计中心副总师兼兴隆台一分中心主任
赵光明	车辆服务中心曙光大队大队长	王 楠（女）	信息工程分公司集团业务中心技术运维班程序员
陈 华	中油辽河工程有限公司西部项目部经理	陈冬健	辽河工程技术分公司外部市场项目部生产组长
梅宏林	辽河油田建设有限公司管道工程第一项目部党总支书记	刘立国	辽河油田建设有限公司施工作业管理中心队长
王 寅	石油化工技术服务分公司广东石化业务项目部车间副主任	袁卫华	环境工程公司工业清洗分公司污水处理工
龚长春	电力分公司质量安全环保科科长	刘九言	石油化工分公司煅烧焦车间技术员
孙振勇	物资分公兴东物资供应中心主任	解世伟	辽河油田培训中心油田开发培训部主任
陈德常	振兴服务分公司曙光公建服务公司经理	吕 波	人力资源调剂中心经营管理部副部长
黄文闯	盘锦辽河油田金宇环保工程有限公司执行董事	关海峰（女）	盘锦辽油宝石花医院兴隆社区卫生服务中心主任
石英才	油田公司生产运营部水电科科长	袁良秀	油田公司钻采工程技术部综合管理科科长
郭启宏	油田公司纪委办公室党风监督科科长	吴 华（女）	油田公司机关党委常务副书记

先进个人（299 名）

曙光采油厂	王奎淞 李 波 芦 哲 李传宏 周 平 李 想 朱 亮 田 扩 孙忠诚 明 辉 郭洪军 孙 一 许井山 蔡文辉 王 鑫（女）李忠于 邹占民 王作伟 谷兴鹏 屈广操 何远哲	兴隆台采油厂	马成龙 罗耀珑 张 铭 王晓宇 沙露丝（女）杨伟明 王盛宇 苏 杭 史云鹏 史 强 严子骁 吕哲勇
特种油开发公司	刘忠祥 王 冠 李正威 石达志 杨纪超 韩 帅 王彦卫 王建波 李国宁 石小枫 黄 琦 梅方锐	欢喜岭采油厂	董 娟（女）张 涛 杨公鹏 佟青海 韩士军 朱孔飞（女）王 涛 王翠平（女）连志伟 颜鲁鹤 毕永民 张广宇 周传军 王 维（女）杜 松
沈阳采油厂	刘文秀 沈文刚 杨红平 邓怀峰 景晓旭（女）王英南（女）孙晶华 王 昊 郑 静（女）刘世英 白 江 杨卫东 刘云山 王 军 杨 威	锦州采油厂	何秀莲（女）贾立威 孟广利 魏文斋 阮宏伟 荆树鹏 王 健 林 燕（女） 唐庆华 王维浩 李俊明 翁 颖
高升采油厂	孙 伟 张 骅 于光亮 于 水 杨永强 李 博 郑 伟 李广博 张 硕 许 刚	冷家油田开发公司	李海峰 徐敬峰 付 强 付鸿昶 徐大军 洪海燕（女）徐 爽 柏继洪（女）

续表

机构	人员	机构	人员
金海采油厂	阎 磊 魏若飞 曹彦婷（女） 王鹏月 付宏雨 高 峰 张晓丽（女） 嵇伟民 王 倩（女） 王树贺 李晓佳（女）	茨榆坨采油厂	袁 勇 宁晓飞 田 建 果占文 王鹏飞 李 健
辽兴油气开发公司	任 辉 张金超 周 明 赵可远 姜 昊	荣兴油气开发公司	赵亭玮（女） 李 泽 李梦雨
庆阳勘探开发分公司	张英东	辽河油田（盘锦）储气库有限公司	杜 恒（女） 王春禄 金元平
油气集输公司	杜 涛 翟 娟（女） 张建华 狄海瑞 张晓龙	勘探事业部	柏 桐
开发事业部	李之旭	勘探开发研究院	李渔刚 郭 强 张东伟 卢明德 蔡 超 赖 鹏
钻采工艺研究院	马丽勤（女） 史 策 郝瑞辉 蒋 雪（女） 张建军	经济技术研究院	赵 潞
燃气集团公司	赵 越 李 俊 李 明	外部市场项目管理部	赵江利 吴一尘 杨舒婷（女） 崔 彪
消防支队	顾 猛 李哲彤	安全环保技术监督中心	韩全振 张 朝
审计中心	任秋怡（女）	车辆服务中心	陈 伟 李德利 刘晓明 李常峰 张 东 刘庆学 刘世星 王兴国 鲁艳海
销售公司	贾壁源（女）	辽宁恒鑫源工程项目管理有限公司	董永强
信息工程分公司	郑 楠（女） 崔 刚 郑 雷 吕云鹏 尤 勇	中油辽河工程有限公司	李金龙 卢洪源 孙 博 蒲文政 刘海峰
辽河工程技术分公司	赵 健 王 冲 杨 明 潘 洁 石 峰 黄 健 张 玺 王兴利 韩振忠 禹凯勋 张 军 杨晓亮 姜连胜 胡锦荣 李 哲 柳 震 刘士辉 刘洪洋 王 东 孙建锋 张 磊	辽河油田建设有限公司	孟德龙 王东生 张春江 张 旭 李艳丽（女） 殷剑锋 高孝良 李欣泽 杨忠兆 刘 峰 刘 丹 谭玉华（女） 郭思博 张 健 刘 锐 董 旭
石油化工技术服务分公司	刘 宇 赵永国 赵 严（女） 张 彬 陈志春 许海波 顾俊杰 左鹏飞	环境工程公司	李海波 龙泰铮 马 可
电力分公司	孟令俭 赵 鲲 吴添刚 郭 涛 单世强 杨 波 崔晓阳（女） 黄春越	石油化工分公司	张宝雷 马 强 李本利 张 萍（女）
物资分公司	时冀微 李瑞丰 王兴威 张益嘉 范冬梅（女） 刘治江 黄莉莉（女） 李春光	能源管理分公司	张成桥 阚世强
国际事业部	迟兴礼	辽河油田培训中心	高 丹（女） 李 帅（女）
新闻中心	张太平 胡 洋	资本运营事业部	宋春霞（女）
公共事务管理部	任 雪（女） 王丽丽（女）	振兴服务分公司	陈 新（女） 刘 博（女） 张 爽 薛筱玮（女） 曹 庶 尹 璐（女） 刘 艳（女） 刘 爽（女） 王 颖 戚 宇
人力资源调剂中心	王 辉 李延鑫 李晓峰 丁 杰	辽宁中油产业发展有限公司	张利民
盘锦辽油宝石花医院	赵 莉（女） 佟 义 尚 焦（女） 郭伟平	油田公司机关	姚长江 潘瑞生 边少卿 张 强 焉喆源（女） 张学良 赵紫谦 洪明东

续表

宝石花物业管理有限公司盘锦分公司	杨汉英（女） 刘艾红（女）	盘锦辽河油田资源利用有限公司	庄 重
辽宁省辽河公安局	任来平 张大志	辽宁省人民检察院辽河分院	谢佳慧（女）
辽宁省辽河中级人民法院	王小卫		

2022年度辽河油田公司职业技能竞赛技能选手获奖名单（一）

荣誉名称	获奖名次	获奖者	所在单位	岗位	获奖时间
辽河油田公司技术能手	金牌	张洪策 丰家伟 符明泽 何 群	曙光采油厂 金海采油厂	热注运行工	2022.12
	金牌	贾 林 魏公全 蒋艳伟 王 平	金海采油厂 兴隆台采油厂	集输工	2022.12
	金牌	滕 达 彭 博 殷成建 赵宏业	曙光采油厂 锦州采油厂 储气库有限公司	维修电工	2022.12
	银牌	张兴宇 冯承明 周 盛 郭 健 李维天 朱意帆 何 银	曙光采油厂 欢喜岭采油厂 金海采油厂 特种油开发公司	热注运行工	2022.12
	银牌	艾芃芃 李喜胜 白光源 刘耀玉 韩亚东 綦桂梅 刘德实	锦州采油厂 沈阳采油厂 特种油开发公司 辽兴油气开发公司	集输工	2022.12
	银牌	郝振海 杜 恒 周迎辰 孔令峰 丰华雷 姚 恒 郝秋雨	欢喜岭采油厂 储气库有限公司 欢喜岭采油厂 电力分公司 特种油开发公司 曙光采油厂 沈阳采油厂	维修电工	2022.12
	铜牌	张 哲 黄 鑫 吴 伟 王莉芳 商雪娇 刘 超 王 滔 杜 攀 李永旭 魏忠亮	欢喜岭采油厂 锦州采油厂 特种油开发公司 冷家油田开发公司	热注运行工	2022.12
	铜牌	房 英 庄 园 李 锐 杨松林 郝征伟 王春山 冯 月 白 硕 聂元军 王 瀚	锦州采油厂 沈阳采油厂 金海采油厂 兴隆台采油厂 曙光采油厂 冷家油田开发公司 特种油开发公司	集输工	2022.12

续表

荣誉名称	获奖名次	获奖者	所在单位	岗位	获奖时间
辽河油田公司技术能手	铜牌	汪媛媛　杨景皓 张宏波　王　猛 薛纪云 郝　亮 李军海 王松林　于永彬 朱成斌	兴隆台采油厂 高升采油厂 金海采油厂 沈阳采油厂 锦州采油厂 特种油开发公司 曙光采油厂	维修电工	2022.12

2022年度辽河油田公司职业技能竞赛优秀选手获奖名单（二）

荣誉名称	获奖选手	所在单位	岗位	时间
辽河油田公司优秀选手	付　涛　薛晓镝 李薇薇　林　超　卢　丁　陈森霖 王　晶　金秀媛　孙有威 周东方　刘　浩　刘红军　于肖兵　王　楠 李　洋 高谷音　黄　彬　吴　巨　李　俊　高　川　李明宇	特种油开发公司 锦州采油厂 金海采油厂 冷家油田开发公司 欢喜岭采油厂 高升采油厂	热注运行工	2022.12
	曹荣婷　赵道华 董　亮　秦经纬 李柏萱　潘宏宇　道燕燕　王　猛 程　佳　干庆东　郑付彪 高　源　廉　明 李在剑 于海玉　宋宜知　裴盈瑜　张　浩 吴雅胜　付旭芳　叶子敬　孙　洋 白家斌	特种油开发公司 兴隆台采油厂 欢喜岭采油厂 冷家油田开发公司 辽兴油气开发公司 曙光采油厂 高升采油厂 茨榆坨采油厂 辽兴油气开发公司	集输工	2022.12
	刘泊川 杨　轩　刘立刚 张锡亮 张　明　刘　涛　孟　刚 何洪伟 王健多 张　燕 顾　行　王金丽　张　浩 李志鹏　葛爱民 王　斌　李树秋 张鸿洋　井　勇　唐建明	沈阳采油厂 金海采油厂 欢喜岭采油厂 冷家油田开发公司 高升采油厂 兴隆台采油厂 储气库有限公司 油气集输公司 电力分公司 物资分公司 环境工程公司	维修电工	2022.12

2022年度辽河油田公司职业技能竞赛青年岗位能手（三）

荣誉名称	获奖选手	所在单位	岗位	时间
辽河油田公司青年岗位能手	张洪策　符明泽 何　群	曙光采油厂 金海采油厂	热注运行工	2022.12
	贾　林 魏公全	金海采油厂 曙光采油厂	集输工	2022.12
	滕　达 彭　博 赵宏业	曙光采油厂 锦州采油厂 储气库有限公司	维修电工	2022.12

2022年度辽河油田公司职业技能竞赛获巾帼建功技能标兵（四）

荣誉名称	获奖选手	所在单位	岗位	时间
辽河油田公司巾帼建功技能标兵	王　平	兴隆台采油厂	集输工	2022.12

2022年度辽河油田公司职业技能竞赛优秀组织个人奖（五）

荣誉名称	获奖选手	所在单位	时间
优秀组织个人奖	孙世义	曙光采油厂	2022.12
	张晓丽	金海采油厂	2022.12
	张　群	沈阳采油厂	2022.12
	张东亮	特种油开发公司	2022.12
	王加富	高升采油厂	2022.12
	王　璇	冷家油田开发公司	2022.12

2022年度辽河油田公司优秀巡查干部、优秀巡查人员

荣誉名称	获奖者	荣誉名称	姓　名
优秀巡查干部	岳　滨　刘芮伯　回林林　徐黎明 李　磊　殷广富　李怀涛　刘建军 徐　君　徐　浩　李劲龙　王　男 佟　姜　王　辉　王志宏　夏丽玲	优秀巡查人员	李鑫妍　孙　科　孔庆宇　唐　亮 孙　涛　赵衍军　翁　颖　董全坤 陈　举　商政义　刘永扬　吴春亮 朱　斌　刘紫璇　史英伟　于　琦 李　阳　张祥鬼　艾　博　沈　晨 王　胜　焦光普　马志野　杨　悦

2022年度辽河油田公司天然气保供先进个人

荣誉名称	获奖者	获奖时间
先进个人	周秀娟　郭子南　冯禹龙　马汝彦　宋志伟　王春根　张　强　葛　利　张　涛　钟林军 郭启宏　朱　明　温海波　王军飞　李俊杞　金元平　王　鑫　邢爱君　李振远　赵　亚 李纯军　邱履彪　赵中华　张　鹏　王耀贵　乔伟雄　苗　利　张润奎　祁　涛　张虎虎 李显峰　毕永民　孙文歧　曾志强　王　炜　白新节　石小枫　夏　东　刘爱青　高文振 刘连杰　季明辛　陶煜征　殷剑锋　周　昊　刘　洁　刘　洁　董德胜　张文永智 李学良　虎镇峰　石英才　刘　亮　刘　健	2022.4

2022年辽河油田公司第九届"十大杰出青年""十大优秀青年"

荣誉名称	获奖者	单 位	获奖时间
十大杰出青年	陈 昌	勘探开发研究院西部勘探所所长	2022.4
	单长城	特种油开发公司热注作业二区经理兼党总支副书记	
	冯东旭	储气库公司雷61储气库作业区区长兼党支部书记	
	匡旭光	曙光采油厂工艺研究所重大项目室主任	
	梁耀文	兴隆台采油厂采油作业一区副区长	
	曹 超	开发事业部开发规划科副科长	
	桑 量	辽宁省辽河公安局渤海公安分局副局长	
	王莎莎（女）	油气集输公司群团工作部副部长	
	秦 闯	辽兴油气开发公司地质工艺研究所工艺室主任	
	金 钊（女）	物资分公司（物资管理部）兴东物资供应中心综合管理组组长	
十大优秀青年	李润富	锦州采油厂采油作业二区区长	2022.4
	王孝磊	庆阳产能建设项目组副经理、庆阳勘探开发分公司刘凤综合管理科科长	
	杨 昕	钻采工艺研究院采油工艺研究所党支部书记兼副所长	
	高 亮	沈阳采油厂采油作业二区区长兼党总支副书记	
	王殿榕	辽河工程技术分公司外部市场项目部西南项目组负责人	
	郝振洲	金海采油厂集输大队洼一联合站输油岗员工	
	姜艳艳（女）	欢喜岭采油厂地质研究所稀油动态室主任	
	张 伟	茨榆坨采油厂采油作业一区副区长	
	邵利峰	新闻中心新媒体部副主任	
	李松辉	环境工程公司环保一分公司经理	

2020—2021年度辽河油田公司优秀创客

荣誉名称	获奖者	单位名称	获奖时间
优秀创客	柳转阳	曙光采油厂	2022.7
	靳庆凯	特种油开发公司	
	赵奇峰	欢喜岭采油厂	
	单井华	锦州采油厂	
	杨 波	曙光采油厂	
	郑利辉	高升采油厂	
	汪建夫	沈阳采油厂	
	李 龙	勘探开发研究院	

辽河油田公司第四届"辽河榜样"

荣誉类别	获奖者	单位名称	获奖时间
加油增气类	李铁军	勘探开发研究院企业技术专家	2022.9
加油增气类	王　斌	钻采工艺研究院钻修技术研究所二级工程师	2022.9
加油增气类	李维祎	兴隆台采油厂采油作业三区女子采油队党支部书记	2022.9
加油增气类	孔范帅	庆阳勘探开发公司勘探开发科科长	2022.9
管理增效类	闫德建	锦州采油厂集输大队大队长	2022.9
管理增效类	吴成军	高升采油厂采油作业二区坨34站站长	2022.9
管理增效类	杨金胜	公司机关财务资产部副主任	2022.9
管理增效类	杨晓巍	安全环保技术监督中心安全监督一站站长	2022.9
道德文明类	张　亮	辽河油田建设有限公司职工培训学校电焊工	2022.9
道德文明类	张　晋	辽河工程技术公司带压作业大队党总支书记	2022.9
道德文明类	夏洪刚	欢喜岭采油厂采油作业二区欢14站采油工	2022.9
道德文明类	赵　阳	油气集输公司副总工程师、大连石油储运项目管理部经理兼党总支书记	2022.9

QC 小组活动成果

辽宁省 QC 小组活动成果

单位名称	课题名称	小组名称	成员名单	获奖级别
特种油开发公司	减少抽油机井口污染次数	作业三区工艺QC小组	杨振东　靳庆凯　邹洪超　苗　壮　杨　浩　李　宁　于晓宇　公　克	辽宁省三等奖
曙光采油厂	提高挤灰封层封窜堵水工艺有效率	修井室QC小组	曾立桂　王记锋　饶德林　赵　昕　刘岱宗　谭宏亮　戴　骏　候林孜　徐建通　林年玥	辽宁省三等奖
曙光采油厂	便携式氮气发生器的研制	技术攻关QC小组	杨　波　李　宁　王洪颖　徐　波　戴　骏　李文祥　李文辉　毕海昌　姚　兰　吕英磊	辽宁省三等奖
沈阳采油厂	降低外输水泵维修成本	启航QC小组	刘　辉　庄鸿玉　任学东　袁　武　李文志　施　超　张涛涛　张　群　孟小东　贾广民	辽宁省三等奖
沈阳采油厂	预控式自动润滑防喷装置的研制	三次采油试验大队QC小组	张涛涛　张国强　王　杰　刘海东　曹晓东　朱旺平　冷东阳　于永伟　金春玲　徐鹏惠	辽宁省三等奖

续表

单位名称	课题名称	小组名称	成员名单					获奖级别
辽河油田建设有限公司	提高水田水网段施工便道安装速度	创新 QC 小组	谭永亮 韩佩君 齐佳睿 李 杰 邹积伟					辽宁省三等奖
			谢晨光	张金平	于立江	房大全	刘 邦	
辽河工程技术分公司	降低大修井非成果率	工程技术科（风雨同舟）QC 小组	曹洪峰	陶煜征	魏后超	刘继海	何 飞	辽宁省三等奖
			马 腾	刘琳琳	黉 凯	张力骁	陈 晨	
冷家油田开发公司	研究大数据环境下生产数据采集的新方法	网络达人 QC 小组	张万强	马 开	回 洁	管守清	王秋汐	辽宁省三等奖
			周 璇	解 巍	刘 尧	康宸博	秦 晟	
勘探开发研究院	提高锦16块聚/表复合驱扩大区波及效率	化学驱 QC 小组	马 恬	唐海龙	邱晓娇	张舒琴	王 微	辽宁省三等奖
			顾 蕾	匡 薇	于梦男	刘 蕴	倪 晨	
勘探开发研究院	提高西部凹陷东部陡坡带砾岩体老井试油成功率	西部勘探所东部室 QC 小组	郭美伶	高荣锦	张海栋	李洪楠	戚雪晨	辽宁省三等奖
			王欣桐	李子敬	陈 英	栾伯川	冯 晨	
锦州采油	提高稠化油堵水措施增油量	工艺油化 QC 小组	吴松毓	贾财华	肖家宏	张淑颖	刘广友	辽宁省三等奖
			林 丽	王纯贺	祁 涛			
金海采油厂	降低小四站外输气管线泄漏频次	黄沙坨区块 QC 小组	苏新雨	张孝宁	王 博	周 剑	刘旭龙	辽宁省三等奖
			刘成军	张 芳	杨 智	付宏雨	林 琳	
欢喜岭采油厂	研制快速更换减速箱机油装置	欢采采四 18# 站创新 QC 小组	陈树勇	李洪光	邹黎明	侯庆波	张孝宁	辽宁省三等奖
			姜 全	沈少林	王清萍	陈瑞芳	艾 兵	
高升采油厂	提高稠油油井吞吐油汽比	油井增产措施 QC 小组	孙晓玮	张 挺	徐 猛	叶 森	刘 丹	辽宁省三等奖
			齐洪斌	李旭勇	方展鸿	宦秋祥	侯庆波	
高升采油厂	提高直平组合火驱井组平均日产油量	火驱管理 QC 小组	王远红	丁军涛	石 磊	李 伟	吴明芳	辽宁省三等奖
			刘兴欢	孙 娜	李 艺	张 茜	徐明芳	
茨榆坨采油厂	提高抽油机井系统效率	降本增效 QC 小组	张瞳瞳	何洪雨	孙立杰	李咏声	侯庆波	辽宁省三等奖
			杨 帆	张丽君	吴永量	马 涛	薛 璇	
茨榆坨采油厂	提高测压一次成功率	测试技术攻关 QC 小组	代冰杰	苏鹏涛	侯庆波	王洪千	王清澜	辽宁省三等奖
			刘宇东	兰洪刚	马 涛	焦 龙	余 宁	
储气库公司	减少压缩机组故障停机次数	双6储气库集注保供 QC 小组	王 鑫	商绍程	刘东洋	成少兵	李海洋	辽宁省三等奖
			何建林	靳利强	刘应青	陈治军		
辽河油田建设有限公司	降低大口径管道在砂层中穿越卡钻故障率	穿越工程项目部 QC 小组	焦永红	马贺平	林 野	李 宁	胡方亮	辽宁省三等奖
			梁 佳	计 雪	王占力	纪永久	李海权	
油气集输公司	储罐浮梯静电释放跨接装置的研制	曙光输油分公司 QC 小组	赵兴国	刘 欣	徐宝珠	李政正	宋明洁	辽宁省三等奖
			薛 璇	杜 涛	尚路野	钟一鸣	刘凤磊	

集团公司 QC 小组活动成果

单位名称	课题名称	小组名称	成员名单	获奖级别
曙光采油厂	油水井测试防喷装置的研制	曙光初现创新 QC 小组	柳转阳 饶德林 郑 军 狄 强 武连永 杨金昆 张涛涛 林年玥 罗朝期 吕英磊	集团公司二等奖
金海采油厂	螺杆泵试压装置的研制	工艺 QC 小组	徐青竹 乐庸军 周广安 张 芳 赵 旭 毕雯雯 于国鼎 付 颖 白文海 薛 刚	集团公司二等奖
高升采油厂	提高油管清洗出厂合格率	机关 QC 小组	陈龙堂 李有栋 刘海林 於晓红 杜亚峰 张 悦 张建新 侯庆波 吴振宇 周晓明	集团公司二等奖
欢喜岭采油厂	柱塞泵减震器胶囊气压稳定装置的研制	热注作业一区 22# 站 QC 小组	鲜林祥 全宝东 李洪光 蓝 彬 肖 勇 刘丹丹 游 艳 胡良伟 张 君 王 云	集团公司二等奖
冷家油田开发公司	提高冷 43 块冷 80 井区东部单井日产油量	采油工艺室 QC 小组	周 璇 燕鹏宇 马 开 王秀波 栾伯川 杜雨恒 张婉淳 冯 巍 张万强 李 化	集团公司三等奖
茨榆坨采油厂	提高螺杆泵井生产时率	螺杆泵 QC 小组	方宗元 刘子辉 刘 威 刘生平 金 洋 李雪梅 侯庆波 田 丹 付凤娟 郑赛男	集团公司三等奖
勘探开发研究院	提高储气库注采井井位测量精度	储气库井位测量 QC 小组	林 雪 戴 兵 陈 辉 秦 飞 刁克山 智春峰 郭长军 顾永来 刘应青 方 飞	集团公司三等奖
特种油开发公司	提高热采废水循环利用率	马到功成 QC 小组	王 东 韩 帅 东 楠 吕 亭 王 鸽 杨伟丽 朱传玉 王思思 田晶晶 许 鑫	集团公司三等奖

辽河油田公司 QC 小组活动成果

单位名称	课题名称	小组名称	成员名单	获奖级别
安全环保技术监督中心	提高原油馏程检验检测效率	产品质量检验 QC 小组	马德良 郭一辰 徐枫淳 候德惠 李 青 徐 璐	二等奖
锦州采油厂	提高稠油水平井动用程度	工艺采油 QC 小组	田 瑜 梁海波 甄 雪 于 爽 詹美珍 张淑颖 林 丽 张素红	二等奖
冷家油田开发公司	研究一种多预测模型拟合的开发规划方法	冷家油田动态分析 QC 小组	马 开 张万强 高宏宇 王秋汐 周 璇 刘 尧 康宸博 秦 晟	三等奖
电力分公司	提高小电流接地选线正确率	自动化 QC 小组	辛朝波 赵 鲲 孙 鹤 李文涛 管佩祥 康晶晶 唐欲龙 孙 兵	三等奖
高升采油厂	提升雷家地区偏磨井检泵周期	防偏磨 QC 小组	张 硕 张朝升 张映霞 张洪志 杜亚峰 王 潇 邓 辉	三等奖
高升采油厂	研制翼形稳定平衡式悬绳器	高二转 QC 小组	车全阔 黄 海 杨伟东 李 阳 王秀华 邓 强 齐洪斌 蔡振敏	三等奖
欢喜岭采油厂	降低 17# 站油井检泵率	采油作业二区 17# 站 QC 小组	游 艳 陈国林 庞 哲 郭 涛 王 璇 王清萍 杨丽艳 邢 雷 李遵祥	三等奖

续表

单位名称	课题名称	小组名称	成员名单	获奖级别
欢喜岭采油厂	提高新井固井合格率	地质研究所钻井室QC小组	赵鹏 李子华 朱延鹏 卢福军 王欢欢 王云 高博 冯会中	三等奖
欢喜岭采油厂	降低齐40块油井躺井率	采油作业三区地质室QC小组	瞿志强 刘玉莹 郭阳 孙梦圆 徐喆 赵新怡 陈春梅 于泳	三等奖
辽河油田建设有限公司	提高火灾探测器系统一次安装合格率	电工队QC小组	闫洪阳 马哲群 项利萍 刘邦 蔡秀玲 陈浩宇 代进 张天阳	三等奖
辽河油田建设有限公司	提高B型套筒焊接一次合格率	创新QC小组	谭永亮 韩佩君 齐佳睿 房大全 谢晨光 邹积伟 张强 巍建国	三等奖
辽河油田建设有限公司	适用于150KW以下中频加热器的冷却装置研制	防腐项目部QC小组	臧延雷 刘庚 刘健 窦向杰 梁义才 李莉 鲁明 马雷	三等奖
金海采油厂	移动式井口操作平台的研制	金算盘QC小组	薛刚 马广刚 韩有祥 张新慧 许博 金鹏 苏新雨 张孝宁	三等奖
金海采油厂	缩短抽油机井碰泵操作时间	机关QC小组	朱寰宇 朱伊娜 樊瑞 范俊 徐强 刘春阳 程强 金兆恒	三等奖
锦州采油厂	油井套管气过滤防喷装置的研制	301管理站QC小组	边荣军 郭占军 朱涛 祁涛 胡娟华 彭会云 贾立威 王天奇	三等奖
勘探开发研究院	提高SEC扩边新发现储量评估工作效率	扬帆起航QC小组	蔺鹏 王高飞 雷文文 杨罗万 刘洋 王姝 秦喜春	三等奖
勘探开发研究院	提高曙光地区薄层砂岩水平井储层钻遇率	西部勘探所西部室QC小组	宫一傲 孙旭 花明 倪志发 张兴文 任一菱 韩明伟 张晗	三等奖
沈阳采油厂	降低泵漏检泵作业井次	采油工艺QC小组	唐平 刘大伟 周学金 韩峰 王肖 金春玲 于水伟 田斌	三等奖
沈阳采油厂	降低13计电费成本支出	13计QC小组	李向晖 程斌 张景志 王英南 刘耀玉	三等奖
沈阳采油厂	降低中频控制柜年报废率	电力QC小组	杨威 崔勇 邹振涛 刘祥会 齐晓刚	三等奖
石油化工技术服务分公司	降低CNG压缩机循环水高温故障报警频次	红岩QC小组	张强 韩政君 韩连友 徐一丹 孙琪 何柏成 寇洋 代超奇	三等奖
石油化工技术服务分公司	降低柱塞泵机油乳化频次	热注QC小组	孙延芳 王健永 刘锦宁 王波 郭祥方 郭晓艳 李相山 孙海源	三等奖
曙光采油厂	提高杜813兴隆台措施有效率	超稠油QC小组	姚颖 汤力 周启龙 肖潇 金瑞 赵衡珺 杨陲楠 张钊	三等奖
曙光采油厂	提高面积火驱高效井比例	常规火驱开发QC小组	柴标 汪雨蒙 胡志东 张钊 张玲 杨依峰 肖娟 冯帅	三等奖
特油公司	提高50T注汽锅炉运行时间率	热注作业一区	吕洪超 于小洋 石达志 蔡军 周涛 李东 陈亮 曹微	三等奖
新能源事业部	提高油田水热型地热井采水量	清洁能源替代QC小组	马永超 庞力源 洪波 于贺 赵海龙 邵建欣 刘鑫 张磊	三等奖
兴隆台采油厂	降低城区管道失效率	管道完整性管理QC小组	孙浩清 陈佳佳 吴悦 刘宇豪 张达的 马驰 李佳阳 张铭	三等奖

续表

单位名称	课题名称	小组名称	成员名单	获奖级别
油气集输公司	减少轻烃装置设备维修次数	设备维护QC小组	梁学川 倪仲龙 堵志鑫 曹智勇 杜伟君 胡 康 狄海瑞 张 凡	三等奖
中油辽河工程有限公司	设备撬座设计方法的研究	中油辽河设计机械QC小组	宋 诚 高 岩 伊 军 李 迪 郝广娃 钱 媛 王 欣 史传麒	三等奖
钻采工艺研究院	磨料水力喷砂割缝提质增效技术应用	高压水射流技术QC小组	孔凡楠 胡胜勇 王文涛 杨雨潇 刘天琦 张沂轩 卢 玉 金姗姗	三等奖
茨榆坨采油厂	提高半停产区块茨32块年增油量	老区块复产QC小组	安博毅 陆美玲 高 鑫 阮文俊 李冰冰 马 涛 张雅竹 纪效建	三等奖
辽河工程技术分公司	冲砂取样装置的研制	作业大队QC小组	薛立鹏 于 贺 陈洪涛 韩 磊 尤 伟 翟 皓 谢 宁 史凤才	三等奖

统 计 数 据

表1 2018—2022年辽河油田公司原油生产完成情况表

单位：万吨

项目 \ 年份	2018年	2019年	2020年	2021年	2022年	累计
石油液体产量	995.11	1007.56	1004.26	1008.01	933.17	4948.11
欢喜岭采油厂	87.30	90.19	86.69	88.20	84.01	436.39
锦州采油厂	79.08	78.84	73.91	73.34	76.12	381.29
曙光采油厂	211.70	215.60	215.53	212.45	179.52	1034.8
兴隆台采油厂	101.85	104.78	107.50	123.93	100.56	538.62
高升采油厂	55.46	54.84	52.25	51.17	52.09	265.81
沈阳采油厂	94.68	97.60	98.99	100.57	101.27	493.11
茨榆坨采油厂	43.10	44.00	42.50	30.05	32.20	191.85
金海采油厂	49.13	49.93	50.80	50.48	50.00	250.3
冷家油田开发公司	51.91	51.73	51.80	52.20	48.60	256.24
未动用储量开发公司（未动用储量开发项目部）	10.32	13.13	14.72	15.36	18.71	72.24
辽河油田青海分公司	3.98	3.50	1.50	0.42	—	9.40
特种油开发公司	130.54	129.78	129.27	124.75	96.31	610.65
辽兴油气开发公司	25.76	26.88	27.10	24.55	28.60	132.89
月东项目部	44.96	39.51	43.00	49.02	50.18	226.67
庆阳勘探开发分公司	—	—	0.89	2.32	5.20	8.41
液化气	5.33	7.26	7.80	9.20	9.80	39.58

注：本表数据来源于发展计划部。

表2 2018—2022年辽河油田公司原油收拨情况表

项目 \ 年份	2018年	2019年	2020年	2021年	2022年	累计
原油生产量	989.78	1000.30	996.47	998.81	923.36	4908.72
其中：稀油	291.45	295.35	294.01	299.35	300.39	1480.55
稠油	603.32	607.10	602.80	597.67	521.58	2932.47
高凝油	95.01	97.85	99.66	101.79	101.39	495.7
期初库存	27.15	25.37	24.64	23.28	23.27	123.71
销售量	977.84	990.38	986.22	985.88	911.79	4852.11
自用量	13.72	10.65	11.60	12.94	11.75	60.66
期末库存	25.37	24.64	23.28	23.27	23.10	119.66

注：本表数据来源于发展计划部。

表3 2018—2022年辽河油田公司原油销售量情况表

单位：万吨

项目		2018年	2019年	2020年	2021年	2022年	累计
原油销售		977.84	990.38	986.22	985.88	911.79	4852.11
按运输方式	管输	760.95	783.73	766.99	757.98	708.01	3777.66
	公路	216.88	206.65	219.23	227.90	203.78	1074.44
销售区域	锦西	190.17	195.64	176.19	179.86	188.52	930.38
	锦州	190.28	195.42	196.92	180.09	168.05	930.76
	抚顺	89.97	90.57	85.49	85.76	87.53	439.32
	石化厂	410.20	432.34	451.18	464.31	376.68	2134.71
	其他	97.22	76.41	76.45	75.86	91.02	416.9

注：本表数据来源于发展计划部。

表4 2018—2022年辽河油田公司天然气产销情况表

单位：亿立方米

项目	2018年	2019年	2020年	2021年	2022年	累计
天然气生产量合计	5.69	6.04	7.24	7.90	8.41	35.28
气井气	0.87	0.72	0.85	1.23	1.78	5.45
油井气	4.83	5.32	6.39	6.67	6.63	29.84
欢喜岭采油厂	0.41	0.24	0.17	0.21	0.29	1.32
锦州采油厂	0.21	0.24	0.22	0.25	0.28	1.2
曙光采油厂	0.10	0.10	0.10	0.15	0.23	0.69
兴隆台采油厂	2.57	2.68	3.42	4.54	3.77	16.98
高升采油厂	0.30	0.32	0.29	0.30	0.29	1.5
沈阳采油厂	0.83	0.89	0.80	0.89	0.99	4.4
茨榆坨采油厂	0.47	0.64	1.03	1.03	0.94	4.11
金海采油厂	0.38	0.36	0.43	0.41	0.41	1.99
辽兴油气开发公司	0.41	0.53	0.74	0.02	0.02	1.72
庆阳勘探开发分公司	—	—	0.01	—	0.46	0.47
未动用储量开发公司（未动用储量开发项目部）	—	—	0.04	0.10	0.71	0.85
其他	0.01	0.04	—	—	—	0.05
天然气外供量合计						
天然气商品量合计	1.83	2.01	0.92	0.61	1.94	7.31
天然气外供量合计	1.83	2.01	0.92	0.61	1.94	7.31

注：本表数据来源于发展计划部。

表5 2018—2022年辽河油田公司注水量情况表（不含污水回注）

单位：万立方米

项目\年份	2018年	2019年	2020年	2021年	2022年	累计
合计	2834	2886	2887	2724	2821	14152
欢喜岭采油厂	327	318	274	265	257	1441
锦州采油厂	452	446	440	359	345	2042
曙光采油厂	186	180	193	195	191	945
兴隆台采油厂	331	313	290	296	285	1515
高升采油厂	135	125	133	130	133	656
沈阳采油厂	894	998	1030	987	1002	4911
茨榆坨采油厂	197	205	220	153	215	990
金海采油厂	220	221	221	221	223	1106
冷家油田开发公司	51	45	44	41	40	221
辽兴油气开发公司	28	24	32	71	90	245
庆阳勘探开发分公司	—	—	4	6	7	17
青海分公司	14	12	5	—	—	31
荣兴油气开发公司	—	—	—	—	33	33

注：本表数据来源于开发事业部。表中2018—2021年的部分数据进行了更新。

表6 2018—2022年辽河油田公司注汽量情况表

单位：万立方米

项目\年份	2018年	2019年	2020年	2021年	2022年	历年累计
辽河合计	2410	2370	2272	2286	2113	11454
辽河（吞吐）	1286	1256	1210	1217	1144	6113
欢喜岭采油厂	57	62	53	46	49	267
锦州采油厂	165	152	153	150	129	751
曙光采油厂	540	537	499	496	386	2527
高升采油厂	77	77	70	70	61	378
茨瑜陀采油厂	—	—	—	—	6	—
冷家油田开发公司	130	124	123	121	138	647
未动用储量开发公司（未动用储量开发项目部）	33	33	37	38	—	141

续表

项目 \ 年份	2018年	2019年	2020年	2021年	2022年	历年累计
特种油开发公司	220	218	214	234	204	1086
月东项目部	11	10	14	18	22	75
金海采油厂	53	43	47	44	52	241
辽河（蒸气）	1125	1114	1062	1069	1089	5339
锦州采油厂	104	126	103	84	91	508
欢喜岭采油厂	398	375	354	345	333	1801
曙光采油厂	164	179	191	208	273	935
高升采油厂	—	—	—	—	20	—
金海采油厂	32	39	25	28	29	152
冷家油田开发公司	87	90	79	76	63	381
特种油开发公司	340	305	310	328	280	1562

注：本表数据来源于开发事业部。

表7　2018—2022年辽河油田公司油、水、气井井口数情况表

单位：口

年份	总井数	油井					水井		气井		观察井	完井未投
2018	25955	开井	14315	21065	开井	12098	自喷井	225	3244	开井	2111	642	开井	106	562	442
		关井	11640		关井	8967	抽油井	20840		关井	1133		关井	536		
2019	26227	开井	14532	21333	开井	12378	自喷井	112	3278	开井	2079	575	开井	75	632	409
		关井	11695		关井	8955	抽油井	21221		关井	1199		关井	500		
2020	27092	开井	14936	21738	开井	12617	自喷井	220	3410	开井	2208	471	开井	111	1063	410
		关井	12156		关井	9121	抽油井	21518		关井	1202		关井	440		
2021	27466	开井	15564	21939	开井	12826	自喷井	203	3357	开井	2139	599	开井	137	1134	437
		关井	11902		关井	9113	抽油井	21736		关井	1218		关井	462		
2022	27622	开井	15598	22088	开井	13155	自喷井	177	3449	开井	2280	607	开井	163	1045	433
		关井	12024		关井	8933	抽油井	21911		关井	1169		关井	444		

注：本表数据来源于开发事业部。

表8 2022年辽河油田公司稠油吞吐热采情况表

			合计	锦州采油厂	欢喜岭采油厂	曙光采油厂	高升采油厂	金海采油厂	冷家公司	特种油开发公司	海月项目部
吞吐井周期井数	一周期	（井）	244	63	5	76	13	20	11	39	17
	二周期	（井）	215	35	10	64	6	18	10	49	23
	三周期	（井）	222	33	16	67	17	33	8	32	16
	四周期	（井）	225	36	15	58	23	30	18	32	13
	五周期	（井）	200	28	9	58	27	31	19	13	15
	六周期	（井）	194	23	18	60	28	16	26	10	13
	七周期	（井）	206	31	16	68	26	13	22	20	10
	八周期	（井）	198	33	21	43	25	12	28	27	9
	九周期	（井）	173	31	8	43	17	9	24	33	8
	十周期	（井）	149	33	13	32	12	9	19	27	4
	十一周期	（井）	143	30	10	38	13	7	20	22	3
	十二周期	（井）	137	31	14	31	7	9	24	20	1
	十三周期	（井）	160	33	9	35	22	8	33	20	
	十四周期	（井）	137	24	9	40	9	4	28	23	
	十五周期以上	（井）	1433	310	129	671	32	75	87	129	
	累计	（井次）	4036	774	302	1384	277	294	377	496	132
吞吐油汽比	年		0.31	0.33	0.28	0.22	0.41	0.33	0.25	0.23	2.26
	累		0.52	0.47	0.45	0.37	0.89	0.50	0.41	0.32	3.55

注：本表数据来源于开发事业部。

附 录

2022年辽河油田公司政策制度选录

序号	规章制度名称	状态	发文字号	发文时间
1	辽河油田公司"三重一大"决策制度实施细则	有效	中油辽党发〔2022〕29号	2022年5月23日
2	辽河油田公司档案工作管理办法	有效	中油辽字〔2022〕234号	2022年11月4日
3	辽河油田公司高技能人才管理办法	有效	中油辽字〔2022〕290号	2022年12月22日
4	辽河油田公司全面推行岗位管理实施办法	有效	中油辽字〔2022〕92号	2022年5月17日
5	辽河油田公司所投资公司股东会、董事会和监事会议案管理细则（试行）	有效	中油辽字〔2021〕287号	2022年1月8日
6	辽河油田公司突发事件应急管理办法	有效	中油辽字〔2022〕150号	2022年7月28日
7	辽河油田公司油气监察管理办法	有效	中油辽字〔2022〕50号	2022年3月18日
8	辽河油田公司执行董事授权管理办法（试行）	有效	中油辽字〔2022〕294号	2022年12月26日
9	辽河油田公司职称评审实施办法	有效	油辽职改发〔2022〕6号	2022年9月27日
10	辽河油田公司职业技能等级认定管理办法	有效	中油辽字〔2022〕235号	2022年11月4日
11	辽河油田公司资产库管理实施细则	有效	中油辽字〔2022〕181号	2022年8月26日
12	辽河油田公司钻井工程管理办法	有效	中油辽字〔2022〕259号	2022年11月22日
13	辽河油田公司承包（服务）商管理办法（试行）	有效	中油辽字〔2022〕269号	2022年12月6日
14	辽河油田公司工程及服务内部市场管理办法（试行）	有效	中油辽字〔2022〕273号	2022年12月7日
15	辽河油田公司授权管理办法	有效	中油辽字〔2021〕280号	2022年1月4日
16	辽河油田公司博士后科研工作站管理办法	有效	中油辽字〔2022〕90号	2022年5月6日
17	辽河油田公司股权处置管理细则（试行）	有效	中油辽字〔2021〕285号	2022年1月8日
18	辽河油田公司股权投资管理细则（试行）	有效	中油辽字〔2021〕286号	2022年1月8日
19	辽河油田公司授权管理办法	有效	中油辽字〔2021〕288号	2022年1月10日
20	辽河油田公司风险管理办法	有效	中油辽字〔2021〕244号	2022年4月28日
21	辽河油田公司境外业务管理办法	有效	中油辽字〔2022〕114号	2022年6月20日
22	辽河油田公司派驻纪检组工作规则（试行）	有效	中油辽纪发〔2022〕6号	2022年6月15日
23	辽河油田公司独立董监事管理细则（试行）	有效	中油辽党发〔2022〕4号	2022年1月29日
24	辽河油田公司科研诚信管理暂行规定	有效	中油辽字〔2022〕258号	2022年11月21日
25	辽河油田公司媒体通报安全环保问题管理办法	有效	中油辽字〔2022〕116号	2022年6月22日
26	辽河油田公司突发事件应急预案实施细则	有效	中油辽字〔2022〕151号	2022年7月29日
27	辽河油田公司战略合作协议签署工作管理办法	有效	中油辽字〔2022〕67号	2022年4月8日
28	辽河油田公司专职董监事管理细则（试行）	有效	中油辽字〔2021〕290号	2022年1月24日

辽河油田公司"三重一大"决策制度实施细则（2022年修订）

第一章　总　则

第一条　为加强党对国有企业的领导，建立中国特色现代企业制度，推进党的领导与公司治理有机统一，规范决策行为、提高决策水平、防范决策风险，根据党和国家有关法律法规，以及《关于进一步完善集团（股份）公司所属分公司领导体制的意见》《中国石油天然气集团有限公司"三重一大"决策制度实施细则（2022年修订）》《中共中国石油天然气集团有限公司党组前置研究讨论重大经营管理事项清单》等文件精神，制定本实施细则。

第二条　"三重一大"事项决策遵循的基本原则：

（一）坚持党的领导。辽河油田公司党委（以下简称公司党委）是党的组织体系重要组成部分，在油田公司发挥把方向、管大局、促落实的领导作用。坚持以习近平新时代中国特色社会主义思想为指导，贯彻落实新时代党的建设总要求和新时代党的组织路线，增强"四个意识"、坚定"四个自信"、做到"两个维护"，充分发挥政治功能和组织功能，把党的领导落实到公司治理各环节，推动党的主张和重大决策转化为油田公司的战略目标、工作举措、广大员工的自觉行动和企业改革发展实际成效。

（二）坚持依法依规。贯彻落实全面依法合规治企新理念新思路新战略，严格遵守国家法律法规、党内规章制度及集团公司、股份公司、油田公司相关规定，保证决策内容和程序合法合规。

（三）坚持科学决策。充分发扬民主，广泛听取意见，强化尽职调查、可行性研究、专家咨询、财务审计、合法合规审查等决策前调研论证和综合评估，严格按照职责权限和议事规则进行决策，增强决策科学性，防范决策风险，提升决策质量。

（四）坚持权责明晰。结合实际合理界定决策事项范围，配套完善权责清单，明确权责和程序要求，集体讨论和决定"三重一大"事项。

第二章　决策范围

第三条　"三重一大"事项是指油田公司重大决策、重要人事任免、重大项目安排和大额度资金运作事项。

第四条　重大决策事项是指，依照党内规章制度、国家法律法规以及集团公司、股份公司相关规定，需要决策的事项。主要包括：贯彻习近平总书记重要讲话和重要指示批示精神、党和国家路线方针政策、法律法规，落实国家发展战略和上级重要决定的重大举措；油田公司发展战略与规划计划、生产经营、资产管理、资本运营、工资收入分配、职工分流安置、企业民主管理等涉及职工权益的重要事项，以及安全生产、生态环保、重大风险防范、维护稳定、社会责任、党的建设等方面重要事项；重要改革方案，内部管理机构及分公司、子公司的设置和调整，所属单位及重要子企业改制、混合所有制改革方案；公司章程的制订和修改，基本管理制度的制（修）订；执行董事授权决策方案，以及其他重大决策事项。

第五条　重要人事任免事项是指，由公司党委管理领导人员、技术人员的职务调整事项。主要包括：油田公司党委管理的领导人员选拔、任免、诫勉、奖惩等事项；以油田公司党委名义向上级推荐党代表、人大代表、政协委员及领导人员初步人选等事项；按权限管理的技术专家评聘、考核、解聘，高层次人才引进等事项；公司级项目组二级领导人员的确定；油田公司党团组织换届时委员候选人的确定及缺员时补充人员的确定；所属单位党组织换届时委员候选人的确定及缺员时补充人员的确定，换届选举后新当选委员会和书记、副书记的确定；股东代表、董监事、高级经营管理人员的推荐或委派，以及其他重要人事任免事项。

第六条　重大项目安排事项是指，对油田公司资产规模、资本结构、盈利能力，以及生产装备、技术状况等产生重要影响的项目的立项和安排。主要包括：股份公司投资管理办法规定项目的年度计划及相关项目安排、油田公司委托贷款、对外融资及担保事项，以及其他重大项目安排事项。

第七条 大额度资金运作事项是指，超过集团公司、股份公司对油田公司规定的授权资金限额的资金调动和使用。主要包括预算内大额度资金调动和使用，超预算的资金调动和使用，对外大额捐赠和赞助，以及其他大额度资金运作事项。

第三章 决策主体及权限分配

第八条 党委依照规定讨论和决定油田公司"三重一大"事项，对党的建设等方面重大事项履行决定职责，对重大经营管理事项履行把关定向职责，重点研判决策事项是否符合党的理论和路线方针政策，是否贯彻党中央决策部署和落实国家发展战略，是否有利于促进油田公司高质量发展、增强竞争实力、实现国有资产保值增值，是否有利于维护社会公众利益和职工群众合法权益，确保党中央决策部署和习近平总书记重要指示批示在油田公司贯彻落实，确保油田公司改革发展的社会主义方向，确保油田公司全面履行经济责任、政治责任、社会责任。

第九条 执行董事办公会对油田公司战略规划、重大事项决策、风险控制、经理层监督与管理等方面行使职权，重点研判决策事项的合法合规性、与出资人要求的一致性、与企业发展战略的契合性、风险与收益的综合平衡性等，对油田公司重大、重要经营管理事项按照职权和规定程序作出决定。总经理办公会主要负责决策日常经营管理事项，落实党委会和执行董事办公会有关决议，加强和改进企业管理，以及执行董事授权范围内的其他事项。

第十条 党委研究讨论是执行董事办公会决策重大经营管理事项的前置程序，油田公司党委与执行董事办公会成员高度重合，前置研究讨论和决策程序合并，采取召开党委会的形式决策"三重一大"事项。

第十一条 根据"三重一大"事项范围和决策主体职责，对决策事项和权限分配予以明确，具体见《辽河油田公司"三重一大"事项决策权责清单》（附件1）。"三重一大"事项之外的重要经营管理事项，应由执行董事办公会按权限决策，具体见《辽河油田公司重要经营管理事项决策权责清单》（附件2）；为提高决策效率，执行董事办公会可根据实际需要对一定范围内的部分事项授权总经理办公会决策，授权坚持"授权不授责"原则，授权决策事项如出现追责问责情形，执行董事办公会不因授权而免除应承担的责任。日常经营管理事项由总经理办公会按权限决策，具体见《辽河油田公司日常经营管理事项决策权责清单》（附件3）。

第四章 决策程序

第十二条 党委会由党委书记召集和主持，必要时可委托党委副书记或其他党委委员召集和主持。

第十三条 不得以个别征求意见等方式作出决策。紧急情况下由个人或少数人依据法律法规临时决定的，事后及时向相应决策主体报告；临时决定人对决策情况负责，相应决策主体在事后按程序予以追认。

第十四条 "三重一大"事项提交会议集体决策前应认真调查研究，经过必要的研究论证程序，充分吸收各方意见。重大投资和工程建设项目，按照集团公司投资管理办法，事先由相关职能部门委托有资质的咨询评估单位评估论证并广泛听取意见。重要人事任免，坚持党管干部原则，严格执行干部选拔任用工作程序，事先应当在一定范围内进行充分酝酿，油田公司纪委书记从动议酝酿阶段开始参与党委选人用人工作并实行全过程监督。大额度资金运作，事先由相关职能部门进行论证和风险评估，建立健全资金内控管理机制。讨论和决定改制及经营管理方面的重大问题、涉及员工切身利益的重大事项、制订重要规章制度，应事先通过适当形式广泛听取员工意见和建议。涉及稳定方面的重大事项，事先进行稳定风险评估。

第十五条 "三重一大"事项在提交决策前，应由油田公司党委成员会前审核。党委书记与总经理应在会前充分沟通，形成统一意见后提交党委会决策。

第十六条　决策事项提报部门需事先填报"三重一大"决策议题申请表（附件4），履行"三重一大"决策申请程序，并在会前不少于2个工作日将议题申请表、会议材料报党委办公室；重要人事任免以外的"三重一大"事项，需在填报议题申请表前送交企管法规部进行合法合规性审查，出具审查意见书，总法律顾问列席决策会议；会议材料提前送达党委成员（涉及保密内容的，按保密规定办理），必要时事先听取反馈意见。党委办公室对相关部门提报的决策事项进行收集汇总，报油田公司主要领导审定，确定会议召开时间；根据议题需要，有关人员可列席会议。

第十七条　党委会应有半数以上党委成员到会方可召开，讨论和决定干部任免、处分党员事项必须有三分之二以上党委成员到会；决策"三重一大"事项实行民主集中制，表决实行会议主持人末位表态制。与会人员充分讨论并分别发表意见，会议根据研究讨论情况，就"三重一大"决策形成意见，若存在严重分歧，一般推迟作出决策。会议决策多个事项时，逐项研究讨论，与会人员签署书面意见。会议决策的事项、过程、参与人及其意见、结论等内容，应当完整、详细记录，形成会议纪要或决议。

第十八条　会议议题涉及本人、直系亲属、特定利益关系人，以及存在其他需要回避情形的，参与决策人员按照规定予以回避。

第十九条　决策"三重一大"事项的会议通知、参会人员、会议记录、会议纪要、审议结果、议题材料、议题决议、合法合规审查意见等，应齐全完整并按规定存档备查。

第五章　组织实施

第二十条　油田公司党委书记、执行董事是"三重一大"事项决策制度实施细则主要负责人，应当带头贯彻民主集中制，带头执行"三重一大"事项决策，自觉接受监督。公司党委成员是分管业务领域的负责人，要带头做好分管业务"三重一大"事项的审核把关和督促上会工作；相关职能部门主要负责人是直接责任人，要带头落实职责权限内的工作职责，组织好部门"三重一大"事项研究论证、审核提报等工作。

第二十一条　油田公司按照规定权限决策的事项，需报集团公司或股份公司有关部门备案的，应按有关程序备案。需集团公司或股份公司审批事项，经党委会研究决策后报请集团公司或股份公司批准后执行。

第二十二条　"三重一大"事项作出决定后，油田公司党委成员按照分工抓好组织实施，并及时进行督促检查；党委办公室做好决策事项的督查督办工作。参与决策人员对集体决策有不同意见，可保留或向上级反映，但在未作出新决策前，不得擅自变更或拒绝执行。

第二十三条　如遇特殊情况需对决策内容作重大调整，应当重新按规定履行决策程序。对因外部环境出现重大变化导致不能执行的决策事项，应重新上会明确该事项不再执行。

第二十四条　加强"三重一大"事项有关涉密信息的保密管理，根据信息类别规范标密，明确各方知悉人员责任，落实保密管理和技术防护措施，确保信息安全。

第六章　"三重一大"制度体系建设

第二十五条　油田公司根据集团公司有关规定，加强"三重一大"决策制度体系建设，明确机关职能部门和所属单位工作职责，建立完善决策回避、考核评价及后评估、决策失误纠错改正、责任追究等配套制度机制。

第二十六条　党委办公室为"三重一大"决策制度体系建设的牵头部门，负责与集团公司党组办公室沟通汇报，组织制（修）订油田公司"三重一大"决策制度，组织协调"三重一大"决策有关制度和会议信息（以下简称数据）上传集团公司"三重一大"决策和运行监管系统（以下简称监管系统）；监督检查油田公司所属单位"三重一大"决策制度（流程）、权责清单建立完善和执行情况。数字和信息化管理部负责做好"三重一大"决策监管信息系统运维等工作。

第二十七条　油田公司所属单位、具有"三重一大"决策权限的法人企业要参照油田公司"三重一大"决策制度实施细则，建立健全"三重一大"决策制度（流程），完善党委前置研究讨论重大经营管理事项权责清单，厘清各个决策主体界面，法人企业要将数据准确、完整、及时上传监管系统。

党委办公室负责油田公司所属单位、具有"三重一大"决策权限的法人企业"三重一大"决策制度（流程）、权责清单审核；所属单位负责归口管理法人企业的制度（流程）、权责清单初审、向党委办公室报备以及日常监管，数据上传工作由法人企业自行负责。

第七章　监督检查

第二十八条　油田公司纪委书记按照集团公司纪检监察组有关要求，重点关注油田公司领导班子及成员在会议研究重大问题过程中，增强"四个意识"、坚定"四个自信"、做到"两个维护"，以及贯彻落实党的路线方针政策和党中央重大决策部署，执行"三重一大"决策制度等情况，发现问题及时提出意见，并向集团公司纪检监察组报告。

第二十九条　除国家法律法规和有关政策，以及集团公司、油田公司规定的应保密事项外，应在适当范围内公开"三重一大"决策及其执行情况，接受监督。

第三十条　油田公司领导班子及其成员执行"三重一大"决策制度情况，应作为民主生活会、述职述廉和民主评议的重要内容。

第三十一条　公司党委对所属单位、机关部门实施"三重一大"决策制度情况进行监督检查，将其作为巡察、专项督查的重要内容，确保"三重一大"决策制度落到实处。强化对关键岗位、重要人员特别是主要负责人落实"三重一大"决策制度、贯彻执行民主集中制情况的监督管理；突出对重大项目决策等事项履行"三重一大"程序情况的监督，对应上会而未上会、并造成重大损失和负面影响的，追究相关领导责任。将"三重一大"决策制度实施情况作为党建工作责任制考核重点事项，作为对领导班子及其成员考察、考核的重要内容和任免的重要依据，作为民主生活会、领导人员述职述廉的重要内容。

第三十二条　参与决策人员违反"三重一大"决策制度的，应按照《中国共产党纪律处分条例》《中国共产党问责条例》《国有企业领导人员廉洁从业若干规定》《辽河油田公司违规经营投资责任追究工作暂行规定》和相关法律法规给予纪律处分和相应处理。违反规定获取不正当经济利益的，应责令清退；造成经济损失的，应承担经济赔偿责任；涉嫌违纪或职务违法的，移交相应纪检机构处置；涉嫌其他违法犯罪的，移交有关部门处置。

第八章　附　则

第三十三条　本实施细则由党委办公室负责解释。

第三十四条　本实施细则自印发之日起施行，《辽河油田公司"三重一大"决策制度实施细则》（中油辽党发〔2020〕50号）同时废止。

辽河油田公司执行董事授权管理办法（试行）

第一章　总　则

第一条　为规范执行董事授权管理，提高经营决策效率，根据国务院国资委和集团公司有关规定，结合《中国石油天然气集团有限公司董事会授权管理办法（试行）》，制定本办法。

第二条　本办法适用于辽河油田分公司、辽河石油勘探局有限公司（以下统称油田公司）执行董事授权过程中方案制定、监督、变更等管理行为。

第三条　本办法所称授权，指执行董事在一定条件和范围内，将法律、行政法规及集团公司（股份公司）授权所授予的权限，委托总经理代为决策的行为。其中，授权总经理决策的重要经营管理事项，通过总经理办公会决策。

第四条 执行董事授权坚持依法合规、权责对等、风险可控等原则，切实规范授权程序，落实授权责任，完善授权监督管理机制，实现规范授权、科学授权、适度授权，确保决策质量与效率相统一。

第二章 授权范围

第五条 执行董事根据有关规定和企业经营决策的实际需要，将执行董事办公会决策的部分重要经营管理事项，授予总经理办公会议，会议由总经理主持召开，执行董事、党委副书记可根据实际情况列席；将执行董事的部分事项审批权，授予总经理。执行董事职权见《辽河油田公司"三重一大"决策制度实施细则》，授权额度标准和具体事项见授权清单，清单与本办法共同构成授权决策方案。油田公司提级管理的非生产经营事项等另行规定，不列入授权清单。油田公司按照授权决策方案，完善重大事项决策的权责清单管理制度、工作流程，保证相关规定衔接一致。

第三章 授权基本程序

第六条 执行董事的授权应在年度累计发生量不超过年度计划（包括年度计划调整方案）或预算总量前提下行使，不得超越授权权限决策。

第七条 对执行董事授权决策事项，油田公司党委一般不作前置研究讨论，召开总经理办公会议集体研究讨论重要经营管理事项的，不得以个人或个别征求意见等方式作出决策。

第八条 对执行董事授权总经理办公会议决策重要经营管理事项，决策前需征得执行董事同意。

第九条 在决策授权事项时需要总经理回避表决的，将该事项提交执行董事按照有关流程和程序作出决定。

第十条 授权事项决策后，油田公司有关部门或相关单位应及时执行。对执行周期较长的事项，应定期向执行董事报告进展情况。执行完成后，将执行整体情况和结果采取适当形式向执行董事报告。

第十一条 遇到特殊情况需对授权事项决策做出重大调整，或因外部环境出现重大变化不能执行的，应及时向执行董事报告；如确有需要，应提交执行董事决策。

第四章 授权监督与变更

第十二条 执行董事坚持授权不免责，授权不等同于放权，强化授权监督管理，定期跟踪掌握授权事项的决策、执行情况，适时组织开展授权事项专题监督检查，评估决策效果。根据授权决策情况，结合油田公司经营管理实际、风险控制能力、内外部环境变化及相关政策调整等条件，对授权事项实施动态管理，变更授权范围、标准和要求，确保授权合理、可控、高效。

第十三条 执行董事可定期对授权决策方案进行统一变更或根据需要实时变更，必要时对有关授权进行调整或收回：

（一）授权事项决策质量较差、经营管理水平降低和经营状况恶化或风险控制能力显著减弱；

（二）授权制度执行情况较差，发生越权行为或造成重大经营风险和损失；

（三）现行授权存在决策障碍，严重影响决策效率；

（四）执行董事认为应当变更的其他情形。

第十四条 授权期限为一年。

（一）授权期限届满，自然终止；

（二）如需继续授权，应重新履行决策程序；

（三）如授权效果未达到授权要求，或出现执行董事认为应当收回授权的情况，可提前终止。情节特别严重的，执行董事立即收回相关授权。

第十五条 如对授权调整或收回，要制定授权决策变更方案，明确具体修改的授权内容和要求，说明变更理由及依据，由执行董事按照有关工作流程和程序决定。授权决策变更方案根据党委会意见提出，在研究起草过程中听取总经理以及有关执行部门意见。

第十六条 确因工作需要，拟将执行董事授权的职权转授时，应向执行董事汇报具体原因、对象、内容、时限等情况，经执行董事同意后，履行相关规定程序。授权发生变更或终止的，转授权相应进行变更或者终止。对已转授权的职权，不得再次进行转授。

第五章 授权责任

第十七条 执行董事是规范授权管理的责任主体，对授权事项负有监督责任。在监督检查过程中，发现决策不当的应及时予以纠正，发现决策违规的依照有关规定处理。

第十八条 授权决策事项出现重大问题，执行董事作为授权主体的责任不予免除。执行董事在授权管理中有下列行为，承担相应责任：

（一）超越执行董事职权范围授权；

（二）在不适宜的授权条件下授权；

（三）未对授权事项进行跟踪、检查、评估，未能及时发现、纠正不当决策行为，致使产生严重损失或损失进一步扩大；

（四）其他需要追责的情形。

第十九条 总经理应忠实履行职责，有效维护油田公司合法权益，严格在授权范围决策，忠实勤勉从事经营管理工作，坚决杜绝越权行事；建立健全报告工作机制，每半年向执行董事报告授权事项决策和执行情况，重要情况及时报告，同时向油田公司党委报告。

第二十条 总经理办公会议决策授权事项出现下列情形，致使公司资产损失或产生其他严重不良影响的，有关人员应承担相应责任：

（一）在授权范围内作出违反法律、行政法规的决定；

（二）未行使或未正确行使授权导致决策失误；

（三）超越授权范围作出决策；

（四）未能及时发现、纠正授权事项执行过程中的重大问题；

（五）其他需要追责的情形。

第二十一条 党委办公室（总经理办公室）、企管法规部协助执行董事开展授权管理工作，负责拟订授权决策方案、组织跟踪执行董事授权的执行情况、筹备授权事项的监督检查等，可根据工作需要列席有关会议。党委办公室（总经理办公室）是执行董事授权管理工作的归口部门，负责具体工作的落实和督办，提供专业支持和服务，定期向执行董事和总经理报告执行情况。

第六章 附 则

第二十二条 本办法由党委办公室（总经理办公室）、企管法规部负责解释。

第二十三条 实行党委书记与执行董事一人担任，总经理分设领导体制的模拟法人单位和股权公司参照本办法制定本单位执行董事授权清单，明确授权管理。

第二十四条 本办法自发布之日起施行。

辽河油田公司高技能人才管理办法

第一章 总 则

第一条 为深入贯彻新发展理念，认真落实中国石油天然气集团有限公司（以下简称集团公司）人才强企工程，充分发挥高技能人才在企业生产建设中的骨干作用，打造适应企业发展需要的高技能人才队伍，根据《中国石油天然气集团有限公司高技能人才管理办法》，结合实际，制定本办法。

第二条 本办法适用于辽河油田分公司、辽河石油勘探局有限公司（以下统称油田公司）及其所属单位的高技能人才管理工作。

控股公司、实际控制企业通过法定程序执行本办法，参股公司参照执行。

第三条 本办法所称高技能人才，是指取得技师及以上职业技能等级证书，并聘任为主管技师（原技师）、主任技师（原高级技师）、资深技师（原首席技师）、企业技能专家、集团公司技能专家和集团公司技能大师的人员。

第四条 油田公司高技能人才实行分层分级管理。

第五条 高技能人才管理坚持德才兼备、注重业绩，规模适度、分布合理，科学培养、分级使用，梯次清晰、有序更替的原则。

第二章 组织机构与管理职责

第六条 党委组织部（人事部）是油田公司高技能人才归口管理部门，负责高技能人才队伍建设规划和相关工作方案的审批。

第七条 中国石油辽河油田技能人才评价中心（以下简称评价中心）是油田公司高技能人才具体管理部门，主要履行以下职责：

（一）负责制定高技能人才队伍的总体规划和管理办法；

（二）负责制定主管技师、主任技师、资深技师、企业技能专家设置方案；

（三）负责组织开展资深技师评选，企业技能专家的选聘、考核，推荐集团公司技能专家和集团公司技能大师人选；

（四）负责高技能人才队伍管理，指导所属单位开展高技能人才队伍日常管理工作。

第八条 油田公司各业务主管部门在其职责范围内，参与高技能人才队伍建设工作。

第九条 所属单位是本单位高技能人才管理的责任主体，主要负责主管技师、主任技师、资深技师的聘任、考核和日常管理工作，推荐资深技师和企业技能专家人选。

第三章 高技能人才职责与规模

第十条 高技能人才除完成岗位工作以外，应在技能攻关、技改革新、技艺传承等方面积极发挥作用。其中：

（一）集团公司技能大师、集团公司技能专家主要在集团公司层面发挥作用，重点负责组织或参与集团公司一线生产难题和技能人才创新基金项目攻关、创新成果推广应用、现场技术巡诊和技术交流，以及人才培养等工作。集团公司技能大师还应协助集团公司人力资源部开展技能专家协作委员会的日常管理，组织集团公司一线生产难题评审与验收，技能人才创新基金项目的跟踪督导与攻关管理，参与集团公司重大项目决策咨询等。

（二）企业技能专家主要在油田公司层面发挥作用，资深技师主要在二级单位层面发挥作用，重点负责油田公司及其二级单位一线生产难题攻关、生产现场技术技能服务、技术交流、人才培养等工作。企业技能专家还应协助评价中心开展一线生产难题征集与评审、组织创新成果推广应用工作，参与重大项目决策咨询。

（三）主任技师、主管技师主要在三级单位和基层站队（班组）发挥作用，重点负责解决岗位生产难题、小改小革项目攻关、参与技术交流活动和人才培养等。

第十一条 集团公司技能大师、集团公司技能专家、企业技能专家、资深技师、主任技师、主管技师参照岗位设置办法进行设置，设置范围为主体生产工种和辅助生产工种，根据生产经营实际确定专业结构和数量。其中：

（一）集团公司技能大师由集团公司人力资源部确定设置方案；

（二）集团公司技能专家由集团公司人力资源部和油田公司共同研究确定专业及分布；

（三）企业技能专家和资深技师具体设置分布和数量由油田公司根据生产经营实际确定；

（四）主任技师、主管技师具体设置分布和数量由油田公司统一指导，所属单位根据生产经营实际确定。

第四章 评选与聘任

第十二条 参评各等级的高技能人才应具备相应的职业技能等级证书，聘任到主管技师等级的，应具有技师职业技能等级证书；聘任到主任技师及以上等级的，应具有高级技师职业技能等级证书。

第十三条 参评各等级的高技能人才应具有过硬的政治素质、良好的职业道德和精湛的技术技能，工作业绩突出。同时还应具备以下素质和能力：

（一）集团公司技能大师

1. 获得过中华技能大奖或全国技术能手等国家级荣誉奖励，或享受过国务院政府特殊津贴，或担任国家级技能大师工作室领衔人；

2. 担任过集团公司技能人才创新基金项目领衔人，或主持集团公司级一线生产难题攻关5项以上，或取得国家发明专利2项以上或实用新型专利5项以上（排名前三），或获得过集团公司级及以上一线创新成果一等奖2项以上，或主持过技术成果或创新成果在集团层面推广应用2项以上，或绝招绝技、操作技术方法在集团层面获奖或推广1项以上。

（二）集团公司技能专家

1. 有被公认的绝招绝技，总结出独特的操作技术方法，在国内同行业处于领先水平；

2. 组织或参与集团公司级一线生产难题攻关，解决生产过程中的关键技术难题，在推动提质增效方面取得突出成绩；

3. 主持或参与集团公司级技术创新（革新）项目，推广应用先进或专有技术、创新成果，取得明显经济效益和社会效益；

4. 组织或参与集团公司技术技能交流、编写技术论文或专著，在推动技术技能进步方面成效显著；

5. 在人才培养方面作出突出贡献。

（三）企业技能专家

1. 有被公认的绝招绝技，总结出独特的操作技术方法，在企业同行业处于领先水平；

2. 组织或参与油田公司级及以上的一线生产难题攻关，解决生产过程中的关键技术难题，在推动油田公司提质增效方面取得显著成绩；

3. 组织或参与油田公司级及以上技术技能交流，编写技术论文或专著，在推动技术技能进步方面取得成效显著；

4. 在油田公司人才培养和后备人才队伍建设方面作出积极贡献。

（四）资深技师

1. 有被公认的绝招绝技，总结出独特的操作技术方法，在企业同行业处于较高水平；

2. 组织或参与油田公司级及所属单位的一线生产难题攻关，解决生产过程中的关键技术难题，在推动提质增效方面取得较好成绩；

3. 组织或参与油田公司及所属单位技术技能交流，编写技术论文或专著，在推动技术技能进步方面取得较好的成效；

4. 在所属单位人才培养和后备人才队伍建设方面作出积极贡献。

（五）主任技师

1. 应能熟练运用基本技能和特殊技能完成较为复杂的工作，独立处理工作中出现的问题；

2. 解决本职业高难度技术操作和工艺难题，在技术攻关、工艺革新或技术改革方面有创新，能组织开展技术改造、革新和进行专业技术培训；

3. 在所属单位人才培养和后备人才队伍建设方面作出积极贡献。

（六）主管技师

1. 应能熟练运用基本技能和专门技能完成较为复杂的工作，独立处理工作中出现的问题；

2. 解决本职业关键操作技术和工艺难题，在技术攻关、工艺革新和技术改革方面有创新，能组织指导他人进行工作和培训操作技能人员；

3. 在所属单位人才培养和后备人才队伍建设方面作出有效贡献。

第十四条　参评各等级高技能人才的员工，年龄原则上应距离法定退休年龄一个聘期及以上；参加高一等级选聘原则上至少应有一届本等级聘任经历。对到艰苦边远地区上岗的，可放宽申报年限1—3年，业绩贡献特别突出的，可晋升高一级技能等级资格。

第十五条　高技能人才选聘方式及程序：

（一）集团公司技能大师和集团公司技能专家选聘方式和程序按照集团公司相关管理规定进行，由所属单位选拔、油田公司择优向集团公司人力资源部推荐。

（二）企业技能专家和资深技师选聘采取积分晋级和评审晋级方式，按照以下程序进行：

1. 发布公告。评价中心制定选聘工作方案，报油田公司主管领导同意后，发布选聘工作通知；

2. 自愿报名。符合条件的高技能人才根据积分标准自行量化评分，向所属单位自愿报名并提交申报材料；

3. 所属单位选拔推荐。所属单位对参评人员的申报材料进行初步审核，召开评审会，结合积分及日常工作表现情况，择优向评价中心推荐人选；

4. 油田公司评审。评价中心组织专业部门专家成立评审组，审定所属单位推荐人选的申报材料，核定有效积分，组织述职答辩，确定拟聘人选；

5. 公示和发布。评价中心公示拟聘人选，公示期不少于5个工作日。公示无异议的，报油田公司主管领导审批同意后办理聘任手续。

（三）主任技师和主管技师考评选拔，按照职业技能等级认定的规定程序进行办理。

第十六条 获得"中华技能大奖""国务院政府特殊津贴"和经评审取得"全国技术能手"称号的员工，经本单位考察推荐，油田公司审核合格后，可直接聘任为企业技能专家；已聘为企业技能专家如符合集团公司技能专家选聘条件的直接推荐为集团公司技能专家；已聘为集团公司技能专家在聘期内年度考核均为优秀的，聘期结束后可直接续聘为集团公司技能专家。

第十七条 集团公司技能专家、企业技能专家聘期结束后，再次申报本技能等级未通过的，可对照其他低等级积分标准进行积分，总积分超过该等级、该专业所聘人员最低积分的，可直接聘任到相应等级，不占用该等级当期选聘指标，聘期截止时间与该等级其他人员保持一致。

第十八条 高技能人才跨级或破格参评集团公司技能专家和技能大师的，积分应达到相应晋级积分标准的150%以上，跨级或破格参评企业技能专家、资深技师的，积分应达到相应晋级积分标准的130%以上。

第十九条 在聘专业技术人员可根据序列岗位转换层级对应关系，按照相关申报条件和程序，参加同层级或高一等级选聘。

第二十条 高技能人才实行聘任制，聘期为三年。集团公司技能大师、集团公司技能专家由集团公司组织聘任；企业技能专家由油田公司组织聘任；资深技师、主任技师、主管技师由各所属单位组织聘任，在15个工作日内完成到评价中心审核备案工作。

第二十一条 高技能人才选聘实行动态调整，聘期内新增补人员聘期结束时间与其他同等级人员保持一致。聘期内在油田公司内部调动，仍从事原工种或相近专业工种的，可根据生产工作需要继续聘任。

第二十二条 高技能人才聘任到期后自动解聘。在聘期内，如本人要求解聘的，应提交书面申请，经聘任单位批准后，办理解聘手续。

集团公司技能大师和集团公司技能专家本人因故要求解聘的，由评价中心提出解聘申请报集团公司人力资源部，同意后办理解聘手续。

企业技能专家本人因故要求解聘的，由所在单位提出解聘申请报评价中心，同意后办理解聘手续。

资深技师、主任技师、主管技师本人因故要求解聘的，由所属单位负责办理解聘手续，在15个工作日内完成到评价中心审核备案工作。

第二十三条 在聘高技能人才如有下列情况之一的，应予以解聘：

（一）违反国家政策、法律法规、社会公德，受到刑罚或造成不良影响的；

（二）因工作失误或利用职务之便，谋取私利、泄露与工作有关秘密，给国家或企业造成重大损失或恶劣影响的；

（三）违反规章制度受记过以上处分的；

（四）因身体原因不能履职的；

（五）两年年度考核不合格的；

（六）其他原因不能正常履职的。

第五章 培养与使用

第二十四条 评价中心根据高技能人才特点，分级分类制定培养计划、规范培训标准，应以职业操守为重点内容，以岗位技能和创新创效能力提升为核心，建立载体多元、方式科学，贯穿高技能人才职业生涯全过程、适应油田公司发展需要的终身职业技能培训体系。

第二十五条 提升培训资源和平台建设水平，加强与国内外知名高校、科研院所、培训机构合作，为高技能人才提供学习培训、专题研修、技术交流和考察机会，夯实理论基础，掌握前沿新知识、新技术、新工艺。推荐高技能人才担任高校客座教授、实践导师，丰富人才培养内涵，促进工学一体化发展。

第二十六条 依托各层级高技能人才协会、技能专家工作室、一线创新团队等平台载体，构建高技能人才作用发挥长效机制。

（一）搭建技能攻关平台，广泛开展生产难题征集、联合技能攻关，针对一线生产难点和热点问题开展一线技术技能巡诊问诊等活动，形成服务支持一线生产常态化，切实促进一线生产提质增效；

（二）搭建创新创效平台，持续完善一线创新成果、创新基金项目评选、推广、奖励机制，构建以一线技能人才为主体、基层生产岗位为阵地、相关单位和部门提供支持服务的一线创新工作体系，促进高技能人才创新创效；

（三）搭建技艺传承平台，将绝招绝技和操作工法中的经验显性化，支持技能专家编写技术专著、培训教材，建立新型师徒培养与合作模式，实现精湛技艺在更广泛范围传承发扬。

第二十七条 积极组织技术技能人才合作交流，开展技能专家与技术专家结对共建，实施"工程师＋技师"双师型人才培养，支持高技能人才参与油田公司、本单位发展规划、各类科研计划、重大技改项目和新产品、新技术研发等，拓展高技能人才成长和作用发挥空间。

第二十八条 分级分类开展高技能人才跨单位开发合作、实践交流、挂职锻炼等活动，促进企业间、所属各单位间技能成果推广和技术素质协同提升。

第六章 考核与待遇

第二十九条 油田公司和所属单位每年度分别对高技能人才进行考核，考核应在本考核年度结束3个月内完成，考核内容主要包括作用发挥和日常工作表现两个部分。

第三十条 集团公司技能大师和集团公司技能专家考核按照集团公司相关管理规定程序进行。

第三十一条 评价中心负责企业技能专家年度考核工作，按照以下程序进行：

（一）评价中心制定考核方案，发布考核通知，组织专业部门专家成立考核组；

（二）企业技能专家对年度工作进行总结，通过所属单位上报考核材料。所属单位对专家日常工作表现进行考核；考核组对企业技能专家在企业层面作用发挥情况、获奖成果及荣誉等加分项进行综合评定考核积分，确定考核结果；

（三）考核结果报油田公司主管领导审批同意后，反馈给各所属单位及本人，并就考核结果进行沟通交流，肯定成绩，帮助分析和改进存在的问题。

第三十二条 所属单位可参照企业技能专家考核程序，组织资深技师、主任技师、主管技师进行年度考核。

第三十三条 考核结果分为优秀、良好、较好、合格和不合格五个档次。评价中心将根据油田公司改革发展、政策导向、队伍结构变化等情况对各档次的人数比例进行动态调整，但年度考核优秀不超过总人数20%，且积分须在90分及以上；良好的不超过总人数20%，且积分须在80分及以上；较好的不超过总人数30%，且积分须在70分及以上；60分以下为不合格，其他的为合格。

第三十四条 高技能人才聘任后实行技能津贴制度。主管技师每月500元，主任技师每月800元，资深技师每月1500元，企业技能专家每月3000元，集团公司技能专家每月6000元，集团公司技能大师每月10000元。技能津贴在所属单位工资总额中列支，随工资按月发放。

第三十五条 集团公司技能大师、集团公司技能专家根据考核结果核算收入，集团公司技能大师薪酬收入参照所在企业副职，集团公司技能专家薪酬收入参照所在单位二级正职的基础业绩奖励标准执行。

考核结果为优秀的按 100% 核算，良好的按 80% 核算，较好的按 70% 核算，合格的按 60% 核算，不合格的取消业绩奖金。

第三十六条　高技能人才按照相应职业技能等级资格享受差旅费、通信费、物业费、取暖费、地区津贴、健康体检标准等相关待遇和福利，按照油田公司相关制度标准执行。

第三十七条　油田公司和所属单位应安排集团公司技能大师、集团公司技能专家和企业技能专家列席业务相关重要会议，参加重大活动，传阅有关文件；从优秀高技能人才中遴选先进模范，推荐担任党代会、人大会、政协会、工代会和职代会的代表；积极推进在高技能人才，特别是中青年骨干人才中发展党员，促进高技能人才政治成长进步。

第三十八条　优先推荐考核结果优秀的高技能人才参加"中华技能大奖"和"全国技术能手"等评选表彰活动。

第三十九条　所属单位应针对高技能人才专项工作任务，在经费、物资、技术、人员、场地等方面给予必要支持，优先改善高技能人才的工作条件和生活条件，确保全身心投入到一线生产实践中。

第四十条　高技能人才解聘的，从解聘次月起，停止执行技能津贴和其他相关待遇。年度考核不合格的，停发次年技能津贴。

第七章　监督与责任

第四十一条　评价中心根据高技能人才队伍建设工作情况，适时组织抽查或检查，督导所属单位开展相关工作，对发现的问题予以纠正。

第四十二条　高技能人才在参评和考核过程中，材料弄虚作假的，取消参评资格；已被聘任的，直接予以解聘，并取消下一届本等级及以上等级参评资格。

第四十三条　违反本办法规定，在高技能人才管理过程中，组织管理不善，造成不良影响的，视情节对相关单位或负责人员按照集团公司和油田公司责任追究有关规定给予处分。

第八章　附　则

第四十四条　本办法由评价中心负责解释。

第四十五条　本办法自 2023 年 1 月 1 日起施行。《辽河油田公司技师、高级技师、首席技师管理办法》（中油辽字〔2017〕270 号）同时废止。

辽河油田公司博士后科研工作站管理办法

第一章　总　则

第一条　为进一步落实人才强企战略，充分发挥辽河油田公司博士后科研工作站引才引智作用，根据《国务院办公厅关于改革完善博士后制度的意见》《辽宁省人民政府办公厅关于改革完善博士后制度的实施意见》《全国博士后管委会办公室关于改进博士后进出站有关规定的通知》等文件精神，结合油田公司实际，特制定本办法。

第二条　本办法适用于辽河油田公司、辽河石油勘探局有限公司（以下统称油田公司）及所属单位、全资公司（以下统称所属单位）。

第三条　辽河油田公司博士后科研工作站（以下简称工作站）以促进产、学、研相结合为目标，以解决企业瓶颈技术难题为宗旨，坚持"公开竞争、择优引进"的原则，汇集优秀人才，提升油田公司核心技术攻关和创新能力，助推油田公司高质量发展。

第二章　管理机构与职责

第四条　工作站接受全国博管办和辽宁省人社厅、中国石油天然气集团有限公司人力资源部的业务指导。

第五条　油田公司成立博士后科研工作站管理委员会（以下简称管委会），主任由分管科技工作的油田公司领导担任，成员由党委组织部（人事部）、科技部、财务资产部主要领导组成，负责领导工作站各项工作开展和重大事项决策。

第六条　管委会下设办公室，设在党委组织部（人事部），由党委组织部（人事部）和科技部组成，办公室主任由党委组织部（人事部）、科技部博士后主管领导兼任。办公室是管委会的办事机构，主要职责包括：

（一）负责落实管委会的各项决定和工作站的日常管理 [党委组织部（人事部）、科技部]；

（二）根据油田技术发展和科研攻关需求，提出具有较高研究价值的博士后研究项目 [科技部]；

（三）根据博士后研究项目制定博士后招收计划并对外发布 [党委组织部（人事部）]；

（四）负责接收博士毕业生进站申请，组织进站面试、出站答辩以及相关审批手续办理 [党委组织部（人事部）]；

（五）负责博士后研究项目开题论证、中期考核、年度验收、科研成果鉴定、项目经费管理、知识产权等工作 [科技部]；

（六）确定博士后研究项目实施单位及合作导师 [科技部、党委组织部（人事部）]；

（七）负责博士后在站期间日常管理、薪酬发放、日常经费和博士后公寓管理工作 [党委组织部（人事部）]；

（八）对博士后日常表现和工作情况进行综合考核评价 [党委组织部（人事部）、科技部]；

（九）负责建立工作站博士后导师数据库，考察评估博士后科研流动站（以下简称流动站），并与之建立长期稳定合作关系 [党委组织部（人事部）、科技部]。

第三章　招收进站

第七条　工作站每年根据油田公司科研、生产发展的实际需要，会同有关专业部门和单位提出博士后研究项目，经公司科委会审定后，制定博士后招收计划。博士后研究项目应是油田公司科研生产中急需攻关且依靠自身力量暂时无法解决的一些关键技术难题。

第八条　博士后招收计划经管委会批准后，于每年第二季度在全国博士后网站、相关流动站主页上发布。

第九条　工作站与流动站联合招收、培养博士后，根据双方学科及专业领域特点，本着优势互补、互利双赢的原则，依托博士后科研项目建立长期合作关系。

第十条　博士后的招收采取流动站推荐与博士生自荐相结合的方式择优录用。满足以下条件人员可申请进站从事博士后研究工作：

（一）近3年取得国家承认学历的博士毕业生（毕业证、学位证齐备）；

（二）年龄一般不超过35周岁（含35周岁），品学兼优、身体健康、能承担繁重的科研工作任务；

（三）具有优良的职业道德，遵纪守法，能够保守企业秘密，诚实廉洁履职；

（四）具有较强的科研能力、进取精神和创新能力；

（五）所学专业、研究方向和技术特长符合油田研究课题需要；

（六）能够专职在工作站开展科学研究工作。

同等条件下优先招收应届毕业博士，对于在职博士原则上只招收高校、科研院所研究人员，并严格控制比例。

第十一条　博士后申请人员应提交以下材料：

（一）《博士后进站申请表》（附件1）；

（二）两位本领域专家的推荐信；

（三）科研及工作简历和科研成果、博士学历、学位证书及其复印件（暂时未拿到学历学位证的须提供博士论文答辩通过证明）；

（四）拟研究项目的初设方案，包括项目国内外现状及发展趋势、达到的目标及水平、关键技术及技术路线、进度安排、经济效益分析等；

（五）本人身份证（或护照）复印件等。

第十二条　工作站组织博士后进站面试考核。在对相关申请材料进行审查、筛选后，组织专家组对博士后人选的资格、科研能力、学术水平、业绩成果、学术品德等进行综合审查和面试答辩，确定进站初步人选。经管委会批准后，报辽宁省博士后管理部门审批同意，向申请人发出录取通知。

第十三条 申请人接到录取通知后，凭录取通知书、介绍信、身份证等有关证件在规定时间内报到，办理进站审批手续，签订《博士后科研工作协议书》（附件2），协议内容包括：科研课题、待遇、权利和义务、知识产权归属等。逾期未报到者按放弃进站处理。

第十四条 博士后的户口迁移、组织关系转接由工作站协助办理，党、工、团关系按规定由项目实施单位管理。

第四章 在站管理

第十五条 工作站与相关流动站按照国家有关规定签订《联合培养博士后研究人员协议书》（附件3），明确双方的权利、义务，保证博士后研究工作的顺利进行。

第十六条 工作站和流动站分别选定1—2名相关专家作为博士后导师，博士后在双方合作导师的指导下开展研究工作。工作站导师一般由企业级以上技术专家担任。

第十七条 博士后进站后两个月内，须向工作站提交《博士后研究项目立项表》（附件4）和《博士后研究人员进站审核表》（附件5），由科技部组织专家组进行开题论证，对项目研究的可行性、科学性、合理性及预期成果进行考评，形成开题考核综合意见。

第十八条 项目立项通过后与科技部签订《重大科技项目计划任务书》，并按照任务书要求开展项目研究。项目研究过程中的图纸、资料、实验数据报告以及研究成果均属企业技术秘密，博士后不得外泄。

第十九条 博士后进站满12个月后（最长不超过15个月），由科技部组织项目中期考核，考核内容包括项目完成情况、阶段成果以及技术创新点等。考核组成员由公司分管领导、专业部室领导、同行专家、合作导师构成（合作导师参与考核，但不参与投票）。中期考核结果分为合格、不合格两个等次，考核结束后形成书面材料。

第二十条 博士后研究项目实施单位负责博士后日常管理，提供办公场所、实验设施、有关资料，为博士后开展科研项目攻关提供必要支持。

第二十一条 博士后研究项目根据实际需要组建项目组，由博士后担任经理，项目实施单位人员担任副经理。博士后在合作导师指导下组织项目研究，项目组按规定配备团队，明确博士后助手，协助博士后开展工作。

第二十二条 博士后研究项目应主要依靠自身力量独立完成，一般不得对外协作，确因仪器、设备等原因必须对外协作时，应由专家组审定，科技部门批准后执行。

第二十三条 博士后研究项目应尽可能利用油田公司内部或外部的现有仪器、设备，一般不专门购置大型的仪器设备，允许购置一些利用率较高的小型仪器和办公设备，其资产归项目实施单位所有。

第二十四条 博士后研究项目阶段验收（年度及中期考核）工作由科技部组织，按计划任务书的内容和要求进行评审、验收。

第二十五条 博士后在站期限一般为两年，每年在站工作时间原则上不少于10个月。期满后，应及时办理出站手续。由于研究项目尚未完成等原因，需要延长期限的，本人应在出站前两个月提出书面申请，经工作站和流动站同意后报上级主管部门审批备案。博士后累计在站时间不得超过6年。

第二十六条 博士后在站期间，不得到其他单位或国外作博士后研究、进修及工作，如确因工作需要，出国参加学术会议或短期学术交流，经管委会批准后方可办理出国手续。未经工作站同意擅自离站者，工作站将取消其一切待遇。因擅自离站对研究项目造成的损失，按《博士后科研工作协议书》的约定处理。

第二十七条 博士后在站期间，应遵守油田公司和工作站的各项规章制度，有下列情形之一的，可做退站处理：

（一）考核不合格的；

（二）在学术上弄虚作假，影响恶劣的；

（三）受到警告及以上行政处分的；

（四）被处以刑事处罚的；

（五）利用商业秘密、科研成果、知识产权等资源为本人及其配偶、子女或其他特定关系人谋取利益的；

（六）擅自出售、转让或许可使用科研成果和知识产权的；

（七）无故旷工连续15天或一年内累计旷工30天以上的；

（八）因患病等个人或其他原因难以完成研究工作，本人提出申请，经管委会审核同意的；

（九）出国逾期不归超过30天的；

（十）个人表现不适宜继续从事博士后研究工作，经批评教育仍不改正的；

（十一）其他情况应予以退站的。

第二十八条　工作站负责对博士后人员进行爱国主义及职业素养教育，引导他们树立良好的爱国情操和职业道德；强化博士后人员知识产权保护法律意识培养，严格遵守相关法律法规。

第二十九条　工作站为博士后人员营造尊重个性、学术民主、鼓励探索、支持创新、容许失败的宽松和谐环境，形成有利于优秀青年人才脱颖而出的机制。

第三十条　博士后人员应坚持实事求是的科学精神和严谨求实的治学态度，加强学术道德自律，反对学术上弄虚作假的浮躁浮夸作风，坚决抵制学术腐败和欺骗行为。

第五章　经费及待遇

第三十一条　博士后在站期间费用主要由项目经费和日常经费构成。

第三十二条　博士后项目经费按照《辽河油田公司科学研究与技术开发项目管理办法》管理，用于购买科研项目必需的实验仪器、实验材料、研究资料等，与油田公司以外单位发生的科研协作费，参加与本研究课题有关的学术会议费，以油田公司博士后名义发表学术论文的版面费，对博士后研究工作的专项奖励费用等。

第三十三条　博士后日常经费由财务资产部列入油田公司年度预算计划，包括博士后薪酬福利和工作站管理费用。薪酬福利包括博士后薪酬和社会保险等；管理费用包括博士后招聘费用、流动站管理费、项目论证费、评估验收费、进出站评审费、会务费、差旅费及办公费等。日常经费实行统一管理，单独立账，专款专用。

第三十四条　博士后在站期间薪酬待遇分应届毕业博士和在职博士两种情况，应届毕业博士实行协议工资制，年薪标准为20万/人（可根据当年人力资源市场劳动力价格变动适时调整），按10000元/月预支，自批准进站之日起享受，每年度剩余部分在中期考核和出站考核通过后分别一次性补齐；在职博士享受5000元/月的津贴。博士后延期出站的，视延期原因，另行协商延期期间工资。

第三十五条　博士后在站期间差旅费参照油田公司一级工程师标准执行，具体由工作站审核确认后按规定统一报销。

第三十六条　博士后社会保险费用由公司和个人承担，其中个人承担的费用由公司从本人工资中代扣代缴。

第三十七条　工作站为博士后提供公寓住房一套，免收房屋租用费，并配备必要的家具及生活设施，公寓水、电、气由博士后个人承担，物业采暖等费用由单位承担。进站博士后入住前应与工作站签订《博士后公寓房屋居住合同书》，工作期满出站后，须按照合同书要求及时办理退房手续。博士后公寓维修由工作站按照油田公司有关规定执行。

第三十八条　工作站可根据博士后项目研究需要，向国家申请博士后基金，申请与使用办法按《中国博士后科学基金资助条例》执行。

第三十九条　博士后在站期间科技奖励和评先选优可与油田职工享受同等待遇。

第四十条　博士后在站期间，每年可按照国家有关规定享受休假，可参照一级工程师标准享受健康体检。

第四十一条　博士后在站期间原则上不担任行政职务。

第六章 出站与引进

第四十二条 博士后工作期满并完成项目研究任务后，由工作站会同流动站有关专家并邀请第三方对其进行出站考核，考核组成员包括油田公司主管领导、专业部室领导、同行专家、流动站合作导师、工作站导师，一般不少于11人。

第四十三条 出站考核分技术评审和综合考评两部分，技术评审的内容包括：研究项目是否达到科技项目计划任务书规定的指标、研究成果的学术水平、研究成果的经济效益和社会效益等。综合考评内容包括：工作作风、日常工作表现、解决生产实际问题及组织管理能力等。经评委表决后，确定是否同意其出站或延期出站。

第四十四条 博士后如提前完成任务，要求提前出站的，经本人申请，工作站和流动站审核同意，报上级主管部门备案，可提前出站，离站的同时终止与工作站的各项工作关系。

第四十五条 博士后工作期满办理出站手续时，需提交《博士后研究报告》《博士后研究人员工作期满登记表》(附件6)、在站期间工作总结（包括主要研究成果、获奖情况、论文著作发表情况、工作表现等）等材料；获得博士后科学基金资助的还须提交《中国博士后科学基金资助项目总结报告》。

第四十六条 采取相关优惠政策，吸引优秀博士后出站后留在辽河油田公司工作。

（一）应届毕业博士在站期间表现优秀、工作业绩突出，出站后愿意留在辽河油田工作的，经考核后由党委组织部（人事部）推荐，履行相应程序后，可破格聘任到适合的一级工程师岗位。

（二）应届毕业博士出站后选择留在辽河油田工作的，享受一次性安家费20万元/人，同时享受政府、集团公司给予的各类高层次人才引进优惠政策，其配偶愿意在辽河油田工作的，公司根据年度增人指标情况，酌情安排工作。

（三）油田公司在职博士后，若出站考核为优秀，可破格聘任到一级工程师岗位。

（四）博士后出站选择留在辽河油田工作的，根据集团公司有关规定，可直接认定为副高级职称。油田公司根据其技术特长和实际需要，优先安排科研项目。

第四十七条 应届毕业博士出站后选择留在辽河油田工作的，应与油田公司签订服务协议，明确双方权利、义务，并按不少于3个聘期（9年）约定服务期限，服务期内违反协议约定的，按规定承担相应赔偿责任。

第七章 附 则

第四十八条 本办法由党委组织部（人事部）、科技部负责解释。

第四十九条 本办法自下发之日起实施。

辽河油田公司职称评审实施办法

第一章 总 则

第一条 为推进实施人才强企工程，突出人才价值导向，深化人才评价制度改革，规范职称评审工作，激发专业技术人才创新创造活力，根据《中国石油天然气集团有限公司职称评审管理规定》，结合实际，制定本办法。

第二条 本办法适用于辽河油田分公司、辽河石油勘探局有限公司（以下统称油田公司）及所属单位、全资公司（以下统称所属单位）的职称评审管理。控股公司、实际控制企业通过法定程序执行本办法。

第三条 本办法所称职称评审是指按照评审标准和程序，对专业技术人才品德、能力、业绩的评议和认定。职称评审结果是专业技术人才聘用、考核、晋升等的重要依据。

第四条 职称评审工作坚持"公开、平等、竞争、择优"的原则，突出"岗位管理、价值导向、分类评价"，遵循人才成长规律，构建优秀人才职称绿色通道，严格执行"评定科学、程序规范、过程严谨、结果公正"四项要求，实施"评审政策、评审指标、述职答辩、评审结果、推荐人选"五公开。

第二章 评审范围

第五条 职称评审系列（专业）范围为国家批准确定的专业系列以及思想政治工作专业（以下简称政工专业）（附件1）。针对不同的专业系列范围和等级，其职称通过参加集团公司或油田公司组织的评审、直接认定、以考代评、考评结合和委托地方评审等方式取得。

第六条 职称评审申报人员（以下简称申报人员）应为聘任在管理和专业技术岗位上工作，且符合职称评审系列（专业）范围的人员。政工专业申报人员为：在党、工、团组织中专职从事党建、宣传、思想政治工作、企业文化、纪检、信访、稳定、保卫、离退休、计划生育工作的人员。

已办理了退休、内部退养手续、已达到退休年龄未经主管机关批准延期退休以及停薪留职或已调离本单位等其他不在岗人员不属于评审范围。

第三章 申报条件

第七条 申报人员应遵守宪法和法律，具备良好的思想品德和职业道德。对存在违反法律法规、违背职业道德、学术不端等行为的，或在党纪（政务）处分、考试违规违纪影响期内的，不得申报职称。

第八条 申报人员应依据现从事专业申报相应系列（专业）职称，但从事现岗位专业工作不满1年的，应按原岗位对应的系列（专业）申报相应职称。

第九条 申报人员应具备各系列（专业）职称所要求的评审基本条件（附件2）。

（一）申报人员所使用学历学位应为国家教育部门认可的学历学位，且所学专业应与申报专业一致或相近。理、工科毕业生申报经济、会计、审计、技工院校教师、政工等系列（专业）职称的，可按相近专业对待。非全日制党校学历，用于评定政工专业职称时可视为具备规定学历，用于评定其他系列（专业）职称时视为不具备规定学历。

（二）申报人员在申报高一级职称时，现有职称系列（专业）应与所申报职称系列（专业）一致或相近。属于国家专业技术职务系列范围内的职称，用于申报高一级政工专业职称的，可视为具备对应级别政工专业职称。

第十条 申报人员近3年的年度考核档次均应为称职及以上。

第十一条 部分申报人员应参加相应的职称外语水平考试、专业技术水平考试，并达到相关规定要求。其中：

（一）集团公司职称外语水平考试

聘任到科研和生产类专业技术岗位序列一级工程师及以上岗位职级的，或从事国际工程、国际商务、外事外联等涉外工作的，或从事科研工作的申报中级及以上职称人员，应参加集团公司统一组织的职称外语水平考试并取得60分以上成绩（距法定退休年龄不足5年的应达到30分以上成绩）方可申报；其他人员（不含政工专业人员）参评中级及以上职称时，外语水平不作为参评的限制性条件，但应在评价标准中设置相应指标项。职称外语水平考试成绩在晋升一个级别职称前长期有效。

（二）集团公司政治理论水平考试

集团公司政工专业中级及以上职称申报人员，应参加集团公司统一组织的政治理论水平考试并取得60分及以上成绩方可申报，成绩5年有效（仅限于晋升一个级别）。

（三）集团公司专业技术水平考试

集团公司在具备条件的工程系列相关专业推行专业技术水平考试，主要考核专业技术人才专业基础知识水平，运用相关专业理论分析、判断和处理问题的综合能力。工程系列相关专业副高级职称申报人员，应参加集团公司统一组织的专业技术水平考试并达到规定要求方可申报。

（四）国家专业技术水平（资格）考试

国家实行考评结合的经济、会计、审计等系列

（专业）副高级职称申报人员，应参加国家统一组织的专业技术水平（资格）考试并达到国家或所在省（自治区、直辖市）确定的合格标准方可参评。

第十二条 职称评审推行"绿色通道"制度，对贡献突出、取得重大科技成果、荣获重要科技奖励、入选国家或集团公司重点人才计划（工程）、引进的急需紧缺的高层次专业技术人才，在开展年度职称评审工作时不受学历学位、职称、外语等条件限制，可直接认定职称（不占用所在单位年度职称评审指标）。

（一）符合下列条件之一的，可认定正高级职称：

1. 获得本专业国家科技奖励一等及以上奖项的主要贡献者；

2. 入选国家级人才计划（工程）、集团公司科技领军人才培养计划；

3. 根据企业发展重点产业、重点项目、重点工程需要，引进的战略科技人才和科技领军人才；

4. 荣获"中国青年科技奖"、何梁何利基金科学与技术奖、孙越崎能源科学技术奖等社会认可程度高、专业影响范围广的科学技术奖励的；

5. 作为第一主持（负责）人研发的高新技术成果成功实现转化，单个技术项目转让（许可）交易额累计达到2000万元或3年内多个技术项目转让（许可）交易额累计达到3000万元。

（二）符合下列条件之一的，可认定副高级职称：

1. 获得本专业国家级科技奖励二等奖项的主要贡献者；

2. 入选集团公司"青年科技人才培养计划"；

3. 根据企业发展重点产业、重点项目、重点工程需要，引进的青年拔尖人才；

4. 作为第一主持（负责）人研发的高新技术成果成功实现转化，单个技术项目转让（许可）交易额累计达到800万元或3年内多个技术项目转让（许可）交易额累计达到1500万元；

5. 作为第一主持（负责）人承担省部级（含集团公司级）以上科研项目的；

6. 博士后出站进入油田公司工作的。

（三）符合下列条件之一的，可认定中级职称：

1. 获得本专业省部级（含集团公司级）科技奖励二等及以上奖项的主要贡献者；

2. 作为第一主持（负责）人研发的高新技术成果成功实现转化，单个技术项目转让（许可）交易额累计达到500万元或3年内多个技术项目转让（许可）交易额累计达到1000万元；

3. 作为第一主持（负责）人承担厅局级（含集团公司所属企业级）科研项目的。

第十三条 对不具备正常申报条件，但德才兼备、确有真才实学，取得现职称以来在本专业领域业绩突出的，可破格申报高一级职称。

（一）获得本专业省部级（含集团公司级）科技奖励二等及以上奖项的主要贡献者，或获得本专业两次以上省部级（含集团公司级）科技奖励三等奖项的主要贡献者，可不受学历学位、所学专业和外语条件限制，破格申报正高级或副高级职称。

（二）具备大学专科学历且所学专业与申报专业一致或相近的，或具备大学本科及以上学历（或学士及以上学位）且所学专业与申报专业不一致且不相近的，取得中级职称后，从事本专业或相近专业技术工作满5年，并符合下列条件中的两项的（其中必须具备1、2项中的一项），可破格申报副高级职称：

1. 获得本专业省部级（含集团公司级）科技奖励三等及以上奖项的主要贡献者；或获得本专业两次及以上厅局级（含集团公司所属企业级）科技奖励一等奖项的主要贡献者。

2. 作为第一作者，在本专业核心刊物（且有国内统一刊号）上发表过不少于2篇具有重大科学或应用价值的本专业学术论文；或在国家批准的出版社出版过字数3万字以上的本专业学术著作（仅限独著、主编）。

3. 在理论和应用研究上有创造性的成果；或在完成国家、集团公司确立的重点工程、重大科技攻关项目以及在引进消化大中型项目、大中型企业技术改造中，创造性运用国内外先进技术，解决了重大关键性技术问题或有重大技术革新；具有显著经济（社会）效益，并得到油田公司相关部门确认。

4. 在大型生产、技术、经营等管理项目中，做出重大科学决策、部署、规划，或制定出切实可行的科学管理方法，经过实践对推动企业发展和管理水平提升有重大贡献；或连续多年取得显著经济（社会）效益，其水平处于国内同行业领先地位，并得到油田公司相关部门确认。

5. 在政工专业领域总结出新经验，在集团公司或所在省（自治区、直辖市）以至全国产生了较大影响；或对所在单位获得三次及以上全国思想政治工作优秀企业称号起主要作用；或获得过"全国优秀思想政治工作者""全国优秀党务工作者""全国优秀纪检干部""全国优秀工会工作者""全国老干部工作先进工作者"称号。

（三）获得本专业省部级（含集团公司级）科技奖励三等及以上奖项的主要贡献者，或获得本专业两次及以上厅局级（含集团公司所属企业级）科技奖励一等奖项的主要贡献者，可不受学历学位、所学专业和外语条件限制，破格申报中级职称。

（四）具备中专学历且所学专业与申报专业一致或相近的，或具备大学专科及以上学历（或学士及以上学位）且所学专业与申报专业不一致且不相近的，取得助理级职称后，从事本专业或相近专业技术工作满4年，并符合下列条件中的两项的（其中必须具备1、2项中的一项），可破格申报中级职称：

1. 获得本专业厅局级（含集团公司所属企业级）科技奖励一等奖项的主要贡献者；或获得本专业两次及以上厅局级（含集团公司所属企业级）科技奖励二等奖项的主要贡献者。

2. 作为第一作者，在本专业刊物（且有国内统一刊号）上发表过不少于2篇具有应用价值的本专业学术论文。

3. 在理论和应用研究上有重要成果；或运用先进技术解决了集团公司、油田公司重点工程、科技攻关、技术改造、技术进步、技术推广项目中的重要技术问题，有重要技术创新；具有明显的经济（社会）效益，并得到同行专家公认和本企事业单位确认。

4. 在生产、技术、经营管理等项目中，制定出重要的部署、规划，或制定出可行的科学管理方法，经过实践对促进勘探开发、生产建设、科技事业发展有重要贡献；或连续多年取得明显经济（社会）效益，并得到同行专家公认和本单位确认。

5. 在政工专业领域总结出新经验，在油田公司乃至集团公司产生了较大的影响；或对所在单位连续三年以上获得集团公司或省部级"思想政治工作优秀企业"称号、双文明单位称号及金、银、铜牌队称号发挥主要作用；或获得过省部级"优秀思想政治工作者""优秀党务工作者""优秀纪检干部""优秀工会工作者""老干部工作先进工作者"称号。

第十四条　本办法所称国家级科技奖励是指国家最高科学技术奖、自然科学奖、技术发明奖、科学技术进步奖和国际科学技术合作奖；省部级（含集团公司级）科技奖励是指国家部委、省（自治区、直辖市）人民政府和集团公司设立的科学技术奖，主要是指自然科学奖、基础性研究奖、技术发明奖、科技进步奖、突出贡献奖、杰出成就奖、国际科学技术合作奖、技术创新奖；厅局级科技奖励是指市（地、州）、集团公司所属单位设立的科学技术奖，主要是指自然科学奖、技术发明奖、科技进步奖、国际科学技术合作奖、技术创新奖、科技成果奖。本办法所称主要贡献者指奖项等级内额定人员前5名。

第十五条　特殊情况按以下规定执行。

（一）新参加工作的国家教育部门承认学历的全日制普通高等院校毕业生，在本专业或相近专业岗位上见习期满，经考核合格的可确定相应职称：

1. 大学专科毕业后，见习1年期满可确定为员级职称，再从事本专业或相近专业工作满2年，可确定为助理级职称。

2. 大学本科毕业后，见习1年期满可确定为助理级职称。

3. 取得硕士学位后，可确定为助理级职称，再从事本专业或相近专业工作满2年，可确定为中级职称。

4. 取得博士学位后，可确定为中级职称。

对国家实行以考代评的，相应职称均应通过参加国家职业资格考试取得。

（二）从集团公司以外单位调入（含部队转业）的无职称人员，从事现岗位专业工作满1年，其学历学位、本专业或相近专业工作累计年限等达到中级职称申报条件的，可申报中级职称。

（三）全脱产学习或不在岗时间1年以上的，待其回到本岗位后，方可申报职称。

（四）经单位批准外出执行公务或因公借调到其他单位工作，时间在1年以内的，由原单位评审职称；时间在1年以上的，可由原单位委托借调单位评审职称。

（五）现职称系列（专业）与现从事专业不一致且不相近的，在现岗位工作满1年后，可按现从事专业的职称评审条件申报相应职称。申报高一级职称时，同级别职称时间可连续计算。

（六）聘期内转岗到专业技术岗位工作的高技能人才，可认定工程系列相应专业职称，且不占用所在单位年度职称评审指标。其中技能专家可认定高级工程师，高级技师可认定工程师，技师可认定助理工程师。申报高一级职称时，相应资格时间可连续计算。

第十六条 本办法涉及的职称年限、专业技术岗位工作年限等时间计算均截止到职称申报当年12月31日。

第四章 评审组织

第十七条 职称改革工作领导小组（以下简称职改领导小组）负责职称政策研究、评审方案审定和结果审批等。职改领导小组办公室设在组织人事部门，负责具体日常工作。

第十八条 职称评审委员会（以下简称评委会）负责评议、认定专业技术人才的学术技术水平和专业能力。评委会分为高级、中级、初级评委会，分别在相应职改领导小组领导下开展工作。各级评委会之间没有上下级领导关系。

第十九条 各级评委会分别负责对申报相应级别职称人员进行评审。高级评委会可以承担中级、初级职称的评审工作；中级评委会可以承担初级职称的评审工作。

第二十条 评委会按照职称系列或者专业组建，不得跨系列组建综合性评委会。评委会组成人数应为单数，根据工作需要设主任委员和副主任委员。按照职称系列组建的高级评委会不少于25人，按照专业组建的高级评委会不少于11人。中级评委会不少于13人（政工专业不少于9人）。

按照职称系列组建的评委会可根据专业实际下设若干专业组，专业组一般不少于7人，专业组设组长1人，根据需要设副组长1至2人，应由评委会委员兼任。

第二十一条 高级评委会及其专业组成员，均应具有本系列（专业）或相近系列（专业）高级职称；中级评委会及其专业组成员，应有1/2以上具有本系列（专业）或相近系列（专业）高级职称，其他应具有本系列（专业）或相近系列（专业）中级职称；初级评委会及其专业组成员，均应具有本系列（专业）或相近系列（专业）中级及以上职称。

第二十二条 评委会及其专业组成员应具备以下条件：

（一）遵守宪法和法律；

（二）具有良好的职业道德；

（三）取得本系列（专业）或相近系列（专业）相应职称3年及以上；

（四）从事本领域专业技术工作，有较强的权威性和学术影响力；

（五）能够履行职称评审工作职责。

第五章 评审方法

第二十三条 职称评审采用量化评审方法。

第二十四条 油田公司根据职称评审权限，结合业务领域、岗位特点，制定工程系列、经济会计审计系列、政工专业、技工院校教师系列高级职称量化评价标准，其中，工程系列分科研类、生产类（附件3），实行分类评价。各单位应参照高级职称评审标准，突出不同侧重点，制定本单位中级评审标准。

评审标准主要包括评价要素、权重、评价内容和分值等。评价要素主要包括专业素质、能力水平、任职以来的业绩贡献、影响力和述职答辩。量化指标权重的设置应体现正确的政策导向，突出素质、能力、业绩评价。

第二十五条　推行"代表作"制度。专利成果、标准规范、项目报告、工程方案、设计文件、技术分析报告、中长期规划、培训教材（课件）、教案等，可作为申报人员代表性作品用于职称申报，视同论文论著参与评价。通过对代表性作品的质量、内容、效用等进行评价，多维度考察申报人员的学术技术水平。

第二十六条　职称评审实行指标调控。突出效益和技术实力，坚持评审指标向主力上产、效益突出和技术密集单位倾斜；突出促进专业结构优化，坚持指标分配向重点专业领域倾斜；突出一线关键和艰苦岗位、青年人才，坚持指标分配向基层一线、外围矿区专业技术岗位倾斜，向青年技术骨干人才倾斜。

第二十七条　职称评审按个人申报、单位推荐、职改部门审核、专业组评审、评委会评议、征求意见、评审结果公示、职改领导小组审批的步骤进行。具体如下：

（一）个人申报。申报人员应在规定期限内提交申报材料，并对其申报材料的真实性负责。

（二）单位推荐。所在单位负责对申报人员评审资格、申报材料等进行审核并择优推荐，申报材料应在单位内部进行公示，公示期不少于5个工作日。

（三）职改部门审核。职改部门对推荐人选的评审资格和申报材料进行审查核实，并提交评审组。

（四）专业组评审。专业组对申报人员的能力水平、工作业绩等进行综合评议和量化评价。根据量化结果一次性投票表决，同意票数达到出席会议评委总数2/3以上的人员，推荐到评委会评议。

（五）评委会评议。在听取专业组意见的基础上，根据评议结果一次性投票表决，同意票数达到出席评审会议评委总数2/3以上的即为评审通过。

（六）征求意见。对评审通过人员是否存在违纪违规行为征求纪检监察部门意见。

（七）评审结果公示。职改部门对评审通过人员进行公示，公示期不少于5个工作日。

（八）职改领导小组审批。职改部门将评审评议结果呈报职改领导小组审批并行文公布。

出席评审会议的评委人数应不少于评审组织构成人数的2/3，未出席评审会议的评委不得委托他人评审或补充评审。对评审未通过人员，不再进行复议。

第二十八条　需要委托评审职称的，应按管理权限办理委托手续。其中，申报高级职称的，由油田公司统一汇总后，报集团公司办理委托手续；申报中、（初）级职称的，由各单位提出委托申请，油田公司职改部门审核并办理委托手续。未办理委托手续所取得的职称不予认可。

第六章　评审信息管理

第二十九条　全面推行职称评审信息化管理。依托人力资源管理信息系统，逐步实现职称申报、审核、评审、审批、证书打印和查验全流程在线运行。

第三十条　职称证书表明持证人具有相应的专业技术职务任职资格。集团公司负责证书统筹管理，油田公司职改部门负责证书打印、发放。

第三十一条　推行职称证书电子化，集团公司已开通网上查询平台，提供证书查询和核验功能。电子证书与纸质证书具有同等效力。

第七章　评审纪律

第三十二条　职称评审实行回避制度。评审组织成员、职改工作人员与申报人员有直系亲属关系或有其他利害关系的，实行公务回避。职改工作人员参加职称评审时，应在本单位予以回避，报上一级职改部门委托评审。

第三十三条　评委会应严格执行评审政策，履行评审程序，确保评审质量。评委会违背政策规定，职改领导小组应视情节责令整改、中止工作、宣布

第三十四条　评委应执行评审规定，履行工作职责，遵守评审纪律，保守评审秘密。对存在违反评审纪律、利用职权营私舞弊、偏袒或压制申报人员等行为的，一经核实，取消评委资格，情节严重的移交有关部门处理。

第三十五条　职改工作人员应认真履行工作职责，严格遵守评审纪律。对存在违反评审纪律、未依规履行审核职责的，情节轻微的应予以批评教育，情节较重的调离工作岗位，情节严重的移交有关部门处理。

第三十六条　申报职称人员有下列情形之一的，实行"一票否决制"，取消申报资格且3年内（不含当年）不得申报；已取得职称的，由职改部门提出、职改领导小组批准，撤销其职称且3年内（不含当年）不得申报，如被撤销的职称已在评审其他职称时使用，取得的其他职称一并撤销。

（一）在申报时提供虚假材料，谎报工作业绩，剽窃他人成果的；

（二）在参加职称评审时对评委、工作人员采取贿赂、胁迫等手段，干扰正常评审秩序的；

（三）在参加职称评审时对其他申报人员采取诬告、要挟等不正当竞争手段的；

（四）其他不符合评审规定的。

第三十七条　健全职称评审督查机制。加强各单位自查和油田公司督查，通过现场观摩、查阅资料等形式，不定期对评委会及其组建单位的评审工作进行抽查、巡查，依据有关问题线索进行倒查、复查。

第三十八条　职称评审工作应主动接受纪检监察部门和群众的监督。

第八章　附　则

第三十九条　本办法由油田公司党委组织部（人事部）负责解释。

第四十条　本办法自印发之日起施行。原《辽河油田公司专业技术职务任职资格评审工作实施细则》（油辽职改〔2008〕8号）同时废止。

辽河油田公司突发事件应急管理办法

第一章　总　则

第一条　为规范和加强突发事件应急管理工作，预防和减少突发事件的发生，控制、降低和消除突发事件造成的损失或者危害，根据《中华人民共和国突发事件应对法》《生产安全事故应急条例》等法律、行政法规和《中国石油天然气集团公司安全生产应急管理办法》有关规定，制定本办法。

第二条　本办法适用于辽河油田分公司、辽河石油勘探局有限公司（以下统称油田公司）及其所属单位和全资公司（以下统称所属单位）的突发事件应急管理工作。

油田公司控股公司通过法定程序执行本办法。

第三条　本办法所称突发事件是指突然发生，造成或者可能造成严重危害，需要采取应急处置措施以应对的自然灾害、事故灾难、公共卫生和社会安全等事件。

本办法所称应急是指需要立即采取某些超出正常工作程序的行动，以避免事故发生或者减轻事故后果的状态；

本办法中所称的突发事件应急管理是指油田公司在应对各类突发事件而开展的应急准备、应急监测与预警、应急处置与救援、应急评估等全过程管理。

第四条　按照事件性质、严重程度、可控性和社会影响程度，依据《集团公司突发事件分类分级目录》总体分级规定，油田公司突发事件一般分为四级：Ⅰ级突发事件（集团公司级）、Ⅱ级突发事件（油田公司级）、Ⅲ级突发事件（所属单位级）、Ⅳ级突发事件（科级及以下）。国家法律、行政法规对突发事件等级另有规定的，从其规定。

各类突发事件分级标准应按照国家法律、行政法规及集团公司有关规定在油田公司、所属单位应急预案中具体明确。超出本级组织应急处置能力的突发事件，即可上升为扩大应急的级别。

第五条　油田公司突发事件应急管理遵循"应急准备为主、应急准备与应急救援相结合"的原则；实行"统一领导、分类管理、分级负责、属地为主、协调联动"的管理体制；坚持"统一指挥、分工负责、部门联动、协调有序、反应灵敏、运转高效"的工作机制。

第六条　油田公司及所属单位的主要负责人是本单位突发事件应急管理第一责任人。所属单位应建立突发事件应急管理责任制，层层落实突发事件应急主体责任。

第二章　组织机构与管理职责

第七条　油田公司突发事件应急组织体系由油田公司突发事件应急领导小组（以下简称应急领导小组）及其办公室、专项突发事件应急领导小组（以下简称专项应急领导小组）及其办公室、现场应急指挥部（下设方案专家组、抢险救援组等各有关现场工作组）、有关业务主管部门、所属单位等组成。

在应急状态下，专项应急领导小组可转为现场应急指挥部。

第八条　油田公司应急领导小组是突发事件应急管理工作的领导机构，主要履行以下职责：

（一）负责建设油田公司应急管理体系；

（二）负责审定年度应急工作资金预算计划与应急物资需求计划；

（三）负责组织或授权专项应急领导小组组织开展Ⅱ级突发事件应对工作，包括组织领导、决策指挥等。

第九条　油田公司应急领导小组办公室是油田公司突发事件应急工作的综合协调机构，其办事部门是生产运营部。主要履行以下职责：

（一）负责制修订突发事件应急管理制度，并组织实施；

（二）负责组织制修订油田公司总体应急预案及技术内审，组织或参与制修订公司级各类专项应急预案，组织公司级应急预案技术外审和政府备案，指导所属单位应急预案技术外审和政府备案；

（三）负责组织油田公司年度应急业务培训，汇总油田公司年度应急预案演练计划，参与专项应急预案演练的策划与实施；

（四）负责接收突发事件的报告，持续跟踪事件动态，及时向油田公司应急领导小组汇报，接受并传达指令；

（五）负责在油田公司应急领导小组授权下按照指令，统一对外联系，向集团公司及属地政府有关部门上报突发事件信息；

（六）负责在多类别突发事件应急状态下，综合协调油田公司内部应急资源及对外联络沟通等；

（七）负责督促检查并指导油田公司各系统、各所属单位应急能力评估；

（八）负责督促检查油田公司各系统整理归档Ⅱ级、Ⅲ级突发事件应急处置资料；

（九）负责提出油田公司年度应急工作预算费用，落实应急领导小组交办的其他事项。

第十条　油田公司专项应急领导小组是分管业务突发事件应急管理工作的领导机构，主要履行以下职责：

（一）负责分管业务领域应急预案的评估、制修订、审核、培训演练；

（二）负责分管业务领域应急物资配备、应急救援队伍建设、应急专家管理等；

（三）负责在油田公司应急领导小组的授权下组织开展Ⅱ级突发事件应对工作，包括应急决策、指挥处置等。

油田公司组织制修订应急预案前，应依据事故风险辨识、评估与应急资源调查结果，分析确定突发事件对应的类别与级别，合理构建应急预案体系，并视情况相应调整专项应急领导小组。

第十一条　油田公司专项应急领导小组办公室设在专项业务主管部门（以下统称应急分管部门）。主要履行以下职责：

（一）负责组织制修订油田公司有关专项应急预案，参与制修订油田公司总体应急预案；

（二）负责组织油田公司有关专项应急预案定期评估、内审、宣贯、培训与演练，配合有关专项应急预案技术外审，具体指导所属单位开展业务范围内的突发事件应急管理工作；

（三）负责提出油田公司有关专项应急预案对应的年度应急物资需求计划，组织或参与有关专项应急物资入库验收、盘库与出库核查；

（四）负责接收有关专项突发事件信息，持续跟踪事件动态，及时向专项应急领导小组汇报，提出启动与解除Ⅱ级应急预警、响应的建议，接受并传达指令；

（五）负责组织有关应急专家制定事发现场抢险技术方案，并指导应急救援队伍实施；

（六）负责组织或参与调查Ⅱ级及以下有关专项突发事件及审核专项应急处置与救援工作报告。

第十二条　现场应急指挥部是油田公司应急领导小组指令临时成立的现场应急救援指挥中心，由有关专项应急领导小组和事发所属单位应急领导小组组成，是事发现场应急处置的最高决策指挥机构，实行总指挥负责制，履行现场应急决策、指挥、处置等职责。

现场应急指挥部各有关现场工作组由油田公司有关业务主管部门、事发所属单位应急领导小组、应急救援力量及有关单位组成，负责在现场应急指挥部的领导下开展应急响应工作。油田公司各专项应急预案应根据应急处置需要设置现场工作组，并明确应急职责。

第十三条　油田公司有关业务主管部门在职责范围内参与突发事件应急管理工作，具体见《辽河油田公司突发事件总体应急预案》。

第十四条　所属单位是突发事件应急处置的责任单位，负责本单位应急抢险工作。所属单位应成立突发事件应急领导小组，明确突发事件应急工作归口管理部门（以下统称应急管理部门）。主要履行以下职责：

（一）负责贯彻执行油田公司突发事件应急管理制度；

（二）负责建设本单位应急管理体系，明确相应组织机构及应急职责；

（三）负责配合本级安全管理部门开展重大风险辨识和评估，组织、参与或监督指导本单位进行各级各类应急预案制修订、应急业务培训及应急预案演练；

（四）负责统筹规划、配置本单位应急救援队伍、应急物资等应急资源；

（五）负责执行油田公司突发事件应急指令；

（六）负责应急监测预警，及时收集上报各类突发事件信息；

（七）负责按照突发事件分级标准，组织开展应急处置与救援；

（八）负责评估突发事件应急准备、处置和救援工作，总结上报基本情况。

第十五条　油田公司及所属单位两级应急领导小组、专项应急领导小组组长分别由本级QHSE委员会和专业分委会主任担任，应急领导小组办公室、专项应急领导小组办公室主任应分别由本单位安全总监和专项业务主管部门主要负责人担任。

第十六条　所属单位应配备专兼职应急管理人员，纳入关键岗位管理。主要油气生产单位、工程技术服务单位应配备专职应急管理人员。科（大队）及以下各级基层组织应结合实际建立有效的应急救援机构，具体应急职责须明确到岗位。

第十七条　油田公司应充分发挥区域协调组作用，建立与本地区集团公司其他所属企业的区域联防机制，推进应急响应联动机制，建立与周边合作单位的应急救援协议机制，并指导各所属单位予以实施。

第三章　应急准备

第十八条　油田公司及所属单位均应设立应急专项资金，用于应急物资购置、更新、报废处理、应急设备维护保养检测、代储管理以及应急日常管理、应急演练、应急宣传和业务培训等有关支出。

应急物资中的设备购置，经本级应急领导小组审定后，纳入本单位年度投资计划。

第一节　预案及演练

第十九条　油田公司应急预案体系由油田公司

总体预案和专项预案、所属单位总体预案和专项预案、基层单位现场处置方案、班（站）现场处置方案、重点岗位应急处置卡及临时性预案等五个层级构成。

第二十条　油田公司及所属单位应针对重大危险源、重要生产装置、重点工程建设项目、要害部位、关键生产环节、危险生产与作业场所、公共聚集场所及重大活动，开展风险辨识和评估，制定突发事件预防和控制措施，并组织实施。

第二十一条　油田公司及所属单位应针对风险辨识和评估结论，按照有关法律、行政法规、规章和技术标准的规定，结合本单位组织管理体系、生产规模和可能发生的突发事件特点，确立本单位应急预案体系，编制应急预案。

第二十二条　油田公司及所属单位应对本单位编制的应急预案进行评审，并形成书面评审纪要。评审应注重基本要素的完整性、组织体系的合理性、响应程序的科学性、处置措施的针对性、应急保障的可行性和应急预案的衔接性等内容。

油田公司及所属单位的应急预案经评审后，由本单位主要负责人签署，向本单位从业人员公布，并及时发放到本单位有关部门、岗位和有关应急救援队伍。

第二十三条　油田公司及所属单位编制的应急预案应于签发实施之日起20个工作日内，按照分级属地原则，逐级向上履行备案程序，并依法向社会公布。

油田公司应急预案报集团公司有关部门、辽宁省应急管理厅和属地政府行政主管部门备案，并抄送盘锦市应急管理局。

所属单位应急预案报油田公司生产运营部和应急分管部门备案，其他各级各类应急预案在上一级业务主管部门备案，并按照属地政府要求报当地应急管理部门和行政主管部门备案。

第二十四条　油田公司及所属单位各级应急预案应至少每三年组织一次评估，并按照应急预案评估结果及国家、集团公司法律、行政法规、规章和技术标准有关规定，及时开展应急预案的制修订工作。

当组织机构、事件分级、响应程序及处置措施等重要因素发生较大变更时，有关应急预案应及时进行评估与制修订。

第二十五条　油田公司及所属单位应规范和加强各级应急预案的编制、评审、发布、备案、宣教、培训、演练、评估、修订及监督等管理工作。

第二十六条　油田公司应急领导小组办公室负责公司级应急预案演练的管理和协调工作；各专项预案的应急演练，按照"谁编制，谁组织"的原则，由应急分管部门和承办单位负责具体组织实施，并按照国家、集团公司有关法律、行政法规、规章和技术标准有关规定，形成演练文件、记录、纪要、评估及总结报告等。

应急预案演练应围绕重要季节、重点时期、重大项目开工、重大活动、关键工艺调整进行开展。原则上事故灾难类突发事件现场处置以实战演练方式组织开展，仿真度低、不易模拟的事故灾难及其他类突发事件宜采取基于情景构建的多地多场景桌面推演方式组织开展。

油田公司及所属单位应急预案演练一年不少于一次，至少每半年组织开展一次事故灾难类应急预案演练，科（大队）级单位每季度至少组织开展一次基层单位现场处置方案实战演练，班（站）现场处置方案、应急处置卡要以实战方式经常组织演练。每三年演练覆盖本单位所有应急预案，并按照有关规定将演练情况及时报送属地政府应急管理部门和行政主管部门备案。

油田公司及所属单位可采取设定复杂事故情景对多个专项预案同时组织开展多类别全要素综合演练。

以上演练频次为油田公司最低标准要求，油田公司及所属单位各级预案可结合实际工作情况增加演练频次。新编制或修订的应急预案应及时组织演练。

第二十七条　油田公司及所属单位应按照国家、集团公司有关法律、行政法规和制度的规定，以及外包工程项目合同和安全生产管理协议的约定，在外包工程项目开工前，发包单位业务主管部门应监督指导承包单位组织编制、评审（或者论证）外包工程临时性应急预案（方案），经承包单位项目主要负责人签发后，报送发包单位和属地政府有关行政主管部门备案，并纳入发包单位应急预案体系管理，定期组织或配合开展应急演练。

油田公司及所属单位在组织开展存在较大风险的集会、庆典、比赛等重大活动前，按照"谁组织、谁负责"的原则，由活动组织部门、单位负责编制、论证大型活动临时性预案，经本部门、单位主要负责人签发后实施，并报送本级应急管理部门和属地政府有关部门备案。

第二十八条　油田公司及所属单位各级机关综合办公楼、信息机房、大型活动中心、档案馆等特殊场所属地管理部门、单位应按照国家消防有关法律、行政法规、制度和技术标准的规定，编制灭火与疏散应急预案或现场处置方案，并定期组织应急预案（或方案）演练。

第二节　队伍及培训

第二十九条　油田公司及所属单位应急分管部门应根据专业特点，遵循"谁组建、谁管理，谁主管、谁保障，统一指挥、协调运行"的原则，规划建设、管理使用与指挥调度本层级、本类别应急救援队伍。

第三十条　单一类别突发事件应急处置，由专项应急领导小组现场指挥；多类别突发事件应急处置，由油田公司应急领导小组组织有关专项应急领导小组成立现场应急指挥部，根据油田公司应急领导小组指令开展工作。

第三十一条　油田公司及所属单位应结合专项应急预案建立完善对应的应急技术专家库和技能专家库。应急响应启动后，应急分管部门应迅速调集有关专家到指定地点，为应急处置提供专业技术支持。

油田公司及所属单位应建立完善应急专家运行管理机制，有计划、有步骤重点培养井控救援、管道补漏、电力抢险、火灾扑救、环境保护、灾害防控等方面人才，稳步推进应急专家库建设，充分发挥应急专家在预防和处置突发事件工作中的参谋作用。

第三十二条　油田公司及所属单位应按照统筹规划、合理布点的原则，分专业、分层次地稳步推进区域性各级专兼职应急救援队伍建设，建立完善应急救援队伍管理工作机制，充分利用社会应急资源，签订互助协议，确保应急期间的医疗救治、治安保卫、交通疏导等应急救援力量及时响应、快速调动。

油田公司应加强应急救援队伍建设，逐步形成规模适度的应急救援队伍体系。油田公司应依托现有应急资源，完善井控、管道、电力、通信、环保、化工等应急救援队伍建设；所属单位应根据突发事件应急工作的实际需求，组建兼职应急救援队伍，并优选成为油田公司应急救援队伍。

事故风险单一、危险性小的或不具备应急救援队伍建设条件的所属单位，可以不建立应急救援队伍，但应指定兼职的应急救援人员，并与周边应急救援力量签订应急救援协议，为本单位抢险救援提供保障。

第三十三条　应急救援队伍的应急救援人员应具备必要的专业知识、技能、身体素质和心理素质。

应急救援队伍应配备必要的应急救援装备和物资，并定期组织训练。

应急救援队伍所在单位应按照国家有关规定对应急救援人员进行培训，学习考核重点为应急预案和应急救援技能；应急救援人员经培训合格后，方可参加应急救援工作。

第三十四条　油田公司及所属单位两级应急救援队伍应建立健全应急值班机制，配备应急值班人员。

油田公司及所属单位涉及危险物品生产、经营、储存、运输和从事建筑施工的，应建立健全应急值班机制，配备应急值班人员。从事易燃易爆物品、危险化学品等危险物品的生产、经营、储存、运输且生产规模较大、危险性较高的所属单位应成立应急处置技术组，实行24小时应急值班。

第三十五条　油田公司及所属单位应急管理部

门和应急分管部门应按照应急职责分工，面向不同的群体，分级分类开展全员应急业务培训。应急业务培训应纳入各级领导干部、管理人员和岗位员工的技能与培训需求矩阵，定期或不定期轮训，确保从业人员具备相应的应急工作素质。

领导干部、管理人员应重点加强应急意识、管理知识及应急指挥决策能力培训；岗位员工应加强安全操作、应急反应、自救互救以及第一时间初期处置与紧急避险能力培训。新上岗、转岗人员必须经过岗前应急业务培训并考试合格。

第三节　应急物资管理

第三十六条　油田公司应急物资实行公司级和所属单位级两级管理。应急物资管理遵循"定点储存、统一标志、分级管理、统一调度、专项使用"的原则。

第三十七条　本办法所称应急物资是指在突发事件应急救援和处置过程中所用到的各类物资的总称，是专项用于突发事件应急响应、抢险救援、危险场所作业或进行应急演练等活动所需要的装备与物资。

第三十八条　公司级通用类应急物资由物资公司代储管理（以下统称代储单位）；专用类应急物资由专业救援队伍所属单位仓储管理（以下统称仓储单位）。

应急物资储备采取油田公司总量控制，不列入生产物资库存指标，不纳入考核。非应急物资不得存放于应急物资储备库。

第三十九条　应急物资应按照专项应急预案要求的种类、数量进行储备。在本单位同级预案中，不同预案所需同一应急物资的，按照不低于单项预案所需的最大量配备。

第四十条　应急物资应按照国家、集团公司有关规定、技术标准实施储备管理，出现消耗、过期或失效，应及时补充到位，确保应急物资的品种和数量符合预案要求。

第四十一条　油田公司投资和成本列支的应急物资购置计划由油田公司应急领导小组审定后实施，一般每年更新补充一次，过期、损耗、失效等情况临时报批。

（一）每年年末，依据集团公司有关制度、标准规定，代储单位编制通用类应急物资需求计划（附件1），经生产运营部审查后，报应急领导小组审核；应急分管部门编制专用类应急物资需求计划，经生产运营部会同有关业务主管部门讨论审查汇总后，报应急领导小组审核。

（二）通用类应急物资的消耗补充由代储单位提出补充计划，报生产运营部审查；专用类应急物资的消耗补充由其仓储单位提出补充计划，报应急分管部门审查，并报送生产运营部备案。对易耗易损、保质期短的应急物资，生产运营部、应急分管部门应定期组织检定，及时下拨有关单位开展预案演练使用。

（三）应急物资失效、毁损严重不能继续使用时，生产运营部、应急分管部门应组织核查，并按照程序进行报废处置。通用类报废物资更换由代储单位提出更新计划，报生产运营部审批；专用类报废物资更换由仓储单位提出更新计划，报应急分管部门审批，生产运营部汇总。

（四）应急物资因预案演练、危险场所作业等情况下使用，致使库存缺失不符合应急预案要求时，通用类应急物资由代储单位提出补充计划，报生产运营部审查；专用类应急物资由其仓储单位提出申请，应急分管部门审查后提出补充计划，报生产运营部汇总。

第四十二条　应急物资购置应按照《辽河油田公司采购管理办法》有关制度执行。应急抢险救援过程中，当物资不能满足抢险需要时，填报《突发事件应急物资采购单》（附件2），经油田公司业务分管领导批准，由采购管理部门采取紧急方式组织采购；必要时，经采购管理部门批准，可由抢险施工单位直接进行采购。物资使用完毕后，由采购管理部门组织结算。

不满足采购周期的生产急需物资，按照《辽河油田公司采购管理办法》有关制度规定进行采购。

第四十三条　油田公司应根据辽河油区分布的实际情况，按照集中管理、分块储备、便于应急的原则，分区域规划建设公司级应急物资储备库。

区域内各所属单位应建立应急物资储备信息共享机制。对区域内其他单位已有大量储备的应急物资品类，并能在调运时效和数量上满足本单位应急需要的，可不再自行储备；如评估认为区域保障确有不足的，应结合本单位应急物资储备标准和应急工作实际需求，自行补充不足部分。

第四十四条　应急物资入库验收按照油田公司有关规定执行。生产运营部、应急分管部门应按照物资采购的类别和需求，组织机关有关部门和单位对新购置入库的公司级应急物资进行数量和质量验收。通用类应急物资入库验收由生产运营部组织；专用类应急物资由应急分管部门组织，并在验收工作完成后5个工作日内将验收入库的情况报送生产运营部备案。

第四十五条　油田公司及所属单位应急物资储备应实行24小时封闭式管理，专库存储、专人负责。所属单位基层组织应急物资储备确实不具备专库存储条件的，应将应急物资存放于固定专区，并设置醒目的应急物资储备区标识，与其他物资存放区之间要设立明显的界限或隔离设施。

第四十六条　油田公司应急物资储备库的设施配备和管理，应按照国家及油田公司有关仓储管理标准执行。代储单位和仓储单位加强入库验收（附件3）、分类保管、维保检测（附件4）、清查盘库、出库调运（附件5）以及应急储备台账（附件6）规范管理，保证应急物资完好可用、高效供应及账实相符、账表相符。

（一）应急物资储备库应避光、通风良好，有防火、防盗、防潮、防鼠、防污染等措施，并具备应急照明设施；

（二）储备物资应有标签，标明品名、编号、规格、数量、产地、生产日期、入库时间等，具有使用期限要求的物资应标明有效期；

（三）储备物资应分类存放，码放整齐，留有通道，严禁接触酸、碱、油脂、氧化剂和有机溶剂等；

（四）对于易耗易损、保质期短及易加工、生产厂家多的应急物资可采用保障协议方式存储。

第四十七条　代储单位和仓储单位应于每月5日前将库内应急物资存放情况报送生产运营部、应急分管部门备案。每年6月和12月底，生产运营部、应急分管部门应会同机关有关部门、单位对公司级有关应急物资储备库进行全面盘库，据实计提减值准备。

第四十八条　需运维检测的应急设施设备，生产运营部、应急分管部门应于每年12月份分别组织代储单位、仓储单位及其他有关所属单位编制运维检测计划。应急设施设备运维检测需委托有专业资质的维检技术机构进行。

第四十九条　突发事件发生后，事发所属单位应先动用本单位应急物资储备，在本单位及区域内其他所属单位储备不能满足使用需要的情况下，可申请调拨公司级应急物资。在公司级储备不能满足需要的情况下，由油田公司申请使用集团公司应急物资储备。

第五十条　动用公司级应急物资储备由生产运营部或应急分管部门下达通知，代储单位、仓储单位负责组织有关应急物资发运。事发所属单位应对调拨的应急物资进行清点和验收，并及时反馈接收情况。出现数量或质量问题的，报生产运营部或应急分管部门协调处理。

第五十一条　事发所属单位应加强调拨应急物资管理，做到账目清楚，手续齐备。对可回收重复使用的应急物资，由事发所属单位负责组织清理回收。

第五十二条　按照"谁使用，谁付费"的原则，事发所属单位承担调用公司级应急物资发生的材料费、运费及维修费，并在应急救援完成后的30日内与代储单位、仓储单位结算。事发所属单位调用其他单位应急物资的，应支付材料费、设备租赁费、损坏维修费、赔偿费及有关费用。

第五十三条　油田公司专项应急预案演练需调拨公司级应急物资前，应急分管部门应编制应急演练物资保障计划，并在演练前10个工作日内报生产运营部备案。

应急预案演练物资拉运、使用按照突发事件应急物资调拨使用有关管理要求执行，演练发生的材料费、运费年初由应急分管部门汇总后提交预算管理办公室审批，年底按照实际发生费用经生产运营部审核后报送预算管理办公室据实核减。

第五十四条　油田公司按照应急物资储备金额3%核定代储管理费，下拨代储单位用于应急物资收发、保管维护、装卸等支出。

第五十五条　所属单位应参照公司级应急物资管理要求，做好本单位应急物资需求计划、选型配置、更新补充、运维保管、调拨使用等各项管理工作。

所属单位应急物资需求计划应于每年12月底前编制完成，经本单位应急领导小组审定后按应急物资购置类别报送生产运营部和应急分管部门备案。

所属单位库存应急物资明细应于每季度首月5日前报生产运营部和应急分管部门备案。

第四节　应急车载通信及信息化

第五十六条　油田公司及所属单位应加强突发事件应急管理信息化工作，依托集团公司应急管理系统、HSE信息系统，专人负责及时录入和维护应急预案、应急救援队伍、应急物资等基础信息，为突发事件应急管理提供及时、准确、有效的信息支持。

油田公司及所属单位应加强应急信息系统日常运行管理与维护，确保应急状态下通信联络畅通。

第五十七条　车载应急通信系统是实现集团公司总部、油田公司和突发事件现场实时远程通信的综合业务系统，为油田公司应急处置提供调度指挥、异地会商、综合研判和科学决策。油田公司各有关所属单位应按照各自职责，做好车载应急通信系统的日常维护与管理工作：

（一）信息工程公司应做好应急通信基础链路保障和业务服务器维护及车载设备的维保，并定期组织演练和实战运维保障；

（二）消防支队要做好通信车的运行操作、维护保养及操作人员的技术培训与演练；

（三）车载应急通信系统操作运维、技术支持人员上岗前应参加不少于24学时的集中培训并考核，每年参与集团公司保障中心组织的在岗培训和岗位资格年审；

（四）车载应急通信系统每年应急保障演练不得少于两次，每月与集团公司保障中心联通操作演练一次，每两周野外拉动测试一次，每周运行检测一次，并做好总结评估、问题处置与测试记录。

第五十八条　所需车载应急通信系统服务费、检维修费，每年底由油田公司应急管理部门报预算管理办公室。

第四章　应急监测与预警

第五十九条　所属单位应对属地内重要生产设施、重大危险源、关键装置、要害部位和危险作业场所配备可靠的监测监控设施，加强监测监控，规范保存监测记录。

第六十条　油田公司及所属单位应定期开展隐患排查，针对发现的重大事故隐患及高后果风险因素，应及时组织开展隐患治理工作，强化事故防范措施，完善应急预案，做好应急监测预警。

第六十一条　油田公司及所属单位针对可预警的井喷失控、油气站场爆炸着火、有毒有害介质泄漏引发的次生灾害等突发事件以及政府发布预警的灾害信息，应及时发布相应级别警报，并做好沟通、上报与跟踪等后续工作。

发生Ⅳ级突发事件时，事发所属单位应立即进入预警状态；发生Ⅲ级突发事件时，事发所属单位要立即按照程序上报生产运营部和应急分管部门，油田公司立即进入预警状态。紧急情况可以越级上报。

第六十二条　油田公司及所属单位应根据事态的发展，适时调整预警级别并重新发布；突发事件处置结束，危险已经解除，应宣布终止预警。

第六十三条　油田公司及所属单位应认真落实应急值班制度，接报信息后应按照规定时限报送有关领导签批，落实领导指示，协调有关部门、单位开展应急响应准备，并做好事态跟踪和后续工作，具体详见《突发事件信息报送工作规范》（附件7）

第六十四条 油田公司及所属单位应建立新闻舆情响应机制，发生突发事件时，要立即监测社会舆情和新闻媒体动态，及时上报有关情况，积极与属地政府和驻地媒体沟通。

第五章 应急处置与救援

第六十五条 应急处置坚持"早发现、早处置、早报告"的工作方针，始终贯彻"以人为本、安全第一、生命至上、保护环境"的工作原则。

第六十六条 突发事件发生后，事发现场基层组织、人员应立即采取有效措施，进行初期处置，控制事态发展，并及时向上级组织报告；事态严重超出本级应急处置能力范围，应立即请求上级组织支援，并实施对事发现场监控。

生产现场带班人员、班组长和调度人员在紧急情况下具有现场直接处置权和指挥权，严格执行现场处置方案和重点岗位应急处置卡，力争第一时间控制现场事态，防止事态扩大和引发次生事故。

现场指挥人员在发现危及人身安全的紧急情况下，应立即下达停止作业指令，采取可能的应急措施或组织现场人员及时、有序撤离到安全地点，减少人员伤亡。

第六十七条 所属单位接到事发现场请求支援或突发事件已升至Ⅲ级时，执行本单位有关专项应急预案，主要负责人或分管领导立即赶赴现场，调用所需物资装备及应急救援队伍，积极组织开展事件控制和处置，并及时向生产运营部和应急分管部门汇报。

第六十八条 突发事件已升至Ⅱ级或所属单位请求支援时，油田公司应急领导小组组织召开应急首次会议，成立现场应急指挥部，主要负责人或分管领导立即赶赴现场，组织内外部应急资源开展抢险救援工作，并及时报集团公司、勘探与生产分公司有关业务主管部门和属地政府有关行政主管部门。

当事态超出本级应急处置能力时，油田公司应报请集团公司、协议单位及属地政府有关部门给予联动救援。在外部救援力量到达前，须继续行使现场组织指挥、抢险救援等职责，待属地政府、上级组织及外部救援力量到达后移交现场指挥权，并继续参与、配合开展事发现场的抢险救援。

第六十九条 突发事件发生后，油田公司及所属单位应立即启动本层级应急响应程序，并按照有关应急预案的规定采取下列一项或多项应急救援措施：

（一）迅速控制危险源，组织抢救遇险人员；根据事故危害程度，组织现场人员撤离或采取可能的应急措施后撤离，杜绝盲目施救，防止事态扩大；

（二）划定警戒区域，封锁危险场所，及时通知并配合属地政府疏散和安置可能受到事故影响的单位、机构和人员，疏导劝离与救援无关的人员，确保救援工作高效有序；

（三）采取必要措施，防止事故危害扩大和次生、衍生灾害发生，避免或减少事故对环境造成的危害；

（四）根据需要请求区域联防、应急协议单位等邻近的应急救援队伍参加救援，并向参加救援的应急救援队伍提供有关技术资料、信息和处置方法；

（五）维护事故现场秩序，对事故现场实施隔离保护，重要部位、危险区域应实行专人值守，配合属地政府对现场周边实行交通管制，确保应急救援通道畅通；

（六）保护事故现场有关数据，及时收集现场照片、监控录像、工艺设备运行参数、作业指令、班报表，以及应急处置过程等资料。任何人不得涂改、毁损或隐瞒事故有关资料；

（七）国家、集团公司有关法律、行政法规、规章及预案规定的其他应急救援措施。

第七十条 事发所属单位经初步评估确定符合Ⅲ级及以上突发事件时，30分钟内向油田公司应急管理部门和应急分管部门电话报告，1小时内书面报告，初报后4小时内续报事件信息，每日7：00前报告最新情况，突发事件应急响应终止2小时内报告处理结果，事件响应终止7天内，报告事件基本情况和应对过程、原因分析和整改方案、事件处置经验和教训。

"三敏感"事件，严格按照集团公司30分钟速报要求，执行升级管理。

国家、集团公司对突发事件信息报告的内容、时限、负责部门与人员以及报告程序另有规定的，从其规定，并及时修订本单位应急预案。

第七十一条　现场应急指挥部在本级应急领导小组的授权下，组织、决策、指挥事发现场的监测侦检、险源控制、资源调配、警戒疏散、医疗救护、工程抢险、技术支持、后勤保障、环境保护、个人防护、综合协调及善后处理等工作。

参加事发现场应急救援的单位和个人应服从现场应急指挥部的统一指挥。

第七十二条　现场应急指挥部要依法依规及时、如实向属地政府应急管理部门和行政主管部门报告事故情况，信息要做到及时、客观、真实，不得瞒报、谎报、迟报、漏报，不得故意破坏事故现场、毁灭证据。

对因本单位的问题引发的或主体是本单位人员的群体性突发事件，有关所属单位应按照规定上报情况，并迅速派出有关负责人赶赴现场开展劝解、疏导工作。

第七十三条　现场应急指挥部应充分发挥方案专家组、现场管理人员、专业技术人员以及应急救援队伍指挥员的作用，实行科学决策。指挥部会议、重大决策事项等要指定专人记录，指挥命令、会议纪要和图纸资料等要妥善保存。

第七十四条　建立突发事件信息披露机制，突发事件发生后，要第一时间启动本级新闻媒体应急预案响应程序，做好媒体应对准备，并按照有关规定和属地政府有关部门的统一安排，及时准确地向社会、媒体、员工披露有关突发事件事态发展和应急处置进展情况的信息。

事发所属单位应指定部门和专人，收集汇总并统一规范应答内容，防止因媒体应对疏漏和差异造成不必要的次生影响。

第七十五条　油田公司及所属单位具有为其他企业及社会公众提供应急救援的义务，两级应急救援队伍接到属地政府应急救援指令或区域联防、应急协议单位发出请求后，应及时响应，参加突发事件救援，并按照业务权限向上级应急管理部门和应急分管部门报告有关情况。

第七十六条　突发事件发生时，应急通信车在接到指令后，要按时赶到事发现场，开启调度终端设备，建立通信链路，与现场远程联动。运维人员跟进服务，现场提供技术支持，配合现场应急指挥部开展工作，确保与集团公司保持通信畅通。

发生Ⅰ级突发事件，应急通信车指挥调度权在集团公司。Ⅱ级及以下突发事件，指挥调度权在油田公司。

第七十七条　应急处置结束，方案专家组论证，确认事发现场满足响应终止条件后，现场应急指挥部报请本级应急领导小组批准，按照响应程序终止应急处置与救援工作。

事发所属单位应对恢复生产、生活过程中的安全风险进行分析与评估，制定和实施有效防控措施，对现场危险因素进行持续监测，防止发生次生事故。

第七十八条　应急状态解除后，应急分管部门应组织对突发事件造成的损失进行评估；按照油田公司有关规定，组织或参与事故事件调查、处理及善后处置；成立恢复生产组织机构，制定落实恢复重建方案，尽快恢复受影响区域的生产、生活秩序。

第六章　应急评估与总结

第七十九条　油田公司及所属单位应按照合规、客观、公正、科学的原则，对应急准备、应急处置与救援工作进行评估总结。应急评估结论及建议要作为修订应急预案和加强突发事件应急管理工作的依据。

第八十条　应急准备评估是对应急组织机构、应急预案编制、应急培训演练、应急队伍建设、应急物资储备等进行评估，以确保其具备相应的应急准备能力，保存其持续改进机制，并形成书面报告的活动。

油田公司及所属单位应自行组织或委托具有资质能力的第三方技术机构实施应急准备阶段的评估。

应急准备评估内容主要包括组织机构、应急制度、预案体系、物资储备、费用保障、队伍建设、预案演练、应急培训、监测预警及通信系统等。

油田公司及所属单位应急管理部门应对下属单位应急准备评估进行监督检查。

第八十一条 突发事件发生后，油田公司或所属单位应急领导小组应责成专项应急领导小组组织成立事故应急调查组，对突发事件应急处置的基本情况进行调查。

事发所属单位应及时进行详细工作汇总和总结，形成突发事件应急处置与救援工作情况报告，上报事故调查组和上级业务主管部门，Ⅱ级及以上突发事件经油田公司应急领导小组核准，报送集团公司办公室、勘探与生产分公司有关业务主管部门。

报告主要内容包括：

（一）事故基本情况；

（二）事故信息接收与报送情况；

（三）应急处置组织与领导；

（四）应急预案执行情况；

（五）应急救援队伍工作情况；

（六）主要技术措施及其工作情况；

（七）救援成效、经验教训；

（八）有关建议。

第八十二条 油田公司及所属单位事故应急调查组应对应急处置与救援工作进行评估，并在事故调查报告中对应急处置与救援工作做出评估结论。应急处置与救援评估主要内容包括：

（一）信息接收、流转、报送情况；

（二）现场、岗位先期处置情况；

（三）应急预案的实施与现场救援方案的制定及执行情况；

（四）应急组织指挥、救援队伍、联动协调等工作情况；

（五）现场监控、警戒、处置、环境影响防控与检测以及信息发布情况；

（六）救援装备、物资储备、资金保障等方面的落实情况；

（七）救援成效、经验教训；

（八）有关建议等。

第七章 监督与责任

第八十三条 生产运营部负责本办法的执行监督。重点加强突发事件应急常态化管理工作的监督考核，对严格执行本办法，工作成效显著或作出突出贡献的，给予表彰和奖励的建议；对违反本办法的行为，提出处理意见。

第八十四条 对有下列表现之一的单位和个人，按照油田公司有关规定给予表彰和奖励：

（一）出色完成应急处置救援及响应任务，避免或最大限度减少人员伤亡的；

（二）防止或控制次生、衍生生产安全事故，使国家、企业和人民群众的财产免受损失或者减少损失的；

（三）在应急技术研发、装备配套以及工具材料革新方面取得实际效果，成功用于应急处置、救援工作，取得明显经济效益或社会效益的；

（四）在应急管理体系建设和日常应急管理工作中发挥重要作用，对应急管理工作提出重大建议，实施效果显著的；

（五）受到上级部门和属地政府表扬的。

第八十五条 有下列情形之一的，生产运营部应将其纳入单位年度业务考核：

（一）未逐级落实应急责任制的；

（二）应急组织机构不健全的；

（三）未严格履行应急管理职责的；

（四）未全面落实应急工作部署和指令的；

（五）未按本办法规定管理应急物资储备的；

（六）未按办法规定开展应急评估、总结和报告的。

第八十六条 有下列情形之一的，生产运营部应纳入业绩考核；情节严重的，对相关责任人按照油田公司有关规定进行责任追究，并通报批评，限令整改：

（一）未建立应急责任制和应急机构的；

（二）未建立应急值班制度并配备应急值班人员的；

（三）未成立应急处置技术组并实行24小时应

急值班的；

（四）未及时开展风险辨识、评估和应急资源调查的；

（五）未按规定及时组织本单位各级应急预案制修订、评审、备案、宣贯、培训、演练与评估的；

（六）未督促、指导承包商编制临时性应急预案并纳入本单位应急预案体系管理，未及时组织应急培训与演练的；

（七）未建立应急专家库、未组建各级应急救援队伍或未指定协议应急救援队伍的；

（八）未开展应急监测、预警和隐患排查的；

（九）未按本办法规定程序、要求和指令开展应急处置和救援的。

第八十七条 有下列情形之一的，生产运营部应将责任单位、责任人及有关情况报纪委办公室，按有关规定追究相关人员责任；涉嫌违法犯罪的，由纪委办公室移交司法机关处理：

（一）未按本办法规定采取预防、监测与预警措施，导致发生突发事件，或者未采取必要的防范、监控、疏散等应急措施，导致发生次生、衍生事故的；

（二）迟报、瞒报、谎报、漏报有关突发事件信息，或者通报、报送、公布虚假信息，造成严重后果的；

（三）未按本办法规定及时采取措施处置突发事件或者处置、救援不当，造成严重后果的；

（四）未对应急救援器材、设备和物资进行经常性维护、保养，导致发生严重事故或者事故危害扩大的；

（五）违反国家有关法律法规及集团公司规定，应急准备能力明显不足或者应急处置救援响应流程存在严重缺陷，对审核、检查或通报提出的应急管理严重不符合问题不予改正的；

（六）其他导致重大损失或重大影响的情形。

第八章 附　则

第八十八条 本办法由生产运营部负责解释。

第八十九条 本办法自发布之日起执行。《辽河油田公司突发事件应急管理办法》（中油辽字〔2019〕24号）废止。

辽河油田公司风险管理办法

第一章 总　则

第一条 为规范风险管理工作，落实风险管理责任，提高风险管理水平，促进公司稳健发展，依据《中国石油天然气集团公司风险管理办法（试行）》，制定本办法。

第二条 本办法适用于辽河油田分公司、辽河石油勘探局有限公司（以下简称油田公司）及其所属单位、全资公司（以下统称所属单位）的风险管理。

控股公司、实际控制企业通过法定程序执行。

第三条 本办法所称风险，是指可能对油田公司战略及经营目标产生影响的未来不确定性。

（一）按照风险影响的对象不同，风险分为战略风险、经营风险、合规风险和报告风险四大类。

战略风险是指未来的不确定性对战略经营活动愿景和期望值的影响。

经营风险是指未来的不确定性对一定时期生产经营活动预期成果的影响。

合规风险是指未来的不确定性对合规预期的影响。

报告风险是指未来的不确定性对财务报告准确性的影响。

（二）按照风险重要程度及影响范围不同，风险分为业务风险、重大风险和专项风险。

业务风险是指业务运行过程中，影响业务目标实现的风险。

重大风险是指内外部环境变化对生产经营及合规目标实现构成较大影响的风险。

专项风险是指在投资、兼并收购、重组改制、深化改革、解决历史经营债务、信访稳定等重大事项实施及运行过程中，影响预期目标实现的风险。

第四条 本办法所称风险管理是指围绕油田公司战略和经营目标，在生产经营过程中执行风险管理流程，培育风险管理文化，严守合规底线，准确反映运行状况，为实现战略及经营目标提供合理保证的过程。

风险管理主要内容包括建立风险评估基础、风险评估、风险应对、风险报告、风险监督与评价。

第五条 油田公司实行"统一组织、业务主导、分级管理、立体防控"的风险管控机制。

第六条 油田公司风险管理坚持以下原则：

（一）全面性。风险管理覆盖油田公司所有管理领域和业务单元，贯穿战略制定与实施全过程。

（二）持续性。风险管理要求对各类风险持续进行评估分析和管控预警。

（三）关键性。风险管理重点关注高风险领域和重大事项。

（四）一致性。风险管理责任与业务范围和管理权限相一致，谁主管业务，谁控制风险。

第二章 机构及职责

第七条 油田公司内控与风险管理委员会是风险管理的决策机构，负责批准风险管理制度，协调解决风险管理重大问题，审核油田公司年度风险管理报告。

第八条 企管法规部是油田公司风险管理工作的综合管理部门，主要职责是：

（一）负责制订风险管理制度和标准；

（二）负责风险综合信息和风险事件收集分析；

（三）负责建立风险评估程序和方法；

（四）负责组织业务风险评估、应对；

（五）负责组织重大风险评估、应对；

（六）负责组织专项风险评估、应对和程序性审核，指导各业务主管部门和所属单位编制专项风险评估报告；

（七）负责编制油田公司年度风险管理报告；

（八）负责风险监督与评价；

（九）负责风险管理系统的运行维护与应用；

（十）负责组织风险管理培训。

第九条 油田公司各业务主管部门负责本业务领域的风险管理工作，主要职责是：

（一）制定业务风险管理目标，落实风险管理要求；

（二）负责收集分析本业务领域内的风险综合信息和风险事件；

（三）负责开展业务风险评估、应对；

（四）负责本业务领域重大风险评估、应对、预警和监督检查；

（五）负责编写本业务领域风险管理报告；

（六）负责本业务领域的专项风险评估、应对，编写专项风险评估报告；

（七）负责重大经营风险事件报告及整改；

（八）负责本业务领域风险管理培训。

第十条 油田公司所属单位应明确风险综合管理部门，配备专（兼）职人员，开展风险管理工作，主要职责是：

（一）贯彻执行油田公司风险管理制度和标准；

（二）收集分析本单位发生的风险事件并按要求上报；

（三）贯彻落实油田公司年度风险管理报告；

（四）组织开展本单位重大风险的评估、应对、预警和监督检查；

（五）编写本单位年度风险管理报告；

（六）落实专项风险评估、应对要求；

（七）负责本单位风险管理培训。

第十一条 履行机关管理职能的单位，同时履行业务主管部门和所属单位的风险管理职责。

第十二条 油田公司业务主管部门和所属单位应按照保密管理有关规定，履行风险管理相关信息的保密职责。

第三章 建立风险评估基础

第十三条 建立风险评估基础包括收集风险综合信息和风险事件、搭建风险分类框架、制定发生可能性和影响程度标准、确定风险等级标准。

第十四条　风险综合信息是指影响公司战略和经营目标的政治、经济、社会、技术、环境、法规等外部信息，以及组织架构、管控模式、经营策略、业务运营、制度流程等内部信息。

第十五条　风险事件是指发生财务资产、企业声誉、法律纠纷、安全环境、营运管理等方面损失的状况或事故。

第十六条　油田公司业务主管部门和所属单位应收集与本业务领域有关的风险综合信息并及时进行更新，随时收集风险事件并进行分析，于每季度末月20日前报送企管法规部，风险综合信息无变化、未发生风险事件的要进行零报告。

第十七条　企管法规部每季度对发生的风险事件进行汇总分析，编制分析报告，报送集团公司。

第十八条　重大经营风险事件是指在生产经营管理活动中发生的，已造成或可能造成重大资产损失或严重不良影响的各类生产经营管理风险，不包括安全生产、节能减排、环境保护、维稳事件等相关风险事件（附件1）。发生重大经营风险事件，按以下要求报送和管理：

（一）事发单位在事件发生后应立即报告油田公司业务分管领导、主要领导和业务主管部门。

（二）油田公司业务主管部门应立即组织事发单位开展事件调查，对于符合重大经营风险事件认定标准的，在事件发生后12小时内组织形成事件初步调查报告和事件首报表（附件2），经油田公司主要领导审核后，根据重大经营风险事件分类和责任分工情况（附件3），通过专网邮箱上报集团公司业务主管部门、法律和企改部及勘探与生产分公司，同时报送企管法规部。事件初步调查报告内容包括事件发生的时间、地点、现状以及可能造成的损失或影响，向油田公司党委会报告情况，以及采取的紧急应对措施等情况。

（三）特别紧急的重大经营风险事件，油田公司业务主管部门应第一时间电话上报集团公司业务主管部门、法律和企改部及勘探与生产分公司，同时电话通知企管法规部，并填制电话记录单（附件4）；事件发生后12小时内形成事件初步调查报告和事件首报表，并按（二）规定的程序报送。

（四）油田公司业务主管部门应组织事发单位，在事件发生后2个工作日内按要求编制形成事件调查分析报告和事件续报表（附件5），经油田公司主要领导审核后，通过专网邮箱上报集团公司业务主管部门、法律和企改部及勘探与生产分公司，同时报送企管法规部。事件调查分析报告内容包括事发单位基本情况、事件起因和性质、基本过程、发展趋势判断、风险应对处置方案、对事件可能造成或已经造成的损失或影响核实情况、面临问题和困难及建议等。

（五）需要长期应对处置或整改落实的重大经营风险事件，油田公司业务主管部门应组织事发单位，在事件发生重大变化时和季度完结后5个工作日内，按要求编制形成事件整改监测报告和事件跟踪监测表（附件6），经油田公司主要领导审核后，通过专网邮箱上报集团公司业务主管部门、法律和企改部及勘探与生产分公司，同时报送企管法规部。事件整改监测报告内容包括处置进展、可能或已经造成的损失及影响、下一步应对措施。

（六）重大经营风险事件处置或整改工作完成后，油田公司业务主管部门应组织事发单位开展事件总结，在事件处置或整改工作结束后3个工作日内，完成事件专项整改报告，经油田公司党委会审议通过后，通过专网邮箱上报集团公司业务主管部门、法律和企改部及勘探与生产分公司，同时报送企管法规部。事件专项整改报告内容包括事件基本情况、油田公司党委会审议情况、已采取的措施及结果、涉及的金额及造成的损失及影响、存在的主要问题和困难及原因分析、问题整改情况等。涉及违规违纪违法问题的应当一并报告问责情况。

第十九条　风险分类框架是将风险按照发生来源、具体表现、产生影响等共同属性或特征，细化为不同小类、不同层级的具体风险，并进行排列组合形成的风险集合。

企管法规部编制油田公司风险分类框架，所属单位根据管理需要，对风险分类框架进行细化，形成适应本单位业务实际的风险分类框架。

第二十条　风险发生的可能性是指风险事件发生的几率或必然程度；风险发生的影响程度是指风险事件发生的后果影响相应目标实现的程度。

企管法规部依据集团公司《风险分类分级规范》，结合生产经营实际和风险承受能力，制定油田公司风险发生可能性及影响程度标准。所属单位应依据油田公司标准，结合本单位风险承受能力，制定本单位适用的标准。

第二十一条　风险分为低度、较低、中度、高度、极高5个等级，高度及以上的风险为重大风险。

第二十二条　企管法规部结合内外部环境变化，组织相关部门和单位动态完善辽河油田公司风险分类框架、风险发生可能性及影响程度标准、风险等级标准，并于年初公开发布，作为风险评估的依据。

第四章　风险评估

第二十三条　风险评估是指通过收集风险综合信息和风险事件，分析影响公司战略和经营目标的不确定性因素，运用风险评估标准和工具，对各类风险进行识别、分析和评价的过程。风险评估分为业务风险评估、重大风险评估和专项风险评估。

第二十四条　业务主管部门应按年度开展业务风险评估。内外部环境发生变化符合下列情形之一时，应当立即开展业务风险评估：

（一）政府监管部门、集团公司或管理层提出要求；

（二）组建新单位、启动新业务、原有业务的管理要求和环境政策发生重大及实质性变化；

（三）相关业务领域或单位发生重大风险事件；

（四）相关业务领域或单位适用的法律法规、规章制度等合规规范发生变化；

（五）发生其他应当进行风险评估情形。

第二十五条　业务风险评估按照以下程序和要求进行：

（一）依据油田公司对本部门的绩效要求和关键绩效指标（KPI），确定本部门中长期及年度工作目标，作为业务风险评估的基础和依据。

（二）根据风险综合信息和风险事件，对风险分类框架中具体风险逐项识别影响目标实现的可能性，填制《业务风险识别结果汇总表》（附件7），经部门主管领导审核后，报送企管法规部。

（三）按照风险发生可能性和影响程度开展定量分析评价，确定风险等级，并通过风险管理信息系统报送企管法规部。

（四）应遵循全面性、重要性原则，按照评估规范，选用科学的方法对风险开展评估，其中合规风险评估应围绕业务运行过程中企业和员工偏离合规规范要求的不确定性开展，法律风险评估应明确风险源点、法律后果及法律依据。

（五）应单独或组合使用基准化分析法、问卷调查表法、检查表法、流程图分析法、事件分析法、头脑风暴法、财务报表分析法、事故树分析法、情景分析法等进行评估（附件8）。

（六）年度业务风险评估按油田公司统一安排进行，各业务主管部门应按时提交评估结果；内外部环境发生变化应在次月将评估结果报送企管法规部。

第二十六条　根据业务风险评估结果，企管法规部组织开展油田公司重大风险评估。重大风险评估按照以下程序和要求进行：

（一）企管法规部汇总整理各业务主管部门评估出的高度及以上风险并进行排序。

（二）运用风险评估方法对以上风险进行甄别和分析，对分散在不同领域的同类风险进行整合，统一风险类别和层级，形成重大风险评估基础表。

（三）确定评估重大风险的人员范围和权重，评估人员包括公司主要领导、主管领导、副总师、业务主管部门负责人、所属单位党政主要领导等，科学确定权重分配。

（四）参与重大风险评估的人员，结合公司战略定位、年度目标、未来规划等开展风险分析评价。

（五）企管法规部收集风险评估结果，汇总整理形成油田公司层面年度重大风险，并上报集团公司。

第二十七条　所属单位应参照公司业务风险评估和重大风险评估程序，开展本单位风险评估工作。

第二十八条　根据管理需要，油田公司对历史经营债务、深化改革、重大投资项目、信访稳定等开展专项风险评估。评估方法和程序参照业务风险评估、重大风险评估和相关专项风险评估指南执行。对于列入集团公司（股份公司）一、二类投资项目，项目建设单位必须严格开展风险评估工作。

第五章　风险应对

第二十九条　风险应对是指根据油田公司内部和外部条件，选择应对策略，有效化解、减轻或转移风险可能造成的影响。

第三十条　风险应对包括应对责任、管控目标、应对措施、日常管控和风险预警。

第三十一条　油田公司年度重大风险应对：

（一）业务主管部门是风险应对的主责部门，油田公司分管领导是风险应对的第一责任人。主责部门应根据风险构成和影响程度确定辅责部门的应对责任权重。

（二）主责部门应结合国家及地方政府管控要求、集团公司管理标准、油田公司生产及经营目标等，确定风险管控目标。

（三）辅责部门应结合本职工作和应对责任权重，制定应对措施并提交主责部门。主责部门根据辅责部门的应对措施和风险管控总体需要，编制形成风险应对方案。

（四）主责部门对风险发展和变化情况进行全程监测，严格执行应对方案，最大限度降低风险发生可能性。当内外部环境发生变化时，主责部门应及时组织调整风险应对方案。辅责部门应严格执行应对方案，发现异常及时通报主责部门。

主责部门每月向第一责任人汇报风险监测情况；每季度填制《重大风险季度跟踪监测表》（附件9），于季末月20日前报送企管法规部。第一责任人应全面掌握风险应对现状、协调解决风险应对中存在的重大问题。

（五）主责部门按照风险管控目标，科学选择风险预警指标，合理设置预警区间，确定预警等级及阈值，制定触发预警阈值后的应急措施。

触发预警阈值，主责部门应立即向风险第一责任人汇报，并发布预警，预警形式包括提出管控建议、出具风险提示函、风险警示意见书等。

主责部门应组织辅责部门和相关单位召开对策研讨会，启动应急措施，同时紧密跟踪措施的实施效果和风险发展变化。发生突发事件应按照油田公司应急预案管理办法要求立即启动应急预案。

第三十二条　业务主管部门是业务风险的主责部门，部门负责人是风险控制的第一责任人，油田公司分管领导是专项风险的第一责任人。业务风险和专项风险应对按照年度重大风险应对程序执行，可适当简化。

第三十三条　所属单位应按照公司年度重大风险的应对程序，确定各项风险的责任部门和责任人，做好风险应对。

第六章　风险报告

第三十四条　风险报告是指全面反映风险管理情况和管控结果的报告。主要内容包括风险管理工作开展情况，年度重大风险管控情况、存在的问题及改进方向，下一年度重大风险评估结果、重大风险管控目标、重大风险监督计划，专项风险管理情况，合规与内控管理情况。

第三十五条　年度风险管理报告编制要求如下：

（一）全面反映各业务领域的经营管理情况、生产经营环境、政策变化、风险评估结果、风险应对方案和监督检查情况；

（二）合规管理的相关内容应按照合规报告要求执行；

（三）内控管理的相关内容应符合内部控制有效性评价要求；

（四）年度合规报告、年度内控有效性自我评价报告不再单独出具。

第三十六条　各业务领域年度风险管理报告由业务主管部门组织编制，经本部门行政正职审核通过后，报送企管法规部，与油田公司年度风险管理报告一并发布。

第三十七条　各单位年度风险管理报告由本单位风险综合管理部门组织编制，履行本单位集体审议程序后，报送企管法规部，与油田公司年度风管理报告一并发布。

第三十八条　油田公司年度风险管理报告由企管法规部组织编制，经内控与风险管理委员会审核、党委会审议、职工代表大会审定后，上报集团公司备案，并在油田公司范围内发布。

第七章　风险监督与评价

第三十九条　企管法规部对业务主管部门和所属单位风险管理工作，开展的定期或不定期监督检查。主要检查内容包括风险管理机构与职责的落实、风险综合信息和风险事件收集情况、风险评估开展情况、风险应对方案的执行情况、风险预警的及时性和有效性、风险管理成效等。

第四十条　企管法规部制定风险监督年度计划，明确监督范围和内容，并按计划组织实施。风险监督可与业务检查、审计、巡察和内控测试等监督工作结合，也可单独开展。

第四十一条　风险管理评价是指按照统一的程序、方法和标准，对各业务主管部门和所属单位的风险管理工作开展情况、质量和效果进行综合评定，评价内容包括：

（一）履行风险管理职责情况；

（二）风险管理培训和宣贯情况；

（三）风险事件报告及分析情况；

（四）重大经营风险事件管理情况；

（五）投资项目风险评估与程序性审核情况；

（六）年度重大风险评估、应对及风险管理报告编制与上报情况；

（七）风险管理信息系统应用情况；

（八）其他专项工作落实情况。

第四十二条　对承担公司重大风险管理责任的业务主管部门，评价内容还包括：

（一）管控目标、预警指标制定的科学性和合理性；

（二）管控目标的达标情况；

（三）风险解决方案的执行情况；

（四）风险预警的及时性，应对措施的有效性；

（五）发生重大风险事件造成的损失和影响程度。

第四十三条　评价采取定量评价和定性评价相结合的方法。定量评价是对风险管理情况按照统一的标准进行评分。定性评价是根据评分结果做出定性评价结论。企管法规部根据业务实际编制风险管理评价标准，每年结合年度工作安排对具体内容进行调整并公示。

第四十四条　风险监督及评价结果纳入内控与风险管理评先选优；重大风险管理评价结果纳入机关部门综合考核。

第四十五条　未按照本办法规定执行，有涉嫌违纪、职务违法、职务犯罪的，相关问题线索移交纪委办公室处置。

第八章　附　则

第四十六条　本办法由企管法规部负责解释。

第四十七条　本办法自印发之日起施行。

辽河油田公司钻井工程管理办法

第一章　总　则

第一条　为规范钻井工程管理，满足油田勘探开发需要，保障钻井工程质量，促进钻井技术提高，根据集团公司、股份公司相关规定及要求，制定本办法。

第二条　本办法适用于辽河油田分公司、辽河石油勘探局（以下简称油田公司）及其所属单位的钻井工程管理。

第三条　本办法所称的钻井工程（包含侧钻井）管理，包括钻井技术、承包商、工程方案和设计、施工、井控、监督、质量、物资、资料等管理工作。

本办法所称钻井承包商是指为油田公司提供钻井工程服务的企业。

第四条 钻井工程管理应以保障钻井安全、提高钻完井质量、提升钻井速度为主要目的，并充分考虑油气层保护、后期注采作业及增产措施需要。

第二章 组织机构及职责

第五条 钻采工程技术部是油田公司钻井工程业务归口管理部门，履行以下主要职责：

（一）贯彻执行集团公司、股份公司有关钻井工程管理制度；

（二）负责制定油田公司钻井工程制度、操作规程、技术规范与标准；

（三）负责钻井工程方案、设计和相关施工方案的管理；

（四）负责钻井工程过程监督和监督队伍的管理；

（五）负责钻井工程现场验收、质量评审和质量责任界定管理；

（六）负责钻井工程井控培训、检查和装备等管理，参与钻井井控险情处置；

（七）负责钻井工程技术指标对标管理和信息化建设；

（八）负责钻井承包商、钻井专业技术及配套服务公司、钻井相关的工具、设备、材料的资质和技术准入管理；

（九）负责钻井工程甲供物资技术管理；

（十）负责钻井工程技术论证、审核和"四新"技术的试验、认定、推广；

（十一）负责钻井过程中测井、录井、取心、防砂和试油技术服务的管理；

（十二）负责钻井工程重大项目的组织及验收管理。

第六条 油田公司各业务部门按照"业务主导、分工负责、协同配合"的原则，参与钻井工程相关环节的管理工作，其中：

（一）规划计划部负责钻井工程相关投资计划管理；

（二）党委组织部（人事部）负责钻井施工队伍人员资质的审查；

（三）生产运营部负责钻机调配及钻机日常运行管理；

（四）质量健康安全环保部负责钻井工程安全生产、环境保护和井筒质量检查管理；

（五）设备管理部负责钻井相关设备的资质审查；

（六）企管法规部负责钻井工程及服务市场运行管理、钻井工程合同管理；

（七）数字与信息化管理部负责组织钻井信息系统的建设及运维技术支持工作；

（八）物资管理部负责钻井甲供物资采购管理；

（九）档案馆负责钻井相关资料的存档管理。

第七条 油田公司相关所属单位在业务范围内参与钻井工程管理，其中：

（一）油气生产单位（以下统称建设单位）是钻井工程的责任主体，负责工程设计、征地、建设、施工、专业技术服务、工程验收、安全环保等钻井内容的组织实施和工程结算；

（二）钻采工艺研究院负责钻井工程科研技术攻关、工程方案编制等技术支持工作；

（三）经济技术研究院负责钻井工程项目概算、招投标标底审核管理；

（四）物资公司负责钻井工程甲供物资的集中采购、仓储及供应；

（五）安全环保技术监督中心负责钻井工程质量巡查监督。

第三章 钻井承包商管理

第八条 钻井承包商管理按照集团公司和油田公司承包商管理相关规定执行。

第九条 油田公司钻井承包商管理实行资质押证和专业化公司、第三方承包商技术审查制度，钻采工程技术部定期发布钻井资质押证和专业化公司、第三方承包商技术审查结果。

（一）由集团公司颁发资质的钻井承包商应在钻采工程技术部办理资质押证；

（二）通过钻探企业、中油测井等专业化公司及进入油田市场的第三方钻井承包商应在钻采工程技术部办理技术审查。

建设单位不得使用审查结果以外钻井承包商。

第十条 钻采工程技术部定期组织建设单位对钻井承包商实施综合考核,考核结果作为下一年度钻井工作量分配和钻井工程技术服务选商依据。

第四章 钻井工程方案和设计管理

第十一条 设计单位应遵循"先进适用、经济可行、安全可靠"的原则开展钻井工程方案和设计的编制。

第十二条 油田公司钻井工程方案和设计实行委托制。建设单位向设计单位同时提交钻井工程方案和设计的委托书及钻井地质设计。

第十三条 钻井工程方案和设计实行分级审批制。根据井别、井型、风险级别等进行分级审批。

第十四条 因地质、工程或安全环保等因素需要进行变更时,应履行设计变更程序。

第十五条 钻井工程方案和设计具体要求按照《辽河油田公司钻井工程方案和设计管理细则》规定执行。

第五章 钻井工程施工管理

第一节 钻前工程

第十六条 钻前工程是指钻井施工前期各项准备工作,包括油地协调、土地征用、井位测量以及井场、道路、井架基础、供电等建设作业。

第十七条 井场位置和道路选定应遵循节投资、利环保、便协调、合规划的原则,在满足安全环保管理要求前提下,充分考虑地下井位位置、平台丛式井规划等,尽可能降低钻井施工难度。

第十八条 建设单位组织现场勘察和井位测量时应确定好地面标高(井场完全建好后的地面高度)。

第十九条 钻井工程开钻前应具备以下条件方可施工:

(一)取得地方环保部门的环评批复,允许实施钻井施工;

(二)钻井投资计划或临时计划(便函)已经下达,建设单位与钻井承包商签订完钻井工程合同;

(三)钻井工程设计通过审批后,钻井承包商及相关钻井专业技术及配套服务公司完成相关施工方案,并报建设单位备案;

(四)建设单位钻井管理部门确认钻井工程物资供应充足,特别是钻井甲供物资准备妥当;

(五)建设单位钻井管理部门按相关标准和规定组织开钻验收合格,并签署书面验收意见;

(六)建设单位组织各施工方完成钻前技术交底。

第二节 施工过程

第二十条 开钻验收:重点井,建设单位组织监督单位、现场施工单位进行现场联合验收;普通井,监督单位组织现场施工单位进行现场联合验收。

第二十一条 现场施工管理要求:

(一)钻井施工过程中执行相关标准和规范、集团公司、股份公司和油田公司相关规定和要求,按照钻井工程设计、施工方案和钻井工程合同要求进行施工;

(二)为保证钻井施工安全和井筒质量,建设单位应按钻井工程设计要求,对影响钻井施工的注入井(注水、注气、注汽等)采取停注、泄压措施;

(三)钻井液体系和性能指标应符合钻井工程设计要求。建设单位和钻井监督应加强对钻井液性能的检查和现场材料抽查,使其满足井壁稳定和携岩等要求,并实现对油气层的有效保护;

(四)下套管、固井等重点工序实施前,建设单位组织现场协作会,安排部署注意事项,并要求施工单位做好工作记录。重点井的重点工序施工前由钻采工程技术部组织建设、施工、技术服务等单位召开施工协作会,论证下步方案;

(五)下套管作业前钻井施工单位与钻井监督应对套管及套管附件进行逐一检查,钻井施工单位应对套管进行编号、逐根丈量、清洗及通径,钻井监督和钻井队技术员做好套管数据复核工作。套管附件、工具、套管螺纹密封脂等应具备质量检测报告、出厂检验合格证及使用说明书等证明材料;

(六)下套管专业服务队伍应使用专用套管钳

进行下套管作业，记录上扣扭矩并存档备查，严禁使用钻杆钳进行套管上扣。上扣操作严格按照钻井工程设计及其推荐的标准执行。特殊工具附件、套管头等工具设备的安装应由其供应商进行现场技术服务；

（七）N80钢级以上石油专用套管严禁电焊焊接。特殊情况下，若需对N80及以下钢级石油专用套管焊接，应履行相关动火审批手续，焊接时要由专业人员按相关规定进行热处理；

（八）固井注水泥施工前应进行水泥浆性能抽样检测。固井作业应加强施工参数的采集分析，施工参数应达到固井施工方案要求。固井作业完成后，候凝时间要符合相关规定，并按钻井设计要求进行套管柱试压，施工单位应编制固井施工总结报告交建设单位备案；

（九）完井后按照设计及相关标准规范安装井口及采油树，安装完成后按标准进行压力测试。

第二十二条　发生钻井故障与井控事件后，钻井监督应在第一时间向建设单位汇报，建设单位在故障/事件发生8小时内向钻采工程技术部汇报。建设单位应与施工单位共同研究在两天内形成故障/事件书面报告，并报至钻采工程技术部备案。

第二十三条　钻井施工中产生的钻井废液与钻屑全面实行不落地处理，建设单位应对处理过程进行监督验收，确保满足环保要求。

第二十四条　建设单位委托外部单位开展泥浆不落地工作的，应向钻采工程技术部进行备案后方可实施。钻采工程技术部应定期掌握泥浆不落地处理工作情况并及时备案。

第三节　现场交井验收

第二十五条　建设单位（包括安全环保、作业、采油管理等相关部门）应组织钻井监督、钻井承包商、套管头供应商、试压单位进行现场验收，验收内容如下：

（一）套管试压情况；

（二）套管头安装质量、倾斜度、高度；

（三）现场安全与环保情况。

第二十六条　验收完毕后，参与验收的单位共同填写《钻井工程现场验收单》，并由建设单位签署现场验收意见。

第二十七条　验收不合格的，建设单位责成施工单位进行整改，整改后重新组织验收。

对于无法整改或整改后仍然存在问题并且可能对油井后期生产造成影响的，按油田公司相关规定进行处理，情况严重的可拒绝接井。

第六章　钻井井控管理

第二十八条　钻井井控管理包括井控风险识别、井控设计管理、井控装置安装和试压、钻开油气层前准备、井控作业、井喷失控处理、井控管理制度等内容，具体按照《辽河油田公司钻井井控实施细则》执行。

第二十九条　钻井井控实行分级责任制管理。对油井风险进行井控分级，对施工队伍进行井控能力分级，明确不同风险井管控级别和责任界面。

第三十条　发生钻井井喷险情应逐级汇报，并按照《钻井井喷突发事件专项应急预案》启动预警程序，依据事件情况启动应急响应，钻井承包商同步启动应急预案。

第七章　钻井监督管理

第三十一条　建设单位应通过油田公司钻井监督单位聘用钻井监督。

建设单位在开钻前7天将钻井监督需求告知监督单位，完井后对钻井监督工作进行单井考核。

第三十二条　原则上所有钻井施工应配备驻井监督，出现工作量饱满、现场钻井监督人员不足等情况的，经钻采工程技术部审批，可进行巡井监督。

一、二级井控风险井的钻井监督应经钻采工程技术部审批方可开展。

第三十三条　派驻现场的钻井监督应持有有效的股份公司钻井监督证、井控证及HSE证（海上钻井监督须持有四小证）。

第三十四条　钻井监督实行动态分级管理，钻采工程技术部每年组织开展一次钻井监督分级。

第三十五条　监督单位每季度对钻井监督进行

综合考核，并报钻采工程技术部备案，钻采工程技术部组织钻井监督进行年度考核，考核结果作为聘任、晋级、降级、解聘的依据。

第八章　钻井工程质量管理

第三十六条　油田公司钻井工程质量实行统一管理、分级负责，并按《辽河油田公司井筒质量管理办法》要求执行。

第三十七条　钻井工程质量包括井身质量、固井质量、取心质量、井口质量等内容。对于有特殊要求的井，钻井工程质量按照钻井工程合同的要求执行。

第三十八条　油田公司实行钻井工程质量终身责任制，建设单位是工程质量责任主体，各建设单位可根据自身情况制定厂处级钻井工程质量管理要求。

第三十九条　建设单位在与施工单位签订合同时，应约定质量保证条款。钻井工程在保证期限内发生质量问题的，建设单位应根据约定内容对相关方进行责任追究和损失赔偿。

第九章　钻井工程物资管理

第四十条　钻井工程物资管理是指对钻井工程所使用物资的管理，包括甲供物资和乙供物资的大宗物资材料管理。

（一）甲供物资主要包括钻井专用套管、筛管、套管头以及油田公司要求的其他材料；

（二）乙供物资主要包括钻头、钻井液材料、屏蔽暂堵材料、固井水泥及外加剂等材料。

第四十一条　对于与油气井寿命、质量直接相关的主要甲供物资（如特种套管、套管头），相关供应商应与钻采工程技术部签订技术协议，凡未签订技术服务协议的产品一律不得进入油田公司钻井市场。

第四十二条　建设单位钻井管理部门依据井位部署情况编制本单位甲供物资需求计划，上报钻采工程技术部。采购需求计划应充分考虑供货周期因素，原则上须提前三个月上报。钻采工程技术部依据甲供物资采购需求计划和实际使用情况，对建设单位进行季度、年度考核。

第四十三条　钻采工程技术部对各建设单位需求计划进行审核、汇总，结合物资公司库存情况，编制油田公司钻井甲供物资分批需求计划，报物资公司按照规定流程进行采购。

第四十四条　石油专用套管、筛管由建设单位依据钻井工程设计向物资公司直接领取。套管头供应商的选定应经钻采工程技术部和物资管理部认可后实施。

第四十五条　为维持钻井甲供物资库存的动态平衡，保证钻井工程的连续性，钻采工程技术部和物资管理部可根据钻井生产动态调整情况，依照相关技术标准和规定对钻井甲供物资进行调剂使用。在甲供物资无法满足钻井正常运行的情况下，可按照物资管理相关要求实行乙方供料。

第四十六条　钻井施工中所使用的物料要有明确的技术标准、出厂检验合格证、准入资格和油田公司认可的质量检测机构出具的检测报告等证明材料。建设单位钻井管理部门及钻井监督负责对钻井工程物资进行检查验收，发现证明材料不全的物料及时上报钻采工程技术部。

第四十七条　油田公司对乙供物资开展质量抽查，建设单位对所有钻井物资技术资料进行备案。

第四十八条　对造成钻井工程故障或影响钻井生产的物料，由钻采工程技术部组织进行质量调查、原因分析及确定最终处理意见。

第十章　钻井资料管理

第四十九条　完井资料主要包括：钻井井史、各次固井施工方案及总结、钻井技术总结、复杂情况与故障处理总结、工程录井资料、固井水泥胶结测井资料、完井验收单等。

第五十条　建设单位应在完井后的5个工作日内收集施工信息、技术参数、钻井井史等相关资料。

第五十一条　完井后一个月内，建设单位应将钻井井史、钻井监督报告等资料交至油田公司档案馆存档。

第五十二条　建设单位定期向钻采工程技术部上报钻井工程月报、季报、年报。

监督单位定期向钻采工程技术部上报工程监督月报、季报、年报以及复杂深井、特殊工艺井等钻井动态报表。

第十一章　附　则

第五十三条　本办法由钻采工程技术部负责解释。

第五十四条　本办法自印发之日起施行，《辽河油田公司钻井及完井工程管理办法》（中油辽字〔2013〕146号）、《辽河油田公司钻井工程甲方供料管理暂行规定》（中油辽字〔2016〕193号）同时废止。

辽河油田公司承包（服务）商管理办法（试行）

第一章　总　则

第一条　为加强辽河油田公司承包（服务）商管理，统筹承包（服务）商资源，规范市场秩序，根据国家相关法律法规，以及《中国石油天然气集团有限公司工程建设承包商管理办法》等相关制度，制定本办法。

第二条　本办法适用于辽河油田分公司、辽河石油勘探局有限公司（以下统称油田公司）及其所属单位的承包（服务）商管理。

控股公司、实际控制企业通过法定程序执行本办法。

境外项目的承包（服务）商管理按集团公司相关规定及所在国法律规定执行；对外合作项目承包（服务）商管理按合同约定执行。

第三条　本办法所称承包商是指提供工程总承包、咨询、勘察、设计、施工、监理、无损检测、项目管理及其相关项目分包等服务的工程建设企业。

本办法所称服务商是指除物资供应商和承包商外为油田公司提供相关服务的企业。

第四条　油田公司承包（服务）商管理遵循以下原则：

（一）统一管理、分级负责；

（二）公开资审、择优准入；

（三）动态管理、优胜劣汰。

第五条　油田公司承包（服务）商管理实行"谁发包、谁监管，谁引进、谁负责，谁使用、谁负责，谁的属地谁负责"的责任机制。

第六条　油田公司油区外收入性支出项目的承包商管理，由所属单位按照相关国家法律法规、集团公司（股份公司）、油田公司有关规定和合同约定自行管理。

第二章　组织机构与职责

第七条　油田公司成立承包（服务）商管理委员会，是承包（服务）商管理的决策机构。主任由油田公司总经理担任，副主任由油田公司承包（服务）商主管领导担任，委员由相关部门负责人组成，主要履行以下职责：

（一）贯彻落实集团（股份）公司承包（服务）商管理制度；

（二）安排部署承包（服务）商管理工作；

（三）负责审定专业管理部门分工；

（四）审议决定承包（服务）商管理工作中的重大事项。

第八条　承包（服务）商管理委员会办公室（以下简称管理办公室）设在企管法规部，办公室主任由企管法规部主任担任，是承包（服务）商综合管理部门，主要履行以下职责：

（一）负责制定油田公司承包（服务）商管理制度并组织实施；

（二）负责组织落实承包（服务）商管理委员会的决策部署；

（三）负责建设和管理油田公司承包（服务）商资源库；

（四）负责承包（服务）商入库管理；

（五）负责承包（服务）商管理信息的收集统计等工作；

（六）负责统一发布承包（服务）商管理信息；

（七）负责受理承包（服务）商管理相关异议、投诉；

（八）负责指导、监督、考核各专业市场管理部门承包（服务）商管理工作；

（九）完成承包（服务）商管理委员会交办的其他工作。

第九条　油田公司承包（服务）商专业管理部门（以下称专业管理部门）是承包（服务）商准入、考核评价管理的责任主体，主要履行以下职责：

（一）负责落实承包（服务）商管理委员会部署，安排本专业的承包（服务）商管理工作；

（二）负责组织制定本专业承包（服务）商管理实施细则；

（三）负责拟定本专业承包（服务）商准入方式、编制资格评审方案，组织相关部门进行方案审定；

（四）负责组织本专业承包（服务）商准入、考核评价管理工作及相关资料的归档和保管；

（五）负责组织对本专业承包（服务）商准入、考核评价过程中异议和投诉的调查；

（六）负责向管理办公室报备集团公司专项服务商管理的相关文件和信息；

（七）负责向承包（服务）商管理委员会报告本专业承包（服务）商管理工作开展情况。

第十条　油田公司业务主管部门是承包（服务）商直线管理的责任主体，主要履行以下职责：

（一）负责落实承包（服务）商管理委员会的各项安排部署；

（二）负责指导、检查、监督所属单位承包（服务）商使用过程管理；

（三）参与承包（服务）商的考核评价；

（四）负责组织承包（服务）商使用过程中存在问题的调查；

（五）负责提出本部门项目标准化目录，确定项目实施的质量技术要求、资质能力标准和项目允许分包的范围和要求；

（六）负责参与承包（服务）商资格评审方案的编制及审定；

（七）负责收集、汇总并向管理办公室报送承包（服务）商管理信息。

第十一条　质量健康安全环保部是油田公司承包（服务）商 QHSE 综合监督管理部门，主要履行以下职责：

（一）负责组织制定承包（服务）商 QHSE 管理制度；

（二）负责承包（服务）商资格评审方案中 QHSE 标准的审核、参与准入评审、考核评价；

（三）负责承包（服务）商在合同履行过程中发生 QHSE 问题的调查处理；

（四）负责组织承包（服务）商关键岗位人员 QHSE 培训；

（五）完成承包（服务）商管理委员会安排的其他工作。

第十二条　安全环保技术监督中心负责承包（服务）商使用过程中的 QHSE 监督工作，参与承包（服务）商考核评价工作。

第十三条　油田公司招标管理部门负责向管理办公室报送招标选商结果。

第十四条　油田公司审计、纪检、资本运营等部门按职责分工履行相应的职能。

第十五条　所属单位是属地承包（服务）商管理的责任主体，主要职责是：

（一）负责贯彻落实油田公司承包（服务）商管理制度；

（二）负责按照油田公司相关规定选择、使用承包（服务）商；

（三）负责承包（服务）商使用过程监督、考核评价等；

（四）负责定期向业务管理部门报送承包（服务）商管理信息；

（五）负责本单位承包（服务）商 QHSE 管理；

（六）完成油田公司承包（服务）商管理安排的其他工作。

第三章　准入及选择管理

第十六条　油田公司实行承包（服务）商资源库管理，其中承包商使用集团公司承包商资源库，服务商使用油田公司服务商资源库。

第十七条　承包（服务）商申请进入资源库的应满足以下基本条件：

（一）承包商应具有独立法人资格；服务商应为具有有效营业执照的独立法人或其他组织；

（二）具有国家相关部门颁发的有效的资质证书和许可证书；

（三）建立与本专业相对应的质量、职业健康安全环境管理制度或体系，且运行有效；

（四）近三年内未发生较大及以上安全生产事故、环境事件和质量事故；

（五）具有与资质等级相适应的生产经营能力、有效业绩及良好的诚信合规表现。

第十八条　油田公司承包（服务）商实行专业化管理，根据《辽河油田公司工程及服务项目标准化目录》（以下简称《标准化目录》）由管理办公室提出承包（服务）商专业管理部门及管理范围，报承包（服务）商管理委员会批准后发布（附件1）。

第一节　承包商准入及选择

第十九条　集团公司建立统一的承包商资源库，下设承包商短名单子库，实行资源共享、集中管理。公开招标的工程项目应面向承包商资源库招标选商；非公开招标的工程项目应在短名单子库中选商。

第二十条　承包商申请加入集团公司承包商资源库的程序如下：

（一）承包商自行在中石油电子招标投标平台上报名、注册；

（二）集团公司组织评审专家进行承包商公开招标资格评审；

（三）通过资格评审的承包商进入资源库。

第二十一条　承包商短名单子库由油田公司从承包商资源库中选择推荐，推荐的条件是：

（一）技术和服务水平在行业或专业领域处于先进地位，市场表现优良；

（二）在工程质量、合同履约、售后服务、职业健康、安全与环保、履行社会责任等方面具有良好的能力和声誉，具有不断创新、有效管控和可持续发展能力；

（三）具有有效的质量管理体系、职业健康安全管理体系、环境管理体系认证证书；

（四）按照集团公司相关要求，通过集团公司或所属企业组织的外部承包商关键岗位人员QHSE培训，且培训合格证书在有效期内；

（五）具备近2年与所申请专业类别相对应的中石油有效业绩。

第二十二条　油田公司推荐承包商进入短名单子库的程序如下：

（一）专业管理部门根据推荐条件和名额数量拟定初选名单；

（二）承包（服务）商管理委员会对入库名单进行审定；

（三）审定结果由管理办公室上报集团公司。

第二十三条　因具有特殊施工工艺、不可替代专利或专有技术要求，国家涉密项目、应急抢险项目，承包商短名单子库满足不了选商需求的，所属单位可提出一次性选商申请，经专业管理部门审核，报油田公司业务主管领导审批，其中500万元及以上的建设工程施工项目应经承包（服务）商管理委员会批准，由管理办公室办理入库（附件2）。

第二十四条　根据集团公司承包商资源库、短名单子库建设进程，油田公司承包商准入管理遵循以下原则：

（一）集团公司承包商资源库、短名单子库已建成的工程建设类别，招标项目应面向资源库招标；非招标项目面向短名单子库中选商；

（二）集团公司承包商资源库建设完成，但短名单子库尚未完成建设的工程建设类别，油田公司招标项目应面向资源库内招标选商，非招标项目应面向资源库内谈判选商；

（三）集团公司承包商资源库、短名单子库尚未建成，油田公司自行建立油田公司承包商资源库，建设方式及使用按照服务商管理方式。

第二节 服务商准入及选择

第二十五条 集团公司建有专项服务商库的，应按照集团公司有关规定从集团公司服务商库中选择服务商。

第二十六条 油田公司建立统一的服务商资源库，通过油田公司市场交易平台实现服务商选择、使用、考核评价等管理。

第二十七条 服务商的准入方式分为招标、公开量化资格评审和公开谈判选商准入。

第二十八条 招标准入方式分为一单一招、框架协议招标、批量集中招标和公开招标资格评审。中标结果由招标管理部门 2 日内报送至管理办公室备案入库。

第二十九条 公开招标资格评审按以下程序实施：

（一）编制公开招标资格评审方案：专业管理部门根据《标准化目录》及标准文本要求组织编制公开招标资格评审方案；

（二）方案审定：招标管理部门负责组织法律、专业管理、质量健康安全环保、承包商综合管理等部门对招标方案进行审定，并交由招标中心组织实施；

（三）组织实施：招标中心应按照招标方案负责公开招标资格评审组织实施，对中标候选人进行公示，公示期不少于 3 日。公示期间服务商有异议的，由招标中心及专业管理部门组织核实；

（四）确定中标人：公示期满无异议，由专业管理部门确定中标人，报招标管理部门审批，由招标中心进行中标结果公告。

第三十条 不适用公开招标资格评审方式选商的项目，由专业管理部门在"中国石油招标投标网"发布公开量化资格评审公告公开选商，且公告期不少于 5 日。

专业管理部门应根据《标准化目录》组织评审，程序如下：

（一）制定公开量化资格评审方案：专业管理部门根据项目类别及标准文本要求组织制定评审方案报管理办公室核准备案；

（二）发布公告：通过审定的评审方案由专业管理部门在"中国石油招标投标网"发布该项目公开量化资格评审公告；

（三）接收评审资料：服务商应按照评审公告要求，在提交截止日期前，将电子评审资料上传至市场交易平台或将密封的纸质评审资料送达评审地点，由专业管理部门接收；

（四）量化评审：专业管理部门组织评审小组进行评审，评审小组由专业管理部门、质量健康安全环保部、企管法规部组成。评审开始前，在评审小组全体人员的监督下解封评审资料。其中专业管理部门负责专项资质及技术水平、业务能力审查；质量健康安全环保部负责 QHSE 专项资质和能力审查；企管法规部负责法定证照、履约能力、业绩评价、合规表现审查。评审过程中应采取必要措施，防止评审过程中信息泄露，保证评审过程的公平、公正；

（五）确定准入拟选服务商：专业管理部门根据评审结果确定准入拟选服务商，并对拟选服务商在"中国石油招标投标网"进行公示，公示期不少于 3 日。公示期间服务商有异议、投诉的，专业管理部门应组织核实、处理；

（六）入库：通过公示的服务商，专业管理部门将服务商名单报送至管理办公室，录入油田公司服务商库。

第三十一条 需进行现场考察的服务商，由各专业管理部门组织考察小组对其资质能力、人员能力、设备配备、制度建设、体系建设等进行现场考察，核实评标文件、评审资料等相关事项，考察不合格的，取消该服务商中标、准入资格，并按相关规定予以处理。

第三十二条 招标的服务项目应面向社会招标选商，非招标的服务项目应在服务商资源库中进行选商，若服务商资源库中满足不了的非招标服务项目应面向社会公开谈判选商。一单一招、公开谈判为一次性选商准入。

第三十三条 在实施具体项目时，服务商资源库中有效服务商不能形成有效竞争或满足不了项目需求的，经专业管理部门审定，报管理办公室核准后，可面向社会开展公开谈判选商。公开谈判选商应由招标中心组织，程序应遵照《辽河油田公司工程及服务内部市场管理办法》规定要求实施。通过公示的服务商应持成交通知书至管理办公室备案，录入油田公司服务商库。

第三十四条　因具有特殊施工工艺、不可替代专利或专有技术要求，国家涉密项目、应急抢险项目、政府与行业有特殊要求的项目，且服务商资源库满足不了选商需求的，所属单位可提出一次性选商申请，经专业管理部门审核，报油田公司业务主管领导审批，其中300万元及以上的服务项目应经承包（服务）商管理委员会批准，由管理办公室办理入库（附件2）。

第三十五条　从集团公司专项服务商库中选择服务商从事相关项目的，应经专业管理部门审核，管理办公室核准后备案入库（附件3）。

第三十六条　省属以上重点科研院所、国内外知名院校从事的科技研究类项目，由科技部认定，经油田公司主管科技领导审核，报承包（服务）商管理委员会审批后，由管理办公室直接备案入库（附件4）。

第三十七条　与集团公司或油田公司签订战略合作协议的企业从事协议规定的项目，经专业管理部门认定，油田公司承包（服务）商主管领导审核，报承包（服务）商管理委员会审批后，由管理办公室直接备案入库（附件5）。

第三十八条　控股公司、实际控制企业能够自行完成的项目，经专业管理部门认定，油田公司承包（服务）商主管领导审核，报承包（服务）商管理委员会审批后，由管理办公室备案入库（附件6）。

第三十九条　各专业管理部门应严格审核，对存在以下情形之一的服务商，不予受理其准入申请：

（一）违反集团公司、油田公司相关管理规定，被列入禁入名单的；

（二）以往使用中存在商业贿赂、不正当竞争行为被政府部门处罚或被油田公司相关部门处理的；

（三）列入失信被执行人名单的；

（四）近三年内发生较大及以上安全生产事故、环境事件和质量事故。

第四十条　专业管理部门应定期对本专业市场资源库情况进行评估，对资源库无法满足生产实际需求的项目报管理办公室审定后，按准入程序及时开展补充入库工作。

第四章　承包（服务）商使用

第四十一条　所属单位应按照集团公司、油田公司合同管理规定，与选定的承包（服务）商订立书面合同，明确双方权利、义务和责任，对项目管理关键岗位人员进行备案，并依照集团公司、油田公司合同管理规定履行审查、审批、信息系统报备等手续。依照合同约定进行分包的，应由所属单位批准认可，报业务主管部门核准备案。

第四十二条　所属单位应加强承包（服务）商使用过程管理及合同履行管理，按照合同约定行使权利、履行义务，及时处理合同变更。承包（服务）商使用过程管理主要包括组织及资源配置、质量、职业健康安全环保、标准化、进度、分包、信息文档、合同及诚信履约等监督管理。

第四十三条　所属单位应按照国家相关部门和集团公司、油田公司的相关制度标准，对承包（服务）商关键人员实行项目注册制管理。在施工过程中所属单位应监督考核关键人员配备及在岗履职等情况，对关键人员变更应履行审批程序。

第四十四条　所属单位应明确各承包（服务）商工作界面并进行协调。在同一施工区域内，没有工程合同关系的承包（服务）商之间存在交叉作业的，所属单位应组织相关承包（服务）商签订交叉作业安全管理协议，明确安全生产管理职责和安全措施，并指定专职安全管理人员进行安全检查与协调。

第四十五条　所属单位应确立职业健康、安全管理、项目环境目标，与承包（服务）商签订HSE合同，审批承包（服务）商的职业健康、安全管理、环境方案，查验承包（服务）商人员QHSE培训情况，全面履行集团公司、油田公司承包（服务）商安全监督管理办法规定的监管职责。

第四十六条　所属单位应开展承包（服务）商施工作业队伍安全准入评估，复核项目关键人员培训情况和关键资源投入情况等。

第四十七条 所属单位应对承包（服务）商分包活动及使用情况进行监督管理，要求承包（服务）商与分包商应签订分包合同后，方可允许分包商从事分包作业任务并将分包合同报所属单位备案。对发现的承包商转包、违规分包和挂靠等行为，上报业务主管部门，纳入承包商考核评价并通过信息系统进行上报处理。

第四十八条 油田公司业务主管、监督部门及所属单位应加强监督，督促承包（服务）商整改施工服务过程中存在的问题，及时向承包（服务）商管理委员会办公室反馈监督相关信息。

第四十九条 承包（服务）商有以下情形之一的，将根据严重程度，由轻到重给予约谈、通报批评、暂停该项目准入资格、暂停承包（服务）商准入资格、取消承包（服务）商准入资格、进入承包（服务）商黑名单等处理。

（一）集团公司、油田公司监督检查中出现不合格事项的；

（二）在采购、招标中恶意干扰采购招标工作的；

（三）由于承包（服务）商过失引起与油田公司法律诉讼的；

（四）将采购项目转包或违法分包给他人、为他人提供挂靠的；

（五）非不可抗力原因，承包（服务）商单方面解除、终止合同，或者未按照合同要求提供服务，给生产建设造成较大影响的；

（六）伪造、变造资质证书等重要信息材料的；

（七）由于承包（服务）商原因，造成质量健康安全环保事故的；

（八）有关部门认定的以行贿等不正当手段谋取利益的；

（九）国家机关、权威机构官网公布的严重失信行为的；

（十）其他应当给予处罚处理的。

第五十条 暂停项目准入资格及暂停承包商准入资格处理的，暂停2至6个月。暂停期满后可提出申请，专业管理部门组织相关部门进行验收，合格的予以恢复相关项目准入资格。取消承包（服务）商准入资格的，相关企业一年内不得准入；列入承包（服务）商黑名单的，三年内不得准入。

第五十一条 相关单位（部门）在使用、监督过程中发现的承包（服务）商违法违规事项应报专业管理部门核实确认，专业管理部门形成书面处理意见，报管理办公室发布处理决定。

第五章 承包（服务）商考核评价

第五十二条 油田公司按照统一的标准和规则，结合项目全过程管理，对承包（服务）商进行动态考核评价。考核评价分为业绩量化考核和问题事件记分两部分。

第五十三条 业绩量化考核是以合同项目为单元，覆盖项目全过程、全要素的量化考核，主要包括项目组织管理及资源配置、质量、职业健康安全环保、进度、分包、信息资料、诚信履约、售后服务、标准化管理等内容。

第五十四条 问题事件记分主要是对承包（服务）商在项目实施过程中的市场行为、诚信合规表现、职业健康、质量安全环保事故事件问题及违法违规行为等进行监督、检查，并实施记分、处理。

第五十五条 考核评价主体是指实施业绩量化考核和问题事件记分的各类主体，包括专业管理部门、业务主管部门、监督部门、所属单位和相关参建单位等。业绩量化考核评价主体应为合同签约主体。问题事件记分考核评价主体应为专业管理部门、业务主管部门、监督部门、所属单位和相关参建单位。业绩量化考核、问题事件记分标准由各专业管理部门组织制定。

第五十六条 承包（服务）商考核评价按项目的业绩量化考核和问题事件记分形成多维度动态考核评价结果，并以此形成年度考核评价结果。单个合同项目业绩量化考核不合格的，或问题事件记分达到一定分值的，暂停承包（服务）商该项目部及相关管理人员施工（服务）资格3至6个月。

第五十七条 承包（服务）商年度考核评价结果依据考核分值划分为优秀、良好、合格、观察使用和不合格；其中，优秀服务商数量控制在总量的10%以内；良好服务商数量控制在总量的20%以内；观察使用服务商数量控制在总量的10%以内；不合格服务商为总成绩在60分以下的服务商；其余为合格服务商。

第五十八条 承包（服务）商年度考核评价结果为不合格的或连续两年为观察使用的，清出资源库及短名单子库。承包商连续两年没有中石油有效业绩的，清出短名单子库，连续3年未参加中石油工程建设项目招标活动的，清出资源库；服务商连续两年没有油田公司有效业绩的或连续两年评价结果为观察使用的清除出资源库。服务商年度考核评价结果为不合格的，清出资源库，且一年内不得再次准入。

第五十九条 所属单位、业务主管部门应加强考评结果在采购业务中的应用，同等条件下应优先选用评价结果为优秀、良好的承包（服务）商。所属单位选用观察使用承包（服务）商的，应加强监督管理。

第六章 监督与考核

第六十条 企管法规部负责本办法的执行监督。

第六十一条 违反本办法规定有下列情形之一的，承包商（服务）管理委员会对相关责任部门进行通报：

（一）未按油田公司承包（服务）商管理委员会安排执行的；

（二）未按照规定程序组织承包（服务）商准入评审、考核评价、监督检查的；

（三）准入不合格承包（服务）商给油田生产建设造成影响的；

（四）其他违反本办法规定的情形。

第六十二条 所属单位有下列情形之一的，承包商管理委员会对相关责任单位进行通报并纳入承包（服务）商管理年度业绩考核：

（一）未按油田公司承包（服务）商管理安排执行的；

（二）未按规定选择、使用承包（服务）商的；

（三）未按规定对本单位承包（服务）商进行考核评价的；

（四）其他违反本办法规定的情形。

第六十三条 违反本办法规定有下列情形之一，情节严重造成不良影响或经济损失的，按集团公司有关规定追究相关人员责任；涉嫌违法犯罪的，由纪委办公室移交司法机关处理。

（一）未按照规定程序选择、使用、考核评价、监督检查承包（服务）商的；

（二）串通或协助承包（服务）商伪造资料或提供虚假资料的；

（三）对承包（服务）商存在应当取消准入资格的问题知情不报的；

（四）存在重大质量、安全问题或违法行为知情不报的；

（五）在承包（服务）商管理过程中玩忽职守、营私舞弊的；

（六）私自更改、销毁或泄露承包（服务）商信息的；

（七）其他违反本办法规定的。

第七章 附 则

第六十四条 本办法由油田公司企管法规部负责解释。

第六十五条 本办法自2023年1月1日起施行。《辽河油田公司供应商管理细则》（中油辽字〔2019〕218号）中与本办法有冲突的以本办法为准。

辽河油田公司工程及服务内部市场管理办法（试行）

第一章 总 则

第一条 为加强辽河油田公司内部市场管理，规范市场交易活动，促进市场健康发展，加快建立公平、公正、竞争有序、统一规范的油田公司内部市场，根据国家相关法律法规及集团公司（股份公司）有关规定，结合油田公司实际，制定本办法。

第二条 本办法适用于辽河油田分公司、辽河石油勘探局有限公司（以下统称油田公司）及其所属单位的工程及服务内部市场管理。

控股公司、实际控制企业通过法定程序执行本办法。

油田公司对外合作项目、境外项目，按相关国家法律法规、合作协议、项目合同执行。

第三条 本办法所指内部市场管理是指油田公司在生产建设和经营管理过程中有偿取得工程和服务市场交易行为的全过程管理。

第四条 内部市场管理实行"统一归口、分级负责"的管理体制，坚持"依法合规、公平公正、市场配置、优质高效、监管有力"的管理原则。

第二章 管理机构及职责

第五条 油田公司成立内部市场管理委员会（以下简称管理委员会），是内部市场管理的决策机构，主任由油田公司主管领导担任，履行以下主要职责：

（一）贯彻落实集团公司（股份公司）市场管理有关规章制度；

（二）安排部署内部市场管理工作；

（三）审定油田公司内部单位业务目录和工程及服务项目标准化目录；

（四）审议决定内部市场管理工作中的重大事项。

第六条 油田公司内部市场管理委员会办公室（以下简称管理办公室）设在企管法规部，归口管理油田公司工程及服务内部市场工作，履行以下主要职责：

（一）负责贯彻落实集团公司（股份公司）相关制度规定，制定油田公司内部市场管理制度，并监督实施；

（二）负责组织落实管理委员会的决策部署；

（三）负责油田公司承包（服务）商资源库建设及入库管理；

（四）负责市场交易计划的核准备案；

（五）负责权限范围内采购文件的审批，参与重大招标项目招标方案法律审查；

（六）负责发布油田公司内部单位业务目录；

（七）负责发布油田公司集中招标项目目录；

（八）负责推进工程及服务项目标准化工作，发布油田公司工程及服务项目标准化目录；

（九）负责市场交易平台的建设、运行、监督、维护和市场交易信息管理工作；

（十）负责指导、监督、考核业务主管部门和所属单位内部市场管理工作；

（十一）负责协调处理内部市场管理中的有关问题。

第七条 油田公司业务主管部门是职能范围内市场管理的主管部门（业务管理分工见附件1），履行以下主要职责：

（一）负责工程及服务市场交易需求计划的审批；

（二）负责市场交易方式的确定；

（三）负责提出本部门项目标准化目录和集中招标项目目录；

（四）参与承包（服务）商准入工作，负责组织、指导、检查和监督所属单位承包（服务）商使用过程管理，参与考核评价等工作；对业务范围内相关的转包、违规分包、挂靠等行为进行监督检查；

（五）履行油田公司集中招标项目招标人职责；

（六）负责工程及服务项目分包的核准备案；

（七）负责权限范围内采购文件审查；

（八）负责工程及服务项目实施的协调和相关问题的处理。

第八条 财务资产部是油田公司关联交易的主管部门，履行以下主要职责：

（一）负责贯彻股份公司关联交易有关规章制度；

（二）负责组织签订油田公司关联交易协议；

（三）负责确定关联交易单位业务目录；

（四）负责协调解决关联交易工作中的重大事项和问题。

第九条 油田公司工程造价（定额）中心负责

制定市场化价格标准，由规划计划部和财务资产部审核，报油田公司价格管理委员会审批。

第十条　物资管理部（招标管理办公室）依据集团公司（股份公司）、油田公司招标相关制度规定，负责管理权限内招标管理工作。

第十一条　招标中心负责招标、招标转谈判采购项目以及服务商公开招标资格评审、公开谈判的实施。

第十二条　油田公司审计、纪检部门根据职责权限负责工程及服务项目市场交易活动的监督检查。

第十三条　油田公司所属单位负责本单位内部市场管理工作，履行以下主要职责：

（一）负责贯彻落实油田公司内部市场管理规章制度；

（二）负责本单位工程及服务市场交易需求计划编制和上报；

（三）负责本单位工程及服务招标项目招标方案的编制和报审、招标文件的审查、可不招标事项及招标结果报审；

（四）负责本单位工程及服务项目非招标采购文件编制、报审和实施；

（五）负责本单位工程及服务项目分包的审批并报业务主管部门核准备案；

（六）负责本单位工程及服务项目全过程管理；

（七）负责本单位承包（服务）商使用过程监督、考核评价；

（八）负责本单位内部市场信息管理工作。

第三章　项目分类及市场交易类型

第十四条　工程及服务项目按性质分为以下类别：

（一）工程项目：是指新建、改建、扩建及其相关的装修、拆除、修缮等各类工程。具体包括油气田地面、炼油化工、油气储运、加油（气）站、建筑工程，以及与工程建设有关的服务项目，包括勘察、设计、监理、无损检测等。

（二）服务项目：是指除物资和工程项目以外的其他项目，包括承揽、运输、仓储保管、技术服务、租赁等。

第十五条　工程及服务项目按业务领域分为以下类型：勘探、开发、测井、录井、钻井、采油、压裂、作业、热注、集输、设备、生产服务、运输服务、基建工程、信息技术、科技、质量安全环保、项目咨询评价、土地公路、后勤服务、劳务、培训、文化宣传、信访维稳、仓储服务、财务管理、资本运营、保密服务、法律服务、其他业务等。

第十六条　油田公司市场交易按交易对象分为：内部交易、关联交易和市场化交易；按交易方式分为招标采购和非招标采购。

第十七条　内部交易：是指油田公司内部单位之间（包括上市与上市、未上市与未上市、上市与未上市内部关联交易），按照资质、能力与需求相匹配原则进行的交易。

第十八条　关联交易：是指按照《中国石油天然气集团有限公司与中国石油天然气股份有限公司产品和服务互供总协议》的要求，油田公司与中石油其他所属企业签订关联交易协议，并根据协议规定，关联双方进行产品与服务互供的交易。

第十九条　市场化交易：是指除内部交易、关联交易以外的项目，根据国家法律法规和集团公司有关制度规定的程序，选择交易对象并进行的交易。

第二十条　招标采购：是指招标人公开交易条件和要求，由若干投标人参加投标，并按规定程序和标准从中选择交易对象的行为。

第二十一条　非招标采购：是指所属单位选用招标采购以外的方式组织实施的工程和服务市场交易行为，包括竞争性谈判、询比采购和单一来源采购三种方式。

（一）竞争性谈判：是指所属单位组织谈判小组与响应的承包（服务）商依次分别进行一轮或多轮谈判并对其提交的响应文件进行评审，根据谈判小组谈判结果确定成交商的交易方式；

（二）询比采购：是指所属单位组织询比小组按照询比文件约定的规则和时间，对承包（服务）商一次性提交的响应文件进行评审，根据询比小组评审结果确定成交承包（服务）商的交易方式；

（三）单一来源采购：是指所属单位与特定一家承包（服务）商进行谈判，确定交易对象的交易方式。

第四章 市场运行管理

第一节 一般规定

第二十二条 所有工程及服务项目均应纳入市场管理，履行市场交易程序。油田公司市场交易统一在辽河油田公司市场交易平台上运行。

第二十三条 市场交易项目实施原则上应采取电子交易方式，其中招标项目实施在中国石油电子招标投标交易平台运行；内部交易、关联交易、非招标项目在辽河油田公司市场交易平台运行。

第二十四条 油田公司市场交易项目应符合以下要求：

（一）已列入集团公司、油田公司投资计划或财务预算安排，资金已经落实；或者基础设计（初步设计）批复前、资金尚未落实的项目，按照集团公司和油田公司相关管理规定，已获得提前市场交易的批复；

（二）市场交易所需的技术标准、设计图纸等技术文件已经确定。

第二十五条 油田公司实行市场、招标、合同、承包商"四位一体"管理，业务主管部门按照管理职能对业务范围内的项目进行全过程管理。

第二十六条 油田公司实行工程及服务项目标准化管理，由业务主管部门提出本部门项目标准化目录，包括项目实施的质量技术要求、承包（服务）商资质能力标准和项目允许分包的范围和要求等，由企管法规部汇总形成《辽河油田公司工程及服务项目标准化目录》（以下简称标准化目录），经管理委员会审定后发布。标准化目录中项目新增或变更的，由需求单位填报《工程及服务项目标准化目录变更审批表》（见附件2），经业务主管部门审核后，报企管法规部对标准化目录进行调整；其中重大变更由管理委员会批准。

第二十七条 严禁承包（服务）商项目转包；涉及项目分包的，应符合以下限制性要求：

（一）分包的内容只能是非主体、非关键性工作，主体和关键性工作不得分包；

（二）接受分包的单位应具备相应资质和履约能力；

（三）接受分包的单位不得再次分包。

第二十八条 业务主管部门和所属单位应加强对承包（服务）商分包的监督管理，严禁承包（服务）商以包代管。允许分包的项目，所属单位应在招标方案、非招标采购文件中明确可分包的范围、资质、履约能力、人员等要求，承包（服务）商应在投标（响应）文件中进行实质性响应。

所属单位应在签订的合同中明确可分包内容，但不得指定分包商。所属单位应要求承包（服务）商填报《工程及服务项目分包审批表》（见附件3），经所属单位审核后，报业务管理部门核准备案。

第二十九条 在项目开工前所属单位对承包（服务）商的资质证书、许可证书、项目关键岗位人员资格条件和缴纳的社会保险缴费证明进行复验，不合格的承包（服务）商不得入场施工。

第三十条 在具备施工、服务资质和能力的情况下，本着"自己能干的自己干"的原则，应选用内部单位；采取市场化交易方式，按照"同等优先"的原则，择优选用油田公司全资公司、控股公司和实际控制企业。实际控制企业名单由资本运营事业部提出，由油田公司资本运营主管领导组织相关部门负责确定。

第三十一条 油田公司油区外收入性支出项目，由所属单位按照相关国家法律法规、集团公司（股份公司）、油田公司有关规定和合同约定自行管理。

第二节 承包（服务）商选择和使用

第三十二条 为油田公司提供工程及服务的承包（服务）商应具备国家法律法规和集团公司（股份公司）、油田公司规定的生产经营许可及相应的资质和能力。

第三十三条 油田公司实行承包（服务）商资源库管理，统一管理、分级负责，其中承包商使用集团公司承包商资源库，服务商使用油田公司服务商资源库。

集团公司建立统一的承包商资源库，下设承包商短名单子库，实行资源共享、集中管理。公开招标的工程项目应面向承包商资源库招标选商；非公开招标的工程项目应在短名单子库中选商。

油田公司服务商资源库通过辽河油田公司市场交易平台实现服务商选择、使用、考核评价等管理。招标的服务项目应面向社会招标选商，非招标的服务项目应在服务商资源库中进行选商，若服务商资源库中满足不了的非招标服务项目应面向社会公开谈判选商。

第三十四条 所属单位应加强承包（服务）商使用过程管理及合同履行管理，按照合同约定行使权利、履行义务，及时处理合同变更。

第三十五条 所属单位应加强考评结果在市场交易中的应用，鼓励选用优秀、良好承包（服务）商。

第三节 计划管理

第三十六条 工程及服务市场交易实行计划管理，市场交易计划是市场交易实施的依据，无计划不得实施市场交易，市场交易计划分为需求计划和交易计划。

第三十七条 所属单位市场管理部门根据投资计划、成本计划（预算）编制需求计划，并上报至油田公司业务主管部门。

第三十八条 需求计划分为年度需求计划、月度需求计划和临时需求计划。

（一）年度需求计划是所属单位以往年度连续发生，下年度可预见的重复性、连续性常规项目的需求计划，是实施年度集中招标的依据，于每年10月底前完成编制上报工作。年度需求计划编制内容包括：项目名称、项目类别、业务类型、本年度交易金额、下年度预计交易金额。

（二）月度需求计划是所属单位根据月度需求上报的需求计划，于每月5-10日完成上报。月度需求计划编制内容包括：项目名称、项目类别、计划文号、资金来源、计划金额、交易金额、项目主要内容、业务类型、建议市场交易方式、建议承包（服务）商（内部交易、关联交易、单一来源项目、已实施框架协议招标的项目）等。

（三）临时需求计划是规定的月度计划上报时间以外，生产临时急需项目的需求计划。临时需求计划可随时上报，但数量不得高于本单位当年交易计划总条数的10%，总金额不超过全年交易计划总额的5%。应急项目（包括生产抢修、抢险项目、救灾项目或突发事件处置等）经油田公司应急管理部门批准，所属单位可以先实施市场交易后补报月度需求计划。

（四）内部交易和关联交易的需求计划可随时上报。

第三十九条 业务主管部门在2个工作日内确定市场交易方式并完成需求计划的审批；需退回需求计划时，应说明原因及意见。审批的主要内容如下：

（一）必要性：需求项目是否有必要实施；

（二）合规性：资质及准入是否符合项目要求、是否拆分项目；

（三）准确性：项目类别、业务类型、项目内容是否正确。

第四十条 业务主管部门对需求计划审批后，报企管法规部核准备案并下达至所属单位。对于不符合本办法规定的项目不予备案。其中，招标限额以上的项目交易计划同时下达至物资管理部（招标管理办公室）。

第四十一条 交易计划一经下达严格执行，交易计划确需变更的，由所属单位提交计划变更申请，经业务主管部门审核后方可变更；因计划变更造成的损失，由所属单位承担。

第四节 价格管理

第四十二条 招标项目应设置最高投标限价，内部交易、关联交易和非招标项目应设置最高限价或目标价。最高投标限价、最高限价和目标价由所属单位价格管理部门编制，按价格管理相关规定审批。

第四十三条 最高投标限价、最高限价和目标价参照以下方式确定。

（一）有政府定价或政府指导价的，应在定价或指导价范围内确定；

（二）有集团公司（股份公司）规定价格标准的，应在价格标准范围内确定；

（三）有集团公司（股份公司）、油田公司定额标准的，应在定额标准范围内确定；

（四）没有政府定价、政府指导价、集团公司（股份公司）价格标准、定额标准的，可以参考同类业务市场价格确定；

（五）没有政府定价、政府指导价、集团公司（股份公司）价格标准、定额标准、市场价格参考的，以成本为基础，加适当利润确定；

（六）价格管理部门应制定优质优价、优速优价、高端特价的定价原则，实现油田公司工程及服务项目效益最大化。

第四十四条 最高投标限价、最高限价或目标价可为固定总价或固定单价，对于无法确定总价和单价的项目，采取暂估价形式，须明确计价原则和结算标准。无固定总价、固定单价或计价原则、结算标准的项目，不得进行市场交易。

第四十五条 油田公司应加快推进市场化价格体系运行，建立健全市场化价格信息库。

第五节 内部交易管理

第四十六条 企管法规部在市场交易平台中建立内部交易子平台，推行"模拟市场化"运营，进行内部交易项目交易管理。

第四十七条 企管法规部在内部交易子平台建立内部单位业务目录，实行动态管理。由业务主管部门审核本专业内部单位资质和能力，每年年初对内部单位名称、业务范围进行修订，经企管法规部汇总，提交管理委员会批准后形成内部单位业务目录。新增目录外业务时，由内部单位填报《内部单位新增业务审批表》（见附件4），上报相关业务主管部门审核，其中重要事项应经管理委员会批准，由企管法规部纳入目录。

第四十八条 内部交易项目市场交易计划下达后，同步推送至内部交易子平台，供给方进行响应，生成成交通知书，加盖所属单位公章后进行签约。达到招标额度的内部交易项目，供需双方成交前，需求方应先在中国石油招标投标网进行可不招标信息公示，公示期不少于3日；公示期满无异议的，由物资管理部（招标管理办公室）对可不招标事项进行核准备案；属于集团公司一、二类招标项目的，按照集团公司有关规定，履行相关审批程序。

第四十九条 供需双方应严格按照内部单位业务目录中的业务范围开展市场交易活动。供给方不允许向需求方提供目录以外的业务；需求方不允许要求供给方提供目录以外的业务。

第五十条 供给方严禁将内部市场承揽的业务对外转包；确需分包给外部队伍实施的，应符合本办法相关规定。

第五十一条 供需双方应根据成交通知书，按照油田公司相关规定签订协议或合同。供给方要严格按协议或合同约定的数量、时间和质量等要求实施。

第六节 关联交易管理

第五十二条 企管法规部在市场交易平台中建立关联交易子平台，推行"模拟市场化"运营，进行关联交易项目交易管理。

第五十三条 油田公司与外部关联方应签订关联交易协议，关联交易协议应约定关联双方单位范围、业务范围、服务原则、运作方式、价格标准、结算方式、质量安全环保要求等内容。

第五十四条 关联交易协议由财务资产部组织签订，相关内容应符合《中国石油天然气集团有限公司与中国石油天然气股份有限公司产品和服务互供总协议》的要求。协议应充分征求油田公司相关业务主管部门及关联方意见，并履行相关程序后，报油田公司主要领导审批。

第五十五条 财务资产部根据关联交易协议，确定关联方具体的签约主体单位及其业务范围，形成关联交易单位业务目录，报企管法规部录入关联交易子平台，所属单位根据目录中的业务范围，申报关联交易市场需求计划。

第五十六条 关联交易协议为框架性合作协议，在具体实施时，所属单位应在关联交易协议的框架下，与关联方相关单位签订合同，约定具体的履行期限、技术标准、验收方式等内容。

第五十七条　关联交易单位应严格按协议或合同约定的数量、时间和质量等要求提供服务，严禁转包、挂靠等行为，确需分包的，应符合本办法相关规定。

第五十八条　交易计划下达后，双方进行协商或谈判，在关联交易子平台中录入结果，生成成交通知书，加盖所属单位公章后进行签约。达到招标额度的项目，关联双方成交前，所属单位应先在中国石油招标投标网进行可不招标信息公示，公示期不少于3日；公示期满无异议的，由物资管理部（招标管理办公室）对可不招标事项进行核准备案；属于集团公司一、二类招标项目的，按照集团公司有关规定，履行相关审批程序。

第五十九条　立足发挥一体化优势，结合市场化改革进程，油田公司逐步有序开放一定比例的关联交易市场，加快形成发展共赢、竞争有序的市场环境。

第七节　市场化交易管理

第六十条　企管法规部在市场交易平台中建立市场化交易子平台，进行市场化交易项目交易管理。

第六十一条　市场化交易项目应按照国家招标投标法律法规、集团公司（股份公司）和油田公司相关管理规定选择市场交易方式。

第六十二条　招标采购、招标转谈判和可不招标项目的审批及实施按《辽河油田公司招标管理办法》执行。招标项目、招标转谈判项目和公开谈判项目由招标中心组织实施。非招标采购项目由所属单位负责组织采购，也可委托招标中心组织实施。

第六十三条　招标采购适用于以下情形：

（一）国家法律法规规定的依法必须招标的工程建设项目。具体包括油气田地面、炼油化工、油气储运、加油（气）站、建筑工程的新建、改建、扩建及其相关的装修、拆除、修缮等的采购，其工程（含施工和工程总承包）单项采购估算额在400万元人民币及以上的；勘察、设计、监理等服务单项采购估算额在100万元人民币及以上的；同一工程建设项目中可合并进行的工程和服务的采购，其估算额合计达到前款规定标准的；

（二）单项采购估算额在100万元人民币以上的油气田钻井及钻井一体化技术服务，以及油田公司确定的与生产经营密切相关的统一规模标准以上的其他服务。

（三）国家法律法规及集团公司（股份公司）规定的其他必须招标的项目。

第六十四条　招标组织模式包括一单一招和集中招标。集中招标是整合一定时期内重复性采购或者不同需求主体的同类采购项目，统一组织实施的招标模式。

第六十五条　非招标采购适用于以下情形：

（一）集团公司（股份公司）、油田公司规定必须招标范围以外的；

（二）集团公司（股份公司）、油田公司招标管理规定中适用可不招标情形的；

（三）集团公司（股份公司）、油田公司规定必须招标项目重新招标仍然失败的；

（四）供水、供电、供暖、供气、医疗（员工职业健康服务）等不具备市场选商条件的；

（五）本办法第六十三条（二）规定情形以外的服务项目。

第六十六条　符合下列情形之一的工程及服务项目，可采用竞争性谈判方式交易：

（一）有3家及以上潜在承包（服务）商可供选择的项目；

（二）发布两次竞争性谈判信息仅有2家响应的项目；

（三）库内承包（服务）商仅有2家的项目。

第六十七条　询比采购通常适用于有3家及以上潜在承包（服务）商可供选择，采购需求明确且市场竞争充分等情形。主要用于技术相对简单、标准通用统一的20万元及以下的项目。

第六十八条　符合下列情形之一的工程及服务项目，可采用单一来源方式交易：

（一）涉及国家安全、国家秘密的；

（二）抢险、救灾等应急项目的；

（三）利用扶贫资金实行以工代赈需要使用农民

工的；

（四）需要采用不可替代专利或专有技术的；

（五）非依法必招标项目集团公司和油田公司全资公司、控股公司、实际控制企业能够自行建设、生产或提供的；

（六）已通过招标方式选定的特许经营项目投资人依法能够自行建设、生产或提供的；

（七）需要向原中标人采购工程、服务，否则将影响施工或功能配套要求的；

（八）集团公司战略合作、科技研发及技术引进等业务管理对工程、服务采购有明确规定或约定的；

（九）因资源条件限制只能从特定一家承包（服务）商采购等情形。

第六十九条　竞争性谈判分为库内公开谈判和公开谈判两种形式，库内公开谈判是指面向资源库内全部承包（服务）商发布交易信息的谈判形式；公开谈判是指面向社会在中国石油招标投标网上公开发布交易信息的谈判形式。

第七十条　竞争性谈判按以下程序及要求实施：

（一）所属单位编制竞争性谈判文件。谈判文件应采用油田公司标准文本，主要内容应包括：采购需求、承包（服务）商资格条件、谈判程序、评审标准及方法、报价要求、技术要求、合同主要条款、谈判响应文件要求等。谈判文件不得含有限制性、倾向性及排他性的内容。

（二）谈判文件的审查、审批。单次采购估算额100万元及以上的工程项目、50万元及以上的服务项目谈判文件报业务主管部门对技术、QHSE、资质要求及分包事项等内容进行审查后，报企管法规部进行审批（见附件5），各部门应在2个工作日内完成审批。其他项目由所属单位自行审批。

（三）发布谈判采购信息。库内公开谈判采购信息由所属单位通过辽河油田市场交易平台等面向资源库内全部承包（服务）商发布；公开谈判采购信息由招标中心在中国石油招标投标网发布，谈判采购信息发布时间不得少于3日。

承包（服务）商资源库不能满足要求的、发布采购信息库内商均无响应或仅有1家响应的项目应采取公开谈判形式。

（四）接收响应文件。承包（服务）商响应文件资料由法定代表人或被授权人签字，并加盖单位公章；承包（服务）商应按照谈判文件要求，在提交截止日期前，通过油田公司市场交易平台提交响应文件，逾期不予接收。

谈判实施单位应为承包（服务）商编制、提交响应文件预留合理时间，自谈判文件发出之日起至提交响应文件截止之日止，库内公开谈判项目不得少于3日，公开谈判项目不得少于5日。

谈判实施单位在提交响应文件截止之日前，可对发出的谈判文件进行必要的澄清或修改，澄清或修改的内容作为谈判文件的组成部分；澄清或修改的内容应当在提交响应文件截止之日前以书面形式通知所有接收谈判文件的承包（服务）商，澄清或修改的内容可能影响响应文件编制的，应当顺延提交响应文件截止日期。

承包（服务）商在提交响应文件截止时间前，可以对所提交的响应文件进行补充、修改或者撤回。补充、修改的内容作为响应文件的组成部分。补充、修改的内容与响应文件不一致的，以补充、修改的内容为准。

（五）成立谈判小组：谈判实施单位应在谈判前1日组建谈判小组，谈判小组由所属单位的市场管理、价格管理、业务主管、法律合同、使用单位等部门（单位）人员组成，人数为5人或5人以上单数。

（六）谈判实施：谈判小组应按照谈判文件规定的时间、地点谈判。谈判小组依据谈判文件确定的评审标准和方法，对承包（服务）商递交的响应文件进行评审，与承包（服务）商进行"一对一"的谈判。

在谈判评审过程中，应采取必要措施，防止谈判评审过程中信息泄露，保证谈判评审过程的公平、公正。谈判小组不得与承包（服务）商就谈判文件中技术要求、质量要求等实质性条款进行谈判。如出现谈判文件实质性条款与项目实际不符的，应中止谈判，重新组织谈判。

（七）确定成交承包（服务）商。与承包（服务）

商"一对一"谈判结束后，根据谈判文件规定的成交原则确定成交承包（服务）商及成交价，形成竞争性谈判评审报告；谈判小组全体成员应当场在竞争性谈判评审报告上签字确认，并将结果通知所有参加谈判的承包（服务）商。

对评审结果有异议的谈判小组成员，应当签署不同意见并说明理由。拒绝签字又不书面说明其不同意见和理由的，视为同意。

（八）发放成交通知书。竞争性谈判结果确定后，所属单位将库内公开谈判结果在市场交易平台进行公示，公示期1天；招标中心将公开谈判结果在中国石油招标投标网进行公示，公示期3天，公示期满无异议、投诉，或异议、投诉处理结束后，由所属单位或招标中心发放成交通知书。

第七十一条 询比采购按以下程序及要求由所属单位实施：

（一）所属单位编制询比采购文件，询比文件应采用油田公司标准文本，主要内容应包括：采购需求、承包（服务）商资格条件、询比最高限价、询比程序、评审标准及方法、报价要求、合同主要条款、询比响应文件要求等。

（二）发布询比采购信息。询比采购信息由所属单位通过辽河油田市场交易平台等面向资源库内全部承包（服务）商发布，询比采购信息发布时间不得少于3日。发布询比信息库内商响应不足3家的，应再次发布询比采购信息，库内商响应仍不足3家的，可直接组织询比评审。

（三）接收响应文件。按竞争性谈判相关程序执行。

（四）成立询比小组。所属单位应在询比评审前1日组建询比小组，询比小组由5人或5人以上单数组成。

（五）询比评审。询比小组应按照询比文件规定的时间、地点进行评审。询比小组依据询比文件确定的评审标准和方法，对承包（服务）商递交的响应文件进行评审。

（六）确定成交承包（服务）商。询比小组根据询比文件规定的成交原则确定成交承包（服务）商及成交价，形成询比评审报告；询比小组全体成员应当场在询比评审报告上签字确认，并将结果通知参加询比的所有承包（服务）商。

对评审结果有异议的询比小组成员，应签署不同意见并说明理由。拒绝签字又不书面说明其不同意见和理由的，视为同意。

（七）发放成交通知书。询比结果确定后，由所属单位发放成交通知书。

第七十二条 单一来源采购按以下程序及要求实施：

（一）单一来源项目公示。市场交易计划下达后，由企管法规部在油田公司主页对单一来源项目进行公示，公示期不少于3日，无异议后方可实施。

（二）单一来源采购编制谈判文件、接受响应文件、成立谈判小组的要求按竞争性谈判相关程序和要求执行。

（三）单一来源谈判文件审查审批。单次采购估算额100万元以下的工程及服务项目的谈判文件，经业务主管部门审核后，报企管法规部审批；单次采购估算额100万元及以上400万元以下的工程及服务项目，谈判文件经业务主管部门、企管法规部审核后，报公司市场业务主管领导审批；400万元及以上的服务项目，谈判文件经业务主管部门、企管法规部审核后，报油田公司内部市场管理委员会审批（见附件6）。

符合《辽河油田公司招标管理办法》中可不招标事项的项目，执行该办法相关审批流程。

（四）谈判小组应按照谈判文件规定的时间、地点谈判。谈判小组依据谈判文件确定的评审标准和方法，对承包（服务）商递交的响应文件进行评审，与承包（服务）商围绕采购需求、质量、服务、报价等内容开展谈判。成交后，成交商和谈判小组全体成员应当场在单一来源评审报告签字确认谈判结果，由所属单位发放成交通知书。

第七十三条 所属单位应自成交通知书发出之日起30日内完成合同谈判和签约。成交承包（服务）商放弃成交资格或因其他原因成交资格被取消的，可按谈判（询比）小组提出的成交候选人名单排序，依次确定其他成交候选人为成交人，也可重新进行市场交易。

第七十四条　有下列情形之一的，谈判（询比）小组应当终止谈判或询比，向所有参与谈判（询比）的承包（服务）商说明原因，重新开展采购活动：

（一）因情况变化，不再符合规定的竞争性谈判或询比采购方式适用情形的；

（二）出现影响采购公正的违法、违规行为的；

（三）所有实质性响应的承包（服务）商均不接受最高限价的；

（四）出现谈判文件或询比文件中其他终止谈判或询比约定的情形。

第七十五条　竞争性谈判及询比采购过程中，应做好保密工作，目标价格、评审小组成员、响应承包（服务）商信息、响应文件等内容，在谈判和询比评审前不得泄露。

第七十六条　市场交易实施完毕后，所属单位应加强市场交易实施过程中形成的各种文件资料的管理，按照相关规定，做好保密和归档工作。采用信息化手段进行市场交易中形成的数据电文应进行电子存档，电子档案与纸质档案具有同等效力。

第五章　市场信息管理

第七十七条　油田公司建立统一的工程及服务市场交易平台，实现市场交易全过程信息化管理和市场信息数据的统计、整合、分析、共享和发布，为油田公司内部市场管理科学决策提供数据支撑。

第七十八条　辽河油田市场交易平台由企管法规部进行系统的建设、推广应用、权限分配和运行维护管理。各业务部门及所属单位所有工程及服务项目应按照规定全流程在线操作，实现业务合规、全程受控、信息可溯。

第七十九条　企管法规部制定油田公司工程及服务市场管理统计报表，并建立市场统计分析报告机制。业务主管部门和所属单位应按要求，及时、准确上传市场统计报表，同时加强市场信息的整合和分析工作，每季度向企管法规部报送市场运行情况分析，企管法规部编制辽河油田公司市场运行公报，并定期发布。

第八十条　业务主管部门和所属单位应明确专人负责本单位市场信息统计和平台管理工作，保证人员相对稳定，做好本单位平台用户的培训、权限管理等工作，及时对市场交易过程中形成的资料进行归档。

第八十一条　企管法规部将所属单位平台运行、市场信息上报及资料管理情况纳入业务考核。

第六章　监督与考核

第八十二条　企管法规部负责本办法的执行监督。

第八十三条　业务主管部门及相关监督部门负责油田公司内部市场运行管理监督检查，主要内容如下：

（一）检查有关内部市场的法律法规以及规章制度贯彻执行情况；

（二）检查承包（服务）商资质。是否存在无资质、超资质施工作业情况。承包（服务）商是否按照规定范围从事市场经营活动，是否有出借资质证书或制造假的资质证明材料等行为；

（三）检查内部市场运行程序和手续履行情况；

（四）检查市场交易活动依法合规情况。重点检查有无将项目化整为零规避招标或依照有关法规及油田公司管理制度规定应进行招标而未实施招标的现象，有无投标单位采取私下通谋作弊、哄抬标价、故意压低标价以及招投标过程中的其他不规范行为；

（五）检查承包（服务）商有无转包、违规分包、挂靠施工等问题。

第八十四条　所属单位（部门）有下列情形之一的，根据情节严重程度，给予约谈、通报批评、终止项目实施等处理；承揽的内部单位交易项目违规分包、转包的，取消内部单位交易业务资质。

（一）未按油田公司承包（服务）商管理制度选择、使用和考核评价承包（服务）商的；

（二）未按规定编制、上报市场需求计划，交易计划下达后未按时实施的；

（三）未按规定审批市场交易需求计划、采购文件的；

（四）拆分肢解项目、采取化整为零等方式规避招标的；

（五）采购文件编制不规范；未按规定进行发布采购公告和采购结果公示，未按规定流程履行采购程序的；

（六）未按规定整理、归档采购资料的；

（七）其他违反相关制度的情形。

第八十五条　内部市场管理人员有下列情形之一的，给予批评教育；情节严重的，按集团公司（股份公司）、油田公司有关规定，对相关责任人给予处理：

（一）无计划实施采购项目的；

（二）肢解采购项目规避招标的；

（三）编制采购文件为特定承包（服务）商设置限制性、倾向性或排他性条款的；

（四）未按照本办法规定履行相关采购程序而签订合同的；

（五）泄露应保密的采购信息、违规干预、插手采购活动的；

（六）采购小组人员相互串通，或与承包（服务）商串通，影响采购结果的；

（七）相关人员不履职或不正确履职，影响生产建设进度、造成经济损失或不良影响的。

第八十六条　对承包（服务）商违反集团公司（股份公司）、油田公司相关管理规定进行的监督处罚按《辽河油田公司承包（服务）商管理办法》执行。

第七章　附　则

第八十七条　本办法由企管法规部负责解释。

第八十八条　本办法自2023年1月1日起施行，《辽河油田公司采购管理办法》（中油辽字〔2019〕218号）中涉及工程及服务采购的相关规定、《辽河油田公司工程及服务采购管理细则》（中油辽字〔2019〕218号）同时废止。

辽河油田公司档案工作管理办法

第一章　总　则

第一条　为加强档案工作，规范档案管理，有效保护和利用档案，依据国家有关法律法规和《中国石油天然气集团公司档案工作管理规定》，以及习近平总书记关于档案工作的指示精神，结合油田公司实际，制定本办法。

第二条　本办法适用于辽河油田分公司、辽河石油勘探局有限公司（以下统称油田公司）及其所属单位、全资公司（以下统称所属单位）的档案管理。

控股公司、实际控制企业通过法定程序执行本办法。

第三条　本办法所称档案，是指油田公司在勘探开发、生产建设、经营管理、科学研究、对外合作等各项活动中以及在维护本单位和职工权益等活动中直接形成的，对国家、社会、企业具有保存价值的各种文字、图表、声像、实物等不同形式和载体的历史记录。

档案包括纸质、实物等传统载体档案和电子档案。电子档案与传统载体档案具有同等效力。

第四条　本办法所称档案工作，是油田公司范围内所有单位档案工作的总称，指文件材料的收集、整理、归档和档案的保管、利用、鉴定、销毁，以及档案科研、信息化、宣传培训、监督指导等工作。

档案工作是企业重要的基础性工作，是服务企业中心，维护企业和职工合法权益，促进合规管理和风险防范，维护企业历史真实面貌的一项重要工作。

第五条　本办法所称归档，是指文件材料形成部门或归档责任部门将办理完毕且具有保存价值的文件材料经系统整理交档案管理部门保存的过程。

应归档的文件材料应当按期移交、集中管理，任何单位和个人不得拒绝归档或者据为己有。各单位、员工履行归档和保护档案的义务，享有依法利用档案的权利。

第六条 档案工作以"珍存企业记忆，提升企业价值，构建知识平台，实现信息共享"为目标，坚持档案信息化的发展方向，大力推进档案工作数字化转型和档案资源整合共享，充分发挥档案价值，为油田公司高质量发展提供高效服务。

第七条 按照集团公司档案工作规定要求，档案工作应在各级党委领导下开展，建立党委统一领导档案工作机制，党委书记是档案工作第一责任人，明确档案工作分管领导，负责建立档案工作责任制，协调处理档案工作重要事项。同时，按照规定要求，档案工作应纳入本单位整体规划、工作计划和考核体系，档案工作经费列入年度预算，确保档案工作发展与企业发展相适应。

第二章　组织机构与职责

第八条 油田公司档案工作实行统一领导、分工负责、分级管理体制。

油田公司档案工作接受集团公司综合管理部的监督指导，同时接受辽宁省档案局的检查指导。

第九条 油田公司党委办公室（总经理办公室）是档案工作的归口管理部门，具体工作由油田公司档案馆负责，行使油田公司档案业务监督指导和档案业务管理职能，履行以下职责：

（一）宣传贯彻国家有关档案工作的法律法规和集团公司档案工作管理规定，负责组织制定油田公司档案工作各项管理制度；

（二）负责制定和实施油田公司档案工作发展规划和年度计划，对油田公司档案工作实行统筹规划和宏观管理；

（三）负责档案工作组织、协调、监督与指导，开展油田公司档案工作评价考核和结果应用；

（四）负责油田公司勘探开发档案、机关档案的收集、整理、保管、鉴定、统计和提供利用服务；

（五）负责油田公司重要档案的接收进馆，对进馆档案资源进行整理、保管、数字化和提供利用服务；

（六）负责油田公司重点建设项目档案专项验收，参加各专业管理部门组织的重点项目归档及验收工作；

（七）负责组织协调油田公司档案宣传、档案科研和档案业务的交流与培训工作；

（八）负责组织油田公司档案信息化建设；

（九）负责对油田公司档案史志编研工作进行业务指导、监督检查及业务培训，制定并组织实施档案史志编研工作计划及编研项目选题立项，组织编纂油田公司年鉴、志书等史志资料；

（十）负责油田公司勘探开发资料内外部交换和汇交及地质资料委托保管工作。

第十条 油田公司机关各部室负责本部门档案工作，应明确档案工作分管领导、归口管理科室及专兼职档案人员，负责本部门日常文件材料的形成、积累、整理、立卷和归档工作，履行以下职责：

（一）负责贯彻执行油田公司档案管理制度；

（二）负责将业务（专业）文件材料收集、整理和归档要求纳入本部门相关制度规范、业务流程和岗位责任制；

（三）负责本部门应归档文件材料的收集、整理，确保完整、准确和系统，并向档案管理部门移交；

（四）组织或会同档案管理部门制定相关专业档案管理办法，履行油田公司专业档案管理职责。

第十一条 所属单位应明确本单位档案工作归口管理部门，原则上由党委办公室（厂长或经理办公室）负责，设立专门档案工作机构或指定机构负责本单位档案工作，配备满足档案业务监督指导和档案管理需要的人员，建立档案工作责任清单和工作机制，履行以下职责：

（一）负责贯彻执行油田公司档案工作各项管理制度和工作部署，建立完善本单位档案工作责任制；

（二）负责制定并实施本单位档案工作计划；

（三）负责本单位档案的收集、整理、保管、鉴定、统计和提供利用服务；

（四）负责组织本单位档案宣传、档案科研和档案业务的交流与培训工作；

（五）负责中国石油档案管理系统的应用和本单位档案信息化建设工作；

（六）负责本单位重点建设项目档案专项验收，参加各专业管理部门组织的重点项目归档及验收工作；

（七）负责本单位档案编研工作；

（八）负责本单位档案工作年度总结、统计报表及其他材料的上报工作；

（九）负责本单位档案工作的监督、检查，组织开展本单位档案工作评价及结果应用。

第十二条　油田公司及所属单位应加强档案工作人才队伍建设，强化档案工作人员继续教育和培训，提高档案工作人员业务素质。

档案工作骨干人员应为本单位正式在编人员，政治可靠、遵纪守法、忠于职守，具备档案岗位任职资格。

油田公司及所属单位应依据国家有关规定评聘档案工作人员的专业技术职务，并给予其享受管理人员或其他专业技术人员同等待遇。

第三章　文件材料归档

第十三条　油田公司及所属单位在生产、经营、科研、管理等各项活动中直接形成的（包括通过业务信息系统形成的）具有保存价值的文件材料（数据）都应纳入归档范围。主要包括：

（一）管理类档案：职能部门在党群工作、行政管理、经营管理、生产技术管理等活动中形成的文件材料，包括文书以及业务（专业）文件材料。决策、合同、招标、审计等业务档案纳入管理类。

（二）产品档案：产品开发、设计、试制、鉴定评审过程中形成的文件材料。

（三）科技项目档案：科技项目（含软科学研究课题）在立项论证、研究实施、过程管理、结题验收、成果管理和成果转化等过程中形成的文件材料。

（四）建设项目档案：工程建设项目（含信息化项目）在立项、审批、招投标、勘察、设计、采购、施工、监理、试运行、竣工验收、后评价等全过程中形成的文件材料。

（五）设备仪器档案：设备仪器在购置、验收、调试、运行、管理、维修、报废等过程中形成的文件材料。

（六）会计档案：会计核算过程中形成的会计凭证、账簿、财务报告等文件材料。

（七）油气勘探开发档案：石油天然气勘探与开发工作中形成的综合、单井、地球物理与地球化学勘探、实物地质资料、测绘、地质勘探、油气田开发、科学技术研究等文件材料。

（八）声像档案：记录重要活动、重大事件、重大事故、重点项目的照片、音频、视频材料。

（九）实物档案：受到上级部门表彰和奖励获得的奖章、奖状、奖旗、奖牌、证书等，具有保存价值的废止印章，重大活动中赠送的礼品、纪念品，国家领导人和社会知名人士题词，其他具有纪念意义和保存价值的实物等。

（十）史料类档案：具有查考和保存价值的各类汇编、统计资料、报刊、年鉴、史志、出版物、重要专题文稿、年度大事记要等材料。

（十一）职工档案：按照人事档案管理有关规定执行。

（十二）金融档案：银行、保险、信托、租赁等金融业务活动中形成的文件材料。

第十四条　所属单位应当按照各类档案基本归档范围，结合单位业务实际，制定本单位文件材料归档范围和档案保管期限表，实行确认、审批与备案制，保证归档文件材料的齐全、完整、准确。档案管理部门应当会同各职能部门，根据管理职能、管理制度和业务流程逐一确认管理类档案归档范围；会同科技、工程、产品、设备、勘探开发等业务主管部门确认科技项目、建设项目、产品、设备仪器、勘探开发档案的实际归档项目；根据本单位大事记、荣誉奖励等确认声像、实物档案归档事项。

企业资本结构、组织机构或主营业务发生较大变化时，应当及时修订和完善文件材料归档范围和档案保管期限表。

所属单位文件材料归档范围和档案保管期限表报油田公司档案馆备案。

第十五条 完成与档案管理系统集成并已具备电子文件归档功能的 OA 系统、合同系统和财务系统，按电子文件归档要求实行电子档案数据系统归档，各部门负责对业务系统中形成的文件元数据、背景信息及电子文件进行核实和提交工作。通过业务系统流转至档案管理系统的电子文件数据，可作为电子档案的合法原始依据，由档案部门进行保存管理和提供利用。

第十六条 对于专业性强、不具备与档案管理系统集成条件，自行开发建设的档案业务信息系统，要具备电子文件和电子档案管理功能，参照《电子文件归档与电子档案管理规范》（GB/T 18894）归档功能要求，确定电子文件（数据）的归档范围和保管期限、整理要求、归档格式、归档时间。业务信息系统中属于归档范围的电子文件（数据）应当满足在线归档或离线归档至档案管理系统的要求，业务主管部门负安全保管、保密和提供利用责任。

第十七条 电子文件（数据）归档应当符合来源可靠、程序规范、要素合规的要求。

（一）形成者、形成活动、形成时间可确认；

（二）形成、办理、归档的业务信息系统功能安全可靠；

（三）全过程管理准确记录、可追溯；

（四）内容、结构和背景信息等构成要素齐全。

符合以上条件的电子档案可仅以电子形式保存。

第十八条 油田公司及所属单位应当建立文件形成部门收集和归档制度，按照"业务谁主管、归档谁负责"的原则，由形成部门（或归档责任部门）对归档范围内的文件材料进行收集整理，并按规定期限向档案管理部门移交。

形成部门对归档文件材料的真实性、完整性、准确性负责。

重要会议、重大活动组织或承办部门、临时项目组（办公室）以及负责重大突发事件应对的部门，应当明确档案收集整理工作负责人和归档责任。

第十九条 油田公司及所属单位在与外部（外协）单位签订项目合同（协议）时，应设立专门章节或条款，明确规定归档文件材料形成的质量要求、归档范围、归档时间、归档套数、整理标准、介质与格式等内容。文件材料归档审查意见或《档案交接文据》应当作为工程建设项目、科技项目以及其他重要项目合同尾款支付、合同结算支付条件。

（一）此条所称外部（外协）单位是指不隶属于油田公司管辖范围的项目建设单位（承包商）。

（二）合同（协议）条款中项目建设单位（承包商）应按照现行项目竣工资料的规范要求、强制性文件以及质监部门和档案管理部门的要求，对合同内承包项目的技术资料、安全生产、文明施工资料、质监存档资料、备案资料等相关资料进行收集、编制、整理，保证所有资料依据设计图纸、设计变更、现行施工规范规定、结合现场情况编制和装订成册。

（三）各项资料要符合项目主管单位对资料的验收及档案管理部门的存档规定。项目建设单位（承包商）在规定的时间内按照档案验收组提出的问题，组织相关单位进行整改，并上报整改报告。验收组将组织重新验收或委托验收，复验仍不合格的，不能进行竣工验收并由验收组提出处理意见。造成档案损失的，依法追究有关单位及人员的责任。

（四）通过竣工验收的项目，到档案管理部门履行归档签证手续。未办理归档签证手续，合同管理部门及财务部门不予办理相关付款手续。

第二十条 归档文件材料的整理应当遵循文件的形成规律，保持文件之间的有机联系，区分不同价值，便于保管和利用。

整理应当按照《中国石油档案管理手册》要求，对归档文件进行分类、组卷（件）、排列、编号、著录等。电子文件整理包括格式转化、元数据收集、归档数据包组织等，纸质档案整理还包括修整、装订、编页、装盒。

第二十一条 归档文件材料经形成部门或业务主管部门整理且完成审核后，应当及时向档案管理部门归档，归档时间为：

（一）管理类档案应当在次年6月底前完成归档。

（二）产品、科技项目、建设项目、设备仪器档案应当在项目鉴定或验收后3个月内完成归档，周期长的可分阶段归档。

（三）会计档案应当在会计年度终了、由会计部门保管1年后，在次年第一季度内完成归档；因工作需要确需推迟移交的，应当经单位档案管理部门同意，但会计部门临时保管会计档案最长不超过3年。

（四）油气勘探开发档案的综合类、测绘类、地质勘探类、油气田开发类、科学技术研究类，应当在次年6月底前完成归档；单井类、岩心岩屑类实物，应当在完工后3个月内完成归档。岩心岩屑可在档案管理部门监督指导下由相关单位保管并提供利用。

（五）声像、实物档案应当在相关工作结束后1个月内完成归档或同管理类档案一并归档。

（六）人员岗位变动时，应当将待归档文件材料交由接任者按要求归档；撤销部门的未归档文件材料应在部门撤销后1个月内归档，尚未完成的项目（业务）文件材料应当及时移交项目（业务）承接部门按要求归档。

（七）业务（专业）档案归档时间有特殊规定的，从其规定。

第二十二条　归档部门（单位）应当根据归档范围确认单和归档要求，审核归档文件的完整性、准确性和系统性，经档案管理部门核查后，打印《档案交接文据》和《企业档案目录》。双方清点纸质（或实物）和电子文件，办理交接手续。文件材料归档后不得更改。禁止篡改、损毁、伪造档案。

对于未能按时归档的，档案管理部门应及时催交。

属于油田公司档案馆收集范围的档案，油田公司机关部室和所属单位应按规定移交。

第二十三条　工程建设项目、科技项目、信息化项目应当按照相关规定程序进行档案验收（审查）并出具意见。档案验收（审查）不合格的项目不得进行项目竣工验收，不得参加项目评优（评奖）。

油田公司承担的国家级和集团公司级的工程建设项目、科技项目（A类）和其他项目，除按国家和集团公司规定移交外，还应向油田公司档案馆移交全套档案或副本。

第二十四条　项目档案验收，按照以下程序组织验收：

（一）国家、集团公司级项目由建设单位组织档案的初步验收，油田公司档案馆组织档案预验收，预验收合格后向国家档案局、集团公司综合管理部申请项目档案的专项验收，验收程序执行国家、集团公司的规定。

（二）油田公司档案馆组织档案专项验收：

1. 项目文件在收集、编制、整理后，项目档案申请验收前，项目建设单位应组织项目参建单位、质量监督等方面负责人以及有关人员，对项目档案进行全面验收，填写《建设项目档案验收委员会验收意见》和《建设项目竣工档案专项验收意见》。形成项目档案的自检报告。

2. 建设单位向油田公司档案馆报送档案验收申请报告，并附项目档案自检报告，填报《重点建设项目档案验收申请表》，项目档案验收组在收到申请报告的10个工作日内做出答复。

3. 项目档案验收组组织召开项目档案专项验收会议。项目档案验收组全体成员参加，项目建设单位、设计、施工、监理和生产运行管理或使用单位的有关专业人员列席会议。

4. 档案验收组提出档案需要整改的，项目建设单位在规定的时间内组织相关单位进行整改，并上报整改报告，验收组组织重新验收或委托验收，复验仍不合格的不能进行竣工验收并由验收组提出处理意见。造成档案损失的，依法追究有关单位及人员的责任。

（三）建设单位组织档案验收的建设项目，验收程序参照油田公档案馆组织的公司级重点建设项目档案验收程序。

（四）承担信息化项目的单位应当在信息化项目上线验收之前组织本单位相关业务专家和档案部门专家对项目档案进行专项验收并出具信息化项目档案验收意见书。未进行档案验收或者档案验收不合格的信息化项目，不得通过竣工验收。

通过竣工验收的项目，到档案部门履行归档签证手续。未办理归档签证手续，合同管理部门及财务部门不予办理相关付款手续。

第四章　档案管理

第二十五条　油田公司及所属单位应深化档案管理系统的应用，全面推进档案资源存量数字化、增量电子化、利用网络化，加强档案数据治理，提升档案数据质量，创新档案信息管理和利用模式，推动档案工作数字转型。

国家秘密以及企业核心商密档案不得进入档案管理系统，条目信息可在符合保密要求的单机或物理隔离的局域网保管。

第二十六条　油田公司及所属单位应建立健全本单位档案管理系统应用管理制度，加强用户培训，推广系统使用，定期对数字档案资源的完整性、可用性、安全性和真实性进行检测，及时报告存在问题或风险，对本单位机构调整及系统用户变动情况主动上报。

第二十七条　油田公司及所属单位应围绕数字档案馆（室）目标，推进增量电子化、存量数字化进程，增量电子化率应达到100%（涉密档案除外）。有条件的可以开展文字识别工作，建立全文数据库。

第二十八条　集团公司统一档案分类、著录和档号规则并嵌入档案管理系统。各单位档案管理部门应当从档案资源建设、科学管理和便于利用的角度，建立本单位档案分类体系并保持相对稳定，按照"深化著录"的原则细化档案信息著录。

第二十九条　油田公司及所属单位应不断丰富和优化馆藏资源，开展档案资源整合和共享，减少重复存档。根据馆藏档案情况，制定缺量目录，有针对性地开展档案文献征集工作。

鼓励各单位通过捐赠、征购、复制等途径，征集散存在社会和个人手中的珍贵档案，不断丰富馆藏资源。

第三十条　各所属单位档案管理部门应及时建立各类档案管理卷，内容包括：档案分类整理方案、档案收集整理情况说明、档案交接文据、档案目录以及档案管理全过程中形成的文件材料等。按照全宗建立全宗卷，记录和说明全宗立档单位及档案历史和现状。

第三十一条　各所属单位应做好档案统计工作，对所保管档案情况、档案年度出入库情况、档案设施设备情况、档案利用情况、档案交接情况、档案鉴定销毁情况、档案信息化建设情况、档案人员情况、档案业务外包情况等定期统计、建立健全台账，保证统计指标全面，统计数据真实、准确、完整，并按照油田公司要求定期填写报送统计报表。加强统计分析，促进档案管理水平提升。

第三十二条　油田公司及所属单位在对外合资合作单位在设立合资公司时，应当在合资合作协议、合资公司章程或合同中明确档案归属、流向、使用权及使用方式，确保油田公司合法权益。

第三十三条　企业资产与产权变动时，档案的处置按照《国有企业资产与产权变动档案处置暂行办法》的规定执行，牵头组织部门应当将档案处置工作纳入资产与产权变动工作，同步进行。档案管理部门应做好相关档案的接收或移交工作。

牵头组织部门应当会同档案管理部门，编制档案处置方案或在相关方案中设置档案处置专篇。档案处置方案（专篇）内容包括企业资产与产权变动的方式、档案处置工作流程、各类档案的数量及归属和流向、各方权益、档案移交时间、相关经费安排等。

资产与产权变动包括企业合并、分立、终止（包括解散、破产等）、控制权变更、分离办社会职能等。

第五章　利用与开发

第三十四条　油田公司及所属单位应树立利用创造价值的理念，积极做好档案提供利用工作；组织专题编研、联合编研、线上线下展览等方式深度开发档案资源，充分发挥档案资源服务企业生产经营、合规管理、管理创新、企业文化等方面的价值。

第三十五条　油田公司及所属单位应积极开展档案利用服务工作，编制档案资源总览、档案目录、全宗指南等检索工具，满足手工检索和系统检索需要。

第三十六条　油田公司及所属单位应制定档案利用流程，根据档案的密级、内容和利用方式，规定不同的利用权限、范围和审批手续，做好利用登记。

各所属单位档案管理部门应当创新档案利用服务形式，推进档案利用线上服务。

档案原则上只提供本单位内部员工利用，外部审计、巡视巡察等需要查阅档案的，原则上由本单位相应对口部门负责办理并提供。应保证档案安全并及时归还所借档案。

员工调离本单位时，应清退应归档的文件材料和借阅档案，档案管理部门签署意见后，方可办理有关手续。

第三十七条　档案利用者应当遵守档案利用制度，不得篡改、损毁（涂改）、伪造档案，不得擅自复制（拍摄）、抽取、撤换、添加档案材料。利用纸质档案原件，原则上在档案阅览室进行。

为了研究、宣传、教育等非商业目的和传播知识需要，利用档案原文或部分原文，通过报纸、刊物、图书、声像、电子等出版物发表的，应当书面征得档案管理部门同意，并在使用时注明档案的保管单位。

第三十八条　油田公司及所属单位应加强红色档案以及石油工业遗产档案的建档、保护与开发，围绕"国际档案日"年度宣传主题，开展档案日常工作宣传，通过举办陈列展览、拍摄专题片、建设专题档案网页等多种形式，开发档案信息资源，挖掘档案资源价值，展示档案工作服务企业改革发展的作用和成果。

第三十九条　鼓励各单位以馆（室）藏档案为主要对象，在对档案资源进行梳理研究的基础上，围绕辽河油田发展历程中的重大纪念日、重大事件（活动）、重要历史节点和本单位中心工作，采取独立自编或联合编研的方式，开展多种形式的档案专题汇编和专项编研工作，发挥档案的教育引导作用。

第四十条　油田公司及所属单位应加强对史志编纂工作的领导，将企业志书和企业发展史编纂工作纳入本单位领导议事日程和发展规划计划，有条件的单位宜以15年或20年左右时间为编纂周期，启动修（续）志工作。史志编纂应建立适应工作需要的组织机构，工作经费纳入本单位财务预算。

第四十一条　鼓励所属单位开展本单位的企业年鉴、专业年鉴和大事记等史料编研工作。按照油田公司年鉴编纂工作通知要求，各单位（部室）应按时向油田公司档案馆史志办公室报送《中国石油辽河油田公司年鉴》涉编的相关资料，原则上机关部室综合办公室、所属单位党委办公室（厂长或经理办公室）组织编纂、审核把关和资料报送。

第四十二条　油田公司及所属单位应加强档案史志编研队伍建设，鼓励有关专家、学者和熟悉档案史志业务的人员参与档案专项编研工作。史志和年鉴编纂实行专职与兼职人员相结合、老中青相结合，并保持相对稳定。所属单位应选聘有一定政治理论和专业水平，有一定文字工作能力的人员参加史志和年鉴编纂工作，并依据《出版文字作品报酬规定》，给予相关编纂者稿酬。

第六章　安全管理

第四十三条　油田公司及所属单位应加大档案基础设施投入力度，专门设置档案办公用房、阅览用房和档案库房，并根据工作需要分别设置档案整理、消毒、数字化等业务和技术用房。配备防高温、防高湿、防火、防盗、防光、防空气污染、防虫、防霉等必要的设施设备。

第四十四条　油田公司及所属单位应区分载体对档案进行保管和保护，健全人防、物防、技防三位一体的安全防范体系，确保实体安全和信息安全。对受损、易损档案应及时修复、复制或做其他技术处理。

第四十五条　档案库房应当保持干净整洁，不得用作其他用途，严禁烟火、水源。档案工作人员应当监测和记录库房温湿度，根据需要采取调节措施；定期检查维护档案库房设施设备，确保正常运转。档案库房和柜架标识应规范、清晰。

油田公司及所属单位应定期对档案数量进行清点，做到账物相符。人员更换时应对所负责保管档案进行清点交接。

第四十六条　油田公司及所属单位应为档案工作人员配备劳动保护用品，避免在档案管理过程中受到物理伤害或有毒有害物质伤害。

第四十七条　油田公司及所属单位应制定有针对性的安全风险管控措施和应急预案，每年定期组织演练，以应对突发事件和自然灾害。档案管理应急预案应当纳入本单位总体应急预案。

第四十八条　油田公司及所属单位在委托档案数字化、整理、开发利用、管理咨询服务等业务时，应当与符合条件的服务企业签订委托协议，约定服务的范围、质量和技术标准、安全保密等内容，并严格监督承包方加强业务流程管理，监理标准作业程序。各单位对档案安全保密负总责。

油田公司及所属单位档案原则上不允许在系统外单位寄存保管。

第七章　鉴定销毁

第四十九条　档案密级的变更和解密应当执行保密管理相关办法。明确标注保密期限、解密时间或者解密条件的，保密期限已满、解密时间已到或者符合解密条件，且未延长保密期限的，自行解密。解密时间为保密期限届满、解密时间到达或者解密条件达成之时。需要提前解密或者变更保密期限、解密时间、解密条件、知悉范围的，原定密部门、单位应当在保密期限届满、解密时间到达或者解密条件达成之前书面通知档案管理部门。

第五十条　油田公司及所属单位应对已达到保管期限的档案进行鉴定处置。鉴定工作应当成立鉴定委员会，一般由各单位主管档案工作领导或相关业务主管领导任主任，由档案管理部门负责人和相关业务部门主管领导任副主任，相关业务骨干和档案工作人员为成员。会计档案鉴定委员会还需要审计部门和纪检监察部门人员参加。

鉴定完成后，应当形成鉴定报告。对仍需继续保存的档案，重新划分保管期限并作出标注；对确无保存价值的档案，按有关程序予以销毁。

第五十一条　经鉴定可以销毁的档案，按照以下程序销毁：

（一）档案管理部门依据档案鉴定报告，编制档案销毁清册，列明拟销毁档案的档号、文号、责任者、题名、形成时间、保管期限、已保管时间、销毁时间和销毁原因等内容，报本单位鉴定工作委员会审核批准。

（二）分管档案工作的单位负责人、档案管理部门负责人、相关业务部门负责人、档案管理部门经办人在档案销毁清册上签署意见。

（三）档案管理部门组织档案销毁工作，相关业务主管部门共同派员监销。监销人在档案销毁前，按照销毁清册所列内容进行清点核对；在档案销毁后，销毁人、监销人在销毁清册上签名或盖章。

数字档案资源销毁时，应当确保在线存储设备、容灾备份系统、离线存储介质中不可识读。

档案销毁应当在指定场所进行。禁止擅自销毁档案。

鉴定委员会组成文件、鉴定报告、销毁清册永久保存。

第八章　监督与责任

第五十二条　油田公司档案馆负责本办法的执行监督。

第五十三条　油田公司每2年组织一次档案史志工作评先选优，对先进单位、先进集体和先进个人进行表彰。有下列情形的单位和个人，应当给予表彰奖励：

（一）档案收集、整理、提供利用和鉴定做出显著成绩的；

（二）开展档案管理创新实践并具有示范推广价值的；

（三）档案提供利用和档案资源开发取得突出效果的；

（四）在珍贵档案征集中作出突出贡献的；

（五）在重大活动、突发事件应对档案工作中以及在档案应急处置中表现突出的；

（六）同违反档案法律、法规的行为作斗争，表现突出的。

第五十四条　油田公司建立档案工作检查评价机制，原则上每 2 年实现全部所属单位现场检查全覆盖。检查评价内容包括档案工作责任制和管理制度落实情况；档案库房、设施、设备配置使用情况；档案工作人员管理情况；档案收集、整理、保管、鉴定销毁、提供利用等情况；档案信息化建设和数字档案馆（室）建设情况；档案史志编研情况等。

所属单位应当结合本单位实际情况，制定档案工作检查评价机制，按年度对部门、单位文件归档及档案管理工作进行评价。

第五十五条　有下列情形之一的，应当视为存在档案风险。所属单位应采取措施，进行整改，消除隐患。

（一）未设立或指定档案管理机构，档案人员严重不足的；

（二）档案工作骨干人员不具备档案业务管理能力的；

（三）档案制度不完备的；

（四）没有建立合同约束机制和项目验收（审查）机制的；

（五）档案库房选址、建设不规范，库房面积严重不足的；

（六）库房缺乏必要的设施、设备，或者设施、设备老化，致使档案保管不安全的；

（七）主要业务信息系统归档功能缺失，无法确保电子档案来源可靠、程序规范、要素合规的；

（八）档案开放审核、提供利用和公布的程序不规范的；

（九）开展档案外包服务不符合办法程序和要求，尚未造成档案损毁、灭失的；

（十）档案资源未集中统一管理，面临损毁、灭失危险的；

（十一）存在其他档案安全和风险隐患的。

第五十六条　违反本办法，有以下行为之一的，情节较轻的，给予通报批评；对油田公司造成重大损失和不良影响的，依照集团公司违规违纪处分规定和油田公司责任追究有关规定对相关单位和责任人给予处分；涉嫌违法犯罪的，由纪委办公室移交司法机关处理。

（一）档案管理工作不落实，管理规章制度不健全，控制措施不到位，对档案工作造成不良影响的；

（二）将工作中产生的设计、方案、数据图表、研究成果、技术总结报告等应归档的文件材料据为己有，拒绝移交档案管理部门，被责令改正而拒不改正的；

（三）不执行归档范围确认制，不按规定时间向档案部门归档、拒绝归档的；

（四）擅自涂改抽换档案内容，损毁丢失档案，档案失密泄密，盗窃倒卖档案资料的；

（五）不按规定提供利用档案，擅自将企业商业秘密向外泄露的；

（六）明知存在安全隐患而不采取补救措施，造成档案损毁、灭失，或者被责令限期整改而逾期未整改的；

（七）发生档案安全事故后，不采取抢救措施或者隐瞒不报、拒绝调查的；

（八）档案工作人员玩忽职守，造成档案损毁、灭失的；

（九）未按时完成油田公司统一部署的档案史志编研工作任务的，未按要求向上级领导机关提供资料的。

第九章　附　则

第五十七条　本办法由油田公司档案馆负责解释。

第五十八条　本办法自印发之日起施行。《辽河油田分公司档案工作管理办法》（中油辽字〔2018〕210 号）同时废止。

辽河油田公司资产库管理实施细则

第一章 总 则

第一条 为加强辽河油田公司所属单位资产库管理,规范资产库内各类资产管理,防止国有资产流失,依据《辽河油田公司固定资产管理办法》,制定本细则。

第二条 本细则适用于辽河油田分公司、辽河石油勘探局有限公司(以下统称油田公司)及其所属单位、全资公司(以下统称所属单位)的资产库管理。

油田公司控股公司通过法定程序执行本细则。

第三条 本细则所称资产库是指油田公司所有,所属单位管理和使用,用于集中、整理、存放、处置各类备用、闲置、报废及待报废资产,各类修理回收旧件的专用场所。

第四条 财务资产部是油田公司资产库归口管理部门,主要负责制定油田公司资产库管理制度,指导、检查、监督所属单位资产库管理工作。

第五条 所属单位财务资产部门是本单位资产库管理专业管理部门,负责本单位资产库管理工作。

第六条 所属单位应根据自身需求建立不同规模的资产库,配置相应人员,负责日常资产库管理。资产库无论大小,均应按照油田公司资产库管理规定统一开展工作。

第二章 库内资产管理

第七条 资产库内存放资产包括以下各类:

(一)报废资产:含已批复报废具备可回收价值的固定资产、在建工程、存货、油管、抽油杆、井下工具等具有实物形态资产;

(二)待报废资产:接近效用年限、技术状况差,且无使用价值的资产;

(三)闲置资产:是指在企业内部未调剂成功的不再使用或不需用,但仍有使用价值的资产;

(四)暂存资产:一般为新购置设备类资产,由于生产现场不具备安装条件而暂存资产库内的资产;

(五)修理旧件:包括工程改扩建、修理、更新改造、交旧领新时回收的具有变现价值的资产。

第八条 油田生产过程产生的废润滑油、废石棉、碎玻璃、废橡胶、废塑料、废活性炭等工业垃圾不允许入库存放。

第九条 资产库内各类资产应按种类分区摆放,做好标识,并建立《资产库总台账》。入、出库资产应做好登记,留存照片、记录相关信息,入、出库信息应与总台账保持一致。

第十条 闲置和暂存资产应按规定摆放,防止锈蚀及损坏,闲置和暂存资产存放期限原则上不能超过一年。

第十一条 资产库管理人员每天应对资产库内存放资产进行检查,填写巡检记录;每月对库内资产进行清查盘点,发现账实不符现象应及时查找原因,留存盘点报告以备检查。

第三章 入库管理

第十二条 资产入库流程:

(一)各类资产

1. 作业区(大队)资产员填写《资产出入库调拨令》并上报财务资产部门;

2. 财务资产部门根据《资产出入库调拨令》对资产进行现场审核,签字盖章通过后,由作业区(大队)资产员到资产库办理入库手续;

3. 资产库管理人员依据《资产出入库调拨令》对入库实物进行核实,确定无误后,由资产库管理人员在资产库总台账中录入相关数据信息;

4. 资产库管理人员办理《资产库出入车辆登记表》,车辆入库时,资产库管理人员核实登记表,确保入库资产全部卸下并无带出;

5. 资产库管理人员负责引导运送、吊装资产的车辆进入资产库,并负责指导入库资产的摆放。

（二）修理回收旧件

1. 修理厂家业务人员填写《旧件（物）回收明细表》并上报业务部门；

2. 业务主管部门根据《旧件（物）回收明细表》对旧件实物进行现场审核，签字盖章通过后，由修理生产厂家业务人员到资产库办理入库手续；

3. 资产库管理人员依据《旧件（物）回收明细表》对入库实物进行核实，确定无误后，由资产库管理人员在资产库总台账中录入相关数据信息；

4. 资产库管理人员办理《资产库出入车辆登记表》，车辆入库时，资产库管理人员核实登记表，确保入库修理旧件全部卸下并无带出；

5. 资产库管理人员负责引导运送、吊装修理旧件的车辆进入资产库，指导入库修理旧件的摆放。

第十三条 所有入库表单内数据及公章应做到完整、准确，由资产库管理人员核实无误后方可入库，资产实物如与入库表单不一致，库内管理人员有权拒绝资产入库。

第十四条 废旧电线、电缆、管材及金属残体等无法确定数量、长度的修理旧件入库前应进行称重，称重时主管科室相关人员、施工单位相关人员、资产库管理人员应全程跟踪，并在磅单上签字。当天过磅的旧件应在当天办理入库手续。

第十五条 易燃、易爆、危险品及其他存有安全环保隐患的资产，应经安全环保措施处理后，方可入库。

第四章 出库管理

第十六条 闲置及暂存资产出库流程：

1. 由作业区（大队）资产员填写《固定资产出入库调拨令》，上报本单位财务资产部门审核；

2. 财务资产部门签字盖章通过后，由作业区（大队）资产员到资产库办理出库手续，进行资产拉运准备工作；

3. 资产库管理人员依据《固定资产出入库调拨令》办理《资产库出入车辆登记表》，车辆出库时，资产库管理人员核实登记表，确保出库资产为调拨令开具资产，无其他资产带出。

第十七条 报废资产、修理旧件出库流程：

1. 资产买受方持有《固定资产价拨通知单》《资产处置评估报告》等出库单据到财务资产管理部门办理交款手续；

2. 交款完成后，资产买受方到资产库办理出库手续，并做好相关资产拉运准备工作；

3. 资产库管理人员依据出库单据办理《资产库出入车辆登记表》，车辆出库时，资产库管理人员核实登记表，确保出库资产为出库单据开具资产，无其他资产带出。

第十八条 报废资产、修理旧件处置出库需要称重时，财务资产部门、保卫部门、资产库管理人员等部门相关人员要全程跟踪，并在磅单上签字。当天过磅必须在当天办理出库手续。

第十九条 资产、修理旧件出库后，资产库管理人员要对现场及时清理，对资产库总账及现场存货及时进行复核，确保账实相符。

第五章 资料管理

第二十条 资产库资料是指从资产及修理旧件的接运、验收入库、出库过程中所建立的各种原始记录、单据、凭证、账册和报表等。

第二十一条 资产库留存资料应包括：

（一）资产出入库调拨令（附件1）；

（二）旧件（物）回收明细表（附件2）；

（三）资产库总台账（附件3）；

（四）资产库巡回检查记录表（附件4）；

（五）资产库出入车辆登记表（附件5）；

（六）资产出、入库时的录像、照片等现场证据（可为电子文档）。

第二十二条 填写要求：

（一）资料填制应统一规范。做到书写工整清晰，填写内容齐全，数据真实准确，相关数据对应一致，印章、签字齐全。

（二）文本资料应按年、月，分类装订成册。

（三）电子文件、资料应妥善保管，保存期限不低于五年。

第六章 监督与考核

第二十三条 资产库日常生产经营管理应纳入油田公司内部审计、巡察工作范围，接受财务、纪检、审计等监督部门监督。

第二十四条 所属单位应定期对所辖资产库进行检查，对存在问题及时组织整改。

第二十五条 财务资产部将定期或不定期对各单位资产库工作进行检查，将检查结果作为年度考核的一项依据，对没有执行有关规定的将在年度考核中予以扣分；对资产库因管理不善而引起资产损失的，建议调离相关人员岗位；造成不良影响或经济损失的，财务资产部将相关问题线索移交纪委办公室处置；涉嫌违法犯罪的，由纪委办公室移交司法机关处理。

第七章 附则

第二十六条 本细则由财务资产部负责解释。

第二十七条 本细则自印发之日起执行。

辽河油田公司职业技能等级认定管理办法

第一章 总则

第一条 为深入推进人才强企工程，优化完善人才评价体系，加强和规范职业技能等级认定工作，进一步提升人才职业能力，推动人才队伍建设，根据《中国石油天然气集团有限公司职业技能等级认定管理办法》，结合辽河油田实际，制定本办法。

第二条 本办法适用于辽河油田分公司、辽河石油勘探局有限公司（以下统称油田公司）及其所属单位、全资公司（以下统称所属单位）的职业技能等级认定管理工作。

油田公司控股公司通过法定程序实施本办法。

第三条 本办法所称职业技能等级认定是指辽河油田技能人才评价中心（以下简称评价中心）按照国家职业技能标准或集团公司评价规范，对申报职业技能等级认定人员的职业能力水平进行的评价与认定活动。

第四条 职业技能等级分为初级工（五级）、中级工（四级）、高级工（三级）、技师（二级）、高级技师（一级）、特级技师（T级）、首席技师（S级）七个等级。

第五条 油田公司职业技能等级认定应坚持服务企业和员工、客观公正、科学规范、实际实用、分级管理、分类评价的原则。

第二章 认定机构与职责

第六条 油田公司职业技能等级认定机构由评价中心、技能人才评价工作站（以下简称评价站）组成。

油田公司职业技能等级认定工作实行评价中心统筹管理，评价站负责操作技能考核具体组织实施的运行管理模式。

第七条 评价中心由油田公司党委组织部（人事部）管理，业务由集团公司职业技能鉴定指导中心（以下简称指导中心）管理，主要职责为：

（一）根据国家和集团公司有关认定的政策和规章制度，结合工作实际，制定相应的管理制度；

（二）负责向指导中心申报新增工种、评价规范；

（三）负责开发和管理油田公司职业技能等级认定题库；

（四）负责职业技能等级认定组织实施和开展内部质量督导工作；

（五）负责向指导中心呈报技师、高级技师、特级技师认定结果，颁发职业技能等级证书；

（六）负责协调中国石油驻辽宁省地区企业的认定工作，评价机构属地备案工作，汇总和上报认定工作计划、认定结果，数据统计等事宜。

第八条 评价中心根据认定工作需要和工作量按专业或区域设立评价站，评价站主要职责为：

（一）负责贯彻执行国家、集团公司、油田公司有关职业技能等级认定工作方针、政策及规定；

（二）按照国家和集团公司对评价站的建设标准，负责评价站场地、设备、设施配套建设与更新完善，并做好日常安全管理工作。负责评价站管理人员培训、考核，协助选拔、聘任等工作；

（三）按照评价中心部署与要求，依据评价标准和规范，负责操作技能考核组织实施及考试过程质量安全管理与控制工作；

（四）负责向评价中心以书面形式报告认定实施情况和考试结果，接受评价中心检查验收；

（五）负责职业技能等级认定咨询服务与政策知识宣传工作；

（六）负责职业技能等级认定资料的收集、整理与归档工作。

第九条　评价站设立的基本条件是：

（一）具有取得相应资格的专（兼）职管理人员和考评人员；

（二）具有与所认定职业（工种）及其等级相适应的考核场地、设备设施、检测仪器等基础设施；

（三）具有完善的办公场所和操作规程，具备相关职业（工种）的认定能力。

第十条　评价站由所在单位管理，业务由评价中心监督指导。评价站岗位设置、人员岗位调整和外部认定等事项须向评价中心进行报备。

第十一条　评价中心在需要时，可在具备相应工种（专业培养方向）操作技能考核条件的单位设立认定考试点。开展认定时，认定考试点按要求提供所需的场地、设备、工具和仪器等。

第三章　考评人员与质量督导员

第十二条　考评人员是指在规定职业（工种）、等级和类别范围内，按照国家职业技能标准或集团公司评价规范，对参加职业技能等级认定人员的专业知识、技能水平和工作业绩进行考核、评审的人员。

第十三条　考评人员分为考评员和高级考评员。考评员可承担高级工及以下级别的考核工作；高级考评员可承担特级技师及以下级别的考核工作。

第十四条　考评人员为从生产现场选拔的具有敬业精神、公道正派、业务精湛、技术优良、素质过硬的专业技术或操作技能人员，考评员应具有高级工及以上职业技能等级或者中级及以上职称，高级考评员应具有技师及以上职业技能等级或高级职称。经统一培训考核合格后，颁发聘书，有效期三年，期满后根据考核结果和需要，可重新聘任，换发证卡。

第十五条　评价中心指导评价站采取定期轮换的方式派遣考评人员，做好监督和检查工作。认定工作期间对亲属、师生、师徒等实行考评人员回避制度。

第十六条　考评人员聘期内至少参与一次考评工作。考评工作期间，按照经费规定标准支付考务报酬。

第十七条　评价中心每年对考评人员的考评工作情况进行考核，考核不合格者予以解聘，同时将考核结果反馈至考评人员所在单位。

第十八条　质量督导员是指在技能等级认定实施过程中和评价机构评估中，参与执行督导或机构评估任务的工作人员。

第十九条　质量督导员分为外部质量督导员和内部质量督导员。外部质量督导员由指导中心选派，代表集团公司对评价中心进行质量督导。内部质量督导员由评价中心选派，代表评价中心对评价站进行质量督导。执行督导任务期间，按照经费规定标准支付督导报酬。

第二十条　质量督导员一般由评价中心从认定工作管理人员或具有三年以上考评工作经历的优秀考评人员中推荐，经指导中心统一培训考核合格后，颁发证书和聘书，有效期三年，期满后根据考核结果和工作需要，可重新聘任，换发证卡。

第二十一条　质量督导员在规定的职能范围内，依据有关职业技能等级认定法规、政策和工作程序，对认定场所、设备设施和认定组织实施监督检查；有权对考评过程中的违规、违纪行为予以制止或提出处理意见，发现重大问题应报请评价中心处理。

第二十二条 质量督导实行回避制度，质量督导员不能参加可能影响其客观公正督导的工作，不能兼任同场次考评工作。质量督导工作结束后，质量督导员应对被督导单位的认定工作提出评价意见，并以书面形式向评价中心提交督导报告，对存在严重质量问题的评价站提出警告，并限期整改。

第二十三条 考评人员和质量督导员的证卡采用13位编码，由证卡类别代码（1位，0为质量督导员，1为高级考评员，2为考评员）、评价中心机构编码（取编码前6位）、年份（取公元年份后2位）、序列号（4位）组成。

第四章 认定范围与申报条件

第二十四条 凡列入油田公司工种目录的职业（工种）均纳入职业技能等级认定范围。

第二十五条 申报各职业技能等级应满足以下相应的条件，其中：

（一）具备以下条件之一的，可申报初级工（五级）：

1. 累计从事本职业或相关职业工作1年及以上；
2. 新入职完成本职业培训内容，经考核合格人员；
3. 本职业或相关职业学徒期满。

（二）具备以下条件之一的，可申报中级工（四级）：

1. 累计从事本职业或相关职业工作6年及以上；
2. 取得本职业或相关职业初级工（五级）职业技能等级证书后，累计从事本职业或相关职业工作4年及以上；
3. 中专或技校学历取得本职业或相关职业初级工（五级）证书后，累计从事本职业或相关职业工作3年及以上；
4. 大专及以上学历取得本职业或相关职业初级工（五级）证书后，累计从事本职业或相关职业工作1年及以上。

（三）具备以下条件之一的，可申报高级工（三级）：

1. 累计从事本职业或相关职业工作11年及以上；

2. 取得本职业或相关职业中级工（四级）职业技能等级证书后，累计从事本职业或相关职业工作5年（含）以上；

3. 中专或技校学历取得本职业或相关职业中级工（四级）职业技能等级证书后，累计从事本职业或相关职业工作3年及以上；

4. 大专及以上学历取得本职业或相关职业中级工（四级）职业技能等级证书后，累计从事本职业或相关职业工作2年及以上。

（四）具备以下条件之一的，可申报技师（二级）：

1. 取得本职业或相关职业高级工（三级）职业技能等级证书后，累计从事本职业或相关职业工作4年及以上；

2. 大专及以上学历取得本职业或相关职业高级工（三级）职业技能等级证书后，累计从事本职业或相关职业工作3年及以上。

（五）具备以下条件之一的，可申报高级技师（一级）：

1. 取得本职业或相关职业技师（二级）职业技能等级证书后，累计从事本职业或相关职业工作4年及以上；

2. 大专及以上学历取得本职业或相关职业技师（二级）职业技能等级证书后，累计从事本职业或相关职业工作3年及以上。

（六）取得高级技师（一级）职业技能等级证书5年以上的，可申报特级技师，首席技师从特级技师中产生。

第二十六条 在《中国石油工种目录》同一专业内转换职业（工种）的，经岗前培训合格后，可申请参加和原从事职业（工种）同等级的认定。在不同专业之间转换职业（工种）的，经岗前培训合格后，可申请参加不高于原认定等级的认定（不高于高级工）。

第二十七条 参加第二职业（工种）职业技能等级认定的，申报等级不高于现从事职业（工种）的职业技能等级（不高于高级工）。

第五章　认定工种与题库

第二十八条　油田公司工种目录由评价中心根据《中国石油工种目录》，结合生产实际和产业发展规划需要，制定发布和动态调整。

第二十九条　各工种的评价规范依据指导中心发布的评价规范为准。

第三十条　评价中心根据集团公司基础题库，结合生产实际，建立油田公司技能等级认定题库。

第三十一条　认定考试试题从题库中抽取，评价中心、评价站在使用过程中收集整理题库存在的问题，及时修订完善。

第三十二条　评价中心建立专业、稳定、高效的命题专家队伍，并对命题专家定期开展业务培训、技术交流等活动，提高题库开发质量。

第六章　认定内容与方式

第三十三条　职业技能等级认定内容包括职业道德、职业能力和体现能力水平的工作业绩等，主要评价专业知识水平和执行操作规程、解决生产问题及完成工作任务的能力，以及岗位工作绩效、创新成果和实际贡献等。

第三十四条　初级工、中级工、高级工、技师、高级技师采取理论知识考试和操作技能考核相结合的方式进行认定，其中高级技师还须撰写技术总结并参加技术答辩。

第三十五条　初级工、中级工、高级工、技师、高级技师理论知识考试、操作技能考核、技术答辩实行百分制，各项成绩均达60分及以上者为认定合格。初级工、中级工、高级工单科成绩合格两年内有效。

第三十六条　特级技师、首席技师采取量化积分评定方式开展评定。根据积分晋级指标，重点评价高技能人才的能力素质、创新创效、业绩贡献等。

第三十七条　评价中心可结合油田公司发展与人才培养工作需要，创新评价方式，报指导中心审批同意后，予以实施。

第七章　认定组织与实施

第三十八条　评价中心制定年度评价工作计划，发布认定公告，明确职业（工种）、等级、申报条件、认定方式、报名时间和收费标准等，参评人员依据公告自愿报名。

第三十九条　评价中心对申报人员进行资格审查，并与相关单位进行确认，根据报名情况制订认定考试运行计划。

第四十条　初级工、中级工、高级工、技师和高级技师技能等级认定按照以下程序进行：

（一）评价中心根据认定考试运行计划，编排考场，准备好必要的设备设施；制作并发放准考证；选派理论知识考试监考人员、内部质量督导员；

（二）评价中心组织召开考前会，明确分工和工作要求等；

（三）评价中心组织理论知识考试，采取闭卷方式进行，每个考场的监考人员不少于2人；

（四）评价中心组织操作技能考核，由评价站具体实施。操作技能考核以现场操作为主，模拟操作、口述、笔答等方式为辅的形式进行，每个工种每个考核项目考评人员不少于3名；

此外，申报高级技师技能等级认定的，评价中心组织技术答辩，评委根据所提交的技术总结进行问询，参评人员现场答辩。

（五）评价中心负责理论知识考试阅卷，评价站负责操作技能考核成绩汇总上报，由评价中心发布成绩。

第四十一条　特级技师、首席技师技能等级认定按照高技能人才管理相关程序进行。

第四十二条　认定合格的人员，高级工及以下的由评价中心直接颁发职业技能等级证书，技师及以上等级的，评价中心报指导中心审批同意后颁发职业技能等级证书。

第四十三条　对于认定合格的人员，评价中心整理完善相关信息，报指导中心和辽宁省人社部门，在国家技能人才评价工作网向社会发布。

第四十四条　评价中心和评价站对评价结果进

行分析，编制评价分析报告，及时向相关单位进行反馈。

第四十五条 评价中心和评价站妥善保管认定工作全过程资料，纸质材料保管不少于三年，电子材料不少于五年，确保评价过程可追溯、结果可倒查。

第四十六条 油田公司员工应积极参加由评价中心组织的职业技能等级认定。对油田公司工种目录以外，如工作需要确需认定的，由用人单位向评价中心提出申请，经评价中心委托相应评价机构进行认定。

第四十七条 评价中心和评价站加强认定工作信息化建设，利用认定综合信息管理平台和数字化、智能化考场，全面提高认定工作时效。

第八章 督导与评估

第四十八条 职业技能等级认定质量督导是指按照职业技能等级认定的有关要求，对认定过程中贯彻集团公司职业技能等级认定政策制度、执行集团公司评价规范、使用认定题库及组织实施认定的过程进行监督和检查。

第四十九条 质量督导应坚持监督与指导并重，秉持公平公正原则，评价中心选派内部督导员，采用现场督导、视频监控的方式，对认定实施过程、题库和实际工作结合度进行全过程督导。

第五十条 评价中心定期对评价站认定工作进行综合评估，主要内容包括制度建设与执行情况、开展认定工作情况、考务管理、认定规范、设施设备、人员条件、档案管理、评价效果等。根据评估结果，对评估不合格的评价站，视情况予以处理，直至取消技能等级认定资格。

第九章 破格晋升与直接认定

第五十一条 参加以下职业技能竞赛获得名次的，可破格或直接晋升职业技能等级，最高晋升至高级技师：

（一）经集团公司人力资源部推荐或确认，参加国家级一类、二类及职业技能竞赛获得表彰的优胜选手，晋升一级职业技能等级，其中：获得国家级一类竞赛前五名和国家级二类竞赛前三名（或金牌）的，直接晋升为高级技师；

（二）获得集团公司级职业技能竞赛个人奖牌的优胜选手，晋升一级职业技能等级，其中：获得金牌的，原是高级工及以下的，可直接晋升技师；原是技师的，直接晋升为高级技师。获得银牌的，原是初级工或中级工的，直接晋升高级工；原是高级工或技师的，直接晋升一级职业技能等级。获得铜牌的，原是高级工及以下的，直接晋升一级职业技能等级；原是技师的，免于理论知识考试和操作技能考核，经技术答辩合格后，晋升高级技师；

（三）获得油田公司级职业技能竞赛个人奖牌的优胜选手，直接晋升一级职业技能等级（不高于高级工），其中：获得金牌的，原是初级工或中级工的，可直接晋升为高级工；原是高级工或技师的，免于理论知识考试和操作技能考核，经业绩考核或技术答辩合格后，晋升技师或高级技师。获得银牌的，原是初级工或中级工的，直接晋升一级职业技能等级；原是高级工或技师的，免于理论知识考试和操作技能考核，经业绩考核或技术答辩合格后，晋升技师或高级技师。获得铜牌的，原是初级工或中级工的直接晋升一级职业技能等级，原是高级工或技师的，可破格参加技师或高级技师的考评；

（四）经评价中心推荐或确认，参加省级职业技能竞赛获得名次的优胜选手，其职业技能等级晋升参照集团公司级竞赛标准执行，如其晋升标准高于集团公司规定的，需报集团公司指导中心审核确认；

（五）在国家、省部和集团公司职业技能竞赛中获得"金牌教练"等荣誉的操作技能员工，直接晋升一级职业技能等级；

（六）对同一年在各类职业技能竞赛获得表彰的优胜选手，按就高的原则，晋升职业技能等级。

第五十二条 具备下列条件之一的，可直接认定职业技能等级，最高直接认定到高级技师：

（一）获得省部（集团公司）级及以上科技进步奖或经油田公司申报获得国家发明专利，排名在前五名的，具有推广应用价值和良好经济效益，原是初级工、中级工的直接认定为技师，原是高级工、技师的直接认定为高级技师；

（二）获得国家、省级、集团公司劳动模范称号的，或五一劳动奖章的，以及省级以上政府特殊津贴等相应等级荣誉称号的，直接认定为高级技师；

（三）获得地市（油田公司）级劳动模范、先进工作者等荣誉称号的，晋升一级职业技能等级；

（四）获得集团公司创新成果三等奖及以上的领衔人，直接晋升一级职业技能等级。

第五十三条　专业技术岗位转到操作岗的人员，具有助理级、中级和高级职称专业技术资格的可分别直接认定相关专业高级工、技师和高级技师职业技能等级。

专业技术岗位未转到操作岗的人员，具有员级、助理级、中级和副高级专业技术资格，分别申报相关专业中级工、高级工、技师和高级技师认定，取得职业技能等级满一年后可按照累计工作年限申报晋级认定。具有所申报职业（工种）相关专业毕业证书的，可免于理论考试。

第五十四条　符合破格或直接晋升职业技能等级条件的人员，由所在单位组织申报，评价中心审核，按照相关程序晋升相应职业技能等级。

第十章　职业技能等级证书

第五十五条　职业技能等级证书由指导中心统一设计，评价中心核发，纸质证书与电子证书具有同等效力。

第五十六条　职业技能等级证书编号共22位，由英文大写字母和阿拉伯数字组成，第1~5位为集团公司类别代码和机构代码"Y0001"，6~7位为所属企业所在地省级代码，8~13位为评价中心序列码，14~15位为证书核发年份后两位，第16位为职业技能等级代码（S为首席技师、T为特级技师，1为高级技师、2为技师、3为高级工、4为中级工、5为初级工），17~22位为证书序列号（竞赛优胜选手所获证书编码的第17位，使用英文大写字母J作为识别码）。

第五十七条　职业技能等级证书由评价中心统一征订和管理，并建立证书核发管理台账，废弃证书按规定进行销毁。

第五十八条　油田公司各单位和员工可登录中国石油职业技能等级证书查询平台（http://osta.cnpc.com.cn）查询证书相关信息。

第十一章　经费管理

第五十九条　职业技能等级认定经费是开展职业技能等级认定工作的必要条件，按照油田公司职业技能等级认定经费管理规定所列标准收取和支出，主要用于命题、审题、印卷、阅卷、考核、答辩、制证等费用，认定人员（考务、考评、督导、监考等）考务报酬，标准（规范）、教材、题库开发与修订，认定平台的开发与维护，考核场地、设备设施、材料能源消耗、检测、租用车辆等。

第六十条　职业技能等级认定经费实行收支两条线、专款专用。认定经费不足部分，可从生产成本或职工教育经费中列支。专职考务管理人员不得领取本单位的考务报酬。专职题库管理人员不得领取本单位的题库建设报酬。

第六十一条　职业技能等级认定实行有偿收费制度，报名时由所属单位统一上缴。员工参加职业技能等级认定发生的费用按照以下原则由单位和个人分担：

（一）认定工种和本职工作密切相关的，经本单位人事部门审核认定，取证后单位可承担全部费用；

（二）认定工种和本职工作部分相关的，经本单位人事部门审核认定，取证后单位承担费用比例不高于80%；

（三）认定工种和本职工作不相关的，经本单位人事部门审核认定，费用由员工个人承担；

（四）劳务派遣工参加职业技能等级认定经用工单位人事部门审核认定后，用工单位承担全部费用。

第十二章　罚　则

第六十二条　在参加职业技能等级认定中有违规行为的人员，2年内不得申报认定，情节严重的按照员工违规行为处理规定相关条款进行处罚。

第六十三条 职业技能等级认定管理人员、考评人员、质量督导员和工作人员在认定工作中，如有弄虚作假、徇私舞弊、以权谋私、玩忽职守行为，将给予停止工作、取消其资格等处理。造成不良影响或经济损失的，由评价中心将相关问题线索移交纪委办公室处置。涉嫌犯罪的，经纪委核查后，发现存在涉嫌职务违法、职务犯罪行为的，由纪委办公室按程序向监察机关移送。

第六十四条 对评价站不完善，人员配备不全，组织管理不力，认定过程中发生重大质量事故，造成不良影响的，视情节进行处理，直至取消认定资质。

第十三章 附 则

第六十五条 本办法由评价中心负责解释。

第六十六条 本办法自颁发之日起施行。《辽河油田公司职业技能鉴定管理办法》（中油辽字〔2014〕223号）和《中国石油辽河职业技能鉴定初、中、高级工申报条件及相关规定》（辽油职鉴发〔2017〕5号）同时废止。

2022年报道辽河油田公司报刊网络文章选录

体积小、成本低、效率高 水力钻塞破解钻井栓塞难题

郝晓明

科技日报 2022年4月6日

近日，记者从辽河油田钻采工艺研究院（以下简称辽河油田钻采院）获悉，该院历时7年自主研发的高压水力钻塞技术，在辽河油田"新海27-H31井"成功突破"栓塞"瓶颈，为高效钻除油气井因堵水、堵漏、封窜及结垢形成的各类灰塞提供了新方向。

"新海27-H31井"位于辽宁省盘锦金海采油厂新海27块下油组，受邻近直井水淹、边底水双重影响，油井含水量较高。科研人员介绍，在对油井进行化学药剂堵水后，形成了245米堵塞段，因套管缩径，导致常规机械钻塞无法下入，该井面临停产。采用高压水力钻塞技术后，单趟管柱作业即可实现堵塞钻除、井壁清洗等功能，较常规机械钻塞、冲砂等整套措施，作业时间缩短了15天。

受地层变化及开发方式影响，油田在开发过程中，部分地层及油井井筒内不可避免地形成"栓塞"，严重影响原油生产效率。高压水力钻塞技术采用辽河油田钻采院自主研发的旋流喷射工艺，通过"水力"梳通油井"栓塞"，钻塞效率提升40%。目前，该技术已在辽河油田不同区块、不同井型成功应用50余井次，单井作业成本节约20万元，有效解决了油井生产时，因地层污染、无机盐结垢、入井流体不匹配等原因，造成的油井堵塞和出油量减小等问题。

"与传统机械钻塞作业相比，该技术具有冲、钻、洗一体化作业优势。"辽河油田钻采院矿场机械研究所所长郝瑞辉介绍，旋流喷射工艺类似高压喷枪洗车，工作人员通过地面设备向井筒内注入由该院自主研发的高流速液体，使"水力"冲击覆盖井筒截面，从而击碎化学药剂、水泥及井筒内结垢形成的堵塞物。

近年来，辽河油田钻采院的科研人员自主研发形成了包含高压水力钻塞、水力喷砂割缝、水力喷砂射孔等系列水射流技术。其中，由该院自主研发

的高压旋流液体，具有穿透能力强且不受井深、井温、井下套变等影响，通过对生产层段炮眼和井筒及时清洗，油井堵塞后可快速实现复产。该技术在恶劣工况下，仍具有适应能力强、效率高等特点。

辽河油田 CCUS 业务发展驶入快车道成功纳入中石油示范区建设

李 晛

中国新闻网　2022 年 4 月 24 日

4 月 24 日，记者从中国石油辽河油田获悉，该油田首个 CCUS（碳捕获、利用与封存技术）先导试验方案通过正式批复，成功纳入中石油首批 CCUS 示范区建设，即在大庆、吉林、长庆、新疆等油田开展"四个工业化推广"，在辽河油田、冀东油田、大港油田、华北油田、吐哈油田、南方勘探开展"六个先导试验"。

据介绍，在"双碳"背景下，辽河油田高度重视 CCUS 业务发展，以打造中石油首批示范区为主线，全力推进资源评价、碳源碳汇匹配、顶层设计、先导试验方案、现场试注、攻关课题论证等工作，实现了"从无到有、从概念到现场"的转变。

辽河油田是国内陆上最大的稠油生产基地，千万吨规模开发 36 年，目前热采稠油和注水开发产量各占半壁江山，CCUS 技术应用具有良好的资源基础和迫切需求。2021 年 7 月份辽河油田启动 CCUS 先导试验方案编制，《辽河油田双 229 块注 128 井区沙一段特低渗透油藏碳驱油碳埋存先导试验方案》于今年通过股份公司"三重一大"决议。方案设计依托曙一区火驱伴生气为气源，将捕获的二氧化碳管输至双 229 块注 128 井区进行密闭循环注入，阶段末累计埋存二氧化碳 236 万吨，相当于植树 2124 万棵、142 万辆经济型轿车停开一年。

目前，辽河油田 CCUS 矿场实施方面取得初步进展。现有 3 座二氧化碳捕集站，捕集能力 13.7 万吨/年，现运行能力 10.7 万吨/年，捕获到的二氧化碳主要应用于热采稠油辅助蒸汽吞吐，进一步提升了开发效果。

中国石油辽河油田大连石油交易所首次实现化工产品线上竞价交易

尹柏寒　汤　龙

人民网　2022 年 5 月 5 日

4 月 27 日 10 时 50 分，经过 14 个线上买家的不断加价，中国石油辽河油田石油化工分公司生产的 120 吨煅烧焦以每吨溢价 120 元的理想价格成功售出。大连石油交易所首次实现非油产品线上竞价交易，进一步拓宽了线上交易的产品类型，这标志着辽河油田公司依托该所打造的东北首个石油石化产品线上交易平台实现重大突破。

据了解，隶属于中国石油辽河油田大连分公司的大连石油交易所于 1996 年 9 月成立，是证监会备案、东北地区首个、全国石油系统唯一具有石油石化产品现货线上交易资质的交易平台，具备现货贸易、电子交易、智能储运和信息发布等配套服务功能。

近年来，集团公司持续深化原油市场化销售改革，各油气田可在给定的销售指标范围内，采取竞价方式，向符合标准的地方炼厂销售原油。通过大连石油交易所网络交易平台开展交易，将以往由"定量、定价、定企业"的销售模式转变成在一定范围内通过竞价销售的新模式。

为用好集团公司改革政策，辽河油田公司依托大连石油交易所的资质优势、区位优势、政策优势，在线上销售辽河自产原油的基础上，引领其他油气田，打造集团公司唯一的原油市场化销售线上交易平台，得到了集团公司的高度认可和省市政府的充分肯定。

"大连石油交易所是自贸区的经济贡献大户，大连自贸片区将从建设国际能源交易中心的大局出发，进一步优化营商环境，出台配套激励政策，全力支持大连石油交易所做大做强。"辽宁自贸区大连片区相关负责人说。

随着影响力的不断扩大，大庆油田、长庆油田、华北油田、吉林油田、新疆油田等多家兄弟油田在该所进行市场化原油销售。截至目前，该所已陆续开展原油线上交易94场，累计市场化销售原油66.5万吨。

辽河油田加快布局新能源推动绿色低碳转型

刘 伟

中国环境网 2022年5月30日

立夏过后，随着白昼时间渐长，辽河油田公司（以下简称"辽河油田"）256个光伏发电平台的太阳能面板，每年将生产2080万千瓦·时的绿电，为井场原油生产输送清洁电能。这是辽河油田抢抓"双碳"发展机遇，加快布局新能源业务，打造绿色低碳能源生产基地的一个生动缩影。

近年来，在"碳达峰、碳中和"新形势下，辽河油田勇担新使命、展现新作为，主动拥抱"双碳"时代，成立公司主要领导挂帅的新能源业务发展领导小组，不断优化完善《辽河油田能耗结构优化和新能源发展"十四五"规划》，优化组织机构和运行模式，组建新能源事业部，统筹负责业务范围内新能源项目的组织实施，有序推动新能源业务的快速发展，力争在"双碳"时代打赢"跑位战"、赢得主动权。

截至目前，辽河油田已建成投产了欢三联1兆瓦光伏发电BOO项目，高升采油厂、兴隆台采油厂、金海采油厂20兆瓦光伏BOO项目成功并网15兆瓦，累计发电量已突破1158万千瓦·时；欢三联地热工程投产运行，累计节约天然气40多万立方米，目前正在进一步优化调试。

同时，辽河油田成立工作专班，加快推进沈阳采油厂、茨榆坨采油厂、锦州采油厂风光发电工程尽快落地实施。作为今年新能源业务的主战场，工程总装机容量219兆瓦，预计可节约标煤能力19.6万吨，二氧化碳减排49.9万吨，工程建成后，将为油田高质量发展注入更多绿色动能。

《辽河油田能耗结构优化和新能源发展"十四五"规划》显示，到2025年，辽河油田常规能耗总量确保控制在220万吨标煤以内，常规能耗对比2019年降低25%以上；新能源能耗占比达到10%以上，外供清洁能源力争达到100万吨标煤。

辽河油田智慧开采增油降水

隋泠泉 孔德月

中国化工报 2022年7月13日

截至6月28日，辽河油田智能注采技术已在大洼油田累计增油1761吨，降水7055立方米。这是辽河油田首个智能注采示范单元，也是最大的示范区。

为满足高含水期开发需求，探寻提高精细注水开发效果的有效途径，辽河油田技术人员结合储层连通情况，将智能分注和智能分采技术进行集成，将"分注调配+分采调整"作为技术攻关方向，改善双高期层间矛盾，挖掘老油田剩余油潜力。结合静态和生产动态监测资料，他们根据层间油水井的连通性及层间差异将单元"连线"，开展高效注采完善、水井细分升级、注采流线调整工作，创新形成了井下分层流量精确测试与测控技术、信息采集远传控制技术等多项关键核心技术。实施过程中，他们在每个单元上设置"双向智能开关"，通过注水端和采油端的双向智能调控，为分层采油插上"智慧翅膀"，有效避免了层间干扰，扩大水驱波及体积。

"对比以往的分层采油技术，创新技术集成实现了多段分层、多轮次调控、'一对一'开关精准控制，能够实时采集和高效便捷调控井下动态生产数据。"该项目负责人说，截至目前，该技术已先后应用17井次，测调70余次。其中，注17-020井通过开关调控层位和开度，含水率从措施前的100%下降至50%，日增油达15吨以上。

中国石油辽河油田分公司电焊工张亮——焊枪书写闪光青春

温济聪

经济日报　2022年8月27日

位于湖北省随州市山区的西气东输三线中段施工现场，张亮正在闷热的工棚里指导全自动组合焊接工作。3月底，由于工期紧张，原本在中俄东线天然气管道工程南段第三标段工作的张亮，被紧急调到湖北负责机组焊接工作。"我们现在负责22个机组的焊接工作，压力大，责任和担子也更重了。"张亮说。

张亮是中国石油辽河油田分公司一名电焊工，也是第26届"中国青年五四奖章"获得者。2009年，张亮从辽河石油职业技术学院焊接自动化专业毕业后，成为辽河油田原总机械厂锅炉制造厂的一名电焊工——这是行业公认"最不露脸"的工作。

"选择电焊就是选择艰辛，选择石油行业就是选择奉献，一定要争气！"张亮告诉自己。为快速掌握焊接技能，他潜心苦练技能，学习平焊、横焊、立焊等各种技法，反复琢磨，不懂就问、不熟就练。为了增强手腕的稳定性，他坚持做俯卧撑提升力量训练，并经常在手腕上吊着一块砖头加强练习。凭着一股韧劲，他很快掌握了多种焊接技巧。与工友相比，他的工作服穿得最旧、劳保鞋换得最勤、手套用得最多。

日拱一卒，功不唐捐。3年后，张亮获得辽河油田焊接比赛第一名。2021年，他被聘为辽河油田首席技师；2022年初，被聘为中国石油公司技能专家。

"作为一名年轻的电焊工，就要有年轻人的那种闯劲儿，在工作中勇于创新，不断突破自己。"张亮说。针对大口径全自动主线路焊接质量低、施工效率低的问题，他提出"锯齿布管、流水线焊接"建议，同时调整焊接工艺，创效770万元；针对大口径全自动连头效率慢、焊接时间长的问题，制定全新连头施工方案，调整焊接参数，连头效率提升3倍，焊口合格率提升至99%，节约980万元。在多年创新实践中，张亮有效解决现场施工难题220余项，申请国家专利24项，20余项"五小"成果在施工现场推广应用，累计创效近6000万元。

一花独放不是春。张亮成为辽宁省技能大师工作室成员后，主动请缨利用工作室的平台开展"拜师学艺、一师带多徒"等活动，先后培养出技师、高级技师12名，经他培训指导过的2000余人奔赴大江南北，在多个国家重点项目上勇挑重担。

实干成就梦想，平凡中彰显不凡。张亮用手中的焊枪书写了甘于奉献、精益求精、勇于创新的工匠精神，践行新时代石油青年的责任担当。

中国石油辽河油田储气库群首口大尺寸井正式注气投产成功

孝 媛 汤 龙

人民网 2022年9月5日

2022年8月31日上午10时38分，辽河油田储气库群首口大尺寸井双6—H2316井注气投产成功，标志着辽河储气库群冬季应急采气能力又将大幅跃升，为冲刺完成今冬明春天然气保供任务增添了重要砝码。

为进一步提高辽河储气库群应急调峰能力，从2021年开始，辽河油田公司优化部署三口大尺寸水平井。经历200天与党建联盟各单位联合作战，整合优势资源，联合技术攻关，倒排工期，详尽进度计划，超前组织物资采购、生态建设评价、环境影响评价，创造了国内储气库大尺寸水平井工程历时最短、技术最新、经费最少的纪录。

双6—H2316井作为最先投产的三口大尺寸井之一，于2021年12月正式开钻，2022年7月钻井完井，其生产管柱由原来的114.3毫米被替换为177.8毫米，投产后，三口大尺寸井日采气能力可达600万方，为常规水平井的1.5~1.8倍，辽河储气库群用气高月日采气量可达3205万立方米。

双6—H2316井注气投产成功，打响了辽河油田储气库公司第一口大尺寸水平井的第一枪，将为双51、马19等后续储气库大尺寸水平井的优质高效建设，提供强有力的技术支持。同时，为全油田复产上产再添新动力。

国内首创井下蒸汽流量控制技术在中国石油辽河油田成功实施

王斯文 汤 龙

人民网 2022年10月11日

日前，中国石油辽河油田钻采工艺研究院科研人员自主研发的井下蒸汽流量控制技术已经获得阶段性成功。目前该技术共实施3井次，施工成功率100%，其中一口直井实施了分层流量控制技术后生产68天，阶段累增油71吨，日增油1.04吨，预计增产原油300吨，增产效果远高于预期。

据了解，井下流量控制技术是一种可实现增加目标流体流量的流体控制技术。针对受储层非均质性影响，平面及纵向动用不均等难题，加拿大最先开展流量控制技术的研究工作，而且已经规模应用。然而国外流量控制技术价格昂贵，干一口水平井至少30万元。

面对这一现状，辽河油田钻采工艺研究院成立攻关小组，查资料、做校核、画图纸、找问题，通过两年技术攻关，注采所针对注汽井、生产井及吞吐井自主研发了临界注汽喷嘴、控汽稳油喷嘴和吞吐双向喷嘴等多种喷嘴结构，掌握了喷嘴设计的核心技术原理，成功研发了流量控制装置、超音速注汽阀、高温水敏封隔器等7种核心工具，形成了适用于直井、水平井不同井型，不同套管尺寸的井下流量控制系列技术，申报8项发明专利，其中有一项正准备申报国际发明专利，整体技术已达到了国际先进水平。项目负责人郭玉强说："自主知识产权的流量控制装置成本可以控制在1万元以内，比较国外的同类产品的2.5万—4万元，降低幅度达到60%，自主化研发的流量控制装置可以任意更换喷嘴数量和喷嘴大小，调节能力较国外喷嘴更强。"

该项技术能够助力提高辽河油田稠油开发工艺水平，为辽河油田稳产提供技术支持，预计年应用可达80井次，具有广阔的前景。同时，该技术还可推广应用于兄弟油田，为中国石油的高效开发提供有力的技术支持。

索 引

0-9

2022年报道辽河油田公司报刊网络文章选录　467
2022年度获地市级政府表彰或行业荣誉的先进
　　个人　373
2022年度获地市级政府表彰或行业荣誉的先进
　　集体　351
2022年度辽河油田公司级先进个人和技术、
　　技能人才　373
2022年度辽河油田公司级先进集体和技术、管理
　　创新成果　351
2022年度辽河油田公司晋升高级专业技术职称
　　人员　344
2022年辽河油田公司党的非常设机构　340
2022年辽河油田公司非常设机构　328
2022年辽河油田公司政策制度选录　392
2022年辽河油田公司中层以上干部退休名单　328
2022年辽河油田公司组织机构名录　320
2022年辽河油田公司组织机构图　323

A-Z

QC小组活动成果　380
QHSE标准化建设　130b
QHSE体系管理　130
QHSE体系建设　130a
QHSE体系审核　130a
QHSE宣传培训　130b
QHSE巡察　130b

A

安全管理模式创新　128b
安全环保技术监督中心　251
　　党群工作　252b
　　监督、检验、科研评价　251b
　　监督检查情况（表）　252
　　民生保障　252b
　　运营管理　252a
安全环保技术监督中心实验室改造　97a
安全生产　127
"安眼工程"建设　128b

B

"百优"示范站队（班组）　164b
包1块产能建设　86a
保密工作　163b
保障帮扶　175a
编后记　474
标准化管理　106a
博士后科研工作站　106b
不压井作业规模推广　98a

C

财务工作　142

采油工程　87

采油工作指标完成情况（表）　87

采油经济评价　154b

产能方案　83b

产能建设　74b，83

产能建设管理　140b

产能新井光伏配套工程　97b

产品质量管控　153a

产品质量监督　133b

长期派出人员分布统计表（表）　159

车辆服务中心　256

 安全管理　257a

 党建工作　258a

 经营管理　257b

 企业管理　257b

 群团工作　258b

 运输服务保障　256b

车组运行　100a

成果转化　106a

成果转化优秀项目（表）　358

承包商安全监管　128a

稠油吞吐热采情况（表）　390

储气库工程建设　97a

储气库建设　82a

储气库生产运行　77a

储气库注采井管理　92b

窗口期施工　122b

创新方法大赛奖　107a

茨榆坨采油厂　194

 安全环保　196b

 党建工作　197a

 队伍建设　196b

 经营管理　196a

 勘探开发　195b

 矿区和谐　197b

 生产管理　196a

 主要生产经营指标对比（表）　195b

D

大事记　35

 1月　36a

 2月　38a

 3月　40a

 4月　41b

 5月　43b

 6月　45b

 7月　47a

 8月　49a

 9月　50a

 10月　52a

 11月　53a

 12月　54b

大民屯凹陷勘探成果和认识　65a

单位概览　179

党的二十大精神宣贯　170a

党风监督　173b

党风廉政建设和反腐败工作　172

党建工作　168

党群工作　167

党员发展　169b

党员素质教育　169a

党组织及党员队伍　168a

档案安全管理　162a

档案服务利用　161a
档案基础管理　160a
档案史志　160
档案收集归档　161a
档案数字化工作　161b
地面工程　95
地面工程经济评价　154b
地区认定中心　163a
地热技术开发　134b
地震资料处理工作量统计（表）　58
地质设计审查　84a
地质资料汇交　161b
第九届"十大杰出青年""十大优秀青年"（表）　379
第九届"十大杰出青年团队""十大优秀青年团队"
　（表）　354
第四届"辽河榜样"（表）　380
电力分公司　279
　　安全环保　281a
　　党建工作　283b
　　供电服务　280b
　　惠民共享　284b
　　经营管理　281b
　　精细管理　281b
　　科技创新　282a
　　企业改革　282b
　　新能源业务　284a
　　员工队伍　283a
　　主要生产经营指标（表）　280b
调研督办　162b
东北原油销售中心　263
　　党建工作　264b
　　经营计划　264b
　　生产运行　264a
　　新冠肺炎疫情防控　265a
　　质量安全管理　264a
东部凹陷勘探成果和认识　63b
东部凸起勘探成果和认识　64a
董监事管理　150b
动态监测培训管理　91a
动态监测施工管理　91a
动态监测应用管理　90a
动态监测制度管理　89a
动态监测质量管理　89b
动态监测资料录取统计（表）　89b
动态监测资料录取影响因素　91a
杜124块产能建设　86b
杜229块产能建设　86b
杜84块馆陶产能建设　85b
队伍建设　174b
对标管理　88b，138a
对外合作　158，158b
多维联控　127b

E

鄂尔多斯矿权区勘探成果和认识　69b
二氧化碳捕集驱油减排试点地面工程　97b

F

法制宣传教育　139b
法治建设　136b
方案设计管理　81b
方案设计审查　88a
方案设计与基础管理　94a
防洪防汛　123
防汛抗洪12次关键抢险情况（表）　124b
防汛前期工作准备　124a

风光发电工程　134a

风险防控　95a

风险分级管控　127b

风险管理　102a

风险隐患排查　93b

附录　391

富油区带有利目标评价　79a

G

概预算管理　145

高升采油厂　190

 安全环保　193b

 党群工作　194b

 经营管理　192b

 勘探开发　190b

 科技工作　192a

 深化改革　193a

 生产管理　191b

 油气开采　191a

 员工培训　193a

 原油、天然气生产情况（表）　190b

 质量节能　194a

各采气单位天然气生产量（表）　76a

各采油单位原油产量（表）　74a

工程监督　96a

工程监督管理　82b

工程建设审计　146a

工程质量监督　133a

工会工作　174

工会自身建设　175b

工具改进与研发应用　101b

工艺技术创新　95a

工艺技术研究应用　82b

工艺优简工程　94b

公路管理　158a

公司在岗党员基本情况（表）　168a，168b

公文管理　163a

供水分公司　277

 安全管理　279a

 党建工作　279a

 经营管理　278a

 科技创新　278a

 企业改革　278a

 群团工作　279b

 生产建设　277b

 新冠肺炎疫情防控　279b

 员工队伍　278b

供应商管理　153b

共青团工作　176

共青团自身建设　177b

"共享商城"建设　154a

股份管理　149

股权管理　149a

股权投资　150a

关键技术成效一览表（表）　105

管材管理　99b

管理创新课题　138a

"管理提升年"行动　137b

规划计划　139

规划计划基础业务管理提升　142b

国际事业部　303

 安全管理　304a

 党群工作　304b

 市场开发及项目运行　303a

 提质增效　303b

国际业务社会安全管理　159a

国家级先进个人　361

国家级先进集体　345

H

海外业务　160a
海外疫情防控　160b
海洋安全监管　129a
合规管理　125a
合规管理　136b
合规监督　174a
合理化建议成果（表）　357
合同管理　137a
河21大平台工厂化压裂　100b
后备资源建设　87a
后评价管理　141b
欢2-46-041块精细研究　84b
欢四联污水深度处理站改造　97a
欢喜岭采油厂　187
　　安全环保　189a
　　党的建设　189a
　　勘探开发　187b
　　民生工程　189b
　　企业改革　189a
　　生产运行　188a
　　提质增效　188b
环保监管　129a
环境保护　129

J

机构、人物与荣誉　319
机关党风廉政建设和反腐败工作　171b
机关党建与业务深度融合　171a
机关党委工作　171

机关党务工作　171b
机关理论武装　171a
机关群团工作　172b
机制运行　127a
基础管理　98a，100a，126a
基础研究奖　111a
基础研究奖（表）　112
稽查监督　144b
集输工程　94
集团公司QC小组活动成果　382
集团公司级先进个人　367
集团公司级先进集体　348
集团公司技能人才奖（表）　113
集团公司技术发明奖（表）　111
集团公司技术发明奖（表）　112
集团公司科学技术进步奖（表）　108
集中采购管理　153a
计价依据制定　145a
计量管理　131b
技能等级认定　163b
技能人才奖　111b
技能人才奖（表）　113
技能人才评价　163
技能专家工作室　164b
技术发明奖　111a
技术人才管理　148a
健康辽河行动　132a
健康企业创建　132a
交通运输　123b
节能计量三同时　131a
节能节水与计量管理　131
金海采油厂　207
　　安全环保　209a
　　党建思想政治工作　209b

和谐稳定　209b

　　机构改革推进　210a

　　勘探增储　208a

　　科技创效　208b

　　提质增效　208b

　　选人用人情况　210a

　　油气生产　208a

　　油田内部协助工作　210b

锦州采油厂　202

　　安全环保　204b

　　党务群团　207a

　　档案史志　206b

　　队伍结构调整　205b

　　经营管理　205b

　　科技工艺　205a

　　生产建设　204a

　　外部市场　206b

　　新能源业务　207a

　　信息物联　206a

　　油气勘探开发　203b

　　员工培训　206a

　　主要生产经营指标（表）　203b

进口采购管理　153b

经济技术研究院　238

　　党建思想政治工作　242a

　　方案编制　242a

　　工程造价管理　239a

　　技术经济咨询　240b

　　经济发展研究　238b

　　经济评价管理　239b

　　科技创新　241b

　　软科学管理　241a

　　软科学研究优秀课题（表）　241

　　完成各类审批数量（表）　239b

　　完成各类咨询项目数量（表）　241a

经济评价　154

经济政策研究　155

精准常控　127a

井控管理　101

井控规范化管理　102a

井控培训管理　102b

井筒质量管理　81b，133a

纠纷案件管理　137a

K

开发成果　73b

开发动态监测　89

开发工作　73a

开发经济评价　154a

开发历程　72a

开发事业部　226

　　安全健康环保　228b

　　党建工作　228b

　　经营管理　228a

　　能源转型业务　227b

　　油气开发统筹组织　227a

　　油气开发指标改善　227a

勘探工作量完成情况　58b

勘探经济评价　154a

勘探开发研究院　229

　　安全环保　232b

　　党建工作　232b

　　方案编制　231a

　　经营管理　232a

　　科技创新　230b

　　新能源业务　231a

　　油气勘探　229b

　　　　油田开发　230a
勘探事业部　223
　　　　安全环保　226a
　　　　大民屯凹陷勘探成果和认识　224a
　　　　党建工作　226b
　　　　顶层设计管理　225a
　　　　东部凹陷勘探成果和认识　223b
　　　　东部凸起勘探成果和认识　223b
　　　　鄂尔多斯矿权区勘探成果和认识　225a
　　　　勘探成本管控　225b
　　　　辽河滩海勘探成果和认识　224a
　　　　辽河外围勘探成果和认识　224a
　　　　生产组织管理　226a
　　　　西部凹陷勘探成果和认识　223b
　　　　新技术推广应用　225b
勘探投资　59a
勘探投资完成情况统计（表）　59
抗洪复产保障　151b
抗洪复产保障工作　142a
抗洪复产项目招标　156a
抗洪复产支持　145a
抗洪抢险救灾工作　124b
考务管理　164a
科技成果　107
科技改革　104a
科技攻关　105a，134b
科技管理　104
科技奖励管理　105a
科技进步奖　107a
科技项目计划　104a
科技宣传　106b
科技与信息　103
科协工作　106b
科学技术进步奖（表）　108

　　　　科学预控　127a
　　　　控制储量　63a
　　　　会计核算　143b
　　　　矿权管理　59b

L

劳动保障　148b
劳动模范（表）　373
老区治理　75a
乐 83 块超低渗透砂岩油藏评价　79a
雷 72 大平台工厂化压裂　100a
雷 72 块产能建设　85b
雷 72 块一体化攻关　85a
冷家油田开发公司　214
　　　　产能建设　215b
　　　　成本控制　216a
　　　　党群工作　217b
　　　　对标管理　216a
　　　　节能减排及挖潜　217a
　　　　开发方式转换　215b
　　　　科技推广　216b
　　　　老油田综合管理　215b
　　　　难采储量动用　215b
　　　　评价增储　215a
　　　　生产组织　215b
　　　　质量健康安全环保　217a
炼化业务管理　151b
"两金"压控　143b
辽河工程技术分公司　265
　　　　党建思想政治工作　268b
　　　　和谐矿区建设　269a
　　　　经营管理　267b
　　　　井控管理　268a

科技管理　268b

　　企业改革　267a

　　生产运行管理　267a

　　修井完成情况统计（表）　266

　　质量健康安全环保　267b

辽河共青团品牌打造　177b

辽河受灾洪峰流量（表）　124a

辽河滩海勘探成果和认识　66b

辽河外围勘探成果和认识　68b

辽河油田（盘锦）储气库有限公司　296

　　安全管理　297a

　　党建工作　298a

　　调峰保供　296b

　　经营管理　297a

　　科技创新　297b

　　企业改革　298a

　　气库建设　296b

　　群团工作　299a

　　组织人事　298b

辽河油田公共事务管理部　309

　　安全环保　310a

　　党建工作　310b

　　队伍建设　310b

　　后勤服务　309b

　　经营管理　309b

　　民生保障　310a

　　信访维稳　311a

辽河油田公司2022年生产经营工作情况　5

辽河油田公司QC小组活动　382

辽河油田公司基本情况　2

辽河油田公司历史沿革（图）　3

辽河油田公司领导成员　324

辽河油田公司领导干部　324

辽河油田公司中层领导干部　324

辽河油田公司组织机构　320

辽河油田建设有限公司　269

　　党建工作　271a

　　合规治企　270b

　　抗洪抢险　271b

　　生产建设　270a

　　提质增效　270a

　　质量安全环保　270b

辽河油田培训中心　299

　　安全管理　300b

　　党委工作　301a

　　教学科研　300a

　　民生工程　301b

　　企业管理　300b

　　校园建设　301a

　　员工队伍　300b

　　职业培训　299b

辽河油田人力资源调剂中心　315

　　安全维稳　316b

　　党的建设　317a

　　档案工作　317b

　　改革发展　316a

　　管理人员在编情况（表）　315b

　　经营管理　316a

　　群团工作　317b

　　人事档案和综合档案工作情况统计（表）　318

　　市场开发　316a

　　宣传思想　317a

辽河油田消防支队　243

　　安全环保　244a

　　党群工作　244b

　　队伍管理　244a

　　防火工作　243a

　　　　经营管理　244a

　　　　灭火工作　243b

辽河油田新闻中心　313

　　　　安全管理　314b

　　　　党建工作　315a

　　　　经营管理　314b

　　　　提质增效　314b

　　　　新闻宣传　314a

辽河油田招标中心　301

　　　　安全管理　302a

　　　　党群工作　302a

　　　　队伍建设　302b

　　　　监管机制　302a

　　　　抗洪复产　302b

　　　　外部市场　301b

　　　　招标工作　301b

辽宁恒鑫源工程项目管理有限公司　305

　　　　党建工作　306a

　　　　技术应用　305b

　　　　群团工作　306b

　　　　生产建设　305a

　　　　市场开发　305b

　　　　提质增效　305b

　　　　组织人事　306a

辽宁省QC小组活动成果　380

辽宁省创新方法大赛奖（表）　107

辽兴油气开发公司　218

　　　　安全环保　219a

　　　　党建工作　219b

　　　　经营管理　218b

　　　　科技创新　219a

　　　　企业改革　219a

　　　　群团工作　219b

　　　　新能源　219a

　　　　选人用人　219b

　　　　油气勘察　218b

　　　　重点项目　218b

领导班子与干部队伍建设　168b

"六化"建设　96b

龙11块产能建设　86a

"绿色低碳613"工程　94b

绿色低碳转型发展　129b

M

民兵武装　166a

民生改善工程　176b

目标任务　74a

N

奈13区块特低渗透砂岩油藏评价　78b

内部市场与承包商管理　138b

内控与风险管理　138b

能效对标管理　131a

能源管理分公司　294

　　　　安全环保　295a

　　　　党建工作　295b

　　　　经营管理　295a

　　　　天然气业务　294b

　　　　员工帮扶　295b

年检督察、重要变更及矿权信息公示　62a

女工、EAP工作　175b

P

排涝复产　125a

Q

企管法规与内控　136

企业高级专家　343

企业管理　135

企业民主管理　174b

企业内保　165b

企业首席专家　343

企业文化建设　170b

企业政策研究　155a

气库建设　75b

青年成长成才工程　177a

青年创新创效工程　177a

青年教育强基工程　176b

青年科技奖　111b

青年科技奖（表）　113

清洁生产　129a

庆阳建产力度　85b

庆阳勘探开发分公司　261

　　安全环保　262b

　　产能建设　261b

　　党的建设　263a

　　经营管理　262a

　　生产运行　262a

　　土地外协　262b

　　油气勘探开发　261b

群众性经济技术创新　175a

R

燃气集团公司　245

　　安全环保　246a

　　党的建设　246b

　　惠民举措　246b

　　经营管理　246a

　　科技工作　246a

　　生产组织　245b

　　业务发展　245a

绕阳河受灾洪峰流量（表）　124a

热注工程　93

人才队伍建设　164a

人才培养　106b

人力资源　147

人力资源信息化共享　149a

人事档案管理　149b

荣兴油气开发公司　253

　　安全环保　254b

　　党建群团　255b

　　合规管理　255a

　　经营管理　254b

　　生产运行　254a

　　油气勘探　254a

　　员工队伍　255a

软科学管理　155b

S

上产督导　122a

上市业务单位　180

设备安全管理　151a

设备管理　150

设备合规管理　151a

设备基础管理　151a

设备提质增效　151a

设备业务培训　152a

设备综合报表（表）　150

深化改革　136a

沈224页岩油水平井压裂　100b
沈273大平台工厂化压裂　100b
沈84-安12块产能建设　86a
沈阳采油厂　198
　　QHSE　201a
　　措施挖潜　200a
　　党建工作　201b
　　获国家专利授权统计（表）　200
　　获辽河油田公司科学技术奖统计（表）　200
　　经营管理　199a
　　勘探开发　199b
　　科技工作　200b
　　民生工程　202b
　　企业改革　201b
　　生产建设　198b
　　主要生产经营指标对比（表）　199a
审计队伍建设　146b
审计工作　145
审计信息化建设　146b
审计质量控制　146a
审计中心　259
　　党建工作　260b
　　审计业务　259a
　　巡察整改　260a
　　质量健康安全环保　260a
　　主要业务数据（表）　259b
生产保障　123
生产运营、安全环保与质量节能　121
省部级科技成果简介　113a
省部级先进个人　362
省部级先进集体　346
施工图设计及标准化管理　95b
石油化工分公司　289
　　安全环保　290b

财务管理　291b
党风廉政建设　292b
党建管理　291b
经营管理　290a
设备管理　290a
生产管理　289b
市场营销　291a
石油化工技术服务分公司　287
　　安全环保　288a
　　党建引领　288b
　　经营管理　287a
　　科技创新　288a
　　企业改革　287b
石油开发　73
史志编纂　162b
市场价格管理　145b
市场监管　96a
事前审计　146b
曙光采油厂　182
　　安全管理　185b
　　党建工作　186a
　　机构改革　185a
　　经营管理　184b
　　抗洪复产　186b
　　科技创新　184a
　　群团工作　186a
　　生产建设　183b
　　员工队伍　185b
　　主要生产经营指标（表）　183b
数据管理　119b
双229块产能建设　86b
水电管理　123a
税收政策　144a

T

台长制管理模式推广　82b
探井工作量和钻探情况统计（表）　60
探井试油完成工作量统计（表）　61
探明储量　63a
套损井治理　98b
特载　8
特种油开发公司　211
  安全管理　212b
  党建工作　213a
  经营管理　212a
  开发生产　211b
  抗洪复产　214a
  科技创新　212a
  群团工作　213b
  新冠肺炎疫情防控　213b
  员工队伍　212b
  主要生产经营指标（表）　211b
提效工程　93a
提质增效　148a，153b
提质增效管理　80b
提质增效专项行动　142b
题库管理　164a
体系创新　104b
天然气保供　122b
天然气保供先进单位（表）　354
天然气保供先进个人（表）　378
天然气产能建设　76a
天然气产销情况（表）　387
天然气开发　75，76b
天然气资源潜力　76b
通过辽宁省科学技术进步奖会评项目（表）　108

统筹产销　125a
统计数据　385
投资管理　140a
突出贡献奖　111b
突出贡献奖（表）　113
土地保护　157b
土地管理　157a
土地和公路管理　157
土地利用　157b
推广平台钻井　82a

W

外部市场管理　138a
外部市场开发　156a
外部市场项目管理部　247
  安全环保　247a
  党群工作　248a
  经营管理　247b
  市场开发　247b
外事与出国　159b
外围上产　75b
完成探井取心统计（表）　61
网络与信息安全　119a
维稳信访与综治保卫　165
未上市业务单位　265
五四红旗团支部（表）　353
物资采购管理　152
物资分公司　274
  采购管理　275a
  党建工作　276b
  公司治理　275b
  健康安全环保　276a
  经营业绩　275b

物资保障　275a
物资计划管理　152b
物资招标管理　152b

X

西部凹陷勘探成果和认识　64b
先进个人　361
先进个人（表）　374
先进集体　345
享受国务院政府特殊津贴人员　343
项目管理　104b，140a
消防安全　128b
销售公司　248
　　党风廉政建设　250a
　　党建工作　250b
　　队伍建设　250a
　　企业管理　249a
　　数字信息化建设　249b
　　提质增效　249a
　　质量安全管理　249b
邪教防范　165b
新冠肺炎疫情防控　126
新井产能优化部署　84b
新井实施　122a
新能源事业部　292
　　党的建设　294b
　　地热技术开发　293b
　　风光发电工程　293a
　　科技攻关　293b
　　生产经营一体化　293b
　　新冠肺炎疫情防控　294b
　　铀矿勘探　293a
　　质量安全环保管理　294a

新能源项目经济评价　155a
新能源研究　155a
新能源业务　133
新能源业务管理　141a
新闻宣传　170a
薪酬管理与业绩考核　147b
信访稳定　165a
信息工程分公司　284
　　安全环保　286a
　　党群工作　286b
　　经营管理　285b
　　生产运行　285a
　　主要生产指标（表）　286a
信息化标准建设　119b
信息化顶层设计　118a
信息化工作　118
信息化技术培训　120a
信息化项目建设　118a
信息系统管理　118b
形势任务教育　170a
兴隆台采油厂　180
　　安全环保　181b
　　党建思想政治工作　182a
　　建厂50周年活动　182b
　　精细管控　181a
　　科技增产　181b
　　油气上产　180b

修井能力提升　98b
宣传工作　169
宣教文体　176a
巡查工作先进单位（表）　354
巡察监督　173a

Y

压裂工程　99
压裂液体系优化及返排利用工艺　101b
业务协调　97b
议事协调机构　328
疫情期保产及油地关系协调　122b
意识形态工作　170a
隐患排查整治　128a
应急保障能力建设　126a
应急管理　126
应急培训演练　126b
营销创效　125b
优秀创客（表）　379
优秀巡查干部、优秀巡查人员（表）　378
油、水、气井井口数情况（表）　389
油藏评价　74b，78
油藏研究与井位部署　84a
油地协调　158b
油地协调工作　141b
油气产量（表）　74a
油气储量　62
油气集输公司　220
　　安全环保　221b
　　产量数据指标对比（表）　220
　　党建工作　222a
　　抗洪复产　222a
　　科技创新　221a
　　民生工程　222b
　　企业改革　221b
　　生产管理　220b
　　提质增效　221a
油气监察　123b

油气开发　71
油气勘探　57
油气生产组织　122
油气营销　125
油气营销管理　140b
铀矿勘探　134a
有效速控　127b
预测储量　63a
预算管理　142a
员工管理　147a
员工健康干预　132b
员工培训管理　149a
原油产能建设　83b
原油生产完成情况（表）　386
原油收拨情况（表）　386
原油销售量情况（表）　387

Z

灾后上产　125b
招标工作　156
招标监管机制　156b
招标指标完成情况　156a
振兴服务分公司　311
　　党的建设　313a
　　队伍建设　312b
　　后勤服务　311a
　　基础管理　312a
　　经营管理　311b
　　企业改革　312a
征地工作　157a
政法协调　166b
政治监督　172a
政治理论学习　169a

知识产权管理　105b
执纪监督　173b
职工技术创新成果（表）　355
职工技术创新成果（表）　359
职业技能竞赛　164b
职业技能竞赛获奖名单（表）　353
职业技能竞赛获巾帼建功技能标兵（表）　378
职业技能竞赛技能选手获奖名单（表）　376
职业技能竞赛青年岗位能手（表）　378
职业技能竞赛团队项目奖（表）　353
职业技能竞赛优秀选手获奖名单（表）　377
职业技能竞赛优秀组织个人奖（表）　378
职业技能竞赛优秀组织奖（表）　353
职业健康　132
职业健康防护　132b
制度规范体系管理　87b
制度及信息化建设　81a
制度建设　137b
制度体系建设　152b
质量"三个一批"　133a
质量管理与监督　132
治理体系建设　136a
中国创新方法大赛奖（表）　107
中国石油与化学工业联合会技术发明奖(表)　112
中国石油与化学工业联合会科学技术进步奖
　（表）　111
中央凸起勘探成果和认识　66b
中油辽河工程有限公司　271
　　党群工作　274a
　　技术创新　272b
　　经营管理　273b
　　市场开发　273a
　　员工队伍　273b
　　质量安全环保　273b

主营业务　272b
中长期发展规划　139a
重点开发井压裂　101a
重点勘探井压裂　101a
重点示范项目实施　88a
重点项目保障　152a
主要生产经营指标（表）　6a
注采工艺技术梳理　88a
注氮气工艺措施管理　92b
注汽工艺技术　93b
注汽量情况（表）　388
注水工程　92
注水工艺技术应用　92a
注水井对标管理　92a
注水量情况（不含污水回注）（表）　388
专家队伍　343
专文　31
专项检查　126b
专项审计　146b
专业市场管理　158b
资本运营事业部　306
　　安全环保　308a
　　党建工作　308b
　　董监事管理　307b
　　队伍稳定　308b
　　股权管理　307a
　　股权投资　307b
　　监督管理　308a
　　深化改革　308b
　　提质增效　307a
　　协调服务　308a
资产管理　144a
资金运营　143a
自动化设备管理　151b

综合工作　162b

综合事务管理　162

综合信息材料编报　162a

综述　2，58，72

综治管理　165a

总述　1

组织机构管理　147b

钻采工艺研究院　233

  安全环保　235b

  党风廉政建设　237a

  队伍建设　236a

  基层党建　236b

  经营管理　235a

  科技成果推广　233b

  科技攻关　233a

  群团工作　238a

  深化改革　236b

  思想文化宣传　237b

  完成各类单井设计数量（表）　234

  完成各类工程监督数量（表）　234

  完成各类区块方案数量（表）　234

  质量节能　236a

  钻采工程设计　234a

钻井工程　81

钻井工程指标纪录　81a

钻井市场化　82a

作业工程　98

作业过程管控　99b

作业监督管理　99a

作业效益联包　98b

编 后 记

本卷年鉴是《辽河油田年鉴》自1989年创刊以来连续出版的第38卷，是更名为《中国石油辽河油田公司年鉴》的第12卷。

本卷年鉴基本沿用历年来形成的框架结构，同时注重年鉴的工具性和实用性，版式设计力求规范严整，文字叙述力求简洁流畅。在编纂过程中，坚持规范与创新相结合，力求全面、系统、准确地反映时代特色、辽河特色和年度特色，重点记述辽河油田公司2022年油气勘探、油气开采、生产经营、改革发展及企业管理等方面重点工作。在保持整体内容基本不变的情况下，增强年鉴的资料性和功能性；将"单位概览"部分按照上市业务单位与未上市业务单位划分排列，同时对年鉴内容信息进行扩充，对部分条目内容进行修改调整。

本卷年鉴编纂工作于2023年4月启动并于6月7日由辽河油田公司党委办公室（总经理办公室）下发《关于做好〈中国石油辽河油田公司年鉴2023〉编纂工作的通知》，向机关各职能部门、直属部门和二级单位征集资料，经过编纂人员的辛勤努力，全书初稿于2024年4月完成。辽河油田公司档案馆史志办公室在征求各方面意见后对初稿进行修改，于2024年5月定稿，经辽河油田公司编纂委员会审核通过后送石油工业出版社审核、印刷出版。年鉴编纂出版工作始终得到辽河油田公司各级领导的高度重视，及机关各职能部门、直属部门和二级单位领导的支持和帮助。辽河油田公司党委办公室（总经理办公室）对书稿内容进行审订，同时提供许多涉编资料，并做了大量组织协调工作，对年鉴提出宝贵意见和建议。辽河油田新闻中心、党委宣传部、工会等单位和部门提供了大量图片资料，规划计划处提供了各种统计数据等。在此，对所有支持《中国石油辽河油田公司年鉴》编纂工作和为本卷年鉴出版提供帮助的单位和个人致以诚挚的谢意。

由于年鉴编辑出版时限性强，工作量大，加之编纂人员水平有限，疏漏和不足之处在所难免，恳请读者批评指正。

辽河油田公司年鉴编辑部

2024年5月